孙子通解

齐泽强　著

人民出版社

责任编辑：罗少强

封面设计：黄桂敏

图书在版编目（CIP）数据

孙子通解 / 齐泽强 著 . — 北京：人民出版社，2024.6

ISBN 978 - 7 - 01 - 026528 - 5

Ⅰ.①孙…　Ⅱ.①齐…　Ⅲ.①《孙子兵法》- 研究　Ⅳ.① E892.25

中国国家版本馆 CIP 数据核字（2024）第 085497 号

孙子通解

SUNZI TONGJIE

齐泽强　著

人民出版社 出版发行

（100706　北京市东城区隆福寺街 99 号）

北京汇林印务有限公司印刷　新华书店经销

2024 年 6 月第 1 版　2024 年 6 月北京第 1 次印刷

开本：710 毫米 ×1000 毫米 1/16　印张：36

字数：530 千字

ISBN 978 - 7 - 01 - 026528 - 5　定价：198.00 元

邮购地址 100706　北京市东城区隆福寺街 99 号

人民东方图书销售中心　电话（010）65250042　65289539

目 录

导言:《孙子兵法》的理论思维

恩格斯说:"一个民族要想站在科学的最高峰,就一刻也不能没有理论思维。"我们是否可以这样说,《孙子兵法》问世至今,所以能够屹立于中国乃至世界历史文化尤其是军事思想文化的巅峰,完全是基于它缜密、科学的理论思维?事实的确如此,即使是早在公元前的春秋时期,我们也只可以说那时没有思维的科学,但我们绝不能说那时没有科学的思维。于是,孙子的理论思维与用兵思想、与文本逻辑、与历史文化等一系列深层问题油然而生,并严正地摆在我们面前,而且,这不单是个研究视角的问题,而且是有着哲学意义的方法论问题。所以,坚持思想与逻辑的统一,用理论思维的犁铧重新梳篦孙子的用兵思想,不但有助于我们对传统孙子兵学的再思考与再认识,更重要的意义还在于可开拓一条研究《孙子兵法》的新路径。

一、明断与暗续

理论思维即人们理性思维的活动与方式,无疑,孙子的理论思维就蕴含在《孙子兵法》各篇的篇章结构和思想表达之中。那么,处在春秋时期的孙子究竟采取了何种独特的思想表达方式呢?清代文学家刘熙载《艺概·文概》说:"章法不难于续而难于断。先秦文善断,所以高不可攀。然'抛针掷线',全靠眼光不走;'注坡蓦涧',全仗缰辔在手。明断正取暗续也。"所谓"明断",就是指思想内容在表面上的叙述中断;所谓"暗续",则指理论思维在实际上的逻辑连贯。这就像绣女刺绣，穿针引线，全靠眼中有样；又好似骑手驰骋，跨坡跃澜，全靠缰辔在手。毋庸置疑，《孙子兵法》诸篇正是典型的先秦文章，它们是否真如刘公所言因"善断"而"高不可攀"，果若如此又何以"明断正取暗续也"呢？下面我们就以《计》篇为例，具体来看看孙子文是如何"明断"而"暗续"的。

/1.0 孙子曰：兵者，国之大事，死生之地，存亡之道，不可不察也。

2.1 故经之以五，校之以计而索其情：一曰道，二曰天，三曰地，四曰将，五曰法。道者，令民与上同意，可与之死，可与之生，而不畏危也。天者，阴阳、寒暑、时制也。地者，远近、险易、广狭、死生也。将者，智、信、仁、勇、严也。法者，曲制、官道、主用也。凡此五者，将莫不闻，知之者胜，不知者不胜。

2.2 故校之以计，而索其情。曰：主孰有道？将孰有能？天地孰得？法令孰行？兵众孰强？士卒孰练？赏罚孰明？吾以此知胜负矣。/

/3.1 将听吾计，用之必胜，留之；将不听吾计，用之必败，去之。/

/3.2 计利以听，乃为之势，以佐其外。势者，因利而制权也。/

/4.0 兵者，诡道也。故能而示之不能，用而示之不用，近而示之远，远而示之近；利而诱之，乱而取之，实而备之，强而避之；怒而挠之，卑而骄之，佚而劳之，亲而离之。攻其无备，出其不意。此兵家之胜，不可先传也。/

5.0 夫未战而庙算胜者，得算多也；未战而庙算不胜者，得算少也。多算胜，少算不胜，而况于无算乎！吾以此观之，胜负见矣。/

第一部分，抛出问题："不可不察也"，换言之，怎么去考察呢？第二部分，回答问题：考察的方法是"经""校""索"（故经之以五，校之以计而索其情）；考察的内容是"五事"（道、天、地、将、法）和"七计"（七个孰问）；考察的目的是"知胜负"（吾以此知胜负矣）。至此孙子的论述如行云流水、一气呵成。依其阐述内容我们称之为"朝堂之计"。第三部分，一段是关于"将听吾计"，讲的是"选将"问题；二段是关于"计利以听"，讲的是"为势"问题。显而易见，这部分内容与上文内容，包括这部分内容的两段内容，看起来相互之间均方枘圆凿、扞格难通，这实际上就是刘熙载所说的两次"明断"。依其阐述内容我们称之为"选将"和"为势"。第四部分，揭示战争本质"诡道也"；举凡"诡道十二"。这与第三部分内容又是格格不入，这也是全篇的第三次"明断"。依其阐述内容我们称之为"军帐之谋"。第五部分，以"未战而庙算"收束全文，总结出了"多算胜，少算不胜"的基本算法。总而言之，孙子《计》篇的"明断"的确是洞若观火、一望而知，而接下来的问题是，全篇"明断"如是，"暗续"又是如何达成的呢？

从战争筹划的全过程看，"选将"与"为势"是从"朝堂之计"走向"军帐之谋"的两个必然步骤，自然也就成为《计》篇思想行程保持"暗续"的桥梁和纽带。先看"选将"，从在朝廷上的"朝堂之计"到战场上的"军帐之谋"，谋划和指导战争的主体也从国君转变为将军，故此，"选将"不仅是从朝堂走向战场实践上的第一步，而且是从"朝堂之计"转向"军帐之谋"理论上的第一纽结。再看"为势"，孙子说："计利以听，乃为之势，以佐其外。"何为"计利"？自然是上文的"七计"即七个"熟问"，它涵盖了政治、经济和军事等诸多领域，敌我双方较之占上风者即为"计利"。何为"势"？孙子说："势者，因利而制权也。"所谓"势"，就是运用有利条件制取战争的主动权。所以，孙子"为势"就是在举国上下营造政治、经济和军事等有利形势，为夺取战争的胜利提供坚强的保证和后盾。可见，"为势"是继"选将"之后从朝堂到战场实践上的第二步，自然也是从"朝堂之计"转向"军帐之谋"理论上的第二个纽结。由是观之，《计》篇总体讲的是战前君将对战争的考量谋划：上半部分讲的是朝廷上的"朝堂之计"；下半部分讲的是战场上的"军帐之谋"；而从朝堂走向战场，不可或缺的是选择合适的将帅与创造有利的形势两大战略步骤，所以，中间部分以"选将"和"为势"作勾连，使全文融为一体、浑然天成。

通观《孙子兵法》，我们不难发现它总共十三篇，无一不是采取这种"明断"而"暗续"的"先秦文"的论述方式，而且，除去开篇与结尾段分别起到问题的提起和总结外，主体内容全部都采取了上、中、下三部分的文思结构。又如《作战》篇总体讲的是制定战争的总体方略：上半部分讲了兵久之害故"不贵久"，下半部分讲了兵胜之利故"兵贵胜"，而中间部分则以战争指导的不二法门"知利害"作纽带，使文章熔于一炉；再如《谋攻》篇总体讲的是对攻势战争的战略谋划：上半部分讲了以"全"字为总要的"谋攻之法"，下半部分讲了以"知"字为核心的"攻战之要"，而中间部分则以军事斗争艺术中最后的手段"用兵"和"将辅"作桥梁，使文章联为一体；再如《形》篇总体讲的是敌我军事实力的胜负情状：上半部分讲了以"胜可知而不可为"的"形胜之理"，下半部分讲了由"地"到"胜"渐次相生的"见胜之要"，而中间部分则以国力军力所以增长之根本"为胜败政"作纽带，使文章淹会贯通，等等。对于这点，我们不禁要问，孙子这样一种文法构思范式是否具有一般的、普遍的方法论意义，甚或可以说，它本身就是一种古代思维哲学呢？

二、结构与哲理

古人作文讲求谋篇布局，其本质则是文章的"结构"问题。"结"即结绳，"构"即架屋，道教理论家葛洪《抱朴子·勖学》有云："文梓干云而不可名台榭者，未加班输之结构也。"百木之干纹理细密的梓木，未经祖师鲁班的结框构架，就不能称之为楼台亭榭。可见，"结构"一词最早源自建筑领域，然一旦应用于文学领域便蕴含了深厚的文化内涵。早在公元前 3 ～ 4 世纪，楚国爱国诗人屈原《楚辞·九章·橘颂》就说："青黄杂糅，文章烂兮。"天地色彩的交相辉映，映照浸染出华彩文章。近千年之后，南朝文学理论家刘勰《文心雕龙·原道》将其总结为："文之为德也大矣。与天地并生者何哉？夫玄黄色杂，方圆体分，日月叠璧，以垂立天之象，山川焕绮，以铺理地之形，此盖道之文也。仰观吐曜，俯察含章，高卑定位，故两仪既生矣。"文章之德即来自天地之道，纸上文章不过是人们对天地文章的参悟，正所谓乾坤妙趣、天地文章。于是，古代文章就会呈现出像天地阴阳一样的两极对立结构，像玄黄杂糅一样的思想辩证统一。毋庸置疑，刘勰所以得出这样的结论，定然源自古代典籍大量呈现出类乎天地阴阳、两极对立的文法结构的史实，而且，这样的文思结构无疑也符合中华传统思想长于矛盾对立的辩证思维特征。譬如，被誉为群经之首、大道之源的《易经·系辞上》云："一阴一阳之谓道"；道家《道德经》云："祸兮福之所倚，福兮祸之所伏"；儒家《论语·子罕》云："吾有知乎哉，无知也，有鄙夫问于我，空空如也，我叩其两端而竭焉"。足见，矛盾对立是中国传统思想文化共同的思维特征，无怪乎亚里士多德也说，所有的哲学家都以对立作为第一原则。

然而，就是对于这种中国古代的辩证思维，法国现代哲学家、汉学家弗朗索瓦·于连《圣人无意——或哲学他者》则指出："哲学是排他性的……而智慧则是包容性的"，西方哲学家"为了真理与别人一争高下，而圣人则是不争的"。他的意思是说，中国传统思想并非像西方"真理"斗争性表现为非真即假或非假即真的排他性思维特征，而是表现为"二元"或"两极"和合性的思维品格。于连卓识，对于中国古圣先贤来说，他们似乎并不满足停留在不稳定的对立上，而是要找到包含对立且超越对立的平衡与和谐。《易经》六十四卦，用唐代孔颖达《正义·序卦传·序》的话说"二二相耦，非覆即变"，其矛盾对立的思想彰明昭著，但国学大师钱基博《四书解读及其读法》却说："《易》六十四卦三百八十爻，一言以蔽之曰：'中'而已矣"。显然，钱公所言的"中"，既涵"切中"之意，亦表于两端之间"不执于一"的和合特征。《论语·雍也》说："子曰：'中庸之为德也，其至矣乎！民鲜久矣'"孔子认为，"中庸"是至高无上的道德，然东汉郑玄注《礼记·中庸》解篇题却说："名曰中庸者，以其记中和之为用也。庸，用也。"也就是说，被孔子推崇为"至德"的中庸思想就是"中和"思想。故子思《中庸》也说："中也者，天下之大本也。和也者，天下之达道也。"中庸的核心是中和，所以是道的根本。《道德经》第四十二章说："道生一，一生二，二生三，三生万物。万物负阴而抱阳，冲气以为和。"此即所谓老子的"万物创生论"，人们常常过度解读其中的一、二、三，实际上老子讲得很清楚，万物背靠阴而面向阳，阴阳激荡而生成和，它们就是指阴、阳、和，"和"即平衡与和谐。所以，程抱一《结构主义思潮与诗画语言研究》

说:"中国思想几乎从开始就避免对立与冲突,很快就走向'执中'理想,走向三元式的交互沟通。这在《易经》《尚书》中已萌芽。到了道家……无可否认是三元的。"对于上述情形,北京中医药大学国学院教授张其成指出:"阴阳中和就是中华文化之魂,是中华文化的大智慧。它是讲中的,讲和的,不偏倚,这和西方文化是不同的。西方文化如亚里士多德的逻辑,有一个矛盾律、排中律,它是排斥中间的,而我们中国人恰恰是注重'中',守中。儒家叫中庸,道家叫中道,佛家叫中观,都崇尚'中'。而且都崇尚'和',儒家叫仁和,道家叫柔和,佛家叫圆和。所以'中和'就是中华文化最基本的精神,也是中华民族的灵魂。"

由是观之,在中国传统思想文化中,诸子思潮虽百花齐放,然在"中和"思想上却是殊途同归,有着异曲同工之妙。因此,我们有充足理由相信,古圣先贤在著书立说谋划篇章结构时,不可能没有思想文化根据地随意搭建,而应当是符合乾坤妙趣、天地文章的"中和"思想要求的。对于这样的文思结构,杨义在其《中国叙事学》中总结道:"这就触及了中国叙事中一个基本原理:对立者可以共构,互殊者可以相通,那么在此类对立相或互殊相的核心,必然存在某种互相维系、互相融合的东西,或者换用一个外来语,存在某种'张力场'。这就是中国所谓'致中和'的审美追求和哲学境界。内中和而外两级,这是中国众多叙事原则的深处潜规则。无中和,两极就会外露和崩裂;无两极,中和就会凝固和沉落。中和与两极,二者也是对立统一的,它以两极对立为动力,以中和使审美动力学形成完整的境界。"质言之,任何一种理论的建构与阐释,必然有其哲学上的根据,而《孙子兵法》作为历代兵家推崇备至的不朽立言,安能无之呢?从这种意义上说,"结构就是哲学",或者说"结构就是思维",也正是基于这种"致中和"的理论思维所产生的结构性力量,才使得孙子对其用兵思想的阐发呈现出无穷的张力。反过来说,寻绎《孙子兵法》的结构与思维,能为我们开启一种愈加淹贯精微的研究范式。唯如是,《孙子兵法》的研究方可企及一个崭新的高度。

三、概念与思想

老子《道德经》首章首句便云："道可道，非常道；名可名，非常名。"对此，学者傅佩荣认为："为什么讲完'道'之后必须讲'名'呢？就是因为人类如果没有使用名称或概念，就根本不能进行思考。"而学者王蒙则认为："寻找大道的过程乃是一个命名的过程。"傅先生的意思是说，人类要想明白事物的道理，就离不开名称或概念；王先生的意思是说，人们想明白甚或讲明白事物道理的过程，实际上是"道理名称和概念化"的过程，两位学者之见不谋而合，讲出一个同样的逻辑原理。现代逻辑学指出：概念是思维形式最基本的组成单位，是构成判断和推理的要素，因此，在研究判断推理之前必须要首先研究概念。同时还指出：任何一门科学都是该门科学的基本概念的体系。由是观之，概念是构成思想理论体系的基石，从概念入手学习、研究和把握思想理论才是最基本的方法。

毋庸置疑，孙子探寻与阐发战争制胜之道的精深详赡之处，同样体现在其构建的战争理论的名称和概念体系之中。据刘鲁民《孙子兵法的电脑研究》统计，孙子在其13篇中仅使用具有军事意义的对立名称和概念，如敌我、彼己、主客、动静、进退、攻守、速久、胜败、虚实、奇正、避就、专分、利害、优劣、安危、险易、广狭、远近、众寡、强弱、劳逸等就多达85对，它们不仅客观地揭示了丘牛大车时代的战争特点与制胜机理，而且集中地反映了中国由奴隶社会向封建社会变革的时代精神与文化特征。然而，最具中国古代思想文化特色的思维现象则是，一如儒家言"仁"，没有"仁"的定义，道家言"道"，没有"道"的定义一样，《孙子兵法》中的名称或概念几乎都没有明确的定义，故此，作为中国古代这一独特的思维现象，它所造成的必然结果就是：对于明者，自然是仁者见仁，智者见智，给人以广阔的思想发挥空间；对于暗者，则是众说纷纭，莫衷一是，即使谬误千里仍趋之若鹜。但令人击节叹服的是，尽管处于这样一种思维范式之下，孙子仍以其高超的理论思维能力，构建起了一座座人类军事理论史上难以逾越的思想丰碑。

最为典型的例子，莫过于"形"与"势"概念的引入与提出。《资治通鉴·汉纪二》："荀悦论曰：夫立策决胜之术，其要有三——一曰形，二曰势，三曰情。形者，言其大体得失之数也；势者，言其临时之宜，进退之机也；情者，言其心志可否之实也。故策同、事等而功殊者，三术不同也。"荀公之论说明，在我国古代，"形势"并非如今人所视为一个词、一回事，而是"形"与"势"两个词、两回事，而且，"立策决胜"包含有"形""势"和"情"三术分胜之说。同样，在孙子这里，对于战争的"形势"问题，也分为两个问题：一是形胜问题，二是势胜问题，故而孙子以《形》《势》两篇分别论之。《形》篇讲"形胜"，就是指军事实力的强大根植于民众繁衍、器具工艺、粮草农作等社会物质基础的生产与建设，讲求厚积而薄发，故孙子喻之为："若决积水于千仞之谿者"；《势》篇讲"势胜"，就是指战争的胜利发轫于奇正之用、无穷之变，成就于"势险节短"的战场情势和气势，故孙子喻之为："如转圆石于千仞之山者"。在此我们要着重强调的是，正是由于"形"的概念的引入与提出，才使得孙子把战争的胜利看成是两大阶段：一是"形胜"；二是"战胜"。高明的战争指导者，必须先在军事实力的竞争与对抗中夺取胜利，亦即所谓"形胜"，然后才在刀兵相见的战场上夺取胜利，亦即所谓"战胜"，正基于此，孙子才提出并确立了至今仍散发着熠熠光辉的战争思想——"先胜而后求战"。同样，正是由于"势"的概念的引入与提出，才使得孙子把战场的胜利看成是两大阶段：一是创势；二是夺胜。睿智的战场指挥员，必须先在战场上以"利动"而"本待"设战势、以"择人"而"任势"求气势，然后方能以摧枯拉朽之势夺取战争的全面胜利，正基于此，孙子才提出并确立了至今仍有着重要作用的作战思想——"以正合，以奇胜"。

克劳塞维茨曾精辟指出："任何理论必须首先澄清杂乱的、可以说混淆不清的概念和观念，只有对名称和概念有了共同的理解，才能清楚而顺利地研究问题。"准确地讲，名称与概念本身是有一定区别的：名称是对事物经验性的称谓，是一种熟知，一种常识，它主要应用于现实的世界；而概念则是对事物规定性的概括，是一种真知，一种理论，它主要应用于理论的世界。所以，概念乃名称的抽象，是由人的观念而建立的。对于《孙子兵法》而言，我们之所以把它的理论范畴一股脑地称为"名称和概念"，是因为若称之为"概念"，它们又几乎没有明确的定义，若称之为"名称"，它却完全发挥着概念的作用。不论如何，诚如克氏所言，弄清名称与概念始终是研究孙子思想的逻辑起点，与今不同的是，由于这些名称与概念基本上都没有明确的定义，所以这更需要人们对其产生和使用的历史文化背景有着广博而深刻的领悟能力。

四、历史与文化

清代史学家章学诚《文史通义·文德》说："不知古人之世，不可妄论古人之辞也。知其世矣，不知古人之身处，亦不可以遽论其文也。"易见，知其世，识其人，方可解其文。因此，在我们学习和研究《孙子兵法》的时候，就必须全面了解孙子生活的历史时期和社会状况，科学考察春秋及其以前时期的战争实践及理论经验，深入探索我国上古时期华夏文化及其对孙子产生的影响，具体查究孙子思想最初产生与首次运用的齐国和吴国的历史情况，只有弄清这些问题，我们才能更好地了解孙子军事思想的来源及内在的联系，也才能认识到它产生与运用过程中历史的必然性和文化的传承性。按照马克思主义的历史观来说，我们只有从历史的联系与历史的线索中出发，才能科学地研究和正确地认识《孙子兵法》。

从政治方面看，战争是政治的继续，也是政治的工具。由于孙子生活的春秋时代，是一个诸侯问鼎、王霸迭兴的霸政时代，因此，它所孕育的战争就是一场又一场服从并服务于国家图强争霸的战争，作为一部致力于襄助吴王称霸的兵书战策，从本质上决定了《孙子兵法》阐扬"王霸之兵"的攻势战争的军事思想底色。从《计》篇经五事、校七计、知胜负，其目的就是考察可否发动一场有胜利把握的战争；到《作战》篇先言兵久之害、后论兵胜之利，其目的就是制定一种服务于图强争霸的攻势战争的战略方针——兵贵胜，不贵久；再到《谋攻》篇以全胜为目标，以全策为手段，以全利为要求，其目的就是对一场攻势战争进行战略谋划；最后，再到《九地》先具体陈述"九地"，总体描摹侵伐战争或临或由的典型要地，后总结提炼"为客之道"的一般做法，其目的就是揭示深入敌境而因地制宜的战争法则，等等。总而言之，学习和研究《孙子兵法》我们必须始终把握这一个鲜明的军事思想特色。

从经济方面看，由于土地是古代人民赖以生存的主要生产资料，是构成当时社会生产关系和一切经济关系的物质基础，因此，土地政策的好坏，决定着经济制度的优劣，进而也决定着国家政治和军事实力的强弱，这客观上规定了《孙子兵法》主张"为胜败政"的先胜后战的战略战术基调。最具典型性的就是《形》篇提出的"地生度，度生量，量生数，数生称，称生胜"的形胜见胜思想。何者为"度"呢？王晳注曰："仗尺也。"贾林注曰："度土地也。"王注侧重于训诂"度"的原义，贾注则侧重于"度"的功能，二者相互补充整体上说清了"度"的基本含义。《孟子·万章下》有云："天子之制，地方千里，公、侯皆方百里，伯七十里，子、男五十里，凡四等。"这说明，由"地"产生的"度"，决定着四个等级的"天子之制"，它对于当时社会政治制度的构建具有着极其重要的基础作用。与此同时，无论在经济上鲁国的"初税亩"、郑国的"为田洫"和秦国的"初租禾"，还是在军事上晋国的"作爰田"、鲁国的"作丘甲"和郑国的"作丘赋"，无一不是基于土地的"度"而产生和建立的税赋制度，所以春秋末年便有了诸侯"履亩而税"之说。基于此，我们就可以清楚地知道，由"地"到"胜"，逐项渐次相生，直至称胜见胜，这既是"形胜"的基本原理，也是孙子给出的"知胜""见胜"的基本方法，二者具有高度的统一性。由此足见，在春秋时期，"为胜败政"的根本不过是土地政策的良莠而已。

从军事方面看，由于春秋战国时期"履亩而税"的经济政策，以及由此而产生"丘牛大车"的军赋制度，也就决定了平时"寓兵于农"、战时"算地出卒"的军事组织形态。换言之，国家的军事实力或战争力量基本藏集于平时的综合国力之中，这实际上从根本上决定了《孙子兵法》基于"合军聚众"的临战募军的用兵打仗根柢。最能说明这一问题的是孙子提出的"择人任势"思想。关于"择"字，裘锡圭《文史·说"择人而任势"》认为"择"应为"释"；

吴九龙《孙子校释》也指出"'择'，训'释'"。事实上，"择"作为"选择"之意，本身就有"取舍"的意味，究竟是用"取"意，还是"舍"意，完全应看其所处整体的句义和文义。就孙子"求之于势，不责于人，故能择人而任势"的原文来说，"求之于势"，讲的就是"任势"；"不责于人"，讲的就是"择（舍弃）人"，这样不仅全句义理贯通，而且，"择（舍弃）人而任势"就成为对前句"求之于势，不责于人"的概括和凝练。所以，将"择"训为"舍弃"完全符合孙子此言的整体义理。正是基于"择人任势"的思想，孙子才在《九地》提出了"投之亡地然后存，陷之死地然后生"的用兵思想，而这样的用兵思想正恰与"合军聚众"的临战建军而用兵打仗的军事组织形态一脉相承。正因为那时的军队，只有到战时才"算地出卒""合军聚众"而临战建军，所以根本无法像现代军队一样，进行所谓正规的政治思想训练，而只能靠"不得已则斗"的人性的本能反应去组织打仗。

从文化方面看，春秋时代又是一个百花齐放、百家争鸣的思想文化创新的鼎盛时代，因此，一如儒墨道法诸家对自然、人类和社会的终极考问，《孙子兵法》一书就是汲取了当时特有文化营养的兵法韬略，不愧为兵家创宗立派之元典。正基于此，孙子在建构其兵法理论大厦的过程中，不仅扬弃地汲取了道家的"道"、儒家的"仁"、法家的"势"、阴阳家的"阴阳""术""数"等古代传统的文化概念，而且自觉地运用了先秦文化中阴阳、五行、四时、八卦等传统的数理哲学。譬如，《孙子兵法》中或明或暗地大量出现了"五事""五德""五知""五危""五利"等提法。《说文》云："五，五行也。"这说明在古人看来，"五"从诞生之日起，就代表着宇宙构成的基本要素，是天地万物构成元素的常数；而由此发生的五行说，则是中国古代取象比类学说，主要用以说明世界万物的产生形成、运动发展及其转化关系，堪称原始的系统论。因此可知，孙子所有依"五"而列举的概念或者提出的观点，前者表明的是体系的概念或概念的体系，而后者则反映的是他分析与阐述问题的整体性和系统性。再如，书中还出现了"九变""九地""九天"等提法。在先秦文化中，"九"为阳数之极，乃事物无限性的表征，因此，孙子文中有时虽具体列举了如"九地"的九个概念，然在分别阐明九种军事地理的同时，也以"九"之"极"的内涵表明了"地"的无穷无尽、千变万化。凡此种种，不一而足。由是观之，如若我们不能了悟先秦文化中这些潜藏的文化信息抑或是传统理论思维范式，有时便根本无法弄懂孙子笔下的微言精义，因此，我们须在文化的底蕴中解读《孙子兵法》。

五、气象与圣境

中国古代文人追求圣贤之德与圣贤气象，从内心到外表，从言辞到行动，讲求优雅而高贵，洁净而通达，精微而宏阔，慈爱而超拔。钱穆先生曾说："宋儒提出气象二字来分别圣贤，气象本属天，人人可知。但以言人文，则似无可指说。""气象"之所以"无可指说"，正是在于它并非指某种实体化、概念化的东西，而具有不可捉摸且难以言喻性。因此，元代诗人耶律楚材云："文章气象难形容，腾龙翥凤游秋空。"可见，"气象"作为一个人文概念，"气"即指贯穿文章的气势；"象"即指抒发情意的形象，而"文章气象"则是指文章的气派与格局。《孙子兵法》自诞生以来，便以其苍古雄劲的文字，深邃富赡的思想，广博精微的内容，受到历代名家的广泛赞誉和追捧，并被奉为"兵学圣典"。究其根源，自然与孙武及其兵法所呈现给人们的"圣贤气象"密切相关。对此，宋代郑友贤评价云："盖易之为言也，兼三才，备万物，以阴阳不测为神。是以仁者见之谓之仁，智者见之谓之智，百姓日用而不知。武之为法也，包四类，笼百家，以奇正相生为变。是以谋者见之谓之谋，巧者见之谓之巧，三军由之而莫能知之。""三才"即天、地、人；"万物"即万事万物；"四类"即兵权谋家、兵形势家、兵阴阳家、兵技巧家；"百家"即诸子百家。郑公卓见，正是在与《易》的对比照映之下，充分说明和展现了《孙子兵法》全书致广大而尽精微的"圣典气象"。关于这点，其实并不是玄虚、神秘的，它就体现在孙子揭示和阐释战争制胜之道的"四至"之中。

至大，即"体大精思"的广博视野与幽深探悉。从本质上讲，孙子构建的战争理论，所以既宏阔高远，又淹贯微精，完全得益于所谓"致中和"的文思结构和篇章布局。具而言之，在《孙子兵法》十三篇中，当该篇论题属于战争全局问题，或者说战略问题时，通常上半部分讲属于"道"层面的理论观点，而下半部分则讲属于"术"层面的实施要点，前六篇基本属于这样的内容结构。当该篇论题属于战争局部问题，或者说战役战术问题时，通常上半部分讲属于"术"层面的思想观点，而下半部分讲属于"道"层面的总体要求，后七篇基本属于这样的内容结构。对于孙子这种几于周全的行文阐释之道，明人赵本学评价说："《孙子》十三篇，篇篇各为一义，其实于法有所须，必该及之，而无或漏。譬之圣人之语道，本末上下，皆在其中。"赵公之论可谓深中肯綮，《孙子兵法》每篇阐释一个关于战争的问题，都是用兵打仗所必需的，毫无任何遗漏。犹如圣人阐发"道"，始末原委，广大精微，面面俱到，均包罗在其中。极而言之，孙子始终是把战争的制胜之道与战争的制胜之术作为整体来考察的，因此，《孙子兵法》的各篇均达及了"形而上"与"形而下"的有机统一。

至善，即"善之善者"的制胜化境与用兵方略。提起孙子制胜的化境，主要源于他对胜利卓尔不群、超凡脱俗的认识。最让人叹为观止的，就是《谋攻》篇："全国为上，破国次之；全军为上，破军次之；全旅为上，破旅次之；全卒为上，破卒次之；全伍为上，破伍次之。是故百战百胜，非善之善者也；不战而屈人之兵，善之善者也。"如此石破天惊之语，如此高超的制胜之境，集中反映了孙子制胜韬略的大视野、大思路、大战略。正是站在制胜化境之高巅，孙子才提出了"知彼知己，百战不殆"的谋划战争的前提大要；揭示了"先胜而后求战"的军事斗争的上佳策略；确立了"致人而不致于人"的争取军队主动权的先机思想；喻明了"以正合，以奇胜"的战场创势的灵活战术；阐释了"避实而击虚"的将帅用兵的真言至理；指明了"攻其无备，出其不意"的部队行动的总则津要。要言之，孙子揭示并提出的用兵之法、制胜之道，无不反映出他求完美之境、立终极之言的精神向往和价值追求。

至简，即"大道至简"的理论观念与思想方法。在春秋时期，"大道至简"已然不仅是一种思想，而且成为一种代表着时代精神的方法论。孙子《虚实》

篇对"避实击虚"用兵思想的理论阐述，堪称孙子对"大道至简"科学方法具体运用的生动体现。他在全面论述"行""攻""守"和"进""退""战"的军队行动时，极本穷源地指出："行于无人之地""攻其所不守""守其所不攻""进而不可御""退而不可止"，以及"我欲战，敌虽高垒深沟，不得不与我战""我不欲战，画地而守之，敌不得与我战"。毫无疑问，上述对于军队行动上佳境界的恣意挥洒，实质上就是对敌至虚、我至实的"至简"境况的精湛表达，同时更是对避实击虚"大道"的深刻揭示。无独有偶，克劳塞维茨《战争论》中，同样是在"绝对战争"的理想条件下，抽象出战争的"三种极端"，尔后在"现实战争"中对其修正，进而揭示了"战争无非是政治通过另一种手段的继续"的战争本质。穿越古今东西的时空，我们不难发现克氏论述战争本质的哲学推究的方法，颇似孙子阐发"虚实"追求上佳境界的手法，克氏以"三个极端"达及了战争的本质，而孙子则以"行""攻""守"和"进""退""战"的"六个境界"，不仅使战场用兵达及了"至简"的理想境界，而且达及了避实击虚的用兵"大道"。

至美，即"信言亦美"的生花妙笔和锦绣文章。老子说"信言不美，美言不信"，而孙子对于战争理论的阐释，不仅信而有征，而且斐然成章。最具说服力是当属《行军》篇中对"相敌"的阐述：他重复使用了三十二个"……者……也"句，前半句"者"描述了敌情的现象，后半句"也"则揭示了敌情的本质，充分展现了他透过现象看本质的"相敌"的科学方法。而对于孙子"相敌"的阐释笔法，明代大思想家王阳明《诸子汇函》则盛赞道："炼字炼句，逼真《老子》书。连用'也'字，文法开《醉翁亭记》法门。"对字句的凝练揣摩，具老子《道德经》字字珠玑之风范；对"也"字的重重叠用，开欧阳修《醉翁亭记》清丽文法之先河。不仅如此，孙子对于如引用、比喻、排比、顶针、设问、夸张等修辞手法的应用，也堪称信手拈来、炉火纯青，无怪乎南朝文章学家刘勰《文心雕龙·程器》说："孙武兵经，辞如珠玉，岂以习武而不晓文也?"马克思说，语言是人类的思维外壳。可以毫不夸张地说，孙子构建兵法的理论思维，就蕴含在其沉思翰藻的华彩篇章之中。

　　总而言之，孙子正因把自己的兵法理论体系构建于中国古代传统的"中和"哲学思想精髓之上，所以才使得其战争学说从全局到局部、从思想到行动、从文辞与语态、从心灵到修为达成完美的统一，从而使战争制胜的"道"与"术"融通凝结为一种精神境界与理论品格，圣人圣典气象也由此得以自然呈现和涌出。朱熹在《论语集注》中引程伊川之语道："凡看论语，非但欲理会文字，须要识得圣贤气象。"同样，我们今天学习和研究《孙子兵法》，绝不可仅沉溺于章句训诂，而应透过文字来感知"圣人气象"，与圣人相感通，通达圣人曾经的通达，这才是体悟经典的根本方法。

作　者

2022 年 9 月 28 日于郑州

第一　计

——未战先计

《汉书·艺文志·兵书略》将兵书分为四类，《孙子兵法》为首类"兵权谋家"，以"先计而后战"为基本特征，并以此为兵略第一要义。唐李筌注《计》篇题曰："计者，兵之上也"；宋张预注曰："用兵之道，以计为首"。明赵本学则注曰："取胜于心，而后取胜于兵。"可见，"计"为用兵之思，"兵"为用兵之行；"计"上而"兵"下，先思而后行。所以说，"先计而后战"不仅揭示了人类"思与行"在战争领域的实践运用逻辑，而且使人类社会的特殊实践活动——像怪物一样的战争，在厮杀中秉承道义，在残酷中蕴含理性，在野蛮中彰显文明。现代学者普遍认为，"先计而后战"出典于《孙子兵法》，而在现存典籍中，《孙子兵法》也是最早提出"未战而庙算"的著述，不啻具有开先河、创宗派，为兵法立心立命的伟大意义。自孙子以降，"先计而后战"，似黄钟大吕，如醒世恒言，成为历代兵家兴师致战的金科玉律，弥足珍贵。

一、题解——计，是战前君将对战争的考量谋划

古书题篇有两种：一种是拈篇首语，用开篇的两个字作篇题；一种是主旨命名，从思想内容概括而来。"计"是《孙子兵法》首篇的篇题，且其十三篇，每篇均有篇题，显然它就属后一种。所以，它与同时代孔子《论语》的篇题不

同，如《学而》《为政》等，均直用篇首两字，颇似代表篇名的符号。对此，晚清思想家章炳麟《文学说例》就曾经指出："前世著述，其篇题多无义例。《和氏》《盗跖》，以人名为符号；《马蹄》《骈拇》，以章首为揭橥。"句中，"义例"即"主旨"义；"揭橥"为"标志"义。然《孙子兵法》各篇的篇题，恰似清代刘熙载《艺概·经义概》中所讲："题有题眼，文有文眼"，既具画龙点睛之功，又有点铁成金之效。由是观之，孙子极为善于将各篇的中心思想浓缩进短小精悍的篇题之中，不仅集中体现出各篇所述战争问题的思想结晶，而且共同凝聚和呈现出《孙子兵法》全书的理论精髓。《计》篇篇题即是如此，不仅是全篇的中心思想，而且是全篇内容的高度抽象。

"计"，《说文》云："会也，筭也。""筭"今作"算"，是一种原始计数工具，由竹片或骨片削制而成，与筹、策属同一性质的东西，后来应用于军事筹划领域。孙子又称之为"庙算"，是古代君臣文武运筹于庙堂之上的意思。古今注家对于"计"的解释主要有三种：一是计算估计。如唐杜牧注曰："计，算也。"郭化若先生说："'计'是当时《孙子》所用的范畴，直译为计算或估计。"二是计划筹划。如曹操注曰："计者，选将、量敌、度地、料卒、远近、险易"。付朝先生注释说："计，就是计算，引申为计议、谋划等。"三是谋略计策。如明代刘寅注曰："计，谋也。"李零先生注释说："'计'是计算的意思，也是计划和计谋的意思。"正因存在多种歧义与认识，陈启天则总括以为："计者，兼含三义：计划，或计谋，一也；计较，或比较，二也；计算，三也。"笔者认为，孙子所言"计"究竟是何真意，还是要看《计》全篇的思想阐释与自证。

就"计"的内容而言，如杜牧注曰："计算何事：曰：下之五事，所谓道、天、地、将、法也。"而张预注则注曰："将之贤愚，敌之强弱，地之远近，兵之众寡，安得不先计之？"事实上，总观《计》篇全文，不仅阐述了经"五事"、校"七计"而"知胜"的问题，而且阐释了"兵者，诡道"及其"十二法"的"制胜"问题，同时还涉及"选将"与"为势"的战略实施步骤问题。就"计"的时机和地点而言，如施子美注曰："凡攻战之道，计必先于内，然后兵出乎境，是以先计后战。"曹操注曰："计于庙堂也。"易见，关于"计"的时机，各家众口一词，认识是统一的，就发生在战前或阵前的时间段里。关于"计"的地点，如众所知，"庙堂"原指古代先人祭祀和议事的地方，故此，孙子所谓"计"或"庙算"的场所，既应包括君臣议事决事的朝堂之上，也应包括君将谋战胜战的军帐之中。就"计"的主体而言，正像《计》篇中所说的："将听吾计，用之必胜，留之；将不听吾计，用之必败，去之。"显而易见，"计"之朝堂，其主体则通常为国君；而"计"之于战场，其主体则通常为将帅。综上所述，孙子《计》篇题义，不仅包含有战前国家在朝廷上对战争胜负进行战略预判的"朝堂之计"，而且也包含有阵前将帅在战场上对用兵方略进行运筹谋划的"军帐之谋"。要言之，孙子"计"就是战前君臣与将帅对战争"能否打"与"怎么打"战略考察和作战谋划。

此外，尤其值得关注的是，对于"朝堂之计"，孙子提出"计"的方法是："经之以五，校之以计而索其情"，即"经""校""索"三个字，很显然，"经"与"校"定量分析的含义更显明，而"索"则定性综合的含义更彰明。可见，它既有定量的考量分析，又有定性的寻索考察，具有极强的科学性。而对于"军帐之谋"，孙子提出"计"的警策则是："此兵家之胜，不可先传也。"言下之意，用兵是一个"诡道"问题，虽然他列举了"十二法"，但它其实是一个见仁见智的问题，靠的是将帅战场上的临机决断和作战原则的灵活运用，亦即将帅主观能动性的充分发挥与创造。又见，它既有欺敌骗敌的诡诈方法，又有顺敌悖敌的谋陷手段，具有极强的艺术性。进而言之，或许正是由于孙子像对"计"这样将科学性与艺术性兼容并包的阐述范式及深刻表达，才成就了《孙子兵法》能穿古今、越国界，其放之四海而皆准的用兵思想的广泛认同和撒播。

二、构解——既讲了朝堂之计，也讲了军帐之谋

《计》是《孙子兵法》十三篇之首篇，着重阐释了两个方面的问题：一是"庙算"，提出发动战争必须考察战争，"计"战争胜负于庙堂之上，达到"知胜"的目的；二是"诡道"，通过表明对战争的本质认识，详述了"诡道"的

具体方法，凝练指出兵家"制胜"的策略。从全篇来看，《计》既提出了"庙算"的大纲要目，明确了考察战争的理论运思，同时也呈现了从"庙堂"筹划，到"选将""为势"，再到战场"诡道"施谋的战略筹划的全过程。故此，明代赵本学注曰："始计者，谓兴师起事之初，先当审己量敌，而计其胜负之情也。取胜于庙，而后取胜于野；取胜于心，而后取胜于兵。"赵公殊为有见，其先胜于"庙"后胜于"野"、先胜于"心"后胜于"兵"的诠释，的确读出了孙子《计》篇的理路与文思。

上半部分：朝堂之计。从"兵者，国之大事"至"吾以此知胜负矣"。孙子开篇明确提出，战争是国家政治生活中的大事，必须进行慎重考察与筹划。那么，如何对战争进行考察呢？在考察方法上，提出"经、校、索"的考察方法。在考察内容上，提出"五事""七计"的考察内容。通过这样的考察，孙子认为战争的胜负显而易见，了然于目前。

中间部分："选将""为势"。从"将听吾计"到"因利而制权也"。既然计已知胜，决定发动战争，"拜将授算"与"为势佐外"，自然是国家从庙堂走向

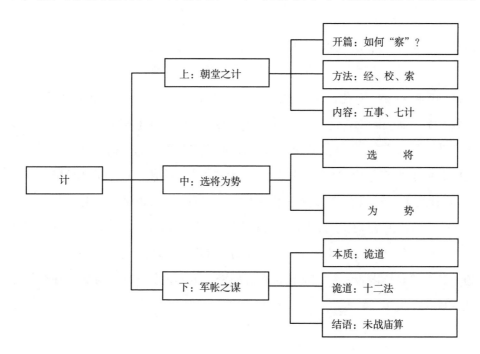

战场的两大重要战略步骤。借此，在将兵家从庙堂带入战场的同时，也将研究内容从"朝堂之计"转向"军帐之谋"。

下半部分：军帐之谋。从"兵者，诡道也"到"吾以此观之，胜负见矣"。孙子认为，战争的本质是"诡道"。由此，他详尽陈述了"诡道"十二法，并凝练了其"攻其无备，出其不意"的核心要义，且告诫人们，这些都是兵家制胜的通常方法，而战场运用则需见仁见智，故"不可先传也"。言中之意，"诡道"虽亦属"庙算"，然《计》既有"朝堂之计"也有"军帐之谋"，绝不可混为一谈。

三、文解

《周易·家人》有云："君子以言有物而行有恒。"意思是说，古人作文讲求，言之有物，持之有故，清王夫之总之曰"有物有序"。综观孙子《计》全篇，上半部分，详细论述了国家经纬战事而"知胜"的基本方法与内容，即所谓"朝堂之计"；下半部分，揭示了将帅用兵打仗行"诡道"而"制胜"的主要方法，即所谓"军帐之谋"。中间部分，以"选将""为势"为桥梁和纽带，将"朝堂之计"与"军帐之谋"有机衔接，进而使战争筹划的理论思维完全契合于战略实施的实际步骤。对此，赵本学注曰："内计五事，皆无不利，然后乃择将吏，以任其事。将吏既得，然后乃诡设形势以助之于外。本末兼尽，体用俱全，师出有功，不待言矣。"赵公同样认为，《计》篇上半部分为"内"、为"本"、为"体"，而下半部分为"外"、为"末"、为"用"，而把上下两部分联接为一体的是"择将吏"与"设形势"。尤需强调的是，这种"本末兼尽，体用俱全"的"上中下"结构，正是《孙子兵法》十三篇谋篇布局的最普遍、最基本的规律。"有序"，即指以上所述理论运思的逻辑结构；"有物"，即指"五事""七计"和"诡道十二"等具体内容。结构清楚，析理精密，内容由隽言警句提领，使全篇浑然天成。

上：朝堂之计

宋代范仲淹《岳阳楼记》云："居庙堂之高则忧其民，处江湖之远则忧其君。"这里，"庙"即宗庙；"堂"即殿堂；"庙堂"即指朝廷。又据《汉书·艺文志》记载："诸子出于王官。"该说认为，先秦时期的诸子百家均出自于朝廷的官职，如儒家出于司徒之官（掌户籍授田），道家出于史官（掌史事档案），墨家出于清庙之守（掌宗庙），法家出于理官（掌刑狱），兵家出于司马之职，等等。依据上述官职之细分，我们大体可以看到春秋时期的"庙堂"，已初步形成了"国君主导，将相参与"，文武百官朝廷议事决事的雏形。故此，孙子该篇结尾有云："夫未战而庙算胜者，得算多也；未战而庙算不胜者，得算少也。"明确地将"计"称之为"庙算"。事实上，《计》篇上半部分所阐明的正是"计"即"庙算"的方法与内容。

1.0 孙子曰：兵者，国之大事，死生之地，存亡之道，不可不察也。

2.1 故经之以五，校之以计而索其情：一曰道，二曰天，三曰地，四曰将，五曰法。道者，令民与上同意，可与之死，可与之生，而不畏危也。天者，阴阳、寒暑、时制也。地者，远近、险易、广狭、死生也。将者，智、信、仁、勇、严也。法者，曲制、官道、主用也。凡此五者，将莫不闻，知之者胜，不知者不胜。

2.2 故校之以计，而索其情。曰：主孰有道？将孰有能？天地孰得？法令孰行？兵众孰强？士卒孰练？赏罚孰明？吾以此知胜负矣。

发动战争，必须考察战争

兵者，国之大事，死生之地，存亡之道，不可不察也。孙子首篇首句开门见山地说，战争是国家的大事，关系军民的生死，国家的存亡，不可以不认真考察。白居易《新乐府·并序》曰："首句标其目"。孙子开篇便开宗明义地表明了自己看待战争和考察战争的立场与观点。其一，认为战争是"国之大事"，"不可不察"，彰显了他对待战争问题的审慎态度；其二，认为战争才是国家大事，而非《左传·成公十三年》所云"国之大事，在祀与戎"，彻底剔除了祭祀一事，表明了他朴素的唯物观；其三，认为战争必须进行认真考察，而"不可取于鬼神，不可象于事，不可验于度，必取于人"（《孙子兵法·用间》），体现了他对战争认识问题的可知论。这样的观点，在今天看来无疑是正确的，在春秋时代无疑是革命的。

"兵者"，指战争。"兵"，本义是兵器，引申为士兵、军队、战争，抑或为军事。《说文》云："兵，械也。从廾，持斤，并力貌。"《孙子兵法》用"兵"字70余处，有时指军队，如"凡用兵之法，将受命于君，合军聚众，交和而舍，莫难于军争"（《孙子兵法·军争》）；有时指战争，如本篇。但无一处指兵器。关于本篇"兵"的内涵，目前有两种看法：一种认为指战争，是主流看法；另一种看法，认为指军事（如李零先生所著《唯一的规则——〈孙子〉的战争哲学》）。笔者认为，本篇"兵"训为战争最佳。其原因在于："军事"一词，属现代军事理论概念，它是关于研究战争和军队的学问，孙子《计》篇下文言："兵者，诡道也。"如果说在用兵打仗的战争问题上要用"诡道"，那么在有关军队建设的方针政策上肯定是不能用"诡道"的。再者，就全篇内容来看，从经"五事"到"七计"，孙子就是根据国家政治、天地、军事等方面情况，分析预判战争的"胜负"，进而做出是否可以发动战争的战略决策问题。因此，本篇的"兵"，只有训为"战争"才符合孙子本意。

"国之大事"，意为战争是国家大事。《易经·小过》云："可小事，不可大事。"在周代，祭祀与战争一般被看作"大事"，而其他的都被看作"小事"，所以，《左传·成公十三年》有云："国之大事，在祀与戎。"在此，孙子却摒弃祭祀，独言战争是国家大事，足见其思想进步与理论胆识。春秋时期，尽管继承了西周敬天保民的社会意识形态，但有所不同的是，当时已经出现了否定天、命、鬼、神的主宰地位，将之置于民的辅助地位的思想。虽然如此，但并没有完全否定"天"的存在，摒弃对神的祭祀活动。如《左传》记载，桓公六年，随国大夫季梁曾说："夫民，神之主也。是以圣王先成民而后致力于神。"僖公十九年，宋国司马子鱼也说："祭祀以为人也。民，神之主也。"又如《论语·卫灵公》记载："卫灵公问陈于孔子。孔子对曰：'俎豆之事，则尝闻之矣。

军旅之事，未之学也。'明日遂行。""陈"古代通阵，指战阵之事；"俎"和"豆"分别是古代祭祀或宴会盛肉类和食物用的器皿。"俎豆之事"就是"祀"；"军旅之事"就是"戎"。古礼，祭祀属于吉礼，用兵属于凶礼。卫灵公问孔子有关战阵的问题，孔子不但避而不谈，反而第二天就离开了卫国，足见孔子对"祀"与"戎"的好恶。由是观之，在春秋末期，"在祀与戎"仍是当时人们对"国家大事"的基本认识，孙子敢于彻底摒弃祭祀，独言战争是国家大事，对当时主流思想大胆扬弃，足可见其思想观念之进步，理论勇气之巨大。

"死生之地，存亡之道"，是对应上句中"兵"与"国"的，"死生"言兵民；"存亡"言国家。古今注者存在的较大分歧是对"地"的训释。一言"地"字虚看，谓（死生）所系。如张预注："民之生死兆于此，则国之存亡见于彼。然死生曰地、存亡曰道者，以死生在胜负之地，而存亡系得失之道也"。一言"地"是实词，指战阵之地。如贾林注"地，犹所也，亦谓陈师、振旅、战阵之地。得其利者生，失其便则死，故曰死生之地。道者，权机立胜之道。得之则存，失之则亡"。理由是古人言兵必言地，而且，孙子本就把地形划分为生地和死地。因循"地"为实指的观点，有现代学者进一步认为："'兵'，并不是唯一的'国家大事'。……所以'死生之地'作为国家大事来看，它有别于'地者，高下、远近、险易、广狭、死生也'的'死生'，也有别于'陷之死地而后生'的'死地'——而是国家经济建设的大事。而'存亡之道'的'道'是指国家的政治，组织人民从事生产劳动以及其他社会活动的政治"（朱军著《孙子兵法博议》）。意即"地"是指国家的经济，而"道"是指国家的政治。还有学者认为，"地"与"道"分别是指"决定国家生死存亡的战地情况和取胜策略"，因此，战争必须从"地"与"道""两个大方面进行研究和探讨"，所以，"地""道"二字起到统摄《计》全篇的作用："地"引领全篇上半部分关于经"五事"校"七计"的内容；"道"引领全篇下半部分"诡道十二法"的内容（付朝著《孙子兵法结构研究》）。

笔者认为，矛盾的焦点应主要源于对该句的断句。一种断为："兵者，国之大事，死生之地，存亡之道，不可不察也。"另一种则断为："兵者，国之大事也。死生之地，存亡之道，不可不察也。"（在"国之大事"后，传本无"也"，简本有"也"）。这两种断句方式的根本不同在于，前者"不可不察"的对象就是"兵者"，而"死生之地，存亡之道"不过是对"兵者"重要性的修饰和加强；但后者"不可不察"的对象则是"死生之地，存亡之道"，这里"死生之地，存亡之道"变成为"兵者"所包含或涉及的具体内容。按照后种断句，朱军先生的说法并非完全没有道理。试想，倘若战争指导失利，其结果必然是将士屈死疆场，人民饿殍遍野，生产荒芜停滞，由此可能导致国家经济陷入崩溃的边缘（"死生之地"的经济含义），更为严重的结果，由于经济荒废，可能导致国家政治难以为继，最终带来亡国灭顶之灾（"存亡之道"的政治含义）。但是，纵观孙子《计》篇，并未像朱军先生所注解的那样，把战争、经济和政治作为同等重要的"国之大事"进行考察，而是全篇完全集中于对战争问题的考察。所以，"死生之地，存亡之道"，其作用仅在于强调说明战争对于国家的重要性。至于付朝先生所说，"地"提引决策论内容（经"五事"校"七计"），"道"提引策略论内容（"诡道十二法"），则明显存在着混淆概念之嫌。怎么一个"地"字就能包括以道、天、地、将、法为主要内容的"五事"和"七计"？果若如此，"地"的内涵岂不是变得包罗万象、泛而无边了吗？因此，把"死生之地，存亡之道"理解为对上句"国之大事"的阐释，起到对"兵者"重要性的进一步强调和修饰应更符合孙子本意。同时，也正因为战争对于国家具有如此的重要性，所以才警示人们"不可不察也"。

"不可不察也"，"察"为仔细看，必须认真考察。蒋百里说："察者，审慎之谓"。然而，孙子在"审慎之谓"前冠之以"不可不"加以强调，足见孙子对待战争的慎重态度。孙子生活在春秋晚期，饱经了诸侯兼并、大国争霸的动荡战乱，也目睹了生灵涂炭、饿殍遍野的悲惨人间，因此，他既有"亡国不可以复存，死者不可以复生"的警世恒言，又有"主不可以怒而兴师，将不可以愠而致战"的诤言劝谏，还有"明主慎之，良将警之"的叮咛嘱托，更有"知兵之将，民之司命，国家安危之主也"的使命担当。可见，孙子慎战的态度和思想发端于始篇首句，贯穿于全书字里行间。

那么，孙子又是如何考察战争的呢？

考察战争的方法：经、校、索

故经之以五事，校之以计，而索其情。这是孙子给出的考察战争的具体内容与方法。内容是"五事"和"七计"；方法的核心只有三个字："经""校""索"。这是战争考察方法的三个环节，也是三个步骤，前一步是后一步的前提，后一步是前一步的发展，只有环环相扣，方能预判战争的胜负，做到"知胜负矣"。

"经"，度量，测量，划分之意。《周礼·天官·冢宰》有"体国经野"之说，是说划分城中区域，度量郊外土地。古代还有"经始"的说法，如《诗·大雅·灵台》："经始灵台，经之营之"，意思是勘测丈量，营造灵台。现代部队仍把用于测量工事的绳子称作经始绳。本篇将"经"解释为"度量"较为准确。一方面，从"经"的内容来看，"五事"不去"度"，就没法产生"量"。另一方面，从孙子战争考察的步骤看，如果没有"量"，也无法进行下一步"校"。

"校"，计算，较量，比较之意。《荀子·君道》说："日月积久，校之以功。"是说国君选人用人，若天长日久，需通过考量其功绩来选择。《资治通鉴》有"校其强弱之势"之说，又是"比较"的意思。本篇将"校"解释为"比较"更为恰当。一方面，从"校"的内容看，七个"熟"问，确实是在比较谁明谁暗、谁多谁少、谁强谁弱的问题。另一方面，从孙子观胜负的标准看，胜者缘于"得算多也"，负者缘于"得算少也"，这"多"和"少"的确是"比较"的结果，也是判断胜负的根本标准。简本"校之以计"为"效之以计"，"校"作"效"。在王正向先生所著《新校竹简本孙子释义》中，依据"效者，为之法也"（《墨子·小取》），认为"效"字之义为"根据……进行推理"。笔者认为，孙子考察战争，从"经"到"校"再到"索"，本身就是一个完整的推理过程，无论是"校"还是"效"，将其作为整个推理过程的一个环节，释为"比较"更合逻辑。因为，"比较"的结果，恰恰又为"索"提供了前提和条件。

"索"，寻找，求取，搜索之意。《史记·秦始皇本纪》有"乃令天下大索十日"之语。"索其情"，是指探索战争胜负的情形。由于"索"的对象是"情"，而"情"又是由"五事""七计"派生出的诸多因素交错作用的结果，其复杂情状难以言表，所以，《计》篇中，孙子并未对"索其情"作具体研究论述。但我们可以肯定的是，孙子"吾以此知胜负矣"，绝不是在经"五事"、校"七计"后，机械地将"七计"按照"得算"的3∶4或4∶3来预判战争的胜负，而"索其情"恰恰要求战争决策者在逐个分析胜负条件的基础上，对战争胜负的可能结果进行综合的判断。在孙子时代，不可能像今天一样，能够认识到事物的发展是由事物内部的主要矛盾所决定的，但在孙子这里，无论是"五事"还是"七计"，他对这些战争胜负的相关因素均有着明确的先后之分，其先后顺序就是按照这些因素的重要程度排列的，因此，我们说，孙子"索其情"，正是对经"五事"、校"七计"的结果，有先有后、有主有次的综合分析和判断。

考察战争的内容：五事、七计

第一，经五事。一曰道，二曰天，三曰地，四曰将，五曰法。今天人们筹划发动战争，一般从国家的政治、经济、军事、科技以及国际形势等方面，研究考察发动战争的可行性和夺取战争胜利的可能性。而孙子提出，要从"道、天、地、将、法"五大方面考察战争。

道者，令民与上同意，可与之死，可与之生，而不畏危也。关于"道"，老子《道德经·二十五章》云："先天地生，寂兮寥兮，独立而不改，周行而不殆，可以为天地母。"意即，它先于天地而产生，寂然无声，寥然无形，独立存在，恒久不变，循环运行，永不衰竭，可以为天地万物之母。可见，老子认为，"道"是宇宙天地之本，世间万物之源。有缘于此，"道"亦成为中国传统思想文化中一个最为抽象的哲学概念，堪称中国哲学的元范畴，世人识之备感玄奥。孙子考察战争亦首言"道"，认为它可使国民与君主一意一心，共赴死，同图生，且不畏惧任何危险。显然，孙子之"道"，远非老子之"道"，具有其自身独特的思想内涵。

"道"，在《孙子兵法》中共出现23次，其中《计》篇6次。总体上有三种含义：一是如《计》篇中"官道""诡道"，《谋攻》篇中"知胜之道"，《地形篇》篇中"败之道也""地之道也""教道不明""上将之道"等哲学含义的"道"，颇似今天的道理、原则和基本方法等代表有规律的东西，虽也具有哲学意义，但比老子的"道"更为具体。二是如《军争》篇中"倍道兼行"，《地形》篇中"利粮道"，《九地》篇中"凡难行之道"，《用间》篇中"怠于道路者"等道路含义的"道"，此意最为具象，也极易理解。三是就如《计》篇中"道者，令民与上同意，可与之死，可与之生，而不畏危也"和"主孰有道"等政治含义的"道"，那么，我们为什么说孙子此言中的"道"是指政治呢？

从"道"的修为主体和对象看，"令民与上同意"的职责在君不在将。对此存在两种观点：一种是"将道"说。如张预注曰："以恩信道义抚众，则三军一心，乐为其用。"贾林注曰："将能以道为心，与人同利共患，则士卒服，自然心与上同也。"他们认为，"民"指"士卒"；"上"指"将帅"；"道"是将帅使军队与其一心的行为。另一种是"君道"说。如王皙注曰："道，谓主有道，能得民心也。夫得民之心者，所以得死力也。"孟氏注曰："道，谓之以政教，齐之以礼教，故能化服士民，与上下同心也。"他们认为，"民"指"士民"；"上"指"君主"；"道"是国君使军民与其一心的行为。笔者认为，孙子所说的"道"，是"君道"而非"将道"。如若是指"将道"，那么下文"将"之"五德"又所言何物？对此，倒是吴起的认识极为深刻，《吴起·图国》云："不和于国，不可以出军；不和于军，不可以出阵；不和于阵，不可以进战；不和于战，不可以决战。"首句就讲君道不修——"不和于国"，不可以出战，后面才讲"和于军""和于阵""和于战"等"将道"问题。《孟子》则更明确指出："天时不如地利，地利不如人和"。由此足见，君道是本，将道是末；君道是源，将道是流；君道清明则将道通达；君道昏聩则将道不行，这正是孙子为什么将"道"置于"天、地、将、法"之首的本质原因所在。

从"道"的基本内涵和功能看，"道"实属政治的范畴。据《史记·管晏列传》记载："管仲既任政相齐，以区区之齐在海滨，通货积财，富国强兵，与俗同好恶。"这是司马迁对管仲在齐任相政见政绩的高度赞扬。孙子亦生长于齐国，晚于管仲（？—公元前645年）百余年，其政治理念和军事思想必然受到管仲的深刻影响。《管子·牧民》曰："政之所兴，在顺民心；政之所废，在逆民心。民恶忧劳，我佚乐之；民恶贫贱，我富贵之；民恶危坠，我存安之；民恶灭绝，我生育之。能佚乐之，则民为之忧劳；能富贵之，则民为之贫贱；能存安之，则民为之危坠；能生育之，则民为之灭绝。……故知予之为取者，政之宝也。"由此足见，在管仲看来，政治的意义就在于民心的向背，而孙子"道者，令民与上同意也，故可与之死，可与之生，而不畏危也"，不过是对管仲"民欲我予，予之为取"政治思想的另一种表达。延安时期，毛泽东也曾与青年人谈论什么是政治，他说，政治就是把拥护支持我们的人搞得多多的，把反对我们的人搞得少少的。可见，主席讲的政治与孙子所言"道"几乎同出一辙。现代政治学家认为，政治是指对社会治理的行为，亦指维护统治的行为。对"令民与上同意"，钱基博注曰"此句'令'字着眼，非民之能与上同意，乃上之有道以令民与上同意也"，恰是体现了统治者"对社会治理的行为"；而"可以与之死、可以与之生，而不畏危"，赵本学注曰"王道之民，同心同德，尊君亲上，如子弟之卫父兄，手足之捍头目，与之死生，何畏之有"，又恰是体现了国民"维护统治的行为"。故此，我们说，"道"就是指政治，具有统领"五事"中其他四"事"之功能。如按照今天的观点，战争是政治的继续，政治位于考察、发动和进行战争的绝对首位。

此外，"而不畏危也"，简本作"而弗诡也"。"诡"，为"违背""违反"之意。如《吕氏春秋·淫辞》云："言行相诡，不祥莫大焉。"依此，句义当为"而不违反"，虽义通，非是。对此，钮先钟注曰："'可与之死'固然难，'可与之生'也许还更难。"的确，求死易，求生难，求生必畏惧危险，故从传本、注本"而不畏危也"义长。

天者，阴阳、寒暑、时制也。应解为：天，是指根据气候阴晴、季节寒暑、确定发动战争的时机，即所谓因时制战问题。曹操注曰："顺天行诛，因阴阳四时之制。故司马法曰：'冬夏不兴师，所以兼爱民也。'"李筌注曰："应天顺人，因时制敌"。曹、李二公同释"天"义为因时制战。为了更好地理解二公注解之深意，我们不妨把《司马法·仁本》多引几句："战道，不违时，不历民病，所以爱吾民也；不加丧，不因凶，所以爱夫其民也；冬夏不兴师，所以兼爱民也。"意思是：出战之道，不逆时而动，不在疾病流行时兴兵作战，为的是爱护自己的民众；不趁敌国国丧之际、灾荒之时发动战争，为的是爱护敌国的民众；不在冬夏两季兴师，为的是爱护双方的民众。这里，《司马法》就是着重从仁义爱民的角度阐述了一个国家兴兵举师不宜选择的时机问题。

关于"阴阳、寒暑"，是"天"的季节更替、昼夜冷暖等自然特性的考察。对于"阴阳"，老子《道德经》有云："万物负阴而抱阳。"古代哲学认为，"阴阳"是贯通一切事物既相互对立又相互转化的两个方面，用以解释各种自然现象的本质和规律。本指背阴向阳，但引申意很多，如日为阳，月为阴；春夏为阳，秋冬为阴；东南为阳，西北为阴，等等。世儒亦比附社会中君与臣、夫与妻的关系等。同时，"阴阳"还是古代数术学的重要概念之一，主要讲诸如祭祀、卜筮、占星、占梦、禳祷等形形色色的杂占和巫术。古代兵家有专讲阴阳数术一派，按《汉书·艺文志·兵书略》分类为"兵阴阳家"，以"顺时而发，推刑德，随斗击，因五胜，假鬼神以为助者也"为基本特征，属阴阳五行化的军事数术，因其既有科学，也有迷信，使今人训释"阴阳"颇感玄奥。若追根溯源，如《周易·说卦》有云："是以立天之道曰阴与阳，立地之道曰柔与刚，立人之道曰仁与义。"这说明，"阴"与"阳"是古时表明"天之道"的一对基本范畴，而且，按照孙子朴素唯物的哲学取向，"阴阳"就是他对于季节、阴晴、昼夜等天候自然特性的描述与表征。至于"寒暑"二字，本就沿用至今，是季节冷暖的描述与表征。

关于"时制"，笔者认为，与"阴阳""寒暑"根本的不同在于："阴阳、寒暑"属于对"天"自然特性的考察；而"时制"是对"天"军事作用的考察。对此，除了《司马法·仁本》中"冬夏不兴师"，可作为"天"具有"因时制战"义理的佐证外，我们还可以追溯至孙子之前的上古时期，探寻获得更为强有力的证明。

夏、商乃至西周时期，诸侯各国兴师致战的主导思想是"天时"军事思想，其核心就是预测并确定战争的吉与凶、战与否、行与止的时机选择问题。譬如，在《尚书》中曾记载了夏启举兵讨伐有扈氏，未战之前在一个叫"甘"的地方组织了誓师活动，其誓词就充分说明了他的讨伐之举完全是秉承天命、顺天奉时的正义行为。

有扈氏威侮五行，怠弃三正，天用剿绝其命，今予恭行天之罚。（《尚书·甘誓》）

意思是说，有扈氏的淫威，悖逆自然，离弃时制，上天派我剿杀其性命，今天我是躬行上天对他的惩罚。古人认为，天下万物皆由金、木、水、火、土组成，"五行"即指这五大基本要素彼此之间相生相克的关系，亦指自然运动的本质规律。同时认为，人的行为必须符合历法时制要求。关于"三正"，《左传》和《史记》均认为，是指夏朝用夏正、商朝用殷正、周朝用周正的总称。科学史专家钱宝琮认为，是指春秋时代夏、殷、周三个民族地区的历法，而不是三个王朝的历法。其实，这两种说法均与甘誓所发生的年代不符，但有一点是肯定的，就是历法对于古代的宗教政治具有着极其重大的意义。在古代社会中，无论是东方还是西方，历法的更迭就意味着朝代的更迭，历法之争实质就是统治之争，因此，"三正"就代表了"天"（宗教）对人们行为的规范与要求。

那么，既然是"恭行天之罚"，是秉承"天命"而用兵，如何得到上天旨意，让民众信服呢？据《孟子·公孙丑》载："古之用兵，莫不布策挟龟，以明利害，必有得天时者矣"。古人与上天沟通的方法就是"布策挟龟"，即用蓍草烧灼龟腹骨，根据龟骨的裂纹来占卜吉凶，作为兴兵举师的依据，做到"顺天奉时"。这再次说明，祭祀卜筮不仅是那时的国家行为，而且还运用于军事领域，有戎必祀，先祀后戎。因为，古人相信，用兵打仗一定要秉承天意。今天我们称其为"天时"的军事思想，正是主导夏、商、西周时期的用兵思想，直至武王伐纣方才彻底动摇。

据《史记·周本纪》记载，周武王讨伐商纣王，出师前占卜，龟兆"大凶"。于是，武王怛惕，群公尽惧。然太公（吕尚，又称姜子牙）却扔掉蓍草，踩坏龟甲，说"枯骨死草，安知而凶！"结果，商纣王军队虽数倍于周军，但由于其"淫乱不止"，"暴虐滋生"，诛戮王子比干，囚禁贤人箕子，民心丧失殆尽，众叛亲离，早为人们所齿恨。当战幕撕开，商纣王的士卒纷纷倒戈，周武王乘胜打入殷都，商亡。故此，《汉书·刑法志》有"周以兵定天下"之说，这不仅揭示了战争和军队之于国家政权的重要作用，同时也宣告了"天时"军事思想的彻底破产。

"天时"思想的演进过程充分说明，上古时期人们受到思想认识水平的限制，敬天、畏天的"天命论"思想主宰着人们的认识和行为，反映在军事领域，"天时"思想亦主宰着战争的兴止。但是，随着生产力的发展、社会的进步，人们对自身能力作用的认识不断提高，带有调和色彩的"信天疑天"的思想应运而生，姜太公的大胆行为必然与当时人们思想认识的转变与提高有着密切的关系，无疑也是这种思想认识在军事上的必然反映。

由是观之，上古时期以"布策挟龟"经纬战事的"天时"军事思想，首要的就是讲战争时机的决策问题。孙子所言"天"之"时制"作用受胎于"天时"军事思想，曹操、李筌二公因时之制、因时制战的注解，的确深得孙子"时制"精要。而且，《计》篇作为"未战而庙算"之察，选择与确定战争时机问题必然是"庙算"不可或缺的重要内容，"时制"就是指孙子分析考察发动战争的有利时机问题，而并非现今诸多学者所讲的阴晴、寒暑的季节变换更迭问题。相形之下，比孙子晚些时候的吴起仍认为："不敢信其私谋，必告于祖庙。启于元龟。参之天时，吉乃后举"（《吴子兵法·图国》）。不得不说，孙子所构战争理论哲学理念之先进，对后世军事认识论贡献之巨大。

地者，远近、险易、广狭、死生也。意思是：地，是指战场远近、地形险夷、地域广狭及其对军队行动的胜负影响。可见，"天"是讲时间问题；"地"则是讲空间问题。孙子在考察过"天"之后，自然要考察"地"的问题。与对"天"的考察一样，孙子对"地"的考察同样包含着两个方面。

"远近、险易、广狭"，属于对作战地域地形地貌自然特性的考察，分别是指作战地域距离的远与近、面积的广阔与狭窄、地势的险峻与平坦。"远近"是指战场的远近问题，战场位置不同，敌我双方与战场之间距离也不一样，会造成军队行军、物资输送的远近也不一样，近则利、远则弊。对此，孙子《作战》篇中关于"国之贫于师者远输，远输则百姓贫"的论述，便充分说明战场的远近会给支撑战争的国家经济带来十分重大的影响。"险易"是指战场处于平原还是山地，居高者则易于防守，处低者则难以发起进攻。"广狭"是指战场的容量和大小，与用兵的规模、采取的阵法、车步的运用紧密联系。由此可见，孙子对"地"关于"远近、险易、广狭"的战略考察，是对战场位置、地貌和地幅的考察，按李零先生的说法"地有三维：长、宽、高"（《唯一的规则：〈孙子〉的战争哲学》），孙子考察地利的缜密逻辑跃然纸上。

关于"死生"，属于作战地域地形对军队行动影响的考察。今众多注家认为，"死生"是孙子对地形的基本分类，是死地与生地二者的合言。如孙子《九地》篇对"死地"的运用是"疾战则存，不疾战则亡者"，并且说"投之亡地然后存，陷之死地然后生"，但孙子全篇并没有提到"生地"。对此，李筌注曰："得形势之地，有生死之势"；梅尧臣注曰："知形势之利害"。可见，地是言形势的，兵是言死生的，只有兵处于战地之上，地才有死生之说。所以，"死生"既是对军队所处作战地域地形利害影响的描述，也是依据对军队行动产生的影响对"地"类型的基本划分。不利为死，有利为生。

值得注意的是，孙子《地形》篇关于"通、挂、支、隘、险、远"六种地形对军队行动影响及其相应对策的论述，以及《九地》篇关于"九地之变，屈伸之利，人情之理"涉及不同作战地区、不同地理环境对军队进退和士卒心理影响的论述，均属于孙子在作战过程中对地形的考察。而孙子《计》篇关于"地"的考察，发生于未战先计之时，诚如张预所注"知远近，则能知迂直之计；知险易，则能知步骑之利；知广狭，则能知众寡之用"，涉及战场远近、车步运用、兵力多寡等用兵打仗的重大问题，显然比作战过程中"死生"的考察更宏观，属于对"地"战略层面的考察。

简本此句为："地者，高下、广狭、远近、险易、死生也。""高下"二字其他各本皆无。孙子关于"地"有"高下"的论述，只在《行军》篇中有"凡军好高恶下"的论述，强调驻军要"视生处高"，若从此意，显然不属于对"地"战略层面考察的范畴。况且，"险易"本就含有"高下"之意，若将"高下"置于考察"地"的首位，实有逻辑混淆之嫌，故此择善而从之。

将者，智、信、仁、勇、严也。可训释为：将，需考察其才智、诚信、仁爱、勇敢和严格相济相制的武德。对此，曹操注曰："将宜五德备也。"李筌注曰："此五者，为将之德"。关于"德"，《易·乾卦》曰："君子进德修业。"唐孔颖达注："德，谓德行；业，谓功业。"可见，"德"的本意就是指职业的规范、操守和品行。孙子认为为将者必具"五德"，但值得我们注意的是，孙子提出的"智、信、仁、勇、严"五个字，大都属儒、道、法等各思想流派的重要哲学概念，其内涵不仅随思想流派的不同而变化，而且随历史的演进而递嬗，特别是汉朝以降，儒家思想被历代王朝奉为圭臬，对孙子将之"五德"的释义不断儒化，因此，我们在训释过程中，应更多地从孙子十三篇有关为将操守的论述中全面理解其意。

关于"智"，是孙子针对将帅智力提出的标准要求，置之于"五德"之首。关于将帅的操守、品行或者说是能力素质，哪方面是第一位的，不同的军事家有不同的认识，但究其根本缘由，与其对战争本质的认识是直接相关的。克劳塞维茨认为，战争充满概然性，战争行动依据的情况有四分之三像隐藏在云雾里一样，是危险的领域，因此，他认为勇气是军人应该具备的首要品质。而孙子全书只有"智将"之说，并无"勇将"之言，足见其对为将"智"的素质的青睐。因为，在孙子看来："兵者，诡道也"，"兵以诈立"。所以，善者用战无不希求"不战而屈人之兵"；用兵无不谋求"攻其无备，出其不意"；用形无不追求"所措必胜，胜已败者也"；用势无不渴求"其势险，其节短"；用事无不讲求"静以幽，正以治"，等等。可以说，孙子十三篇字里行间均在竭力穷尽将帅智慧的高超运用，其所述"上将"（《地形》）、"良将"（《火攻》）、"贤将"（《用间》）都在极力阐明将帅智慧的充分施展与发挥，或许这也正是东汉班固将《孙子兵法》类归于兵权谋家的真正原因所在。所以，孙子论"将"最重智慧。古人说，孙武尚智，孙膑贵势，是极有道理的。

"信、仁、勇、严"，是孙子针对将帅的言行提出的标准要求。关于"信"，孙子置之仅次于"智"后，可见其重要程度亦非同一般。将若有智，虽能定良策施奇谋，但将若无信，则军无治而令不行，足见将之"信"是"智"的有力保证。现代许多学者多将其释为"赏罚有信"，实不尽然。如《行军》讲

"令素行以教其民，则民服；令不素行以教其民，则民不服"。对此，《孙膑兵法·威王问》亦云："威王曰：'令民素听，奈何？'孙子曰：'素信。'"可见，"令"的"素行"或"不素行"才是将帅的"信"，而"赏罚"虽涉及但并不能完全代表将帅的"信"，故训为"诚信"义长。关于"仁"，据《史记·吴太伯世家》记载："光谋欲入郢，将军孙武曰：'民劳，未可，待之。'"孙武劝谏吴王光（阖闾）厚爱其民，体现了他以民为本的思想，与《司马法·仁本》的爱民思想如出一辙。同时，孙武对士卒强调"视卒如婴儿"，"视卒如爱子"，对民众讲求"唯人是保"（《孙子兵法·地形》），这都表明了孙子的仁爱思想。关于"勇"，孙子崇尚"诸、刿之勇"（《孙子兵法·九地》），但也强调"勇者不得独进，怯者不得独退"（《孙子兵法·军争》）、"齐勇若一"（《孙子兵法·九地》），所以，孙子讲的将之"勇"，是在智、信、仁制约下的将勇观。孔子有句话，"仁者必有勇，勇者不必有仁"，也是说"仁"是"勇"的基础，"仁"当置于"勇"之上。关于"严"，除此篇之外，孙子仅在《孙子兵法·地形》一处谈到"严"的问题，说"将弱不严，教道不明，吏卒无常，陈兵纵横，曰乱"。可见，孙子谓"严"，是专指治军问题的，诚如《军政》所言"师出于律，失律凶也"，"严"是将帅治军之本，没有严格的管理、严明的纪律，军队将溃不成军。

关于将帅如何恪守"五德"，孙子在本篇并未具体阐释，但在《九变》篇中，孙子提出将有"五危"："必死，可杀也；必生，可虏也；忿速，可侮也；廉洁，可辱也；爱民，可烦也。凡此五者，将之过也，用兵之灾也。"也就是说，将帅任何的过勇、不智、妇仁均会导致"覆军杀将"的恶果。正如贾林注曰："专任智则贼；偏施仁则懦；固守信则愚；恃勇力则暴；令过严则残。五者兼备，各适其用则可为将帅。"所以说，孙子提出的将之"五德"既相得益彰，又相互制约，是相济相制的，否则，会过犹不及、物极必反。总之，将帅恪守"五德"是有度的。

法者，曲制、官道、主用也。这里"法"，是军法，而非国法，是将帅执掌之法，故次"将"，是指军队的体制编制、将吏的职权运行、军需的掌管使用情况。对此，曹操注曰："部曲、旛帜、金鼓之制也。官者，百官之分也。

道者，粮路也。主者，主军费用也。"众注家多从之。如李筌注曰："曲，部曲也。制，节度也。官，爵赏也。道，路也。主，掌也。用，军资用也。皆师之常法，而将之所治也。"又如杜牧注曰："曲者，部曲队伍有分画也。制者，金鼓旌旗有节制也。官者，偏裨校列各有官司也。道者，营陈开阖各有道径也。主者，管库厮养职守主张其事也。用者，车马器械三军须用之物也。"按照吴如嵩先生的观点，这种因字碎句的释法未必符合孙子本义，甚是。当然，古人之所以如此这般注解，与他们所处时代关于战争与军队问题的概念体系尚未建立、军事理论不够完备休戚相关。即使这样，梅尧臣所注基本揭示出孙子本意："曲制，部曲队伍，分画必有制也。官道，裨校首长，统率必有道也。主用，主军之资粮百物，必有用度也。"可见，孙子所谈"曲制、官道、主用"之法，恰似今天关于编制结构、职权划分和法规制度的体制机制问题。具体包括组织制度、人事制度、管理教育、训练制度，以及为贯彻各种制度所颁布的各种条令、条例、法规等一切与军队正常运行的相关事务。古往今来，一个国家也好，一支军队也罢，最大的内耗莫过于吏制不清，最大的腐败莫过于吏制腐败，而一切不清与贪腐的根源与其说是政治的，不如说是经济的，所以，孙子才将"法"作为考察战争胜负的重大问题之一。其实，孙子所谈之"法"，祖述或脱胎于古军法，其内涵的确远非此处所涉及的内容，对于这点，在"七计"中具体详述。

最后，还有必要推究一下孙子考察战争为什么要提出五个方面，它们相互之间存在什么样的关系。这是值得人们注意和研究的问题，特别是前一个问题，也是古今注家鲜有涉及的问题。

人类文化学认为，每个民族都有自己的象征系统，并构成内化的思维方式。对中华民族影响最大的象征系统有两元、三元、五元、八元和十二元等系统。如两元系统源于太极生两仪的阴阳关系；三元系统源于对天地人三才和日月星三光的认识；五元系统源于五行学说；八元系统源于八卦学说；十二元系统源于年月、时辰等划分。五行说是我国古人用以认识和解释自然最早的宇宙观和方法论。"五"是指水、火、木、金、土五种物质；"行"是运动变化；"五行"是指这五种物质的运动变化关系。五行说认为，世界正是由这五种不可缺少的元素构成。从《孙子兵法》全书来看，"五行说"深深根植于孙子考察战争的世界观和方法论之中。如孙子提出，"经之以五"，"将有五危"，"知胜有五"，"火攻有五"，"用间有五"云云。因此，当孙子考察战争时，基于"五行说"的世界观和方法论，自然而然地使他将关于战争胜负的全部因素框定为"五事"。

民国李浴日先生认为："《孙子》的哲理，出自《老子》。"《道德经》中有两句普遍认为是老子思想精华的话："道生一，一生二，二生三，三生万物"；"人法地，地法天，天法道，道法自然"。前一句可以理解为，宇宙未有之先，产生最初物质（道生一），有物即分阴阳（一生二），阴阳作用即可新生（二生三），于是世间万物生焉（三生万物），主要讲世界本源与万物生成的过程；后一句可以理解为，人的行为遵从大地的运行规律，大地运行遵从上天的运行规律，上天运行遵从"道"，"道"遵从宇宙本然的规律，主要讲世间万物运行的根本法则。老子提出的"自然—道—天—地—人"，与孙子提出的"道—天—地—将—法"，从名称上看几乎完全对应。虽然，我们无从考据孙子考察"国之大事"与老子认识自然万物二者之间有何必然的联系，更无意探究孙子的战争哲学是否源于老子，但是，就从二者同时提出近乎一致的五个方面来看，或许有助于我们理解孙子经纬战事之大纲要目构建的根基与源头。

"五事"之间存在什么样的关系呢？研究孙子的前人，已在一定程度上揭示了五者之间的关系。王晳注曰："夫用兵之道，人和为本，天时与地利则其助也。三者具，然后议举兵。兵举必须将能，将能然后法修。孙子所次，此之谓矣。"张预注曰："凡举兵伐罪，庙堂之上，先察恩信之厚薄，后度天时之逆顺，次审地形之险易，三者已熟，然后命将征之。兵既出境，则法令一从于将。此其次序也。"王、张二公均从"五事"的内涵以及用兵打仗的战略步骤，诠释了孙子安排"五事"顺序的缘由。老子认为："人法地，地法天，天法道，道法自然"是世间万物运行的根本法则。对此，三国王弼注曰："法，谓法则也。人不违地，乃得全安，法地也。地不违天，乃得全载，法天也。天不违道，乃得全覆，法道也。道不违自然，乃得其性，法自然也"（《老子道德经注》，见楼宇烈《王弼集校释》）。就是说，老子认为"自然—道—天—地—人"一脉相承，一层规范一层，反之，一级服从一级。笔者认为，孙子提出的"道—天—地—将—法"，同样存在着一层规范一层，反之，一级服从一级的相互关系。或许，我们用老子"自然—道—天—地—人"的相互关系，来理解孙子"道—天—地—将—法"的相互关系，更能理解孙子"五事"之间相互关系的深意。

凡此五者，将莫不闻，知之者胜，不知者不胜。凡属上述五个方面情况，将帅不能不知道，了解的就能打胜仗，不了解的就不能打胜仗。这充分说明了"五事"对国君与将领战争决策的重要作用：国君必知，但"将莫不闻"，前者孙子并未明言，但后者是孙子强调的重点。"知之"则战争决策条分缕析，头头是道，战则必胜；"不知"则冥冥而决，两眼漆黑，战则必败。值得注意的是，孙子在此突出强调了作为将军首必知"道"的政治意识，明确了将帅虽专司军事但需超越军事的战略视野。此外，孙子第一次提到"知"，并将它直接提到关乎"胜"与"不胜"的高度，自此，他也掷地有声地开启了纵贯十三篇，延绵直至卒篇的关于"知"与"战"的战争认识论的阐发。

第二，校七计。故校之以计，而索其情。可释为：由此，通过双方情况的比较，来探索战争胜负的情势。"经之以五"是经纬战争之大纲要目，是"庙算"的第一步；紧接着"校之以计"，是"庙算"的第二步。前面我们讲到，"计"就是算、筹一类东西，出现的年代已不可考。但据史料推测，算筹最晚出现在春秋晚期至战国初年，那时算筹的使用已非常普遍，一直沿用至算盘发明推广之前都是中国最重要的计算工具。而此时正是孙武生活的年代。然而，对于战争的考察，绝不可能仅仅通过比较"计"（算筹）的多少，来看战争胜负的归属问题。对此，孙子兵学的嫡系传人孙膑有过专门的澄清："众者胜乎？则投算而战耳。富者胜乎？则量粟而战耳。兵利甲坚者胜乎？则胜易知矣。"（《孙膑兵法·客主人分》）意思是说，人多就能胜利吗？那就计算一下双方人数就可以了。经济富裕就能胜利吗？那就量一下双方粮食多少就可以了。武器装备精良就能胜利吗？那胜利就太容易预见了。因此，"索其情"才是"较之以计"的关键所在。也就是说"五事"仅是列举了考察战争双方具备的客观条件，而"校之以计，而索其情"就是将"五事"置于双方决策水平和军政素养之上，考察双方主观能动性的发挥情况，特别是对所具客观条件的实际运用情况，看看哪一方更具备将胜利的可能变为现实的战略能力。

曰：主孰有道？将孰有能？天地孰得？法令孰行？兵众孰强？士卒孰练？赏罚孰明？就要看：哪一方君主政治更昌明？哪一方将帅才能更出众？哪一方天时地利更得益？哪一方法令法规更通行？哪一方军队实力更强大？哪一方士卒训练更有素？哪一方奖励惩罚更严明？七个"孰问"，问人而非问物，比较内容是主观能动领域而非客观物质条件。可见，孙子考察战争之"计"，已远非当时计数之"计"，而是将进行战争的客观物质基础见之于人的主观能动性之上的分析考察。

那么"五事"与"七计"存在怎样的关系呢？古代一向有"兵家出于古司马之职"之说，此说虽并非普遍，但据《史记·司马穰苴传》记载，齐威王命大夫追论古代司马法，并要求将田穰苴的兵法附于其中，史称《司马穰苴兵法》（现称《司马法》）。据李零《吴孙子发微》归纳，今本《司马法》及其佚文内容主要包括：古代畿服制度（国都附近土地区划）、军赋制度（兵员的征集和车马、兵员、粮秣的装备）、军队编制、官吏设置、队列训练，以及旌旗、徽章、鼓铎的使用规定等。足见，古代"法"的确包括法令、军力、训练和赏罚等诸多内容。由是观之，孙子"七计"完全是由"五事"衍生而来的，一方面，孙子将"天"与"地"这种用兵制胜的自然条件合二为一，另一方面，又将"法"这一主导战争胜负的军事条件一分为四，充分突显了其"知胜"需"校"的核心与重点。由此可见，"七计"，前三问就是战争双方"道、天、地、将"的比较，而后四问则是古代"法"具体包含的主要内容的比较。

对于"七计"各方面之于战争胜负的作用，任庭光、李卫国编著的《孙子兵法汇解》提出："孙子认为道、天、地、将、法虽然都对战争胜负有重要影响，但各自在战争胜负中所占的权重不一样，道和将各占七分之一，天和地合起来占七分之一，法占七分之四。"如果按照这样的观点考察战争，不可避免地会跌入机械论的泥潭。这里我们倒不是用今人的思想剖析古人的观点，即使是用古人的思想看孙子的"七计"，也不能将"七计"各项的作用如此这般地等量齐观。《道德经》曰："天得一以清；地得一以宁；神得一以灵；谷得一以盈；万物得一以生；侯王得一以为天下贞。"这里"一"就是"道"，讲的就是"道"对于天、地、人等万物的重大作用。反观孙子讲的"七计"，"道"的作用同样是居于首位的。试想，如果没有政治的清明，哪里会有贤才良将？哪里会有军令畅行？哪里会有军队强大？哪里会有严格训练？哪里会有赏罚分明？即使得到天时地利也不见得就能夺得战争的胜利。足见，孙子"五事"与"七计"，对于战争胜负的重要性而言，不仅次第有先后，而且程度有大小，特别是"道"具有着决定或影响其他因素的主导作用。

吾以此知胜负矣。我根据这些，就可以预知战争胜负了。孙子"知胜负"，并没有囿于静态的"五事"，或者说仅仅局限于从敌我双方客观物质条件看胜负，进而跌入机械唯物论的窠臼。相反，他将"五事"转化为相形相较之"七计"，每个"孰问"均发问于人的作用，突出强调了人对于战争胜负的决定作用，使"知胜负"的基础深深地根植于朴素的唯物辩证思想之中。唐代儒学家、经学家孔颖达疏"文明"一词曰："经纬天地曰文，照临四方曰明。"大意是，所谓"文"乃经纬天地之道；所谓"明"乃普照四方之貌。"经之以五事，校之以计，而索其情"，是孙子"知胜负"的全部根据，也是考察战争的大纲要目和基本方法，它对于人类战争史的发展，同样产生了深刻而恒久的"经纬"之功、"照临"之效，因此，孙子"未战先计"的思想，不仅将人类理性赋予战争这一相互残杀怪物，而且对于战争从蒙昧走向文明做出了巨大而深远的理论与实践贡献。

中：选将为势

如前所言，古时作文讲求谋篇布局，有所谓"起、承、转、合"的一般程式。"起"，就是在文章的开头开门见山，明确地提出论题或论点；"承"，就是承接中心论点或从正面或从反面阐述观点;"转"就是或者从正面论述转入反面论述,或者由反面论述转入正面论述,或者由正面论述进而转入更深一层意义的论述,即所谓"反转""正转"和"进转";"合",就是文章全文的总结、综合,是全部论证的结束。该部分所谈到的"选将"与"为势",即发挥着《计》全篇所谓"转"的作用。然而,如果我们通观《孙子兵法》各篇的结构章法,虽也隐现出类似的固有形式,但其思想理论的含量更精粹,篇章结构的搭建更灵动,立意主旨的凝聚更浑一,要言之,孙子所讲求的谋篇布局,其哲学思想的底蕴更昭灼,处处彰显出一种结构的张力。

3.1 将听吾计,用之必胜,留之;将不听吾计,用之必败,去之。

3.2 计利以听,乃为之势,以佐其外。势者,因利而制权也。

从"庙堂"到"军帐":"选将""为势"

在《计》篇上半部分,孙子由"经之以五",到"校之以计",再到"索其情"的经纬战事,既然已达到了"知胜负"的目的,也就可以做出是否兴师致战的战略决策——国家战前对战争的战略考量,赵本学称之为"取胜于庙",我们称之为"朝堂之计"。按常理而言,《计》篇所述问题理当结讫,但事实是孙子仍然意犹未尽,还有一个重要问题需要阐述——将军阵前对用兵之法的运筹帷幄,赵本学称之为"取胜于野",我们称之为"军帐之谋"。那么,"朝堂之计"与"军帐之谋"是否同属于"计"?将军又如何从庙堂迈向军帐?从战争筹划与组织的全过程看,"选将"与"为势",是从"朝堂之计"走向"军帐之谋"的两个必然步骤,自然也成为《计》篇上下两大部分"转"的不可或缺的桥梁和纽带。

第一,"选将"。将听吾计,用之必胜,留之;将不听吾计,用之必败,去之。关于此句释义,自曹操注始,迄宋代诸家之注,历来存在两种截然不同的说法,古今注家众说纷纭,千年聚讼不已。一种观点为"求用说",意为:如果听从我的计策,用战必能取胜,我就留下;如果不听从我的计策,用战必当失败,我就离开。另一种观点为"选将说",意为:将领听从我的计策,用他作战必能取胜,就留用他;将领不听从我的计策,用他作战必当失败,就弃用他。前者肇始曹操注曰："不能定计，则退而去也。"计不同则不相与谋的意思溢于字里行间，众多注家从之，均一一备案于《十一家注孙子》，在此不再赘述，此说几近形成一统之势，成"主流派"。持此说者认为，孙子志向远大，才华横溢，持《十三篇》面见吴王，旨在入世致用，认定首篇出现此语为"孙子激吴王阖闾而求用之语"，所以文中"将"读江，是虚词，意为"如果"，表示假想中可能发生的事。持后一种观点的古人唯有孟氏、李贽。孟氏注曰"将，裨将也"，李贽注曰"将听吾计，便是好将"（《孙子参同》），把"将"看作名词，意为"将领"，全句是君王选将任将之意。笔者认为，"选将说"的释义更符合孙子本意，缘由主要有以下两个方面。

从历史背景看，"选将说"有着客观存在的社会基础。据《左传·闵公二年》记载："夫帅师，专行谋，誓军旅，君与国政之所图也。"意思是统帅军队，专务谋略，号令师旅，是国君与正卿战略图谋的延续。史学家认为，古代文武最早是不分职的，"出将入相"乃常有之事。然而，到了春秋末期，"将"作为新生事物登上了历史舞台。我们综观《孙子兵法》全书，"将"字作为名词共出现28次，"将军"出现4次，"贤将"与"良将"各出现2次，此外还出现"智将""守将""上将""上将军"等称呼。由此可见，作为武官通称的"将"或"将军"在全书中如此频繁地出现，足以证明《孙子兵法》的成书年代，已在"将"这一职务普遍设置之后。诚如《尉缭子·原官》所云："官分文武，王之二术也。"也就是说，"官分文武"的制度，适应了政治和军事专业化的需要，同时又可权力分途，文武可以相互牵制，因而更有利于国君的集权，所以一经产生便推广开来，先后被各国广泛采用。据日本学者泷川资言《史记会注考证》统计，这一时期的"将"有：狐夜姑在晋为将，孙武在吴为将，子重、子常、屈完在楚为将，司马穰苴在齐为将，詹伯在郑为将，慎子在鲁为将等。可见，春秋时期，战争频仍，专职将领随着战争的发展应运而生。

春秋时期，关于国君如何选将任将，史籍并无明确记载可资考据。但据《六韬·龙韬·立将》记载，早在西周时期，武王与太公探讨"立将之道"，姜太公说："将既受命，乃命太史卜斋三日，之太庙，钻灵龟，卜吉日，以授斧钺。"自此,"推毂授钺"成为国家选将任将的代名词。另据《吴起兵法·图国》记载,比孙子晚些时候的战国前期,吴起身着儒生服饰,持用兵之策进见魏文侯,在以犀利的目光和据实的言辞揭露了魏文侯"寡人不好兵旅之事"的托词,并明确提出"内修文德,外治武备"的主张之后,"于是文侯身自布席,夫人捧觞,醮吴起于庙,立为大将,守西河"。此后,吴起"与诸侯大战七十六,全胜六十四,馀则均解。辟土四面,拓地千里,皆起之功也"。由是足见,魏文侯亲自设宴,夫人亲自捧酒,祖庙设宴拜将的确凿史实。史至西汉,汉相萧何力劝高祖刘邦重用韩信:"何曰:'王素慢无礼,今拜大将如呼小儿耳,此乃信所以去也。王必欲拜之,择良日,斋戒,设坛场,具礼乃耳。'王许之"(《史记·淮阴侯列传》)。"登坛拜将"典出于此,此后也成为国君重将任将的经典做法。依据上述史实,我们不难看出推毂授钺、登坛拜将等国君选将任将的源与流,自然也有理由相信"选将说"在春秋晚期存在的合理性。

从全篇内容看,"选将说"与全篇思想架构浑然一体。"计"是孙子《计》篇的核心,是君将在战前居于庙堂与军帐中对战争可能胜负与用兵方略的考察与谋划。从全文上半部分国家考察战争到下半部分战场谋划用兵,从"朝堂之计"到"军帐之谋",谋划战争的主体也从国君转变为将军,故此,选将任将自然成为国家经纬战事——"经五事""校七计"之后极为重要的环节。只有选拔的将军赞同朝廷的战略决策,才能使君王"朝堂之计"贯彻执行于将军的"军帐之谋",才能使国家政略与军事战略真正接轨。因此,孙子提出的选将标准明确简单,无论你如何"五德"俱全,一切均在"听"与"不听"之间:"听"则用,"留之";"不听"则不用,"去之"。理由同样明确简单:"听","用之必胜";"不听","用之必败"。所以,孙子说"知兵之将,民之司命,国安危之主也"(《孙子兵法·作战》);又说"夫将者,国之辅也,辅周则国必强,辅隙则国必弱"(《孙子兵法·谋攻》)。毫无疑问,在孙武看来,将帅不仅是关系战争胜负的重要因素,而且是关系国家存亡和军民生死的辅佐甚至主宰,故选用将帅既是国家战略决策的重要组成部分,也是国君将战略决策推行到战场贯彻执行的关键步骤与重要举措。

　　与之相反，果若按照"求用说"所言，孙子以要官为指归，几近要挟之辞，则与全篇经纬战事的核心思想殊为不类，整篇文章的架构和思想内容亦不成体统。况且，在孙子看来，为将者既要有"君命有所不受"（《孙子兵法·九变》）的使命担当，还要有"进不求名，退不避罪"（《孙子兵法·地形》）的职责操守，更要有"无智名，无勇功"（《孙子兵法·形》）的高尚品格，实可谓文如其人，孙子真乃"立言、立功、立德"之士（《十家论孙·李浴日论孙子》）。显然，"求用说"与孙子个人修为和品德取向是格格不入的。而"选将说"则是孙子为朝廷立言，为国家选将用人确立大政方针，同时，作为国家经纬战事的配套政策，与《计》篇国家对战争进行战略考量的步骤完全一致、思想一脉相承。但值得强调的是：无论是"选将说"还是"求用说"，有一点是共同的，也是最为重要的，就是不管朝廷"用"或者不"用"，将军愿意"留"或者不愿意"留"，将军与朝廷在"计"上必须保持高度一致，"听"则可为将，"不听"则绝不可为将。

　　此句为《计》篇由上半部分向下半部分转折过渡的第一句，也是由"朝堂之计"向"军帐之谋"转折的第一步——"庙算"已知"胜负"，继而"选将"并"合军聚众"（《孙子兵法·军争》）组成作战部队。从思想内容看，此句是从"庙算"至"诡道"的转折句；从整篇结构看，此句是承上启下的承接句。它既是从庙堂到战场的必然步骤，也是文章整篇架构承前启后、浑然一体的第一个纽结。

　　第二，"为势"。计利以听，乃为之势，以佐其外。势者，因利而制权也。可训为：计谋有利且听用，然后创造形势，作为辅助战争取胜的外在条件。所谓"势"，就是运用有利条件制取主动权。对于此句，曹操单注一言："常法之外也。"然由此也导致了后世学者许多的不清与难解，主要有三点：一是何为"内"与"外"，界线何在？二是何为佐外之"势"，此"势"与《势》篇之"势"是否同义？三是若非《势》篇之"势"，又为何物？对此，古今诸多注家释解各异。或从曹注，如李筌注曰："佐其外者，常法之外也"，再无多言；或有探解，如杜牧注曰："常法之外，要求兵势"，意似为佐其外者就是"兵势"；或者独家成言，如贾林注曰："外者，如傍攻，或后蹑，以佐正阵"，臆断佐其外者为配合"正阵"的助攻或后续手段。其中，杜牧之解颇具异趣，其意大体是说，《计》上文重点讲"庙算"，属常法；而下文重点讲"诡道"，是属于变法的"兵势"。笔者认为，对于此句理解最为精进者当属北宋梅尧臣："定计于内，为势于外，以助成胜。"先是对"内""外"的界定清楚，显然以"庙堂"为界，"内"就是指"庙堂"之内，"外"就是指"庙堂"之外；再是对"势"的作用说得明白，它是外部条件，可辅助胜利的取得。但遗憾的是，梅公并没有明确解释"势"究竟为何物。

我们先看何为"势"。同前所述，孙子《计》通篇为朝廷立言，自然句中"听"与"为"的主体是君王，而非将军。因此，此句之"势"绝非仅指"兵势"，"为势"也绝非将军所为，而是君王所为，朝廷所为。换言之，孙子《计》篇所言之"势"不同于《势》篇之"势"，后者仅囿于军事领域，属战场层面的东西（在《势》篇中专论），而前者属政治、经济、外交，包括军事等诸多领域的东西，属国家战略和军事战略层面的东西。为什么可以这样说呢？实际上孙子说得非常明白："势者，因利而制权也。"对于此句的理解，人们往往侧重于"势"的制取方法，忽略了"势"的制取源头，而"势"制取的客观物质基础恰恰是"利"。如果我们进一步深问，"利"为何物？孙子此处之"利"从何而来？我们自然可以从上文中获得。孙子所说的"利"正是源于上文七个"孰问"："主孰有道？将孰有能？天地孰得？法令孰行？兵众孰强？士卒孰练？赏罚孰明？"较之占上风者就是占有"利"。而七个"孰问"所涵盖的范畴正恰包罗了政治、经济、外交和军事等诸多领域，因此，孙子所说的"势"就是与现代意义几乎完全相同的，有利于夺取战争胜利的国内外形势，是战争制胜的外因；而"兵势"和《势》篇之"势"，乃夺取战场胜利的主要因素，乃战争制胜的内因，二者的区别显而易见。

我们再看如何"制权"。"权"原指秤砣类的重物，"衡"原指秤杆类的平衡物，"权衡"就是用"权"加在"衡"上，称量物体的重量。"权"后来引申为权力、权术、权变等。因此，"权"具有着保持或打破平衡的作用，是使事物或形势发生变化的关键物或关节点。直言之，"制权"就是制造权变。所谓"因利而制权"，就是充分利用和发挥自己的优势（"因利"），在权变的过程中，就像秤砣位移造成秤杆倾斜一样，使形势向有利于我不利于敌的方向发展，进而创造一种有利于发动战争、进行战争、赢得战争的政治、经济和外交形势（"制权"）。而这样的形势，自然是外因，是战争的外在条件，有助于战争夺取最后的胜利，故而曰："以佐其外"。

此句为《计》篇上半部分向下半部分转折的第二句，也是由"朝堂之计"向"军帐之谋"转进的第二步——"庙算"已知"胜负"，先"选将"并组成作战军队，再"为势"以辅助胜利。也就是，在举国上下营造政治、外交、经济等有利形势，为夺取战争的胜利提供坚强的保证和后盾。易见，"为势"同样是从庙堂到战场的必然步骤，自然也成为文章整篇架构承上启下的第二个纽结。

孙子"选将""为势"的提出，既是"计"或者说"庙算"大纲要目的配套政策，也是国家经纬战事的程序步骤，同时还构成了《计》篇上下两大部分相互勾连的纽带桥梁，依此也顺理成章地将读者从"朝堂之计"带向"军帐之谋"。全篇结构设计举重若轻，仿佛信手拈来，却落笔千钧，力透纸背。

下：军帐之谋

上文，孙子居庙堂之高，察用战之计，经"五事"、校"七计"，达到"吾以此知胜负矣"的目的。但是，怎样将胜利的可能变为胜利的现实呢？按照战争筹划与组织的实际逻辑：先选听用之将，再为佐外之势，尔后方可上战场、入军帐，谋求制胜之道。对此，钱基博先生曾指出："'谋'与'计'不同：计者兼政略而言，筹之于未战之先；谋者指战略而言，决之于临战之日。"关于"谋"与"计"的异同，在此我们姑且不论，然朝堂议战必兼论"政略"，军帐临战需专论"战略"，这的确是一个不争的事实。依此而见，未战之计，本也；交战之法，末也。本先而末后，本重而末轻，此于本末重轻之际，孙子又如何揆之至深呢？

4.0 兵者，诡道也。故能而示之不能，用而示之不用，近而示之远，远而示之近；利而诱之，乱而取之，实而备之，强而避之；怒而挠之，卑而骄之，佚而劳之，亲而离之。攻其无备，出其不意。此兵家之胜，不可先传也。

5.0 夫未战而庙算胜者，得算多也；未战而庙算不胜者，得算少也。多算胜，少算不胜，而况于无算乎！吾以此观之，胜负见矣。

战争是诡诈之道

兵者，诡道也。孙子是中国军事理论史上提出此观点的第一人，也是世界军事理论史上提出此观点的第一人。三百年后，战国韩非子将其发展为"战阵之间，不厌诈伪"（《韩非子·难一》）。至于"兵不厌诈"的说法则始于唐代，但概源出孙子。该句应译为：战争是诡诈之道。此句是典型的陈述句，无论从表述句式还是表述内容来看，均说明它所揭示的是战争的本质，而并不是现代有些学者所说的是用兵原则，按照逻辑学的角度讲，此言是对战争这一事物本质的高度"抽象"，并非是人们在战争中可以因循法则或准则的"具体"。

"诡道"，是《孙子兵法》中一个重要概念，古今注家理解也存在一定的差异。关于"诡"，在古代汉语中从"恑"，在《说文解字》中解释为"诡，变也"。古人使用"诡"字，与孙子"诡道"含义相关的还有两个意思：一是欺诈、欺骗。如《汉书·苏武传》："匈奴诡言苏武死。"二是违背、违反。如《吕氏春秋·淫辞》："言行相诡，不祥莫大焉"。关于"道"，为"道理""原理""机理"之意，是指带有规律的本质的东西。

关于"诡道"，古今注家主要有三种解释。第一种理解为欺骗、欺诈，如宋张预注曰"用兵虽本于仁义，然其取胜必在诡诈"，又如清邓廷罗注曰"诡，诈也"，这种理解也最为普遍。第二种理解为变易、变化，如现代学者付朝先生在《孙子兵法结构研究》中说："'兵者，诡道也'，是说策略的本质。孙子认为，策略的本质在于变异。变异是用兵作战的基本属性。"第三理解为违背、违反，如现代学者李零先生在《唯一的规则：〈孙子〉的斗争哲学》中说："'诡'有违反的意思，我的解读是拧着来，成心让敌人难受，成心让敌人不舒服。"

笔者认为，对于孙子"诡道"的理解，我们既不可主观臆断，也不可凭空揣度，而应将其置于当时的历史背景中去研究考察，更应将其置于《孙子兵法》内文中自证，方可探得孙子"诡道"的真义。

每每诠释孙子的"诡道"，人们往往提到宋楚泓水之战（公元前 638 年）。或许是宋襄公的千古一败成就了孙子的"诡道"说，或许是孙子的"诡道"说成就了宋襄公的一败千古，但真正的原因一定在于，宋襄公的用兵观念与孙子"诡道"的用兵思想走向了完全相反的两个极端。我们不妨再看看宋襄公在泓水之战中的表现，抑或能对孙子"诡道"说有一个醍醐灌顶之悟。

楚人伐宋以救郑。宋公将战。大司马固谏曰："天之弃商久矣，君将兴之，弗可赦也已。"弗听。冬十一月己巳朔，宋公及楚人战于泓。宋人既成列，楚人未既济。司马曰："彼众我寡，及其未既济也，请击之。"公曰："不可。"既济而未成列，又以告。公曰："未可。"既陈而后击之，宋师败绩。公伤股，门官歼焉。国人皆咎公。公曰："君子不重伤，不禽二毛。古之为军也，不以阻隘也。寡人虽亡国之余，不鼓不成列。"（《十三经注疏》本《左传》）

从宋襄公惨败的表面原因看，无疑是错过了两个重要的取胜战机：一是"宋人既成列，楚人未既济"之时；二是楚人"既济而未成列"之际。结果是"既陈而后击之，宋师败绩。公伤股，门官歼焉"。但究其根本原因，是宋襄公"君子不重伤，不禽二毛。古之为军也，不以阻隘也"的用兵思想出现了巨大问题。泓水之战早于孙子时代约百余年，从以上分析我们可以清楚地看到，宋襄公的惨败与孙子"诡道"说的提出的确存在着某种历史的必然联系。

商周为军，讲求"临大事不忘大礼"，"结日定地，各居一面，鸣鼓而战，不相诈"（东汉时期经学家何休）。宋襄公作为殷商王族后裔，受到严格的抑或是机械的贵族行为规范的熏陶，所以讲究贵族风范是他根深蒂固、深入骨髓的思想观念。反映在战争中，追求赢得"合理"、赢得"漂亮"、赢得"高贵"远比战争胜负本身更为重要。况且，宋襄公讲求的"贵族精神"与"仁义道德"

并非粉饰太平，而是作为终身的理想和事业。首先，是其"兴商"大业的政治要求。假使宋襄公以诈取胜，必然与商周"大礼"政治理念背道而驰，那么其"兴商"的宏图大业将无法实现。其次，是其成就"霸主"的盟约诉求。如果宋襄公以背信弃义取胜，与诸侯的盟约精神不再，必然导致其盟主地位动摇，成就霸业的理想必将付之东流。再次，是其笃信"仁义"的行为需求。即使到了亡国殒命之时，他仍然笃信自己的行为价值取向，最终以"寡人虽亡国之余，不鼓不成列"的殉道精神，饱受肉体和灵魂的双重苦难，为历史义无反顾地埋了单。对此，诸多史书并非全是非议。如《公羊传·僖公二十二年》评价说："君子大其不鼓不成列，临大事而不忘大礼，有君而无臣，以为虽文王之战，亦不过此也。"认为即使周文王遇到这种情况，也未必比宋襄公做得更好。司马迁在《史记》中也说："襄公之时，修行仁义，欲为盟主。……襄公既败于泓，而君子或以为多，伤中国阙礼义，襃之也，宋襄之有礼让也。"就是说宋襄公虽失败了，但很多君子认为他值得赞扬，他们感叹在礼义缺失之时，宋襄公却依然秉持礼让精神，其赞誉之意溢于言表之中。直至宋代，苏轼《宋襄公论》指出："至于败绩，宋公之罪，盖可见矣。"不论如何，兵败于楚，是宋襄公的罪过，这才旗帜鲜明地以成败论英雄。当然，历代中对宋襄公的批判以毛泽东"我们不是宋襄公，不要那种蠢猪式的仁义道德"最为切中肯綮，毛泽东的批判的确抓住了宋襄公泓水之败的根本原因。

《淮南子》言："古之伐国，不杀黄口，不获二毛，于古为义，于今为笑。古之所以为荣者，今之所以为辱也。古之所以为治者，今之所以为乱也。"若仅从历史的、发展的角度看，淮南王刘安对此问题的认识方法，当为我们今天秉承的思想观点。从孙子提出"诡道"说的时代意义来看，与其说孙子具有超高的理论创新勇气，不如说具有超强的道义革命胆略。孙子生活的时代，社会剧烈动荡，贵族走向消亡，宗法体系瓦解，礼乐制度崩坏，战争方式也正逐渐突破了古军礼的桎梏，向施谋用诈方向转变。孙子正是站在军事变革的前沿，透过表象而洞悉战争活动的本质规律，大胆突破军礼的束缚，斩钉截铁地提出"兵者诡道"的思想。宋襄公泓水千古之败，根源在于思想保守和对夏商西周三代所谓"贵族精神"的顽固执守；而孙子"诡道"说石破天惊，则完全在于思想解放和对先秦诸子创宗立派精神气概的勇敢发扬。假使再度探究二者之间的联系和区别，或许因为宋襄公只是认识到战争必须服从于"仁义道德"的政治，但并没有认识到只有胜利的战争才能有效伸张自己的政治主张；而孙子却深刻地认识到"兵者，国之大事，死生之地，存亡之道"，战争的胜利才是国家利益的终极保证，"诡道"只是手段，任何政治思想和主张，只有胜利的战争才能得以实现与伸张。

此外，关于"诡道"，还有一种解释我们必须提到，就是将"诡道"诠释为：战势的"奇"和"为势"的方法。如施子美注曰："兵有正有奇，特其诡道者，孙子非不知正也。"认为，孙子"诡道"就是指战势的"奇"。还有杜牧注曰："常法之外，要求兵势。"钮先钟注曰："所谓'诡道'即为'因利制权'的方法。换言之，必须采取各种不同的手段始能达到造势的目的。"认为，孙子"诡道"就是"为势"的具体方法。总之，在他们看来，孙子"诡道"及其十二法，在结构顺序上紧接上文"为势"之后，在思想内容上就应是对"为势"的进一步展开与论述，旨在阐释"为势"的具体措施和方法。此等注说无疑属于毫厘千里之谬误。然而，这种谬误已然不单单是一个逐字逐句解读训释问题，而是关系到对全篇主旨与结构的解析认识问题。对此，笔者相信，随着我们对下文研究的逐步展开与深入，大家自然会得出正确的领悟与判断。

毫无疑问，下文中孙子讲到的"诡道"十二法，是他在揭示了战争"诡道"本质之后，对以"诡道"用兵方法与措施的阐述，自然也是孙子将抽象的"诡道"具化为"诡道"行兵方法的延伸与展开。借此，我们便可以更加清楚地领会到孙子"诡道"的本质含义。

"诡道"十二法

故能而示之不能，用而示之不用，近而示之远，远而示之近；利而诱之，乱而取之，实而备之，强而避之；怒而挠之，卑而骄之，佚而劳之，亲而离之。总的来看，孙子"诡道"十二法所述内容较为具体，均属于行动策略的范畴，因此，古今注家的诠释并无本质区别，抑或有之，亦极易辨明。例如，近代国学大师钱基博先生注曰："则是诡者，非徒以胜敌，抑亦以奴众也。"认为，孙子"诡道"不仅是对敌的，也是对己的。对此，我们只要用联系的观点来看"诡道"十二法，就很容易发现十二法明显是对敌的，而不是对己的。再如，唐代王皙注"卑而骄之"曰"示卑弱以骄之"，认为，我示卑弱以骄敌。显然，孙子"诡道"十二法的句式大体是一致的，前四法是先我后敌，后八法是先敌后我，因此，对彼与己的解释也应当依此一以贯之，而不应忽彼忽己，造成逻辑上的混乱和理解上的混淆。此外，还有一种现象值得注意，也许因为在"诡道"十二法中，存在有诸如"能""用""远""近"等内涵极为丰富而又不易诠释的古代术语，所以古今许多注家都以战例来诠释各法的基本含义。这样的做法，虽然在一定程度上有助于读者的理解，但也带来了对各法内涵，只能大体意会，而无具体言传，导致读者仍然难以抓住孙子"诡道"十二法的准确内涵的后果。笔者认为，从孙子"诡道"十二法的基本内涵来看，总体可分为三个方面的"诡道"行兵方法。

第一，欺敌诈敌。能而示之不能，用而示之不用，近而示之远，远而示之近。其大意是：我有能力示敌以我没能力，我要用示敌以我不用，我距敌近示敌以我距敌远，我距敌远示敌以我距敌近。毫无疑问，这四法的本质是欺骗，即我主动示敌以假象欺骗敌人。"能"给敌以"不能"的假象，"用"给敌以"不用"的假象，"近"给敌以"远"的假象，"远"给敌以"近"的假象。如果我们从这四法的总体上看，孙子这四句话构成了一个完整的示假行动方法体系："能"是从己方能力上讲的示假问题；"用"是从己方意图上讲的示假问题；"近"和"远"是从路途方法上讲的示假问题。但是，孙子示假四法又给后人留下很多不确定的，以致可以无限想象发挥的空间："能"究竟是指能攻战还是能夺取？"用"究竟是指用兵力还是用要地？"近"和"远"究竟是指驻扎地还是交战地？当然一定还会有其他方面诸多的释义。或许正因为"能""用""近""远"具有如此丰富内涵，才会使人们在实际的用兵打仗中演绎出"不可胜穷"的具体而行之有效的战法和行动。

第二，因敌应敌。利而诱之，乱而取之，实而备之，强而避之。其大意是：敌贪嗜利我就利诱他，敌散漫混乱我就攻取他，敌力量充实我就防备他，敌兵力强大我就避开他。这四法的本质是易变，即根据敌人的状态和特点，采取相应的对敌之策。敌好利我用利引诱他，敌混乱我就趁机拿下他，敌苗实我就严密防备他，敌强大我就设法躲避他。总之，需顺敌应敌、因应敌情，要根据敌人的弱点和状况，采取相应的对敌之策，达成"顺详敌之意"（《孙子兵法·九地》）、寻机制胜的目的。诚如《孙子兵法·虚实》所言："兵无常势，水无常形，能因敌变化而取胜者，谓之神。"

第三，**扰敌乱敌**。怒而挠之，卑而骄之，佚而劳之，亲而离之。其大意是：敌躁而易怒我就挠扰他，敌卑而怯行我就骄纵他，敌将安兵佚我就疲劳他，敌内部亲睦我就离间他。这四法的本质是悖反，即根据敌人的状态和特点，不失时机地采取扰敌乱敌的对策。你易怒、卑怯、安逸、团结，我就激怒你、骄纵你、疲劳你、离间你。其中，对"怒"的解释存在一定的歧义，如现代学者张诚笃所著《孙子兵法究竟说什么》认为："'怒而挠之'，敌军斗志高昂，设法使其军无斗志。此'怒'乃饱满、旺盛、高昂，非愤怒之怒，鲜花怒放即鲜花开得饱满，绝非愤怒地开放。"意思是，应将"怒而挠之"训释为敌士气旺盛我就屈挠他。这样解释看似有一定的道理，但实际上孙子"诡道"十二法均是内涵指向明确、操作相对具体的方法，我们的确想不出针对挫敌士气的具体方法，如果有也实在是太多了，可以说其他十一法都具有屈挠敌士气的作用。所以，将"怒"诠释为暴躁、易怒似乎更加准确。总之，挠与怒，骄与卑，劳与佚，离与亲，无一不是相背相反、拧着敌人劲儿来的做法。

此外，关于孙子"诡道"十二法，简本为："能而示之不能，用而示之不用，近而示之远，远而示之近。利而诱之，乱而取之，实而备之，强而避之，怒而挠之。"比传本少"卑而骄之，佚而劳之，亲而离之"三句。现代学者王正向先生认为："疑其本系读者旁记之辞而传写误入正文。"对于这个问题，现存史料证据均不足考，故从传本。这里需要进一步说明的是，孙子"诡道"十二法，在实际运用中，是用一法出单拳，还是用多法出组合拳，这是一个仁者见仁、智者见智的问题。比如，截至目前，古今注家凡是用战例来说明孙子"诡道"

十二法的，没有一例可以泾渭分明地说清案中只用了这一法，而绝不涉及其他法，个中缘由其实是显而易见的，战争乃智慧的对垒、力量的抗衡，战争中采取的所有行动，都是对能力素质的综合运用，故而战场上作战的方法、行动的方式无法穷尽，孙子"诡道"之十二法亦非穷尽，但有一条本质精髓是永恒不变且需坚守的，即"攻其无备，出其不意"。

"诡道"十二法的精髓：攻其无备，出其不意

攻其无备，出其不意。其意为：攻敌于无防备之处，击敌于无意料之时。此句是孙子"诡道"的思想精髓，也是"诡道"十二法追求的目的效果。"诡道"的核心思想，就是造成敌行动上的无备，思想上的不意。显然，造成敌人思想上的懈怠是本，造成敌人行动上的懈怠是末，造成敌人思想上与行动上双重的懈怠，才是"诡道"精髓的全部。"诡道"十二法追求的目的效果，就是通过等待战机、利用战机和创造战机，达成敌人行动上的不备和思想上的不意。如"实而备之""强而避之"，重在等待战机；又如"乱而取之"，重在利用战机；再如示假四法以及"利而诱之""怒而挠之""卑而骄之""佚而劳之""亲而离之"，则重在创造战机。所以，钱基博先生说："'能而示之不能'至'亲而离之'十二语为目，'攻其无备，出其不意'二语是纲。"在战争中，只要将帅抓住"攻其无备，出其不意"这个纲，才能"举一纲而万目张"（汉代郑玄《诗谱序》），进而导演出"诡道"十二法灵活运用的威武雄壮的活剧。

此兵家之胜，不可先传也。关于此句，存在两种截然不同的解释：一种观点认为是讲"兵家之胜"的保密问题。如曹操注曰："传，犹泄也。"李筌从之注曰："无备不意，攻之必胜，此兵之要，密而不传也。"意思是，"诡道"十二法，是用兵取胜之要，不可以事先泄露出去。另一种观点认为是讲"兵家之胜"的运用问题。如杜牧注曰："传，言也。此言上之所陈，悉用兵取胜之策，固非一定之制；见敌之形，始可施为，不可事先而言也。"梅尧臣、王皙、张预等注家从之。意思是，"诡道"十二法，是用兵取胜的策略，并不是死板的规定，需临敌致用，是不能够预先用言语传授的。笔者认为，后者释义更切合孙子本意，可训为：这是兵家取胜的妙诀，是不可能事先传授的。特别需要

强调的是，由于此句义理的训诂极为关键，它不仅关乎对本句含义的理解，而且关乎对《计》篇全篇主旨的认识，所以，我们必须仔细斟酌、深入推究。

此兵家之胜。蒋百里先生明确指出："兵家之胜云者，犹言此寻常用兵家之所谓胜云耳，非吾之所谓胜也。"意思是"此兵家之胜"一句，孙子说的是这是一般军事家所说的"胜"的奥妙，并不是他自己所说的"胜"的问题。也就是说，孙子上文"吾以此知胜负矣"的"胜"，并非此处"此兵家之胜"的"胜"。对此，李零也认为："这种'胜'是另一种'胜'，不是摆小棍就能摆出来的'胜'，不是庙算上的'胜'。庙算上的'胜'是'知胜'之'胜'，这里的'胜'是'制胜'之'胜'。"李先生洞见，这充分说明，"朝堂之计"的目的是"知胜"，而"军帐之谋"的目的是"制胜"，"知胜"之"胜"与"制胜"之"胜"，在一定意义上存在着非常大的区别，而这种区别就在于："知胜"之"胜"是"可先传"的；而"制胜"之"胜"是"不可先传"的。

不可先传也。梅尧臣注曰："临敌应变制宜，岂可预前言之。"张预注曰："乃兵家之胜策，须临敌制宜不可以预先传言也。"也就是说，"此兵家之胜"的"胜"，是只可意会，不可言传的。所以，岳飞有言："阵而后战，兵法之常，运用之妙，存乎一心。"（《宋史·岳飞传》）对此，李零的解释也颇具见地："军事，凡是可以传授的东西，都是纸上谈兵；真正管用的东西，都没法传授。写在纸上，只能是一点原则性的东西。即使谈变，也是谈变中之常。"由此可见，孙子"不可先传也"，绝不应训释为"不可以预先泄露"，而当训为"不可能预先传授"更合此言指归。

那么，既然"此兵家之胜，不可先传也"，为什么孙子还要大费笔墨谈论这个问题呢？这关系到《计》篇主旨到底说什么的问题。

纵观《计》篇全文，从"故经之以五"到"吾以此知胜负矣"，是孙子站在国家战略高度对战争进行的考察，乃经纬战事之大纲、庙堂筹算之要目，属"朝堂之计"；从"兵者，诡道也"到"不可先传也"，是孙子围绕战争本质和制胜方法对"诡道"及其十二法的概说，乃交战之法、兵家之胜，属"军帐之谋"。笔者认为，正是"此兵家之胜，不可先传也"一句，不仅道出了全篇上下两部分之间的内在关系，而且点明了《计》篇全文的主旨思想，乃全文之结穴。

老子《道德经》曰："道可道，非常道"。意思是可言说之道乃非常之道；反之，常道乃不可言说之道。孙子言兵，对于朝堂之计，不仅提供了"经""校""索"的"知胜"方法，而且给出了"五事""七计"的"知胜"内容，可以预先传授之"道"跃然纸上，也就是说，"计"并非用兵的常道，是可以言状的道；对于军帐之谋——"诡道"，由于其内涵极丰富，方法极繁杂，即使是给出了十二法，打仗时也会组合演绎出无穷无尽的活剧，乃用兵的常道，是不可言状的道。对于全文上下两部分之间关系，蒋百里先生认为："此篇定名曰计，若将全篇一气通读，则自'计利以听'以下，迄'不可先传也'一段为本篇之旁文"。意思是说，该篇篇名为"计"，如果我们通读全篇会发现，从"计利以听"到"不可先传也"一段，仅仅是全篇中心思想的侧面说明。换句话说，蒋先生认为，这一段并不属于"计"的内容。对此，付朝先生也指出："这一部分内容，孙子只规定了总的原则，至于其中的具体内容，则不属于庙堂中要计的范围。"事实上，无论蒋公之论还是付公之说，均未真正领悟到孙子"计"的全义。

笔者认为，孙子"此兵家之胜，不可先传也"一句的突出作用，正恰在于表达全文主旨的融释贯通：从内容上讲，它从侧面揭示了《计》篇的主旨，既包括了"朝堂之计"，也包括了"军帐之谋"。上半部分"吾以此知胜负"之庙堂"知胜"是朝廷之胜，是主胜；下半部分"此兵家之胜"之军帐"制胜"是兵家之胜，是将胜，二者的根本区别就在于后者是"不可先传"的。其言外之意，"朝堂之计"与"军帐之谋"，虽因分殊而对立，却由共"胜"而统一，后者不过是对前者的进一步延续与申说，它们同属于"计"的题中之义，共同构成了孙子"计"的全部思想内涵。事实本就如此，打仗既要讲求能说清"可先传"的"计"，也要讲求说不清"不可先传"的"计"，若单从人在战争中的主体地位言则后者更甚。从结构上讲，它清楚表明了"朝堂之计"与"军帐之谋"，相同在"胜"、互异在"传"的共性与差别，从而反照出二者对立而同构、互殊却相通的内在逻辑关系。而且，巧妙利用了中间部分的"选将"与"为势"，即从"庙堂"走向"军帐"的两大必然战略步骤作为勾连，就使得全文两大部分内容有机地融为一体，共同构建形成了《计》篇的全部内容体系。总而言之，孙子"此兵家之胜，不可先传也"句，一方面，将"朝堂之计"与"军帐之谋"彼此映衬，使二者异同互见，凭此得以告诫人们，"朝堂之计"并非"军帐之谋"，切不可将二者混为一谈，眉毛胡子一把抓；另一方面，以"军帐之谋"的"不可先传"，掩映唤回"可先传"的"朝堂之计"，从而将笔锋转向对二者的兼容并叙之上，借此，也巧妙呼出了全篇的结语，使之归束于对"计"的要旨的凝结与升华。

未战先计，预见胜负

夫未战而庙算胜者，得算多也；未战而庙算不胜者，得算少也。多算胜，少算不胜，而况于无算乎！吾以此观之，胜负见矣。此段是全篇的结束语，也是全篇的总结，同时也是主旨的升华。这里，孙子不仅明确了"庙算"的时机——"未战"之时，而且揭示了"庙算"的基本原理——"多算胜少算"之理，同时还进一步指明了"庙算"的最终目的——"观胜负"之旨。对此，曹操高屋建瓴地注曰："以吾道观之矣。"曹公认为，此段所凝练的即是孙子的"计"之"道"，卓然将其提升至"道"的高巅。蒋百里则另开生面地指出："计字之义以一'未'字点睛之笔，计者计算于庙堂之上，而必在未战之先"。蒋公认为，"未"字乃此结语的妙笔生花之处，依此而见，"未战之先"而"计算于庙堂之上"乃孙子"计"的思想精华所在。言之有理，或许连孙子也未曾料到，"未战先计"竟成"兵权谋家"兵书一派的显豁界域，且被后世兵家奉为圭臬。

夫未战而庙算胜者，得算多也；未战而庙算不胜者，得算少也。意思是：在开战之前，庙算结果能获胜，是因筹算周密而占据的有利条件多；在开战之前，庙算结果不能获胜，是因筹算疏忽而占据的有利条件少。关于"庙算"，自古存在两种截然不同的认识。一种以为指"朝堂之计"，如杜牧注曰"庙算者，计算于庙堂之上也"，王皙注曰"庙，朝廷祭享祖先之所。算，筹画也。古者人君兴师命将、必至于庙授以成算，然后遣之，故谓之庙算"，邓廷罗注曰"兵胜于朝廷，陈而胜者，将胜也。不暴甲而胜者，主胜也。汉高祖曰：运筹帷幄，决胜千里，吾不如子房，庙算之谓也"。另一种以为指"朝堂之计"和"军帐之谋"，如刘邦骥注曰"五事七校十二诡道，皆庙算也"，陈启天注曰"庙算盖若今最高统帅部之战争指导，统摄政略与战术而为言者"。到底孰是孰非？笔者认为，"庙算"就是孙子对"朝堂之计"和"军帐之谋"的高度抽象和总的概念，也就是篇题所谓的"计"。究其原因，我们当然不能仅凭"庙算"的地点是庙堂，庙堂狭义即指朝廷，这一机械的、呆板的标准来判断。事实上，庙堂作为古人"祭享祖先之所"，向来都是从远古的部落到近古的各级政治团体议事决事的场所，而不仅仅指朝廷。更为重要的是，"庙算"真正之所指，最根本的还必须看其"算"的内容和方法。

关于"算多"与"算少"，宋代郑友贤注曰："或问得算之多，得算之少，况于无算，何以是多少无之义。曰：武之文，固不汗漫而无据也。盖经之以'五事'，校之以'七计'，彼我之算，尽于此矣。'五事'之经，得三、四者为多，得一、二者为少。'七计'之校，得四、五者为多，得二、三者为少。五、七俱得者为全胜；不得者为无算，所谓冥冥而决事、先战而求胜、图干没之利、出浪战之师者也。"明代刘寅亦注曰："夫未战之先，于庙堂之上以五事七计较量之，或得四五焉，是得算少而不胜也。五事七计得多者胜，少者不胜，而况于五事七计全无者乎！"如此这般解释，不仅置孙子"索其情"的思想方法于不顾，而且完全将"运筹帷幄之中，决胜千里之外"的"军帐之谋"的"算"排除在外，这无疑是把孙子"庙算"掷于机械论的泥潭之中。笔者认为，这里的"算"无疑即是"庙算"的"算"，它兼容并蓄有定量分析与定性分析的综合义涵，而"多"与"少"自然也兼容并包有对定量分析与定性分析结果的程度表达。故此，"庙算"既包含有朝廷对战争"是否打"的问题，从经"五事"到校"七计"，再到"索其情"战略分析与判断，也包含有将帅对战争"如何打"的问题，就"诡道"行兵之法的总体运筹与谋划。所以，"得算多"意思当为"因筹算周密而占据的有利条件多"，"得算少"意思当为"因筹算疏忽而占据的有利条件少"。事实也是如此，战争双方处于势均力敌的情况往往是常态，而一方之所以胜利，不过是由于筹划周密而拥有更多的有利条件；而另一方之所以失败，不过是由于筹划疏漏而拥有较少的有利条件。古往今来，以少胜多、以劣胜优的战例所以层出不穷，其根本的原因和奥秘正在于此。所以说，古今注家或者单以"多"与"少"的"量"的义涵释之，或者单以"周密"与"疏忽"的"性"的义涵释之，均属失之偏颇之误。

多算胜，少算不胜，而况于无算乎！意思是：成算大者胜，成算小者不胜，何况根本没有成算！进言之，精于筹划而占据有利条件多的获胜，疏于筹划而占据有利条件少的不能获胜，何况因无筹划而毫不具备有利条件的呢！这句话道出了"庙算"的思想原理，自然也切合了战争的制胜机理：多算胜少算，少算胜无算。对此，唐太宗诠释极为精到："《孙子》谓'多算胜少算'，有知以'少算胜无算'。凡事皆然。"（《李卫公问对》上卷）意思是说，孙子说"多算胜少算"，由此也可推知"少算胜无算"，这是决定战争胜负的普遍原理。现代学者王正向先生认为，既然孙子说"少算不胜"，而太宗却说"少算胜无算"，于是便提出了"关于'少算'是否有获取胜利的可能，两说截然相反，到底孰是孰非"的疑问（《新校竹简本孙子释义》）。事实上，唐太宗说得非常清楚，"少算胜无算"本就是"多算胜少算"的题中之义，胜利的条件尽管少，但较之于毫无胜利条件的，仍有胜券在握。可见，胜利的把握是相对的，而并非绝对的，太宗之见颇得孙子精要。

对于"而况于无算乎"句，蒋百里审视的眼界则更为开阔："与开篇死生存在之句，相响应，一以戒妄，一以戒愚，正如暮鼓晨钟，令人猛醒也。"蒋先生立于全篇的视角，认为此句与开篇句"死生之地，存亡之道"，遥相呼应，枹鼓相和，开篇句告诫人们切勿妄动轻举——"不可不察"，此一句告诫人们休要愚钝鲁莽——"而况于无算乎！"同时，评价孙子此言，金口木舌，振聋发聩。要言之，蒋先生不仅强调了孙子"计"之于战争的理性考察的关键作用，同时也重申了"计"之于一个国家和民族存亡生死的重大意义。

吾以此观之，胜负见矣。意思是：我根据上述原理来看，战争胜负就显而易见了。句中，"此"即指"庙算"，也就是指结语所总结的"计"的基本原理和方法，正是运用了这个"此"来"观"战，所以战争的胜负才会得以"见"

出来。这里，一"观"一"见"二字尤值玩味。"观"即"视"，预见、预料的意思，它既表明了朝廷之上对战争胜负的预见活动，也表明了军帐之中对战场胜负的预料活动。"见"通"现"，显现、展现的意思，它既表明了朝廷之上"知胜"胜负的自然显现，也表明了军帐之中"制胜"胜负的自然显现。换言之，恰是由于这"观"的视域与"见"的分野，方才充分表明了"庙算"乃是对"朝堂之计"与"军帐之谋"的本质抽象和总的概括。或缘于此，赵本学注篇题时曰："故孙子以《始计》为首，其所计有五：君道也，天时也，地利也，两君之将也，两将之法也。此五者，胜负所定之大本也。"明确地将"君道也，天时也，地利也"的"朝堂之计"，与"两君之将也，两将之法也"的"军帐之谋"，统摄于"计"且归之于几于道的"大本"的范畴。而曹注此言则直截了当曰："以吾道观之矣。"言外之意，这便是孙子考察战争胜负的认识论和方法论。整观结语，是对全文主旨的凝练，又与开篇山鸣谷应，且道出了全篇的价值与意义：对待战争，审问之、慎观之、明辨之。似暮鼓晨钟，余音绕梁，经久不绝，令人大彻大悟。

《管子·兵法》云："明一者皇，察道者帝，通德者王，谋得兵胜者霸。故夫兵虽非备道至德也，然所以辅王成霸。"管仲把治国理政的境界分别为四个层次：能明悉自然本源的，可以成就皇业；能洞察治世之道的，可以成就帝业；能通晓德政治国的，可以成就王业；能谋得用兵制胜的，可以成就霸业。而且，他还进一步指出，用兵打仗虽称不上是什么完备的道、至上的德，却可以辅佐国家成就霸业。通观孙子《计》篇，上半部分以"朝堂之计"而"知胜"，下半部分以"军帐之谋"而"制胜"，中间部分以"先将"与"为势"作勾通，全文无不以"谋得兵胜"而立论，它虽仅是《孙子兵法》的第一篇，然其"霸气"的意况大旨已"侧漏"于人们目前。据此，我们有理由相信，《孙子兵法》就是一部"辅王成霸"的兵书战策，它不仅将客观地反映出春秋社会诸侯争霸的政治诉求，而且将科学地揭示出攻势战争的基本规律和指导规律。孙子余下各篇的论说便是明证。

第二　作战

——制作战策

东周以降，王室衰微，礼乐崩坏，社会动荡，诸侯及宗族以强吞弱、以大并小的战争愈演愈烈。据孔子修订的鲁史《春秋》记载，春秋时期的 295 年里，中原进行战争 483 次，戎狄与华夏发生战争 16 次，足见，扩张与争霸已成为社会政治的主体思想。孙子作为当时士人阶层的卓识之士，"以兵法见于吴王阖闾"（《史记·孙子吴起列传》），积极入世，展现文韬武略，其用兵思想必然充分体现统治者侵略扩张的霸政主张。依此观之，《孙子兵法》的确是一部以攻势战争为研究对象，以"为客之道"（《孙子兵法·九地》）为主要内容的兵书战策。战争是政治的继续，政治是经济的集中体现，所以，与其说战争是政治的，不如说战争是经济的。孙子《作战》就是基于"丘牛大车"的经济之基，探讨并制定的"王霸之兵"的战争之策。

一、题解——作战，是制定战争的总体方略

"作战"一词，在《孙子兵法》十三篇中唯《作战》篇题独见。目前几近形成的共识是，此二字不同于今天军语的"作战"，现代"作战"专指战役、战斗的统称，而古汉语"作战"并非指一般的战阵之事。《广雅·释诂》云："作，始也"。故众多注家普遍认为，"作"是"开始"的意思，还常引《老子》

"天下大事，必作于细"来说明"作"为"始"义，因此，"作战"即始战，是战争准备的意思。古如张预注曰："计算已定，然后完车马，利器械，运粮草，约费用，以作战备。"今如黄朴民先生注："作战，始战，即做战争准备。这里不是通常意义的战阵交锋。作，始、开始的意思，同'乍（刚刚开始，起初）'。"与此一脉相承，然稍有异义的注释，如吴如嵩先生注《孙子兵法十五讲》："从字面上来看，这个'作'是开始的意思，'战'是战争，如果直译为开始进行战争，显然不妥。从内容上看，它论述的是包括战争经济动员在内的军事后勤问题。"又如付朝先生《孙子兵法结构研究》注："'作战'即战争的开始和战争的进行，讲的是战争准备阶段的投入和战争开始以后的战争消耗问题。"以上诠释基本代表了今天的主流认识。

然而，也有注家的诠释与上述注解不同，需要我们特别注意。如赵本学注："作，造也，庙堂既有成算，然后计程论费起造战事也。"何谓"起造战事"？又如施子美注："作战者，所以作之而使战也。""作之而使战"是何意？再如郭化若先生注："本篇以'作战'命名；紧接'计篇'论述战前计划之后，再论作战问题（古代战争不分战役、战斗，也不论大战小战统称为作战）。""再论作战问题"何指？陈启天先生注："本篇主旨，乃论攻势战争贵速胜，不贵持久。近代以速战速决为攻势战争之战斗原则，正与本篇之旨相合。"为什么说《作战》主旨是论"攻势战争之战斗原则"？欲回答此类问题，除了深入分析研究孙子《作战》通篇内容和结构外，对于篇题"作战"二字的训诂也甚为关键。

《论语·述而》云："述而不作，信而好古，窃比我于老彭。"此乃孔子的自我评价，私下将自己比作"戒之毋骄，慎终保劳"（《上海博物馆藏战国楚竹书·彭祖》）的长寿始祖彭祖，只求"信而好古"，但是"述而不作"。朱熹《四书章句集注·论语集注》释曰："述，传旧而已。作，则创始也。"那么，究竟什么是"述"，什么又是"作"，二者之于孔子具有何等的社会意义呢？清代思想家、史学家章学诚《文史通义·卷二·原道上》曾说道："以周公为先圣，孔子为先师，盖言制作之为圣，而立教之为师。"章公意思是说，周公所以为圣人，就在于为永世"制作"（立制）；孔子所以为尊师，就在于为万世"立教"，事实亦然，在中国历史上，立制者莫过于周公，而立教者莫过于孔子。所以说，尽管章公只把周公的"立制"称作"制作"，但其实无论是周公的"立制"，还是孔子的"立教"，完全属于"创立""创始"之举，也就是孔子所说的"作"。无独有偶，对于孔子的历史地位，司马迁《史记·太史公自序》早就评价说：孔子"论诗书，作春秋，学者至今则之"。显然，太史公认为，孔子的"述而不作"，实际上是"述而有作"，其"作"表现在，虽非为后世社会立制，却是为后人精神立法，以至成为后人遵从的治学楷模。由是观之，"作"自古就有"创始""制作"之义，自然还可引申为"立制""立法"的意思。

故此，笔者认为，孙子"作战"之"作"，乃孔子"述而不作"之"作"，为"制作""制定"之义；"作战"之"战"，《左传·庄公十一年》有云"皆陈曰战"，《说文》亦云"战，斗也"，本义指两军"对阵""对战"，可引申为"战法""战策"之义。"作战"属动宾结构的名词，其结构词性相类于西周"制礼作乐"一词。众所周知，"制礼作乐"是指西周时期的礼乐制度，相传由周公制定。"礼"强调"别"，即所谓"尊尊"；"乐"强调"和"，即所谓"亲亲"。有"别"有"和"是巩固周人内部团结的两个方面规定。西周的礼乐制度，是周王朝对国家长治久安的谋划，是当时独具特色的礼乐文化和文明，是西周贵族阶层赖以统治国家的上层建筑。因此，"制礼作乐"并非顾名思义的制定礼仪、创作乐曲的字面含义，而是逐步演变为周王朝治国理政的重要思想，是周王朝维护统治的政治准则、道德规范和各项典章制度的总称，是指导规范人们社会行为的制度和政策。孙子《作战》篇题之"作战"，与"制礼作乐"属同构共类的概念，可训解为"为战立制"或"为战立法"，又可引申为"制作战策"之意，它不仅具有制定战略方针、确立作战思想的含义，而且具有依此指导战争、规制战争的功能。所以说，周公之"制礼作乐"乃是为社会秩序立法；而孙子之《作战》乃是为举师致战立策。这也正是赵本学"起造战事"、施子美"作之而使战"和郭化若"再论作战问题"，想说却又没能说明的"作战"二字的含义所在；换个角度来说，"作战"二字则正恰是陈启天所言"本篇主旨"或"攻势战争贵速胜，不贵持久"

的名称规定或概念抽象。综上所述，孙子篇题"作战"的含义，当为"制作战策"或"制定战略"之意，而《作战》主旨则是探讨战争应制定和遵循什么样的作战指导，为什么要制定和遵循这样的作战指导问题。用今天的话说，就是制定科学的作战方针，指导战争全局的筹划与行动。

关于《作战》的篇次，现存诸本《作战》篇序均为第二，唯清邓廷罗《孙子集注》说："谋则倾，攻则战，次《作战篇》。原本第二，今改正。"认为应在《计篇》《谋攻篇》之后，排第三。现代学者王向正先生《新校竹简本孙子释义》则认为应排第五。实际上，如果能够认识到孙子所言"作战"二字并非指所谓"战阵之事"，就不会产生这样的歧义。虽然古今注家大都认为《作战》篇次第二，但对其缘由的解释也存在较大歧义。如李筌注曰："先定计，然后修战具，是以战次计篇也。"张预注曰："运粮草，约费用，以作战备，故次计。"刘寅注曰："庙堂之上计算已定，然后兴师与之战，故以《作战篇》为第二篇。"这些注家一致认为，如此排列篇次的逻辑在于：计定以战，则战备次之。笔者认为，《孙子兵法》十三篇的篇次排序，唯一的依据和准则就是各篇内容主旨所呈现的时空与主次逻辑。具体而言，应当按照战争筹划与展开的时序进行排定。其真正的逻辑是：孙子在《计》篇，国家通过战略考量，预料战争有较大胜算，决定发动战争之后，继而以《作战》研究并确立科学的作战方针，为战争提供科学正确的作战指导。故《作战》次于《计》，篇序第二。

二、构解——既讲了不贵久，也讲了兵贵胜

古语云：兵马未动，粮草先行。孙子《作战》正是紧紧抓住了发动战争、进行战争的前提条件和物质基础，把兵马、粮草、器械和经费等战争经济问题，作为其研究和指导战争的逻辑起点，进而确立起了"兵贵胜，不贵久"的战争指导。为此，上半部分，论述了战争消耗"日费千金"，与日俱增，兵久唯害，故"不贵久"；下半部分，论述了军食补给"因粮于敌"，战力补充"胜

敌益强"，兵胜得利，故"兵贵胜"；中间部分，揭示了战争指导的根本思想方法和不二法门"知害利"，巧妙勾连，浑然天成。

上半部分：不贵久。从"凡用兵之法，驰车千驷"至"夫兵久而国利者，未之有也"。孙子尽陈"兵久"之害，说明兴师致战"不贵久"。开篇以"举师十万、日费千金"告诉人们，战争对于国家的人力、物力、财力消耗甚巨，倘若发动战争，有三种"兵久"的战争类型将会导致兵疲国衰乃至亡国灭种：一是"胜久"将导致军队"钝兵挫锐"，兵锋士气严重受挫；二是"攻城"将导致军队"力屈"，战斗力消耗殆尽；三是"久暴师"将导致"国用不足"，国家经济基础地动山摇。一种比一种严重，然而，更可怕的情况是其带来连锁反应，"诸侯乘其弊而起，虽有智者不能善其后"，国将不国，毕力难挽。所以，方法只有一个，宁可"拙速"，决不"巧久"。从反面有力地说明了兴师致战的根本戒律："不贵久"。

中间部分：知利害。仅"故不尽知用兵之害者，则不能尽知用兵之利也"一句。尽知利害，是用兵打仗的方法论，同样，也是制定战略方针的方法论。上文孙子尽陈用兵之害，自然，下文孙子将尽述用兵之利。毫无疑问，战争对于国家是一把双刃剑，用好可强国称霸，用不好则亡国灭种。所以，从内容上说，尽知利害是孙子研究制定作战指导方针的根本方法；而从结构上说，尽知利害是《作战》全篇承上启下的关节和纽带。

下半部分：兵贵胜。从"善用兵者，役不再籍"至"国家安危之主也"。孙子尽述"胜敌"之利，说明用兵打仗"兵贵胜"。战争消耗至巨，何策可解呢？孙子提出两个方法：一是"因粮于敌"。为此，一方面，以"远输贵卖"之害，说明这一策略的必要性；又以"务食于敌"之利，说明这一策略的科学性。二是"胜敌益强"。战场上，杀敌因怒、取敌因货，故而通过奖赏，激励士卒虏敌卒车，并利用"车杂而乘之，卒善而养之"的办法，将敌方力量转变为我方力量，在战争中强大自己。毋庸置疑，实施上述两个策略唯一先决条件就是"胜"，或者说，出路只有一条，那就是想方设法夺取作战的胜利。因此，孙子曰："兵贵胜"。

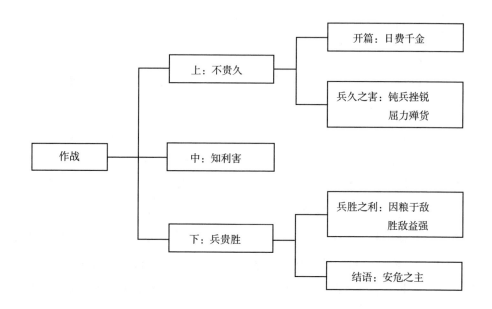

三、文解

以历史唯物的观点看，可以肯定地说，孙子绝不是认识到战争对于国家经济具有依赖性的第一人，然而，从孙子《作战》开篇述举的千驷、千乘、千里、千金、十万等一系列在当时社会不啻于天文数字的数据来看，孙子绝对是认识到战争与国力有着最为紧密关系的第一人。那么，孙子应用这些颇具冲击力、震撼力的数字，意欲警示人们什么，又想说明什么问题呢？

上：不贵久

1.0 孙子曰：凡用兵之法，驰车千驷，革车千乘，带甲十万，千里馈粮。则内外之费，宾客之用，胶漆之材，车甲之奉，日费千金，然后十万之师举矣。

2.0 其用战也，胜久则钝兵挫锐，攻城则力屈，久暴师则国用不足。夫钝兵挫锐，屈力殚货，则诸侯乘其弊而起，虽有智者不能善其后矣。故兵闻拙速，未睹巧之久也。夫兵久而国利者，未之有也。

开篇：消耗甚巨，与日俱增

孙子曰：凡用兵之法，驰车千驷，革车千乘，带甲十万，千里馈粮。则内外之费，宾客之用，胶漆之材，车甲之奉，日费千金，然后十万之师举矣。国家兴兵举师，发动一场战争，究竟需要哪些物质基础？到底需要多少？孙子开篇简明扼要，总而概之地做了回答。总共有车马、士卒、粮秣、用度四大类八个具种，数量或千计或万计，每天耗费"日费千金"，方可供"十万之师"战争规模的耗费。

凡用兵之法。这是《孙子兵法》常用的表述方法，在《谋攻》《军争》《九变》等其他篇中都有类似的开头或结尾。孙子说的"凡"古代习称"凡例"。晋朝杜预《春秋经传集解序》注曰："其发凡以言例，皆经国之常制"。意思是古人以"凡"字引出一些带有共性、常性的体制、章法或内容大要，所以《朱子语类》说："夫子作传，亦略举一端以见凡例而已。"例如《春秋左传》就有"五十凡"之说。今天"凡例"多指书前注释本书内容或编纂体例的说明。孙子"凡用兵之法"的句式，近似于今天军队的条令条例的文体，我们亦可称之为"条例体"。古代有关条令条例均属于军法，比如《司马法》就较多地讲了古代军法。在我国兵学史上，兵法与军法联系颇为紧密，兵法脱胎于军法，是从军法中演化而来的。"用兵之法"可简称为"兵法"，战国以降，"兵法"又演进为兵书的统称。孙子此处的"凡用兵之法"，专指"兵法"关于举师兴战的此条此例，具有一般的、普遍的、通常的做法之意，可译为：兴兵打仗的通常做法。

驰车千驷，革车千乘。第一类是车马，包括驰车、革车二种，属装备问题。意思是轻车需要千辆，重车需要千辆。梅尧臣注曰："驰车，轻车也；革车，重车也。""驰车"以"驷"计，驷指用四匹马驾一车，故称为驷。古今注家关于驰车、轻车、革车、重车、辎重车等概念的注释，多存在互释混淆的现象，如曹操注曰"革车，重车也，言万骑之重……重以大车驾牛"，又如王皙注曰"皙谓驰车，谓驾革车也……皙谓革车，兵车也"。问题焦点在于：革车是不是战车。笔者认为，搞清楚这个问题，应当从春秋时期作战阵形的角度分析。古人作战讲求先阵后战，对于当时具体阵形虽无从稽考，但《孙子兵法·行军》曰："轻车先出居其侧者,陈也。"《逸周书》也载有"轻车翼卫"之说。如果按孙子所说,作战力量由驰车、革车、士卒三个部分组成,革车与士卒一定都是轻车护卫的对象,革车也是阵形的重要组成部分,并且同属于战车,只不过在战场上发挥的作用不同而已。所以,驰车,又称轻车、攻车,列阵时作为护卫,进攻时进行冲杀,突破后用于追击;革车,又称重车、辎车、守车,行军时装载辎重,宿营时可供卧息,作战时可用作防御战垒。二者同属于战车,共同构成进可攻、退可守的作战阵形。

那么,孙子谈兴师致战,为何开篇首言战车,是否存在着深刻的道理呢?进一步说,战争出动的战车数量是否与士卒数量存在有某种联系,进而决定了战争的规模呢?

带甲十万。第二类是士卒,属人员问题。此句意为甲士步卒十万。对于为什么孙子说参加战争的士卒是十万,而不是十五万或二十万等其他数量,古今注家从不同角度对其进行了考释,比较有代表性的主要有三种:第一种是从战车编配士卒数量的训释。如杜牧注引《司马法》曰:"'一车,甲士三人,步卒七十二人,炊家子十人,固守衣装五人,厮养五人,樵汲五人,轻车七十五人,重车二十五人。'故二乘兼一百人为一队,举十万之众"。他认为,轻车编配士卒 75 人,重车编配士卒 25 人,共计 100 人。轻车和重车各计 1000 乘,故参战士卒共计 10 万人,恰与孙子"带甲十万"吻合。第二种是从摆兵布阵队形的训释。如张预按曹操《新书》注曰:"攻车一乘,前拒一队,左右角二队,共七十五人。守车一乘,炊子十人,守装五人,厩养五人,樵汲五人,共二十五人。攻守二乘,凡一百。兴师十万,则用车二千,轻重各半,与此同矣。"其数也与孙子"带甲十万"相合,且把士卒的编组及位置解释得更加清楚。第三种是从当时军赋制度的训释。如王皙引注曹操曰:"曹公曰:'带甲十万,士卒数也。'皙谓井田之法,甸出兵车一乘,甲士三人,步卒七十二人,千乘总七万五千人。此言带甲十万,岂当时权制欤?"(以上均引自郭化若译《十一家注孙子》,中华书局 1962 年版)他按井田之法计算得出士卒数量为七万五千人,与带甲十万并不相符,且提出了这是不是因为孙子当时不同井田之法缘故的疑问。

以上三种解释尽管角度各异，一说以战车编配士卒，一说以战车为基础编成士卒队形，一说以井田之法算地出车出卒，但有一点是共同的，就是战车数量与士卒数量存在着一定的必然联系。换言之，孙子所说的"带甲十万"是由"驰车千驷，革车千乘"决定的，战车数量与士卒数量是不是线性关系姑且勿论，但通过战车数量是可以推算出士卒数量的，进而也决定了"十万之师"的战争规模。

总的来说，古今注家对于战车数量决定战争规模的认识，并不是十分清楚。他们大都将注意力集中于对士卒数量的考释。由于结论多少各异，于是产生了像何氏"十万，举成数矣"这样笼统的注释，其言外之意，无非是说孙子只是给出了一个整数，训诂考释并无大的必要。对于近现代注家而言，抑或基于训释该问题对于今天用兵打仗并无太大借鉴作用的认识，所以对此问题也鲜有钩沉索隐。但笔者认为，探讨这一问题极为重要，其重要性并不在于每辆战车编配多少士卒的问题，而在于孙子是否真正给出了战争规模及其兴师计费的一般计算方法问题。如果认识到这一点，不仅对我们今天用兵打仗具有极强的借鉴作用，而且有利于我们摸清孙子制定战争方略的思想脉络，弄懂孙子为什么能够把兴师计费作为其确立作战方针的逻辑起点。

目前，关于对"带甲十万"的疑问主要集中于两点：一是关于"带甲"，在孙子时代有没有那么多甲士参与战争？二是关于"十万"，在孙子时代会不会有那么大的战争规模？

关于"带甲"的演变。带甲是对披戴盔甲之士，即甲士的称呼。据范文澜著《中国通史》（第一册）载：在东周时期，"士大抵受过六艺（礼、乐、射、御、书、数）教育，是军事上政治上必不可少的一群人物，因此得到卿大夫的重视。士生活主要依靠'食田'。'食田'就是食若干田的租税"，"捍卫国家的主要武力，就是这些车战的甲士"。《司马法》记载："一车，甲士三人"。左边甲士任车长主射，中间甲士任驭手，右边甲士任格斗。可见甲士是不参加劳作的统治阶级。于是，有学者提出，春秋时期一个诸侯国家不可能有那么多甲士，故而怀疑"带甲十万"的真实性。

西周乃至春秋早期，的确存在着国人（王族、诸侯、卿大夫、士乃至上层庶民）当兵，野人（低级庶民、奴隶）不当兵的严格制度，这时，"甲士"确实由居于统治阶级的"士"所承担。但是，伴随着周王室的衰颓，诸侯争霸时代的到来，兼并战争不断兴起，战争规模逐步扩大，囿于国人当兵的兵役制度，已难以满足急剧增加的战场对士卒数量的巨大需求。于是，到了战国时期，陈旧的征兵制度被彻底打破，取而代之的是国人野人均可当兵的新的征兵制度。吕思勉在《先秦史》中描绘了当时这一状况："春秋以前，军旅皆出于乡，野鄙之民，止于保卫闾里；战国以后，稍从征役，其强弱同，斯其地位等矣。"意思是，战国以后，"乡""野"之民，地位等同，皆可从军。我们知道，春秋战国之交，正是中国社会由原始社会向封建社会过渡的历史时期，随着公田制逐步被私田制所替代的生产关系的转变，相伴而生的是传统贵族统治阶级的瓦解与新型地主阶级的产生，所以，处于春秋末年的孙子，所言"带甲"已不再是专指西周时期的统治阶层的甲士，而应当是对来自于广大农民阶层的士卒的总体称谓。到了战国时期，"带甲"已成为对步兵的专门称谓。

事实上，"带甲"社会成分的演变与步兵的萌芽与产生是相伴相随的。据范文澜《中国通史》（第一册）说："使用步兵作战，在东周前期已经开始。郑庄公败北戎，晋荀吴败狄，都用步兵制胜。因为戎狄居山谷间，用步兵攻扰华族地区，华族攻戎狄，不得不毁车用步。"可见，春秋早期，士卒是围绕战车进行编配的，步兵仍配属于战车作战，并未形成独立兵种。战国时期，公田制逐步废除，私田制逐步通行，战车越陌度阡已不再像公田时期方便，田间行车渐感不便，进而失去其重要作用，取而代之的是作战更加灵变的步兵，至此，步兵作为独立兵种应运而生。至于骑兵，在中原则出现更晚，所以经书中没有出现过"骑"字。春秋早期，战争和交通都用车，马只驾车，不作单骑，所以，骑兵的出现亦在春秋末年。

关于"十万"的规模。自古以来就有注家对孙子"兴师十万，革车千乘"持有怀疑态度，认为春秋时期战争并没那么大规模，吴国也出不了那么多兵，进而甚至断定《孙子兵法》不是春秋时期的著作。对于这个问题，我们不妨历史地看看春秋前后的战争，或许能够推断出孙子所处时代的战争规模。据《史记·周本纪》记载，武王伐纣，兵车三百乘，士卒四万五千人，虎贲三千人。可见，西周初期的战争规模确实不大。春秋前期，《管子·大匡》说："天下之国，带甲十万者不鲜矣。"尽管有学者对此持否定态度，但还是认为："把步兵称为带甲是战国时代的事，带甲用到十万的规模，是春秋战国相替的时代才有的事情"（杨宽《战国史》）。到了战国时期，"带甲数十万""带甲百万"已多见于典籍之中。据南宋陈傅良《历代兵制》记载，战国时期，齐国"地方两千里，带甲数十万，临淄之中七万户而卒固已二十一万"，赵国"地方两千里，带甲数十万，车千乘，骑万匹"，魏国"武士二十万，苍头二十万，厮徒十万，车六百乘，骑五千匹"。由此可见，孙子在春秋战国交替之际，以"十万"之众论述战争规模，在当时应是极具典型性和普遍性的，也应是非常真实可信的。

这里需要进一步强调的是，对于孙子关于千驷、千乘、千里、千金、十万等一系列数据，古今注家向来存在两种认识：一种认为是实数；一种认为是虚数。如何氏注："十万，举成数也。"顾福堂注："言千驷千乘十万者，举其成数也。"事实上，实数也好，虚数也罢，其实这点并不重要，重要的是孙子所言这些数据的客观性与可信度，而不是它的准确性。因为认识到这一点，不仅关乎到孙子在此是否给出了一种依师约费的模型与算法，而且关乎到我们今天能否依此确立一种科学的观念：战前必须按照战争规模预算战争耗费。

千里馈粮。第三类是粮秣。意思是千里运送粮草。首先，我们看一下"里"。从周、秦、汉时期，"里"就是用于计算井田面积的长度单位。《春秋谷梁传》载："古者，三百步一里，名曰井田。"可见古之"里"，是用脚步量出来的，应该说是概略的、经验的。在古代，迈出一足为跬，迈出两足为步，故古之一步为现代的两步。需要说明的是，据《续文献通考》载"周以八尺为步"，"秦以六尺为步"，又引《律学新说》指出，二者是相等的。由于秦汉尺的长度，如商鞅量尺、新莽铜斛尺、后汉建武铜尺都是一尺等于 0.231 米，由此可以算出周之一里等于 1800 尺为 415.8 米，为现代一里 500 米的 83.16%。那么，古代战争有可能跨越"千里"吗？例如，孙子所在吴国都城姑苏（今无锡），与其敌国越国都城会稽（今绍兴），两地相距约 346 公里，折算为古代的"里"，约为 832 里。再如，发生于战国时期的"围魏救赵"，齐国都城临淄（今临淄北），与魏国都城（今开封），两地相距约 540 公里，折算为古代的"里"，约为 1299 里。如果考虑到山川河流等古代自然地貌的纵横阻隔，当时跨越千里作战应当是常见可信的。

其次，我们看一下"馈"。《周礼·玉府》郑玄注："古者致物于人，尊之则曰献，通行曰馈。"孙子论及粮秣问题，重点并非粮秣本身，而是"通行"和"馈"的问题。关于这点，孙子在《用间》篇中，几乎用了与《作战》篇同样的开篇，但阐述更为详尽：

凡兴师十万，出征千里，百姓之费，公家之奉，日费千金，内外骚动，怠于道路，不得操事者，七十万家。（《孙子兵法·用间》）

千里迢迢输送粮草，带来的后果是："内外骚动，怠于道路，不得操事者，七十万家。"曹操注曰："古者八家为邻，一家从军，七家奉之，言十万之师举，不事耕稼者七十万家。"他所言明的是，10 万人前方打仗，要有 70 万家做后勤保障。由此造成的是国内人心浮动，庞大的运输队伍疲于路途奔波，人民生产生活几近处于停滞混乱状态。孙子认为，这才是用兵打仗所带来的最严重的问题，也是战争指导者不得不研究的最根本的问题，故此，这也是孙子下文制作战策必须解决的最核心的问题。

则内外之费，宾客之用，胶漆之材，车甲之奉。第四类是用度，包括内外、宾客、胶漆、车甲耗费的钱与物共四种，属财物经费问题。在此，孙子尽述了用兵打仗所需财物和经费的要项总目。第一，内外之费。王晳注曰："内，谓国中；外，谓军所也。"陈启天注曰："内外之费，谓战费之总目。"是指前方后方的军费开支。第二，宾客之用。黄巩注曰："宾客，诸侯使命与游士也。"杜牧注曰："军有诸侯交聘之礼，故曰宾客也。"王皙注曰："宾客之用，谓接待宴飨之需。"是指接待诸侯使节和游士的花销用度。第三，胶漆之材。《周礼·考工记》有"六材"的记载，"胶"与"漆"各占其一，且说："胶也者，以为和也"，

"漆也者，以为受霜露也"。张预注曰："胶漆者，修饰器械之物也。"施子美注曰："胶以为和，漆以为受，霜露弓矢器甲之所资，以为用者在是。"春秋时期，由于铁还没有大量出现使用，车甲装备器械的维修护养，基本用胶粘、用漆涂，所以胶漆是维修养护武器装备的主要材料。第四，车甲之奉。杜牧注曰："车甲器械完缉修缮，言胶漆者。"张预注曰："车甲者，膏辖金革之类也。"这种解释与"胶漆之材"几乎完全混淆重合，且古今注家几近从之。笔者认为，"车甲"当是车兵甲士之统称；"奉"当是供给、供养之义。如《韩非子·和氏》有云："损不急之枝官，以奉选练之士。"裁撤没必要冗官，来供给精选士兵的训练。故此句可释为：那么，前方后方的用费，招待使节的开支，维修护养的材料，车兵甲士的供奉。

日费千金，然后十万之师举矣。意思是每日耗资千金，然后十万大军出发投入战争。孙子认为，打一场"十万之师"规模的战争，需要的花费是"日费千金"。这是孙子通过以上列举分析，对当时来讲一场较为典型规模的战争费用的预算结论，但这个结论并不是总体的、静态的，而是局部的、动态的，因为他的结论只是"日费千金"，是每天的开支，而不是一场战争打完总体的开支。孙子为什么给出这样的结论，或者说只能给出这样的结论呢？原因无非以下两点。

第一，战争费用可以计算然是变化的。孙子得出的结论是"日费千金"。这里"金"包括两个方面的含义：一是古代"金"有泛指金属的意思，但作为货币意义的"金"，当时主要是指青铜。《墨子》在描述大禹铸九鼎时说"使蜚廉采金于山川，而陶铸之于昆吾"。夏后启派臣子蜚廉从山川开采"金"，铸九鼎于昆吾。这里的"金"就是指开采铜矿取得的青铜。二是先秦"金"是计算货币的单位，"金"有多重，各国不尽统一。据李零先生考证说：《索隐》：'秦以一镒为一金，汉以一斤为一金。'古书有'二十两为一镒'和'二十四两为一镒'两说，据出土战国记重铜器，一镒合24两，重约374克。斤的重量是16两，据出土战国衡器，重约250克。先秦时期的'金'可能与秦制的'金'接近，是以一镒为一金，'千金'约合374公斤。"（《唯一的规则：〈孙子〉的斗争哲学》）

依此计算结果，孙子所言数目虽是大约数，但也是大体可信的。这里想强调的是，上文我们一再论证孙子"千驷""千乘""十万""千金"的真实性和可靠性，就是想告诉大家，孙子认为，战争的开支战前是可以计算的，而且给出了计算要目与指标。这点对于今天的战争指导者是颇有意义的，尽管现代战争情形更复杂，物资经费保障更庞大。所以，贾林注曰："计费不足，未可以兴师动众。"

第二，战争耗费巨大且与日俱增。孙子认为"举师十万"需"日费千金"。这里告诉人们两点：一是耗资巨大；二是与日俱增。仗多打一天就要多花费"千金"，换言之，战争持续的时间越长，战争的开支就越大，这是战争指导者不得不面临的一个严峻的问题。所以，何氏注曰："老师费财，智者虑之。"事实上，孙子《作战》开篇发凡启例，列举"十万之师"之需，车马、士卒、粮秣、用度四大类八个具种，战争耗费："日费千金"。实际上，已然找到了造成这个问题和解决这个问题的关键因素——时间。同样，孙子制作战策的思想方法自然也基于斯，发于斯。换言之，时间问题必然是战争指导者必须考虑的首要问题。

"兵久"之害

其用战也，胜久则钝兵挫锐，攻城则力屈，久暴师则国用不足。夫钝兵挫锐，屈力殚货，则诸侯乘其弊而起，虽有智者不能善其后矣。故兵闻拙速，未睹巧之久也。夫兵久而国利者，未之有也。此段各本文字虽然相同，但句读各异，争议颇大，集中体现在"其用战也，胜久则钝兵挫锐"一句。比较具有代表性的是将此句断为"其用战也胜，久则钝兵挫锐"，如曹操、贾林、吴九龙、郭化若、陶汉章、吴如嵩等。此外，还有如于鬯《香草续校书》谓"其用战也胜"应作"其用战胜也"；俞樾《平议》谓"其用久也，战胜（读若陈）则钝兵挫锐"主张将"胜""久"二字大易位并改"胜"的读音；赵本学《孙子校解引类》谓"'胜'上疑脱一'贵'字，承上文言，所费之广如此，其用战也，宜以速胜为务"。对于古代经典著作的解读，我们不能添字解经，更不能篡字解经。笔者认为，关于"胜"字的断句，至为关键，它既关系到孙子借以尽知"用兵之害"的独特视角，也关系到本篇能否得出"兵贵胜，不贵久"的明确结论。只有将"胜"字断于下句，才能符合孙子本意，方可使孙子立论"不贵久"的论据具有确凿性和典型性。

第一，"兵久"的三类型。其用战也，胜久则钝兵挫锐，攻城则力屈，久暴师则国用不足。曹操注曰："钝，弊也；屈，尽也。"杜牧注曰："甲兵钝弊，锐气挫衄。"范宁《春秋谷梁传集解》注曰："暴师经年。暴，露也。"这句话的意思是：这样的军队用于作战，胜于持久会造成军队疲惫、锐气挫伤，攻城会造成兵力耗失殆尽，军队长期野外作战会造成国家财政拮据。

这里，我们将"胜"字断在了下句。那么，将"胜"字断在上句与下句的区别何在？将"胜"字断于下句的原因又有哪些呢？

将"胜"字断在上句与下句的区别在于：如果将"胜"断于上句，孙子下文讲的就是"胜久"的情况，亦即胜利条件下持久作战的三种情况；如果将"胜"断于下句，则孙子下文讲的就是"兵久"的情况，亦即持久作战的三种情况，而"胜久"只为三种持久作战的情况之一。

那么，我们为什么将"胜"字断在下句，且认为孙子讲的是"兵久"而不是"胜久"呢？原因主要有三点：第一，如果把"胜"断在上句，则"胜"与"久"文意失应，前后承接殊显突兀，根本构不成严密的逻辑关系。或缘于此，有的注家便生硬地将"胜"赋予"速"的含义，如付朝先生解释为："胜，取胜。这里指速胜。"也有的注家如杨丙安先生《孙子会笺》说"胜"与"速"双声，说"胜"应读为"速"（李零认为："胜"是书母蒸部字，"速"是心母屋部字，古音相差甚远）。甚至还有的注家妄自添字改字加以释义，如以上提到的于鬯《香草续校书》、俞樾《平议》等。上述这些解释方法其实目的是一致的，无非是主观地将"胜"赋予"速"的含义，进而使"胜"与"久"文意对应。其实，在孙子这里，"胜久"仅是"兵久"情况之一，至于"攻城"和"久暴师"二种情况，其胜与不胜孙子在此是姑且不论的。第二，如果把"胜"断在上句，那么孙子在下文所讲的"胜久"的三种情况中，"久则钝兵挫锐"的"久"之胜，与"久暴师则国用不足"的"久暴师"之胜，两种久胜的情况是很难严格区分开来的，几乎讲的是一回事。第三，如果把"胜"断在上句，孙子在下文讲的"攻城"就是指在胜利条件下的"攻城"，而这与孙子对待"攻城"的一贯思想是背道而驰、完全相悖的。在孙子的胜负观中，"攻城"几乎无胜负可言，无论胜与败，其带来的结果只有灾难，正如他在《谋攻》篇所云"上兵伐谋，其次伐交，其次伐兵，其下攻城"，在孙子看来"攻城"是下下策，"为不得已"，他是极力反对攻城的（在《谋攻》篇中详细论述）。所以，孙子是不会把"攻城"列举为胜利的情况之一的。

所以，将"胜"字断于下句，可清晰展现孙子在"其用战也"后，分别研究的"胜久""攻城"和"久暴师"三种持久作战情形所带来的危害及不利影响，其主旨在于充分说明："兵久"唯害。

这里还有一个问题需要阐述清楚，即"胜久"和"久暴师"无疑属于"兵久"的情况，但"攻城"是否属于"兵久"的情况呢？回答是肯定的。姑且遑论热兵器时代的攻城作战，在孙子所处的冷兵器时代，攻城绝对属于"兵久"的作战情况。

攻城之法，为不得已。修橹轒辒，具器械，三月而后成，距闉，又三月而后已。将不胜其忿而蚁附之，杀士卒三分之一而城不拔者，此攻之灾也。（《孙子兵法·谋攻》）

孙子说，准备攻城器械需要三个月，构筑攻城的工事又需要三个月，如果指挥员难抑胸中怒火，令士卒强行进攻，损失巨大不说，往往城池还难以攻克，根本无胜负可言，只会带来灾难，是不得已而为之的。所以，在孙子看来，"攻城"仅准备就需半年时间，绝对属于"兵久"的持久作战。

综上所述，"兵久"危害颇大：一是"胜久"，会造成军队疲困、士气挫失；二是"攻城"，会造成兵力消耗殆尽；三是"久暴师"，会造成国家财政吃紧难支。"兵久"的三种情况，时间一种比一种长，危害一个比一个大，结局一个比一个糟。然而，这并不是最可怕的，最可怕的是可能导致即使是"智者"都无法收拾的诸侯各国的发难和政治格局上的连锁反应。

第二，"兵久"的总危害。夫钝兵挫锐，屈力殚货，则诸侯乘其弊而起，虽有智者不能善其后矣。"殚",尽、枯竭;"弊",弊病、疲衰。此句的意思是:如果军队疲惫,锐气挫失,人力耗尽,财政枯竭,那么诸侯列国就会乘国家衰困之机起兵来袭,即使是足智多谋的人,也无法挽回危局。在此,孙子总结归纳了"兵久"带来的危害:对于军"钝兵挫锐",对于国"屈力殚货",此乃现实的危害;与此同时,还极有可能带来更可怕的诸侯各国的发难和政治上的连锁反应:"诸侯乘其弊而起,虽有智者不能善其后",国将不国,毕力难挽,此乃潜在的危害。要言之,孙子在总结"兵久"之害的基础上,用"夫——则——虽"这样一种极具刚性的因果逻辑句式,推断"兵久"必然导致国"弊",国"弊"必然导致国危,即使是智者也难挽狂澜于既倒,扶大厦于将倾。

何谓国"弊"?古往今来,导致国家危亡的国"弊"甚多,但由"兵久"带来的国"弊",孙子认为有典型的两大"弊"症:"钝兵挫锐",长期作战人乏马困,部队士气受到严重挫伤,这是对于军队之"弊";"屈力殚货",国家役力消耗殆尽,财政基础几近枯竭,这是对于国家之"弊"。故此,李筌注曰:"十万众举,日费千金,非惟钝挫于外,亦财殚于内,是以圣人无暴师也。"就是说,举师十万,日耗千金,若暴师久战,国家将处于内外交困、举步维艰的危亡局面,总之,这属于"兵久"造成的现实危害。

在这样的情况下,夹居于诸侯列国之中,而各国又均为图强争霸整日枕戈待旦、相互觊觎、虎视眈眈,对于久战无果、兵疲国衰的困斗之兽,自然是蜂拥而至,将之鲸吞蚕食。所以,孙子的结论是"诸侯乘其弊而起,虽有智者不能善其后"。对于一个国家来说,连"智者"都无法收拾的局面无疑是最坏的情形。至此,我们可以明显看到,孙子考察战争,并非像陈启天"善其后,谓收束战争,确保胜利也"所说的那样,就战争而研究战争的结果,而是将战略视野置于东周社会大环境中去考察战争。在孙子看来,"兵久"带来的影响不仅仅关乎战争的胜负问题,而且会带来"诸侯乘其弊而起"的国际社会的连锁反应,进而导致国家面临亡国灭种的严重后果。这可谓"兵久"造成的潜在危害。由此足见,孙子选择"兵久"这一审视战争的视角,可谓眼光独到、匠心独具,借此不仅可以透视战争的全过程,而且可以触及战争过程中乃至战争结束后诸侯各国之间的政治格局。所以说，孙子是把战争方略置于国家战略的大框架中去考虑的，其思维逻辑是："兵久"必然带来国"弊"，国"弊"必然导致国危，故而"兵久"百害而无一益。

兵不贵久

故兵闻拙速，未睹巧之久也。意即：所以，只听说过以拙笨之法追求速决的战争，没见过以机巧之法追求持久的战争。这是孙子对"兵久"之害详细分析后得出的论断，"拙速"的战争是有的，但"巧久"的战争却从来没有过。

何谓"拙速"？第一，关于"速"。我们应当首先认识到孙子讲"拙速"，是相对于"巧久"而言的，更直接地讲，是相对于"兵久"而言的。那么，这个"速"就是指战争全局上的"速"，即从战争发起到战争结束的"速"，而不是指局部上或者是某些行动上的"速"。用今天的话讲，孙子所说的"速"，是战略上的"速"，是战争追求的最终目的。第二，关于"拙"。毫无疑问，"拙"就是笨。假使我们将"拙速"直接说成"笨速"，会感到"拙"甚至有慢的意思，事实上，这也正是孙子所要表达的思想。那么，"拙"在孙子这里有哪些具体表现呢？例如，在"军争"上的"以迂为直"；在"治心"上的"以治待乱，以静待哗"；在"治力"上的"以近待远，以佚待劳，以饱待饥"（《孙子兵法·军争》），所有这些行动都是快不了的，需要沉得住气，甚至必须是慢的。所以，孙子所说的"拙"，按现代语境讲，实际上是战术上、具体行动上的"拙"，是手段，是方法，其目的是追求战略上的"速"。第三，关于"拙速"。这里孙子仅仅讲到"拙速"，并未像后世注家和兵家一样一味地只讲"兵贵速"或"兵贵神速"。究其缘由，或许孙子已经深刻认识到，用兵打仗在绝大多数情况下会欲速不达，"速胜"只有相对的，没有绝对的，战争追求"速胜"具有着极强的相对性和复杂性。我们知道，在孙子时代，军事上是没有战略、战役和战术之分的，因此，孙子对于这一问题也只能止于"拙速"这样的表达，如果运用现代军事理论，这个问题是完全可以表述清楚的。如毛泽东在《论持久战》中对于抗日战争战略方针的阐述，就明确告诉人们"战略上内线的持久的防御"就是"战役战斗上外线的速决的进攻"，是一个问题在战略上和战役战术上的两个方面，二者是辩证统一的。无论如何，孙子这里只讲"拙速"而未提"速胜"，应有其深刻的缘由，态度是极为审慎的。

何谓"巧久"？孙子说："未睹巧之久也。"曹操注曰："未睹者，言其无也。"言语简洁，切中要害。对于"巧久"多数注家并无注释，即或有之，亦极牵强，如刘邦骥注曰："巧者，诡道之类，可以用于一时，决不可以持久，久则恐生后患也。"邓廷罗注曰："若巧而久，虽巧亦败，况非巧乎。甚言兵之不可久也。"笔者认为，在孙子看来，"巧久"根本就是不存在的，或者说，战争指导者根本就不会去这样做的事，如果我们再去探究其所谓道理，毫无疑问，必属于画蛇添足的无稽之谈。

如果我们将此句联系起来看就会发现，"兵闻拙速"只是起到映衬作用的辅语，而"未睹巧之久也"才是孙子极力强调的重点。这也是孙子关于"速"的问题，《作战》全篇只此"拙速"一言，且并未对其展开具体阐释的原因。其实，孙子这里主题主线只有一个：坚决反对"兵久"。所以，邓廷罗注曰："甚言兵之不可久也。"邓公所释道出了孙子此言的真谛。

夫兵久而国利者，未之有也。意思是：战争持久对国家有利的情形，是从来没有过的。这是孙子关于"兵久"的结语，是在"未睹巧之久也"的基础上，再一次旗帜鲜明、坚决彻底地否定了持久战争。可见，在战争指导上，孙子否"久"的态度是坚决的，非"久"的观点是鲜明的，戒"久"的方略是明确的。所以，其结论必然是：用兵打仗"不贵久"。只不过，这里孙子并没有直接说出来，而是在文尾一起总结言明的。

当然，此句也再次印证了我们以上所述观点：孙子论述的是"兵久"，即"胜久""攻城""久暴师"，而不只是"胜久"。

中：知利害

趋利避害，是战争指导的根本法则；而尽知利害，则是确立科学战争指导的不二法门。上文讲到，举师十万，日费千金，故兵之"害"在"久"，当知之避之。那么，兵之"利"何在，又当如何知之趋之呢？孙子的回答是，兵之

"利"在"胜",这自然成为下文着重研究解决的问题。这里,我们可以明显看到,避害趋利之策,是孙子《作战》的研究内容;而尽知利害,则是孙子制作战策的思想方法。从全篇结构看,孙子正是用尽知利害之法,联结和实现了由上文的"兵久之害"应力避之的"不贵久",向下文的"兵胜之利"应力趋之的"兵贵胜"的转进与过渡。换言之,孙子本篇是把研究的制定战争指导的思想方法作为纽带和桥梁,来承接并阐明上下两部分的内容的。

3.0 故不尽知用兵之害者,则不能尽知用兵之利也。

尽知利害

故不尽知用兵之害者,则不能尽知用兵之利也。"尽",全面深刻;"知",了解把握。孙子说,所以不完全了解用兵危害的人,就不能完全了解用兵的利益。在孙子看来,首先,用兵打仗,"利"与"害"是相伴相随的。战争是双刃剑,在给国家带来巨大利益的同时,又给国家带来巨大的破坏和损耗,战争指导者不仅要全面了解用兵带来的损害,而且要全面了解用兵带来的益处。其次,在"知害"与"知利"之间,"知害"是在先的,"知利"是在后的。诚如陈启天注:"惟能先知战争之诸害者,始能力求获得战争之诸利。"施子美注:"贪其利,则蔽其害;思其害,则得其利。"杜牧注:"苟不顾己之患,则舟中之人尽为敌国,安能取利于敌人哉?"意思均是,先见利,则易受害;先知害,则得其利,二者顺序不可颠倒。再次,"害"与"利"是可以相互转化的。"知害"的目的在于避之戒之;"知利"的目的在于趋之往之。只要确立并采取正确的策略方法,是完全可以做到知害以戒、知利以往,最终达到趋利避害的效果的。

在此,孙子用"故……则……"的句式结构,以严谨的因果逻辑使全文上下两部分内容承接紧密,结构浑然一体。上半部分讲:兵害在"久","久"之害在于"钝兵挫锐,屈力殚货",由此进而可能导致"诸侯乘其弊而起,虽有智者不能善其后"的国家危亡的局面,所以,需"尽知害"。"故"字说明,此句所言乃上文所述之果。下半部分讲:兵利在"胜","胜"之利在能"因粮于敌""车杂乘之,卒善养之",由此可以带来"军食可足"和"胜敌益强"的有利局面，所以，需"尽知利"。"则"字说明，此句所言乃下文所述之由。诚如张预注曰："先知老师殚货之害，然后能知擒敌制胜之利。"

所以，在孙子看来，就方法论而言，利与害是相互联系、相生相克的，利中伏害，害中隐利；就对策论而言，战争的利益是从害处着眼研究并获取的，利由害现，害由利解。故此，下文提出的"因粮于敌"之法，是用以解决上文"屈力殚货"之困的；下文提出的"胜敌益强"之策，是用以解决上文"钝兵挫锐"之难的。然而，在这里，实现这种利害转化的根本条件，或者说解决这些困难问题的基本前提，关键就在于一个"胜"字。要而言之，上半部分言，尽知害，需避之，力戒之，旨在说明：不贵久；下半部分言，尽知利，需趋之，力往之，旨在说明：兵贵胜。

下：兵贵胜

在古今大多数注家看来，解决"兵久"之害的办法应当为速胜，故在训释"兵贵胜"的"胜"时，都极力赋予"胜"以"速"的含义。事实上，在孙子看来，"速"就是速；"胜"就是胜，二者绝无内涵上的重叠与混杂。对于"兵久"之害，孙子仅以"夫兵久而国利者，未之有也"，表明坚决反对"兵久"，并在文尾明确提出战争指导或者说应对方略："不贵久"。显然，这里孙子并未否定"速"，因为"速"本身就是"不贵久"的题中应有之义，但同时可以肯定的是，孙子并不认为"速"是解决"兵久"之害的根本方法。因为对于一场战争而言，"速"与"久"只是相对的，并非绝对的。因此，他仅以"拙速"论及"速"的问题，且只此一言，再无赘述。那么，解决"兵久"之害的根本办法是什么呢？犹桴鼓之相应，针对在上半部分分析得的"兵久"之害——军之"钝兵挫锐"，国之"屈力殚货"，孙子在下半部分提出了两条极具针对性的应对之策：一是"因粮于敌"，二是"胜敌益强"。毋庸置疑，实施这两条对策的先决条件，只有是夺得作战的"胜"，虽然孙子对此隐而未彰。所以说，孙子其实是从深层次揭示了用兵打仗的至简大道："兵贵胜"。

4.1 善用兵者，役不再籍，粮不三载，取用于国，因粮于敌，故军食可足也。

4.2 国之贫于师者远输，远输则百姓贫；近师者贵卖，贵卖则百姓财竭，财竭则急于丘役。屈力中原、内虚于家，百姓之费，十去其七；公家之费，破车罢马，甲胄矢弩，戟盾矛橹，丘牛大车，十去其六。

4.3 故智将务食于敌，食敌一钟，当吾二十钟；萁秆一石，当吾二十石。

4.4 故杀敌者，怒也；取敌之利者，货也。车战得车十乘以上，赏其先得者而更其旌旗。车杂而乘之，卒善而养之，是谓胜敌而益强。

5.1 故兵贵胜，不贵久。

5.2 故知兵之将，民之司命。国家安危之主也。

因粮于敌

善用兵者，役不再籍，粮不三载，取用于国，因粮于敌，故军食可足也。战争造成国家资源的巨大消耗，如果久拖不决，还可能带来亡国灭顶之灾，那么究其根源何在，又当如何加以化解呢？孙子认为：善于用兵打仗的人，役力不征二次，粮食不运三回，装备器材从国内携取，粮草则从敌国征掠，这样，军队粮秣供给就可以满足了。这里，孙子首先针对战争对国力消耗巨大这一问题，提出了"因粮于敌"的策略，具体包括两个方面的内容：限定战争投入，节其流；夺掠战争补给，开其源。

役不再籍，粮不三载。这是节流之策，强调战争一次投入，避免反复追加。关于"再"和"三"，存在虚指还是实指两种解释。虚指者认为，"再"和"三"不是实际数目，只是表示多次。实指者认为，"再"和"三"确指二次、三次。如邓廷罗注曰："役不再籍者，一岁不两役也。"李筌注曰："军出，度远近馈之；军入，载粮迎之，谓之三载。"即所谓"随粮""续粮"和"迎粮"的三次运粮之说。从古军法遗存的极少条规看，远古时期，对战争的确存在一些教条性规定。例如，比《孙子兵法》更为古老的《司马法》，记述了许多春秋前期的古典军礼："战道，不违时，不历民病，所以爱吾民也；不加丧，不因凶，所以爱夫其民也；冬夏不兴师，所以兼爱民也。""古者，逐奔不过百步，纵绥不过三舍，是以明其礼也。不穷不能而哀怜伤病，是以明其仁也。成列而鼓，是以明其信也。争义不争利，是以明其义也。又能舍服，是以明其勇也。知终知始，是以明其智也。六德以时合教，以为民纪之道也，自古之政也。"(《司马法·仁本》)依此类似情形来看，远古战争规定役"再籍"、粮"三载"的可能性是完全存在的，或许会因战争规模的大小、持续时间的长短，抑或从之，抑或少之，但绝不可能再多，这也是由当时的社会经济状况所决定的。对此，孙子反对战争反复投入，强调战争一次投入，这既是避免国家陷于"屈力殚货"之困的有效对策，也是顺应当时社会经济状况和军赋制度的科学方法，这一思想观点的提出，的确有着其深厚的历史渊源。

"役"即役夫，旧指服劳役或兵役的人；"籍"即征籍，旧指籍民之法。据史料记载，早在公元前645年，晋国就对税赋和军赋进行了改革，"作爰田"，又"作州兵"，前者将人民与土地紧密结合在一起，后者又将土地与兵役紧密结合在一起。公元前590年，鲁国"作丘甲"，公元前538年，郑国子产"作丘赋"。这些田税兵制的改革与实行，其目的就在于扩大税赋兵源的征收数额，以满足不断增长的战争对国家人力财力的需要。可以想见，春秋晚期，伴随着诸侯各国争霸战争的日益频仍，田税丘赋已逐渐成为各国普遍实行的制度。自此，田地有粟米之征，人户有布缕、力役之征，劳动人民的负担也越来越重。历史记载的一个著名事件可以充分证明这一点。

（鲁）哀公十一年，季孙欲用田赋，使冉有访诸仲尼。仲尼曰："丘不识也。"三发，卒曰："子为国老，待子而行，若之何子之不言也？"仲尼不对，而私于冉有曰："君子之行也，度于礼，施取其厚，事举其中，敛从其薄，如是则以丘亦足矣。若不度于礼，而贪冒无厌，则虽以田赋，将又不足。且子季孙若欲行而法，则有周公之典在。若欲苟而行之，又何访焉。"弗听。十有二年春，用田赋。(《左传》)

这段史料记载的是，公元前484年，鲁国正卿季孙（季康子）想以"田"征赋，实行"用田赋"制度，派他的"宰"，也是孔子的学生冉有，向被尊为"国老"的孔子征求意见，冉有三问，孔子而均言不知，最后私下对冉有说，给予摄取上应仁厚，行为做事上应中庸，敛徭收税上应轻薄，如果不按礼制，贪得无厌，即使以田收税，用度还会无法满足。而且，季康子若想按法度行事，有周公之典可依；若要一意孤行，干吗又来问我呢？结果在第二年的春天，季康子推行了"用田赋"的制度。当然，《左传》也记载了季康子推行"用田赋"的时代背景，说："为齐难，故作丘甲"。其根本原因就在于为备战齐国攻伐，以满足战争对人力财力的需要。

历史表明，在西周公田制时期，诸侯要保证公田收入，还不敢过度忽视农时，任意发动战争，所以提倡"冬夏不兴兵"。但到春秋时期，诸侯争霸，战争频仍，为满足日益增长的战争需要，各国纷纷实行税亩丘赋制度，为了战争籍役赋税甚至不再顾及社会的承受能力，造成了人民愈来愈繁重的税役负担。

孙子正是基于对社会经济能力的考量，为避免国家因战争陷入"屈力殚货"之害，提出了"役不再籍，粮不三载"的战争一次性投入之策。故此，施子美注曰："古者凡起徒役，毋过家一人，惜其力而不尽用之也。役不再籍，则不劳民，如或籍而用之。一家为甚，其可再乎？故役不必至于再籍。"又曰："古者载粮，或以人，或以舟，或以车。《通典》注曰：兼借舟车人力之运，不至于三。今也载粮而输之，不兼是三者而并用，盖言所费之多也。故粮不至于三载，恐其伤财也。"孙子之策的合理性，凿凿可据。

取用于国，因粮于敌。这是开源之策，强调夺掠敌国粮草，解决战争补给。"用"指武器、装备等军用器械；"因"指依靠、凭借等含义。曹操注曰："兵甲战具，取用国中，粮食因敌也。"梅尧臣注曰："军之须用取于国，军之粮饷因于敌。"孙子为什么提出这样的策略？一方面，由于"用"属出兵打仗之必须，本国军队"习手足，便器械"之专用，且无论平时还是战时此类"用"均藏集于敌国中或敌军队手中，难以在战场上掠夺获取，故"取用于国"；另一方面，由于"粮"属军队大量消耗之物，需在战争全过程源源不断地补充供给，且不仅藏积于敌公家之中，而且散屯于乡野之上，既然不利于从本国远程输送，便从战场上随地征用掠取，故"因粮于敌"。但是，诚如何氏注曰："因，谓兵出境，钞聚掠野，至于克敌、拔城，得其储积也。"也就是说，只有"胜"，能够"克敌、拔城"，才是"因粮于敌"得以成功实施的要害和关键。所以，这也是孙子立言"兵贵胜"的第一大缘由。

由是观之，孙子提出的"因粮于敌"之策，真可谓两全其美、一箭双雕，既可得"军食可足"之利，又可避"屈力殚货"之害。为了充分说明它的必要性和科学性，孙子再从"害"与"利"两个方面展开了全面而具体的论述。

一方面，以"远输贵卖"之害，说明"因粮于敌"的必要性。国之贫于师者远输，远输则百姓贫；近师者贵卖，贵卖则百姓财竭，财竭则急于丘役。屈力中原，内虚于家，百姓之费，十去其七；公家之费，破车罢马，甲胄矢弩，戟盾矛橹，丘牛大车，十去其六。在此，孙子指出，国家之所以因战争而陷于贫困，就是由于为军队远道输送补给，远道输送就会造成百姓世族的贫穷；靠近军队聚集的地方就会物价飞涨，物价飞涨就会造成百姓世族的财力枯竭，百姓世族财力枯竭就会造成税赋徭役的加剧。役力兵夫耗于原野，国内各家财力虚竭，百姓世族的资财耗去十分之七；公家的财富，由于车辆损毁、马匹疲病，以及盔甲、箭弩、戟盾、矛橹、牛畜和重车的消耗，失去十分之六。由此可见，"远输"与"贵卖"，才是导致国家"屈力殚货"的根本原因，正缘于此，孙子才提出了"因粮于敌"的应对之策。

关于"远输"。杜牧注曰："管子曰：'粟行三百里，则国无一年之积；粟行四百里，则国无二年之积；粟行五百里，则众有饥色。'此言粟重物，轻也不可推移；推移之，则农夫耕牛，俱失南亩，故百姓不得不贫也。"张预注："以七十万家之力，供饷十万之师于千里之外，则百姓不得不穷。"对于"中原"，《诗·小雅·小宛》有"中原有菽，庶民采之。""菽"是豆的总称，俗称的五谷之一。"中原"即指原野、田野。孙子这里讲的是，国家在远征讨伐之际，由于前方后方距离远，运输补给困难，造成国家大量的人力、畜力和财力消耗于输途旷野，所以，导致国内农田荒废，社会生产遭到严重破坏。可见，维持战争补给的"远输"，是导致国家基本经济体——"百姓"财力枯竭的一个主要原因。

关于"百姓"。百姓是原始社会部落联盟"禅让"制度流传下来的旧族，是贵族的统称。《尚书·盘庚》百姓与万民相对应，《诗·小雅·天保》百姓与群黎相对应。商周时，百姓为奴隶主阶级，百姓中也存在贵贱的区别，如在周初姬姓为百姓中最贵一姓，姬姓男子一般分封为诸侯，周王和诸侯所占有的大量领地称之为"公家"。到了春秋晚期，宗族制度遭到破坏，土地嫡子世袭的领主阶级逐步被土地个人私有的地主阶级所取代，封建地主阶级萌芽并产生，百姓也逐渐失去贵族的意义。在孙子时代，周天子的领地已大大缩减，"公家"主要指各诸侯直接经营管辖的领地，而"百姓"则是指奴隶主及新兴的地主阶级，是国家征收税赋的主要社会经济体。

关于"贵卖"。曹操注曰："军行已出界，近师者贪财，皆贵卖，则百姓虚竭也。"意思是军队出境在国外，驻地附近地区人们因贪财而"贵卖"。但是，王皙则注曰："近市则物腾贵"。施子美从之注曰："师市之所聚，其人为众，物价腾踊，不得不贵，贵则百姓亦费。"意思是军队驻地附近会设军市，因人众聚集而物价飞涨。由于古文"师"与"市"同形，且简本"师"作"市"，所以有后世注家认为，"王皙注本亦有'近市则物腾贵'之文，或涉'贵卖'之义而讹，或因'师''市'古文形近而讹"（《孙子校释》，吴九龙主编，军事科学出版社），意思是说，王皙注本不同于传本，多"近市则物腾贵"一句，或许因涉及"贵卖"而误讹所增，或许因古文"师"和"市"形近易混而误讹所释。无论如何，这里我们需要说明的是，上古时期"市"与"师"是否存在一定的渊源，孙子时代是否因"师"而设"市"今天已无从稽考，但到了战国时期，因战事而设军市的史实确有明确的历史记载。如《战国策·齐策五》曰："士闻战，则输私财而富军市，输饮食而待死士。"说士人听闻战事，输送自家财物以丰富军市，用美味佳肴款待赴死之士。无论当时是怎样的情况，军队驻地附近物价高涨是不争的事实。"贵卖"是造成百姓财竭，被迫"急于丘役"，进而动摇国家经济根本的又一个重要原因。

关于"丘役"。杜预注引《周礼》载："九夫为井，四井为邑，四邑为丘，丘十六井，出戎马一匹、牛三头。四丘为甸，甸六十四井，出长毂一乘，戎马四匹，牛十二头，甲士三人，步卒七十二人。"这里记载了古代"算地出卒"的方法，亦即国家依丘、甸等行政组织机构实行军赋征发的组织制度。《司马法》记载古代军赋有两种：一种是按井、通、成、终、同、封、畿出赋；一种是按井、邑、丘、甸、县、都出赋。孙子所说的"丘役"属于后一种，从丘一级征收牛马和辎重车，从甸一级征收战车、士卒，包括盔甲、箭弩、戟盾、矛橹等，所以有"破车罢马，丘牛大车"之说。正如前文所言，一岁一征，在孔子看来已经是"贪冒无厌"了，"急于丘役"可能一岁再征，会导致百姓破产，国将不国。由此足见，孙子"役不再籍，粮不三载"实乃对内可解"屈力殚货"之忧的安邦定国之法；"取用于国，因粮于敌"实乃对外可纾"远输贵卖"之困的足食养军之策。

另一方面，"务食于敌"之利，说明"因粮于敌"的科学性。故智将务食于敌，食敌一钟，当吾二十钟；䓗秆一石，当吾二十石。古代称粮食多用量器，称草料多用衡器。"钟"是齐国容量单位的最高一级，齐旧制四升为一豆，四豆为一区，四区为一釜，十釜为一钟；"石"是重量单位，古代一石为一百二十斤。"䓗"同萁，指豆秸；"秆"，指谷草。意思是，所以聪明的将军务求夺取粮于敌国，吃敌国粮食一钟，相当于本国的二十钟；用敌国草料一石，相当于本国的二十石。在此，孙子"务食于敌"的巨大效益跃然眼前。

故智将务食于敌。在《计》篇，孙子把"智"置于将之"五德"之首。此处，孙子平铺直叙地说，聪慧的将领追求从敌人那里夺取粮秣。值得注意的是，《孙子兵法》十三篇以"智将"称"将"唯此一处，从字里行间，足见孙子对"务食于敌"的策略看得何等之重，对实施的难度看得何等之大，对将领的要求看得何等之高。那么，"务食于敌"为何如此重要呢？1：20 的惊人效费比做出了最佳的回答。

食敌一钟，当吾二十钟；䓗秆一石，当吾二十石。孙子为什么说"务食于敌"的效费比是 1：20 呢？古今注家大多从千里馈粮及其路途耗费的角度做出解释，如曹操注曰："转输之法，费二十石得一石。"李筌注曰："远师转一钟之粟，费二十钟方可达军。"孟氏注曰："计千里转运，道路耗费，二十钟可至一钟于军中矣。"也有注家试图用实例证明 1：20 运输效费的合理性，如杜牧注曰："秦攻匈奴，使天下运粮，起于黄腄琅琊负海之郡，转输北河，率三十钟而致一石。汉武建元中,通西南夷,作者数万人。千里负担馈粮,率十余钟致一石。今校《孙子》之言:'食敌一钟,当吾二十钟',盖约平地千里转输之法,费二十石得一石,不约道里,盖漏阙也。"再如张预注曰:"若越险阻,则犹不啻。故秦征匈奴,率三十钟而至一石。"意思是,历史的事实远非孙子所说的1∶20的效费比,得出这样的结果是因为以"平地千里转输之法"计算的,如果考虑路途险阻,绝不仅仅是这个比例。笔者认为,古今注家上述解释,只是注意到"道路耗费""若越险阻"等单方面的概略解释,而孙子提出"务食于敌"的效费比为1∶20,当有其足够的科学性和合理性。

《春秋左氏传·庄公十一年》有论古法常制五十条,均以"凡"启例,故后世称之为"五十凡"。其中有云:"凡师,敌未陈曰败某师,皆陈曰战,大崩曰败绩,得隽曰克,覆而败之曰取某师,京师败曰王师败绩于某。"意思是,凡是作战,敌方没有摆开阵势战胜之称为"败某师",敌我双方都摆开了阵势作战称为"战",敌大崩溃称为"败绩",俘虏敌方重要人物称为"克",伏兵打败敌军称之"取某师",天子军队被打败称之"王师败绩于某"。由此可见,早在春秋以前,人们就依据战争结局把战争分为多种样式,或胜之不武,或颉颃而胜,或捉将败王,战争样式不同,战场位置也不同,运输馈粮的距离也不同,必然带来"务食于敌"的效费比也大不相同。那么,孙子应当选择哪种战争样式计算"务食于敌"的效费比呢?显然,"皆陈曰战"是更具典型性和代表性的战争样式。

我们知道,《孙子兵法》旨在揭示用兵通法,其层次性之高、理论性之强被世代所称道,所以,孙子以"务食于敌"之策——供军给、计效费——不可能也没必要对所有战争样式的补给约师计费,而只能选择典型的战争样式计算其效费比,这恰似牛顿研究力学定律之于"真空环境"或克劳塞维茨研究战争本质之于"绝对战争"一样,孙子是以"皆陈曰战"作为"理想条件"对"务食于敌"的效费比进行计算的。首先,"皆陈曰战"的作战形式更具代表性。什么是古代真正意义上的"战"?"皆陈"方可曰"战"。也就是说,在古人看来,只有敌对双方均摆开堂堂之阵,以旗鼓相当的厮杀战斗决雌雄定胜负,这样的战争才是真正的"正规"战争，也才可称之为"战"。显然，孙子以此典型战争样式计算"务食于敌"的效费比当更具有代表性。其次，"皆陈曰战"的输送距离更具典型性。古代之"战"战于何处呢？春秋早期，两国交战通常在双方接壤的空旷地带进行，故古人素有"疆場"（場音yì）之称。"疆"意为地域、领域；"場"意为边界、边境。《左传·桓公十七年》："疆場之事，慎守其一，而备其不虞。"孔颖达疏："疆場，谓界畔也。"杨伯峻注："場音易，边境也。"有学者考证，从20世纪50年代至清代晚期的各类汉语工具书中，并无"疆场"一词，也就是说，古代文史类典籍中只有"疆場"，而绝无"疆场"一词，"疆场"出现并几近取代"疆場"，其唯一合理的解释就是，"疆場"的"場"字，其繁体"場"与"场"字形太过相近，书写只有一画之别的缘故，于是习非成是、约定俗成，以至于现代人只知"疆场"而不知"疆場"，虽然二者均有"沙场""战场"之义，但由此造成了战场位于"国界"的含义几乎荡然无存。由是观之，"皆陈曰战"，古时当是战于两国"疆場"，敌我双方远输馈粮的距离相当，孙子以此计算"务食于敌"的效费比，其结果应当更具典型性。再次，"皆陈曰战"的计算结果更具指导性。依此计算得出的效费比有何现实意义呢？孙子以"皆陈曰战"为"理想条件"，对"务食于敌"的效费比进行计算，所得出的结论只能是一般的、普遍的结论，其余战争样式下的效费比，无非是战争指导者依据客观情况在此典型结果基础上或多或少的修正，因此，孙子提出"务食于敌"效费比为1∶20的结论，更加具有指导意义。

那么，孙子为什么认为以"务食于敌"解决战争补给问题，其效益是1∶20呢？其基本原理在于：我输送十钟粮、十石草至前线，经路途耗费，前方部队大约只能得到一钟粮、一石草，其效费比约为1∶10。他在《用间》篇中讲道："凡兴师十万，出征千里，百姓之费，公家之奉，日费千金，内外骚动，怠于道路，不得操事者，七十万家。"如果按一家出一个役夫保障前线作战的话，一人前方作战就得有七人保障前线供给，前方一人吃粮后方七人也得吃粮，加之人畜舟车、路途险阻的消耗，运十至一的比例当属客观。敌方亦然。而当我采取"务食于敌"的策略，我得一而敌失一，其成效恰为自己输送的二倍，因此，孙子得出"务食于敌"的效费比为 1:20。真可谓，一方面极大地减少己方消耗，另一方面又使敌方蒙受损失，双重收获，利莫大焉。

以上孙子以"故智将务食于敌……"句说明，"胜"可以达成"因粮于敌"，实现"军食可足"的目的，同时，还可以破解战争给国家带来的"屈力殚货"的困境，此为"兵贵胜"之一"故"也。

胜敌益强

故杀敌者，怒也；取敌之利者，货也。车战得车十乘以上，赏其先得者而更其旌旗。车杂而乘之，卒善而养之，是谓胜敌而益强。 在孙子看来，作战胜利不仅可以解决军队粮草的需求问题，而且可以解决军队的装备和兵员的损耗问题。所以，他接着说，敢于杀敌的人，缘于敌忾之心；敢于夺取敌人物资的人，缘于货利之欲。车战中缴获敌战车十辆以上的，就奖励首先夺得战车的人，而且易其帜化敌为我。对缴获的战车混编乘用，对俘获的士卒优待任用，这就是所谓战胜敌人而强大自己。孙子从战场上士卒勇于冲锋陷阵的机理出发，提出以奖赏激励士卒杀敌取敌，以混编战车、优待降卒变敌为我，最终达成军队打仗愈胜愈强的目的。

故杀敌者，怒也；取敌之利者，货也。 战场上，士卒为什么会舍生忘死，英勇杀敌，攻城略地？在孙子看来，致使军士忘记安危、争先恐后的因素有两个：一是怒，二是货，前者属于精神层面，后者属于物质层面。关于"怒"，曹操注曰："威怒以致敌。"贾林注曰："人之无怒，则不肯杀。"张预注曰："激晋士卒，使上下同怒，则敌可杀。"王晳注曰："兵主威怒。"可见，敌忾之心，是士卒勇敢杀敌的前提；威怒之势，则是军队慑敌胜敌的基础。关于"货"，曹操注曰："军无财，士不来；军无赏，士不往。"杜佑注曰："人知胜敌有厚赏之利，则冒白刃、当矢石而乐以进战者，皆货财酬动赏劳之诱也。"李筌注曰："利者，益军实也。"所以，物质利诱，不仅是士卒勇夺敌人财货的基本手段，也是军队勇敢攻城略地的重要动因。孙子在此，依据士卒个体在战场上奋勇杀敌、争先取利的心理与行为取向，揭示了军队整体勇往直前、冲锋陷阵的内在机理，进而呈现出激之以怒、励之以货的奖赏驱动的思想主张，真可谓激怒与

利诱并用，精神与物质并举，两者相辅相成。

车战得车十乘以上，赏其先得者而更其旌旗。杀敌因怒，取利因货，这是战场上将吏士卒心理和行为的一般价值取向。那么，作为统领三军的将帅，如何充分运用这一普遍原理调动军队积极性，让更多的士卒勇猛无畏、一往无前、杀敌取利呢？在此，孙子以"车战"为例，提出了激励官兵与处置缴获战车的政策与方法。

关于"车战"。孙子为何以"车战"为例来说明士卒奖赏与战果处置的问题呢？首先，"战车"乃春秋时期国之"重器"，是国家强大与否的重大表征。大多数学者认为，"千乘之国"的说法源出于孔子《论语·先进》曰："千乘之国，摄乎大国之间，加之以师旅，因之以饥馑。"意思是拥有千辆战车的国家，局促于大国威势的夹击之下，外有军事侵袭，内有饥荒困扰。到了战国时期，诸侯小国称"千乘"、大国称"万乘"已屡见不鲜。这说明，春秋时期，国家的强弱主要是以其战车数量为表征的，战车是衡量一个国家强大与否的重要标志。其次，战车作为战场主战装备，车战是最为重要的作战样式。自古以来就有古之打仗"兵对兵、将对将"之说。据《吴子兵法·励士》记载，吴起与秦人作战号令三军时说："诸吏士当从受敌。车骑与徒，若车不得车，骑不得骑，徒不得徒，虽破军皆无功。"可见，车与车战、骑与骑战、步与步战是当时战争的基本形式，车战、骑战、步战是构成古代战争的三种主要作战样式。由于战车对于国家的重要性，所以，车战则是三种作战样式中最为重要的作战样式。再次，战车作为军队战斗力的核心要素，是将军在战场上实现敌我力量强弱转化的关键所在。张预注曰："以货啖士，使人自为战，则敌利克取。故曰：'重赏之下，必有勇夫。'皇朝太祖命将伐蜀，谕之曰：'所得州邑当与我，倾竭帑库以飨士卒；国家所欲，惟土疆耳。'于是将吏死战，所至皆下，遂平蜀。"张公所注一方面说明激励士卒的重要作用，但同时也说明士卒为货、国君为土各自不同的打仗目的。那么，将军指挥打仗看重什么呢？显然当是对军队战斗力强弱起到支撑作用的战车，夺敌战车且"更其旌旗"为我所用，切实是扭转敌我双方力量强弱变化的关键所在，是实现"胜敌而益强"的有力抓手。所以，孙子以"车战"为例说明对将吏士卒奖赏与缴获战果处置问题，具有极强的代表性。

关于"赏其先得者"。孙子非常重视赏罚问题，在《计》篇中，他将"赏罚熟明"列入"七计"，并作为分析战争胜负的重要因素之一。那么，究竟如何对三军进行奖赏呢？孙子的方法是：车战中，缴获敌战车十辆以上时，奖赏首先缴获敌战车的人。对此，曹操注曰："以车战，能得敌人战车十乘以上，赏赐之。不言车战得车十乘以上者赏之，而言赏先得者何？言欲开示赏其所得车之卒也。陈车之法：五车为队，仆射一人；十车为官，卒长一人；车满十乘，将吏二人。因而用之，故别言赐之，欲使将恩下及也。"应当说，曹公所注抓住了孙子奖赏办法的要害。一是诠释了奖赏的标准。在车战中，只有在缴获敌"战车十乘以上"时，或者说，只有获得如此规模和数量的战果时，才实施奖赏，否则不施奖赏。二是廓清了奖赏的对象。曹公以车战编组告诉人们，能缴获敌战车十辆以上，并非少数士卒能为，张预注曰："车一乘，凡七十五人。以车与敌战，吾士卒能获敌车十乘以上者，吾士卒比不下千余人也。"可见，"车战得车十乘以上"就像一场典型规模的战斗，涉及士卒非常之多，决不能普遍施赏，只能奖赏"先得者"。三是明确了奖赏的作用。只有奖赏"先得者"，才能"使将恩下及"，达到宣示勇敢优异之举、激励后者效法之行的目的，才能彰显鼓励先进、鞭策后进的奖赏的真正意义。

关于"更其旌旗"。曹操注曰："与吾同也。"李筌注曰："令色与吾同。"张预注曰："变敌之色，令与己同。"施子美注曰："以旌旗则更之，所以变人之目也。"鉴于上述注家的训释，于是有现代学者认为，将缴获战车更换为我方旌旗，目的是便于统一指挥。笔者认为，旌旗作为古代作战重要的指挥工具，李、张、施公以"色""目"相释，确实有"便于统一指挥"之义。但事实上，孙子在此论述"兵贵胜"的问题，上文讲"贵"在"因粮于敌"，说的是变敌人的为自己的，效益甚巨；此处讲"贵"在"胜敌益强"，同样说的是变敌为我，实军强己。所以，孙子以车战为例，旨在言明"胜敌而益强"之理，"更其旌旗"更有"化敌为我"之义，这样理解上下文才义理相继、贯通融会，更符合孙子本意。

车杂而乘之，卒善而养之，是谓胜敌而益强。孙子反对从后方不断征集装备和兵员，主张"役不再籍"，"更其旌旗"，化敌为我，就地补充。对此，民国刘邦骥注曰："此以上，言处置战利品及俘虏之方法也。是谓胜敌而益强者，因敌以胜敌，何往而不强也。此又总结上文善用兵者之效果，皆胜之利，非久之利也。"刘公之注，可谓着眼全文主旨，进一步强调了战争之"利"，实乃"胜"之功，绝非"久"之效，只有"胜"，才能缴获敌人的战车、士卒，才能使"胜敌益强"得以成功实现。这也是孙子立言"兵贵胜"的第二大缘由。

那么，如何化敌为我、就地补充呢？孙子提出了敌车为我用、敌卒为我战的主张与方法，并将之称为"胜敌而益强"。

车杂而乘之。"杂"，混合、混编；"乘"，乘坐、驾驭。王晢注曰："谓得敌车，可与我车杂而用之也。"施子美注曰："以车则杂而乘之，所以资其用也。"王、施二公侧重对"车杂而乘之"方法的诠释。对此，曹操注曰："不独任也。"张预注曰："己车与敌车参杂而用之，不可独任也。"曹、张二公更侧重对"车杂而乘之"意图的深解，杜牧之注则更为直白："士卒自获敌车，任杂然自乘之，官不录用也。"言外之意，孙子"车杂而乘之"的目的，一是为我所用，二是防敌有变。应当说，上述诸家之解均不失孙子本意。

然而，值得后人深思的是李筌之注，曰："后汉光武破铜马贼于南阳，虏众数万，各配部曲，然人心未安。光武令各归本营，乃轻行其间以劳之。相谓曰：'萧王推赤心置人腹中，安得不投死乎！'于是汉益振。则其义也。"这里讲的是，西汉末年，王莽篡政，加之天灾人祸，人民生活困难，各地纷纷起义，天下大乱，群雄讨莽。当时被封为"萧王"的东汉光武帝刘秀，率兵打败了高湖、重连和铜马三部起义军，虏获了大量的兵马，对其进行了分封改编，然而降者心中仍然不安，随时可能发生哗变。刘秀获悉这一情况后，采取了安抚之策，下令降者各归其本部，自己则脱掉盔甲，轻骑简从巡行慰劳各部，体现出没有丝毫戒备之意。于是，降者私下相互说："萧王推赤心置人腹中，安得不投死乎！"这也是成语推心置腹的来历。今天看来，李筌"推心置腹"之释，与曹操"不独任也"之释，可谓相反相成，相得益彰，构成对"车杂而乘之"最好的诠释。

卒善而养之。此与"车杂而乘之"对言，故"善"与"杂"相对，"杂"是处置"车"的手段，"善"是对待"卒"的方法，而并非指士卒的"善"。"善"为"善待""优待"义；"养"为"抚养""供养"义。张预注曰："所获之卒，必以恩信抚养之，俾为我用。"梅尧臣注曰："获卒，则任其所长，养之以恩，必为我用也。"孙子认为，对待俘卒，优待供养，为我所用。养兵是为用兵，"养"是"用"的手段，"用"是"养"的目的。故钱基博亦注曰："卒善而养之者，所获之卒，养之善，则为我用；养之不善，亦为我虞。"所以，对于俘虏的处置，"养"有很大学问，是一把双刃剑，"养"好了俘虏可"为我用"，"养"不好则俘虏"为我虞"。在古代战争中，因惧"虞"而绝"用"者屡见不鲜。

据《史记·白起王翦列传》记载："括军败，卒四十万人降武安君。武安君计曰：'前秦已拔上党，上党民不乐为秦而归赵。赵卒反覆。非尽杀之，恐为乱。'乃挟诈而尽坑杀之，遗其小者二百四十人归赵。前后斩首虏四十五万人。"公元前262年至前260年，赵国赵括军被秦国白起军打败，赵军士卒40万人被白起军俘获，白起认为，赵军士卒反复无常，如果不杀掉，恐怕哗变生乱，于是除放归年幼者240人外，其余的用欺骗伎俩全部活埋。孙子生活在早于白起的春秋时期，按照司马迁"世俗所称师旅，皆道孙子十三篇"（《史记·孙子吴起列传》）的说法，白起对孙子"卒善而养之"的主张不会不知，然而仍以如此惨绝人寰的手段处置俘卒问题，无怪乎后来秦昭王赐剑白起自刭时，白起叹曰："我固当死。长平之战，赵卒降者数十万人，我诈而尽坑之，是足以死。"值得世人警惕的是，这样的事情并非仅仅发生在古代，就是在近代，此种反人类、反社会的罪恶滔天的战争行径亦时有发生，南京大屠杀便是显例。由此足见，孙子"卒善而养之"的思想，是何等的大仁、大爱和大智，即使是今天看来，亦是何等之不易。

是谓胜敌而益强。孙子说，这就是所谓"胜敌益强"。那么，什么是孙子所说的"胜敌而益强"呢？张预注曰："胜其敌，而获其车与卒，既为我用，则是增己之强。"施子美注曰："盖吾本强也，今克敌而得其车与卒，吾之势为愈振矣。故曰：是谓胜敌而益强。"其实，关于这个问题孙子说得非常清楚，"车杂而乘之"与"卒善而养之"共同构成"胜敌益强"的基本内容。现代军事理论认为，军队战斗力由人、武器、人与武器相结合三个基本要素构成，孙子所言获敌车为我所用、获敌卒为我所用，恰恰说的是能够提高军队战斗力的人与武器两大根本要素。换言之，孙子认为，只有得敌车与卒、用敌车与卒，用今天的话来讲，只有获得并使用有利于提高军队战斗力的人与武器，才叫"胜敌益强"，否则非是。相形之下，曹操所注："益己之强。"何氏注："因敌以胜敌，何往而不强。"其训解则有内涵过于宽泛之嫌。而李零先生所说："粮食就地补充，武器就地补充，兵员就地补充。这三条加起来，就是所谓'胜敌而益强'。"（《唯一的规则：〈孙子〉的战争哲学》）则一股脑儿地将"因粮于敌"纳入"胜敌益强"的范畴，显然与孙子本意是不相符合的。

在此，我们辨析"胜敌益强"的精确内涵，目的在于充分说明，孙子重在论述"兵贵胜"贵在两点：一贵可"因粮于敌"；二贵可"胜敌益强"。前者说的是有利于维持战斗力的保障问题，后者说的是有利于提高战斗力的补充问题。二者条分缕析、经纬分明，虽皆为胜之利，但并非像曹、何二公或者李零先生所注一样，将其笼而统之、大而化之地说在一起。孙子在此分而论之，旨在说明"兵贵胜"与"不贵久"，二者既相反相成，又相互联系，是共同构成用于指导战争的思想统一体。关于这点我们下文详尽述及。

以上孙子以"故杀敌者，怒也……"说明，"胜"可得敌车、获敌卒，采取"车杂而乘之，卒善而养之"的手段，可达成"胜敌而益强"的目的，进而，可破解战争给军队带来的"钝兵挫锐"的困境，此为"兵贵胜"之二"故"也。

结论：兵贵胜，不贵久

故兵贵胜，不贵久。此句是全篇的主旨，也是孙子对战争指导思想的凝练。对此，孟氏注曰："贵速胜疾还也。"梅尧臣注曰："上所言皆贵速也。速则省财用、省民力也。"张预注曰："久则师劳财竭，易以生变，故但贵其速胜疾归。"上述注解可谓对错参半。对就对在对"不贵久"的肯定；而错就错在对

"兵贵胜"的谬解。在他们看来，似乎孙子讲的"胜"就是"速胜"，其实不然。在孙子这里，"胜"只与"利"相对而言，并无"速"意，换言之，"胜"就是胜，并非指"速胜"；"久"则既与"害"相对而言，又与"速"相对而言，换言之，"不贵久"本就蕴含有"速"的意思。或许，正因为孙子已充分认识到战争中持久与速决的相对性和有度性，所以，在此他才只言"不贵久"，而并未明言"速"的问题。历代众多注家给"胜"强加"速"义，实属谬误，关于这一点，我们在前文中已经论述。

笔者认为，《作战》全篇立论"兵贵胜，不贵久"的战争指导，不仅其制作战策的逻辑结构十分清楚，而且其指导思想的精神内涵也十分明确。

从脉络结构看，孙子认为，认识战争、指导战争唯一正确的思想方法，就是全面了解战争所带来的害与利，而且，必须先知害、后知利，只有先全面知道战争的害处，而后才能全面知道战争的利处，两者的逻辑顺序不可颠倒。因此，孙子《作战》全篇，首先分析了兵"久"之害：一为"屈力殚货"，二为"钝兵挫锐"，旨在说明"不贵久"。而后提出了兵"胜"之利：一可"因粮于敌"；二可"胜敌益强"，旨在说明"兵贵胜"。同时，孙子所说的兵"久"之害与兵"胜"之利并不是孤立的，而是相互联系、对立统一的："因粮于敌"可纾"屈力殚货"之困；"胜敌益强"可解"钝兵挫锐"之害。由是观之，孙子提出的"兵贵胜，不贵久"的战争指导："兵贵胜"着眼于战争之利，"不贵久"着眼于战争之害，一往一戒，利害相向，二者相互联系、相互区别，共同构成指导战争的思想统一体。

从基本内涵看，孙子认为，用兵打仗重在夺取胜利，而不在于比拼持久。这里，"胜"讲的是战争目的；"久"讲的是战争过程。犹如拔河比赛一样，相持拉锯不可避免，有时比的就是双方的耐力和持久力，但比持久力只是过程，不是目的，取胜才是最终的目的。战争指导者就像拔河教练一样，尽管其大部分精力用于教给队员如何与对方比拼用力和持久的方法，但这并不是目的，目的还是教给队员如何给对手致命的一击进而夺取最终的胜利。战争指导亦然。诚如克劳塞维茨所言："战争并非短促的一击"。战争过程中长久的对峙与反复的博弈是常有的，战争指导者的时间与精力大都集中于此，但比拼持久并非战争的目的，目的在于如何争取胜利。况且，在孙子看来，争取胜利本身就是保持战争持久能力的最佳方法。

在此，我们必须警示后人的是，孙子所提出的"兵贵胜，不贵久"的战争指导，虽义理深刻而全面，至今仍为颠扑不破的真理，但也存在明显的局限性。诚如陈启天先生所说："本篇所谓贵胜不贵久者，盖专就攻势战争言之。若夫守势战争，乃出于不得已而应战者，必须久而后能胜，未可轻于速战速决，适中敌人之计。故孙子又于他篇云：诸侯自战其地为散地；散地则无战；散地吾将一其志。此即谓守势战争，应与攻势战争稍有差异也。凡攻势战争，自当力求速战速决；而守势战争则须逆用之，力求其持久。"陈先生所言极是，孙子提出的战争指导仅适用于攻势战争，并不一定适用于防御战争，在敌强我弱的情况下，防御战争的战略指导不应追求速决而应追求持久。关于这点，无论在理论上还是实践上，中国共产党领导的伟大的抗日战争，对此做出了人类历史上最为光辉的诠释。

抗日战争时期，毛泽东撰写了研究、认识和指导抗日战争的经典军事著作《论持久战》，他认为，中日战争不是任何别的战争，乃是半殖民地半封建的中国和帝国主义的日本之间在 20 世纪 30 年代进行的一个决死的战争。战争呈现出敌强我弱、敌小我大、敌退步我进步、敌寡助我多助四个明显的特点。这其中，由于日本帝国主义的侵略性、野蛮性和退步性，决定了它小国战争潜力缺乏的矛盾不可克服，在国际社会上将越来越孤立，它的强大只是暂时的，随着战争的发展，它将逐步由强变弱；而由于中国进行战争的反侵略性、正义性和进步性，决定了它大国战争潜力将逐步发挥出来，在国际社会上将得到越来越多国家的支持，随着战争的发展，它将逐步由弱变强。因此，最后胜利一定是中国的。然而，因为敌我强弱存在着巨大悬殊，决定了这种强弱变化不可能在短期内实现，将是一个长期的过程，所以，抗日战争必将是持久的，而且呈现出战略防御、战略相持和战略进攻三个阶段。在上述研究和认识基础上，毛泽东提出抗日战争必须坚持的积极防御的战略方针，具体内涵为：战略上内线的持久的防御战，战役战斗上外线的速决的进攻战。

综上所述，我们便可以清楚地看到，孙子强调的"兵贵胜，不贵久"，完全基于攻势战争；而毛泽东提出的"抗日战争是持久作战，最后胜利是中国的"，完全基于防御战争。如果我们站在军事哲学的高度来看，这不过是对一场战争认识的两个不同方面，侵略的、进攻的、强大的一方往往采取速决的方针；反侵略的、防御的、弱小的一方往往采取持久的方针。对此，还是毛泽东的认识最精辟最深刻："战争情况的不同，决定着不同的战争指导规律，有时间、地域和性质的差别。"（《中国革命战争的战略问题》）战争指导思想是随着时间、地域和性质的变化而不断变化的。作为战争指导者，身系战争胜负、民族兴衰、国家存亡，必当谨记之、慎识之、笃行之。

故知兵之将，民之司命，国家安危之主也。此句是《作战》篇的结束语。孙子说，所以深明用兵之理的将军，是民众生死的决定者，国家安危的主宰者。"司命"古指天上的星官，负责掌握人的生命。按照本篇的主旨来说，论证并最终提出战争的指导思想——"兵贵胜，不贵久"，就已经应当是全文的归束和结尾，但孙子在此为什么又要多申一言呢？曹操注曰："将贤则国安。"梅尧臣注曰："此言任将之重。"杜牧注曰："民之性命，国之安危，皆由于将也。"李筌注曰："将有杀伐之权，威欲却敌，人命所系，国家安危在于此矣。"众多注家普遍认为，孙子强调了将帅责任之重，维系民之生死和国之安危。笔者认为，这纯粹是一种与全文思想割裂的、单句的字面解释。孙子此句到底有何深意，它与全文主旨又存在什么逻辑关系呢？我们不妨再次综述全文，探寻一下孙子制作战策的理论逻辑与思想内容。

从《作战》全篇来看，孙子确立战争的指导思想，并不是就军事问题谈军事问题的。首先，他以战争消耗甚巨为逻辑起点，说明"兵久"之害，于军"钝兵挫锐"，于国"屈力殚货"，最终可能导致"诸侯乘其弊而起"的亡国灭种之灾。其次，他针对"兵久"之害，着眼"兵胜"之利，提出以"因粮于敌"力避国之"屈力殚货"，以"胜敌益强"力免军之"钝兵挫锐"。最后，基于"胜之利"可解"久之害"的相反相成的逻辑关系，确立提出了"兵贵胜，不贵久"

的战争指导思想。综上所述，我们可以明显看出，孙子为战争确立指导思想，是在充分考虑诸侯、国力和民生等因素的基础上制定的，无处不体现出战争与政治、战争与经济、战争与民生的关系。正如邓廷罗所注："知兵之将，不曰三军司命，而曰民之司命，盖军兴者，国之大事，无一不取办于民。假使师劳财匮，民何以堪，苟为将而不以民命为重，何足以言知兵。"如果一个将领不知国、不知民，又何以言知兵呢？因此，我们说，孙子此言旨在为战略方针制定者和战争指导者确立一种战略视野——必须充分考虑人民的生死与国家的安危，站在国家人民利益的高度，以高于军事超越战争的大视角，为战争确立指导，唯此才能制定出利国、利民、利战的正确战争方略。

钮先钟先生曾发出这样的疑问："孙子虽然重视战争与经济的关系，而且也深知经济为国力的基础，但令人惊讶的是他又和其他先秦诸子不一样，在其书中并无'富国强兵'之论。这点很难理解。"钮先生之问非常值得玩味，这也是后人常常诟病孙子只谈军事不谈政治的一个典型问题。其实并非如此。《孙子兵法》旨在言兵论将，所以在孙子的观念中，将帅只能以将帅的视角看待国家政治、经济、外交等方面的问题，这正是孙子认定的将军职责范围所系，既恪尽职守，又不越雷池，虽忧国虑民，但主营战争，这既是孙子为君选将与自身为将之德行与操守，同时也是孙子谈论国事政事的视角与方法。孙子以这样的大视野论兵，此篇如是，各篇如是，读者谨识。

综观《作战》全篇，孙子确立战争指导其实本于两个基点：一是战争经济，二是攻势战争，前者是其兴师致战的根本立足点，而后者则是其制定战略的基本着眼点。就战争经济而言，由于战争投入之庞杂、消耗之巨大，因此，"兵久"不仅有"钝兵挫锐，屈力殚货"之害，而且有"诸侯乘其弊而起"之危，所以，战争"不贵久"，这也是贯穿《作战》的一条明线。就攻势战争而言，由于为客战（攻入他国作战）的一方、强大的一方，因此，"兵胜"才有"因粮于敌"之获，才有"胜敌益强"之利，所以，战争"兵贵胜"，这也是贯穿《作战》的一条暗线。古今众多注家所以错误地认为，《作战》主旨是论战备、军事后勤或战争投入与消耗问题的，根本原因就在于他们忽略了或者说颠倒了战争服务于政治、经济服务于战争的逻辑关系。换言之，战略只能以政治目的为目的，而不能以经济目的来制定战略。事实亦是如此，孙子所制定的"兵贵胜，不贵久"攻势战略方针，不仅迎合了吴王做大图强的政治诉求，而且客观反映了春秋社会诸侯各国称王争霸的政治主张。由此又见，一如《计》篇，《作战》同样涂抹着《孙子兵法》攻势战争的思想底色，《谋攻》则更然。

第三　谋攻

——谋伐攻取

据《史记》记载，春秋时期，齐桓公、晋文公、楚庄王、秦穆公、宋襄公先后争为霸主，尽管史籍对此说法不一，但"春秋五霸"之说别无二致，这足以证明春秋时代是一个诸侯问鼎、王霸迭兴的霸政时代。战争是政治的继续，也是政治的工具，春秋霸政所孕育的就是一场又一场服从并服务于国家图强争霸的战争。故此，孙子《计》定以战，《作战》制策，《谋攻》虑法，它所展现的正是对一场攻势战争的全面谋划。同时，春秋时代又是一个百家争鸣、百花齐放的思想文化创新的鼎盛时代，因此，一如儒墨道法诸家对自然、人类和社会的终极考问，孙子《谋攻》对于理想的胜利、制胜的化境做出了至全、至善、至真的描绘，其精言大论，或惊世骇俗，或高屋建瓴，或一语破的，为后世兵家谋划攻战呈现出一幅严密、清晰、可操作的筹谋画卷，诚可谓创宗立派之作。

一、题解——谋攻，是对攻势战争的战略谋划

关于《谋攻》的篇义，古今注者，多有题解，但众说不一，以致使后世学者因注解观点分歧而莫衷一是，甚至出现完全相反的意见，比较有代表性的认识主要有三种。第一，谋攻是谋划进攻。如钮先钟注曰："孙子所说的

'谋'，其意义就是'计'，所以何守法说:'谋亦计也，攻，击也。'这一篇的主题即为讨论如何计划发动攻击。因此，比较精确的英译应该是'planning of-fensive'……即为要想向敌国发动进攻则必须先有计划。"第二，谋攻是以谋攻敌。如赵本学注曰:"攻人以谋攻为贵也，而不在于兵攻。以兵攻人者，决胜负于锋刃矢石之下，纵能尽杀之，安能自保其尽无伤乎！以谋攻人者，老成持重，制胜万全，攻期于无战，战期于无杀，不战不杀而人自服耳。"吴如嵩先生认为:"孙子的所谓谋攻，是用全去争胜于天下，而不是用破去夺取胜利，因此可见《谋攻》篇论述的是以谋攻敌，而不是如有的注家所解释的是谋划进攻。"第三，谋攻是以谋攻城。如施子美注曰:"攻城下策也，用兵之不得已也。唐太宗攻河东之城，王中嗣攻石堡城，盖以攻城非良策也。城虽不可攻，然亦有可攻者，如欲攻之，不能无谋，《谋攻篇》之所由作也。"李零先生认为:"'谋攻'就是以谋攻城，用聪明的办法攻城。"

可以说，上述三种认识均不够准确甚或有错误之嫌。第一种认识，将"攻"释为"进攻"，较多地体现了伐兵、攻城的力战，而存在缺失伐谋、伐交的谋战之嫌；将"谋"释为"计划"，则缺失了"谋"中权变、巧妙、灵活的意蕴。此解多显意狭。第二种认识，将"谋"释为计谋、谋略，作为修饰"攻"的副词，实则将"谋"作为"攻"的手段来理解。事实上，历史上几乎没有一场战争是在脱离政治、外交特别是军事行动的配合下，完全依靠谋略取得胜利的。而孙子《谋攻》虽重点强调"以谋攻敌"的伐谋，但也包含伐交、伐兵和攻城的攻敌问题。此解有失孙子真意。第三种认识，将"谋攻"释为以谋攻城，或许缘于李筌"合陈为战，围城曰攻"之注，将"攻"一味地诠释为"攻城"。但在孙子看来，攻城只是与伐谋、伐交、伐兵相并列的"谋攻"手段之一，问题的要害还在于，孙子认为攻城乃下策，属"不得已"而为之，且他还尽陈攻城之害，表明其极力反对攻城的思想，可见"攻城"绝非《谋攻》要旨。此解偏颇尤大。实际上，在所有注家的诠释中，曹操所注:"欲攻敌，必先谋"最切孙子《谋攻》本意，不过曹公之注重于诠释谋与攻的时序先后，并未对谋与攻的内涵深入解读，属古人释古，对于后人理解孙子《谋攻》要旨仍有隔靴搔痒之困。

　　笔者认为，研究《孙子兵法》，理解篇题至关重要，而关键要有一个正确的理解方法。在思想观念上，需置身于孙子所处的时代背景之中，着眼当时的政治、经济、军事和文化等相关因素，历史地研究。在研究视野上，要在考察本篇在《孙子兵法》13篇中所处地位的前提下，厘清各篇的要旨及其相互关系，系统地探寻。在把握要义上，须在通读全文领会篇旨的基础上，将篇题作为一个整体概念先分析再综合，全面地理解。因此，欲准确理解孙子"谋攻"的真正含义，前提是要确立一个正确的视角，要点则是准确把握"谋"和"攻"的内涵，而关键在于全面领会"谋攻"要旨。

　　毫无疑问，孙子《谋攻》的视角，与《作战》的视角是完全一致的。春秋晚期，在政治上，诸侯并起，王权式微，图强与争霸成为各国的政治图谋与主张；在经济上，铁的冶炼和出现，极大地促进了社会生产效率的提高，使发动更高烈度和更大规模的战争成为可能。在文化上，儒墨道法诸家纷纷创宗立派，思想创新空前繁荣。处于这一时代并致力于辅佐大国吴王的孙子，他所谋划的战争必定是服从和服务于国家霸政的战争，是一种进可争霸、退可图强的侵略战争。如果不用这样的视角审视孙子所论的"谋攻"，必然会得出这样或那样失之偏颇的结论。

　　关于"谋"与"攻"的内涵。"谋"，某人之言，二人对议谓谋，谟明弼谐，乃彼此商量而成。《说文》释曰："虑难曰谋。"意即思考解决疑难问题称为谋。做事之先，虑难行谋，方有万全之备，故曹公注曰："欲攻敌，必先谋"。因此，"谋攻"可释为关于解决"攻"的难题的思考，"谋"当为谋划、筹划之意。"攻"，与防对言，有进攻、攻打之意。从全文内容来看，孙子之"攻"绝非战役、战斗层面局部的进攻或攻打，而是旨在屈人兵、拔人城和毁人国的战略的全局进攻，完全属于一场带有侵略性的攻势战争。

　　关于"谋攻"的要旨。钱基博注曰："'谋'与'计'不同：计者兼政略而言，筹之于未战之先；谋者指战略而言，决之于临战之日……题曰《谋攻》，而旨在非攻；以下政攻城，攻城之法为不得已两语为结穴，蕲（古同祈）于伐谋、伐交，不以力征经营，而以谋制全胜，故以《谋攻》题篇。"钱先生认为，"谋"是战略而非政略，专指伐谋伐交的智取问题，而不是指伐兵攻城的力征问题，所以此篇主旨是非攻。而事实上，孙子关于"上兵伐谋，其次伐交，其次伐兵，其下攻城"，除重点强调以伐谋、伐交为上优先外，并未否决或放弃伐兵、攻城的力战问题。对此，王晳之注甚切合孙子本意："谋攻敌之利害，当全策以取之，不锐于伐兵攻城也。"王注是说，孙子"谋攻"意为以伐谋、伐交、伐兵乃至攻城的"全策"谋划，而不是首先单一地考虑伐兵攻城的武力攻取。笔者认为，钱、王二公仅从手段上对"谋攻"的注释也并不全面，欲真正诠释孙子"谋攻"要旨，必须从《谋攻》全篇内容中挖掘与自证。从"谋攻"的目标标准上看，他提出了"全国""全军""全旅""全卒"和"全伍"五个方面的"全胜"目标和标准；从"谋攻"的手段运用上看，他提出了"伐谋""伐交""伐兵"和"攻城"四种伐攻并举、优劣有序的"全策"手段与运用；从目的要求看，提出了"屈人之兵而非战""拔人之城而非攻"和"毁人之国而非久"三个层次的战争目的与"三非"要求。从总体效果看，提出了"兵不顿而利可全"的"全利"总体效果。所以，孙子的"谋攻"，是一个上至图敌国、中至攻敌军、下至夺敌城虏敌卒的关乎战争全局的攻伐问题。因此，孙子"谋攻"，就是对一场攻势战争的战略谋划问题。

综上所述，孙子"谋攻"属动宾结构的名词，"谋"意即谋划筹划；"攻"意即攻势战争。《谋攻》篇旨是对攻势战争的战略谋划。对此，张文穆《孙子解故》说："'谋'是计谋，'攻'是攻击。孙子把这两个字合在一起，创'谋攻'一词，用以发抒他对军事学上的卓见，乍看似乎奇谲，实则对兵攻而说，本极平凡。"张先生的观点我们不敢苟同，但有一点颇值玩味，"谋攻"的确是孙子独创的一词，就像现代战争理论体系中一个重要概念，是构成孙子战争理论的基本范畴。诚如现代逻辑学所说："任何一门科学都是该门科学的基本概念的体系。"(《逻辑学》，甘肃人民出版社，1980 年) 这里我们可以肯定地说，《孙子兵法》十三篇所有篇题，均是孙子战争理论最基本的概念，犹如网之纽结，共同构建起孙子战争理论的恢宏大厦。

关于《谋攻》的篇次。现存诸本《谋攻》篇次均为第三。普遍认为，庙堂计战已定，作战装备钱粮已备，紧接谋划与组织进攻理所当然。如杜牧注曰："庙堂之上，计算已定，战争之具，粮食之费，悉已用备，可以谋攻，故曰《谋攻篇》也。"张预注曰："计议已定，战具已集，然后可以智谋攻，故次《作战篇》。"此种认识，虽对《谋攻》第三无异，但次于"备战"之说值得商榷。此外，有学者认为当排第二。如邓廷罗《孙子集注》认为："谋则倾，攻则战，次《作战篇》。原本第二，今改正。"现代学者王向正《新校竹简本孙子释义》认为："'谋攻'应施行于两军交战之先，且大谋略之设定须以庙算为基础而完成于庙堂，故当以《谋攻》次《计》而位居第二。"邓、王二公错就错在把《作战》训解为"交战"问题，非是。笔者认为，《计》是国家对战争决策的战略考量，通过敌我双方情况的全面对比，旨在解决可否一战的问题，属计定国家政策；《作战》乃对战争指导的确立，通过战争对兵久之害、兵胜之利的分析，旨在提出正确的作战指导，属确定战争方略。《谋攻》则为对敌国攻势战争的谋划，通过对谋攻之法、攻战之要的阐释，旨在筹划最好的攻伐方法，属制定攻战策略。由于它们时序上有先后，层次上有高低，主旨上有承接，前两篇是《谋攻》的前提，具有极强的指导性，故《谋攻》次于《作战》，序第三。

二、构解——既讲了谋攻之法，也讲了攻战之要

《谋攻》是孙子对攻势战争战前的全面谋划。首先，孙子以胜利的标准、手段的运用、制胜的要求，宏观勾勒了谋攻的基本方法。其次，以谋伐攻取的军事实力后盾"用兵之法"和首脑内部关系"将乃国辅"为转折，引出下文攻战之要。再次，以君有三患、将必五知，具体塑造了攻战制胜的要件与准则。

上半部分：谋攻之法。从"夫用兵之法，全国为上"至"此谋攻之法也"。孙子开篇以"五全五破"，为谋攻者确立了"全胜"的理想目标；继而以超越军事、超越战争的大战略、大视野，阐明了"上兵伐谋，其次伐交，其次伐兵，其下攻城"的图敌"全策"；尔后提出了依"三非"屈敌兵、拔敌城、毁敌国

的因循要求；最后确立了"兵不顿而利可全"的"全利"效果。进而，从总体上建构了谋划攻势战争的"谋攻之法"。

中间部分："用兵""将辅"。从"用兵之法，十则围之"至"辅隙则国必弱"。孙子认为，谋伐攻取，用兵是基础，辅国是目的。故而，先是扼要概述了"十围五攻"的谋攻之基、用兵之法；再是简明阐释了"将乃国辅"的谋攻之需、周隙之变。借此，顺理成章地引出了下文国君与将帅在谋伐攻取中的制胜之要。

下半部分：攻战之要。从"故君之所以患于军者三"至"不知彼，不知己，每战必殆"。国君掣肘将帅攻战有三："縻军""惑矣""疑矣"，恶果均归束于"乱军引胜"，质言之，将帅谋伐攻取，国君需力戒"三患"；将帅统军攻战，重在明了"知胜之道"，换言之，为国谋伐攻战，将帅必力往"五知"。依此，清晰勾勒出国君、将帅谋伐攻取的必因之要。最后，提纲振领谋攻总要："知彼知己，百战不殆"。言明谋攻之前提，制胜之根本。

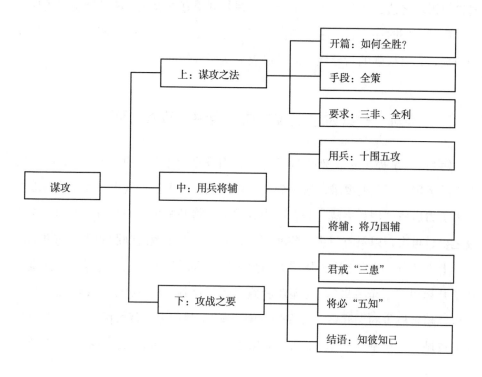

三、文解

老子论"道"，孔子言"仁"，孙子贵"谋"。"谋"贯穿《孙子兵法》始终，但《谋攻》当属"谋"之专论，最能体现孙子之"谋"的本质和追求。通观全篇，从"全上破次"，到"不战而屈人之兵"，再到"必以全争于天下"，孙子"谋"之要义完全聚焦于一个"全"字。诚可谓：兵贵谋，谋尚全，不啻为"兵权谋家"立心立命之论。那么，什么是孙子所说的"全"？如何以"全"而"谋攻"呢？

上：谋攻之法

1.0 孙子曰：凡用兵之法，全国为上，破国次之；全军为上，破军次之；全旅为上，破旅次之；全卒为上，破卒次之；全伍为上，破伍次之。是故百战百胜，非善之善者也；不战而屈人之兵，善之善者也。

2.1 故上兵伐谋，其次伐交，其次伐兵，其下攻城。攻城之法，为不得已。修橹轒辒，具器械，三月而后成，距闉，又三月而后已。将不胜其忿而蚁附之，杀士卒三分之一而城不拔者，此攻之灾也。

2.2 故善用兵者，屈人之兵而非战也，拔人之城而非攻也，毁人之国而非久也，必以全争于天下，故兵不顿，而利可全，此谋攻之法也。

谋划战争的最高目标：全胜

孙子曰：凡用兵之法，全国为上，破国次之；全军为上，破军次之；全旅为上，破旅次之；全卒为上，破卒次之；全伍为上，破伍次之。是故百战百胜，非善之善者也；不战而屈人之兵，善之善者也。孙子《谋攻》旨在阐明对攻势战争的谋划问题。他开篇便以五个排比句提出一个"欲觉闻晨钟，令人发深省"的"五全五破"问题，接着，便以石破天惊之语，否定了将帅普遍追求与赞誉的"百战百胜"，视之为"非善之善"，转而立论"不战而屈人之兵"乃"善之善者也"。这里我们不禁要问，孙子为何以"五全五破"作为《谋攻》之发端？它与战争指导者"谋攻"有何内在关系？它在谋攻过程中又发挥着怎样的作用呢？

全国为上，破国次之；全军为上，破军次之；全旅为上，破旅次之；全卒为上，破卒次之；全伍为上，破伍次之。孙子认为，大凡用兵打仗的方法，对敌举国全取为上策，击破而取为次等；对敌举军全取为上策，击破而取为次等；对敌举旅全取为上策，击破而取为次等；对敌举卒全取为上策，击破而取为次等；对敌举伍全取为上策，击破而取为次等。我们知道，战争谋划之于战争实施，犹如工程设计之于工程建设，有什么样的战争蓝图就能导演出什么样威武雄壮的战争活剧。对此，梅尧臣之注可谓高屋建瓴："谋之大者全得之。"可见，孙子谋攻的韬略是雄视战争的大视野、大思路、大战略。

关于"全"与"破"。《说文解字》对"全"的解释："纯玉曰全。篆文，从仝从玉。""全"是完好的意思。对"破"的解释："石碎也。"从"全"与"破"的原始意义看，均是对石头外形情状的描绘，二者是相对成言的。对此应当说古今注家以不同的视角做了较为全面的诠释。其一，曹操注曰："举师深入长驱，距其城郭，绝其内外，敌举国来服为上；以兵击破，败而得之，其次也。"曹公侧重于谋攻的目标，认为"全"乃以全取胜，"破"乃击破得之，孙子尚"全"而次"破"。其二，张预注曰："尉缭子曰：'讲武料敌，使敌人气失而师散，虽形全而不为之用，此胜道也。破军杀将，会众夺地，此力胜也。'然则所谓胜道、力胜者，即全国、破国之谓也。"何氏注曰："以方略气势，令敌以国降，上策也。"张、何二公侧重于谋攻的手段，认为"全"乃以谋取胜，"破"乃以力得之，孙子尚"谋"而次"力"。其三，贾林注曰："全得其国，我国亦全，乃为上。"陈启天注曰："国军旅卒伍，均就我言，非谓敌。"贾、陈二公虽均侧重于谋攻的对象，但贾公认为"全"乃全取敌方，而陈公认为"全"乃保全我方。事实上，孙子《谋攻》篇题意即我方谋伐攻取敌方，主客极为分明，陈先生之注实为望文生义、一叶障目，非是。

综上所述，应当说，除陈启天外，上述各家或源于实践、或源于文旨、或源于句义，不仅对"全"和"破"有了较为准确的诠释："全"意即全取、全胜，"破"意即破取、残胜，二者均属于胜利的范畴，而且也较为全面地勾勒出了孙子谋攻"全上破次"的思想主张。但笔者认为，孙子以"五全五破"为《谋攻》开篇立论，反复而鲜明地强调"全上破次"，其真实用意远非如此。在孙子看来，图强争霸是诸侯各国发动攻势战争的根本目的，那么，如何做到既可避免攻战杀伐的两败俱伤，又可最大限度地胜敌强己，以最小的代价获取最大的胜利，做到"兵不顿而利可全"，又快又好地实现图强争霸的政治图谋，这才是战争谋划者首要的任务与问题的关键。因此，孙子"全上破次"的思想主张，并非是一味强调没有破损、毫无杀伐的攻战结果，而是要为谋攻者树立一种"全胜"的理想追求和思想观念，确定一种"全取"的最佳标准和战争目标，进而昭示一种"全策"的战略视野与谋攻之法。诚如《列子·天瑞》所言："天地无全功，圣人无全能，万物无全用。"孙子正是在这个意义上运用"全"的含义的。

关于"国"与"军旅卒伍"。"国"有两种含义：一是指国家。周时就有"诸侯有国，大夫有家"之说，诸侯封地谓之"国"，卿大夫封地谓之"家"。二是指国都。古人常以国都代指国家。李零先生认为，"国"本来作"邦"，汉代避刘邦的讳，才改成"国"。笔者认为，因为孙子这里讲的是发生在诸侯国之间的战争，且"全国"当指全取敌都、县等全部领地，故取前解义长。"军旅卒伍"是古代军制单位。曹操注曰："《司马法》曰：'一万二千五百人为军，五百人为旅，一旅以下至一百人（为卒），百人以下至五人（为伍）。'"各注家除对编制人数认识不同外，指古军制的训解当别无异议。在此，孙子由"国"至"伍"，讲了五个层次的全取全得的对象，从先到后、从高到低、从大到小，充分体现出他"全胜"思想的全面性、系统性和相对性。

就其全面性而言，孙子"全胜"不仅包含战略层面"全国"和"全军"，而且包含战役战斗层面的"全旅""全卒"和"全伍"，正如南唐何延锡注云："此意以策略取之为妙，不惟一军，至于一伍，不可不全。"就其系统性而言，"全国"有赖于"全军"，"全军"则有赖于"全旅""全卒"和"全伍"，反之，"全军"服务于"全国"，而"全旅""全卒"和"全伍"又服务于"全军"，这里，"国"作为政治范畴的概念，"军旅卒伍"作为军事范畴的概念，存在着目的与手段、全局与局部的关系，它们密切联系、互为因果、相辅相成。就其相对性而言，"全国""全军"全局性的全是"全"，"全旅""全卒"和"全伍"局部性的全也是"全"，条件允许时取大"全"，条件不允许时取小"全"，从大"全"到小"全"，只有善中选善、优中选优之分，并无良莠好坏之别，均是孙子谋攻以期"全胜"的题中应有之义。

综上所述，孙子开篇叠言"五全五破"，在着重言明谋攻者力当尚"全"次"破"的同时，实际上也为谋攻者确立了战争谋划的目标与标准，换言之，孙子是把"全胜"目标作为其谋划攻势战争的逻辑起点的。然而，纵观由"五全"构建的"全胜"思想，我们会清楚地发现，欲达到"全胜"的目标，它既需有庙堂筹算之功，也需有军帐谋略之效，同时还需有战场攻伐之能。"五全五破"作为谋攻的目标和结果，谋攻者什么样的思想行为会达成"五全"，又是什么样的思想行为会导致"五破"呢？

是故百战百胜，非善之善者也；不战而屈人之兵，善之善者也。孙子的回答可谓至善至美、登峰造极：所以，百战百胜并不是最好的，不战而使敌人屈服才是最好的。王皙之注可谓逻辑清晰、因果明确："百战百胜，破国破军也。不战屈人，全国全军也。善之善，所以为上也。非善之善，所以为次也。"王注是说，这句话是承上而言的，"百战百胜"即为"破"，是为破胜残胜；"不战屈人"即为"全"，是为全取全胜。"善之善"即为"上"；"非善之善"即为"次"。但古往今来，"百战百胜"向来是战场上常胜将军之美誉，也无不成为战争指导者最高的追求，孙子因何将其标定为"非善之善"的次等战绩呢？战争本就是两军对垒、激烈拼杀、尸横遍野、屈力殚货的暴力行为，怎么会产生"不战而屈人之兵"的美好结果呢？孙子对战争结局如此这般的崇高理想、上佳愿景、制胜化境是否存在"迂远而阔于事情"之嫌呢？我们的回答是否定的。

百战百胜，非善之善者也。"百"，众多之概。作为率兵打仗的人，胜多负少已然不易，每战必胜的常胜将军极难做到，若百战百胜，实可谓十全十美的战争之神。但孙子为何言之为"非善之善者也"呢？问题就出在看问题的视角的高低与视野的大小上。在战争中，将军驰骋战场、攻城略地、所向披靡、每战必胜，无疑可称之为"善之善者"。但当我们站在国家战略的高度，以超越战争、超越军事的视野审视"百战百胜"时，它的确如孙子所言："非善之善者也"。对此，张预注曰："战而后能胜，必多杀伤，故云非善。"顾福堂注曰："战而胜善矣，然战而胜必多杀伤，故非善之善者。"张、顾二公之注一定程度上解释了孙子此说的缘由，但他们说出的只是现象而并非本质，他们并没有完全认识到，孙子是高居于为国争霸图强的政治高度才得出这样的高超论断。还是吴起深明此理，《吴子·图国》曰："五胜者祸，四胜者弊，三胜者霸，二胜者王，一胜者帝。"显然，吴子之言师法于孙子"百战百胜，非善之善者也"之说，他在揭示战胜次数并非越多越好的同时，也说明了战胜之后的政治结局是有优劣等差之别的。战争是政治的继续，战前是政治，战后也是政治，吴子关于祸、弊、霸、王、帝的战争结局，恰恰指明了胜利的战争，其由多到少的次数会给国家带来迥然相异的政治结局。

不战而屈人之兵，善之善者也。曹操注曰："未战而敌自屈服。"意思是不与敌人直接交战而使敌人主动屈服。甚是。这是孙子对其"全胜"思想的进一步阐释，也是对当时"谋攻"实践活动的创造性凝练总结。春秋时期，大国争霸，弱肉强食，诸侯各国之间的矛盾错综复杂，这便给政治斗争、外交斗争和军事斗争提供了更加广阔的舞台。陈卫两国缔约"若大国讨，吾则死之（以死相抗）"，得以与大国相抗衡；郑国子产纵横捭阖开展外交斗争，反抗大国强权功绩卓著；墨子救宋、烛子武斡旋退秦、弘高智退秦师，兵不血刃地避免了亡国灭顶之灾。孙子正是在这样一种历史条件下，继承和发展了前人的"谋攻"经验，提出了"不战而屈人之兵"的崭新思想。可见，孙子这一思想，并不像张预所注"明赏罚，信号令，完器械，练士卒，暴其所长，使敌从风而靡，则为大善"，把孙子这一思想仅仅框囿于军事斗争的狭隘领域。更不像梅尧臣、陈皞一派注家所言，孙子"恶乎杀伤残害也""战必杀人故也"等，因反对杀伐而放弃使用武力，以致有人歪曲孙子反对战争，甚至扣上和平主义的帽子。诚如姜太公所云："全胜不斗，大兵无创。"（《六韬·武韬·发启》）意思是，完全彻底的胜利不会用战斗，强大威武的军队临敌不受损伤。孙子"不战而屈人之兵"，不仅是其对"全胜"思想观念的升华与总结，而且是对"谋攻"最高理想境界的深化与具体，为进一步深入探索"谋攻"问题，提出"谋攻之法"奠定了新的起点。

可见，孙子说"百战百胜，非善之善者也；不战而屈人之兵，善之善者也"，根本缘由并非如诸多注家所言"杀人"与否的问题，其真实意图在于：通过尚"不战屈人"次"百战百胜"，说明其尚"谋"次"战"的思想主张，进而为下文提出谋攻方法确立起尚"谋"的主题与主线。所以，李筌注曰："以计胜敌也。"刘邦骥注曰："此以上，言谋攻之本源也"。在此，孙子实际上为谋攻确立了一个新的出发点或着眼点："不战"而"全胜"。那么，如何才能到达"不战"就可"全胜"的制胜化境呢？孙子"谋攻之法"呼之欲出。

谋求全胜的手段运用：全策

故上兵伐谋，其次伐交，其次伐兵，其下攻城。这是孙子"谋攻之法"的大纲要目。他说，所以上策是粉碎敌人的图谋，其次是挫败敌人的外交，再次是征讨敌人的军队，下策是攻打敌人的城池。这里，孙子并未就战争而谈战争，而是以比一般兵家更宏阔的视野，完美地回答了达成"不战"而"全胜"的方法策略。其中，最高明的是打谋略仗，其次是打外交仗，再次是打军事仗，最后才是打兵戎相见、刀光剑影的攻城仗。以上四种手段、四个阶段，共同构成了一个手段激烈程度逐步升级、各个阶段衔接紧密的完整斗争过程，犹如现代决策论最优策略的选取模型，其上下好坏的有序策略，不仅完全切合于从"不战"到"战"的手段运用，而且准确对应于从"全"到"破"的战争结局。可以说，孙子构建的策略体系，优劣层次清晰，阶段过程完整，战略的选择顺序完全服从服务于其"全胜"的战略总目标。

上兵伐谋。古今评定，孙子贵谋、尚谋，其根由与结穴正在此句。故古今注家对此多有精解，但或因玄奥，或因机巧，或因偏重，常使今人倍感难以具象化或全面把握。笔者认为，"上兵"意即最高明的战争，可引申为最高明的战争策略。"伐"有讨伐、征伐之意，亦有破坏之意，如《小雅·宾之初筵》："既醉不出，是谓伐德。"意思是酒醉还不走，就会有损德行。这里，关键是"谋"的内涵。《说文》释曰："虑难曰谋。"《尔雅·释言》："心也"。注："谋虑以心"。

这充分说明，"谋"是属于心理和思想层面的东西，抓住这点认识，是我们破解孙子"伐谋"要义的关键所在。

首先，"伐谋"的对象在"心"，专指谋划战争的人。"谋"出于"心"，故"伐谋"必在攻人。或许基于这样的认识，古人也把"伐谋"叫作"攻心"。如《三国志·蜀书·马良传》注引《襄阳记》："夫用兵之道，攻心为上，攻城为下；心战为上，兵战为下。"《长短经·攻心》引《孙子》甚至直接作"攻心为上，攻城为下"。有缘于此，现代许多学者认为"伐谋"本质上讲就是心理战，其实这是不对的。心理战与"伐谋"相比，在对象上，心理战针对敌全部军队，而"伐谋"则专门针对敌战争领导者；在效果上，心理战包括对敌产生的各种瓦解与影响，而"伐谋"则专指攻击敌战争谋划者的意志、挫败其战争企图。所以，"伐谋"攻心攻人，旨在改变、折服、击垮敌战争谋划者的意志决心。其次，"伐谋"的时机在"始"，专指消弭战争于未萌。《易·讼卦》曰："君子以作事谋始"。说明"谋"是做任何事情的开始，战争也不例外。故曹操注曰："敌始有谋，伐之易也。"杜佑注曰："敌方设谋，欲举众师，伐而抑之，是其上。"邓廷罗注曰："谋者，敌之始计，我先几以破之，故曰伐谋。"既然战争肇始于谋略，是战争的源起，"伐谋"便可攻敌意、屈敌志于未战之先。再次，"伐谋"的目的在"胜"，专指挫败敌人的战争图谋。黄巩注曰："伐，制胜也。谋，庙算也。"张预注曰："伐谋者，用谋以伐人也，言以奇策密算，取胜于不战，兵之上也。"赵本学注曰："伐谋者，以计破计，使其畏服而不敢为，或计未就而先自败也。""伐谋"的目的在于对敌首脑攻其心、夺其志、屈其人，以不战而达成战争的最终目标。最后，"伐谋"的核心在"智"，专指战争双方指导者的智力斗争。"伐谋"本质在攻心，必然体现为战争双方指导者智力与智力的对垒，勇气与勇气的抗衡。对此，梅尧臣注曰："以智胜。"王晳注曰："以智谋屈人最为上。"刘邦骥注曰："上兵伐谋者，胜于无形，以智谋取人，最为上也。"所以，要求战争指导者必有大智慧，善用高超的智慧，运筹于帷幄之中，决胜于千里之外。

其次伐交。关于"伐交"存在两种释义。其一，破坏敌对外交往，"交"

为外交之意。如李筌注曰："伐其始交也。苏秦约六国不事秦，而秦闭关十五年，不敢窥山东也。"孟氏注曰："交合强国，敌不敢谋。"钱基博注曰："伐交之策，盛于七国。一纵一横，抵隙捭阖，钩心斗角，具著《战国策》一书。"李、孟、钱注说明，孙子"伐交"乃纵横家折冲樽俎、决战坛坫的错综复杂的外交斗争。其二，阻敌与我交战，"交"为两军对垒之意。如曹操注曰："交，将合也。"何氏注曰："伐交者，兵欲交合，设疑兵以惧之，使进退不得，因来屈服。"王晳注曰："交，将合也。伐交，谓伐之以交，两军将合，我师严整，威加于敌不须交战，令敌望风而退也。"笔者认为，后者属偏颇谬误之注，而前者乃孙子本意之说。

将"交"释为两军对垒发端于曹注"交，将合也"，且对后世产生一定影响。孙子《军争》曰："凡用兵之法，将受命于君，合军聚众，交合而舍，莫难于军争。"这里，"交合而舍"之"交"即为两军对垒之意，曹公"将合也"之注概源于此。然而，孙子《九地》又曰："是故不知诸侯之谋者，不能预交"。在此曹公注曰："不知敌情谋者，不能结交也。"那时，并无外交一词，曹公显然将"交"又释为与诸侯"结交"的外交问题。可见，曹操对于孙子"交"的注解本来就存在两军对垒和外交两种不同的释义，此处他取前释，只能说明他对《谋攻》的认识仅是停留在军事斗争层面，而并未企及孙子具有的国家政治外交的战略视野与高度。孙子谋攻旨在"全胜"，"全胜"则希图"不战而屈人之兵"；"不战而屈人之兵"必诉求于"伐谋""伐交"和"伐兵"等"不战"手段的综合运用。外交作为国家争取"全胜"的重要手段，乃"不战"重要策略，若弃而不用，国家又有多少博弈空间可达成"不战而屈人之兵"，失之恐"胜"将难无遗阙。此外，若把"伐交"释为"将合也"，将与"伐兵"之义重叠甚重（关于"伐兵"之义下文详述）。综上所述，将孙子"伐交"释为外交斗争，更符合孙子《谋攻》全篇主旨。

关于"其次"。王晳注曰："谓未能全屈敌谋，当且间其交，使之解散"。意思是说：伐谋不成，方才伐交。郑友贤注曰："破谋者，不费而胜；破交者，未胜而费"。意即伐交较之伐谋费力更大。他还举例说"张仪散六国之纵，阴厚者数年；尉缭子破诸侯之援，出金三十万"。笔者认为，上述解释无疑是正确的，但最根本的原因还在于，"谋"属于定目标、定策略的活动，而"交"则属于为实现目标与策略执行层面的活动，从某种意义而言，是目标与手段的关系。所以，"谋"本而"交"末，"谋"先而"交"后，故而，"其次"不仅具有时序上的先后之意，而且具有手段上的优劣之分，同时还有策略上的上下之等。至于"伐交"的具体方法，当然不是仅局限于郑友贤"阴厚"一种方法，正如杜牧注曰："权道变化，非一途也"。

其次伐兵。关于"伐兵"，从曹操始注"兵形已成也"，尔后众多注家从之，如李筌注曰"临敌对阵，兵之下也"，张预注曰"不能败其始谋，破其将合，则犀利兵器以胜之"，梅尧臣注曰"以战胜"。凡此种种，别无二致，以至于当今学者普遍认为，"伐兵"就是野战甚至是歼灭敌人的策略方法。笔者认为，以上解释仅说出了孙子"伐兵"的一小部分内涵，只是问题的冰山一角。实际上，孙子所说的"伐兵"本质上就是现代语境下的军事斗争，它既包括"战"的手段，也包括诸多"不战"的手段。例如，孙子《军争》开篇曰："凡用兵之法，将受命于君，合军聚众，交合而舍，莫难于军争"。这充分说明，"军争"就是典型的"伐兵"，而"伐兵"的重点和难点就在"军争"。那么，如何进行"军争"呢？孙子说："先知迂直之计者胜，此军争之法也。"这又告诉我们，"军争"的目的不仅是战而胜之，更多的是依"迂直之计"，用"治气""治心""治力"和"治变"之法，达到"三军可夺气、将军可夺心"的目的。无疑，"伐兵"亦然。又如《史记·孙子吴起列传》曰："救斗者不博撠，批亢捣虚，形格势禁，则自为解耳。"意思是，平息一场战斗并非需要参加战斗，攻其要害，击其空虚，遏止形势，问题自然解决。这也说明，"伐兵"并非一定要"战"，最高的"伐兵"在于"不战"。故此，孙子"伐兵"并非专指兵刃相接的野战制胜，也包括以"迂直之计"争夺战场有利态势，致敌"形格势禁"的态势制胜。至于孙子此处所说的第二个"其次"，《作战》篇所言极是，"举十万之师"，无论"战"与"不战"，均需"日费千金"，必然损耗甚巨，故较之"伐交"又在"其次"。此种理解当更合孙子"全胜"且"不战"的要旨。

其下攻城。孙子为什么说攻城是下策？曹操注曰："敌国已收其外粮城守，攻之为下政也。"杜佑注曰："言攻城屠邑，攻之下者，所害者多。"梅尧臣注曰："费财役为最下。"王晳注曰："士卒杀伤，城或未克。"古今注家众口一词，尽陈攻城之害，若从孙子关于攻城的文字意思看，似乎对问题做了充分的回答，但若从孙子《谋攻》全篇的理论思维看，其实问题远非这么简单，孙子提出"其下攻城"实为别有深意。我们知道，城池对于古代国家而言，具有着特别重要的战略意义。比孙子早一百多年的管仲，在《管子·权修》篇说："地之守在城，城之守在兵，兵之守在人，人之守在粟。"这说明，国家广袤国土的防护依赖于对城池的坚守，换言之，城池的丢失就意味着国土和财富的丧失。所以，城池是国家抵御外敌入侵的重要战略支撑，同时也是进攻者攻克敌国必取之地，战争中争夺之惨烈是可想而知的。所以，"攻城"是孙子为达成国家争霸图强的政治目标而谋划攻势战争难以回避的问题，更是实现其以"全国"为最高目标的"全胜"谋攻思想必须直面的问题。然而，就是对于这样一个难以绕开的关键问题，孙子却说"其下攻城"，言外之意，"攻城"应当是尽量避免和绕开的。我们不禁要问：何以如此呢？对于这个问题，孙子必须做出有力的回答。这也是他为什么对"上兵伐谋""其次伐交"只是一笔带过，而对"攻城之法"浓墨重彩的主要原因。

攻城之法，为不得已。修橹轒辒，具器械，三月而后成，距闉，又三月而后已；将不胜其忿而蚁附之，杀士卒三分之一而城不拔者，此攻之灾也。对此，各家注解大同。如曹操注曰："修，治也。橹，大楯也。轒辒者，辒床也。辒床其下四轮，从中推之至城下也。具，备也。器械者，机关攻守之总名，飞楼、云梯之属。距闉者，踊土积高而前，以附其城也。将忿不待攻城器，而使士卒缘城而上，如蚁之缘墙，杀伤士卒也。"孙子认为，攻城是不得已的办法。制造大盾牌和皮甲运兵车，准备攻城器械，要三个月才能完成；构筑附城的土山工事，又要三个月才能完成。将帅不能抑制焦急愤怒，下令士卒像蚂蚁一样爬梯攻城，士卒伤亡三分之一，城还是打不下来的惨状，是攻城带来的灾难啊！总概孙子所说攻城之弊有四点：一是战事持久。不算进攻时间，仅攻城准备就需半年之久，时日迁延。二是劳师费财。备器械修工事，费财、费力、费时，师劳卒惰。三是损失惨重。城堡箭楼易守难攻，士卒蚁附攻城，死伤惨重。四是胜负难料。代价甚大，但城池未必可拔，胜负不定。在此，孙子极言"攻城之灾"，其用意当有以下三个方面。

就承上而言，孙子说明了一个标准。上文所述"上兵伐谋、其次伐交、其次伐兵，其下攻城"，这四种策略先后排序的根本标准，完全取决于它所带来损失或灾害的大小，损失少灾害小则优先，损失多灾害大则次后。就本段而言，孙子否定了一种战策。攻城之法，旷日持久，惰卒劳师，士卒死伤，胜负难料，属不得已而为之之策，应尽量避而免之。就启下而言，孙子昭示了一种思想。正如前文所述，攻城之于攻势战争往往不可避免，然攻城的灾难又如此深重，如何解决这一难以回避的问题呢？孙子极力否定攻城，实则在否定中肯定伐谋、伐交乃至伐兵的"尚谋"思想、"不战"之策。"攻灾"当由"非攻"解，大"破"必由大"全"圆。这是孙子谋攻的哲学，也是先秦诸子立言的哲学，从文王的否极泰来，到老子的福祸相依，再到后来的物极必反、乐极生悲等，无一不是中国古代圣贤解难脱困的大智大哲。借此，孙子在破解攻城难题的同时，"三非"而"全利"的谋攻核心与要义应际而生。

谋攻之法的核心要义："三非"而"全利"

故善用兵者，屈人之兵而非战也，拔人之城而非攻也，毁人之国而非久也，必以全争于天下，故兵不顿而利可全，此谋攻之法也。正是基于对攻城灾难的深刻认识，孙子说：所以，善于指导战争的人，征服敌人的军队但不用战争手段，夺占敌人的城池但不靠强攻硬打，毁灭敌人的国家但不须旷日持久，一定要用全胜的策略争雄于天下，就会军队不受损，却取得全面胜利，这就是谋划攻势战争的思想方法。这是孙子在否定"攻城"基础上，对其"尚谋"思想的再次重申与肯定，也是对"谋攻"总体要求、思想方法和最终效果的深刻注解，又是对"谋攻之法"的高度凝练与全面总结。

屈人之兵而非战也，拔人之城而非攻也，毁人之国而非久也。这是孙子针对战争目的为"谋攻"提出的总体要求。如果一个国家，军队投降，城池失守，则国破家亡矣。其中，前两句讲的是分目的，后一句讲的是总目的，三者紧密关联，足见孙子确立的战争目的的系统性与全面性。针对战争目的，孙子分别提出"非战""非攻"和"非久"，即达成战争各类目的切忌采取的"下策"，后世学者亦简称之为"三非"。在此，我们不得不叹服兵圣孙武论"谋"的神来之笔，只言"非"而未言"是"，这的确给后世兵家施谋用谋留下了"仁者见仁，智者见智"的广阔空间和舞台。对于"非战"，李筌注曰"以计屈敌，非战之屈者"，陈启天注曰"善于运用外交策略者，能以计谋屈人之兵，拔人之城，而不必诉之于兵攻"。对于"非攻"，李筌注曰"以计取之"，孟氏注曰"言以威刑服敌，不攻而取"，张预注曰"或攻其所必救，是敌弃城而来援，则设伏取之。或外绝其增援，以久持之，坐候其毙"，顾福堂注曰"或扬言攻其西而实出精兵袭其东"。对于"非久"，李筌注曰"以术毁人国，不久而毙"，梅尧臣注曰"久则生变"，杜牧注曰"因敌有可乘之势，不失其机，如摧枯朽"，何氏注曰"善攻者，不以兵攻，以计困之，令其自拔，令其自毁，非劳久守而取之也"。各家之注，方法手段异彩纷呈，可谓见仁见智，但又书不尽言，言不尽意。总体感觉是：不言"计"，无法诠释孙子"三非"之义；然均言"计"，又难以区分孙子"三非"之别。

笔者认为，欲真正理解孙子"三非"，必须首先弄清他"非"什么，然后才能弄清他"是"什么。首先我们看"非攻"，从"拔人之城而非攻"全句看，孙子"非"的内容非常清楚，就是否定"攻城"的手段和策略。那么，与之相并列的"伐谋""伐交"和"伐兵"，是不是孙子"是"的手段和策略呢？为了更好地回答这个问题，我们再看"非战"。何氏注曰："言伐谋、伐交，不至于战。"何注只强调了"伐谋"和"伐交"，并不包括"伐兵"，这虽是古今注家的主流认识，但笔者认为，这并不准确。相形之下，张预所注则较为全面："前所陈者，庸将之为耳。善用兵者则不然，或破其计，或败其交，或绝其粮，或断其路，则可不战而服之。"这里，"前所陈者"指的是"攻城"；"或破其计，或败其交"指的是"伐谋"和"伐交"；而"或绝其粮，或断其路"指的就是"伐兵"。正如前文所述，孙子所言"伐兵"，实质就是现代语境下的军事斗争，它不仅包含有"战"的手段，其"非战"的手段也是极为丰富的，现代如此，古代亦如此。对此，孙子的认识应当说是极为清楚的（如前面提到的"军争"问题，下文对"用兵之法"的阐释也会论及）。所以，"非战"并非是诸家笼统所释"计"的问题，它不仅包括了"伐谋"和"伐交"的非军事手段与策略，也包括了"伐兵"这样的军事手段与策略。"非战"如此，"非攻"亦然。最后我们再看"非久"，"毁人之国"是"谋攻"的最终目的，自然也是战争的最终目的，它所遵循的方针策略，自然也是战争的方针策略，关于这点，《作战》篇已有专论——"兵贵胜，不贵久"，故此曰"非久"。对此，曹操注曰："毁灭人国，不久露师也。"说的也是这个意思。

综上所述，孙子在否定"攻城"的基础上，将"非攻"进一步拓展为"非战""非攻"和"非久"的"谋攻"的总要求。那么，孙子以"三非"否定了"战""攻""久"的下策之后，意欲肯定什么样的思想方法，又要达成怎样的总体效果呢？

必以全争于天下，故兵不顿而利可全，此谋攻之法也。"以全争于天下"是孙子明确的思想方法；"兵不顿而利可全"是孙子确立的目标效果。对此，曹操注曰："不与敌战，而必完全得之，立胜于天下，不顿兵血刃也。"李筌注曰："以全胜之计争天下，是以不顿收利也。"梅尧臣注曰："全争者，兵不战，城不攻，毁不久，皆以谋而屈敌，是曰谋攻。故不顿兵利自完。"应当说，以上训释基本切合孙子所言的字面意思，而且后学所注亦大体如此。但笔者认为，这里还有两点需要进一步澄清说明：其一，曹公所注"不与敌战"，将战争手段完全排除于"全争"之外，恐怕并非孙子本意。其二，李公所言"全胜之计"，梅公所言"皆以谋而屈敌"，这"计"与"谋"太过含糊玄虚，进而言之，孙子在以"此谋攻之法也"收束谋攻要义之时，仍给读者留有如此玄奥空洞的说法，恐怕并非孙子所言所意。对于这两点的最佳诠释，也恐唯有《孙子兵法》本身可自证说明。

是故不知诸侯之谋者，不能预交……夫霸王之兵，伐大国，则其众不得聚；威加于敌，则其交不得合。是故不争天下之交，不养天下之权，信己之

私，威加于敌，故其城可拔，其国可隳。"(《孙子兵法·九地》)

孙子认为，不了解列国的战略图谋，就不能施展外交……所谓王霸之师，征伐大国就能使其军民来不及动员集结；兵威施加于敌国就能使其外交孤立难合。所以，不必争定霸主盟约，不必经营霸主权势，坚定施展自己的图谋，兵威施加于敌人，其城池就可占领，其国家就可破灭。这段话，孙子不仅清晰地描绘了"谋攻"在客观实际中的真实反映，而且更深入地说明了"必以全争于天下，故兵不顿而利可全"的实践景象。

为达成"不战而屈人之兵"的目的，孙子提出了谋攻"上兵伐谋，其次伐交，其次伐兵，其下攻城"的大纲要目。值得注意的是，这仅是"谋划"时优劣递次的四种策略，但并非是"实施"时必须前后因循的四个阶段。诚如上述引文所言，为实现自己争霸图强的政治企图，在攻伐大国的具体实施过程中，当不当霸主并不重要，只需要坚决实行自己的战争策略，创造形成强大的军事威逼态势，敌城自然可以夺，敌国自然可以破。可见，谋略是目标和方向，外交是辅助和配合，军事才是后盾和保证，这是孙子对谋略、外交以及诉诸武力诸关系更深入、更清晰的解读。有了上述的认识，我们再看孙子为"谋攻"确定的思想方法，以及应达到的最终效果。

必以全争于天下。关于"全"，就是指全胜之策，它不仅包括在目标效果上，我之"兵不顿"而敌之"利可全"的"全利"，而且包括在方法手段上，"伐谋""伐交"和"伐兵"各种手段综合运用的"全策"。手段服务于目标，而目标又要求与之相适应的手段，二者共同构成"全"的有机整体。关于"天下"，就是指诸侯列国组成的世界，诚所谓"天子有天下，诸侯有国，大夫有家"。关于"争"，就是争霸、争雄之意。古今注家虽鲜有将"争"训为"争霸"，但其实"争霸"最合孙子本意，从孙子谋攻"全国全军"的攻战企图，到"霸王之兵伐大国"的攻战雄魄，再到"争于天下"的攻战的广阔空间与国际舞台，无不充分体现其争霸图强的政治主张。所以说，将"以全争于天下"，诠释为"以全胜策略争霸于天下"，不仅深切孙子真意，而且客观反映了他为"谋攻"确立的最核心的思想方法。

兵不顿而利可全。"兵不顿"，就是指己方军队不消耗、不受挫；"利可全"，就是指"全国""全军"等"五全"之利。显然，要求达成彼己两全的佳境。退一步讲，即使是在不得已而"攻城"的不利情况下，也应"伐谋""伐交"与"伐兵"并举——"威加于敌，其城可拔"。需要强调的是，"兵不顿"并非"兵不动"，兵马动则粮草行，质言之，军事手段始终是孙子以"谋"制胜的底气和保证，而军事手段的运用必然伴随着必要的费用与消耗。所以说，争取以最小的代价获得最大的胜利，这才是孙子为"谋攻"提出的总体效果。

此谋攻之法也。黄巩所注极为正确："此节收谋攻之义，贾氏林所谓但使人心外附，士卒内离，城乃自拔者，则伐谋伐交之上政也。以全争于天下，则好谋能成已。"意思是，此段为孙子"谋攻"要义的收束总结，好的谋略的确可以达成贾林所说的，使敌人心背离、军队涣散，城池不攻自破的目的。那么，什么才是"好谋能成已"？反观前文我们提出的两个问题：其一，李、梅二公的"计"与"谋"，在此已不再是玄妙空洞之说，它就是指战争指导者，首先精心谋定"以全争于天下"的策略，然后辅之以高超的"伐交"及至"伐兵"的手段，最后"兵不顿而利可全"地实现全胜的策略。其二，曹公所注"不与敌战"，的确并非完全是孙子本意。如果说上文摘引中两度提出的以"威加于敌"可破敌交、拔敌城、毁敌国，是以"霸王之兵"达成"不与敌战"的有力佐证的话，那么，下文孙子紧接着叙述的"用兵之法"，可更加有力地证明，只有能打会战才是实现"谋攻之法"的坚强后盾。

中：用兵将辅

上文至此，正如黄公所言："此节收谋攻之义"。然而，"谋"之如此，"攻"之若何？对于《谋攻》而言，仅就上文的确是书未尽言，言未尽意。所以，在孙子看来，从战争的科学谋划，到战争的顺利实施，有两个必要条件至为关键：一为会用兵，这是实现攻战策略的坚实基础；一为将周辅，这是实施正确指挥的重要保证。只有具备这两个重要条件，"谋攻"之策才能得以顺利实施，攻势战争的目的才能得以圆满实现。

3.1 故用兵之法，十则围之，五则攻之；倍则分之，敌则能战之；少则能逃之，不若则能避之。故小敌之坚，大敌之擒也。

3.2 夫将者，国之辅也，辅周则国必强，辅隙则国必弱。

从"谋攻"到"攻战"："用兵""将辅"

孙子上文论述的高超的谋略思想和美妙的制胜化境，对于后世兵家学者来说，真好似"女娲炼石补天处，石破天惊逗秋雨"，以至于只叹上文孙子"谋攻"之玄奥，而不解下文孙子"攻战"之茁实。钱基博就感叹说："孙子之所谓谋攻者，非谋攻也，谋不攻。攻城则力屈，斯下政矣！岂惟谋不攻，抑且谋不战！"意思是，孙子所说的"谋攻"，哪里是在谋攻，而是在谋不攻，岂止是谋不攻，简直是谋不战！钱先生所言差矣。孙子所论"用兵之法"，就是由论"谋"转向论"攻"的首一关节。

第一，"用兵"。故用兵之法，十则围之，五则攻之；倍则分之，敌则能战之；少则能逃之，不若则能避之。故小敌之坚，大敌之擒也。意思是，故而运用兵力的一般方法是：十倍于敌时就实施包围，五倍于敌时就采取进攻；两倍于敌时就分割敌人，势均力敌时就要善于征战；敌众我寡时就要善于退却，敌强我弱时就要善于避战。所以说，弱小一方死守硬拼，往往成为强大一方的俘虏。诚如王皙注曰："上所言者，谋攻之大要，此又引兵法以实之。总皆必以全争之事。"孙子论罢"谋攻之法"，紧接着论述"用兵之法"，目的就是"引兵法以实之"——使其谋攻的思想足履实地、落地生根。质言之，孙子"谋攻"基于"用兵"，军事力量的科学运用才是施谋用谋的坚实基础。所以，这里有一点必须清楚，孙子在此论"用兵之法"，其视野与论"谋攻之法"是完全一致的，他所论及的"用兵之法"亦是宏观的、普遍的，带有原则性的，切不可对其做以点带面、以偏概全的任意发挥式的理解和诠释，以致造成在释义上不必要的困惑甚至混乱。对此，曹操所注时间最早，对后世影响最大，现引用如下，借以抒发私见。

以十敌一，则围之，是将智勇等而兵利顿均也。若主弱客强，操所以倍兵围下坯生擒吕布也。以五敌一，则三术为正二（一）术为奇。以二敌一，则一术为正，一术为奇。己与敌人众等，善者犹当设伏奇以胜之。高壁坚垒，勿与战也。引兵避之也。小敌不能当大敌也。（转引自《十一家注孙子》，郭化若译，中华书局1962年版）

魏武帝曹操是开拓注解《孙子兵法》先风的第一人，对传世《孙子兵法》建有"削其繁剩，笔其精粹"之功，为后人学习《孙子兵法》创有"深亮训说"之绩。然而，金无足赤，人无完人。笔者以为，曹注孙子最大特点，是注重对历史尤其是自己战争经验的总结与运用，或许正缘于此，间或造成对孙子某些章句的训解流于个别性和特殊性，而失去其所蕴涵的丰富的普遍性与一般性。对孙子"用兵之法"的训说就是一个显例。如将"十则围之"训为"以十敌一，则围之"本为精当，又言"将智勇等而兵利顿均"亦无可厚非，这本就是孙子题中应有之义，但再言"若主弱客强，操所以倍兵围下坯生擒吕布也"，则"倍兵围下坯"的特殊性就破坏了孙子"十则围之"的普遍性，显为蛇足矣。又如将"倍则分之"，训为"以二敌一，则一术为正，一术为奇"。孙子所述"用兵之法"共用六个"之"字，全部指"敌"之意，而唯独此句，曹公释"分之"为"我"分为"一术为正，一术为奇"，显为错误。再如将"少则能逃之"，训为"高壁坚垒，勿与战也"。对此，王正向《新校竹简本孙子释义》评曹注说："虽有避免不利决战的意味，但难免'以堡垒对堡垒''不打烂坛坛罐罐''不丧失寸土'及'御敌于国门之外'的'左'倾硬拼之嫌。"王先生之言虽有依今论古之嫌，但确也切中了曹公以偏概全的弊端。更为重要的是，孙子"用兵之法"，乃是论敌我兵力对比不同情况下的一系列原则，或者说，是一揽子战法、一套组合拳，显然，曹公对其逐句发挥式的训解，的确造成了孙子"用兵之法"整体性思想的失意。

笔者认为，孙子在此述及"用兵之法"，完全服务于《谋攻》全篇主旨，而"谋攻"的战略性与宏观性，就决定了其论述"用兵之法"的整体性与原则性。除提领起句"故用兵之法"和明理末句"故小敌之坚，大敌之擒也"外，其余六句每句均原则性地说明了一条用兵方法，且相互联系，共同构成"用兵之法"的思想整体。从总体上看，孙子就是按照敌我兵力对比情况，阐明了我在绝对优势、大体势均和相对劣势三种形势下的用兵方法和原则。

十则围之，五则攻之。"十"与"五"为虚数，二者共同点在于我方兵力均处于绝对优势，但又属于众寡悬殊的两种不同情形，所以，前者采取包围，后者采取进攻。采取包围敌人的方法，就会给敌以孤立无援之感，迫敌于弹尽粮绝之境，陷敌于进退维谷之困，最终，可收不战而胜之效。采取进攻敌人的方法，就会创造出一泻千里、排山倒海、不可抵挡、摧枯拉朽之势，常可建立敌不战而退、我不战而胜之功。可见，孙子"十围五攻"的用兵之法，虽有用兵用战，但与其"谋攻"的"不战""全胜"思想可谓一脉相承，所以王皙称之为"总皆必以全争之事"，不无其深刻道理。相形之下，曹操所注："是将智勇等而兵利顿均也。若主弱客强，操所以倍兵围下坏生擒吕布也。"本想在孙子所言一般原理下，补充说明可能存在的特殊情况，但反倒是破坏了孙子本意。须知"是将智勇等而兵利顿均也"，本就是孙子论述其"用兵之法"六种情形共同的大前提。正因曹公此画蛇添足之误，才引出与孙子本意南辕北辙的"以倍兵围"之说。

倍则分之，敌则能战之。"倍"与"敌"虽说敌我兵力对比一倍一等，但力量众寡仍属于大体均势。孙子认为，兵力两倍于敌时，可采取分割敌人的方法。不必像《虚实》所说的"我专为一，敌分为十"，即使是我专为一，敌分为二或三，甚或又可采取并达成"十围五攻"的方法和效果。如果敌我双方兵力相等时，孙子提出的方法是"能战之"。关于"能"，黄朴民《〈孙子兵法〉解读》注释说："能，乃、则的意思，此处与'则'合用，以加重语气。"吴如嵩《孙子兵法浅说》也说"此句中的'能'字（包括以下两句之"能"字）《经传释词》指出：都是当'乃'字解释，而不是'能够'的意思"。笔者认为，由于"能"字的训解，关乎对孙子"用兵之法"后半部分内容的理解，故而不得不对此慎思之、明辨之。《左传·僖公七年》："既不能强，又不能弱，所以毙也。"《荀子·劝学》："假舟楫者，非能水也，而绝江河。"其中"能"字就是"能够"并带"善于"的意味。特别是在敌我兵力处于"敌""少"和"不若"的均等或不利情况下，更需要将帅的能谋善断和军队的敢打敢拼，"能"字取"能够""善于"当深切孙子本意。"能战"即为"能谋善战"之意。所以，"敌则能战之"意思就是，当敌我力量势均力敌时，我方就要善于创造战机，善于把握战机，善于寻机歼敌。

少则能逃之，不若则能避之。"少"与"不若"，一指敌众我寡，一指敌强我弱，均指我方处于相对劣势的情形。孙子认为，当我方兵力少于对方时，就要能够离敌避敌。"逃"现代有"逃跑""逃避"等贬性义，而其本义有"遁走远方""流亡远方"的中性义，如"今我逃楚，楚必骄，骄则可与战矣"(《左传·襄公十年》)。意即今天我方远避楚军，楚军必骄，与骄兵就可以开战了。"逃之"与"避之"两种方法最大的区别在于"逃之"不一定不战，如《孙子兵法·虚实》："我寡而敌众，能以寡击众者，吾所与战之日，与战之地不可知。"这说明，敌众我寡不仅可战，而且能够取胜，关键要做到不让敌人知道"战之日"与"战之地"。"避之"则一定不战，就是"避战"之意，其缘由，下句即"用兵之法"的结语专门说明。

故小敌之坚，大敌之擒也。这是孙子对"用兵之法"的归束语。恰如上文"故上兵伐谋，其次伐交，其次伐兵，其下攻城"之后，仅只说明为什么"其下攻城"，并表明反对攻城一样，此句也专门用于说明"少则能逃之，不若则能避之"的缘由，且表明反对以弱小兵力与敌硬打硬拼。"敌"用为中性词，为"敌手""对手"之意；"坚"用为贬义词，为"固执""顽固"之意；"擒"用为名词，是擒获物、俘虏之意。孙子认为，弱小一方死打硬拼，必为强大一方所擒获，其言外之意，"小敌之坚"乃鲁莽所为，必然遭致"大敌之擒"的覆灭恶果，"能逃""能避"才是弱小一方保全自己、伺机制胜的上策。即使在这样的细微之处，我们也不难看出，孙子尚"谋"求"全"的思想流淌于字里行间，与《谋攻》主旨思想衣钵相传、一脉相通。

纵观孙子"用兵之法"，它是根据敌我兵力对比情况的不同，而提出采取不同的作战方针。究其用兵之理，诚如施子美注曰："势可以制敌则胜之以其势，不可以制敌则胜之以其机。十也，五也，倍也，此势可以制敌也，即其势而用之可也。敌也，少也，不若也，此其势未足以抗扼之，必善用其机者而后可也。"主要意思是，兵力处于相对优势时，制敌胜敌靠"势"；兵力处于均势劣势时，制敌胜敌靠"机"。施公可谓道出孙子用兵之理的真谛。然而，"用兵"也好，用"势"用"机"也罢，若未得能谋善断之将，必难建克敌制胜之功。孙子所论"将乃国辅"，自然成为由论"谋"转向论"攻"的第二关节。

第二，"将辅"。夫将者，国之辅也，辅周则国必强，辅隙则国必弱。此言将帅的重要性，关于这点各注家观点虽无本质争议，但也存在些微分歧，集中表现在古代注家与现代注家之间。究其缘由，由于对"辅"字词性认识的不同，由此带来了对"周"字内涵的不同训解。在"夫将者，国之辅也"句中，孙子把将帅比作"国之辅"，形象而准确地表达出将帅于国于君的重要作用，可以说对"辅"字的运用非常得体。这里，"辅"字无疑为名词。《左传》曰："辅车相依。""辅"本义指在车轮外旁增缚夹毂的两条直木，用以增强轮辐的载重支力，每轮二木，每车四木。（"毂"指车轮中心的圆木结构，周围与辐的一端相接，中有圆孔，用以插入车轴）后又为官名，如左辅右弼，又有"辅助""帮助"之意。将"辅"作为官名，应该不会在春秋战国，而是后来引申发展而来的。所以，孙子"夫将者，国之辅也"当为比喻说法，喻意为："辅"之于车，是增强轮辐的载重支撑力，防止载重过量车轮毁坏；"将"之于国，就像辅之于车，增强国家对外患内忧的防范能力。

在古代注家看来，上句"夫将者，国之辅也"中，"辅"为名词，代表"将"；在下句"辅周则国必强，辅隙则国必弱"中，"辅"依旧当为名词，代表"将"。所以，"周"与"隙"就成为表明"辅"亦即"将"能力素质的形容词。如何氏注曰："周，谓才智具也。得才智周备之将，国乃安强也。"李筌注曰："隙，缺也。将才不备，兵必弱。"王皙注曰："周，谓将贤则忠才兼备；隙，谓有所缺也"。此解基本是古代注家的主流认识。按此全段意为：将领是国家的辅佐，将领才干周全，国家必然强盛，将领才干缺欠，国家必然衰弱。

而在现代注家看来，上句中"辅"虽为名词，但在下句中，"辅"当用为动词，作辅助、辅佐解，所以，"周"与"隙"就成为表明"辅助""辅佐"程度的副词，作"周密"与"不周密"、"严密"与"不严密"解。陶汉章《孙子兵法概论》释译为："将帅是国君的助手，辅助得周密，国家就会强盛；辅助得有缺陷，国家就要衰弱。"吴如嵩《孙子兵法浅说》释译为："将帅是国家的辅佐，辅助周密，国家就强盛，辅助有缺陷，国家就会衰弱。"李零《吴孙子发微》释译为："将领，是国家的辅佐。辅佐周详则国家一定强大，辅佐疏忽则国家一定衰弱。"此解基本是现代注家的主流认识。

笔者认为，尽管古代先贤保持了对"辅"字训解的一以贯之，但同时也造成了对"周"字训释的众口纷纭、莫衷一是。除上述提到的注解外，陈启天注曰："将才周备与否之标准，则《计篇》所谓智、信、仁、勇、严五德是也。"何氏注曰："言其才不可不周，用事不可不周知也。故将在军，必先知五事、六行、五权之用，与夫九变、四机之说，然后可以内御士众，外料战形；苟昧于兹，虽一日不可居三军之上矣。"总之，对于"周"字虽有才智、贤忠、五德等诸多释义，但对"将才"的诠释仍存有言不尽意之感。相比之下，尽管现代注家将"辅"字作名词、动词两种解释，但其释译更符合孙子关于将帅之于国家地位与作用在现代语境下的表达，况且，在《孙子兵法》中，同一个字时而用作名词时而用作动词也是常有的事。更为重要的是，此段按现代注家的释译，可与《谋攻》主旨融为一体，起到自然顺畅的承上启下的作用。就承上而言，将"辅周"释为"辅助周密"，比释为"将领才干周全"，更能显著表达出"将"于"国"的重要作用，特别是体现在"谋攻"与"用兵"这关系到国家盛衰的两大军事活动之中；就启下而言，将"辅隙"释为"辅助有缺陷"，比释为"将领才干缺欠"，更能清楚表明"将"与"国"的紧密关系，进而也昭示出将帅统军攻战，外需"国"之至信，内需"将"之智能，若国君"中御"必会造成将军"辅隙"，"君患于军"的问题呼之欲出，诚可谓意蕴延绵、衔接紧密。

下：攻战之要

"谋"以"全"为要，"攻"以"战"为本。上半部分，孙子以匠心独具的"全胜"观，阐明谋攻之法贵在对伐谋、伐交、伐兵乃至攻城的"全策"运用，夺取不战而胜的"全利"战果。然而，希求"不战屈人"必须基于"战而屈人"。

所以，中间部分，孙子扼要言明谋伐攻取两大用兵要件：一是关于实力与后盾的"用兵之法"问题；二是关于领导与指挥的"将乃国辅"问题。并以二者为转接，将兵家从"谋攻"的筹划带入"攻战"的实践之中。下半部分，孙子仍然站在"谋攻"的战略高度，从"君"和"将"两个角度提出了确保胜利的两大"攻战之要"。

4.1 故君之所以患于军者三：不知军之不可以进而谓之进，不知军之不可以退而谓之退，是谓縻军。不知三军之事而同三军之政者，则军士惑矣。不知三军之权而同三军之任，则军士疑矣。三军既惑且疑，则诸侯之难至矣，是谓乱军引胜。

4.2 故知胜有五：知可以战与不可以战者胜；识众寡之用者胜；上下同欲者胜；以虞待不虞者胜；将能而君不御者胜。此五者，知胜之道也。

5.0 故曰：知彼知己，百战不殆；不知彼而知己，一胜一负；不知彼，不知己，每战必殆。

君戒"三患"

故君之所以患于军者三：不知军之不可以进而谓之进，不知军之不可以退而谓之退，是谓縻军。不知三军之事而同三军之政者，则军士惑矣。不知三军之权而同三军之任，则军士疑矣。三军既惑且疑，则诸侯之难至矣，是谓乱军引胜。这是孙子提出在"攻战"中的第一个要旨，是国君需避免的三个"不知"之患。他说，国君所以危害军队有三点：不懂军队不可前进而命令其前进，不懂军队不可后退而命令其后退，这叫束缚军队；不懂军队内部事务而干涉军队政务，就会使将士迷惑；不懂军队作战而干涉军队指挥，就会使将士狐疑。军队既迷惑又狐疑，那么诸侯的发难就会到来，这就叫自乱军队而招致失败。这里，孙子承接上文"用兵之法"与"将乃国辅"告诉人们，"用兵"乃将帅"辅国"职责所系，若在"攻战"中国君横加干预，只会招致乱己之军、毁己之国。

故君之所以患于军者三。"君患于军"古代又称为"中御之患"。对此，姜太公有着极为精辟的论述："国不可从外治，军不可从中御"，"军中之事，不闻君命，皆由将出"（《六韬·龙韬·立将》）。然而在古代，国家是国君的国家，军队是国君的军队，战争也是国君的战争，国君御驾亲征也是常有的事，所以，国事与军事在国君的思想里往往很难区分开来，姜太公虽然将"国"与"军"做了明确区分，并劝诫君王"军不可从中御"，战争指挥应"皆由将出"，但他并没有说明军中哪些事情国君不应干预，为什么不能干预。由于这一问题关系到战争的胜负和国家的存亡，因此，孙子的告诫显然道理更明、力度更大、可操作性更强。

不知军之不可以进而谓之进，不知军之不可以退而谓之退，是谓縻军。"谓"，是从"说""告诉"引申来的"召唤、命令"的意思。《诗·小雅·出车》"自天子所，谓我来矣"，郑玄笺曰："以王命召己，将使为将也。""縻"，《说文》曰："縻，牛辔也。按：言牵制之故。""辔"是驾驭牲口的嚼子和缰绳。李筌注曰："不知进退，军必败，如绊骥足，无驰骋也。"杜牧注曰："犹驾御縻绊，使不自由也。"由此可见，军队的"进"与"退"是关乎战争胜负的重要行动，可代指军队的一切作战行动。孙子说的"縻军"，就是指国君干扰和限制军队行动的自由权。

不知三军之事而同三军之政者，则军士惑矣。句中"三军"，《左传·襄公十四年》曰："成国不过半天子之军，周为六军，诸侯大之者，三军可也。"春秋时各诸侯大国通常具有上、中、下或左、中、右三军，这里泛指军队。句中"同"，是"共同"的"同"，有参与、干预的意思。对此，曹操注曰："军容不入国，国容不入军，礼不可以治兵也。"杜牧注曰："盖谓礼度法令，自有军法从事，若使同于寻常治国之道，则军士生惑矣。"何氏注曰："军国异容，所治各殊。欲以治国之法以治军旅，则军旅惑乱。"他们的意思是，治国有治国之道，治军有治军之理，切不可混为一谈，"事"与"政"主要是指军队行政管理方面的事情和政务，绝大部分注家认同此说。笔者认为，虽然后世兵家学者在一定程度上诠释了"事"与"政"的内涵，但"三军之事"到底是什么？"三军之政"又是什么？君王干预后"军士惑"在哪些方面？对于这些问题，目前学界的解释并不具体，致使人们也很难把握"军士惑矣"的危害究竟是什么。对此，合理正确的方法，还是以《孙子兵法》本身自证说明为佳。

将军之事：静以幽，正以治。能愚士卒之耳目，使之无知；易其事，革其谋，使人无识；易其居，迂其途，使人不得虑。帅与之期，如登高而去其梯；帅与之深入诸侯之地，而发其机，若驱群羊，驱而往，驱而来，莫知所之。聚三军之众，投之于险，此谓将军之事也。（《孙子兵法·九地》）

这段话，初步说明了"将军之事"亦即"三军之事"到底包括哪些内容，总体来说就是："静以幽，正以治。"然仅此六字，又很难看明白它包括哪些内容，好在最后"此谓将军之事也"句足可说明，从"能愚士卒之耳目"到"莫知所之"说的正是将帅统军的"三军之事"。

什么是"静以幽"？"静"，《孙子兵法·军争》说："以治待乱，以静待哗，此治心者也。"显然，它与"哗"对言，是指将军心理方面的事情。"幽"，《说文》解为"隐也"，有"隐蔽"的意思，此处为"探幽析微"之"幽"，是指"深奥难知"之义。从孙子提出的具体做法来看，"能愚士卒之耳目，使之无知；易其事，革其谋，使人无识；易其居，迂其途，使人不得虑"。正是由于将帅的沉着冷静，探幽析微，高明指挥，所以，才使士卒"无知""无识""不得虑"，进而达成了军队行动的坚定而不"惑"。可见，孙子"静以幽"讲的是将帅统军作战中的指挥艺术。

什么是"正以治"？"治"就是"治理""管理"的意思；"正"，《说文》解为"是也"，可见是"公正""正确"的意思。《论语·颜渊》："政者，正也。子帅以正，孰敢不正？"季康子是当权者，孔子对他说这样的话，就是告诉他"正己而正人"，自己达到正，下面办事才能有条不紊。正，止于一，止于至善，这里显然是指"统一管理""正规训练"和"正面教育"等。从孙子提出的具体做法来看，"帅与之期，如登高而去其梯；帅与之深入诸侯之地，而发其机，若驱群羊，驱而往，驱而来，莫知所之。"他就是采取严格正规的管理训练，当战场上置士卒于险境时，军队就会像登高去梯，不思退路；像离弦之箭，勇往直前；像温顺群羊，指向哪里就打向哪里。可见，孙子"正以治"讲的是将帅统军作战中的治军方略。

如果国君不懂得这个道理，对将帅"愚卒耳目""易事革谋""易居迂途""登高去梯""若驱群羊"等御兵之术，用所谓治国理政的"礼义""仁爱"思想和做法横加干预，必定造成军士在战场上瞻前顾后、犹豫不决、不知所措。可见，孙子所言的"三军之事"，主要是指"静以幽，正以治"的将军之事；"三军之政"，就是指军队政务，也就是《孙子兵法·九地》所言"齐勇若一，政之道也"，亦即使军队团结统一的教育、训练与管理等军政问题；"军士惑矣"，主要是指战场上军士投鼠忌器、畏首畏尾，而不是坚定果敢、勇往直前的思想和行动状态。

不知三军之权而同三军之任，则军士疑矣。此句存在两种解释：一是不懂得军事的权变而干涉军队指挥，就会使军士猜忌怀疑。持此观点的主要是现代注家，如郭化若、吴九龙、陶汉章等；二是不懂得军事的权变而干涉将校任用，就会使军士猜忌怀疑。持此观点的主要是古代注家，如曹操注曰："不得其人也。"杜佑注曰："不得其人也。君之任将，当精择焉。将若不知权变，不可付以势位。苟授非其人，则举措失所，军覆败也。"黄石公注曰："善任人者，使智、使勇、使贪、使愚，智者乐立其功，勇者好行其志，贪者邀趋其利，愚者不顾其死"。可见，对于"三军之权"，古今注家的认识基本一致，均将它释为"权变"之意；对于"三军之任"，古代注家认为是"任用""任人"之意，而现代注家则认为是"指挥"之意。笔者认为，现代注家的注解虽更符合孙子本意，但亦存在晦暗不明之处。

关于"权"。将"权"训为"权变""权谋"，从原意上说并无大的差池，但对现代读者来说，仍感晦涩难懂、不易理解。更进一步说，"三军之权"与"三军之事"究竟是何种关系，如何能将二者泾渭分明地区分开来，这才是我们深刻理解"君患于军"内涵的关键。对此，陈启天之注颇为精辟："三军之权，谓战时军令也。军事行政为经常之事，故谓之事。战时军令为应变之策，故谓之权。《计篇》云：势者，因利而制权也。可见此所谓权，又含有战略战术之意，亦战时军令内事也。"他认为，"三军之事"，是指平时军队的教育、训练和管理工作，亦即军政问题；"三军之权"，是指战时军队的战略战术运用和指挥问题，亦即军令问题。条分缕析、明确清晰。

关于"任"。在《孙子兵法》中，"任"字除此处外还有三处用到。一处在《势》中："故善战者，求之于势，不责于人，故能择人而任势。"这里，"任"有"任用""利用"之意。另外两处在《地形》中："凡此六者，地之道也；将之至任，不可不察也"；"凡此六者，败之道也；将之至任，不可不察也"。这里，"任"有"责任""任务"之意。事实上，将帅战时的主要任务就是指挥打仗，它既包括战略战术的因情变化，也包括根据将领个性特点和部队作战能力的任务区分，可见，将"任"释为"指挥"实属真知灼见、切中要义。

关于"疑"，是怀疑、疑忌，引申为"不信任"的意思。就是说，如果国君不懂得军事，而对作战指挥横加干涉，造成不能因情、因地、因人而用兵，最终后果就是战场上上级不相信下级，下级不信任上级；前军不相信后军，后军不相信前军；左邻不信任右邻，右邻不信任左邻。这种因相互疑忌、失去信任而造成军队内部丧失团结精神和凝聚力的状况，就是所谓"军士疑矣"。综上所述，孙子"中御之患"的具体内容包括：军队行动上的束缚、行政管理上的干扰和作战指挥上的干预。

三军既惑且疑，则诸侯之难至矣，是谓乱军引胜。这是对国君三个"不知"之患，亦即"中御之患"最终招致恶果的理性概括。"引"，是"抛砖引玉"的"引"，是引来、招致的意思；"胜"，是"胜国""胜朝"的"胜"，《周礼·地官·媒氏》："凡男女之阴讼，听之于胜国之社。"郑玄注："胜国，亡国也。"按，亡国谓已亡之国，为今国所胜，故称"胜国"，"胜"取"灭亡"之意。孙子认为，如果战场上军队自由受限、行动畏首畏尾、相互缺乏信任，其他诸侯国的发难就会到来，这就是所谓自乱其军、自毁其国。这是孙子对国君的警示和劝诫，同时也是率军为将对国君的希求与期盼。诚如明代赵本学所说："盖用兵之道，固贵于全争，然守全争之策者，实有似于保身之谋。孙子既序全争之意，而必归重于将致尤于君者。一则欲为将者，必守全争之策，毋因君命而苟从。二则欲为君者，必听持重之言，毋求必胜而中御之也。此孙子不得不为万世而立律令也。"赵公之注深解孙子为将之忧，"全争之策"往往看起来像"保身之谋"，将若"君命有所不受"，君当"听持重之言"，切不可"中御之"，甚至听信谗言佞语，疑之忌之。

将必"五知"

故知胜有五：知可以战与不可以战者胜；识众寡之用者胜；上下同欲者胜；以虞待不虞者胜；将能而君不御者胜。此五者，知胜之道也。这是孙子提出在"攻战"中的第二个要旨，是将帅需通晓的五点"知胜之道"。孙子认为，知晓胜利有五个方面：知道可以打或不可以打的取胜；懂得量敌投入兵力的取胜；军队上下同心协力的取胜；以有料想对无料想的取胜；将帅有能力而国君不干预的取胜。这五条原理，是知晓胜利的思想方法。这里，孙子明确告诉人们，谋划并发动一场旨在图强争霸的攻势战争，"谋"在君臣，"攻"在将帅，因此，在讲完国君当力戒"中御之患"之后，紧接着讲将帅需必备五个方面的"知胜"之能。

故知胜有五。李筌注曰："谓下五事也。"张预注曰："下五事也"。意思是说，"知胜有五"，就是孙子下面说的五句话。关于"五"，现代学者如吴九龙、郭化若、陶汉章等，大多释为预见胜利的"五种情况"，似乎孙子下面每一句所谈到的，都是取得胜利的一种情况，其实，这样的理解是失之偏颇的。笔者认为，孙子所说的"知胜有五"，实际上与《计》篇中"经之以五"是一样的，是指预知胜利的五个方面，或者说是五个要点。诚如我们在《计》篇中所谈到的，由于古人深受"五行"说的影响，所以，在他们看来，从五个方面分析研究问题，是认识问题的基本方法，只有将五个方面联系起来，进行综合判断，才能对事物有一个正确的认识。可见，这里的"知胜有五"，具有重要的方法论意义，其结尾句"此五者，知胜之道也"亦更加有力地证明这一点，因为"道"本身就是古代最具哲学意义的典型概念。更为重要的是，如果我们认真研究下文谈到的五句话就会发现，孙子的确是讲预知胜利的相互联系的五个方面，它们共同构成了"知胜之道"的统一整体。

知可以战与不可以战者胜。这是孙子"知胜"的第一个要点。张预注曰："可战则进攻，不可战则退守。能审攻守之宜，则无不胜。"认为指攻守时机问题。李牧注曰："下文所谓知彼知己是也。"认为指知彼知己问题。赵本学注曰：

"多寡均者，论强弱；强弱均者，论治乱；治乱均者，论劳逸；劳逸均者，论将之勇怯。理之曲直，诸长皆在我，诸短皆在彼，则可以与之战；诸长皆在彼，诸短反在我，则不可以与之战。知此理者，必持重之将，故知其必胜也。"赵注说明，"知可以战与不可以战"，是一个分析判断的情况极为丰富、定下决心的过程极为复杂的问题。可见，众家所注，各执己见。那么，孙子所说的这个问题究竟是一个什么问题？作为将帅又依据什么来确定"可以战与不可以战"呢？我们看下文所述：

> 故知战之地，知战之日，则可千里而会战。不知战地，不知战日，则左不能救右，右不能救左，前不能救后，后不能救前，而况远者数十里，近者数里乎？（《孙子兵法·虚实》）

从上述孙子对"知可以战与不可以战"的进一步诠释看，将帅知战与否有两大关键要素：一是地点，二是时间。事实上，关于在决定性的地点和在决定性的时间与敌作战问题，就是我们现代军事理论中所说的"战机"问题。那么，在战场上，敌我双方分别处于什么样的状态，可以说是"战机"？什么样的状态，又不是"战机"呢？对此，孟氏注曰："能料敌知情，审其虚实者胜也。"施子美注曰："兵以机胜，可战不可战，皆机也。可以战而与战，乘其虚也。故胜不可与战而不战，避实而击虚也，故亦胜。"他们均认为，把握"战机"重在"虚实"。什么又是"虚实"呢？"虚实"作为古代重要军事术语，是一对对立统一的范畴，它不仅指兵力的大小、部署的强弱，还包括勇敢与怯弱、饱佚与饥疲、整治与混乱等诸多方面的情况，总体而言，对己有利为"实"，对己不利为"虚"。同时我们还必须看到，战场上的"虚"与"实"又是动态的、变化的，它们常常出现于一定的地点和一定的时间上，所以，孙子所说的"知战之地"与"知战之日"，实际上与"虚实"是一个问题的两个方面，二者完全是同一的。由此可见，知道"虚实"出现的地点与时间，才是将帅"知可以战与不可以战"的重要内容和主要依据。对于这个问题，孙子《虚实》阐述最为详尽，我们还会在《虚实》篇中深入研究。

识众寡之用者胜。"众寡"与"虚实"一样，是古代军事理论中一对对立统一的重要范畴，主要指兵力的多少问题。关于"众寡"的论述，虽遍及《孙子兵法》，但主要集中于《虚实》篇中，这固然与"众寡"是决定"虚实"的重要因素密切相关。在军队"众寡"的治理上，孙子认为："凡治众如治寡，分数是也"（《孙子兵法·势》）；在造成"众寡"的根由上，孙子认为："寡者，备人者也；众者，使人备己者也"（《孙子兵法·虚实》）；在创造"众寡"的原理上，孙子认为："我专为一，敌分为十，是以十攻其一也，则我众而敌寡"（《孙子兵法·虚实》）。对于此句"众寡之用"，自古便存在两种不同的认识，我们不妨对其枝分缕解，辨物居方。

一种认为，是指敌我双方兵力对比多少不同情况的兵力运用问题。譬如，王晳注曰："谓我对敌兵之众寡，围、攻、分、战是也。"顾福堂注曰："十则围，五则攻，倍则分，众之用也。敌则能战，少则能逃，不若则能避，寡之用也。能识众寡之用，则虽军情叵测，亦卒无不胜之理。"他们认为，孙子上文讲的"十围""五攻"的"用兵之法"，就是这里讲的"众寡之用"。顾公还进一步认为，"十围""五攻""倍分"，就是"众"的用法；而"敌战""少逃""不若避"，就是"寡"的用法。笔者认为，此种认识并非孙子本意。如前所述，孙子关于"十围""五攻""倍分""敌战""少逃""不若避"的概要论述，实际上是根据敌我兵力对比多少情况的不同，而提出采取的不同的应对方法，它更似一揽子战法、一套组合拳，具有着作战方针或原则的意义，因此，孙子称之为"用兵之法"，而并非称之为"众寡之用"，而这里的"法"，便是具有一般性、普遍性和原则性的古代基本理论概念。

另一种认为，是指根据战场情况投入兵力多少的运用问题。例如梅尧臣注曰："量力而动。"张预注曰："用兵之法，有以少而胜众者有以多而胜寡者，在乎度其所用，而不失其宜则善。"刘寅注曰："识敌人之势，或当用众，或当用寡者胜。用众者务易，用寡者务隘。"赵本学注曰："用众宜分，用寡宜合；用众宜重，用寡宜轻；用众宜易，用寡宜险；用众宜烦，用寡宜简；用众宜暇，用寡宜疾；用众宜朝，用寡宜暮。其不同如此也。"他们的意思是说，众胜寡、寡胜众都是常有的事，所以，用众用寡，必须依敌方情势、地形险易等战场情况，量力而行，适度用兵，且众与寡，各有所宜，各有所长。笔者认为，此种理解当切合孙子原意。

纵观"知胜有五"，孙子言"识众寡之用"，乃接上句"知可以战与不可以战"之后。诚如上文所述，"知可以战与不可以战"关键在于知"虚实"，而知"虚实"的关键在于知其时间与地点，换言之，当战场上将军知道敌"虚"在何时，"虚"在何地，"实"在何时，"实"在何地，决定与敌一战时，那么，紧接的问题便是投入多少兵力的问题。因此，孙子所言"众寡之用"，就是指根据敌之虚实、地形、天候等战场情况，因情因势决定投入多少兵力问题。同时，用众用寡，又各有所宜，各有所长，自然就会产生"众寡之用"的学问。诚如陈启天所注："谓精通使用多兵与寡兵之战略战术者，则战可胜也。战略战术之决定，通常以敌我兵力之多寡而异。知此者即能获胜。"陈先生虽将"众寡之用"诠释为引申之意的"战略战术"，但的确揭示了孙子"众寡之用"蕴含的本质内涵。质言之，孙子"众寡之用"颇似现代军事理论所说的：科学决策，量敌用兵。

上下同欲者胜。王皙注曰："上下一心。"刘邦骥注曰："上下同欲者，上下共同其利欲也。"其他注解皆意近上说，甚是。但是，仍存在一些细微的差别，需要后学准确把握。其一，曹操注曰："君臣同欲。"杜佑从之。其实，这里并非讲"君臣同欲"问题，而是讲"将士同欲"问题，因为，关于将军知晓"君臣"关系的问题，已体现于"将能而君不御"之中。其二，李筌注曰："观士卒心，上下同欲，如报私仇者胜。"李公之注颇值后人玩味深思。《左传·僖公二十年》云："以欲从人则可，以人从欲鲜济也。"意思是，让自己的欲望服从于别人则可成功，让别人的欲望服从自己则少能成功。《孟子·离娄上》云："得其心有道，所欲与之聚之，所恶勿施尔也。"意思是，获得人心是有方法的，人们想要的就给他们，以此团结他们，人们不想要的就不要强加于他们。可见，《计》篇所言"同意"（"道者，令民与上同意也"），更多地要求下同于上；此处所言"同欲"，更多地要求上同于下。所以，李筌方曰"观士卒心，上下同欲"。其三，"同欲"不等于"同心"，是有层次高低之分的。"同心"，最低要"同欲"，进而求"同志",最高是"同道",但绝不能搞成乌合之众。以上几点旨在说明,"上下同欲"乃将帅职责所系,有其深刻的内涵与科学的方法,是将帅必须研究与思考的重要问题。

以虞待不虞者胜。关于"虞",古今注家尤其是现代注家,大都训为"准备""戒备"。古如梅尧臣注曰"慎备非常",赵本学注曰"虞,戒备也"。今如吴九龙释为"以己有备对敌无备",陶汉章释为"以预有准备对待没有准备"。这样的解释看似合理,其实存在着一定的偏颇。查遍所有工具书可以发现,"虞"为"臆度""料想"之意,并无"准备""戒备"的意思。《诗·大雅·抑》"谨尔侯度,用戒不虞"。郑玄笺:"侯,君也。"孔颖达疏:"用此以戒备将来不亿(臆)度之事。"这句话的意思是,谨守你君王的法度,以此戒备意想不到的事情发生。《左传·隐公五年》云:"君子曰:'不备不虞,不可以师。'"足见,"备"与"虞"的确是两个问题。"备"指"准备""戒备",主要包括行动的和物资的准备或戒备,而"虞"则专门指思想上的准备,当然,没有"虞"也就无所谓"备","虞"是"备"的前提和基础,"备"是"虞"行动和结果。战争与其说是力量的对垒,不如说是智慧的抗衡,战场情况千变万化,你料到没料到、想到没想到,就成为胜负的关键。对此,邓廷罗所注极是:"虞,度也。以虞待不虞,谓将能料度敌情,而伺其弊,自无不胜也。"关于这点其实在《孙子兵法》中也多处讲到,如《计》篇讲到,"兵家之胜"的核心在于"攻其不备,出其不意";《虚实》篇讲到,"虚实之用"的诀窍在于"出其所必趋,趋其所不意";《九地》篇讲到,"为客之道"的关键在于"兵之情主速,乘人之不及,由不虞之道,攻其所不戒也","运兵计谋,为不可测"。这其中,"不备""不戒"就是指行动上无准备的问题;而"不意""不虞""不测"就是指思想上没料到、没想到的问题。所以,"虞"主要指将帅对最复杂、最困难战场情况的预想预案,所料所想超前一步、高敌一筹者必然获得胜利。

可见,现将"虞"引申为"准备""戒备"虽然有一定的道理,但它更多反映的是将军预先的主观判断。我们之所以如此事无巨细、悉究本末,目的主要有两点:一为端本澄源。将"虞"训为料想、预想,更符合孙子"知胜有五"

135

的语境，"虞"属将帅"知"的思想范畴，而并非专指三军"备"的行动范畴。二为正误订讹。如陈皞注曰："谓先为不可胜之师，待敌之可胜也。"孟氏、张预从之。他们的意思是，孙子"以虞待不虞者胜"，说的就是《形》篇"先为不可胜，以待敌之可胜"，谬也。孙子讲的"形"主要靠"为"，也就是以实际的措施与行动，增强国家军事实力与构建合理态势，而并非此言所说的"虞"与"不虞"的问题。

将能而君不御者胜。这是孙子"知胜"的最后一个要点，既是对国君说的，也是对将帅说的，它包含着一个问题与两个方面：一个问题是指指挥条件环境的问题；两个方面是指"将"和"君"的两个方面。一方面，关于"君不御"，孙子在上文已经讲得非常清楚，他认为国君干预军队造成的祸患有三点，即"縻军""惑军""疑军"，最终导致的恶果是"乱军引胜"，所以，他把"君不御"作为"知胜"的重要内容，以告诫国君当知之戒之。另一方面，关于"将能"，孙子《计》篇提出"将者，智、信、仁、勇、严也"，可见，将备"五德"可谓"将能"之一；此外，李筌注曰："将在外，君命有所不受者胜，真将军也"，又可见，敢于担当可谓"将能"之二。至于"将能而君不御"的缘由，王晳之注最为全面周详："君御能将者，不能绝疑忌耳。若贤明之主，必能知人，固当委任以责成效，推毂授钺，是其义也。攻战之事，一以专之，不从中御，所以一威，且尽其才也。况临敌乘机，间不容发，安可遥制乎？"句中，"推毂授钺"，是指古代国君授权拜将的重要仪式，后发展为"立将之道"的代名词。他认为，国君制御将军，不能排除猜忌的原因。而且，打仗的事，国君不干涉，才能形成一个核心，一个权威，这样方可发挥将军的才能，更何况战场的情况瞬息万变，绝不可以遥控指挥。总之，孙子将此作为"知胜有五"的重要一条，一则说明在君与臣、文与武的职权尚未完全分途的历史时期，由于"君御"而羁绊"将能"的情况普遍存在；二则重在强调将帅指挥的自由权对于夺取战争胜利的极端重要性。

此五者，知胜之道也。此句的表述方式，是对具体内容进行理论升华和思想凝练的典型表述范式。"此五者"，指上述讲到的五条：第一，能识战机者胜。

知道什么时候能打，什么时候不能打是取胜的前提。第二，通晓用兵者胜。知晓投入兵力多少，多怎么用、少怎么用，这是取胜的核心。第三，同心勠力者胜。打仗最终靠部队，部队的团结一致是取胜的基础。第四，料敌充分者胜。战场情况千变万化，料敌情、伺敌弊、乘敌隙是取胜的关键。第五，将能君信者胜。避免干扰，形成集中统一的指挥是取胜的保证。以上五条，并非讲的是"知胜"的五个情况，而是从制胜要素的不同侧面阐释的"知胜"的五条原理，它们既相互区别，又相互联系，共同构成了"知胜之道"的思想方法与理论体系。句中"道"，作为古代最具哲学意义的典型概念，是对我们如是说最好的诠释。

纵观孙子"攻战之要"，国君之所以成为"患于军者"缘于"三不知"；而将军之所以能掌握"知胜之道"缘于"五知"。可见，在孙子看来，"知"不仅是"攻"之大要，"知"同样是"谋"之前提。

知彼知己，谋攻大要

故曰：知彼知己，百战不殆；不知彼而知己，一胜一负；不知彼，不知己，每战必殆。这是《谋攻》的结语。在此，孙子通过对上文"知胜之道"精髓最本质的抽象，构成了全篇结构的首尾相呼，思想方法的本末照应。他说，了解敌人又了解自己，百战无危；不了解敌人而了解自己，有胜有负；不了解敌人也不了解自己，每战必危。三句话，三个"知"的层次，三种"战"的结果，颇似一幅"知"与"战"的胜负关系逻辑图。极为重要的是，这是孙子《谋攻》的理论总结，但更是谋攻的实践起点。质言之，它是"谋攻"的前提与基础。因此，邓廷罗注曰："此重言谋攻全胜之道，在于知彼知己。"唐太宗更是高屋建瓴："知彼知己，兵家大要。"（《唐李问对》）

知彼知己，百战不殆。这句话是孙子妇孺皆知、家弦户诵的至理名言。作为"谋"之君臣、"攻"之将帅，能知道敌人的虚实，又能知道自己的强弱，所计攻战之谋，所定用兵之策，必然会兼顾到敌我双方的情况，虽经百战，亦不至于危殆。"殆"，《说文》解作"殆，危也"，"不殆"就是"没有危险"的意思。孙子此言可谓蕴理深长：其一，先知彼己，百战无危。知战方可致战，决不可"无虑而易敌",鲁莽灭裂,导致"必擒于敌"的危险(《孙子兵法·行军》)。其二,先彼后己,知战有方。战争是敌我双方的对抗,知战需先知敌,知敌利于知己,知敌才能应敌。故李筌注曰:"量力而拒敌,有何危殆乎?"其三,彼己兼知,校量长短。知彼知己,校量精详,谁胜谁负,洞然目前。故王皙注曰:"谓校尽彼我之情,知胜而后战,则百战不危。"正因如此,毛泽东同志在《论持久战》中曾指出:"战争不是神物,仍是世间一种必然运动,因此,孙子的规律,'知彼知己,百战不殆',仍是科学的真理。"诚如主席所言,孙子的确揭示了战争中一条普遍的规律。众所周知,战争的基本形式,表现为敌我双方所进行的进攻或防御。谋划和进行战争,最重要的前提就是全面了解敌我双方各方面的情况,力求得到正确的认识,切忌表面性、片面性和主观性,进而以科学的应敌之策,夺取战争的全面胜利。所以,"知彼知己"在毛泽东著作中被反复引用,并被誉为"科学的真理"。

然而,或由源远流长之因,或于根深枝茂之故,在千古流传之下,关于"知彼知己,百战不殆"产生了两种错误的说法:一是将"知彼知己"说成"知己知彼";二是将"百战不殆"说成"百战百胜"。表面看来是说法上的差异,实则属于理解上的误区。例如杜牧注曰:"以我之政,料敌之政;以我之将,料敌之将;以我之众,料敌之众;以我之食,料敌之食;以我之地,料敌之地。校量已定,优劣短长皆先见之,然后兵起,故百战百胜也。"杜注虽在"校量"敌我、细化敌我方面,揭示出了孙子"知彼知己"的内在深意,但其先"我"后"敌"、"百战百胜"之说,则反映出其认识与理解上的偏误。

关于"知彼知己"与"知己知彼"。表面看来,二者无非都是对彼己总和的认知,两者完全一样,其实不然。人类认知任何客观事物,总是以有限的认知能力,按照一定的先后顺序,从客观事物的一个方面或一部分转向另一方面或另一部分,进而实现对事物渐进的、整体的认知。因此,对于由"彼"和"己"构成的战争而言,同样存在两种认知的顺序:先"彼"后"己";先"己"后"彼"。如果按照后一种顺序,我们会很快发现,倘若没有"知彼"作为参照,"知己"会变得无的放矢、漫无边际。反之,就不会产生这种认知的混乱。在先"彼"

后"己"的过程中，无论我们对敌人了解到何种程度，总是伴随着对我方情况的分析与判断，并不断考量与对比敌我之间的长处和短处，进而制定出应对敌人的策略与方法。可见，以"知彼"作为参照的"知己"是有的放矢、有针对性的，它蕴含有"量敌用兵"的科学思想。如《虚实》篇云："水因地而制流，兵因敌而制胜。"《行军》篇云："兵非益多也，惟无武进，足以并力料敌取人而已，夫惟无虑而易敌者，必擒于人。"这里，"兵"只有"因敌"才能"制胜"；"并力"是不是"足"，能不能"取人"，同样是由"料敌"来决定的。所以，孙子"知彼知己"所揭示的不仅是"知胜"的逻辑，同时还蕴含有"制胜"的逻辑，而这是"知己知彼"所没有的。

关于"百战不殆"与"百战百胜"。"百战不殆"就是"百次交战都不会有危险"。什么危险？当然是己方被敌方消灭的危险；什么是"百战"？自然包括各种不同情形下发生的战争。例如，孙子上文讲道："十则围之，五则攻之，倍则分之，敌则能战之，少则能逃之，不若则能避之。"这里就包括了六种不同情形下的致战法则。其中，"十则围之，五则攻之，倍则分之，敌则能战之"是我方处于优势或均势主动求战的情形；而"少则能逃之，不若则能避之"则是我方处于劣势被动应战的情形。前者为的是主动攻敌并夺取胜利，而后者则可能根本无法战胜敌人，所以，孙子才说"百战不殆"，而不说"百战百胜"。换言之，战事发生的情形千差万别，有时可以取胜，有时无法取胜，战争指导者只要能够建立在"知彼知己"基础之上，采取正确的行动，就能避免危险，不会造成自己巨大的损失或被敌消灭的恶果。所以说，"百战百胜"有失孙子真意。

正如毛泽东指出的："我们要求在战争过程中一般地打胜仗的勇敢而明智的将军——智勇双全的将军。要达到智勇双全这一点，有一种方法是要学习的，学习的时候要用这种方法，使用的时候也要用这种方法。什么方法呢？那就是熟悉敌我各方面的情况，找出其行动规律，并且应用这些规律于自己的行动。"由此可见，深入透彻地掌握敌我双方的情况，是科学筹划与正确行动的前提。"知彼知己，百战不殆"，就是孙子在全篇结尾收束之际，道出的谋攻的大要前提，是谋攻的根本规律和科学方法。在此，孙子确实揭示了一条永恒不变的真理，就是使战争的主观指导符合客观实际。此乃"知"与"战"高度统一的上佳境界。

不知彼而知己，一胜一负。比较而言，"知彼"与"知己"，以"知彼"为难。理由极为显见，战场上兵不厌诈，敌我双方行动虚虚实实，真伪难辨，因此，古人多有"知彼"方面的论述与告诫。早在孙子之前，《管仲·七法》曰："故不明于敌人之政，不能加也；不明于敌人之情，不可约也；不明于敌人之将，不先军也；不明于敌人之士，不先阵也。"孙子固然亦深明此理，故以《用间》专论"知彼"问题。也正因如此，孙子在此并未言明于"知彼"而暗于"知己"的情形，因为他深知，若果连"知己"都做不到，很难想象可以做到"知彼"。所以，他独言暗于"知彼"而明于"知己"，战果或胜或负皆有可能，并视之为"知"战之中等境界。

不知彼，不知己，每战必殆。"知彼"难，"知己"亦不易。《老子》曰："知人者智，自知者明。"其中，"智"，即智慧；"明"，《坛经》曰："智如日、慧如月，智慧常明"。所以，老子的话可理解为：知晓了解别人是智慧，但知晓了解自己是通明，是更高更大的智慧。足见，如果把孙子军事上的"知彼知己"用于人生的智慧，则是知人知己皆难，知己更难，故有俗话说"人贵有自知之明"。其实战争也一样，如果指挥员不能做到"知彼"，又忽视了"知己"，同样会产生"不自量力""以卵击石"的恶果。故孙子断言"每战必殆"，乃"知"战之下等境界。

通观《谋攻》全篇，是孙子为实现国家图强争霸的政治目的，对一场攻势战争战前的全面谋划。上半部分，围绕如何"谋"，聚焦一个"全"字，宏观地论述了"谋攻之法"，即以"全胜"的战争目标、"全策"的手段运用、"全利"的制胜要求，勾勒了谋攻的基本方法，充分展现了其谋划战争高超的艺术性。下半部分，围绕利于"攻"，聚焦一个"知"字，原则性地提出了"攻战之要"，即以国君"不知"之三患，将帅"知胜"之五事，塑造了君戒将往的攻战之要，充分展现了其指导战争严谨的科学性。中间部分，以"用兵""将辅"，这两大由"谋"转向"攻"的必备条件为过渡，将上下两部分淹会贯通，达成了"谋"与"攻"的有机统一。最后，以"知彼知己，百战不殆"之旷古名言，总概"谋攻"前提首务，为后世兵家谋战用兵指点迷津大要。孙子《谋攻》，在战争谋划和指导上，彻底打破了纯军事、纯暴力的界线框囿，构建起了以政治、外交和军事等多种手段，综合谋划与进行战争的崭新范式。诚可谓，艺术性与科学性完美融合，思想性与逻辑性高度统一，堪称军事斗争指导艺术的元经圣典。

第四 形

——以形相胜

在人类历史的长河中，不同的历史时期往往孕育产生不同样貌的战争，而不同样貌的战争又会孕育产生不同样貌的战争理论。《孙子兵法》诞生于春秋末期，因此，它不仅客观揭示了丘牛大车时代的战争特点与制胜机理，而且深刻反映了中国由奴隶社会向封建社会变革时期的时代精神与文化特征。著名学者王蒙先生在诠释老子"道"的文化内涵与社会价值时说："寻求大道的过程乃是一个命名的过程。"同样，孙子探寻战争制胜之道的精深详赡之处，亦无不集中体现在其构建战争理论的概念体系之中。据统计《孙子兵法》共有基本概念85对，其中，"形"与"势"便是孙子战争理论中一对相互对立的典型概念。由于"形"具有平时战时同存兼备之情状、战略战术皆可立论之深广，故而其准确清晰的含义尤难索解。所以，吴如嵩先生《孙子兵法新说》也认为："它较之于'道天地将法'更抽象、更概括，更具有哲学的意味。"那么，究竟什么是"形"？它对于古代乃至现代战争的制胜机理具有何等意义？或许通过研究《形》对战争问题的理性思考，我们能够更深切地领略到孙子探索战争制胜之道的卓越智慧与认知奥秘。

一、题解——形，是敌我军事实力的胜负情状

《形》，汉简本作《刑》，秦汉多以"刑"为"形"，"形"字产生较晚；武经本作《军形》，"形"上有"军"字，盖由曹操注"军之形也"之故。"形"，《说文》曰："象也。……易曰，在天成象，在地成形。分称之，实可互称也。"意思是说，"形"亦即"象"，只因"在天"和"在地"之别，才分"象"和"形"不同之名，两称谓实可互换互用。可见，《说文》解"形"义，主要源出《周易》。众所周知，《周易》是中国传统思想文化中自然哲学与人文实践的理论根源，被后世誉为大道之源、群经之首、设教之书，故此，依《周易》训释"形"之义理，当是彻底弄清孙子"形"之真意的正确方法。

《周易·系辞上》曰："在天成象，在地成形，变化见矣。"意思是，悬于天上的（日月星辰等）构成"象"，处于地上的（山川河流等）构成"形"，（天地万物）运动变化的道理就显现其中。又曰："见乃谓之象，形乃谓之器。"唐代孔颖达等正义曰："体质成器，是谓器物，故曰形乃谓之器，言其著也。"意思是，"形"的原义为器、为著，是指有质、有体，具有显著外在体态的东西。又曰："仰以观于天文，俯以察于地理，是故知幽明之故。"意思是，仰望天空在于观瞻宇宙运行的现象与规律，俯瞰大地在于考察万物变化的情状与机理，这便是人类探知自然运动的缘由。综上所述，"形"至少具有以下本质特性：第一，"形"是客观的、物质的，是由客观存在的物质构成的。第二，"形"是具象的，而非抽象的，是具有外在表现状态的。第三，"形"是运动变化的，其运动变化是可以认知的。人们研究考察"形"，就是为了探索其运动规律，掌握其变化发展的内在机理。

毫无疑问，孙子论兵言"形"，脱胎于前代和当时的社会思想文化，其合理内核必然与《周易》之"形"保持着几乎同样的规定性。关于这点，我们不得不叹服曹操对《形》篇题意训释之精深："军之形也。我动彼应，两敌相察情也。"曹注言简意赅，清晰言明三点：其一，孙子《形》，具有一般"形"的属性，但旨在论述"军之形"即军事上的特殊之"形"。其二，孙子《形》，也

是运动变化的，但旨在论述"我动彼应"的敌我博弈活动。其三，孙子《形》，同样是可以认知的，但它旨在论述"两敌相察情"的军事侦察与认知。足见，曹公所释《形》篇题意，不仅完全切合于《周易》"形"之义理，而且他对于"形"从一般到特殊、从共性到个性近似于哲学的思辨，给后人深刻研究理解孙子《形》篇主旨真意指明了正确的方向。

第一个问题：关于"形"的本质内涵。曹注曰："军之形也。"何谓"军之形"？孙子"形"的本质内涵究竟是什么？

对于这个问题，孙子《形》篇几乎没有论及，而众多注家的训解亦可谓玄而无物、晦涩难懂。譬如，施子美注曰："形者，言其大体也。军形者，军之自然之形也。见其形而后可以制胜，斯谓之《军形》。"王皙注曰："形者，谋之外见者也。"陆懋德注曰："《释名》曰：形者，有形象之异也。"类似注解，无出曹注，基本无助于我们对孙子"形"本质内涵的理解。对此，王皙之注当属真知灼见："形者，定形也，谓两敌强弱有定形也。"孙子《势》篇有云："强弱，形也"，故此，将"形"的本质内涵训释为"两敌强弱之形"当最贴近孙子本意。抑或缘此，现代学者吴九龙《孙子校释》认为："'形'，指事物的实质，在本篇中当谓军事实力。"吴如嵩《孙子兵法浅说》认为："《形篇》之'形'，就是形体之义，指客观物质力量，在军事上就表现为众寡、强弱，即兵力数量的多少、军队战斗力的强弱和军事素质的优劣。"两位吴先生的注解，基本可以代表现代人对孙子"形"本质内涵的主流认识。

然而笔者认为，用"军事实力"训解孙子"形"的本质内涵，虽可以说是现代语境下最好的理论表述，但仍存在有书不尽言、言不尽意之弊端。众所周知，所谓军事实力，是指国家或政治集团可直接使用的实有军事力量，它通常包括现有的武装力量员额、武器装备、军事设施以及军用物资等的数质量。在现代军事理论中，与"军事实力"紧密相关的概念还有：常备军、后备力量、国防力量、国防实力和国防潜力等，所有这些术语概念无一不是现代军事组织形态下的理论产物。但是，正如我们在《作战》篇中研究到的，春秋社会的军事组织形态完全不同于现代，它平时"寓兵于农、兵农合一"，只有到战时才"算地出卒"，而后"合军聚众"（《军争》）对外作战。尽管有学者认为："这一时期，产生了常备军，战时可以进一步进行大规模动员。"（〔日〕浅野祐吾：《军事思想史入门》，赵志民、李苑译，解放军出版社 1988 年版）然而仍可肯定地说，今之"军事实力"，非昔之"军事实力"。对此，《司马法》亦有相关论述与佐证。

凡战：定爵位，著功罪，收游士，申教诏，讯厥众，求厥技，方虑极物，辨嫌推疑，养力索巧，因心之动。（《司马法·定爵》）

意思是说，通常到战时才开始：确定将军人选爵位，明确功过赏罚制度，招录各方云游贤士，颁布军事训练号令，征询广大民众意见，搜罗技术精湛人才，弄清各种情况根源，分辨推究疑难问题，积蓄力量寻求巧计，顺应民心采取行动。司马穰苴所述，一定程度上描绘了春秋时期国家平时转向战时的形式与内容，借此我们亦可窥见当时社会"寓兵于农"军事组织形态之一斑。

犹如人类社会不断从合作、分工再到合作，春秋时期正处于军民"合作"的历史时期，当时社会军事组织形态，可谓平时与战时有机结合，军事与民事高度融合，战备与战胜联为一体，国家军事实力基本藏集于国家综合实力之中。所以，孙子所言"形"，就是指养于平时、用于战时，寓于国家综合实力之中的军事实力。其突出特点是，厚积于平时，薄发于战时，故而，孙子喻曰："胜者之战民也，若决积水于千仞之谿者，形也。"

第二个问题：关于"形"的外部形态。曹注曰："我动彼应"。什么是"我动彼应"？孙子"形"究竟呈现出怎样的外在表现形态？

对于这个问题，孙子《形》篇明确将其划分为"守"与"攻"两大类型。对此，李筌注曰："形，谓主客、攻守、八阵、五营、阴阳、向背之形。"张预注曰："两军攻守之形也。"刘寅注曰："形者，战守之形。"他们认为，"形"为"两军攻守之形"。或缘于此，现代学者大多认为，孙子"形"的外部情状，就是现代语境下的"作战部署"。果若如此吗？其实弄清问题的关键点在于：孙子"守"与"攻"究竟属于一个战略问题，还是属于战役战术问题。

所谓作战部署，是指指挥员对作战力量的任务区分、兵力编组和配置作出的安排。按类型可分为进攻部署和防御部署；按规模可分为战役部署和战斗部署。从"作战部署"的概念中，我们可以明显地看到两点：其一，"作战部署"亦具有进攻与防御两种类型；其二，"作战部署"属于一个战役战术层面的问题。现代学者之所以将孙子"形"看作"作战部署"，根本原因或许就在于"形"同样具有"守"与"攻"两大类型。但仔细研究就会发现，孙子"守"与"攻"的问题，绝非战役战术层面的防御和进攻问题。

孙子认为："不可胜者，守也；可胜者，攻也。守则不足，攻则有余。"众所周知，战争中军队采取进攻或防御部署，完全取决于战争全局或者战役战斗目的的需要，而并非基于"可胜"与"不可胜"，或者"有余"与"不足"的缘故。更为重要的是，在战役战斗中，"不足"进攻"有余"，或者"有余"防御"不足"都是常有的战场情况，"有余"与"不足"绝非是军队采取进攻或防御部署的决定因素。所以，将孙子的"形"释为战役战术层面的"作战部署"，义理不通。相形之下，若从战略层面解读，"不可胜者"，亦即军事实力与格局的强大者，与这样的对手相比，自然是国力军力的"不足"者，所以，欲立于不败之地，需以苦心经营，待敌可胜之机，理当采取守势；"可胜者"，亦即军事实力与格局的弱小者，与这样的对手相比，往往是国力军力的"有余"者，所以，需不失时机，伺隙而动，兼弱取乱，伸展霸业，理当采取攻势。足见，置孙子"形"于战略层面，义理皆通。《汉书·艺文志》有云："以正守国，以奇用兵。"这里，"守国"意即"守"，"用兵"意即"攻"，孙子《形》篇正是在这个意义上言其"守"与"攻"的。

综上所述，孙子提出的"形"完全是一个带有全局性、根本性的战略问题。孙子所言"攻"与"守"，就是指敌对双方在一定时期内，依据彼此军事实力的强弱状况，构建形成的总体上的攻守格局与态势。它既表现为敌对双方你攻我守、攻守相对的格局与态势，又表现为"我动彼应""以形应形"的军事竞争与博弈。其功能作用颇似我国一贯奉行的"积极防御"的战略方针，主要用于指导国家有针对性的军事力量建设与战争准备活动。对于当时社会而言，与其说它是战策，不如说它是国策。

第三个问题：关于《形》篇主旨。曹注曰："两敌相察情也。"为什么"两敌相察情"？孙子论"形"的目的究竟是什么？

对于这个问题，杜牧注曰："因形见情。无形者情密，有形者情疏；密则胜，疏则败也。"赵本学注曰："形者，情之著也，胜败之征也。见其形则得其情，得其情则得其所以制之之法。"他们的意思是说，有"形"则"情"显著，见"情"则知胜负，故而，由"形"可见"情"，由"情"可察胜负之征，进而可得应敌之策。笔者认为，上述注解虽在曹注基础上有了进一步的发挥，一定程度上也说明了孙子研究"形"的目的，但仍然没有完全透彻地揭示《形》篇主旨的真谛。

众所周知，人类一切活动，大到国家行为，小到个人行为，均讲求以形势为前提首要。要言之，形势一变，方策必变。对此，东汉荀悦有云："夫立策决胜之术，其要有三：一曰形，二曰势，三曰情。形者，言其大体得失之数也；势者，言其临时之宜，进退之机也；情者，言其心志可否之实也。故策同、事等而功殊者，三术不同也。"（《资治通鉴·汉纪二》）荀公之论说明，在古代，"形势"并非如今人所视为一个词、一回事，而是"形"与"势"两个词、两回事，而且，"立策决胜"包含有"形""势"和"情"三术分胜之说。同样，在孙子这里，对于战争的"形势"问题，也分为两个问题：一是形胜问题；二是势胜问题，故而孙子以《形》《势》分别论之。关于"形胜"的论述，当属《孙膑兵法·奇正》最为典型。

战者，以形相胜者也。形莫不可以胜，而莫知其所以胜之形。形胜之变，与天地相敝而不穷。形胜，以楚越之竹书之而不足。形者，皆以其胜胜者也。（银雀山简《孙膑兵法·奇正》）

孙膑认为，"形胜"就是"以形相胜"。"形"无可不胜，但难知其胜之理。"形胜"变化，若天地变迁之无穷，如楚越馨竹之难书。对于"形"的界说，孙膑曰："形者，皆以其胜胜者也。"这里，"其胜"就是指"形胜"，"胜者也"之"胜"就是孙子所说的"战胜"。意思是，"形者"，都是以"形胜"战胜敌人的。那么，究竟什么是"形胜"？为什么说《形》篇的主旨是"形胜"呢？

纵观《形》篇，有两大特点呈现于字里行间。一是以"胜"为全篇的核心论题。尽管《孙子兵法》篇篇言"胜"，但唯独《形》篇言"胜"最多，在

300 余字中多达 26 处，"知胜""见胜""战胜""胜兵"等成为频现热词，由此可见，"胜"是全文论述的核心问题，乃全篇文眼。二是两敌"相较"的方法贯穿全文。孙子所言"形"，亦如"相形见绌"之"形"，有对照、对比、比较之意。从篇首的敌我、攻守对言，到篇尾的"称生胜""铢称镒"，敌我对言相较的思想方法通贯全文始终。明晰上述两点，通观孙子《形》篇，我们会清楚看到：《形》主旨重在言"胜"，但这个"胜"不同于一般意义的"胜"，它是"相称"得出的"胜"，而不是"战斗"分出的"胜"。所以孙子篇首即曰："胜可知，而不可为"。正是由于《形》篇言"胜"，是"形胜"之"胜"，而不是"战胜"之"胜"，所以孙子篇中论曰："先胜而后求战"。这里，"先胜"之"胜"，就是指"形胜"，"求战"之"战"，就是指"战胜"，意即，先要做到"形胜"尔后才求"战胜"，这与孙膑"形者，皆以其胜胜者也"的"形胜"思想可谓浑然一体、一脉相承；也正是由于《形》篇之"胜"，是"形"之"胜"，是"相称"得出的"胜"，是所谓"见胜"之"胜"，所以孙子篇尾方曰："地生度，度生量，量生数，数生称，称生胜"。"称"生之"胜"，乃预知预见的胜利、实备强军的胜利。故此我们说，孙子《形》篇主旨就是"形胜"，或曰"以形相胜"。

那么，究竟什么是"形胜"呢？如前所述，从本质内涵而言，"形"是指寓于国家综合实力之中的军事实力，是"两敌强弱之形"；从外部情状而言，"形"是指依据彼此军事实力的强弱构建形成的总体上的攻守格局与态势，是"两敌攻守之形"。故此，"形胜"，就是指敌我双方在总体攻防的态势下，军事实力相较与竞争的胜利。其斗争形式，表现为"我动彼应""以形应形"的军事实力的竞争与博弈。其斗争手段，表现为持续查明敌我情况，始终对比强弱优势，不断采取应对措施。其斗争结果，表现为一方成为占据优势的强者，孙子称之为"胜兵"，一方成为处于劣势的弱者，孙子称之为"败兵"。由此可见，争取"形胜"重在三点。一为曹操所注："两敌相察情也"，即查明敌我情况；二为赵本学注曰："得其情则得其所以制之之法"，即采取措施应对；三为荀悦所云："大体得失之数"，即强弱对比评估。以上三家之说，同为《形》篇主旨之注，若分而视之，各有所据，然又不免各偏执一面；若综而观之，相互联系，使各家融会贯通，则"形胜"主旨真意便跃然目前。

综上所述，"形胜"完全不同于"战胜"，它是和平时期特别是临战时期军事博弈的结果。在夺取"形胜"的斗争中，一切努力都是为了构建"胜形"；而构建"胜形"的目的就是为了争取"形胜"。这其中，最为关键的问题就是"见胜"。故此，孙子开篇便以"形胜"的本质特征"胜可知，而不可为"明确立论，末篇又以"称胜"的原理方法论证呼应，"形胜"始于"知"、终于"称"的特质彰著昭然。所以说，"形胜"，是竞争博弈的结果，亦是战略评估的结果。

关于《形》的篇次。曹注本、武经本之篇名即作《军形第四》，十一家注本《形篇》亦位居第四，可见，"第四"乃该篇的固有位次。对此，张预注曰："形因攻守而显，故次《谋攻》。"他认为，《形》所以序次《谋攻》，要在缘于《谋攻》的"攻"字，因为"形"是在确定了"攻"与"守"之后，才显现出来的。王皙注曰："谋定于内，则形著于外，此《军形》所以继《谋攻》而作也。"他认为，《形》序次《谋攻》，要在缘于《谋攻》的"谋"字，由于"谋"先定于内部，"形"便后显扬于外部。笔者认为，张、王二公之解虽言各有据，但并未切中问题的要害。纵观《计》、《作战》和《谋攻》，三篇均属于对战争筹谋阶段的理论考察与指导，而从《形》开始，进入了对战争行动阶段的理论考察与指导。因"形"为本，"战"为末，"形胜"先，"战胜"后，即孙子所谓"先胜而后求战"，可见，争取"形胜"，属战争进入行动阶段的首要问题，故《形》位居而后分别论述行动各阶段的诸篇之首，次《谋攻》排第四。

二、构解——既讲了形胜之理，又讲了见胜之要

《形》是孙子对"形胜"原理与方法的理论考察。首先，孙子以"形胜"的总体原则、攻守选择、目标要求，宏观勾勒了"形胜"的基本原理。其次，以"形胜"的根基源出"修道保法"为转折，承启下文"形胜"之要。再次，以"称胜"之法、"胜兵"之要，阐述说明了"形胜"的枢机钤键。

上半部分：形胜之理。从"昔之善战者，先为不可胜"至"败兵先战而后

求胜"。孙子开篇通过对往昔善于"形胜"者的一般经验和做法，提炼总结出其"胜可知，不可为"的本质特征和总的原则；尔后着眼"形"，亦即军事实力的胜负情状，阐释说明了守攻选择与确定的根本依据和理想效果；最后从"形胜"与"战胜"本质关系出发，揭示提出"立于不败之地，而不失敌之败也"的"形胜"目标与要求。

中间部分：为胜败政。仅"善用兵者，修道而保法，故能为胜败之政"一句。上文"形胜之理"说明，"胜兵先胜而后求战"，"战胜"源于"形胜"。这里，孙子提出："修道而保法，故能为胜败之政"，又明确告诉人们，"形胜"源于"政胜"。下文"见胜之要"，寓于其中，呼之欲出。

下半部分：见胜之要。从"兵法：一曰度"至"若决积水于千仞之豀者，形也"。"地"乃"形"之源，"形"乃"胜"之本。换言之，春秋时代，国家土地是产生军事实力的根基与源泉，而军事实力的强弱又是决定战争胜负的物质基础。故此，孙子先以地、度、数、量、称、胜递次相生的推算方法，说明"形胜"的"知"之要；再以"胜兵"若以"以镒称铢"、"败兵"若以"以铢称镒"，说明"形胜"的"措"之要。最后，以"若决积水于千仞之豀"为喻，总结说明"形胜"中"胜者之战民"的实质和情状。

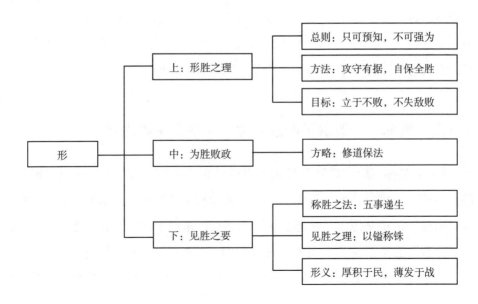

三、文解

欲深明《形》篇大义，必笃思明辨一点，在孙子看来，战争的胜利决定于两大阶段：一是"形胜"；二是"战胜"。高明的战争指导者，必须先在军事实力的竞争与对抗中夺取胜利，亦即所谓"形胜"，然后才在刀兵相见的战场上夺取胜利，亦即所谓"战胜"，这便是孙子所言"先胜而后求战"的思想精髓。《形》篇旨在言明"形胜"，故此，上半部分总体论述了"形胜"的一般原理。

上：形胜之理

1.0 孙子曰：昔之善者，先为不可胜，以待敌之可胜。不可胜在己，可胜在敌。故善者，能为不可胜，不能使敌必可胜。故曰：胜可知，而不可为。

2.1 不可胜，守；可胜，攻也。守则不足，攻则有余。善守者，藏于九地之下；善攻者，动于九天之上，故能自保而全胜也。

2.2 见胜不过众人之所知，非善之善者也；战胜而天下曰善，非善之善者也。故举秋毫不为多力，见日月不为明目，闻雷霆不为聪耳。古之所谓善者，胜于易胜者也。故善者之胜也，无智名，无勇功。故其胜不忒。不忒者，其所措必胜，胜已败者也。故善者，立于不败之地，而不失敌之败也。是故胜兵先胜而后求战，败兵先战而后求胜。

形胜的总的原则：只可预知，不可强为

孙子曰：昔之善者，先为不可胜，以待敌之可胜。不可胜在己，可胜在敌。故善者，能为不可胜，不能使敌必可胜。故曰：胜可知，而不可为。孙子说，昔日优秀的军事家，首先谋求己方"不可胜"——不可被战胜的军事实力与态势——"不可胜之形"，以此等待敌人"可胜"——可以被战胜的军事实力与态势——"可胜之形"的出现。谋求"不可胜"取决于自己，出现"可胜"取决于敌人。所以优秀的军事家，能够谋求己方"不可胜"，但不能够致使敌人一定出现"可胜"。所以说，（形）胜，只可以预知，但不可强求。孙子《形》旨在阐明"形胜"的一般原理与基本方法，因此，他开篇便以昔日善于"形胜"

者的一般经验做法，总结提炼出"形胜"可达成的目标与效果。进而，或似自证之论，或似兵家之言，道出"形胜"的总的原则，即所谓"胜可知，而不可为"。并就此立论，展开了对其"形胜"思想方法的深入探究。

昔之善者。武经本作"善战者"，简本"善"下无"战"，又仅《形》篇言"善者"，而其他各篇均言"善战者"，二者是否存在本质上的区别呢？王正向先生《新校竹简本孙子释义》认为："这表明孙子所称'善者'与'善战者'义有不同。"他还举例说："司马迁亦明确区分兵家为'善者'与'善战者'。《史记·太史公自序》云：'申、吕肖矣，尚父侧微，卒归西伯，文武是师；功冠群公，缪权于幽；……嘉父之谋，作齐太公世家第二。'又云：'运筹帷幄之中，制胜于无形，子房计谋其事，无知名，无勇功，图难于易，为大于细。作留侯世家第二十五。'这两条评论着眼于运筹谋划之力而不以战功为言，明确地推崇姜尚、张良为'善者'。又云：'南拔鄢郢，北摧长平，遂围邯郸，武安为率；破荆灭赵，王翦之计。作白起王翦列传第十三。''率行其谋，连五国兵，为弱燕报强齐之仇，雪其先君之耻。作乐毅列传第二十。''楚人迫我京索，而信拔魏赵，定燕齐，使汉三分天下有其二，以灭项籍。作淮阴侯列传第三十二。'这三条评论多以战功为言，此以白起、王翦、乐毅、韩信等为'善战者'也。"笔者认为，王先生的分析颇具见地。孙子所处春秋末期，国家文武重臣虽初现分职，但善于图敌制胜之翘楚，的确分为两种：一种就像姜尚、张良之流，既是军事家又是政治家；一种就像白起、王翦、乐毅、韩信之流，属专长于"百战百胜"的军事家。从《形》篇主旨来看，善于"形胜"的指导者，不仅需要他是高明的军事家，而且更需要他是杰出的政治家。由此可见，孙子唯独《形》篇言"善者"，的确存在着其自身独特的科学内涵，而正因传本多一"战"字，也导致人们将"形胜"与"战胜"混为一谈，甚至造成了后世对《形》篇主旨的歪曲和不解。故而，笔者认为，当从简本作"善者"义长。

先为不可胜，以待敌之可胜。此言是孙子对于往昔善于指导"形胜"者通常做法的高度概括。对于此句的训解，现代学者多以直译释之。如郭化若先生译为："先要造成不会被敌战胜的条件，来等待可以战胜敌人的机会"；又如吴九龙先生译为："先要做到不会被敌战胜，然后待机战胜敌人"。如此这般释译，乍看起来与孙子原文别无二致，但细究起来便会疑问重重："先要造成不可被敌战胜的条件"是什么"条件"？怎样"做"才能"做到不会被敌战胜"？众所周知，在实际作战中，无论是进攻还是防御，或者是在有利的条件下寻求战机、创造战机来消灭敌人，或者是在不利的条件下持久对峙、耐心等待战机来夺取胜利，那在此怎么能把"来等待可以战胜敌人的机会"或"待机战胜敌人"当作"昔之善者"恒定的选择呢？对于这个问题，恐怕谁都难以回答清楚。其实问题的关键在于：若将此言置之于"战胜"的语境，其义理就难通；若将此言置之于"形胜"的语境，则义理便皆通。在此，我们必须弄清孙子"不可胜"与"可胜"究竟何指，"为"与"待"究竟存在怎样的关系。

关于"不可胜"与"可胜"，孙子开篇段加下段一处，共用四个"不可胜"，四个"可胜"，分别都是"不可被战胜"与"可以被战胜"的意思。对此，刘邦骥注曰："先为不可胜者，先为敌人不可胜我之形也。待敌之可胜者，待敌人有可胜之形，而乘之也。"刘注意思是说，孙子说的"不可胜"就是指"不可胜之形"；"可胜"就是指"可胜之形"。刘公之注可谓一语中的，纵观《形》篇主旨，刘注正是源出于《形》篇题中之义。"形"作为敌我双方军事实力的情状，孙子认为它总体具有两种：一种是不可被战胜之情状，亦即"不可胜"之形；一种是可以被战胜之情状，亦即"可胜"之形。

那么，何谓"不可胜"之形？何谓"可胜"之形呢？对此，管子《为兵之数》的阐述，可谓鞭辟入里、入木三分。

兵之数，存乎聚财，而财无敌；存乎论工，而工无敌。存乎制器，而器无敌；存乎选士，而士无敌；存乎政教，而政教无敌；存乎服习，而服习无敌；存乎遍知天下，而遍知天下无敌；存乎明于机数，而明于机数无敌。故兵未出境，而无敌者八。……故贤知之君，必立于胜地，故正天下而莫之敢御也。(《管子·七法·为兵之数》)

管子认为，用兵的底数，在于积聚财富，而使财富无敌；在于考究工艺，而使军事工艺无敌；在于制造兵器，而使兵器无敌；在于选择士人，而使士人无敌；在于政治教育，而使政治教育无敌；在于管理训练，而使管理训练无敌；在于察明各国情况，而使掌握各国情况无敌；在于明了战机策略，而使掌握战机策略无敌。所以军队还未出境作战，就已经确保八个方面无可匹敌了。其最终结论是，贤能明智之君，总是立于必胜之地，一匡天下而无人敢敌。由此可见，"不可胜"或"可胜"的情状，恰是以"聚财""论工""制器""选士"等为主要内容的军事实力，或处于不可被战胜，或处于可以被战胜的实际状况。故此，陈启天亦曰："先为不可胜者，谓在平时修明政治，充实国防，确立强形，足资自守，而不致为敌所胜也。待敌之可胜者，谓待敌有隙可乘之时，始可攻之而胜也。"

关于"为"与"待"，孙子说："先为不可胜，以待敌之可胜。""为"，有"谋求""争取""经营"之意，其目的在于强己之"形"，营造不可被敌战胜的实力格局；"待"，有"等待""寻找""捕捉"之意，其目的在于伺敌之"机"，以期待到实力上的我强敌弱，态势上的我优敌劣，亦即可以战胜敌人的时机出现。可见，"为"与"待"是相辅相成的，可谓"为"中有"待"，"待"中有"为"，二者紧密联系、相互促进，均具有极强的主动性和积极性。故而，孙子在"先为不可胜"之后，接言"以待敌之可胜"，实则说明"为"与"待"其目的与时限的高度统一："为"要一直"为"到"敌之可胜"，同样，"待"亦一直"待"到"敌之可胜"，也就是有把握战胜敌人的时候。《吕氏春秋》云："五帝先道而后德。"高诱注："先，犹尚也。"所以，孙子所言"先为"与"以待"，与其说是表明二者在时间上的先后关系，还不如说是表明二者在思想和行动上的轻重关系。

不可胜在己，可胜在敌。"在"即"富贵在天"的"在"，是"取决于""决定于"的意思。此言，可以说是孙子对前人做法的进一步申说，亦可说是对"形胜"机理准确、简洁、辩证的揭示。如上所述，"不可胜"与"可胜"，是"形"胜负情状的两大总体表征。因此，就"以形应形"而言，敌我双方均在努力谋求和经营自己不可被敌战胜的军事实力与格局，力求做到不被对方所战胜，故而孙子曰："不可胜在己"；与此同时，就"以形相胜"而言，斗争是相对的行动，胜负是相较的结果，胜者必缘于谋求与经营"形"的己周敌隙，败者必缘于谋求和经营"形"的己隙敌周，故而孙子曰"可胜在敌"。故此，王皙注曰："不可胜者，修道保法也；可胜者，有所隙耳。"意思是说，胜者之所以成为胜者，在其"修道保法"，善于强形匿形；败者之所以成为败者，在其"有所隙耳"，失于弱形露形。言外之意，"形胜"：一靠己为，二靠敌予，任何一方的胜利既是自己周密谋求经营的结果，也是对方阙漏失误给予的结果，二者相对而言，彼此相反相成。故此，赵本学注曰："愚谓求己而不求人，此圣贤治身之要语，而孙子用之于兵其利害尤切。"诚如赵注所言，对于"形胜"而言，"求己"在本，"求人"在末，治身治国可谓同一道也。

值得注意的是，对于此句，李筌注曰："夫善用兵者，守则深壁，多具军食，善其教练；攻其城，则尚橦棚、云梯、土山、地道；陈则左川泽、右丘陵，背孤向虚，从疑击间；善战者，犄角势连，首尾相应者，为不可胜也。"诸如李注一类训解，均属从"战胜"角度的诠释，并非孙子"形胜"所谓，当属谬误。

故善者，能为不可胜，不能使敌必可胜。孙子以"故"字领起此言，实则旨在说明两个方面的问题。一方面，这是对往昔善于"形胜"者普遍做法的总结。从这个角度上讲，此言并无新意，可以说是对上两句的综述：由于"不可胜"是"在己"的，故可"先为"且"能为"；又由于"可胜"是"在敌"的，故需"以待"而"不能使"。另一方面，正是由于这是对往昔"形胜"经验的总结，所以也便成为对今昔"形胜"方略的揭示。从这个角度上讲，孙子就是在告诫人们：在谋求"形胜"的斗争中，什么是"能为"的，什么是"不能使"的。关于这点，施子美注曰："事有可必者，有不可必者，可必者在己，不可必者在人。"应当说，施注颇具哲理意味，意思是说事物分为两类，一类是我们可以使之必然发生的，一类是我们不能够使之必然发生的，前者在于自己，后者在于别人。故梅尧臣亦曰："在己故能为，在敌故无必。"由是观之，孙子此言，与其说是对"形胜"往昔经验的总结，不如说是对"形胜"基本方略的揭示，它旨在告诉人们，在争取"形胜"的斗争中，敌我双方任何一方的谋划与努力，只能创造经营己方"不可胜"之形，而无法致使敌方一定出现"可胜"之形。所以我们说，孙子此言不仅指出了"形胜"的目标效果，而且揭示了"形胜"的斗争指导，可谓兼而概之，立于目前。

故曰：胜可知，而不可为。此言，孙子又以"故"字领起，且后加"曰"字，同样蕴涵两层意思，一则这是作者据前所述得出的推论，二则这是兵家脍炙人口的谚语式的定论。他认为，"形胜"只可预知，但无法强求。对此，曹操注曰："见成形也。敌有备故也。"前一句"见成形也"，讲的是"可知"问题；后一句"敌有备故也"，讲的是"不可为"问题，应当说，曹公之解入情入理，清楚明白。然而，对于今天的人们来说，要想理解孙子此言的真正含义，还需与《虚实》中"故曰：胜可为也"一句相互对比、相互印证，才会有一个比较正确而深刻的理解。这两句话说法上完全相反，表面上看似矛盾，实际上并不矛盾，它们各自说明了两种不同军事斗争形式的"胜"的原理，也就是在该篇下文中谈到的：

见胜不过众人之所知，非善之善者也；战胜而天下曰善，非善之善者也。（《孙子兵法·形》）

在此，涉及两种"胜"：一为"见胜"；一为"战胜"。其中，"见胜"之"胜"，就是"胜可知"的所谓"知胜"之"胜"，亦即"形胜"之"胜"。对于"形胜"而言，由于它属于敌我双方各自谋划经营军事实力与格局的对抗活动，所以在此过程中，敌我双方均是按照自己独立的意志和行为"自我壮大"，乃不跨楚河之竞争，不越汉界之博弈，其胜负仅是敌我双方军事实力与格局客观对比和战略评估的结果，故如邓廷罗所言："在己者能自决，在人者难强邀"。诚可谓，谋"形"在己，成"胜"在敌，所以，《形》篇说"故曰：胜可知，而不可为"。与此相对应，"战胜"之"胜"，就是"胜可为"的所谓"为胜"之胜，亦即《虚实》篇中所说的"措胜"和"制胜"，用今天的话说就是"能动地争取战争的胜利"。因此，对于"战胜"而言，由于我们可以采取"致人而不致于人""出其所不趋，趋其所不意""我专为一，敌分为十"等思想行动方法，换今天的话说，就是充分发挥自己的主观能动性，运用机动灵活的战略战术，巧妙地战胜敌人，所以,《虚实》篇方曰:"胜可为也"。由此可见,"形胜"属于和平时期军事实力的竞争与对垒,乃敌对双方所素备的实力对比的结果,"故曰:胜可知,而不可为","战胜"属于战争时期军事力量的角逐与厮杀,乃敌对双方能动活动的暴力斗争的结果,"故曰:胜可为也",而"不可为"与"可为",实属"形胜"与"战胜"这两类不同形式的军事斗争在制胜指导上存在的最本质、最显著的区别。

所以说,"胜可知,而不可为",是孙子对"形胜"本质特征最深刻的揭示,也是对"形胜"斗争指导提出的最根本的依据和准则。它告诉人们,"知胜"或者说"见胜",乃"形胜"的前提与关键,它贯穿于"以形应形"的始终,影响并决定着"以形相胜"的结局,有缘于此,它也成为《形》篇全文着力研究与解决的主要问题。

形胜的基本方法:攻守有据,自保全胜

不可胜,守;可胜,攻也。守则不足,攻则有余。善守者,藏于九地之下;善攻者,动于九天之上,故能自保而全胜也。孙子认为,对于"不可胜"——敌之不可被战胜的军事实力与态势——"不可胜之形",要采取守势;对于"可胜"——敌之可以被战胜的军事实力与态势——"可胜之形",要采取攻势。采取守势乃是实力不足,采取攻势乃是实力有余。善于守御的一方,犹如藏形匿迹于厚土之下;善于进攻的一方,犹如示形显威于九霄之上,所以能够保全自己并取得完全胜利。可见,"不可胜"与"可胜",亦即敌我双方军事实力与态势的强弱优劣,是我采取防御或进攻战略抉择的根本依据。

不可胜,守;可胜,攻也。古今注家对于此句的诠释,集中表现为两个方面的观点:一种是侧重守攻原因条件的注解。如杜佑注曰:"若未见其形,彼众我寡,则自守也。……已见其形,彼寡我众,则可攻。"张预注曰:"知己未可以胜,则守其气而待之。知敌有可胜之理,则攻其心而取之。"杜牧注曰:"敌人有可胜之形,则当出而攻之。"他们认为,守攻的选择,在"见"在"知","不可胜"就守,"可胜"就攻。另一种是侧重守攻与胜利的关系注解。如曹操注曰:"敌攻己,乃可胜。"吴九龙《孙子校释》译释为:"若要不被敌人战胜,就要采取防御；想要战胜敌人，就要采取进攻。"吴承帮《孙子兵法的科学解读》认为："这是讲防守、进攻同每方想取得胜利之间的关系。守形无败；攻形有胜。"笔者认为，上述两种解释均未切中此言的本旨要害，其实，这里孙子只是表明一点：究竟采取什么样的策略以应对敌"不可胜"与"可胜"之形。

此句汉简本作："不可胜，守；可胜，攻也。"正如前文所述，"不可胜"与"可胜"，是孙子对于"形"的胜负情状提出的两种基本类型，也是表征"形"胜负情状的两个专有概念。所以，这句话的意思就是，对"不可胜"之形，采取守势；对"可胜"之形，采取攻势。换言之，面对敌不可被战胜的军事实力与格局，就选择防御；面对敌可以被战胜的军事实力与格局，就选择进攻。而此言传本作："不可胜者，守也；可胜者，攻也。"三个虚词的增加，便造成了人们在理解此言本意上的歧义和偏差。一方面，由于增加的三个虚词，破坏了"不可胜"与"可胜"两个概念的完整性，所以造成了人们理解全句义旨的偏离，进而导致了人们侧重于"采取守攻原因条件"的训解，而忽视了对孙子守攻选择根本原理的解读。另一方面，三个虚词的增加，使原本的陈述句就改成了判断句，意思就变成：不可被战胜者，采取守势；可以被战胜者，采取攻势。请问，尽管我们认为防御较之于进攻是更强的一种作战类型，但防御就一定不可被战胜，进攻就一定可以被战胜吗？显然，这样的说法是没有道理的。所以说，"不可胜"与"可胜"与上文出现的三处一致，乃表征"形"胜负情状的两个完整概念，孙子这里，实际上只是客观地陈述一个观点，对于敌"不可胜"与"可胜"两种不同的"形"，国家必须选择"守"与"攻"两种不同的策略。故此言从简本义切。

守则不足，攻则有余。汉简本作："守则有余，攻则不足。"简本与传本"有余"与"不足"位置互易，文义正好相反。对此，曹操注曰："吾所以守者，力不足也；所以攻者，力有余也。"李筌、梅尧臣、张预等众注家从之，亦可见曹注基本揭示出孙子此言之义理。然而 20 世纪 70 年代汉简面世后，人们突然发现汉代兵法本就多言"守则有余，攻则不足"。如《汉书·赵充国传》："臣闻兵法，攻不足者守有余。"《后汉书·冯异传》："夫攻者不足，守者有余。"《潜夫论·救边》:"攻常不足,而守恒有余也。"对于汉简截然相反的表述,现代学者的释义也基本同于曹注。如吴九龙《孙子校释》译为:"采取防御,是因为敌人兵力有余;采取进攻,是因为敌人兵力不足。"李零《唯一的规则:〈孙子〉的战争哲学》认为:"今本的理解,是以'不可胜者'为敌,'可胜者'为己。……简本的理解……'不可胜'是指自己,'可胜'是指敌。"虽然注解有异,但对孙子此言义理的认识是相同的。笔者认为,对于传本"守则不足,攻则有余","则"字应为《三国志·吴书》"卿则州人,昔又从事"之"则",意为"乃是",其文义为:防守乃是力量不足,进攻乃是力量有余;对于简本"守则有余,攻则不足","则"字应为《孟子·告子上》"思则得之,不思则不得也"之"则",意为"就会",其文义为:防守就会力量有余,进攻就会力量不足。无疑,两种释译均与上下文义通融,所以,关于此言聚讼,抑或就缘于这文言一字多义、一言多解之故。然而,这里我们必须明白,孙子作如是说的根由究竟何在。

对此,钮先钟注曰:"在正常情况之下,防御所需之兵力比攻击所需者少。换言之,以同样数量的兵力来计算,则采取守势感到有余时,采取攻势时就会感到不足。"《孙膑兵法·客主人分》有云:"客倍主人半。"意思就是,攻者兵力两倍,防者为其一半,攻与防所用兵力的比例大体是 2:1。克劳塞维茨也说:"防御这种作战形式就其本身来说比进攻这种作战形式强。"俗语说"一夫当关,万夫莫开",防御一方总有许多既定的有利条件可以充分利用,而这恰是进攻一方所不具备的。所以,无论是在古代还是现代,通常情况下,采取进攻一方的力量一般需数倍于防御一方,正是因此,孙子才把军事实力的强弱大小,作为国家选择确定战略守势与攻势的根本依据与准则。

善守者,藏于九地之下,善攻者,动于九天之上,故能自保而全胜也。孙子对于战争的理性思考,总是时而精邃富赡,时而入理切情,时而激情飞扬,此言便是孙子对"守"与"攻"最高境界极为浪漫的描绘。他以简洁、宏放、准确的文字,阐明了"守"与"攻"的行动要点、最佳效果和理想目的。

关于"藏"与"动",讲的是"守"与"攻"的行动要点。对此,杜牧注曰:"守者，韬声灭迹，幽比鬼神，在于地下，不可得而见之；攻者，势迅声烈，疾若雷电，如来天上，不可得而备也。"梅尧臣注曰："盖守备密，而攻取迅也。"意思为，"守"之"藏"务求隐秘，"攻"之"动"务求迅捷，众注家多同此说。事实上，孙子言"藏"包含着两方面的目的：一是要藏形匿形，使敌不知我国力军力之强弱虚实，甚至不知我欲守欲攻，故而不敢轻举妄动，贸然对我发动战争；二是要守中强形，就是以"守"为手段，不断加强国力军力的建设，增强自己的军事实力，即所谓"先为不可胜，以待敌之可胜"。同样，孙子言"动"亦包含着两方面意思：一是当"敌之可胜"的情形到来时，应不失时机地抓住战机；二是当对敌发动战争、采取进攻时，应快速"合军聚众"（《孙子兵法·军争》），投入战争，使敌"不可得而备也"。所以，"藏"的关键在于匿形强形；"动"的要点在于准确迅捷。由"守"到"攻"，乃是从"形胜"向"战胜"的转换。

关于"九地"与"九天"，讲的是"守"与"攻"的最佳效果。对此，梅尧臣注曰："九地，言深不可知；九天，言高不可测。"张预注曰："藏于九地之下，喻幽而不可知也；动于九天之上，喻来而不可备也。"梅、张二公之注可谓深得孙子精要。孙子篇首便总概提出，"胜可知，而不可为"乃"形胜"的本质特征，亦为"形胜"指导者遵循的总原则，那么，无论是"善守者"还是"善攻者"，其"藏"与"动"的核心要求，莫过于使对手"不可知"，所以，孙子才以"藏于九地之下"和"动于九天之上"作喻，充分说明"守"与"攻"所要达到的最佳效果，上下文之间乃原则与行动、要求与效果的内在逻辑关系。至于"九地"与"九天"的内涵，杜牧注曰："九者，高深，数之极。"李筌注曰："地者，静而利藏；天者，运而利动。"何氏注曰："九地、九天，言其深微。"这里还需说明的是，据《吕氏春秋·有始》记载："天有九野，地有九州。"相关史料也证明，古代确实存在对"天"与"地"作"九野"与"九州"的天文和地理划分，所以，"九天"与"九地"，除上述注家所讲的"高"和"深"外，其实还具有"广"的特点，对于这点，还是曹操之注切实管用："因山川、丘陵之固者，藏于九地之下；因天时之变者，动于九天之上。"军事家学以致用

160

的气派流露于其重实用、接地气的训解之中。

关于"自保"与"全胜",讲的是"守"与"攻"的理想目的。张预注曰:"守则固,是自保也;攻则取,是全胜也。"应当说,张注"守"在"自保"、"攻"在"全胜"的认识是正确的,但也不免存在着将"守"与"攻"割裂分解之嫌。事实上,关于"形胜"的"守"与"攻",完全不同于作战部署的"守"与"攻",它们始终是联系的、一体的。正如孙子开篇首句所言的那样:"昔之善者,先为不可胜,以待敌之可胜。"这里,"先为不可胜"就是"守",乃为"自保"之策;"以待敌之可胜"就是要"攻",欲建"全胜"之功。因此,"形胜"的"守",始终是积极的"守",是为着转向"攻"而苦心经营的"守",换言之,这里的"守"和"攻",共同组成了"形胜"以"守"待"攻"、以"攻"制"胜"的态势转化与方法步骤的全过程,只有"守"亦胜,"攻"亦胜,方可达成"自保而全胜"的理想目的。故《李卫公问对》曰:"攻是守之机,守是攻之策,同归乎胜而已矣。"李靖之言,可谓深得孙子精要。那么,"攻机"何以得现?"守策"何以得为?孙子的回答是:一在"见胜";二在"战胜"。

形胜的目标要求:立于不败之地,不失敌之败也

见胜不过众人之所知,非善之善者也;战胜而天下曰善,非善之善者也。故举秋毫不为多力,见日月不为明目,闻雷霆不为聪耳。古之所谓善者,胜于易胜者也。故善者之胜也,无智名,无勇功。故其胜不忒。不忒者,其所措必胜,胜已败者也。故善者,立于不败之地,而不失敌之败也。是故胜兵先胜而后求战,败兵先战而后求胜。纵观开篇至此段,孙子的逻辑思维可谓条分缕析、言之有序,明显呈现出敌我相对成言的两条主线,而且,皆由每个自然段的首句也就是点题句贯穿而成。换句话说,孙子《形》论于此,其要义皆荟萃于各段首句,且借此清晰地勾勒出"形胜"与"战胜"的两条必然逻辑。具而言之,第一自然段的首句为:"先为不可胜,以待敌之可胜";第二自然段的首句为:"不可胜,守;可胜,攻也";第三自然段的首句为:"见胜不过众人之所知,非善之善者也;战胜而天下曰善,非善之善者也"。这三句话的前半句与后半句分别连贯而成"形胜"与"战胜"的两大主线:第一,敌我均"先为不可胜"，此时若我"不可胜，守"，直至结果"见胜"，即达成"形胜"，简明之，"不可胜"——"守"——"见胜"。其二，敌我均"以待敌之可胜"，届时若我"可胜，攻也"，必然结果"战胜"，即实现"战胜"，简明之，"可胜"——"攻"——"战胜"。前者讲的是"形胜"，后者讲的是"战胜"，"形胜"乃"战胜"的前提，"战胜"乃"形胜"的结果。其中，"见胜"是由"形胜"转向"战胜"的拐点，它既是"形胜"的终点，亦是"战胜"的起点，因而，"形胜"的结果愈好，"战胜"的起点愈高，二者有着前因后果、造因得果的本质联系。在此，孙子将"见胜"与"战胜"并言，其目的在于，借言"战胜"之功，明扬"形胜"之效，换言之，他通过阐明"战胜"的理想境界与状态，旨在揭示并确立"形胜"的预置目标与最高要求。

第一，"战胜"的境界与状态：胜于易胜，无智名无勇功。

见胜不过众人之所知，非善之善者也；战胜而天下曰善，非善之善者也。孙子说，洞察形胜之机不超过一般人的见识，不是最高明的君将；夺取作战胜利普天同赞的，也不是最高明的将帅。质言之，孙子这是从反面为"见胜"与"战胜"确立的理想境界与最高标准："善之善者"，当"见胜"于"众人"不识；当"战胜"于"天下"无赞。这里必须强调的是，此言发挥着承接转进的重要作用："见胜"乃"形胜"之关键和要害，在此论及"见胜"，目的在于承接上文，从而聚焦于"形胜"效果样态的探讨；与此相应，"战胜"乃"形胜"的延续和结果，在此论及"战胜"，目的在于以"战胜"所应达到的境界效果，映衬说明"形胜"必须达到的目标要求，进而实现对"形胜"揆之至深的阐发。然而，由于古今注家多对"见胜"与"战胜"的内涵和关系缺乏明晰的理解，所以造成了世人对此句义理和作用的诸多曲解，故而尤需分毫析厘、端本正源地研究。

关于"见胜"。孙子开篇末句有云："胜可知，而不可为。"曹操注《形》篇主旨曰："军之形也。我动彼应，两敌相察情也。"其中，"察情"就是要"知情"之义。可见，"形胜"之要，在于"知胜"。此言又曰："见胜不过众人之所知"，又见，"见"与"知"同义，"见胜"亦即"知胜"。对此，杜牧注曰："众人之所见，破军杀将，然后知胜，我之所见，庙堂之上，樽俎之间，已知胜负矣！"刘寅注曰："众人但知破军杀将之胜，而不知所以制胜之道。"诸如此类之解，虽然道出了众人只是以"破军杀将"的"战胜"为"知"为"见"，而不是以"庙堂之上，樽俎之间""所以制胜之道"为"知"为"见"的问题，但他们并没有清楚说明对于"形胜"，究竟应当"知""见"何物。事实上，孙子所言"见胜"之"胜"，即"形胜"之"胜"，是专指"以待敌之可胜"的"胜机"，它具体表现为敌方"可胜"之形的显现之时，亦即我方"可胜，攻也"的"攻机"闪现之际。换言之，它并非呈现于"破军杀将"的战时，而是出现于敌我均致力于"先为不可胜"的平时或临战之际。所以，孙子所言"见胜"，乃是对"攻机"的捕捉，只是这种"攻机"，并不是一般的"攻机"，而是基于"形胜"有着必胜把握的"攻机"。对此，管仲《选阵》所述，可谓言之凿凿、明之昭昭。

故凡攻伐之为道也，计必先定于内，然后兵出乎境……故不明于敌人之政，不能加也；不明于敌人之情，不可约也；不明于敌人之将，不先军也；不明于敌人之士，不先陈也。是故以众击寡，以治击乱，以富击贫，以能击不能，以教卒练士击欧众白徒。故十战十胜，百战百胜。（《管子·七法·选阵》）

管子认为，选择攻战之机，关键在于一个"明"字，"明"亦即为"知""见"之义。管子这段话，可谓对"见胜"做了最为完美的诠释："见"，当明了"敌人之政""敌人之情""敌人之将""敌人之士"的具体内容；"胜"，当呈现"以众击寡""以治击乱""以富击贫""以能击不能""以教卒练士击欧众白徒"的情形态势。这里，"欧众白徒"是指"乌合之众"的意思。

故此，曹操注曰："当见未萌。"这充分说明，"见胜"，或者说捕捉"形胜"之"胜"，是一件极为困难的事，它既是一种以强对弱、以优对劣的军事态势，又是一种若隐若现甚或稍纵即逝的进攻机会。正因如此，施子美方曰："技与众同，非国工也。智与众同，非国师也。何者？善制敌者，形于无形，见胜而不过众人之所知，此有形之可见也，何足以为善之善乎。"故此，孙子所言"见胜"，对于胜机捕捉尤难，对于将帅要求甚高，只有"见胜"于"众人"所未见，方为"善之善者也"。

关于"战胜",孙子曰:"可胜,攻也"。亦即待到敌之"可胜"时,果断对敌发动攻势战争。对此,杜牧注曰:"言天下人皆称战胜者,故破军杀将者也;我之善者,阴谋潜运,攻必伐谋,胜敌之日,曾不血刃。"陈皞注曰:"潜运其智,专伐其谋,未战而屈人之兵,乃是善之善者也。"王晢注曰:"以谋屈人,则善矣。"诸如此类之解,俨然是"阴谋潜运""专伐其谋"的"谋胜"之像,全然无"白刃格斗""破军杀将"的"战胜"之感,非是。对此,曹操所注颇为精当:"争锋也。"孙子所言"战胜",乃专指"攻战"中"白刃格斗""破军杀将"之"胜",并非上述诸公所言"专伐其谋"的"伐谋"之"胜"。那么,为什么我们说"战胜"专指"攻战"之胜?为什么孙子说"战胜而天下曰善,非善之善者也",那什么样的境界与效果才是"善之善者也"呢?

故举秋毫不为多力,见日月不为明目,闻雷霆不为聪耳。"秋毫",指鸟兽之毛至秋更生,言至轻而易举。"日月",言至明而易见。"雷霆",言至大而易闻。对于此言的文意,极为浅显易懂,意思是,这就像能举起秋毫称不上力大,能看见日月算不得眼明,能听到雷霆谈不上耳聪一样。然而,对于此句的作用,诸家却说法不一。一说此言喻指"见胜"。如曹操注曰:"易见闻也。"张预注曰:"人皆能也。引此以喻众人之见胜。"从此说者甚众。二说此言喻指"战胜"。如钱基博注曰:"'故举秋毫不为多力'云云三语,盖以喻'胜于易胜'之'易'"。下文显见,"胜于易胜"即指"战胜"。三说此言兼喻"见胜"与"战胜"。赵本学注曰:"譬如举秋毫之轻,见日月之明,闻雷霆之震,人皆能之,何能之有必也。独得其情于至微之初,遂破其机于须臾之至易,若不见其智勇之施,此乃智勇之大者斯可谓之善战矣。"赵公显然不分彼此,统而论之。笔者认为,三说之中,钱注甚是。孙子正是以这句激情飞扬的文字作喻,引出下文对"战胜"问题的深入阐发和解读,当然其潜在目的还是借"战胜"之效以明"形胜"之境。个中缘由,不仅由于"举秋毫之轻,见日月之明,闻雷霆之震"的文意使然,而且还与孙子叙事明理的惯用范式有关。

例如在《谋攻》篇中,"故上兵伐谋,其次伐交,其次伐兵,其下攻城。攻城之法……"。句中"攻城之法……",便是接续上句"其下攻城",详尽阐明为何攻城为下的。又如"故用兵之法，十则围之，五则攻之；倍则分之，敌则能战之；少则能逃之，不若则能避之。故小敌之坚，大敌之擒也"，句中"故小敌之坚，大敌之擒也"，就是接续上句"少则能逃之，不若则能避之"，说明为什么敌众我寡时要善于退却，敌强我弱时要善于避战。这里亦是如此，孙子"故举秋毫不为多力，见日月不为明目，闻雷霆不为聪耳。古之所谓善战者，胜于易胜者也。故善战者之胜也，无智名，无勇功"，正是承接上句"战胜而天下曰善，非善之善者也"之后，用以深入说明什么样的"战胜"才是"善之善者也"的。

古之所谓善者，胜于易胜者也。孙子承接上句说，古时高明的军事家，总是战胜易于被战胜的敌人。言中之意，"善者"战胜敌人，"易"之犹如举秋毫之轻，见日月之明，闻雷霆之震。我们不禁会问，孙子之"战胜"何以能到达如此的理想境界？对此，曹操之注可谓一语破的："攻其可胜，不攻其不可胜也。"意思是说，"攻"敌正处于"可胜"之形，"不攻"敌正处于"不可胜"之形。具体来说，孙子所言"战胜"，继之于"形胜"之后，基之于"形胜"之功，是以我"不可胜"之形对敌"可胜"之形的胜利，故而表现为，军事实力上的强胜弱，军事态势上的优胜劣，所以，胜之于一见了然、理所当然，胜之于轻而易举、易如反掌，对于这样的胜利，世人视之自然是淡然置之，声希味淡。

故善者之胜也，无智名，无勇功。此言是对前文"战胜而天下曰善，非善之善者也"根本缘由最直接的应答。孙子说，所以高明军事家取得的胜利，既没有聪睿之誉，也没有勇武之功。既然孙子所言"战胜"，乃基于"形胜"之"胜"，必然如石之击卵，摧枯拉朽，势如破竹，所以，无需将帅"阴谋潜运"的聪睿之智，亦无需将士"破军杀将"的兼人之勇，自然也没有"天下曰善"的普天之赞。由此足见，孙子的智名勇功，是潜运于"形胜"之中的大智大勇，落于"战胜"则"胜于易胜"，自然是智名不显、勇功不现。所以说，"无智名，无勇功"，只不过是孙子为"战胜"确立的最佳目标和效果，其真正目的则在于下文为"形胜"比照确立理想的目标和要求。相形之下，如张预注曰："阴谋潜运，取胜于无形，天下不闻料敌制胜之道，不见搴旗斩将之功"。又如杜牧注曰：“胜于未萌，天下不知，故无智名；兵不血刃，敌国已服，故无勇功也。”一味主观地将其训解为以谋制胜或不战而胜，着实与全文主旨扞格不入，非是。

综上所述，“见胜”之胜，乃“形胜”之“胜”，并非“战胜”之“胜”，若将二者混为一谈，必然造成对《形》篇主旨的混淆与歪曲。孙子眼中的“战胜”，是自然而然、水到渠成的“胜”，其根源在于：它基之于“形胜”之功，胜之于“形胜”之效，犹如春花而后之秋实，瓜熟相继之蒂落，故必“胜于易胜”。那么，“战胜”的境界与状态如此，“形胜”应当达到什么样的目标与要求，才能必定促成这理所当然的“战胜”呢？

第二，“形胜”的目标与要求：立于不败之地，不失敌之败也。

故其胜不忒。不忒者，其所措必胜，胜已败者也。这句话，是孙子对古人之“战胜”，所以“胜于易胜”且“无智名，无勇功”内在原因的深入挖掘，也是对“形胜”与“战胜”本质关系的科学揭示。意思是说，这是因为他们的胜利总无差池。所谓总无差池，就是他们所采取的每项措施总是走向胜利，战胜的总是处于必败境地的敌人。“忒”，是差池、失误之意。《周易·豫》：“四时不忒”，郑玄注：“忒，差也”。“措”是措施、措置之意。《礼记·月令》：“措之于参保介之御间”，郑玄注：“措，置也”。句中“故其胜不忒”，传本作“故其战胜不忒”，多“战”字。笔者认为，正因多此“战”字，才使后人产生此句专言“战胜”而非“形胜”的错误认识，甚至可以说，这也是造成后人常将“形胜”与“战胜”混为一谈的重要原因之一，故而，此从简本。

“所措必胜”讲的是“形胜”问题。对此，曹操注曰：“察敌必可败，不差忒也。”梅尧臣注曰：“睹其可败，胜则不差。”杜牧注曰：“我能置胜不忒者何也？盖先见敌人已败之形，然后攻之，故能致必胜之功，不差忒也”。在诸家来看，因为敌人“必可败”，故而“战胜”一定“不忒也”。由于他们缺乏对“所措必胜”做出明确的训释，所以李筌甚至发出这样的疑问：“置胜于已败之师，何忒焉？”赵本学干脆说：“忒者，穷极过甚之辞。”意思是说，孙子言“忒”本就是偏执夸大的辞藻。也有像陈皞别树一帜之见：“筹不虚运，策不徒发。”意思是说，战争的胜利来源于筹划的正确、政策的务实。探究诸家视"所措必胜"四字于不顾，仅着力于注解"胜已败者也"的真正缘由，根本问题还在于他们并没有完全厘清"形胜"和"战胜"的区别与联系。笔者认为，孙子"所措必胜"，显然说的是"形胜"问题，而并非诸家所说的"战胜"问题。因为，后半句"胜已败者也"中的"已败者"，只是可能的失败者，并非现实的失败者，它完全是由于我方的"所措必胜"，造成了敌方陷于"已败者"的境地，最终成为必然的失败者。那么由此而深究，何"措"之有，方可成就敌陷入"已败者"的境地呢？还是管仲《选阵》对此有着深刻的阐述：

> 故事无备，兵无主，则不蚤知。野不辟，地无吏，则无蓄积。官无常，下怨上，而器械不功。朝无政，则赏罚不明。赏罚不明，则民幸生。故蚤知敌人如独行。有蓄积，则久而不匮。器械功，则伐而不费。赏罚明，则人不幸。人不幸，则勇士劝之。故兵也者，审于地图，谋于官日。量蓄积，齐勇士，遍知天下，审御机数，兵主之事也。（《管子·七法·选阵》）

这段论述，首先讲的是"忒"的情况：战无备，军无帅，就不能预知敌情；荒无垦，农无吏，就没有粮草蓄积；官无制，民抱怨，就没有器具精良；国无政，就赏罚不明。赏罚不明，兵众就会侥幸偷生。其次讲的是"不忒"亦即"所措必胜"的情况：先知敌情，便能所向披靡；积蓄粮草，就能久战不贫；武器精良，就能攻伐便利；赏罚严明，就无侥幸偷生；人无侥幸偷生，勇士就能敢勇当先。最后讲的是"知胜""见胜"的情况：详审地理，掌握天时，计算军需贮备，教练齐勇若一，全面明了世情，掌握战机战策。管仲此论，清晰地将"所措"之具项、"必胜"之原理，乃至"形胜"之样貌呈现于人们眼前。"官日"指四时临官之日、诸侯之象。足见，"所措必胜"尽蕴含在知敌情、积粮草、精武器、明赏罚、齐勇士等科学正确的政策制度之中，若吾是而敌非，敌安有不陷于"已败者"的境地之理。

"胜已败者也"讲的是"战胜"问题。对此，张预注曰："所以能胜而不差者，盖察知敌人有必可败之形，然后措兵以能之云耳。"如同前文曹、梅、杜三公之注，张注虽也将"胜而不差"的缘由，完全归结为"察知"和"措兵"的"战胜"

问题，但与其他注解不同的是，他清楚地诠释了句中"胜"与"败"的准确内涵。"胜"，就是"措兵以能之"的"战胜"之"胜"；"败"，就是"必可败之形"的"形败"之"败"。可见，"已败者"，就是孙子关于"形"基本类型之一的"可胜"者，它不过是在不同语境下"可胜"的另一种表达，二者其实是同一个意思。分析至此，我们反观全句，"其胜不忒"之"故"，可谓来因有据、去果必然。所谓"不忒者"，先是制胜于"所措必胜"之"形胜"，将敌置于"可胜"亦即"已败者"的境地；然后付诸攻战，方可制胜于"胜已败者"之"战胜"，其中，前者是因，后者是果，只有"所措必胜"之"形胜"的前之造因，才有"胜已败者"之"战胜"的后之得果，可见，能为"不忒者"，"所措必胜"是本，"胜已败者"是末，诸家将"不忒"皆归因于"胜已败者"，实属背本趋末之解。

总体而观，这句话不仅深刻阐明了"形胜"与"战胜"的内在关系，而且，对上说明古人之"战胜"，所以"胜于易胜"且"无智名，无勇功"之缘由，同时，对下也昭示和引出今人对于"形胜"，应当达成怎样的目标和要求。

故善者，立于不败之地，而不失敌之败也。此"故"如"夫"，既是孙子由议论古人转向抒发己见的提领词，也是他对"形胜"目标要求做出高度理论概括的发起语。对于此言的作用，陈启天注曰："谓先为不可胜，以待敌之可胜也。"意思是说，此言作用在于说明开篇首句。陈先生所注虽言之有理，但他并未认清两句话之间的区别与联系。其实，此言乃是对"先为不可胜，以待敌之可胜也"在不同语境下的另一种表达。开篇句是对"昔之善战者"，亦即过去的人们，关于"形胜"通常做法的描述，属行动层面的具体表达；这一句是对"善者"，亦即今天的人们，关于"形胜"目标要求的描述，属思想层面的抽象表达，二者的内涵虽基本一致，但存在着特殊与一般、具体与抽象的本质区别与联系。由此可见，孙子此言是对"形胜"实践最高的理论概括，反过来对于"形胜"实践又具有重要的指导作用。

"立于不败之地"，是"形胜"之本。对于这一点，诸家的认识基本上是趋于一致的。如杜牧注曰："不败之地者，为不可胜之计，使敌人必不能败我也。不失敌人之败者，言窥伺敌人可败之形，不失毫发也。"杜注鲜明肯定了，孙子此言旨在阐释"形胜"问题，"不败之地者"就是"不可胜"者，"敌人可败之形"就是"可胜"者。张预注曰："审吾法令，明吾赏罚，便吾器用，养吾武勇，是立于不败之地也。"张注则发挥阐释了"立于不败之地"的具体做法，包括"审吾法令，明吾赏罚，便吾器用，养吾武勇"等具体措施。事实上，诸家之注无出管仲《选阵》所言，孙子关于"形胜"的基本方策，均寓于管子提出的"知敌情、积粮草、精武器、明赏罚、齐勇士"等具体政策措施之中。"先为不可胜"之"为"如是，"所措必胜"之"措"如是，"立于不败之地"之"立"亦如是。正缘于此，赵本学注曰："此言其本也。立于不败之地者，先为不可胜之计是也。"明确指出，"立于不败之地"乃"形胜"之根本遵循。

"不失敌之败也"，是"形胜"之要。对于如何做到这一点，统观诸家之注，或如杜牧"窥伺敌人可败之形，不失毫发"之言而无物，或如张预"审吾法令，明吾赏罚，便吾器用，养吾武勇"之顾左右而言他，归根结底，均属避而不谈，索性不解。究其原因，"知胜""见胜"的确是"形胜"过程中一个极难把握的问题。对此，倒是管子《选阵》有所涉猎，提出"详审地理，掌握天时，计算军需贮备，教练齐勇若一，全面明了世情，掌握战机战策"等方法和策略。然而，孙子的问题似乎远非这么简单，无论"以待敌之可胜也"之语，还是"不失敌之败也"之言，他所强调的不仅有"知胜"或"见胜"的识时问题，同时还有"以待"与"不失"的乘时问题。关于识时乘时，古人真正可谓视之若玄关妙理。如《韩非子》云："非天时，虽十尧不能冬生一穗。"若非天时，纵有十个尧帝亦难使冬天植物生长一穗，时机之重要，时机之难得，可见一斑。又如《战国策》云："圣人不能为时，时至而弗失。"圣人不能生时，然时至却从不丢失，可见，时机的捕捉，时机的利用，何等不易。无怪乎，孙子曰："胜可知，而不可为。"喻而言之，"形胜"如"天时"，只可"知"而不可"为"。又曰："见胜不过众人之所知，非善之善者也。"喻而言之，"见胜"如"圣人"，应见胜于众人未见，当知胜于众人未知。此言又曰："立于不败之地，而不失敌之败也。"将帅之"不失敌之败也"，若圣人之"时至而弗失"。足见，识"形胜"之时，乘"形胜"之机，何其难也，又当是一件"运用之妙，存乎一心"

的事。所以，姜太公云："智与众同，非国师也。"由是观之，"不失敌之败也"，一靠管仲《选阵》提出的方法与策略，二靠将帅过人的睿智和慧眼，前者是科学，后者是艺术，只有二者的高度统一，才有"不失"的完美效果。

理论来源于实践，反过来又指导实践。孙子此言是对"先为不可胜，以待敌之可胜也"，"不可胜，守；可胜，攻也"，以及"见胜不过众人之所知，非善之善者也"等"形胜"实践，最抽象的理性思考和本质概括，故而，对于"不可胜——守——见胜"，即"形胜"全部过程，均具有重要的理论指导作用。

是故胜兵先胜而后求战，败兵先战而后求胜。此言为本段结语，由"是故"提领，总概的意味凸显。全句呼应本段首句提出的"见胜"与"战胜"，继"胜于易胜"和"胜已败者"之后，在更深层面上，再论"形胜"与"战胜"的本质关系，辩证地说明战争"胜"之机理、"败"之缘由。他说：由此可见，胜利的军队，总是先有必胜的条件而后寻求交战；失败的军队，总是先开始交战而后寻求胜利。句中，"胜兵"指"胜于必胜"之师；"败兵"指"败于必败"之旅，在孙子这里，"胜兵"与"败兵"既是可能的，也是现实的，此言所集中表达的正是这种可能性与现实性的高度统一。

然而对此，曹操注曰："有谋与无虑也。"李筌注曰："计与不计也。"他们意思是说，"先胜"与"先战"的本质区别，在于谋与不谋、计与不计，换言之，在于得与不得计谋之"胜算"。此观点对后世影响颇大，以至于刘邦骥注曰："总而言之，皆先计谋先胜，而后兴师，故以战则克，所谓无形之军政，非众人所知也。"主观地将此言要义归结于"非众人所知"的"计谋"与"军政"之中。类似训解，实有南辕北辙、风马牛不相及之嫌，非是。

关于"胜兵先胜而后求战"，陈启天注曰："胜兵，谓先为不可胜之兵。胜兵，先为不可胜，以待敌之可胜，乃胜于未战者。"夏振冀注曰："是故必胜之兵，盖藏形自治，先有胜人之本，而后求与人战者，所以必胜也。"陈、夏之注，深切孙子意旨。"先胜"之"胜"，是指"形胜"，意思是先得"形胜"，以奠胜利之基，拥有战争胜利的可能性；"求战"之"战"，是指"战胜"，意思是后求"战胜"，以获胜利之果，达成战争胜利的现实性。可见，"胜兵"之

"胜"，本于"形胜"，继以"战胜"，是可能性与现实性的高度统一，自然具有十足胜利的把握，故而，孙子将这种"胜于必胜"之师，亦即所谓"先胜而后求战"之师，称之为"胜兵"。下文谈到的"胜兵若以镒称铢"再次更加清楚地说明这一点。

关于"败兵先战而后求胜"，陈启天注曰："败兵，谓不知先为不可胜，又不知敌情之兵。如此之兵，未战而已先其败形，反好贸然与人战，以侥幸胜，是之谓先战而后求胜。"夏振冀注曰："必败之兵，盖轻尝妄试，先与人战，而后图偶尔之胜者，所以必败也。"陈、夏之注说明，所谓"败兵"，一不知先为"形胜"，二只求侥幸"战胜"，故必败也，甚是。在孙子看来，战争的胜利由"形胜"和"战胜"逐一实现而达成，"形胜"在先为本，"战胜"在后为末。"败兵"之所以"败"，皆缘于不先图"形胜"，而贸然"先战"，其"求胜"是在毫不具备胜利基础的情况下，鲁莽开战，侥幸求胜，追求不具可能性的现实性，自然若无源谋水、无本求木，故而，孙子将这种"败于必败"之旅，亦即所谓"先战而后求胜"之旅，称之为"败兵"。下文谈到的"败兵若以铢称镒"也更加清楚地说明这一点。

综上所述，"先胜"与"先战"，其根本不同就在于是否本于"形胜"。"胜兵"，先图"形胜"，再求"战胜"，故胜于必胜；"败兵"，不谋"形胜"，妄图"战胜"，故败于必败，正反两方面相互映衬，皆在言明"先胜而后求战"的制胜机理。纵观全段，此言又是孙子对"古之所谓善战者"，"胜于易胜"与"胜已败者"要点与本质的深刻揭示，是对"战胜"问题更高层次的理论概括，故而，对于"可胜——攻——战胜"，特别对战前决策，具有重要的理论指导作用。

中：为胜败政

孙子认为，"形胜"是战争胜利之本，"战胜"是战争胜利之末，"战胜"本于"形胜"，故曰："胜兵先胜而后求战，败兵先战而后求胜"。然而，何以"先胜"呢？诚如《论语·学而》所言："君子务本，本立而道生。"孙子所言亦然："修道而保法，故能为胜败之政"。精于治国，勤于理政，乃国家一切事务之大本，"政胜"才是"形胜"的大道。"形胜"本于"政胜"，其制胜之理皆寓于"修道保法"之中。"胜败之政"，承接上文说明此乃"先胜"的根本方略所在；引启下文阐述此乃"形胜"的关津大要所由。上下文义通畅，结构衔接紧密，"见胜之要"呼之欲出。

3.0 故善者，修道而保法，故能为胜败之政。

形胜的根本方略：修道保法，行必胜政

战争的胜利源于政治的胜利，这是中国古代一个极为重要的军事思想观点。如《商君书·战法》云："凡战法，必本于政胜。"《淮南子·兵略训》云："兵之胜败，本在于政。"《尉缭子·兵令上第二十三》讲得更为透彻："兵者，以武为植，以文为种。武为表，文为里。能审此二者，知胜败矣。""武"主要是指战争，"文"主要是指政治，二者是"植"与"种"、"表"与"里"的关系。这些都充分说明，战争的胜败取决于双方有无朗朗清明的政治。孙子《形》篇，虽然不像刘邦骥所言"此一篇论军政与内政之关系，以修道保法为一篇之主脑"，是主论"修道保法"问题的，但孙子此篇所揭示的战胜源于政胜的深刻道理，却是其他兵家无法比拟的。根本原因就在于，他阐明了"战胜"本于"形胜"、而"形胜"又本于"政胜"这一科学的制胜机理，或者说，他通过"形胜"，更加清楚地表明了"战胜"与"政胜"之间内存的、本质的关系。

故善者，修道而保法，故能为胜败之政。"故善者"，武经本作"善用兵者"。"故"字表明，此言乃上文之"因"，旨在阐明何以做到"立于不败之地"，又何以做到"胜兵先胜而后求战"，表明此言与上文存在着严谨的因果关系。"善者"说明，取得"形胜"绝非是只知"用兵"的忠勇辅将之功，而是兼政治家和军事家于一身的贤臣良将之能。而且，按照春秋末期"出将入相"的文武官职的任用情况，较之于"善用兵者"，"善者"的说法似更符合当时的历史实际，从简本作"故善者"义长。孙子说：因为高明的领导者，修明政治，保守法度，所以能够实行必胜的方针政策。为什么说"修道保法"就是"胜败之政"？"形胜"与"政胜"究竟存在怎样的内在关系？这自然与当时社会状况及其军事组织形态存在着不可分割的必然联系。

关于"修道保法"。何者为"道"？何者为"法"？对此，古今注家可谓众说纷纭，莫衷一是，但归纳起来无非是两种认识。一种认为，是指战争层面的制胜之道和赏罚制度。如贾林注曰："常修用兵之胜道，保赏罚之法度，如此则常为胜，不能则败，故曰胜败之政也。"李筌注曰："以顺讨逆，不伐无罪之国；军至无虏掠，不伐树木、污井灶；所过山川、城社、陵祠，必涤而除之，不习亡国之事，谓之道法也。"这种认识，显然是将孙子《形》篇的主旨理解为"战胜"，或者说，他们并没有理解孙子"形胜"的真正内涵，非是。另一种认为，是指国家层面的政治和制度。如曹操注曰："善用兵者，先自修治为不可胜之道，保法度不失敌之败乱也。"杜牧注曰："道者，仁义也；法者，法制也。"施子美注曰："道者何，仁义礼智信无非道也；法者何，赏罚号令无非法也。"应当说，这种认识基本是正确的，但值得注意的是，杜牧将"道"诠释为"仁义"，施子美训解为"仁义礼智信"，则充分反映了唐宋时期对《孙子兵法》研究儒化的历史流变印迹。换言之，虽然孙子的思想与儒家的思想有许多暗合之处，但他们对于孙子"道"政治内涵的儒化解读，是失之偏颇的。

对此，钱基博认为："'道'，即《计篇》所谓'令民与上同意'之'道'；'法'者，'曲制，官道，主用也'"。对作此解，他解释道："右第二节论先胜而后求战。夫未求战而先知胜，此'计'之后，所为重有事于'形'也。"意思是说，上一段论述"先胜而后求战"问题，就是《计》篇论述的"夫未求战而先知胜"问题，在此，孙子又将《计》篇的"道"和"法"，用来说明"形"的有关问题。笔者认为，钱先生之注切合孙子本意。无独有偶，宋代张预亦注曰："先修饰道义，以和其众；后保守法令，以戢其下。使民爱而畏之，然后能为胜败。"可见，张注"修道保法"完全源出于《计》篇，与"道者，令民与上同意也。故可与之死，可与之生，而不畏危"基本同义，他只是没像钱注明确指出这点而已。笔者认为，孙子提出"修道保法"，旨在指明"形胜"的根本方略，因此，它所概说和阐释的问题是：如何"先为不可胜，以待敌之可胜"？如何"不可胜，守"？如何"立于不败之地，而不失敌之败也"？质言之，它其实是对"为""守"和"立"等方法内涵的具体诠释。实际上，孙子在说，要通过修明政治，保守法度，聚人心，促生产，蓄军备，富国强兵，最终达到在军事实力上的我强敌弱，在军事格局上的我优敌劣，也就是我为"不可胜"而敌为"可胜"，即所谓"形胜"的目的。所以说，孙子所言"道"与"法"，前者主要是指治国方略、路线方针；后者主要是指法令制度、具体措施，二者的差别主要不在内容上，而在抽象与具体的形式上。"修"，拾遗补阙；"保"，遵循不违，从这两个字当中也足见饱含着的无尽的功夫和持守。

关于"胜败之政"，何者为"政"，何者为"胜败之政"，古代注家大都认为，"政"是指"政策"或"政治"。如杜牧注曰："善用兵者，先修理仁义，保守法制，自为不可胜之政，伺敌有可败之隙，则攻能胜之。"陈启天注曰："政，即政治，我胜敌败者，不决于战时之战斗，而决于平时之政治。"现代注家大都认为，"政"是指"主宰"的意思。如郭化若先生就将此句译释为"所以能够掌握胜败的决定权"，吴九龙、吴如嵩、陶汉章等众家从之，他们的理由是，"胜败之政"汉简本作"胜败正"，故认为"政"通"正"，《管子·水地》"为祸福正"和《老子》"清静为天下正"，即言"为祸福之主"和"为天下之主"，故认为"正"与此相同，为"主宰"之意。并推论道，疑后人误读"胜败正"之"正"为"政"，又于"政"上臆加"之"字。笔者认为，现代注家的释译纯属主观臆断的误解。事实上，大家所以将"政"作"正"，并释为"主宰"之意，当主要源自对孙子"胜败"二字的不解。按常理说，"修道保法"当"能为胜政"，为何各本均存一个"败"字，这是今人通常难以理解和无法解释的，恰好"正"有"主宰"之意，故作如是释，看似全句义通，其实这与上下文意完全失应，而更为严重的是，它抹杀了此言在全文中起到的内容上淹会贯通、结构上承上启下的纽结作用。

那么，"胜败之政"之"胜败"究竟是何意呢？对此，钱基博注曰："'胜败之政'之'胜败'二字，非对举也，当串讲，上文所谓'胜已败'者也。"钱先生的意思是说，"胜败之政"之"胜败"二字，并非并列关系，例如我们通常所说的"战争胜败"，其中，"胜"与"败"同时作为"战争"的可能结果，二者是并列的或者说是"对举"的；而孙子"胜败之政"之"胜败"二字，乃是上文讲的"胜已败者也"之"胜"和"败"，二者"当串讲"，用今天的语法知识解释就是，"胜"与"败"共同组成一个动宾结构的形容词，是用来修饰和说明"政"的，如果将其套入还原即为"'胜已败者'之政"。如前所述，"已败者"就是"可胜"者，亦即所谓"形败"者，依此而论，它的意思就是"必胜之政"。所以说，孙子所言"胜败之政"，是带有针对性和对抗性，立足于"形胜"意义的"必胜之政"。由是观之，古代注家将"政"解为"政策"是完全正确的，这不仅因为"修道保法"本身就是"政策"的题中之义，而且，战争的胜利源于政策的胜利，这本身就是孙子此言表达的重要思想。更为关键的是，将"胜败之政"释为"必胜之政"：对于上文，"形胜"本于"政胜"之理彰著；对于下文，"政胜"决定"形胜"之要昭显，又足见，孙子此言，对于全篇文意的融会贯通、上下结构的有机衔接，具有着重要的承上启下的纽带与桥梁作用。

总体而观，上文讲："战胜"本于"形胜"，方可"胜于易胜"，或曰"胜已败者也"；然"形胜"何来？孙子曰："先为不可胜，以待敌之可胜"，"不可胜，守"，"立于不败之地，而不失敌之败也"。可见，取得"形胜"，在"为"，在"守"，又在"立"。又曰："修道而保法，故能为胜败之政"，故又见，"为""守"和"立"的具体行动，皆当为源出于"修道保法"的有效措施，亦当为遵循于"胜败之政"的正确策略。质言之，孙子此言所表达的思想就是："形胜"本于"政胜"，也就是说，只有基于"政胜"，方可取得"形胜"，也才能造就出"先胜而后求战"的"胜兵"。下文讲："地生度、度生量、量生数、数生称、称生胜"，要言之，亦可谓曰"地生胜"，也就是"土地"产生"形胜"。然而，仅凭自然的土地是无法产生"形胜"的，否则，不是谁的国土大谁就取得"形胜"了吗？非也。诚如《荀子·礼论》所云："天地者，生之本也；先祖者，类之本也；君师者，治之本也。……三者偏亡，则无安人。"这说明，天地之生，先祖之类，君师之治，三者是缺一不可的，否则就没有安定有序的人类社会。孙子所言"修道而保法，故能为胜败之政"，讲的就是"君师之治"，同样说明，"地生胜"当出于"修道保法"所为，必本于"胜败之政"所治，质言之，"政胜"

孕育"形胜"，只有"修道保法"，实行"胜败之政"，方可使"土地"产生"形胜"，也才能孕育出"若以镒称铢"的"胜兵"。

下：见胜之要

论说至此，关于"形胜"还有一个重要的问题尚待解决。孙子曰："先为不可胜，以待敌之可胜"，"可胜，攻也"，"立于不败之地，而不失敌之败也"。然而，怎样"以待"？何谓"攻机"？又如何"不失"？对此，孙子曰："胜可知，而不可为"，"见胜不过众人之所知，非善之善者也"。他认为，关键在于"知胜""见胜"。也就是说，认识与把握"形胜"，需要识时达务，观机而动，方可见知"敌之可胜""而不失敌之败也"；只有运策决机，相机而行，才能达到"先胜而后战""胜于易胜""胜已败者"的目的。所以，"形胜"之要在于"知胜""见胜"。然而，何以"知胜""见胜"呢？显而易见，其津要就在于由地而生的"称胜"之法。

4.0 法：一曰度，二曰量，三曰数，四曰称，五曰胜。地生度，度生量，量生数，数生称，称生胜。故胜兵若以镒称铢，败兵若以铢称镒。

5.0 胜者之战民也，若决积水于千仞之谿者，形也。

"见胜"之法：五事称量

法：一曰度，二曰量，三曰数，四曰称，五曰胜。地生度，度生量，量生数，数生称，称生胜。这是孙子提出的"知胜""见胜"的基本方法，准确地说是前人给出的，其实也蕴含了"形胜"的基本原理，二者具有高度的统一性。所以，曹操注曰："胜败之政，用兵之法，当以此五事称量，知敌之情。"这里，孙子讲了三层意思，一是原理方法的源出，来自于前人的"兵法"；二是相关要素的名称，曹操称之为"五事"；三是"知胜""见胜"的基本方法，由"地"到"胜"渐次相生，直至称胜见胜。句中"兵法"，古今注家鲜有探究，间或有之，亦大多笼统地认为就是指古兵书、古兵法，其实不然。笔者认为，弄懂孙子"兵法"的所指极为重要，因为，这关系到句中所谓"五事"在当时社会中的理论内涵与实践意义。

"法"。武经本作"兵法",汉简本作"法",无"兵"字。关于"法",是中国古代思想文化中一个重要理论范畴,其内涵极为丰富。《管子·七法》就提出了治国理政的七大方面,包括"则、象、法、化、决塞、心术、计数",并统称之为"七法",足见"法"的内涵是多么宽泛。值得注意的是,正像前文我们所引述的一样,《管子·七法》大部分内容主要也是论述军事问题的,又见"法"的军事意义当是多么重大。对此,李零认为,孙子《计》篇提到的"法"就是军法,《司马法》就是齐国的军法,还说凡与组建、供给、装备、训练军队有关的一切事都属于军法。而且,他还认为,此篇提到的"法"也属于军法,讲的是军赋制度,它不仅包括征兵,也包括征武器、征粮草,一切人力资源和军用物资都在被征发之列,古人称为"料地出卒之法"或"算地出卒之法"(《唯一的规则:〈孙子〉的斗争哲学》)。笔者认为,李零先生的认识,是符合春秋末期的社会政治与经济状况的,也是符合当时"寓兵于农"的军事组织制度的。例如,孙子在《作战》篇中就谈到战时的"丘役"问题,他说,"屈力中原,内虚于家,百姓之费,十去其七;公家之费,破车罢马,甲胄矢弩,戟盾矛橹,丘牛大车,十去其六"。在《用间》篇中也谈到,"凡兴师十万,出征千里,百姓之费,公家之奉,日费千金,内外骚动,怠于道路,不得操事者,七十万家"。从孙子的这些论述中,虽然我们还难以准确看到当时军赋制度的具体明细,但也还是可以概略看出其涉及人力、物力和财力的总体状况,以及由此带来的对社会的广泛影响。所以说,李零先生的认识是符合孙子所言"法"的本意的。在此,我们慎思明辨"法"的真正含义,对于理解孙子依前人之"法"提出的"知胜""见胜"的方法,及其蕴含的"形胜"原理,具有着端本正源的重要作用。

第一,"见胜"五事。一曰度,二曰量,三曰数,四曰称,五曰胜。这是孙子依据前人典籍——"法",提出的"知胜""见胜"的基本方法,亦属一种军事认知的思维活动,由五个范畴构成五大环节,其用途在于测算推断或者叫分析判断"形胜"的归属问题。从理论上看,该方法定量分析特点显著,具有重要的军事方法论意义。从实践上看,诚如上文我们对"法"的军事含义的分析，它所涉及人力、物力和财力等诸多方面的庞杂内容，完全是一笔繁复的大账。尽管如此，孙子还是认为，依据前人之"法"，这笔账完全是可以算清楚的。共分五步，一环紧扣一环，一步紧接一步：一是法度，二是估量，三是计数，四是比较，五是形胜。

关于"一曰度"，这是孙子提出"知胜""见胜"方法的第一步，从下文来看，它是由"地"产生的。对此，王皙注曰："仗尺也。"贾林注曰："度土地也。"王注侧重于训诂"度"的原义；贾注则侧重于"度"的功能，应该说，二者相互补充整体上说清了"度"的基本含义。但唯一不够准确的是，春秋丈量土地常用步，以步量长宽，计算土地面积：六尺为步，百步为亩（100 步 × 1 步），百亩为顷（100 步 ×100 步），九顷为井或里（300 步 ×300 步），因此，古代多以"方里"说明疆域面积的大小。然而，笔者认为，对于"度"的认识，仅至于此是远远不够的，它究竟具有什么样的社会意义特别是军事意义，或者说，它对于测算推断"形胜"究竟发挥怎样的作用，这才是我们必须彻底搞清的根本问题。从政治方面看，《孟子·万章下》有云："天子之制，地方千里，公、侯皆方百里，伯七十里，子、男五十里，凡四等。"这说明，由"地"产生的"度"，对于当时社会政治制度的构建具有着极其重要的基础作用。从经济和军事方面看，无论在经济上鲁国的"初税亩"、郑国的"为田洫"和秦国的"初租禾"，还是在军事上晋国的"作爰田"、鲁国的"作丘甲"和郑国的"作丘赋"，无一不是基于土地产生的"度"，所以春秋末年便有诸侯"履亩而税"之说。由此可见，脱离开政治、经济和军事因素，单纯探讨孙子"度"的问题，完全是片面的，甚至是错误的。那么，孙子所谓"度"，究竟有着什么样的深刻含义？又如何准确把握它在军事上的具体运用呢？

吴王问孙子曰："六将军分守晋国之地，孰先亡？孰固成？"孙子曰："范、中行是（氏）先亡。""孰为之次？""智是（氏）为次。""孰为之次？""韩、巍（魏）为次。赵毋失其故法，晋国归焉。"吴王曰："其说可得闻乎？"孙子曰："可。范、中行是（氏）制田，以八十步为婉（畹），以百六十步为畛（亩），而伍税之。其□田陕（狭），置士多，伍税之，公家富。公家富，置士多，主乔（骄）臣奢，冀功数战，故曰先□。(此处残缺一些文字)公家富，置士多，主乔(骄)臣奢，冀功数战，故为范、中行是(氏)次。韩、巍(魏)制田，以百步为婉(畹)，以二百步为畛(亩)，而伍税〔之〕。其□田陕(狭)，其置士多。伍税之，公家富。公家富，置士多，主乔(骄)臣奢，冀功数战，故为智是(氏)次。赵是(氏)制田，以百廿步为婉(畹)，以二百卌步为畛(亩)，公无税焉。公家贫，其置士少，主金臣收，以御富民，故曰固国。晋国归焉。"吴王曰："善。王者之道，□□厚爱其民者也。"(《吴问》银雀山汉墓竹简)

《吴问》，1972年山东临沂银雀山西汉墓出土，竹简《孙子兵法》中的一篇，是史所未见的珍贵文献。全篇反映的是吴王阖闾与孙子问对，探讨晋国政局的发展趋势。吴王问，晋国六卿范、中行、智、韩、魏和赵氏，"孰先亡？孰固成？"也就是哪家先行灭亡，哪家最后胜利。孙子答，范、中行氏先亡，继而智氏灭亡，继而韩、魏灭亡，最终赵氏一统晋国。究其原因，他认为，范、中行氏盆地以八十平方步为一亩，平原以一百六十平方步为一亩，亩制最小；韩、魏氏盆地以一百平方步为一亩，平原以二百平方步为一亩，亩制居中；而赵氏盆地以二百平方步为一亩，平原以二百四十平方步为一亩，亩制最大。而且，前五家不仅田亩相对小，"置士多"，豢养士人多，且均以"伍税之"，即五分抽一，故而"公家富"；唯独赵氏亩最大，且"无税焉"。因此，带来的政治和军事上的必然结果就是：范、中行等五家"公家富，置士多，主乔(骄)臣奢，冀功数战"。也就是，"公家"财大气粗，豢养大量士人，卿臣骄奢淫逸，急功近利好战，必定相继而亡。而赵氏"公家贫，其置士少，主金臣收，以御富民，故曰固国，晋国归焉"。也就是，"公家"相对财薄，豢养士人较少，卿臣敛威收胆，以御守富足于民，故而国家稳固，必将一统晋国。

这里，我们研究的重点，倒不在于孙子预料六卿兴亡的顺序是否正确，而在于他是把什么作为分析判断六卿兴亡的根本依据。换言之，五卿相继败亡而赵氏独胜的孙子预言道理究竟何在？在六卿相互攻战之前他何以能够"知胜""见胜"？从文中可以清楚地看到，孙子分析判断六卿胜败的首要步骤，便是"以××步为婉(畹)，以××步为畛(亩)"，亦即所谓由"地"产生的

"度"。从孙子对"度"的运用来看,"度"绝非仅仅是丈量土地产生的面积概念,它还包含有由此确立的田亩、税收等经济制度,以及因此带来的豢养士人、卿臣骄奢、急功好战等政治、军事方面的影响。换言之,人们"度"——丈量土地的根本目的,完全在于制定出符合自身利益的经济、军事和政治等政策制度,不为建立"制度"而单纯丈量土地的"度"是毫无意义的。所以说,孙子所言的"度",与其说它是对"地"的丈量,不如说它是对与之相伴而生的经济、军事和政治等制度的考察。至此,我们也更加明白,孙子为何在"修道而保法,故能为胜败之政"之后,紧接着提出"一曰度,二曰量……"的"五事"问题,亦可足见"修道保法"与"五事"之间密不可分的本质联系。综上所述,将"度"理解为"法度",当深切孙子要义。

那么,如何准确把握孙子"度"在军事上的具体运用呢?从孙子对六卿兴亡的分析看,赵氏之所以能"晋国归焉",关键在于"公无税",然而,其军事力量从何而来呢?《汉书·刑法志》云:"税以足食,赋以足兵。"原来,税收与军赋是两回事,前者相对于民事,而后者相对于军事,税之外还有赋。其余五家不仅亩制小,且既"伍税之",又"置士多",在重税重赋之下,必然出现孔子所见"苛政猛于虎也"的悲惨景象,"虎"在无情地吞噬人民的同时,也冷酷地反噬了统治者自身。而赵氏不仅"公无税",而且"置士少",较好地处理了税与赋的关系,而且采取了"以御富民"的方针政策,政治上必然也是民心所向、众望所归。无独有偶,春秋齐国的田氏,拿大斗大秤借出,用小斗小秤收入,借以吸引民众归附;鲁国三桓在瓜分公室以后,季氏规定"以其役邑入者无征,不入者倍增",就是农民带土地来依附他的免税,否则加倍征税。由此可见,赵氏"公无税",不仅具有重要的经济意义,而且具有重要的军事和政治意义,这才是孙子所赞同的真正的"胜败之政"。综上所述,孙子的"度",反对税与赋超出耕地数量所能承载的范围,主张在"富民"和"固国"的大前提下,按照田亩数量筹测军赋问题。

历史的发展,虽没有完全如孙子所见,但赵氏果然日益强大,《史记·赵世家》说"赵名晋卿,实专晋权",并联合其他势力先后灭掉了范、中行和智氏,与韩、魏"三家分晋"，同时建立了封建侯国，历史从此也进入崭新的战国时期。孙子对晋国六卿兴亡胜败的准确预见，历史已经作出最为公允的评价。通过他所阐发与展现的未战先胜之理，"知胜""见胜"之法，足以说明，《吴问》实乃孙子所谓"形胜"的鲜活范例。

关于"二曰量，三曰数，四曰称，五曰胜"，这是孙子提出"知胜""见胜"基本方法的后四步，从下文来看，前者犹如后者之"母"，后者均由前者逐一派生、环环相扣，最后产生"胜"。纵观诸家训解，笔者认为，贾林之注当切合孙子本意："量"为"人力多少，仓廪虚实"；"数"为"算数也，以数推之，则众寡可知，虚实可见"；"称"为"既知众寡，兼知彼我之德业轻重，才能之长短"。其所以说贾注意切，是因为还存在另一种训解，且持此观点者不在少数，故需在此析微察异、辨物居方。如郭化若《十一家注孙子（附今译）》释译："量"为"物产资源的多少"；"数"为"双方人力的众寡"。吴九龙、吴如嵩、李零等注家均从此说。从前文我们对"度"的分析来看，将"量"与"数"作出分别专指"物资"和"人员"的区分显然是不对的，因为，无论"物资"也好，还是"人员"也罢，均出自于按田亩规定的军赋制度，因此，"量"不仅包含"人力多少"问题，同时也包含着"仓廪虚实"问题，将二者截然区分开来的观点明显不符合当时的客观实际。"量"既如此，"数"当亦然。关于"胜"，钱基博注曰："以上四者，有数可度，则有形可见，有形可见，而胜可知也；故终之以'五曰胜'焉。"的确，前四步的定量分析，就是为了得出最终的定性结果——"胜"。吴九龙《孙子校释》注释："此'胜'指双方优劣胜负之情状。"甚是，就是指欲知欲见的"形胜"。

第二，"见胜"方法。地生度，度生量，量生数，数生称，称生胜。孙子《形》篇旨在阐明"形胜"，但"形胜"究竟是怎么产生或者说被人们所知见的？此言便以顶针续芒的表述手法，丝丝入扣的严密逻辑，深刻揭示出"形胜"产生的基本原理，以及由此反映出来的人们"知胜""见胜"的基本方法。他说，土地产生法度，法度产生估量，估量产生计数，计数产生比较，比较产生形胜。这既是对"形胜"之理的理论阐释，也是对上文"知胜""见胜"方法的具体解读。在孙子看来，一个国家，争取"形胜"的根本基础不是别的，而是这个国家所拥有的土地。

关于"地生度"，《管子·水地》云："地者，万物之本原，诸生之根菀也。"在古代中国，土地是人民赖以繁衍生息的最重要的资源。无论是夏商周的奴隶社会，还是之后以小农经济为主体的封建社会，土地是我国古代人民赖以生存的主要生产资料，是构成当时社会生产关系和一切经济关系的基础。可以说，土地在中国古代社会经济中占绝对的主体地位，是国家的"立国之本"，因此，土地政策的好坏，决定着经济制度的优劣，进而也决定和影响着国家政治和军事制度的成败，孙子所谓"地生度"正是在这个意义上而言的。在此，我们反观知见"形胜"之第一步"一曰度"，其"度"的内容与方法已然总体呈现在我们面前：一是军赋制度，二是与军赋紧密相关的税收制度，三是由前两项决定和影响的政治和军事制度。从第一项中大体可以看到敌我双方可用于战争的人力、物力和财力的大小，后两项则可看到人心向背等一些潜在的军事实力因素。

关于"度生量，量生数，数生称，称生胜"，梅尧臣注曰："因地以度军势，因度地以量敌情，因量以得众寡之数，因数以权轻重，因轻重以知胜负。"此解甚是。根据敌国土耕地面积及其军赋制度，就可以估量其大体军事实力；根据敌大体军事实力，就可计算出其战车、人马、粮草以及物力、财力的具体数量；根据敌战车人马等数量，就可比较得出敌我双方的强弱优劣；根据我双方的强弱优劣，就可知见"形胜"的归属情况。梅公所言"军势"，就是关乎敌我胜负的总的战略形势，就是孙子"形胜"所说的敌我双方军事实力的胜负情状。"形胜"的结果必然是有胜有败，其最终表现形式，就是产生以绝对优势军力迎战敌人的"若以镒称铢"的"胜兵"，或者以绝对劣势军力迎战敌人的"若以铢称镒"的"败兵"。

相形之下，古今许多注家的解释完全可以说是风马不接、谬之千里。总体上可划分为两种认识。一种认为，"地"就是"战场地形"，战争胜负可由此推断见知。如曹操注曰："因地形势而度之。知其远近、广狭，知其人数也。称量己与敌孰愈也。称量之，故知其胜负所在。"张预注曰："地有远近广狭之形，必先度知之；然后量其容人多少之数也。称，宜也。地形与人数相称，则疏密相宜，故可胜也。"他们认为，战场地形广狭决定战场容量大小，战场容量大小决定兵力投入多少，兵力投入多少比较知见战争的胜负。另一种认为，"五事"就是"未战先计必胜之法"。如何氏注曰："地者，远近、险易也。度，计也。未出军，先计敌国之险易，道路迂直，兵甲孰多，勇怯孰是，计度可伐，然后兴师动众，可以成功。量酌彼己之形势。数，机变也。先酌量彼我强弱、利害，然后为机数。称，校也。机权之数已行，然后可以称彼我之胜负也。上五事，未战先计必胜之法。"对于前一种认识，只要有点军事常识的人就会知道，古往今来有哪一个军事家仅凭一点"地"——地形情况或者战场容量就可推断判明战争的胜负，这样的认识显然是耳食之论、无稽之谈。至于后一种认识，则属于置孙子"五事相生说"于不顾，完全是一种自说自话的训解。

第三，"见胜"结果。故胜兵若以镒称铢，败兵若以铢称镒。此言是孙子对五个"生"最后一句"称生胜"的进一步解读，也是对"形胜"结果的具体揭示。敌我双方"以形应形"的斗争结果，必是一方得胜一方失败，他将胜者称之为"胜兵"，败者称之为"败兵"。对于何为"胜兵"，何为"败兵"，孙子以"镒称铢""铢称镒"作喻，大略说明"形胜"的衡量标准。"镒"和"铢"是古代重量的计量单位，一镒为 24 两（一说为 20 两），一两为 24 铢，镒对铢之比为 576∶1，这里孙子想要充分表达的是，"胜兵"当占有绝对的优势，"败兵"必处于绝对的劣势。值得注意的是，孙子为何以极尽夸张的悬殊比例来说明"胜兵"与"败兵"标准问题，对此，曹操注曰："轻不能举重也。"梅尧臣注曰："力易举也。力难制也。"钱基博注曰："极喻'胜于易胜'之'易'"。应当说，这样的解释虽看似正确，但其实他们仅是从"战胜"的角度来解释其义的，故而重在强调"能"与"易"的问题。事实上，对于"形胜"而言，作为一种敌我军事实力相较而产生的胜负情状，孙子这里所强调的恐怕更多的是一种胜利的绝对把握，甚至蕴含着一种对待战争的审慎态度。因为，"形胜"完全不同于"战胜","形胜"仅体现为战争胜利的可能性，而只有"战胜"才能达成战争胜利的现实性。所以，孙子认为，只有具备绝对优势军事实力的一方，也就是战而必胜的一方，才可称为"胜兵"；只有处于绝对劣势军事实力的一方，也就是战而必败的一方，才可称为"败兵"，旨在告诉人们，唯此才能确保将战争胜利的可能性转化为战争胜利的现实性，达成二者的真正统一。

形，厚积于民，薄发于战

胜者之战民也，若决积水于千仞之谿者，形也。文章最后，孙子以"决积水于千仞之谿"作喻，给出"形"一个不是定义的定义，作为总概全篇的结束语。"胜者之战民也"汉简作"称胜者之战民也"，意思相同，皆指"形胜"一方的军民。理解这句话的关键和重点在"千仞之谿"。关于"仞"，曹操注曰："八尺曰仞。"李零认为，古代既有"仞"也有"寻"，"仞"指人身体的高度，"寻"指人双臂的展长。故"仞"指高度单位的概念更为准确。关于"谿"，《尔雅·释山》云："山夹水曰涧"，"山渎无所通，谿"。故"谿"意指被阻塞的涧溪。由此可见，"仞"与"谿"对言时，"仞"就不再是指山的高度，而是指涧的深度，故此，现代众注家将"千仞"释译为"在八百丈高处"，是极不准确的。其所以如此咬文嚼字，是因为孙子此喻实则要类比说明"形"究竟具有什么样的本质特征。

第一，厚积。孙子认为，要想夺取"形胜"，当"先为不可胜，以待敌之可胜"，重在"为""待"二字；当"不可胜，守"，"善守者，藏于九地之下"，重在"守""藏"二字；当"修道而保法，能为胜败之政"，又重在"修""保"二字。这字字珠玑，均饱含着"形胜"所需的无尽的功夫和持守。正如前文所言，孙子所处的春秋时期，是奴隶社会向封建社会过渡的历史时期，"丘牛大车"的生产力水平，决定了其"寓兵于农"的军事组织形态，只有平时修明政治，严守法度，苦心孤诣，休养生息，才能使战争所需的人力、物力、财力厚积于百姓民众之中。在此，孙子以"积水于千仞之谿"作喻说明，军事实力的强大须要厚积，军事实力的优势须要深藏，像潺潺细水，无声无息地汇流千丈深涧，最终才能获得较之于敌占绝对优势的军事实力，亦即"以镒称铢"之"形胜"。

第二，薄发。孙子认为，一旦获得"形胜"，当"可胜，攻也""善攻者动于九天之上"；当"胜于易胜""胜已败者"；当"先胜而后求战"。这言之凿凿，均说明"形胜"的巨大优势，必然带来"战胜"的所向披靡。亦如前文所言，"战胜"本于"形胜"；"形胜"本于"政胜"。换言之，战争的胜利，源于强大的实力；强大的实力，源于平时的积累；平时的积累，源于开明的政治，战争的胜利不过是平时经营的强大军事实力的爆发和释放，更不过是"修道保法"的开明政治的延伸与继续。在此，孙子以"决积水于千仞之谿"作喻说明，强大的军事实力一旦投入战争，就像千丈深涧积水之崩决，一泻千里，其并力一战，必势如破竹，任何敌人都难以抵御。这里，"积水"喻指"形"，"决水"喻指"战"；"积水"是"决水"的前提，"决水"是"积水"的结果；"积水"是本，"决水"是末。孙子以"决积水"喻明"形胜"与"战胜"本质关系的同时，最终归束全文"善者"当贵于平时厚积而战时薄发的"形胜"本质与主旨。

通观《形》篇，唯结尾处出现一"形"字外，全篇再无一个"形"字，但孙子对"形"的阐发与运用却可谓揆之至深且妙到毫巅。就"形"的含义而言，"见乃谓之象，形乃谓之器"，"形"为器为著，是指有质有体并具有显著外在形态的东西，故用在军事领域，其义即指军事实力，样态呈现出攻形守形，结果为有胜有败。就"形"的运用而言，"相形之下，高下立见"，"形"又有"相较""比较"之意，故用在军事领域，其运用表现为"以形应形"的军事斗争，关键则在敌我相察相较中的"见胜"，其目的是夺取"形胜"而成为"先胜而后求战"的"胜兵"。就《形》的布局而言，"在天成象，在地成形"，"形"生于"地"，二者相对立而同一，或基于此。孙子《形》篇布局：上言"形"讲"形胜之理"，下言"地"讲"见胜之要"，中以"政胜"相钩连，然归根结柢皆渊源于"地"生"形"的天理之中。总而言之，孙子《形》篇，如同儒家言"仁"，没有"仁"的定义，道家言"道"，没有"道"的定义一样，孙子言"形"

同样没有"形"的定义，作为中国古代思想文化的这一独特思维现象，对于明者，则仁者见仁，智者见智，给人以广阔的思想发挥空间，对于暗者，则众说纷纭，莫衷一是，即使谬误千里仍趋之若鹜。尽管如此，孙子对"形"的论述，似妙手偶得，恰浑然天成，如若我们理解了孙子"形"的本真内涵，就会领略到《形》篇结构之严谨，主题之鲜明，思想之先进。

第五　势

——择人任势

春秋战国，是中国古代兵法臻于发达成熟的鼎盛时期。彼时，兵家博采儒、道、墨、法众家之长，蒲牒书就了根植于当时特定社会土壤、汲取到当时特有文化营养、反映着当时特殊战争实践、彰显出自身鲜明特色的兵法韬略，其中，用兵求"势"，便是其显著特点之一。故此，《汉书·艺文志·兵书略》独辟"兵形势家"为一类，总括其特点为："形势者，雷动风举，后发而先至，离合背乡，变化无常，以轻疾制敌者也。"《吕氏春秋·审分览·不二》总结先秦诸子十家之长时说："孙膑贵势"。足见，用兵求"势"乃兵家独树之帜。《孙子兵法》虽类属"兵权谋家"，然其《势》篇可谓"兵形势家"木水之本源，故探明《势》之要旨，穷究"势"之就里，弄懂如何在战场上创势用势，着实具有特别重要的理论与现实意义。

一、题解——势，是战场创造的情势和气势

《势》篇篇题，汉简本作《埶》，"埶"乃"势"之古字；武经本作《兵势》，"势"上有"兵"字，盖因曹操所注"用兵任势也"之故，后由《武经七书》编者所加。何者为"势"？孙子言之，可谓譬喻叠出，如"势如弩""激水之疾，至于漂石者，势也"及"如转圆石于千仞之山者，势也"等。《势》篇这一显著

特点，充分体现了中国古代兵法成熟于舍事言理、精妙于以理喻兵的独特魅力。然而，借用自然之道，晓谕用兵之理，对于后学必定带来截然相反的两方面影响：明者则见仁见智，常常是百人百见、各具匠心；暗者则难知就里，往往是失之毫厘、谬以千里。

"势"是中国古代思想文化中一个重要的哲学概念，《说文》曰："势，盛力权也。从力埶声。经典通用埶。"何谓"盛力权也"？《韩非子·难势第四十》开篇便引述慎到之语曰："飞龙乘云，腾蛇游雾，云罢雾霁，而龙蛇与蚓蚁同矣，则失其所乘也。贤人而诎于不肖者，则权轻位卑也；不肖而能服于贤者，则权重位尊也。尧为匹夫，不能治三人；而桀为天子，能乱天下，吾以此知势位之足恃而贤智之不足慕也……则此观之，贤智未足以服众，而势位足以屈贤者也。"慎到乃法家前驱之一，自古就有"商鞅重法、申不害重术、慎到重势"之说，他认为贤者犹如飞龙、腾蛇，权势好似浮云、雾气，一旦云开雾散无所乘游，则飞龙、腾蛇不过如蚯蚓、蚂蚁一般。贤者所以屈服于不肖之徒，缘于其位卑权轻；不肖之徒所以使贤者屈服，缘于其位高权重。尧虽贤德，然作为平民无法治理三人；而桀虽暴虐，但作为天子可以祸乱天下。故而，慎子得出的结论是，贤者之智并不足以服众，而势位之尊则足以使贤者屈服。由此可见，"势"更多表现为权势的影响力，其功能作用甚为巨大。依此又见，"位尊"则具"盛力"；"权重"则有"权也"。许慎《说文》解"势"之义，大同于慎到所言"势位"之理，正因如此，古来素有法家专于"权势"、纵横家长于"局势"、兵家贵于"形势"之评说。

兵家论"形势"滥觞于孙子，其本末源流，当历历可考。正如解读《形》篇时我们所谈到的，古时关于"形势"，分"形"与"势"两个问题，孙子便是以《形》与《势》分而言之、相对而论的。两篇结语对"形"与"势"的譬喻界说，"胜者之战民也，若决积水于千仞之谿者，形也"，"善战人之势，如转圆石于千仞之山者，势也"，就是将二者相对而论最好的佐证。关于"形"与"势"的区别与联系，古代注家除在分析篇次时稍有涉猎外，鲜有论及；而近现代注家大都关切和侧重于二者本质联系的探讨。如郭化若认为："前一篇孙子讲的'形'，实质上就是我们现在说的'运动的物质'，本篇所讲的'势'，实质就是'物质的运动'。"郭先生所注虽正确无误，但此种类似哲学思辨式的训解，对于孙子阐述的具体军事问题确显隔靴搔痒、空洞无物。再如王晳注曰："势者，形之变动者也。形为体，势为用，阵以形成，战以势决。故孙子于阵法之后，即以战法继之。"王注"阵"与"形"同的说法虽有偏颇，但其"形为体，势为用"的认识着实颇具见地。笔者认为，对于这一问题，认识最准确、最切合孙子本意的当属钱基博先生。他认为："势与形不同。形者，量敌而审己，筹之于未战之先。势者，因利而制权，决之于临战之日。"的确如此，"形"，就是战前或者说平时，料敌察情，知胜见胜，"先为不可胜"的"筹"的问题，"势"，就是临战或者说战时，因势利导，任势用势，"以正合，以奇胜"的"决"的问题，二者虽相互联系、密不可分，但一平一战、一体一用，犹有河界之楚汉，各有所务，各执一端。

"形"与"势"，均是关于军事实力的博弈对抗问题。"形"属战备问题，是指未战之前或者说平时对军事实力的建设与准备，其格局表现为弱守强攻；其方法是在"知胜"和"见胜"中，亦即在"量敌而审己"之中"为"与"待"；目的在于构建形成军事实力上的强对弱、格局上的优对劣。"势"属实战问题，是指临战之时或者说战时对军事力量的运用与发挥，其格局表现为正合奇胜，其方法是在"动敌"和"待敌"中，亦即在"因利而制权"之中"任势"与"用势"，目的在于创建形成战场力量上的实对虚、气势上的勇对怯。所以，"形"属于平时在既定攻防格局下建设绝对强大的军事实力问题，"势"乃是战时运用军事力量创造压倒性优势的战场情势问题，这也决定了二者的本质特点和内在关系。诚如夏振翼注曰："形，则欲其隐，所以使敌不测也；势，则欲其奋，所以使敌莫御也。"汪殿武注曰："形既立，而势自张，形秘而势显也。""形胜"，需要"藏于九地之下""动于九天之上"，务求隐秘而使敌不知；"战势"，需要"势如彍弩，节如发机"，务求张扬而使敌不御。形为本，势为末；形既立，势必张。

那么什么样的战场情势，才是孙子所追求的"势"呢？"战势不过奇正，奇正之变，不可胜穷也。"绝对优势的战场情势，靠"奇"与"正"兵力的灵活运用与变化来创造；"势如扩弩"，如《考工记·弓人》所云"射远者用势"，军队攻击敌人如离弦之箭，战斗力强大而持久；"激水之疾，至于漂石者，势也"，部队似激流一样冲向敌人，所向披靡；"勇怯，势也"，在战场大势所趋下，敌军无不感到压力与震慑而胆颤心惊，我军即使怯者也无不备受鼓舞与感召而勇往直前；最后，孙子总概曰："善战人之势，如转圆石于千仞之山者，势也"。假使伫立山脚之下，遐想感知战场这样的情形，"势"一定具有物质与精神的双重作用：就物质性而言，锐势之军就像山顶滚落的巨石，在战场上具有着横扫一切、势不可挡的冲击力；就精神性而言，战场形势如高山险峻之势，对军队具有雷霆万钧、大势所趋的影响力。"势"通古字"埶"，"埶"从"坴"从"丸"，"坴"为大土块，"丸"为圆球，是圆球置于大土块之上的情形，孙子此喻不过是对"埶"字意象的放大，足见，研究《孙子兵法》，学习中国古代思想文化，不仅需要科学的领悟，更需要领悟的科学。

关于《势》的篇次，十一家注本《势》次《形》位居第五，而出土简本则《势》在前而《形》在后。对此，李筌注曰："陈以形成，如决建瓴之势，故以是篇次之。"张预注曰："《形篇》言攻守，《势篇》说奇正。先知攻守两齐之法，然后知奇正……奇正自攻守而用，虚实自奇正而见。"李、张二公从"形"与"势"的源流关系说明，"势"自"形"出，"势"在"形"中，故《势》次《形》下，但李注"形"即"阵形"、张注"形"即"攻守"的说法的确存在偏颇。顾福堂注曰："初见者谓之形，见而共著者谓之势，形微而势显，故以《势》次《形》之下。"钮先钟注："就逻辑而言，势出于形，形为静态，势为动态，由静而动，此种逻辑顺序的排列似乎也是非常自然。"顾、钮二公则从"形"与"势"的本质特征说明，形微而势显，形静而势动，故《形》前而《势》后。笔者认为，"形"属于"积水于千仞之谿"的军事实力的建设与积聚问题，而"势"属于"转圆石于千仞之山"的军事力量的运用与发挥问题，二者乃是本与末、源与流的内在关系。诚如钱基博先生所言："形者，量敌而审己，筹之于未战之先。势者，因利而制权，决之于临战之日。"故次《形》排第五。

二、构解——既讲了创势之理，又讲了创势之要

《势》是孙子对战场情势和气势创造原理与方法的理论考察。首先，以治军制胜四要，引比切入创势之本——奇正，遂即以奇正之用、奇正之变，譬喻说明战场创势的基本原理。其次，以战场上"纷纭不乱""浑沌不败"的现象、原因及机理为转折，承启下文创势之要。再次，以"动敌待敌"和"择人任势"的要径与奇略，阐释说明了创势任势的基本方法。

上半部分：创势之理。从"凡治众如治寡，分数是也"至"势如弩弩，节如发机"。孙子开篇运用引比的修辞手法，举凡"分数""形名""奇正"和"虚实"治军夺胜四大要素，旋即独耸"奇正"，切入全文主题，突出阐明创势的根本在于"正合奇胜"之用、"奇正相生"之变，要求在于设"势险节短"之态，目的在于成"势如弩弩，节如发机"之效。从而，宏观勾画了战场创势之理。

中间部分：数势形。从"纷纷纭纭，斗乱而不可乱"至"强弱，形也"。上文，孙子以譬喻手法言明创造战场有利态势的基本原理；在此，他提出并回答了为什么在纷纭浑沌的战场上"斗乱而不可乱""形圆而不可败"。进而推宗明本地说明："数""势""形"，既乃用兵之本，亦乃创势之宗；借此，顺理成章地将抽象的"创势之理"，引向战场上具体的"创势之要"。

下半部分：创势之要。从"故善动敌者，形之"至"故善战人之势，如转圆石于千仞之山者，势也"。孙子认为，因循"数""势""形"的用兵打仗之本，战场创势其要在两端。一是以"动敌""待敌"的方法设势。以"形之""予之"的方法调动敌人，亦所谓"以利动之"，以"治""勇""强"的军队待击敌人，亦所谓"以本待之"，从而创建有利的战场态势。二是以"择人""任势"的策略成势。只聚力"求势"，不注目"责人"，舍弃个人的情感，希求群体的勇敢，从而成就压倒性战场气势。最后，以"如转圆石于千仞之山者，势也"为喻，总结说明"战势"的实质和情状。

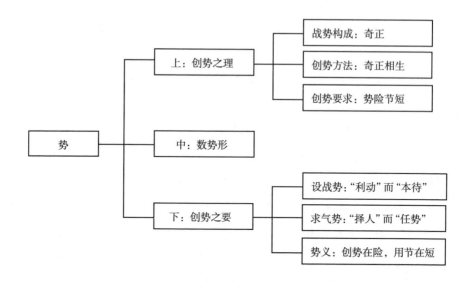

三、文解

老子曰："道生之，德蓄之，物形之，势成之。是以万物莫不尊道而贵德。"（《道德经》五十一章）意思是，天道创生，德性蓄涵，物质塑形，大势就成，所以万物无不至尊于天道、至贵于德性，这是万事万物生成发展的普遍规律。事实上，孙子看待战争的观点完全等同于老子。《形》篇讲"形胜"，就是指军事实力的强大根植于民众繁衍、器具工艺、粮草农作等社会物质基础的生产与建设，厚积于"修道而保法，故能为胜败政"的德政道胜，即所谓"道生之，德蓄之，物形之"。《势》篇讲"战势"，就是指战争的胜利发轫于奇正之用、无穷之变，成就于"势险节短"的战场情势和气势，即所谓"势成之"。与老子不同的是，老子的"势"更多地讲自然之势、天然之势，而孙子的"势"讲"战势"更多地强调人为的创造与主观能动性的发挥。

上：创势之理

1.0孙子曰：凡治众如治寡，分数是也；斗众如斗寡，形名是也；三军之众，可使毕受敌而无败者，奇正是也；兵之所加，如以碫投卵者，虚实是也。

2.1 凡战者，以正合，以奇胜。故善出奇者，无穷如天地，不竭如江河。终而复始，日月是也；死而复生，四时是也。声不过五，五声之变，不可胜听也；色不过五，五色之变，不可胜观也；味不过五，五味之变，不可胜尝也。战势不过奇正，奇正之变，不可胜穷也。奇正相生，如循环之无端，孰能穷之！

2.2 激水之疾，至于漂石者，势也；鸷鸟之击，至于毁折者，节也。是故善战者，其势险，其节短。势如彍弩，节如发机。

战势的构成：奇正

孙子曰：凡治众如治寡，分数是也；斗众如斗寡，形名是也；三军之众，可使毕受敌而无败者，奇正是也；兵之所加，如以碫投卵者，虚实是也。孙子开篇就讲了四句"是也"，按照现代修辞手法，称之为重复句。运用重复句的作用，通常旨在加强感情、突出主题。孙子说，治理大部队如同治理小部队一样，是体制编制的合理运用使然；指挥大部队作战如同指挥小部队作战一样，是指挥方法的科学运用使然；举国如此众多的军队，纵使全部投入作战也不会有招致失败的，是奇正兵力的灵活运用使然；兵锋所向如同以石击卵，是避实击虚的正确运用使然。从孙子的开篇语看，除"治众治寡"是平时和战时都存在的问题外，其余三点均讲的是作战问题，故此，我们有充足的理由说，孙子开篇就是聚焦战场、突出打仗这一主题的。但是，这样的开篇与篇题"势"有何关系，《势》篇主旨究竟要说明什么问题呢？

凡治众如治寡，分数是也。关于"分数"的内涵。曹操注曰："部曲为分，什伍为数。"孟氏注曰："分，队伍也；数，兵之大数也。分数多少，制置先定。"王晢注曰："分数，谓部曲也。偏裨各有部，分与其人数，若师、旅、卒、两之属。"上述注释，明了破的，"分"就是指军队的组织结构，即军队体制，"数"就是指各级的编配员额，即军队编制。"分数"作为由"分"和"数"组成的复合名词，是孙子兵学中一个军事理论概念，专指军队体制编制问题。

关于"分数"的机理。张预注曰："故治兵之法：一人曰独，二人曰比，三人曰参，比参曰五，五人为列，二列为火，五火为队，二队为官，二官为曲，二曲为部，二部为校，二校为裨，二裨为军。递相统属，各加训练，虽治百万之众，如治寡也。"张注说明，由于军队采取层级结构设置，故此可以通过一级统领一级的方法，实现"治众如治寡"的功能和效果，按照现代系统论的观点，是"结构决定功能"的机理使然。故此，《草庐经略·尚整》曰："韩信多多益善，止是分数之明。"的确如此，军队规模大也好，小也罢，拥有科学的体制编制才是治军的基础和关键。

关于"分数"的运用，明代戚继光《纪效新书》曰："君用兵酷嗜节制，节制工夫从何下手？曰：束伍为始，教号令次之，器械次之，微权重焉，不能传也。"他认为，对军队的统御——"节制"，肇始于对最小分队的管理——"束伍"，"伍"编有五人，设伍长一人，是明代军队最小的编制单位，统军大事应当从最小基层单位抓起。应当说，戚公的观点是非常有道理的，即使在现代军队管理工作中，也常说"班长是兵头将尾"，权力虽微，格局虽小，但学问很大，事关治军打仗的大局，这里的学问往往是非他人所能传授，主要靠自己在思考与实践中逐渐自我领悟。那么，孙子的"分数"与戚继光的"节制"究竟存在怎样的本质联系呢？对此，钱基博认为："孙子之谓'分数'，戚继光谓之'节制'；以将校之统御言，曰'节制'；以部伍之分编言，则曰'分数'。"钱先生所言极是，"分数"与"节制"不过是一个问题的两个方面，没有孙子部伍分编的"分数"，也就没有戚公将校统御的"节制"。清代李祖陶《迈堂文略》则进一步认为："孙子之书，形而上者也；戚氏之书，形而下者也。"意思是说，孙子讲的"分数"是普遍性、一般性的问题，而戚继光讲的"节制"则是特殊性、具体性的问题。质而言之，"分数"是本，"节制"是末，"分数"是体，"节制"是用，"节制"不过是将校对"分数"的深入把握与科学运用。事实上，戚继光所讲的"节制"，本身就是孙子所言"治众治寡"问题的应有之义，"分数"无论对于治军还是统军，均具有根本性和基础性的作用，二者是辩证的，也是统一的。诚如夏振翼注曰："师旅伍两，各有统制，大将总其纲领。"他的意思是说，由于有了"师旅伍两"的"分数"，所以才有"各有统制"的"节制"，作为将帅，只要"总其纲领"，掌握一般规律和基本方法，就可以实现孙子所谓"治众如治寡"的目的。夏公之识，可谓道破"分数"运用之理，说透了将帅以"分数"治军统军之道。

综上所述，孙子所言"分数"，就是对军队组织结构、体制编制及其运行机制的高度抽象与概括，是治军问题的根本方法和原理。对于孙子此言所阐释的思想原理，钱基博先生认为："不惟节制以治军，抑亦战斗以应敌！"的确如此，治军问题，不仅是平时统军之要，而且是战时用兵之基，这也正是孙子论述"势"这个凝集战场、聚焦打仗的问题时，为何首言"治众治寡"的根本原因所在。

斗众如斗寡，形名是也。关于此言，孙子《军争》篇曰："《军政》曰：'言不相闻，故为之金鼓；视不相见，故为之旌旗。'夫金鼓旌旗者，所以一民之耳目也。民既专一，则勇者不得独进，怯者不得独退，此用众之法也。故夜战多金鼓，昼战多旌旗，所以变人之耳目也。"《势》与《军争》所言，可谓"斗众"与"用众"互映；"形名"与"金鼓旌旗"相合，抑或有缘于此。曹操注曰："旌旗曰形，金鼓曰名"。自此曹操之注基本框定了"形名"之义的训解方向。尽管，杜牧注曰："夫形者，阵形也；名者，旌旗也。"除将"形"另释为"阵形"之外，"名"为"旌旗"的训解依然不变。但是，让今人费解的是，在中国传统思想文化中，形名之事、形名之学古已有之，为何孙子所言"形名"兀自以"金鼓旌旗"释之，难道它与诸子百家所言"形名"毫无内在联系？非也，这完全不符合人类思想文化发展的历史逻辑。或许，由于古人本就明其就里，所以不足以言、不足再训，但对今人而言，欲知孙子"形名"古时何意、今时何指，必然需要慎思明辨、章往考来。

形名之事自古就有悠久的历史渊源。《庄子·天道》载："故书曰：'有形有名。'形名者，古人有之，而非所以先也。"意思是说，古书上说："有形体就有名称。"所以，形名之事，古代就有，不过在论道时并非居于首位罢了。可见，"形名"问题由来久矣。然而，作为一种社会思潮，形名之学的出现却在春秋后期，至战国中期达到鼎盛。它是中华民族用以修身明德、以身践道、内修外用，达到天人合一的治己治世之学。如《庄子·天道》又云："是故古之明大道者，先明天而道德次之，道德已明而仁义次之，仁义已明而分守次之，分守已明而形名次之，形名已明而因任次之，因任已明而原省次之，原省已明而是非次之，是非已明而赏罚次之。赏罚已明而愚知处宜，贵贱履位；仁贤不肖袭情，必分其能，必由其名。以此事上，以此蓄下，以此治物，以此修身，知谋不用，必归其天，此之谓太平，治之至也。"这段论述，就说明了形名学是古之明大道者修身治物的利器，也阐释了在具体应用方面的步骤与次第，还描绘了依此践道则无需智谋而天下大治的最高境界。正因形名之学旨在修身治世，故而诸子论道莫不言"名"，百家之学各为所用。那么，作为哲学范畴的"形名"究竟何意，孙子所言"形名"究竟何指呢？

"形名"作为一个哲学概念最早当出现于《黄帝四经》，其《道法》篇云："虚无形，其寂冥冥，万物之所从生。……故同出冥冥，或以死，或以生；或以败，或以成。……见知之道，唯虚无有。虚无有，秋毫成之，必有形名，形名立，则黑白之分已。……是故天下有事，无不自为形名声号矣。形名已立，声号已建，则无所逃迹匿正矣。"意思是说，"道"是体空无形、寂静幽深的东西，宇宙万物万事都是由"道"产生的。因此，万物万事的死生成败皆由"道"所决定。观察认识事物的原理，唯有遵循"道"。"道"由细微的事物构成，必然有形有名，形和名的观念一旦确立，则是非黑白的界线也就分明了。所以，天下所有事物，无不具有各自的形体名称、声音代号。形体和名称一旦确立，声音和代号一旦构建，那么万物万事就无所遗漏、囊括其中了。这段论述表明，"形名"是人类认识宇宙万事万物发展规律的一个重要哲学范畴，"形"是对物质存在形式的客观反映，"名"是对物质存在称谓的主观规定，只有确立事物的"形名"，人们才能够认识世界，把握世界。正是基于这样的认识，战国公孙龙《名实论》曰："夫名，实谓也。""名"乃是对实体实物的称谓。《尹文子》曰："名者，名形者也；形者，应名者也。""名"是对"形"的人为命名；"形"是对"名"的实体对应。易见"形"与"名"是相互对应、密不可分的。《墨子·小取》则曰："以名举实，以辞抒意，以说出故。"认为，用名称反映事物，用语言表达思想，用推论揭示原理，简要阐释了"形名"的实际功用。综上所述，"形"是指事物的实体，"名"是指事物名称，天下万事万物均是"形"与

"名"的统一体。所以说，"形名"的产生，是人们认识事物的客观需要，是人类逻辑思维发展的必然产物。

孙子将"形名"应用于军事活动的特殊领域，必然衍生出自身特有的含义。他说："斗众如斗寡，形名是也"；《军争》篇又曰："夫金鼓旌旗者，所以一民之耳目也。民既专一，则勇者不得独进，怯者不得独退，此用众之法也"。其中"用众"就是"用众兵作战"之意，实与"斗众"属于同一含义。我们知道，大部队与敌作战无非由两个部分构成：一是将帅指挥，二是部队行动，而使二者达到"民既专一"的理想效果，或者说"携手若使一人"（《九地》）的最佳状态的，按照《势》篇讲是"形名"使然，按照《军争》篇讲是"金鼓旌旗"使然。故而，曹操注曰："旌旗曰形，金鼓曰名。"然而，对此训解提出质疑，且最具代表性的当属唐代杜牧，他认为："旌旗钟鼓，敌亦有之，我安得独为形名，斗众如斗寡？夫形者，阵形也；名者，旌旗也。战法曰：'阵间容阵，足曳白刃。'故大阵之中，复有小阵，各占分地，皆有阵形。旗者各有方色，或认以为鸟兽，某将某阵，自有名号。形名已定，志专势孤，人自为战，败则自败，胜则自胜，战百万之兵，如战一夫。此之是也。"笔者认为，杜注最大的意义在于对前人训解的质疑，而其自身的诠释则是自相矛盾、漏洞百出。怎么会在"皆有阵形""形名已定"的情况下，任其"自败""自胜"而左右无援，且又能为"如战一夫"呢？但杜注关于"旌旗钟鼓，敌亦有之，我安得独为形名，斗众如斗寡"的诘问，以及"夫形者，阵形也"的异说，对于后学深究孙子关于"斗众如斗寡，形名"的思想原理，不乏发蒙启蔽的意义。

关于"旌旗钟鼓，敌亦有之"的问题，对于"形名"，梅尧臣注曰："形以旌旗，名以采章，指麾应速，无后先也。"意思是，旌旗代表"形"，采章代表"名"，指挥下令重在及时，没有先后之分。那么，何谓"旌旗"，何谓"采章"，古代作战时又是如何使用的呢？管仲对此曾做过具体的描述和原理的阐发。

三官不缪，五教不乱，九章著明，则危危而无害，穷穷而无难。故能致远以数，纵强以制。三官：一曰鼓，鼓所以任也，所以起也，所以进也；二曰金，金所以坐也，所以退也，所以免也；三曰旗，旗所以立兵也，所以利兵也，所以偃兵也。此之谓三官。有三令，而兵法治也。五教：一曰教其目以形色之旗，二曰教其身以号令之数，三曰教其足以进退之度，四曰教其手以长短之利，五曰教其心以赏罚之诚。五教各习，而士负以勇矣。九章：一曰举日章，则昼行；二曰举月章，则夜行；三曰举龙章，则行水；四曰举虎章，则行林；五曰举鸟章，则行陂；六曰举蛇章，则行泽；七曰举鹊章，则行陆；八曰举狼章，则行山；九曰举韰章，则载食而驾。九章既定，而动静不过。三官、五教、九章，始乎无端，卒乎无穷。（《管子·兵法》）

管仲说，"三官"无误，"五教"不乱，"九章"分明，军队即使处于极度危险也无害，处于极度困乏也无难。其所以如此，远征靠方法，御众靠制度。所谓"三官"：鼓的作用是下令作战，用于发起行动和进攻；金的作用是下令防守，用于命令撤退和停战；旗的作用是下令出征，用于指挥行军和停止。所谓"五教"：教练军士目认旗语、耳识号令、进退步伐、掌握兵器和牢记赏罚。所谓"九章"，举日章，白日行军；举月章，夜里行军；举龙章，水里行军；举虎章，林内行军；举鸟章，丘陵行军；举蛇章，沼泽行军；举鹊章，陆上行军；举狼章，山上行军；举岸章，携粮车行。九章明确，军队动静行止则有序不乱。而且，管仲还进一步说，三官、五教、九章，千变万化，变幻莫测。由此可见，孙子"金鼓旌旗"，与管仲"三官、五教、九章"所言同事同理，而"夜战多金鼓，昼战多旌旗"的说法则进一步说明，"金鼓旌旗"就是包括夜战和昼战所有指挥命令下达方式的统称。故此，王皙注曰："形者，旌旗金鼓之制度；名者，各有其名号也。"可见，"形名"既是一个指挥命令的代号系统，也是一种指挥命令的下达方式，还是一套完善的组织指挥制度。而管仲所说"三官、五教、九章，始乎无端，卒乎无穷"的客观实际，充分说明杜牧"旌旗钟鼓，敌亦有之"的问题是可以避免且各有所制的。

关于"夫形者，阵形也"的问题，杜牧认为，"形"为"阵形"，"名"为"旌旗"，这样的训解至少是不全面的。如管仲所言"立兵"即出征的问题，杜注"阵形"就无法将其涵盖。更为重要的是，到了春秋晚期，战争样式已不仅仅是敌我双方"皆陈曰战"——以阵对阵的战法，机动战的样式已大量涌现，公元前

718 年的郑军袭燕、前 690 年的楚军灭息、前 655 年的晋灭虞、前 627 年的秦郑崤之战、前 575 年的郑军胜宋、前 570 年的吴楚鸠兹之战、前 559 年的吴楚皋舟之战、前 537 年的吴楚鹊岸之战、前 530 年的晋军灭肥等，伏击、截击、奇袭等机动作战样式可谓粉墨登场、异彩纷呈。这些战争实践有力表明，春秋时期军队的作战行动类型，已经远远不是以阵对阵的战争样式所能包容的，所以，杜牧"夫形者，阵形也"的说法，实乃偏颇之论。

综上所述，孙子所言"形名"，"形"就是指军队的进攻与防御、阵形的展开与变化、行军的进退与行止等所有类型的行动；"名"就是指代表军队行动名称或术语的金鼓、旌旗、彩章等所有指令系统。而"形名"作为一个军事专业的理论概念，就是对"指挥利用旗鼓——旗鼓代表号令——号令指示行动"的组织指挥方法和制度的高度抽象与概括。质言之，对于战争这一客观事物而言，其"形"之体，无非表现为军队行军与作战的各种战场行动；其"名"之谓，则表现为代表着军队各种行动名称术语的旌旗金鼓，军队行动方式方法与旌旗金鼓指挥号令——对应，"形"与"名"高度统一，共同构成了军队组织指挥作战的基本方法和制度。由此足见，孙子所言"形名"，不过是诸子圣贤"形名"在军事领域的具体运用，二者义理相承、一脉相通，存在着具体与抽象、特殊与一般的内在联系。也正是基于"形名"这一基本方法和原理，才使将帅驾驭"斗众"如同"斗寡"，得心应手，运用自如。

三军之众，可使毕受敌而无败者，奇正是也。应该说，此"是也"句，较之其他三句，地位最重要，理解难度也最大。其所以如此，是因为"治众如治寡""斗众如斗寡"和"兵之所加，如以碫投卵者"的通俗易懂，有助于我们对"分数""形名"和"虚实"的清晰解读，所以，可谓"去果"至清，则"来因"易明。而此一言，不仅由于"奇正"作为"势"的关键、核心的问题颇难训诂，而且"三军之众，可使毕受敌而无败者"，其诘屈的文言表述也不易读懂，因此，亦可谓"去果"不显，"来因"难明。有鉴于此，此言的训解，还需从全篇的主旨、上下文的联系中，全面理解，深入解读。

从全篇来看，《势》篇旨在言"势"。那么，什么是"势"呢？孙子下文有言：

"战势不过奇正"。在此,"不过"的使用,如同《管子·立政》所云:"凡上贤不过等,使不能兼官。"意思是,推举贤人不超越等级,使用能士不可以兼职。在现代汉语中,"不过"亦表示程度很高,也是"不超过""不能超越"的意思。从孙子本文"声不过五""色不过五"和"味不过五"对"不过"的使用来看,在古代"声"本就只有五个音阶,"色"本就只有五种色素,"味"本就只有五种味道,因此,他讲的"不过"实则等同为"就是""即是"之意。所以说,孙子所言"战势不过奇正",其意思就是说,"战势"就是"奇正"问题,或者说,战场态势就是由"奇"与"正"所构成。从上述分析中,我们可以厘清一个极为关键且重要的问题:"势"的问题实质就是"奇正"问题,孙子言及"分数""形名""虚实",实际上是为引入"奇正",也就是《势》篇所论中心问题"势"做铺垫的。正因如此,对于"三军之众,可使毕受敌而无败者,奇正是也"的深入理解,必须与"治众如治寡""斗众如斗寡"前两句的逻辑与义理贯通思考,融会解读。

关于"三军之众",孙子开篇便语带玄机,第一句说"治众如治寡",第二句说"斗众如斗寡",显然,这两句论述的重点是"治众"与"斗众"的"众"的问题,而不是"治寡"和"斗寡"的"寡"的问题。第三句紧接着说"三军之众",易见,"三军之众"的"众",就是"治众"和"斗众"的"众",这既是对前两句所言"众"的重申与强调,同时也是对《势》篇主题"奇正"问题的凸显与切入。因此,"三军之众"的"众",与"治众"和"斗众"之"众"同义,应为"人数众多的军队",而不只是字面上的"人数众多"之意。其所以如此敲字推义,是因为这牵扯到对后面"可使毕受敌而无败者"的对象,究竟是军队集体迎敌,还是士兵个个迎敌的问题。比如,张预就注成:"三军虽众,使人人受敌而不败者,在乎奇正也。"我们知道,战场上个人的牺牲乃至于局部的失利是常有的事,怎么可能会"使人人受敌而不败者"呢?显然,张公对于孙子"三军之众"的真意不甚了了。关于"三军",《周礼·夏官·司马》就载有"大国三军"之说,到了春秋时期,"三军"便成为军队的统称,亦指举国之军。结合前两句,孙子在此言及"三军之众",企图阐明的问题应当是,在"治众"得以军容整肃、"斗众"基于指挥顺畅的前提下，"举国如此众多的军队"究竟在战场上该如何作战与运用。

关于"可使毕受敌而无败者"，句中"毕"，各本皆作"必"，唯汉简本作"毕"，按"毕"义长，为"皆""全"之意，句中"受敌"，"受"有"遭受""遭遇"的意思，"受敌"就是"接敌""迎敌"，可引申为"投入作战"之意。结合"三军之众"，句中"者"字颇值玩味，可产生两种理解：一种是"三军之众"作为整体为"无败者"，另一种是"三军之众"中各部分均为"无败者"，从后半句对"三军之众"的"奇"与"正"的区分来看，后一种理解正确无疑。进而言之，如果我们按照前两句"治众如治寡""斗众如斗寡"的句式和逻辑进一步揣情度理，将孙子此言改写为"三军之众'如军旅卒伍之寡'，可使毕受敌而无败者，奇正是也"的话，其义理也是完全正确的。换言之，"三军之众"，"可使毕受敌而无败者"，是由于"奇正"的正确运用；"军旅卒伍"，亦"可使毕受敌而无败者"，也是由于"奇正"的正确运用。这也就是说，从"三军之众"到"军旅卒伍"，各级所以保证战场"无败者"，无一不是由于"奇正"的正确运用使然。现代战争也表明，即使是班排的攻防战术，也有主与伴、正面与侧面的兵力区分，也有所谓"奇正"之用。所以，我们可以肯定地说，孙子全篇虽然并未提及"奇正"是否可以逐级细分的问题，但"奇正"的正确运用是确保各级作战"无败者"的根本方法，这自然也应当是孙子此言的题中应有之义。但毋庸置疑的是，孙子《势》篇讲的是战场全局的"势"，而不是战场局部的"势"，按现代语境讲，他论述的只是战略上的"奇正"问题，而并非战役战术上的"奇正"问题，所以，孙子此言便不会再像前文谈及"治寡""斗寡"的"寡"的问题一样，再去谈我们假设的"军旅卒伍"的局部问题，而是转而只谈"三军之众"的全局问题。要言之，这是《势》篇论述全局之"势"主旨的客观需要，也是突出与转入全篇中心议题的必然表述，按照现代修辞学的观点，孙子这是用引比的修辞手法切入主题，层层递进，行云流水，可谓妙在毫端。

关于"奇正"，"奇正"是古代军事专用术语，最早当见于《握奇经》（又名《握机经》或《幄机经》），此经相传为黄帝臣子风后所撰，全经380余字，《唐李问对》有"黄帝兵法，世传握奇文"之说，现代亦有"字字不离奇正"之论。其开篇便云："八阵，四为正，四为奇，馀奇为握奇。或总称之。"它的意思是说，"八阵"，以天地风云四阵为正，龙虎鸟蛇四阵为奇，四正四奇总共八阵。大将居中阵掌握机动兵力，即所谓"余奇"之兵，故称为"握奇"。对此，在《唐李问对》中李靖曾做过翔实的解读："臣按黄帝始立丘井之法，因以制兵。故井分四道，八家处之，其形井字，开方九焉。五为阵法，四为闲地，此所谓数起于五也；虚其中，大将居之，环其四面，诸部连绕，此所谓终于八也。"所谓"丘井之法"，原指殷周时期的土地制度，国家将土地按井字形划分为九区，中央为公田，其外八区各授八家为私田，在此，李卫公是借用土地划分的方法来说明五阵向八阵变化的原理。他的意思是说，在由井字等分的九个方块中，前、后、左、右是战斗部队的位置，称为"阵地"或"实地"，在"实地"作战的部队就是"正兵"，前左、前右、后左、后右是战斗部队之间的间隙地带，称为"闲地"或"虚地"，在"虚地"实施机动的部队就是"奇兵"，中央为将领的指挥位置，握有"余奇"之兵，统一指挥部队或者在"实地"阵间作战，或者在"虚地"机动作战，开合聚散灵活变化，各部配合形成整体作战。这里，中央和四块"实地"加起来，就是"五阵"；如果不算中央，四块"实地"和四块"虚地"加起来，就是"八阵"，这就是李卫公所说的"起于五"而"终于八"。除此之外，九个方块的每一块，又可再分为九块，直至最小单位卒伍，即所谓"阵间容阵，队间容队"，足见"奇正"变化的丰富多彩。从上述考究中我们不难得出"奇正"的原义：一是专用于排兵布阵问题；二是专指兵力的区分问题；三是专涉兵力的运用问题。总体来说，内容简练，方法简捷，蕴理简明。

然而，"奇正"的运用，是随着战争样式的演进与变革而不断丰富和发展的，因此，人们对其内涵的认识也呈现出一个由简单到复杂、由特殊至一般、由具体到抽象的渐进深入的历史过程。例如，曹操注曰："先出合战为正，后出为奇。"李筌注曰："当敌为正，傍出为奇。"贾林注曰："当敌以正陈，取胜以奇兵，前后左右俱能相应，则常胜而不败也。"从上述诸家的训解看，虽然

"奇正"已不再局限于"丘井之法"的运用形式，但无不集中反映出以阵对阵战争样式下的运用特点，仍然框囿于正正之旗、堂堂之阵的阵法运用圭臬。然而，诚如我们前文所讲到的，到了春秋时期，战争样式已经不仅仅是敌我双方"皆陈曰战"——以阵对阵的战法，机动战的样式已大量涌现，战场上大范围的机动、奇袭、伏击等作战方法层出不穷，由此带来的深刻变化，必然是"奇正"的运用逐步挣脱阵法的羁绊，走向更加广阔的战争舞台。故此，晋武帝时西平太守马隆《八阵图总述·奇兵赞》曰："古之奇兵，兵在陈内。今之奇兵，兵在陈外。"毫无疑问，春秋末期孙子所言"奇正"，不仅包括了它在"陈内（阵内）"的运用，而且也包括了它在"陈外（阵外）"的运用，在这样的情形之下，诸如上述曹操等诸家拘泥于阵法思维藩篱的训解，不可避免地暴露出流于具体而失之一般的狭隘性，自然也难以客观地反映出孙子"奇正"运用的本质内涵与思想全貌。应该说，对孙子"奇正"有着本质理解和深刻解读的当属战国孙膑与唐代李靖。相较而言各有千秋，孙膑对于"奇正"本质的理解可谓卓尔不群；而李靖对于"奇正"运用的阐发可谓彪炳史册。

孙膑是战国中期齐国人，孙武的后世子孙，著名的军事家，其著作《孙膑兵法》与《孙子兵法》一样，在我国历史上备受推崇。《史记·孙子吴起列传》就载有孙膑以兵法围魏救赵、智擒庞涓等战争事迹。但《孙膑兵法》后来遗佚，《隋书·经籍志》已不见著录，自宋以后特别是明清以来，人们对孙武和孙膑是否各有兵书传世争论不休，几近成为千年聚讼。1972年4月，在山东临沂银雀山一座西汉前期的汉墓中，《孙膑兵法》与《孙子兵法》及其他先秦兵书同时被发掘面世，确凿无疑地破解了这一千古悬案。其中，便存有专论"奇正"的《奇正》篇。它保存较完整，言简意赅，富于哲理，能失而复得，乃后学大幸。在论及"奇正"的本质内涵时，文中说道：

形以应形，正也；无形而制形，奇也。……同不足以相胜也，故以异为奇。是以静为动奇，佚为劳奇，饱为饥奇，治为乱奇，众为寡奇。发而为正，奇发而不报，则胜矣。有余奇者，过胜者也。（银雀山简《孙膑兵法·奇正》）

在这里，孙膑讲了三层意思：第一，关于"奇正"的概念——"形以应形，正也；无形而制形，奇也。"句中，"形"就是"阵形"的意思；"制形"就是在没有"阵形"的情况下，根据战场情况而临机创造的"阵形"，亦即所谓灵活创设的战场态势或格局。具体而言，如果战场上敌我相抗，一方摆出攻形以战，而另一方摆出守形以对，这便是孙膑所说的"形以应形"，也就是所谓"正"；反之，如果像毛泽东所说的"你打你的，我打我的"，不与敌人摆开堂堂之阵进行作战，而是通过战场上高度的机动，以包围、迂回、奇袭、截击、伏击等方法创造战场有利的态势或格局，这便是孙膑所说的"无形而制形"，也就是所谓"奇"。第二，关于"奇"的本质内涵——"同不足以相胜也，故以异为奇。"句中，"同"就是敌我双方各方面条件基本一样的意思；"异"就是敌我双方各方面的条件存在差异的意思。这句话的意思是说，如果敌我双方各方面条件基本一样，是没有绝对把握战胜敌人的，所以才把敌我双方各方面条件存在的差异作为"奇"。可见，"奇"本质就是敌我双方存在的"差异"。那么，究竟是什么样的差异呢？他具体阐释说，"静"对于"动"、"佚"对于"劳"、"饱"对于"饥"、"治"对于"乱"、"众"对于"寡"，均称之为"奇"。在此，孙膑当然不可能列出"奇"所包罗的全部情况，但其共性的、普遍的东西是显见的，那就是以我之有利条件对敌之不利条件，或者说，以优对劣、以强对弱，这才叫作"奇"，才是"奇"真正的本质内涵。第三，"奇正"的制胜机理——"发而为正，奇发而不报，则胜矣。有余奇者，过胜者也。"句中，"发"为"发动""行动"之意；"报"为"反应""应对"之意。意思是说，如果我动敌动、我出彼应，这是"正"；如果我发起行动，敌因不意而没有应对行动，这样的"奇发"必然会赢得胜利。最后一句，是对"奇正"制胜机理的高度概括。我有奇着，敌亦有奇着，我比敌多出一手，这多出的一手就是"余奇"；凭此略胜一筹的奇着赢得胜利，这就是"过胜"，所以说，战争制胜的根本机理就在于这"奇"高一着。综观易见，孙膑对于"奇正"的认识，较之孙武对于"奇正"的论述，虽有所发挥、有所超越、有所创新，但合其时，遵其理，尽其意，对"奇正"蕴涵的义理，阐发更详尽，说理更透彻，思想更灵动，活脱脱一篇"孙武奇正发微"，相形于古往今来诸注家的体认，可谓拔群出萃、卓尔独行。

对于"奇正"的认识，堪与《孙膑兵法》相比肩的是《唐李问对》，相较而言，后者对于历代兵家学者感导更深，影响更久，作用更大。究其缘由，也就是在《孙膑兵法》遗佚于历史烟云中的逾千年里，正是《唐李问对》诞生并广泛流传的历史时期，乃历史传承的客观实际使然。该书分上、中、下三卷，共一万余字，涉略广泛，旁征博引，并对前人的军事思想大胆评说，提出诸多独到见解，清代纪昀《四库全书总目提要》说："其书分别奇正，指画攻守，亦易主客，于兵家微意时有所得。"依此评鉴，亦可窥见其学术影响与历史地位之一斑。对于该书"奇正"的论述，吴如嵩、王显臣《李卫公问对校注》曾说："奇正，在《问对》中占有很大的比重，内容最充分，论述最完备，分析最透彻。"二位先生的评议，虽有溢美之意，但不乏中肯之实。然而，笔者还是认为，唐太宗李世民与卫国公李靖对于"奇正"的长篇宏论，并不仅仅在于其充分、完备和透彻的阐论特点，而最大的贡献还在于他们将前人关于"奇正"的抽象认识，具化为可诉诸实践的行动依据，换言之，是《唐李问对》将古代"奇正"的运用思想推至历史的高巅。

纵观《唐李问对》，全书或者广泛引用黄帝征蚩尤、诸葛亮平南蛮、霍邑之战、大唐西征突厥等典型战例，绘声绘色，身临其境，使人们对一般意义上的"奇正"有了丰富的感性认识；或者征引《握奇经》《春秋左氏传》《孙子兵法》《司马法》等圣贤兵家的名言谠论，深入解读，量化剖析，将"奇正"的抽象理论转化为具体的兵力配比与实际运用，通篇洋溢着深入浅出、论而致用的务实文风。在"奇正"的思想内涵上，基于初步肯定曹操"己二而敌一，则一术为正，一术为奇；己五而敌一，则三术为正，二术为奇"的基础上，最终提出"善用兵者，无不正，无不奇，使敌莫测"的本质结论。在"奇正"的相互关系上，提出"奇正相变，循环无穷"，"无不正，无不奇，使敌莫测"，"前正后奇，观敌如何，再鼓之，则前奇后正，复邀敌来，伺敌捣虚"，认为"奇正"的灵魂是二者的相互转化。在"奇正"的具体运用上，突破了前人就"奇正"而论"奇正"的片面思维，而是将"奇正"与"虚实""分合""阴阳"综合考量，形成了以兵力的"分合"之变为内容，以时机的"阴阳"之变为战机，以形势的"虚实"之变为宗旨，最终达成"致人而不致于人"的"奇正"运用的根本目的。在"奇正"的能力生成上，提出了"教之以奇正相变之术"的军事训练思想，针对将领提出"凡将，正而无奇，则守将也；奇而无正，则斗将也；奇正皆得，国之辅也。是故握奇、握机，本无二法，在学者兼通而已"，针对士卒提出了"若士卒未习吾法，偏裨未熟吾令，则必为之二术"的训练要求，进而使"奇正"的运用诉诸实践、落地生根。所以说，《唐李问对》的确将"奇正"的运用发展到臻于完善的程度，"奇正"作为古代特有的军事理论范畴，虽然今天其制胜机理犹在、思想内核尚存，但其"名亡实存"的历史宿命客观地表明，《唐李问对》对于"奇正"的深刻论述，已然前无古人，后无来者。

综上所述，孙子所言"奇正"，就是对战场兵力分配及其运用的高度抽象与概括。"正"与"奇"，不仅是主要与次要、主动与佯动、正面与侧面等兵力分配的科学，而且是一般与特殊、正常与超常、不变与多变等兵力运用的艺术。用历史和发展的观点来看，在古代战争样式下，"奇正"一词完全能够准确地涵盖并反映战场兵力分配及其运用问题，而在现代战争样式下，随着武器装备的丰富与发展，战场的任务区分、兵力编组和队形配置日益朝着复杂化、多样化的方向发展，因此，"奇正"一词再也无法涵盖并反映现代战争灵活多样的兵力分配及其运用问题，于是它便逐渐萎缩并消亡于军事理论发展的历史长河中。然而，"奇正"作为一个古代军事术语虽已"名亡"，但它所蕴含的灵活用兵的思想精髓依然"实存"，始终是战场克敌制胜亘古不变的核心与灵魂。所以，如果在现代军事理论的语境下审视孙子此言的"奇正"问题，"三军之众"讲的就是全局上、战略上的兵力规模问题；"可使毕受敌"讲的就是战役上、战斗上所有的局部作战问题，要使其从全局到局部、从战略到战役战斗均做到"无败者"，关键就靠"奇正"——灵活用兵问题。由此可见，孙子"奇正"问题，既是一个战略问题，也是一个战役战术问题。《道德经·第五十七章》云："以正治国，以奇用兵。"这里，"正"就是"常道""正道"，泛指平时的、日常的政治上的方针政策；而"奇"就是"非常道""诡道"，泛指战时的、非常时期的军事上的战略战术。老子言"奇正"之于国家方略层面，"奇"就是今天所说的战略战术问题；孙子言"奇正"之于军事方略层面，"奇正"是否也是今天所说的战略战术问题呢？毛泽东曾指出，战争不仅是力量的竞赛，而且是力量运用的竞赛，战争的胜利，不仅在于依靠人民，而且在于组织力量，用好力量，形成灵活机动的战略战术，掌握在战争大海中达到胜利彼岸的游泳术。显然，在毛泽东这里，战略战术涵盖了力量运用的问题，但更囊括了一切用兵打仗的思想方法问题。所以我们说，今之"战略战术"，就是古之"奇正"的活的反映，"奇正"作为兵力运用的艺术已经融化于现代"战略战术"之中，焕发着不可磨灭的青春与活力。

兵之所加，如以碫投卵者，虚实是也。"虚实"问题，是古代兵法中一个极为重要的大问题，所以《孙子兵法》中有《虚实》篇进行专门论述。那么，这里的"虚实"，与《虚实》篇所论的"虚实"，究竟存在着怎样的区别与联系呢？弄懂这个问题，对我们准确理解此言要义至关重要。有鉴于此，我们就先看一下孙子在《虚实》中对"虚实"的论述。

夫兵形象水，水之形，避高而趋下；兵之形，避实而击虚。水因地而制流，兵因敌而制胜。故兵无常势，水无常形，能因敌变化而取胜者，谓之神。（《孙子兵法·虚实》）

这是《虚实》篇的结语，也是孙子对"虚实"问题的概括和总结。从中可以看出，他所讲的"虚实"问题，其实就是"兵形"问题。与《形》篇"军形"不同，"军形"讲的是军事实力以及由此蕴含的胜负问题；而"兵形"讲的是兵力运用以及由此形成的战场形迹问题。这里，孙子以"虚实"论"兵形"，明显呈现出两个层次：一是以"水形"之道，喻明"兵形"之理，提出了"避实击虚"的形兵方法，这其实就是古代所谓"法"的问题；二是通过对上句"避实击虚"形兵方法的提炼与升华，进而将其抽象为用兵最普遍、最一般的思想观念——"因敌制胜"，这其实就是古代所谓"道"的问题。事实上，在《虚实》篇中，孙子论"虚实"还有一个层次，那就是与此言中"以碫投卵"完全相同的"以众击寡"的问题，换言之，亦即属于操作和行动层面的"以实击虚"问题，这也就是古代所谓"术"的问题。关于"道、法、术",有学者认为源出于老子的《道德经》,是中国古代人们把握事物的三个层次,也是中国古代传统文化研究事物的基本思维范式。"道"是指自然界万事万物发展变化的本质规律,达于道者,达上乘;"法"是指按照事物本质规律构建的原理准则,达于法者,达中乘;"术"是指在原则体系指导下具体的行动方法,达于术者,达下乘;"术"循于"法","法"遵于"道",道法术三者兼备,做事方可达到最佳的效果。这里,我们存而不论《虚实》篇对"虚实"论述的方法与风格,单从《势》篇此言中的"虚实"来看,它完全属于行动和操作层面的"术"的问题。那么,我们不禁要问,为什么孙子在说过"奇正"问题之后,紧接着就讲到关于"虚实"操作层面的"术"的问题?对此,《唐李问对》中李靖的说法,或许能够给予我们深刻的启迪和最好的回答。

奇正者,所以致敌之虚实也。敌实,则我必以正;敌虚,则我必为奇。苟将不知奇正,则虽知敌虚实,安能致之哉!臣奉诏,但教诸将以奇正,然后虚实自知焉。(《唐李问对》卷中)

李靖认为,战场上敌人的"虚实",是由己方的"奇正"创造得来的。敌人"实",我必应之以"正";敌人"虚",我必对之以"奇"。如果将帅不知道"奇正",虽知道敌人的"虚实",又怎能达成真正的"虚实"呢!易见,"虚实"与"奇正"乃目的与手段的关系,是对立而统一的。从"道"的层面来看,"因敌制胜"作为形兵的上乘妙谛,也是用兵的普遍规律,"虚实"之形必循之,而"奇正"之变亦遵之;从"法"的层面来看,"避实击虚"作为形兵的中乘法则,也是用兵的基本原则,"虚实"之形当从之,而"奇正"之变亦依之;从"术"的层面来看,"以实击虚"作为形兵的下乘技巧,也是用兵的最终效果,"虚实"之形亦为之,"奇正"之变亦成之。由此可见,"虚实"与"奇正",实可谓"道"同,"法"合,而"术"归一,其最终目的,皆归于"以实击虚",而达成"以实击虚",这其实就是近在咫尺、唾手可得的胜利。所以说,"虚实"与"奇正",二者虽在用兵问题上具有殊途同归之功、异曲同工之妙,但对于"虚实"而言,"奇正"只是手段,欲达到"以碫投卵""以实击虚"的最终目标,必须通过"奇正"手段的正确运用，方能得以有效实现。正因如此，李靖方曰："但教诸将以奇正，然后虚实自知焉。"学会"奇正"，"虚实"自知。"奇正"所以在前，"虚实"所以在后，一切皆由时序之先后、逻辑之因果、目标之远近使然。

综上所述，孙子所言"虚实"，就是对以"奇正"创造战场情势与气势从而达成最终目标的高度抽象与概括。诚如夏振翼注曰："虚者，怯、弱、乱、饿、劳、寡，不虞也。实者，勇、强、治、饱、佚、众，有备也。己实彼虚，击之可也；己虚彼实，避之可也。"这里可以看出，夏公虽极言"虚实"之象，但尤难穷尽"虚实"之意。事实上，"虚"就是指部队处于战斗力羸弱的状态；而"实"就是指部队处于战斗力充盈的状态。在此，孙子说"兵之所加，如以碫投卵者，虚实是也"，"加"就是"指向""攻击"的意思，"碫"古指磨刀石，是一种极为坚硬的石头，这里，以"以碫投卵"作喻，就是要说明以"奇正"创势的最终目标和最佳状态，便是"以实击虚"的兵锋所指，"以石击卵"的强力所击。诚如曹操注曰："以至实击至虚。"用现代军事理论的话说，就是以绝对优势的兵力打击敌人。

纵观《势》的开篇，孙子实际上是用了四个"凡……是也"句，尽管后三句省略了"凡"字，但它们所表达的均是带有普遍性、规律性的治兵用兵的一般方法和原理，四者是一个有机的整体。对此，张预注曰："夫合军聚众，先定分数；分数明，然后习形名；形名正，然后分奇正；奇正审，然后虚实可见矣。四事，所以次序也。"的确言之有理。军队先要具备组织编制的"分数"，然后需要掌握指挥行动的"形名"，然后方可实施兵力运用的"奇正"，最后才会创造产生战场态势的"虚实"，先后次第分明，不可混淆逾越。那么，孙子《势》篇为何以此"四事"开篇，它们与"势"又存在着怎样的本质关系呢？付朝《孙子兵法结构研究》认为："孙子首先提出了势能四要素：分数、形名、奇正、虚实，作为研究用势问题的基础。"非也。笔者认为，"分数"乃治军之基，"形名"乃指挥之要，"奇正"乃用兵之法，"虚实"乃创势之效。"分数"与"形名"，是"奇正"运用的基础，是"奇正"在战场上创造有利态势的前提；而"虚实"所表达的则是"奇正"创势的最终状态与目标。在此，孙子以四个重复的"……是也"句开篇,实则是为了类比引出《势》篇的主题"奇正"问题,按照现代语文的修辞理论来说,就是运用了引比的修辞手法,借"分数"、"形名"和"虚实",以突出和引入"奇正"这一"势"的核心问题。其所以这样认为的原因在于,孙子下文紧接着的从"以正合,以奇胜"至"孰能穷之"一大段,长篇累牍地专论"奇正"问题。对此,王皙注曰:"承上四段,而单以奇正为言者,盖以分数形名,奇正之本,虚实又奇正之所致也。"王公也认为,"分数"和"形名"是"奇正"运用的基础,"虚实"则是"奇正"运用的结果,所以下文便专论正题"奇正"。更为重要的是,孙子明确指出"战势不过奇正",这就是说"势"是由"奇"和"正"所构成,"战势"问题,也就是"奇正"问题,由此更见,《势》篇主旨非"奇正"莫属焉。

创势的方法:奇正相生

凡战者,以正合,以奇胜。故善出奇者,无穷如天地,不竭如江河。终而复始,日月是也;死而复生,四时是也。声不过五,五声之变,不可胜听也;色不过五,五色之变,不可胜观也;味不过五,五味之变,不可胜尝也。战势不过奇正,奇正之变,不可胜穷也。奇正相生,如循环之无端,孰能穷之!这是孙子承接开篇语,对《势》篇主题"奇正"的深入论述。他说,凡是作战都是用"正兵"当敌,用"奇兵"取胜。所以善于出"奇兵"的将帅,其变化如天地那样不会穷尽,像江河那样不会枯竭。周而又始,是日月运行的变化;去而又来,是四时更迭的变化。声音只有五个音阶,可是五音谱乐的变化,听不尽;颜色只有五个色素,可五色绘画的变化,看不尽;味觉只有五个味道,可是五味烹调的变化,尝不尽。战场态势只有"正兵"与"奇兵",可"正兵"与"奇兵"的变化,却是无穷无尽的。"正兵"与"奇兵"的相依而生,就如同事物循环没有始端终端,谁能说尽用尽呢!在此,孙子以至简之言,道明"奇正"之用,又以激昂跌宕的譬喻,诠释出"奇正"之用的灵魂要谛,诚可谓玄关妙理,见智见仁;履机乘变,存乎于心。

凡战者,以正合,以奇胜。这是孙子对"奇正"之用最原始、最根本方法的概述。"合",《说文》解为"合口也",就是"把口封闭上"的意思,可取

"封""堵""挡"之意，故而，曹操注曰："以正当敌"。如前所述，"奇正"本源于上古时期阵形变换的方法，那么古人打仗，为什么将战场兵力区分为"正兵"与"奇兵"两大部分，而且，"正兵"的功能就是用于迎敌，而"奇兵"的功能就是用于取胜呢？对于这个问题，今天的人们恐怕已无从考证，但诚如《道德经·第二十五章》所云："人法地，地法天，天法道，道法自然。"人类思想行为之法，完全效法于"自然"之道，大自然自古就是人类思想取之不尽、用之不竭的智慧源泉。因此，就像克劳塞维茨考察战争肇始于"搏斗"一样——"战争无非是扩大了的搏斗。如果我们想要把构成战争的无数个搏斗作为一个统一体来考虑，那么最好想象一下两个人搏斗的情况"（《战争论》第一卷）——想见中国上古时期圣贤思考用兵打仗的方法，也可能是发蒙于自然界人与人格斗的道理和方法，一只手用于格挡防御，另一只手用于击打进攻，两手相互配合，确保自保争胜，故此，古人用兵打仗才把兵力区分为"正兵"与"奇兵"，"正兵"用以迎敌，"奇兵"用以制胜。对于二者的关系，陈启天注曰："正兵重在战守，奇兵重在攻击。有正无奇，则易为敌所乘。有奇无正，则奇无所依。二者配合为用，乃可取胜。"也就是说，以"正兵"为本固之基，与敌交战；以"奇兵"为术中之术，出奇制胜，"正兵"与"奇兵"，一守一攻，一恃一击，相互配合，相互照应，以此达到战场上自保与争胜的高度统一。

在此，孙子提出"凡战者，以正合，以奇胜"，其目的并非在于阐释或强调这一古今最基础、最根本的用兵常法，而真正的目的在于以此立论，进而展开并抒发"正"与"奇"的变法——《势》篇的主题"奇正"之用，亦即所谓创势之法。因为，孙子这里所看到的是"正兵"与"奇兵"两部分力量互相配合，互相转化，并由此推动"战势"无穷无尽的发展与变化。所以，诸葛亮《便宜十六策·治军》云："兵以奇正为始。"用兵打仗，发端于"奇正"之分，变化于"奇正"之用，夺胜于"奇正"之势，古往今来，概莫能外。

故善出奇者，无穷如天地，不竭如江河。上句讲"正兵"用于迎战，"奇兵"用于制胜，换言之，"正兵"的任务就是迎战，而"奇兵"的任务就是制胜。用兵打仗全为胜利，所以，善于"出奇"便成为"奇正"之用的核心、创势之法的关键、制胜之道的灵魂。在此，孙子以天地广袤之无边、江河流淌之不竭作喻，总括说明了"出奇"的无穷无尽与千变万化，昭示人们"出奇"永远有广阔的空间，要敢于不拘一格、创新发展。诚如施子美注曰："运谋以决胜，贵乎造微妙之机，则托物以明意者，贵乎得幽深之象。夫幽莫幽于天，深莫深于海，而出奇用智，运之不穷，酌之不竭。此法曰：若遽于地，若秘于天。又曰：如江如海是也。"甚是。比喻就是用"熟悉的"去解释"不熟悉的"，两者之间须备相似之貌、相通之理，战争指导者只有洞幽察微、足智多谋，方可匠心独具、运用莫测。

对于孙子"奇正"之用要在"出奇"的思想，荥阳郑友贤的疑问颇值考据。《十家注孙子遗说并序》曰："或问武论奇正之变，二者相依而生，何独曰'善出奇者'？曰：阙文也；凡所谓如天地，江河，日月，四时，五色，五味，皆取无穷无竭、相生相变之义。故首论以正合奇胜，终之以奇正之变不可胜穷，相生如循环之无端，岂以一奇而能生变，交相无已哉！宜曰：'善出奇正者，无穷如天地'也。"他认为，孙武论奇正之变，二者是相依相生的，为什么此言为"善出奇者"，只讲"奇"而不讲"正"呢？他的答案是，此处缺漏了"正"字，故此，提出原文当改为"善出奇正者，无穷如天地"的推断。郑公之说，看似差若毫厘，实是谬以千里。孙子下文曰："战势不过奇正"。这就是说，"战势"是由"奇兵"与"正兵"共同发挥作用所构成。其中，"以正合"，说明"正兵"的作用在迎敌，在于达成初始的、基本的战场态势；"以奇胜"，说明"奇兵"的作用在制胜，在于创造有利的、优势的战场态势。对此，李零《兵以诈立：我读〈孙子〉》讲得非常精彩："正是多数，用以接敌，制造对立和相持；奇是少数，用以决胜，打破僵局和困境，……它是置于正外，藏于正后，驾于正上，故意留下的一手，用以制造对立，超越对立，控制对立，解除对立，永远让对方感到意外的一种特殊力量。"李先生关于"正是多数""奇是少数"的是非我们姑且不论，但"奇兵"的作用的确在于打破战场的僵局与平衡，创造压倒敌人的战场胜势。因此，"奇兵"与"正兵"之于战场态势，就犹如矛盾的主要方面与次要方面，"正兵"的作用在于战场态势的制衡，"奇兵"的作用在于战场态势的改变，而在战场态势的能动创造活动中，"奇兵"处于支配地位，起到改变其发展趋向的主导作用，故而，孙子在此只言"奇"而不言"正"，旨在明确突出"出奇"乃"奇正"之魂、创势之法，是战争指导者发挥主观能动性来创造战场胜势的重中之重。

终而复始，日月是也；死而复生，四时是也。声不过五，五声之变，不可胜听也；色不过五，五色之变，不可胜观也；味不过五，五味之变，不可胜尝也。此段是孙子承接上句"无穷"与"不竭"，对奇正相变规律的具体阐释。值得注意的是，"无穷"与"不竭"本来只是对"出奇"变化的描述，为什么我们说这一段是对"奇正相变"规律的阐述呢？事实上，在孙子这里，"奇"和"正"之于"战势"本就是一个对立统一体，二者既对立于一"合"一"胜"，又统一于"胜"，同一于"变"。就像《唐李问对》中李靖所言："善用兵者，无不正，无不奇，使敌莫测。故正胜，奇亦胜。"也就是说，无论初始状态时是"正兵"还是"奇兵"，在作战过程中会根据形势的需要，一旦赋予其"合"的任务，"奇"也会变为"正"，一旦赋予其"胜"的任务，"正"也会变为"奇"，然而，为了"胜"这一战争的最终目的，"奇"终究还会是"奇"，而"正"终究会变为"奇"，目的皆归于"胜"，而要谛皆在于"变"。因此，从本质上讲，善于"出奇"本身就是"奇正相变""奇正相生"。故而，孙子一改惜字如金的运笔之风，不吝浓墨重彩、层波叠浪、譬喻叠出，为的就是强调说明奇正相变之理、营创战势之要、制取胜利之本。

总的来看，孙子论奇正之变、创势之法，可谓是"吸天地之灵气，采日月之精华"。一是以"天"作比，说明奇正相变，如日月运行的规律，奇变为正，正变为奇，似日月轮回，两股力量的名称在时常互换的同时，战场上担负"合"与"胜"的任务也总在不断变化之中。二是以"地"作比，说明奇正相变，如四时更迭的规律，奇替代正，正替代奇，似春荣秋谢，两股力量在战场上总是处于你进我退、此隐彼现的交替转换之中。三是以"人"作比，说明奇正之变，如宫、商、角、徵、羽之五音谱乐，听不完，如青、黄、赤、白、黑之五色绘画，看不完，如酸、咸、辛、苦、甘之五味烹调，尝不完，奇正两股兵力数量比例的调适"配方",似谱乐、调色、烹饪的变幻,总是无穷无尽,永远使用不竭。在此,我们可以深切感受到,孙子是满怀着对大自然的敬畏之情,用"三才"作比,把人和天地融为一体,以自然之道,明用兵之理,充分展现了中国古代圣贤"天人合一""道法自然"的哲学理念,同时,也突出彰显了中国古代兵法舍事言理、以理喻兵的早熟风格,而相形之下,此时西方的军事思想还处在散见于《伯罗奔尼撒战史》乃至公元前51年更晚时期的《高卢战记》等史料典籍之中的萌芽状态。

战势不过奇正,奇正之变,不可胜穷也。这是孙子以天、地、人作比,从多角度反复博喻后,对"战势"本体问题的收束与回归,故此,梅尧臣注曰:"奇正之变,犹五声、五色、五味之变,无尽也。"上述所有的"打比方",全是为了说明"战势"变化的道理。第一,"战势"的构成:"奇"与"正"。就像人的听觉、视觉和嗅觉,是由五音、五色、五味构成一样,"战势"也是由"奇"与"正"构成,所以,张预注曰:"战阵之势,止于奇正一事而已。"这里,孙子"不过"二字运用得颇具张力,一方面,它表明了"战势"的内涵与范围,揭示了"战势"构成的基本要素;另一方面,它暗含了转折强调的意蕴,为后面凸显"奇正之变"的核心作用埋下了伏笔。第二,营创"战势"的关键:"奇正之变"。正因为"战势"仅仅是由"奇"和"正"所构成,所以"奇正之变"就成为营创"战势"的核心与关键,故此,王皙注曰:"奇正者,用兵之钤键,制胜之枢机也。"可见"奇正之变",乃奇正之用的灵魂、战势之创的妙谛、制胜之道的精髓。第三,"奇正之变"的特征:"不可胜穷"。犹如日月运行、四时兴替、五音五色五味之变,奇正的变化同样不可穷尽。对此,王晳注曰:"承上而言,善出奇者,其无穷如此。而其所以无穷者,以其达于变也。"甚是,"奇正之变"所以"不可胜穷",皆由将帅的能通善变使然。故"不可胜穷"四字,看似言而无物,实则有的放矢,孙子意在昭示人们:明于"变",则洞若观火,善于用奇正、创战势;昧于"变",则冥行盲索,根本不会用兵创势。《论语·子罕》有云:"有鄙夫问于我,空空如也,我叩其两端而竭焉。"就像孔子对于一个乡野人问的问题一样,虽一无所知,但他从事物的两个方面去考察,问题也就彻底搞清楚了。孙子论"战势"，虽其复杂多变、难以言状，但"叩"其"奇"与"正"之"两端"，明其"变"之"不可胜穷"的本质特征，本身就是对创势妙谛最深刻、最透彻的揭示。

奇正相生，如循环之无端，孰能穷之？这句话看似平淡，仿佛仅仅是对"奇正之变"的引申说明，所以，古今注家对此鲜有深考，例如，李筌注曰："奇正相依而生，如环团圆，不可穷端倪也。"张预注曰："奇亦为正，正亦为奇，变化相生，若循环之无本末，谁能穷诘？"郭化若译释："'奇正'相互转化，就像循环一样，无始无终，谁能穷尽它呢！"吴如嵩译释："'奇''正'互相转化，就像顺着圆环旋转一样，无首无尾，谁能穷尽它呢？"凡此种种，均在说明孙子此言似乎仅仅强调奇正变化的无穷无尽。其实，这样的解释可以说是只及其表而未达其里。我们之所以这样说，有这么几点需要大家深思和研究：第一，此言"奇正相生"，上句言"奇正之变"，两种说法是否相同，如果不同，区别何在？第二，此言"如循环之无端"，简本"环"上无"循"，作"如环之无端"，古人以"循环"或"环"作比，通常喻意何指？第三，此言"孰能穷之"，究竟是指"言"还是"行"，如果是"行"，是否还有深义？对于上述问题，倘若我们不置身于春秋战国时代的思想文化境地，恐怕根本无法做出准确的回答，自然也不能理解孙子此言的真正含义。

《庄子·齐物论》云："彼是莫得其偶，谓之道枢；枢始得其环中，以应无穷。"句中，"彼"是事物外在的相；"是"是内心对事物的感知；"偶"是两种事物的对立。庄子意思是说，当人的主观认识与客观事物不再对立，换言之，二者达到有机统一、高度一致的境地，这就是所谓"道枢"。我们说，轮有轴，户有枢，这里"枢"与"环"都是比喻，是用以说明"道"的。意思是说，当"道"之"枢"置于"环"的中心，就可以应对万事万物的无穷变化。用现代的话说就是，当人们的主观与客观达到高度统一，并掌握了事物的本质时，就可以应对事物无穷无尽的变化了。事实上，庄子的《齐物论》，讲的就是一切事物总是不断向其对立面转化，归根到底都是相同的，万物都是浑然一体因而没有区别的，必须用空明的心性对待它们。有鉴于此，我们再看孙子论"奇正"。首先，"奇正之变"，重在强调奇正双方的不断变化，二者可以互相转化，讲的是"奇正"的对立性；"奇正相生"，重在强调奇正双方本同一事物，二者可以同出一体，讲的是"奇正"的同一性。可见，孙子从"奇正之变"到"奇正相生"的转变，就是庄子"莫得其偶"的境界提升，进而也可以说，是由"法"至"道"的进一步理论抽象。其次，庄子以"环"喻自然之道，孙子以"环"喻用兵之道，不过前者用的是"环中"，而后者用的是"环边"，但在借"环"喻"道"上，庄孙二子可谓有殊途同归之风、异曲同工之趣。再次，庄子"以应无穷"，讲的是"道枢"得"环中"，可以应对万事万物的无穷变化，是普遍意义的哲学问题；孙子"孰能穷之"，讲的是"奇正相生"得"环之无端"，任何人都不能使之穷尽，是打仗的创势问题，对此，王晳注曰："临敌运变，循环不穷，穷则败也。"王公之注，一语中的，只要将帅临敌运变、因情通变，又有谁能使你计穷势蹙而处于失败的境地呢？因此，这才是孙子"孰能穷之"的弦外之音、言中之意。国学大师南怀瑾说，道家有"三子"——老子、儿子和孙子，儿子是指春秋谋士倪子，也就是传说中范蠡的老师计然。从上述庄子与孙子"论道"的情形看，南先生之说虽待考究，然将孙子归于道家是不无道理的。

晚唐诗人、诗论家司空图《诗品二十四则·雄浑》云："超以象外，得其环中。持之匪强，来之无穷。"他认为，作诗当超越事物表象，探得事物本质，不持勉强之思，表现无穷意韵，全然是一种灵空超脱的境界。作诗如此，打仗亦然。孙子此言其实就是对奇正之用、创势之法最高境界的生动描述。如果说"变"还是奇正之用的方法，那么"生"就是奇正之用的灵魂。试想在战场上，当将帅变"奇"为"正"，变"正"为"奇"，为"合"为"胜"，因需而变；"正"中出"奇"，"奇"中生"正"，"合"中有"胜"，"胜"中有"合"，二者依情而生，变化莫测，好像"环"一样，不知从哪里开始，在哪里结束，使敌全无端倪可循，若如是，何尝不是进入一个兵出如虎、创势若虹的化境呢！

创势的要求：势险节短

激水之疾，至于漂石者，势也；鸷鸟之击，至于毁折者，节也。是故善战者，其势险，其节短。势如矿弩，节如发机。上文讲到，"战势"要靠"奇正之变""奇正相生"来创造，那么，究竟应当创造一种什么样的战场形势，才是有利于赢得战争的优势或者说胜势呢？孙子认为，湍急流水的奔泻，以至于漂移石头，这就是所谓"势"；凶猛飞鸟的迅击，以至于毁折猎物，这就是所谓"节"。所以善于指挥作战的将帅，创造的战场态势险峻，发起的攻击节奏短促。"势"犹如拉满的弯弓，"节"犹如触发的弩机。这里，孙子着眼创势造势的要求，提出一对重要的概念——"势"与"节"，并仍以譬喻的手法对二者的基本内涵、状态特征及相互关系，做出辞简理博的阐释说明。显然，如若我们对"自然之理"没有深入的体悟，是很难对"势险节短"的创势要求有一个准确的理解与把握。

激水之疾，至于漂石者，势也；鸷鸟之击，至于毁折者，节也。在孙子看来，塑造"战势"需把握两个关键问题：一是"势"，二是"节"。在此，他借"水势"以喻"战势"，借"禽节"以喻"战节"，目的在于形象说明，所谓"势"与"节"所蕴含的丰富内涵。

"激水之疾，至于漂石"，因"水势"所致，竟然造成了难以想象的"漂石"情状。"至于"，用于下半句开头，通常表示上半句所述情形能够导致的程度或结果。对此，杜佑注曰："言水性柔弱，石性刚重，至于漂转大石，投之洿下，皆由急激之流，激得其势。"水虽"柔弱"，石虽"刚重"，但其"激势"，可"漂转"巨石，投之于低凹之处。一如杜注，古今注家虽对"水势"的训解活灵活现，但对"柔弱"之水何以克"刚重"之石的道理却鲜有涉及，然而这恰恰是孙子以"水势"喻"战势"的意旨所在，故尤须深探其奥、微索其理。从"激水漂石"的原理看，"激水"之"疾"，其实包括两层含义，一是水的流速，二是水的流量，只有二者兼具，且达到一定的"度"时，方可产生足够的向前冲力和向上浮力，进而促发"激水漂石"——使石头随波逐流——柔弱胜刚强的奇观。正像《说文》解"势"为"盛力，权也"，孙子此处言"势"，就是对其"盛力"样貌的生动描绘。由此可见，"力"是势的本质内涵；"势"是力的外在表现。从"激水漂石"的功效看，"激水"所以"漂石"，皆因"石"阻其流向，塞其通道，故而，漂之移之，畅流通道，汹涌向前。由此又见，"势"不仅是一种力量，而且是具有改变"阻碍者"状态或者说改变事物发展趋势的力量。在孙子看来，"水势"如是，"战势"亦然。那么，战场的"盛力"从何而来呢？如同"激水"一样，一是要运用足够的兵力，二是要采取迅疾的行动，就会创造出消灭一切、战胜一切的强大冲击力和影响力，进而推动战场情况向有利于己、不利于敌的方向转化。这里，所谓"冲击力"，就是指军队所向披靡、摧枯拉朽的战斗能力。所谓"影响力"——由"人非水石"所致——专指"势"对人思想和精神的冲击与改变，此乃"战势"所特有的"力"，也是与"水势"根本区别之所在。故而，孙子下文有曰："勇怯，势也。"由于阻之者亡、遏之者溃的强大战斗冲击力，必然带来怯者变勇、弱者变强的巨大的精神影响力，足见，"勇怯"乃"战势"带来的必然结果，反过来又对"战势"起到推波助澜的重大作用，是"战势"不可或缺的重要组成部分。

"鸷鸟之击，至于毁折"，因"禽节"所中，居然造成无法预料的"毁折"情形。关于什么是"节"，古今注家众说纷纭，观其荦荦大端，主要有三种观点。一如李筌注曰："弹射之所以中飞鸟者，善于疾而有节制。"认为是关于"疾"的"速度"的概念；又如梅尧臣注曰："水虽柔，势迅则漂石；鸷虽微，节劲则折物。"认为是关于"劲"的"力量"的概念；再如杜牧注曰："节者，节量远近则搏之，故能毁折物也。"认为是关于"远近"的"距离"的概念。那么，"节"到底是指什么？我们不妨再看看"鸷鸟毁折"的情形：凶猛的鹰隼，所以能够准确无误地捕杀鸟兽，当与其时机——便于不意，距离——便于加速，速度——便于突击，力量——便于搏杀等诸多因素密切相关，或早或迟、或远或近、或快或慢、或猛或缓，均会造成猎物的躲闪而逃脱，甚或搏击过猛而自伤。事实上，在上述所有因素中，"时机"是起到决定性作用的最关键因素，它不仅包括了时间和距离的选择，而且决定了攻击时速度的快慢、力量的大小，因为，如果没有足够的时间和距离，"鸷鸟"就无法进行加速，也难以获得足够的力量，最终也就根本难以造成遇之者毁、遏之者折的"毁折"效果。由此可见，"节"就是指"鸷鸟"从起飞发起攻击到最终捕获猎物的全过程，而最为关键的是，其利用的"时间""距离""速度""力量"等均恰到好处，样样都在"节骨眼"上，就像《中庸》所云："喜怒哀乐之未发，谓之中；发而皆中节，谓之和。"不喜不怒不哀不乐，心未动、情未发，虚静待物，不偏不倚，谓之中；有喜有怒有哀有乐，心所动、情所发，但恰如其分，无乖戾之气，谓之和。此亦即"时中"问题，立身行事，合乎时宜，无过与不及。可见，子思所谓"中节"，与孙子所言"节"肖似，同样表达了在时间、地点、方式、程度等方面的恰如其分、恰到好处，否则就过犹不及、过为已甚。那么，"禽节"如是，"战节"若何呢？如鸷鸟伺机搏击，军队发起击敌，同样存在着时间、地点、兵力、方向等一系列条件的选择问题，而这些问题总括起来，就是军队战斗时机或时节——简称"战机"。只有选择恰当有利的战斗时机，军队才能充分发挥其战斗力，快速猛烈地歼灭敌人，诚所谓，识其势，中其节，方可百战百胜。

是故善战者，其势险，其节短。句中两个"其"字，皆专指说明"善战者"的"善"之所在。意思是说，"善战者"，所造之势，所成之势，必是理想之势，胜利之势，应具有两大特征：一是"势险"，二是"节短"。质言之，这是对创造胜势最核心、最根本的要求。对此，曹操注曰："险，犹疾也；短，近也。"众多注家从之。然而，从孙子下句"势如彍弩，节如发机"来看，"彍弩"并无疾急之状，"发机"亦无短近之态，显然，曹公之注仅是源自上句"激水漂石"与"鸷鸟毁折"的两个譬喻，实有言不逮意之感。相形之下，明代赵本学之注当更切合孙子本意："故善用兵者，因物观理而得其妙，所以，制阵之法，必险其势而短其节。盖险者，峻急之意；短者，迫促之候。险则气盛而其发也暴，短则力全而其应也速。"

何谓"势险"？赵公言曰："险则气盛而其发也暴"。正如前文所述，"势"乃"盛力"之状：对于水，指"激水"所蕴含的强大的冲力与浮力，一旦迸发可裹挟巨石，造成"漂石"奇观；对于军，指军队所具备的强大的战斗冲击力和精神影响力，一旦爆发可横扫千军，造成所向披靡的夺胜壮举。常言道，水遇险则急流，人遇险则挺走。赵公所注"险则气盛而其发也暴"，正恰如其分地表达了"势险"的样貌与状态。意思就是说，当军队在险象凌敌时，必然呈现出充沛战力与旺盛斗志，一旦下达战斗命令，就会呈现出排山倒海、横扫一切，置敌于灭顶之灾的爆发力。那么，怎样才能置军队于"险"使其险象凌敌呢？赵公曰："险其势"。"险"，《说文解字》曰：阻，难也；白话版释为：阻碍、难以通行的山崖。可见，孙子所用"险"字仍为譬喻，而赵公所注"盖险者，峻急之意"亦为喻义，故仍需"善用兵者，因物观理而得其妙"。尽管如此，赵公对于这一问题仍然做出了明确的回答："制阵之法"。对此，还是刘伯承元帅的阐释一语破的："兵势一篇，就是说明兵力的分布，正兵与奇兵的战斗行动（正兵就是指主要集团，奇兵就是指辅助集团）；布势必须险恶"，指挥员应当"以人力和物力结合着自然条件所造成的'势'来求取胜利的，决不是仅仅靠个人或个别部队来取得胜利的"。刘帅所言，正是赵公"险其势"的要务之所在，也正是孙子创势要谛之所在。关于这点，我们在下文孙子"创势之要"中详尽论述。

何谓"节短"？赵公言曰："短则力全而其应也速"。亦如前文所述，"节"乃时机或时节。对于鸟，指"鸷鸟"捕获猎物的时间和距离，一旦起飞发起攻击，便可达成"毁折"的奇迹；对于军，指军队打击敌人的时机或时节，一旦战斗发起，便可达成迅速而有效歼灭敌人的目的。赵公所言"短则力全而其应也速"，基本上表达了"节短"的样貌与状态。意思就是说，军队在适当的地点、关键的时节，抓住有利战机，充分发挥其战斗力，勇猛而快速地歼灭敌人。那么，怎样才能造成军队行动的"短"使其勇猛快速地打击敌人呢？赵公曰："短其节"。"短"，《说文解字》曰：有所长短，以矢为正；白话版释为：当物有长短时，就用箭只作标准进行测量。可见，孙子用"短"亦属譬喻，绝非曹公"短，近也"一言所蔽之义。而赵公所注"短者，迫促之候"，则较为准确地表明了"其应也速"——从战斗发起到战斗结束"紧迫"与"短促"的战斗节奏与特点。所以，刘伯承元帅说："战胜敌人的要诀，一是由于布势险恶紧迫，使敌人不能支持，二是由于战斗过程短促干脆，使敌人来不及防备。"刘帅所言后者，正是赵公"短其节"的要务之所在。

势如弪弩，节如发机。孙子作喻，信手拈来，皆成妙谛。这句话同样是对"势"和"节"的譬喻，但前文比作是"激水漂石"与"鸷鸟毁折"，而这里比作是"弪弩"与"发机"，两种譬喻最大的不同在于，前者是以互不相干的两件事设喻，而后者则是以有机联系的一件事设喻，因此，此言与其说是孙子对"势"与"节"基本内涵的补充说明，不如说是对二者本质关系的深刻阐释。用俗话所说，"弪弩"就是"拉弓"，"发机"就是"射箭"，孙子在此以"六艺"之一"射"作喻，必具有通俗易懂之益、士人皆知之效。其一，只有"弪弩"，才能"发机"，运势方可操节。"拉弓"成势，"射箭"用机，重在蓄势积力，用势得机。只有"运势"——通过战场上巧妙布局、合理用兵，形成险象凌敌的态势，才能"操节"——创造有利的战机，拥有快速猛烈歼灭敌人的机会。其二，只有掌握"弪弩"之张，才能明了"发机"之时，识势方可知节。"拉弓"有度，"射箭"有时，要在度势审时，勿失时机。只有"识势"——分析了解战场情况，掌握敌我强弱的总体态势，才能"知节"——知晓明确向敌人发起攻击的最佳时间与地点，找准速战速决的有利时机。其三，只有熟知"弪弩"之度，才能决定"发机"之时，因势方可中节。"拉弓"在肩膺之间，"射箭"于百步之外，要在乘势投机，一气呵成。只有"因势"——依据不断变化的战场情况，利用稍纵即逝的有利态势，才能"中节"——捕捉有利战机，在决定性的时间和地点以优势兵力快速歼敌。

综上所述，没有"势"，便没有"节"，"势"为"节"创造条件，奠定基础，只有凭破竹之势，方可获节节之胜。反过来，"节"对"势"也具有推波助澜的反作用，凭借快速的节节之胜，又可推动和加剧险峻的破竹之势，虽然这一点是"势如弪弩，节如发机"难以喻明的，但绝不失为"势险节短"的题中应有之义。由此又见，"势险"与"节短"是相辅相成、相互促进的，"势险"为"节短"创造了有利的前提条件，而"节短"在运用"势险"的同时，又以从一个"节短"到另一个"节短"的快速胜利——节节胜利，影响和加剧了"势险"，二者共同构成了创塑战场有利情势与气势的核心与关键。

中：数势形

《庄子·杂篇·天下》云："不离于宗，谓之天人。"意思是说，不偏离自然界与人类社会大宗大本或根本法则者，就是做到天人合一的人，亦即所谓"天人"。孙子上文，譬喻叠出，反复博喻，以天地自然之道，喻明战场创势的基本原理，实可谓究天人之际，通奇正之变，明创势之理。然而，创势的道理是清简旷达的，但战场的实际却是纷纭浑沌的。故孙子在此，推宗明本、条分缕析地阐明，在充满迷雾的战场上做到"斗乱而不可乱""形圆而不可败"的大宗大本——"治乱"用"数"；"勇怯"用"势"；"强弱"用"形"。此乃用兵之本，亦为打仗之宗，"斗乱不乱""形圆不败"依此，创势运势亦然。孙子下文意欲阐述的"创势之要"，依稀而现，隐约可见。

3.0 纷纷纭纭，斗乱而不可乱；浑浑沌沌，形圆而不可败。乱生于治，怯生于勇，弱生于强。治乱，数也；勇怯，势也；强弱，形也。

战场行动的根本：数、势、形

孙子指出，旌旗纷纷，人马纭纭，在混乱的作战中军队不可被扰乱；战车滚滚，步骑穿梭，在浑沌的情形中军队不可被击败。战场的混乱当基于军队的整肃，战场的怯懦当基于军队的勇敢，战场的弱小当基于军队的强大。军队的治与乱，是分数运用问题；军队的勇与怯，是战势创用问题；军队的强与弱，是兵形部署问题。这里，孙子从战场现象，到本质原因，再到基本原理，明确地回答了战场是什么、为什么、怎么办的根本问题。这好似孙子给予将军的战场之托，千军万马在错综复杂的战场上打仗，归根到底要靠"数""势""形"的用兵机理，恰如《荀子·儒效》所言："千举万变，其道一也。"

《道德经·第二十五章》云："有物混成，先天地生。寂兮寥兮，独立而不改，周行而不殆，可以为天下母。吾不知其名，强字之曰道。强为之名曰大。"意思是说，有物混然而成，先于天地而生，寂静无声，空虚无形，独存不变，循环不息，可以作为天下万物的母体。我不知何以名状，勉强用一个字代表叫"道"，勉强为它命名叫"大"。由此易见，老子问自然之道，肇始于"混然"；

那么，孙子欲问用兵之道，又肇始于何物呢？

　　纷纷纭纭，斗乱而不可乱；浑浑沌沌，形圆而不可败。对于此句的训解，自古就有"示乱"与"战貌"两种说法。曹操注曰："旌旗乱也，示敌若乱，以金鼓齐之；卒骑转而形圆者，出入有道齐整也。"王晳则针锋相对注曰："曹公曰：'旌旗乱也，示敌若乱，以金鼓齐之矣。'晳谓纷纭斗乱之貌也。不可乱者，节制严明耳。又曹公曰：'卒骑转而形圆者，出入有道齐整也。'晳谓浑沌形圆，不可测之貌也。不可败者，无所隙缺，又不测故也。"笔者认为，要理解这句话的本意，不仅要深入分析此言的深刻蕴义，而且要总体把握此段整体的中心思想，否则就会产生断章取义的谬解。

　　从孙子此言的本身内涵看，这句话的关键词有两个：一是"斗乱"；二是"形圆"。"纷纷纭纭"讲的是"斗乱"的外在表现，指一般的战场现象，属客观的；而"不可乱"讲的是"斗乱"的内在要求，指基本的行动准则，属主观的。同样，"浑浑沌沌"讲的是"形圆"的外在表现，指一般的战场情形，属客观的；而"不可胜"讲的是"形圆"的内在要求，指基本的行动目标，属主观的。对此，施子美的训解一语中的："陈兵之术，示于外者必欲有以形乎敌，治于内者必欲有以立乎体。"这里，我们姑且不论其"示形"观点的正确与否，但施公关于"形"与"体"的领悟，确实切中了孙子此言的要义。孙子此言由外到内、由表及里的文字表达，的确反映出他由客观到主观、由现象到本质的逻辑预设，换言之，这既是孙子此言的理论思维趋势，也是这一段落总体思想的逻辑走向。

　　从孙子此言前后两句的关系看，"斗乱而不可乱"是针对打仗过程而言的；而"形圆而不可败"是针对打仗结果而言的。由此又见，孙子此言是对打仗问题从过程到结果的全面性、一般性探讨，而并非像诸多注家所说的那样，是对其某一方面或某一局部的片面性、具体性探讨。例如，何氏注曰："此言斗势也。善将兵者，进退纷纷似乱，然士马素习，旌旗有节，非乱也。浑沌形势，乍离乍合，人以为败，而号令素明，离合有势，非可败也。"核心意思是说，孙子此言只是关于"势"的论述，非也。又如，梅尧臣注曰："分数已定，形名已立，离合散聚，似乱而不能乱。形无首尾，应无前后，阳旋阴转，欲败而不能败。"核心意思是说，"不能乱"和"不能败"的根本缘由皆在"分数""形名"与"阵形"，亦非也。因为，孙子在下文十分明确地指出，"不可乱"与"不可败"，靠的是"数""势""形"的综合运用，而并非仅靠其中的一点或两点。综上所述，笔者认为，王晳的"战貌"之说基本是正确的。"斗乱"就是指敌我双方作战时，旌旗翻飞，人马攒动，即所谓"纷纷纭纭"的战场景象，而"不可乱"则是对己方作战行动过程的基本要求；"形圆"就是指敌我双方作战时，战车滚滚，步骑穿梭，即所谓"浑浑沌沌"的战场情形，而"不可败"则是对己方作战行动结果的基本要求。所以说，孙子此言不过是对战场外在情形与内在要求的客观描述，他的目的在于通过揭示其内在原因，提炼出"数""势""形"用兵打仗最根本的机理和法则。

因此，对于孙子此言的理解，我们既不能像曹操之解一样作"示敌若乱"的强为之辞，也不能像何氏、梅尧臣之说一样作"此言斗势"或"分数形名阵形"的主观臆断，而需要按照此言的文字，关照全段的主旨，因循逻辑的走向，油然而生这样的诘问：战场的景象"纷纷纭纭"，"斗乱"为什么"不可乱"？战场的情形"浑浑沌沌"，"形圆"为什么"不可败"？孙子下文的回答，就是对我们这一逻辑设定最有力的佐证和说明。

乱生于治，怯生于勇，弱生于强。曹操注曰："皆毁形匿情也。"或因受到下文"善动敌者，形之，敌必从之；予之，敌必取之"的影响，曹公认定孙子此段讲的是"示形"问题，且后世注家多从之，以至于刘邦骥得出这样的结论："（'纷纷纭纭'至'以卒待之'）此第三节，论用势之方法，仍不离乎第一篇诡道十二种之意也。"对于类似的观点，钱基博则认为："诸家解多主曹公'毁形匿情'之意。此乃不得其说而强为之辞也。'乱生于治'，承上'斗乱而不可乱'，申论之；若曰：'斗乱而不可乱者，以乱生于治也。''怯生于勇，弱生于强'，则因'乱生于治'而连类及之。"意思是说，"乱生于治"，是承接"斗乱而不可乱"的深入论述；孙子就像在说："斗乱而不可乱，基于乱生于治"。至于"怯生于勇，弱生于强"，则是因为与'乱生于治'属同一类问题而连带涉及的。在此，关于"连类及之"的说法我们暂且不论，但毫无疑问的是，钱先生的确读出了孙子的逻辑："斗乱而不可乱"之果，皆在"乱生于治"之因。

曹公所言"毁形匿情"无非是说，孙子这句话讲的是关于示假隐真问题，亦即示乱隐治、示怯隐勇、示弱隐强。对此，钱先生虽认为曹注乃"强为之辞"，但并没有说明曹操究竟错在哪里。事实上，曹注的偏颇就发生在对于孙子"乱""怯""弱"的理解和认识上。曹公认为，孙子所言"乱"，乃"示乱"之"乱"；"怯"，乃"示怯"之"怯"；"弱"，乃"示弱"之"弱"。这也就是说，在曹操眼里，孙子所言的"乱""怯""弱"是虚假的、主观的；而实际上，孙子所说的"乱"，乃"斗乱"之"乱"，是战场不可避免产生的实际情况，是真实的、客观的。"乱"的真义如此，"怯"与"弱"的真义亦然。换句话说，战场上军队的"乱"和"治"、"怯"和"勇"、"弱"和"强"都是客观存在的自然现象。那么，作战中如何才能做到"不可乱"与"不可败"呢？孙子认为，战场之"乱"，当为"生于治"之"乱"，亦即外乱而内治、形乱而神治；战场之"怯"，当为"生于勇"之"怯"，亦即外怯而内勇、形怯而神勇；战场之"弱"，当为"生于强"之"弱"，亦即外弱而内强、形弱而神强。由此可见，孙子认为，战争的指导者只有深入把握"生"的规律，科学运用"生"的法则，才能将战场上客观存在的"乱""怯""弱"，有机地统一于"治""勇""强"，这才是做到"不可乱"与"不可败"的关键所在。

进而言之，用兵打仗不仅需要军队的"治""勇""强"，而且需要军队的"乱""怯""弱"，因为，"兵者，诡道也"，以"乱""怯""弱"示形欺敌本身就是战争的需要。因此，能打胜仗的军队，不仅要有"治""勇""强"之功，而且还应当有"乱""怯""弱"之能。只有能治、能乱、能勇、能怯、能强、能弱的军队，才是胜利之师、王者之师。从这个意义上讲，孙子此言所揭示的也是"乱"与"治"、"怯"与"勇"、"弱"与"强"之间最本质的关系：军队"乱""怯""弱"之能，乃"生于"军队"治""勇""强"之功，质言之，"治""勇""强"才是军队能力之本，而"乱""怯""弱"则是军队能力之用。钱基博之所以评价曹注"不得其说",根本症结就在于:孙子讲的是军队"乱""怯""弱"之本的问题,也就是"治""勇""强"的本源作用问题;而曹公讲的是军队"乱""怯""弱"之用的问题,却是指"乱""怯""弱"的示假运用问题,可见,曹公之注确属买椟还珠、离本趣末,其"毁形匿情"的训解也确属于谬误之说。《论语·学而》有云:"君子务本,本立而道生。"既然军队在纷纭浑沌的战场上"不可乱""不可败",皆"生于"其"治""勇""强"之本,将帅必当深明于"务本"之理,通达于"务本"之事。

治乱,数也;勇怯,势也;强弱,形也。这句话的意思是,军队的治和乱,是分数运用的良莠使然;军队的勇和怯,是战势创造的优劣使然;军队的强和弱,是兵形部署的好坏使然。我们说,这不仅是将帅掌控"乱生于治,怯生于勇,弱生于强"的基本原理,而且是驾驭战场"斗乱而不可乱""形圆而不可败"的根本法则。这里,还需特别注意的是,此处所言的"数""势""形",与开篇所言的"分数""形名""奇正""虚实",基本上遥相照映、一一对应,那么,我们不禁要问:孙子做如此新颖长远的构思和布局,究竟体现了怎样的思维逻辑,又表达着怎样的微言大义?若不深明于此,恐怕我们根本无法触及孙子此言的本质要义。

关于"治乱,数也"。王晳注曰:"治乱者,数之变。"贾林注曰:"治乱之分,各有度数。"意思是说,治乱问题,就是分数的变化问题;军队治与乱的状态,均是由编制结构的划分与作战编组的编成造成的。王、贾之注说明,"数"就是篇首所言的"分数",也就是我们前文所阐释的"是指对军队组织结构、体制编制及其运行机制的高度抽象与概括,是治军问题的根本方法和原理"。但是,最大的不同点在于:孙子此处的"治乱"之"治",就是篇首讲的"治众治寡"之"治";"治乱"之"乱",乃是"斗乱"之"乱",而其"斗乱"之"斗",则是篇首讲的"斗众斗寡"之"斗"。由此可见,"治乱"问题不仅涉及用于"治众"的"分数"问题,而且也涉及用于"斗众"的"形名"问题。正如前文所述,所谓"形名","就是对'指挥利用旗鼓——旗鼓代表号令——号令指示行动'的组织指挥方法制度的高度抽象与概括"。这又说明,在"斗乱"过程中,只有"分数"才是保持军队"不可乱"的根本，而"形名"不过是保持军队"不可乱"的手段，故此，孙子追根溯源、去末归本而曰："治乱，数也。"意思就是说，军队"治"的状态靠"数"治理，军队"乱"的状态也由"数"制造；只有依靠科学的"数"治理的军队，其战场上体现的"乱"，才是外乱而内治的"乱"，亦即所谓"生于治"的"乱"，否则在"斗乱"中就会真乱。所以说，"数"，不仅是"乱生于治"之理，而且是"斗乱而不可乱"之策。概而观之，孙子此段由果至因，由表及里，揭示了一条用兵制胜的基本原理："数"，乃军队的"治乱"之本。

关于"勇怯，势也"，王皙注曰"勇怯者，势之变"，李筌注曰"夫兵得其势，则怯者勇；失其势，则勇者怯"。意思是说，勇怯问题，就是战势的变化问题。若军队取得有利之势，那么怯懦的士卒也会变得勇敢；若军队处于不利之势，那么勇敢的士卒也会变得怯懦。应当说，王、李之注基本上揭示了"势"之于战场的根本作用。然而，孙子在篇首说"三军之众，可使毕受敌而无败者，奇正是也"，在篇中又说"战势不过奇正"，而在此又说，"勇怯，势也"，那么，"势"之于"奇正"和"勇怯"，究竟有着怎样的内在联系呢？前文我们谈到，所谓"奇正"，"就是对战场兵力分配及其运用的高度抽象与概括"；而"勇怯"，则是军队在战场上表现出来的战斗气势和精神状态。由此易见，用兵的"奇正"不过是战场创"势"的手段，而军队的"勇怯"才是战场创"势"的目的，故而，孙子曰："勇怯，势也。"意思就是说，军队"勇"的状态靠"势"造就，军队"怯"的状态也由"势"所制造；只有依靠有利之"势"造就的军队，其战场上体现的"怯"，才是外怯而内勇的"怯"，亦即所谓"生于勇"的"怯"，否则在"斗乱"和"形圆"中就会真怯。就此，孙子揭示出又一条用兵制胜的基本原理："势"，乃军队的"勇怯"之源。

关于"强弱，形也"，王皙注曰"强弱者，形之变"，钱基博注曰"强弱有定形，而勇怯无常势。勇怯者，随势而为变者也；强弱者，予人以可形者也"。意思是说，强弱问题，就是兵形的变化问题。强弱产生于敌我兵形确定后的对比……所谓强者或弱者，都是因为暴露给了对方可资合理确定兵形情况的一方。王、钱之注,虽在古今注家以"示弱"为释义的主流中属凤毛麟角,但他们关于"强弱"源于"兵形"的体悟颇为难能可贵。孙子在篇首说"兵之所加,如以碫投卵者,虚实是也",而在此又说"强弱,形也",那么,"形"之于"虚实"和"强弱",究竟存在着怎样的内在联系呢?孙子《虚实》有云:"兵之形避实而击虚",这说明确定"兵形"的要旨就是"避实击虚",同时也说明,篇首讲的"虚实"就是"兵形"问题;《虚实》又云:"故形人而我无形,则我专而敌分",意思是,让敌人显现兵形,而我隐匿兵形,就可以做到我方兵力集中,而敌方兵力分散。这又充分说明,"兵形"不仅是造成"虚实"的根本原因,同时也是造成"强弱"的根本原因,因为,"专"就是"实"和"强";"分"就是"虚"和"弱"。所以说,"虚实"与"强弱",就是指由于敌我兵力部署的地理位置、力量分布、用兵重点的不同,而相对形成的兵力上的专与分、众与寡、优与劣的状态,就其产生的根源而言,完全统一于"兵形"之中。故此,孙子曰:"强弱,形也。"意思就是说,军队"强"的状态靠"形"构成,军队"弱"的状态也由"形"构成;只有基于正确部署"兵形"的军队,其战场上体现的"弱",才是外弱而内强的"弱",亦即所谓"生于强"的"弱",否则在"斗乱"和"形圆"中就会真弱。在此,孙子揭示出又一条用兵制胜的基本原理:"形",乃军队的"强弱"之基。

综上所述,孙子此段基于战场的实际情况和对军队的内在要求,从现象,到本质,再到机理,阐释并回答了军队在纷纭复杂的战场上,如何做到"不可乱"与"不可败"这两个用兵打仗的基本要求,进而揭示了"数""势""形",才是不败之基,制胜之本,用兵之魂。与此同时,匠心独运地照应了篇首提出的"分数""形名""奇正""虚实"问题,但这里绝不是对其简单的重复,而是通过缜密的理论阐述,已经把"分数""形名""奇正""虚实"的概念性抽象,发展转化成为"数""势""形"的原理性具体。或者说,"分数""形名""奇正""虚实"只不过是治军制胜的理论要素;而"数""势""形"则是确保战场不败制胜的实际法则。简言之,这里的"数""势""形",乃是篇首"分数""形名""奇正""虚实"逻辑预设下推演而成的必然结果。由此可见,钱基博先生"'怯生于勇，弱生于强'，则因'乱生于治'而连类及之"的说法，也属"不得其说而强为之辞"。在孙子这里，"数"乃兵治之本，"势"乃兵勇之源，"形"乃兵强之基，只有将三者紧密联系、综合运用，方可夺取战争的最后胜利。

《淮南子·原道训》曰："夫无形者，物之大祖也；无声者，声之大宗也。"意思是说，无形是有形之物的始祖，无音是有音之声的本宗。孙子揭示的"数""势""形"，就犹如战场的"无形"之祖、"无音"之宗，军队基于此便能治、能乱、能勇、能怯、能强、能弱，做到"斗乱而不可乱""形圆而不可败"，将帅执于此便能在战场的舞台上导演出威武雄壮的战争活剧。战争夺胜如此，战场创势亦然。如何遵此用兵打仗的大本大宗创造出"势险节短"的战场理想之"势"呢？孙子"创势之要"，顺理成章，了然目前。

下：创势之要

"奇正"乃创势之矢，"勇怯"乃创势之的。上半部分，孙子提出"以正合，以奇胜"是用兵打仗的根本方法，并指出战势也是"奇正"问题，创势靠的就是奇正之用、奇正之变；中间部分，孙子揭示了打仗之本、用兵之宗皆在"数""势""形"，其题中之义，"奇正"运用亦在于"治乱""勇怯""强弱"的综合运用。下半部分，孙子自然深入创势的主题：如何综合运用"治乱""勇怯""强弱"，以创造出"势险节短"的理想战势。对此，孙子提要钩玄，一是以"动敌"而"本待"设势，亦所谓正兵合而奇兵胜；二是以"择人"而"任势"成势，亦所谓借战势而成众勇。最后，再次以形象生动的比喻全景描绘出理想战势的恢宏景象，总结收束全文。

4.1 故善动敌者，形之，敌必从之；予之，敌必取之。以利动之，以本待之。

4.2 故善战者，求之于势，不责于人，故能择人而任势。任势者，其战人也，如转木石。木石之性，安则静，危则动，方则止，圆则行。

5.0 故善战人之势，如转圆石于千仞之山者，势也。

设战势："利动"而"本待"

故善动敌者，形之，敌必从之；予之，敌必取之。以利动之，以本待之。孙子提出，善于调动敌人的将帅，示形以敌，敌人必定从引而行；投敌以利，敌人必定受诱来取。用利益调动敌人，用实力等待敌人。我们说，这既是孙子在用兵之本——"数""势""形"语境下对创势之要的具体说明，也是在创势实践中对"以正合，以奇胜"运用方式的生动体现。那么，在创势活动中，"数""势""形"究竟如何具体运用？"以正合，以奇胜"又表现为怎样的方式方法呢？孙子此言就是对这些问题的科学回答。

故善动敌者，形之，敌必从之；予之，敌必取之。"动敌"，就是调动敌人，毛泽东形象地称之为"牵住敌人的牛鼻子"。孙子提出两个方法：一是"形之"；一是"予之"。对此，曹操注曰："见赢形也；以利诱敌，敌远离其垒，而以便势击其空虚孤特也。"杜牧注曰："非止于赢弱也。言我强敌弱，则示以赢形，动之使来；我弱敌强，则示之以强形，动之使去。敌之动作，皆须从我。"赵本学注曰："形之，以诈乱、诈怯、诈弱之形；予之，以诈乱、诈怯、诈弱之利。"纵观古今诸家的训解，主要集中于"形之"与"予之"的手段与目的。从手段上讲，曹公说显现赢弱之形，杜公说还应包括示敌强形，赵公说示敌以乱、怯、弱之形。从目的上讲，杜注"敌之动作，皆须从我"，可谓道出了"动敌"的要旨。笔者认为，理解孙子此言深意，对两个"必"字的深入解读亦至关重要，换句话说，若我方深谙用兵之道，敌方定然也不会一窍不通，那么为什么我方的"形之""予之"会产生使敌"必从""必取"的效果，除了众多注家所讲的示假欺敌的外在原因外，是否还存在着某些内在的机理呢？其"必"的必然性或者说规律性究竟何在呢？

关于"形之"与"从之"，这里，"形"是动词，乃"示形"之意，正如曹操所注"见赢形也"，就是指向敌人显现赢弱兵形。孙子《虚实》篇云："夫兵之形象水，水之形避高而趋下；兵之形避实而击虚。"这充分说明，"水之形"的形成，有其内在规律，是由自然地形的"高下"所决定的，故其流动的方向是"避高而趋下"；"兵之形"的形成，也有其内在规律，是由对方兵形的"实虚"所决定的，故其行动的方向和目的就是"避实而击虚"。从这句话我们清楚地知道，敌人之所以"从之"，是我方兵形的"实虚"使然，只不过"形之"显示给敌方的兵形，是实中有虚，虚中有实，既有以假象迷敌欺敌，也有以真象驱敌逼敌，这样才造成敌人"必从"的效果。于此可见，所谓"形之"，就是我方以积极的行动或佯动主动暴露我行迹与部署，即显示我或真或假的兵形之"实虚"，从而示敌以"避实而击虚"的行动方向、路径和地点；所谓"从之"，就是敌方对我主动暴露的行迹与部署即兵形之"虚实"信以为真，仍以"避实而击虚"行动，从而进入我方所示的行动方向、路径和地点。所以，"形之""从之"的"之"，就是指所谓"避实而击虚"的行动方向、路径和地点；而"必"的真谛就存在于"避实而击虚"的一般形兵机理之中。那么，"实虚"又是指什么呢？按照上文的思想，"实"主要表现为军队的"治、勇、强"，"虚"主要表现为军队的"乱、怯、弱"，所以说，"形之"与"从之"，不仅应包括示我"乱、怯、弱"之形，诱敌来击，而且还包括示我"治、勇、强"之形，迫敌去避，由此，才能最终达成"敌必从之"的"动敌"效果。这当是贯通孙子上下文意的周全之解。

　　关于"予之"与"取之"，"予"与"取"含义分明，关键是"之"究竟是指什么。是一城、一地抑或是少量的军队？对此，曹注、赵注皆曰一个"利"字，当属切中"之"的要义。孙子《军争》篇云："故兵以诈立，以利动，以分合为变。"从这句话可以看出，"利"是决定军队采取各项行动的根本依据，或者说，趋利才是军队行动的基本准则。由此可见，"予之"，就是给敌以"利"，诱敌"以利动"；"取之"就是敌"以利动"，来夺取"利"。所以说，"予之"与"取之"的"之"就是指"利"，而"必"的真谛亦存在于"以利动"的行动机理之中，也正因如此，孙子才在下文将"形之"和"予之"，即所谓"动敌"之法，皆归为"以利动之"。足见，"动敌"之根本乃源于"利"的驱使。那么，什么是"利"呢？恐怕这又是一个见仁见智而无可把捉的问题。但有一点是肯定的，无论是务实之"利"，还是务虚之"利"，予敌诱敌之"利"一定是局部的、眼前的、现实的，而动敌图敌之"利"则一定是全局的、长远的、潜在的。

以利动之，以本待之。这是孙子对战场创势基本方略的阐述与概括，也是奇正之用在创势活动中的具体体现与运用。句中"以利动之"，是对前句"形之"和"予之"两种"动敌"方法的归纳与总结，同时也是对《军争》所言"兵以诈立，以利动"最好的诠释与运用。句中"以本待之"，《十一家注》本作"卒"，《魏武帝注》和《武经七书》作"本"。古代"本""卒"二字，也有杂用之例。如《庄子·盗跖》："不念本养寿命者也"，《释文》："念本，'本'字或作'卒'"。又如《汉书·司马相如传》下："王者之卒业。"颜师古注："卒，终也，字或作本。"对此，古今各家多以"卒"注，如古有杜牧、王晳、梅尧臣、何氏等，今有吴九龙、吴如嵩、陶汉章、李零等。究竟是"卒"还是"本"？笔者认为，关于此字的稽考和训诂，不仅是一个对此言义理可否正确理解的问题，而且是一个牵及全篇思想结构可否融会贯通的问题。

从此言字面意思来看，若用"卒"字，"动之"的主体是"利"，"待之"的主体是"卒"。这样，我们又不得不回到前面提到的问题：什么是"利"？这个"利"又是谁"形之""予之"的？姑且不说这个"利"可能以少量的军队为诱饵，假使我们就把"利"狭隘地理解为一城、一地或者某种货利，那么示予给予敌人"利"的主体难道不是军队，即所谓"卒"吗？毫无疑问，一定是军队通过"形之"和"予之"的行动示敌予敌的，所以说，"利"作为一种"动敌"的手段，与"卒"根本就是无法割裂分开的，果若如此，岂不成为"动之"要靠"卒"，"待之"也是靠"卒"了吗？更为关键的是，根据孙子前文所述，"治乱""勇怯""强弱"均是军队战场上可能出现的自然状态，难道能以"乱、怯、弱"之"卒"待敌迎敌吗？显然不能。可见，"乱、怯、弱"并非蕴含于"卒"的字中之意。然而，梅尧臣却注曰"以精卒待之"，张预注曰"以劲卒待之"。既然"乱、怯、弱"不是蕴含于"卒"的字中之意，为什么能说"精""劲"就是蕴含于"卒"的字中之意呢？可见，"精""劲"二字亦为梅、张二公主观强为所加。所以，此言用"卒"字看似句通，实则含义混淆，且与上文失应。

从上下文意联系来看，孙子说："乱生于治，怯生于勇，弱生于强。"这充分说明，军队的"治""勇""强"乃打仗制胜之本，而军队的"乱""怯""弱"

只能是打仗制胜之用。质言之，正因基于军队的"治""勇""强"之本，才可能有军队"乱""怯""弱"的示形予敌之用。所以说，句中"以利动之"，就是通过示乱、示怯、示弱，抑或辅之以示治、示勇、示强，给敌以能够夺取有利战果或态势的假象，从而达到调动敌人的目的。这里，"利"乃是对"动之"方法手段本质的高度抽象和概括。句中"以本待之"，就是以军队的"治""勇""强"，或者说，以军队打仗制胜之本待敌迎敌，从而实现以治对乱、以勇对怯、以强对弱的目的。这里，"本"又是对"待之"军队战斗力本质的高度抽象和概括。所以，赵本学注曰："待之，以真治、真勇、真强之本。本者，实也。"夏振翼亦注曰："在乎我之真治、真勇、真强，操其胜敌之本，而俟之也。"正鉴于此，笔者认为，句中"卒"字作"本"义长，且上下文意照应贯通。

从此言所述思想来看，它所表达的就是创势的总体方略，也可以说是创势的第一要务。上文谈到，孙子所言"治乱，数也；勇怯，势也；强弱，形也"，乃用兵打仗之本，亦为创势运势之宗，因此，战场创势同样需要"数""势""形"的综合运用。所以，孙子提出"以利动之，以本待之"，意思就是说，将帅通过发挥自己的主观能动性，巧妙运用军队"乱""怯""弱"与"治""勇""强"的能力，以"形之"和"予之"的方法调动敌人，即所谓"以利动之"；当敌进入我们预先设定的战场，然后我以军队的"治""勇""强"对待敌人，即所谓"以本待之"。正如《孙子兵法·虚实》所言，"凡处战地而待敌者佚，后处战地而趋战者劳"，这也就是说，"待"者本来就占有固"本"的条件，往往易于处于"治""勇""强"的有利状态，而"动"者本来就存在失"本"的危险，往往易于陷于"乱""怯""弱"的不利状态，于是乎，以治对乱、以勇对怯、以强对弱的"势"，便在这一"动"一"待"中创造并产生。进而言之，由于我方通过"以利动之，以本待之"，达成了"攻其无备，出其不意"的效果，所以敌人既不可能有行动的预先准备，也不可能有思想的未雨绸缪，其结果必然是敌人溃不成军或彻底失败，那么，由此产生的战场影响也必然是：敌军士气受到极大的挫伤，而我军士气得到极大的提振。故此，孙子说"勇怯，

233

势也",也就是说,军队除了平时训练培养军队的勇敢精神外,战时战场所创的"势"才是造成军队"勇"或"怯"的根本之所在。

至此,还有一个重要问题需要我们回答:上文的"凡战者,以正合,以奇胜",与这里的"以利动之,以本待之"是否存在着内在的、本质的联系呢?答案是肯定的,否则《势》定然存在着"前言不搭后语"的上下失应之误。孙子前文说"凡战者,以正合,以奇胜",句中"凡战者"之"凡",清晰表明"以正合,以奇胜"乃打仗用兵的一般方法,是奇正之用在作战中的通则,换言之,这并不是在创势这一特殊活动中的具体方法,只有"以利动之,以本待之"才是奇正之用在创势中的变则。所以说,"以正合,以奇胜",是在"凡战者"语境下的表达,也就是在用兵打仗中对"奇正"的一般运用;而"以利动之,以本待之",则是在"战势不过奇正"语境下的表达,也就是在创势活动中对"奇正"的具体运用。进而言之,在用兵打仗过程中,"以正合"主要表现为"正兵"的接敌迎敌,"以奇胜"主要表现为制敌胜敌;而在创势活动中,"以正合"则主要表现为"正兵"用"以利动敌"的方法欺敌动敌,"以奇胜"则主要表现为"奇兵"用"以本待之"的方法溃敌慑敌。所以说,"以利动之"就是"以正合";"以本待之"就是"以奇胜","以利动之,以本待之"不过是"以正合,以奇胜"在创势活动中的具体体现与运用,唯基于此,才能创造形成军队奋勇当先、骁勇善战的恢宏气势。

《韩非子·难势》有云:"吾所为言势者,言人之所设也。"与韩非所论述的势是人为设立的一样,孙子此言所阐述的,也正是通过充分发挥将帅的聪明才智,设计擘画"先'动之'后'待之'"的压倒性战局,进而形成以治对乱、以勇对怯、以强对弱有利的战场情势与气势。足见,孙子"以利动之,以本待之",实则就是将帅善于腾挪、巧于布局的"设势",这既是战场创势活动的总体方略,也是造势成势的根本方法。那么,"势"作为营造军队"勇怯"的根本问题,将帅的"设势"——"以利动之,以本待之",也只能为成就军队之"勇"提供客观条件,换言之,这也仅是成就士卒之"勇"的外因,那么,什么才是能够成就士卒之"勇"的内因,或者说,怎样的方法策略才可以激发军队内在的勇敢精神呢?

求气势:"择人"而"任势"

故善战者,求之于势,不责于人,故能择人而任势。任势者,其战人也,如转木石。木石之性,安则静,危则动,方则止,圆则行。孙子明确指出,善于指挥作战的将帅,追求的是势,而不苛责人,所以能够舍弃人而任用势。任用势的将帅,他所指挥的部队,如同转动的木头和石头一般。木头和石头的特性,放置在安稳平坦的地方就静止不动,放置在险峻陡峭地方就翻滚转动。方形的一般处于静止,圆形的往往灵便滚动。这是孙子对创势活动本质特点的揭示,也是对将帅激发士卒内在之"勇"提出的根本要求。

故善战者,求之于势,不责于人,故能择人而任势。对于《势》的篇题,曹操注曰:"用兵任势也";对于"择人而任势",刘邦骥注曰:"择人任势者,为全篇之归结也"。足见,"择人而任势"乃全篇文眼,必须对其显微阐幽,才能正确理解孙子创势用势的本质要求,也才能彻底弄清孙子《势》篇的主旨思想。《说文》曰:"责,求也。"可见,"求"与"责"乃互文见义,均为"追求""苛求"之意。所以,孙子前半句的观点非常明确,就是会打仗的人,追求势,不苛求人。但问题出在后半句的"择人"二字上。对此,李筌注曰:"得势而战,人怯者能勇,故能择其所能任之。"杜牧注曰:"言善战者先料兵势,然后量人之材,随短长以任之,不责成于不材者也。"张预注曰:"任人之法,使贪、使愚、使智、使勇,各任自然之势,不责人之所不能,故随材大小,择而任之。"诸如此类,古今注家大多将"择人"释为"选择任用人",并几近成为古今学者的一统之识。然而问题在于,既然孙子前半句说"不责于人",那么如果将"择人"训为"选择任用人",这不还是"责于人",岂不前后矛盾吗?看来,对于"择人"二字的微言精义的确需要深入考察。

关于"择人"之"择"。裘锡圭(笔名求是)《说"择人而任势"》认为,"择"应为"释"。吴九龙《孙子校释》也指出"'择',训'释'"。李零《兵以诈立:我读〈孙子〉》明确指出:"'故能择(释)人而任势',这句话,一直被误读,以为是选择人,适应势,至少唐代以来就错……'释'是放弃的意思,它是说不靠人，只靠势。"对此，吴春生博士运用寻绎词义演变的方法研究认为，"先秦时代'择'有'拣选'和'舍弃'两个核心义位"，且"择"并非"释"的通假字（《三明学院学报》，2015 年 6 月，《说"择"兼释"择人而任势"》）。此外，在《故训汇纂》《汉语大词典》《汉语大字典》等辞书中"择"也都有"舍弃"的说法。对此，笔者认为，"择"作为"选择"之意，本身就有"取舍"的意味。所谓"选择"，其实就是取此舍彼或舍此取彼的过程，究竟是用"取"意还是"舍"意，全应看其所处整体的句义和文义。就孙子此言来说，如果我们把"择人"解释为"舍弃人"，就会清晰地看到："求之于势"，讲的就是"任势"，"不责于人"，讲的就是"择（舍弃）人"，这样不仅全句义理贯通，而且，"择（舍弃）人而任势"就成为对"求之于势，不责于人"的概括和凝练。所以，将"择"训为"舍弃"完全符合孙子此言的整体义理。

关于"择人"之"人"。如果"择"取"舍弃"之意，那么"择人"就是"舍弃人"的意思。这里，我们不禁要问什么是"舍弃人"？因为，在现代人看来，打仗靠的是人与武器，而人作为武器的使用者，乃战争胜负的决定因素，如果"舍弃人"，如何去"任势"，又怎么赢得战争胜利，难道孙子所说的"人"具有某种特殊的含义吗？对此，管仲《形势》的一段论述，或可给予我们有益的帮助和启迪。

明主不用其智，而任圣人之智；不用其力，而任众人之力。故以圣人之智思虑者，无不知也；以众人之力起事者，无不成也。能自去而因天下之智力起，则身逸而福多。（《管子·形势》）

管仲的意思是说，开明的君主不用自己的智慧，而是用圣人的智慧；不用自身的力量，而是用众人的力量。所以，用圣人的智慧思考问题，就没有不明白的；用众人的力量做事，就没有不成功的。能够放弃自己而凭借天下人的智慧与力量做事，那么自身安逸且祚厚福多。句中，"不用"和"去"，就是"舍弃""放弃"的意思；而"任"和"因"就是"使用""凭借"的意思。这里，我们可以明显地看出，管仲这段话所阐述的思想，与孙子"择（舍弃）人而任势"所表达的观点，几乎有着同工异曲之效，只不过管仲讲的是君主治国用众的问题，而孙子讲的是将帅用兵任势问题。在此，既然管仲强调的是"自去"而"因天下"，也就是，舍弃"个人"而任用"众人"，那么孙子"择人"之"人"是否也是指"个人"问题，而"任势"之"势"也是指"众人"问题呢？显然，二者是完全一致的。

孙子下句说："任势者，其战人也，如转木石。"这说明，"任势"问题，就是关于"战人"问题。很显然，"战人"就是指军队或部队，亦即管仲所讲的"众人"。按照上文对"择"的训解，"择人而任势"就是"舍弃人而任用势"，这一舍一用又充分说明，"战人"与"择人"之"人"，完全是两个相互对立而存在的概念，既然"任势"的"战人"讲的是"众人"问题，那么"择人"必然讲的就是"个人"问题。所以我们说，孙子"择人而任势"所强调的，就是将帅在作战指导上，必须摒弃各类人员的个体作用，而致力于军队集团的群体作用。所以，刘伯承元帅说，指挥员应当"以人力和物力结合着自然条件所造成的'势'来求取胜利的，决不是仅仅靠个人或个别部队来取得胜利的。"由此可见，李筌、杜牧、张预等古今众家所注"选择任用人"的问题，实则正是孙子强调应当忽略和放弃的问题，因为，在孙子这里，任人御人与任势御众实乃是异轨殊途的两个问题，只有舍弃个人，即所谓"择人"，才能更好地驾驭众人，即所谓"任势"。

那么，将帅究竟怎么做才能"择人"，也就是舍弃各类人员的个体作用，又究竟怎么做才能"任势"，也就是致力于军队集团的群体作用呢？

任势者，其战人也，如转木石。木石之性，安则静，危则动，方则止，圆则行。孙子此言托物喻理，深入具体地阐释了"任势"的基本原理。他认为，"战人"即军队或者部队，就如同"木石"一样。古人讲，人非木石，孰能无情，但此处孙子偏以"木石"喻人，其"择人"即舍弃人的思想亦妙蕴其中。就其外在环境而言，"安则静，危则动"，置于安稳之地则利于静止，置于险峻之地则利于运动；就其内在特性而言，"方则止，圆则行"，方形的木石则利于静止，圆形的木石则利于运动。所以，所谓"任势"，就如同将帅从险峻的地势，把圆形的木石推动翻转而疾速滚落一般。"任势者"亦即作战的指导者，其"任势"

关键的职责就是"转木石",推动"木石"的翻转滚动。诚如梅尧臣注曰:"木石,重物也,易以势动,难以力移;三军,至众也,可以势战,不可以力使,自然之道也。"梅注说明,孙子的譬喻的确喻理明了、恰如其分。但是,就用兵打仗而言,"圆"究竟是指军队或者部队的何种状态?"危"究竟是指军队或者部队处于何种环境?"转"又究竟是指将帅的何种行为?对于这些问题,恐怕仅凭读者的主观臆想是难以做出完全符合孙子真意的回答。

将军之事:静以幽,正以治。能愚士卒之耳目,使之无知。易其事,革其谋,使人无识;易其居,迂其途,使人不得虑。帅与之期,如登高而去其梯;帅与之深入诸侯之地,而发其机;若驱群羊,驱而往,驱而来,莫知所之。聚三军之众,投之于险,此谓将军之事也。(《孙子兵法·九地》)

这段话,可以说是孙子对其"木石"之喻,或者说"任势"之理最好的解读,同时也是对其"择人而任势"思想最好的诠释。

文中"静以幽",讲的就是将帅"圆木石"的具体方法,也是"择人"的基本方法。蒙蔽士卒的视听,使他们对行动企图毫无所知;通过变换任务,改变计划,使他们失去自己的见识;通过变更驻地,迂绕道路,使他们无法自己思考判断。这就是孙子使"战人"或者说"木石"处于"圆"的状态的方法,质言之,其实这就是使军队思想保持单纯稳定的方法。依此,我们也可以初步了解到孙子"择人"亦即"舍弃人"的基本含义。

文中"正以治",讲的就是将帅"转木石"的具体方法,也是"任势"的基本方法。将帅下达命令的时候,就像士卒登上高处而抽去他们的梯子一样。命令士卒深入诸侯国腹地,然后下达作战意图,这时士卒就犹如被驱赶的羊群一样,赶过去,赶过来,他们并不知道要去哪里。这就是孙子"转木石"的方法,这里,"而发其机"之"机",与前文"势如𬟁弩,节如发机"之"机";"投之于险"之"险",与前文"其势险,其节短"之"险"完全照应,据此我们也有理由相信,这就是孙子"任势"的方法。

进而揆之,这里,孙子将"静以幽,正以治",总结归纳为"聚三军之众,投之于险";同时,他又在上文谈到"勇怯,势也"。那么我们要问,"静以幽,正以治"，或者说"聚三军之众，投之于险"，是否是关于"势"的"勇怯"问题呢？如果是，那么就再次有力证明，"静以幽，正以治"，或者说"聚三军之众，投之于险"，就是"择人而任势"的基本方法。若果如此，探索孙子"聚三军之众，投之于险"的具体观点和方法，就有利于我们进一步深入把握"择人而任势"的基本思想和内涵。

投之无所往，死且不北，死焉不得，士人尽力。兵士甚陷则不惧，无所往则固。深入则拘，不得已则斗。是故其兵不修而戒，不求而得，不约而亲，不令而信，禁祥去疑，至死无所之。吾士无余财，非恶货也；无余命，非恶寿也。令发之日，士卒坐者涕沾襟，偃卧者涕交颐。投之无所往者，诸、刿之勇也。（《孙子兵法·九地》）

这段话阐明了两个方面的问题。第一，"聚三军之众，投之于险"就是关于"勇怯"的"势"的问题。孙子认为，把部队置于无路可退的绝境，士卒就会宁死不逃，宁死都不逃跑，士卒就会竭尽全力；士卒深陷绝境就会无所畏惧，没有退路就会军心稳固；深入敌国就会团结一致，迫不得已就会拼死战斗。他最终的结论是：置军队于绝境问题，就是使士卒像专诸和曹刿一样勇敢的问题。第二，"聚三军之众，投之于险"是解决军队自然之"怯"的方法问题。孙子深知，士卒没有多余之财，并不是不爱财；没有多余之命，并不是不惜命。当作战命令下达的时候，坐着的泪湿衣襟，躺着的泪流满面。但是，当将帅"投之于险"之时，军队无须整饬就能加强戒备，无须强求就能履行任务，无须约束就能亲密协作，无须申令就能坚定不移。无怪乎曹操注曰："任自然势也。"张预注曰："三军之众，甚陷则不惧，无所往则固，不得已则斗，亦自然之道也。"足见，曹公、张公深明孙子"择人而任势"乃本乎自然兵情的本质渊源。

综上所述，所谓"择人"，就是愚士卒、置险境、成众勇的过程，亦可谓"舍弃人"的方法；所谓"任势"，就是发号令、御士卒、用众勇的过程，亦可谓"发其机"的方法。质言之，"择人"与"任势"实则是关于"势"的一个问题的两个方面，"择人"是手段，"任势"是目的；"择人"才能"任势"，"任势"

必先"择人"。纵观孙子"择人而任势"的思想，从手段方法来看，他并未抱持冠冕堂皇的道德准则，其做法近乎不讲人情冷暖，甚至有些残忍歹毒，但从其思想根源来看，他所运用的却是军队集体心理的自然变化规律，这对于当时社会的军事组织形态来说，平时"寓兵于农"，战时"算地出卒"，军队缺乏常备的训练是正常的，临战产生"士卒坐者涕沾襟，偃卧者涕交颐"的"怯"的现象也是自然的，在这样的前提下，孙子"择人而任势"的思想决不失为一种御众用战的有效方法。

老子《道德经》云："天地不仁，以万物为刍狗。圣人不仁，以百姓为刍狗。"刍狗是用于祭祀的草扎的狗，《庄子》引用师金的话说：未陈则盛以箧衍，巾以文绣；已陈则行者践其首脊，苏者取而爨之而已。祭典之前，为祭品备受珍惜，盛入竹匣，覆盖着文绣之巾；祭典之后，为废物被人抛弃，被行人踩踏，被当柴烧饭。老子的意思是，天地无所谓仁与不仁，故而对待万物就像对待刍狗一样，也无所谓爱与不爱；圣人无所谓仁与不仁，故而对待百姓就像对待刍狗一样，也无所谓爱与不爱。进言之，天地之心，万物的生与灭，圣人之心，百姓的生与死，皆本于自然而然、顺应自然。诚如上文所言，孙子用兵同样基于战场上军队有治有乱、有勇有怯、有强有弱的自然兵情，所以才提出毫无温度的"择人而任势"的创势主张。《庄子·齐物论》有云："大仁不仁"，最大的仁爱并非表现为仁爱，或许在孙子看来，相对于为着夺胜而"任势"的"大仁"来说，采取愚士卒、置险境、成众勇的"择人"，不过是发乎铁血战争本然的"不仁"罢了。

势，创势在险，用节在短

故善战人之势，如转圆石于千仞之山者，势也。最后，孙子总括全文说，善于作战的军队之"势"，犹如转动圆石从八百丈高山飞落的情形，这就是所谓"势"。句中，"战人"指作战的士卒，即军队或部队。"圆石"大则力必沉，"战人"多则势必众。对此，梅尧臣注曰："圆石在山，屹然其势；一个推之，千人莫制也。"王晢注曰："石不能自转，因山之势而不可止遏也；战不能妄胜，因兵之势而不可支也。"张预注曰："石转于山而不可止遏者，由势使之也；兵在于险而不可止遏者，亦势使之也。"应当说，各家之注虽打通了孙子喻理与兵理的照应关系，对"势"总体作用与效果的阐述亦不失为良释佳解，但对于用兵打仗而言，他们并没有说清"千仞之山"究竟指军队何态，"转圆石"究竟指将帅何为，故而仍给人以隔靴搔痒、雾里看花之感。事实上，孙子此喻除宏观描绘了"势"的总体样貌外，还突出表明了"势"两大本质特点。

势之险。句中"千仞之山"喻指战势之险；"圆石"喻指"战人"即军队的状态。不言而喻，敌军不仅为"方石"且处于山脚之下。关键问题在于，如何将"圆石"置于"千仞之山"之上？又何以将自己的军队变为"圆石"？诚如前文所述：第一，用"以利动之，以本待之"设势，以我之"待"，对敌之"动"，以我之"治""勇""强"，对敌之"乱""怯""弱"。所以，就高山与平地而言，高低之差有"千仞"；就我与敌态势而言，优劣之别有千倍。第二，以"释人而任势"成势。"聚三军之众，投之于险"，"投之无所往者，诸、刿之勇也"。就石头形状而言，有圆有方；就己彼气势而言，我勇敌怯。于此可见，我所创战势之险犹如"圆石于千仞之山"。

节之短。句中"转圆石"喻指将帅发起军队行动。我们知道，战场出现的任何情势，均是由敌我不断变化着的情况共构而成，因此，创造如"圆石于千仞之山"的战势，不仅要基于我之"治""勇""强"涌现之时，而且要因于敌之"乱""怯""弱"显露之机，诚如明代揭暄《兵经百篇·速》所云："势已成，机已至，人已集，而以迁延迟缓者，此毁军也。"故此，就"转圆石"而言，"转石"有机，"落石"有时；就用兵打仗而言，发起行动有战机，战斗时节有长短。这就要求将帅，一要识势，即使战场情况瞬息万变，战机稍纵即逝，也要准确把握势成之时、势险之机，二要乘势，充分运用军队持有的旺盛士气和战斗力，力避持久消耗，务求决战决胜、速战速决。所以，将帅之识势乘势如"转圆石于千仞之山"："圆石"坠山，顷刻之间一落千丈；军队击敌，战斗过程短促干脆。

我们读《孙子兵法》都有一个共同深刻的印象，《形》与《势》关系密切，如同姊妹，尤其表现在结尾的末句上。《形》篇为"胜者之战民也，若决积水于千仞之谿者，形也"，《势》篇为"善战人之势，如转圆石于千仞之山者，势也"，二者句式相同，对仗工整，同为气势磅礴之喻，同样扣人心弦、引人入胜，既有戛然而止之感，又有呼应篇名之效，还有余音绕梁之味。《形》讲战争准备中军事实力的积累问题，故以"千仞之谿"喻备之厚积，而以"决积水"喻用之薄发；《势》讲战争实施中军队行动的创势问题，故以"千仞之山"喻战势之险，而以"转圆石"喻战节之短。对于今天的人们来说，"形势"一词已经成为表达周围环境或事态情形的固定词汇，但对于古人来说，"形"与"势"却各自蕴含着深刻的内涵和道理。诚如孙子《形》与《势》所阐明的，形立则势张，形隐而势显，形厚必势奋，二者具有本与末、体与用的内在本质联系。于此深知，轻虑浅备不可言兵，只有修明政治，繁荣经济，才具用兵之本、制胜之基。

第六 虚实

—— 避实击虚

　　1972 年银雀山汉墓出土的竹简《孙子兵法》中，《虚实》篇尾赫然书有醒目的两个字——"神要"。竹简整理小组认为："简文此二字上有圆点，疑是本篇之别名。也可能为读者所记，表示此篇重要。"《虚实》篇主言"虚实"，此乃古今不刊之论，故"疑是本篇之别名"的说法不足为训，然"表示此篇重要"的解析似乎入情入理。《唐李问对》中太宗亦曰："朕观诸兵书，无出孙武；孙武十三篇，无出虚实。"那么，孙子《虚实》篇究竟"神"至何境，"要"在何枢呢？毫无疑问，战争的最终结果表现为胜负，而胜负的决定因素则取决于"战地"或者说"会战"时敌我的"虚实"情况，因此，"虚实"问题，确实是用兵之钤键、制胜之枢机，不啻为孙子军事理论构建的核心范畴。也正是由于孙子确立了"虚实"这一独到的军事理论范畴，所以以极大地拓展了他对战争认知的深度和广度，将用兵制胜的思想方法摹画至出神入化的程度，由此所揭示阐发的作战原则和方法，堪称用兵之妙谛、制胜之化境。

一、题解——虚实，是避实击虚的用兵思想

　　《虚实》篇题，唯汉简本作《实虚》，通观全篇论述笔锋，皆为先言实、后言虚，可见正合汉简本篇题"实虚"的顺序。然而，或因《势》篇已明言"以

243

碫投卵者，虚实是也"之故，各家之注皆以《虚实》相称，故习非成是，约定俗成，仍依各本作《虚实》。关于"虚实"的内涵，吴九龙《孙子校释》认为："'虚'，空虚，兵力分散而薄弱。'实'，充实，兵力集中而强大。"此解，若在现代军事理论的语境之下可以说正确无误，然若置于孙子《虚实》篇的语境之中则多有孔见之嫌。孙子曰："佚能劳之，饱能饥之，安能动之"。又曰："出其所不趋，趋其所不意"。再曰："能为敌之司命"。可见，孙子"虚实"，远非"兵力分散而薄弱"与"兵力集中而强大"的简单问题。相形之下，还是夏振翼之注更切合孙子本意："虚者，怯、弱、乱、饿、劳、寡，不虞也。实者，勇、强、治、饱、佚、众，有备也。"夏公之注虽显繁杂具象，给人未得精要之感，但能够比较客观地反映孙子《虚实》理论阐释的内容实际。进而言之，孙子看"虚实"并非静态的，而是动态的；孙子言"虚实"并非机械的，而是能动的；孙子论"虚实"并非局部的，而是全局的。正基于此，《虚实》篇所揭示的虚实之法、形兵之要，才达到了出神入化、用兵若神的境地。

首先，孙子"虚实"问题，呈现于"战地"之上，运用于"会战"之时，但精髓则在于"致人而不致于人"的能动创造。《虚实》开篇便曰："凡先处战地而待敌者佚，后处战地而趋战者劳。"句中，"佚"与"劳"，就是指"实"与"虚"；"战地"，就是指"虚实"所呈现的地点。篇中有曰："故知战之地，知战之日，则可千里而会战"，这又说明"战地"也是指"'会战'之地"；而"先处""待敌"与"后处""趋战"的时速理念，则说明"虚实"是在动中产生、动中创造、动中形成的。故此，孙子紧接着说："故善战者，致人而不致于人……故敌佚能劳之，饱能饥之，安能动之。"句中，"致人"，就是指调动敌人，"致于人"，就是指被敌人调动，这说明敌人"劳""饥""动"之"虚"，或者说战场上敌我"虚实"的状态，是在敌我双方的调动与被调动的博弈之中创造并形成的。由此可见，在孙子看来，战场上的"虚实"问题，虽最终呈现于"战地"之上，应用于"会战"之时，但它并非单纯是指军队战场决战时静态的兵力多寡问题，而更多的是指军队在战场行动中能动地创造并形成的战场态势。所以，从狭义上说，"虚实"正如我们在《势》篇所述："'虚'就是指部队处于战斗力羸弱的状态；而'实'就是指部队处于战斗力充盈的状态。"从广义上说，"虚实"虽表现为"战地"上的"劳"与"佚"，包括"会战"时的"众"与"寡"，但核心则在于战争指导者因循"致人而不致于人"思想的能动创造。正因如此，刘邦骥注曰："此第一节，总论虚实之妙诀，在乎致人而不致于人而已"。

其次，孙子"虚实"问题，谋求于"趋敌不意"，争取于"为敌司命"，但机理则在于"形人而我无形"的腾挪博弈。正是由于"虚实"问题是一个发挥主观能动性来创造的问题，故此孙子进而提出以下两点。第一，"出其所不趋，趋其所不意"。"行"要做到行于"无人之地"，"攻"要做到攻敌所"不守"，"守"要做到守敌所"不攻"，但要使敌人的"守"与"攻"不知所从。第二，"能为敌之司命"。"进"要做到"不可御"，"退"要做到"不可止"，我"欲战"要做到敌"不得不与我战"，我"不欲战"要做到"敌不得与我战"，但要使敌人的"御""止""战"皆从于我。对于上述两点，孙子将其归纳概括为"形人而我无形，则我专而敌分。"换言之，正是由于我之"行""攻""守"和"进""退""战"，以"形人"迷惑调动了敌人，以"无形"隐蔽机动了自己，所以便形成了"我专而敌分"，亦即我"实"而敌"虚"的有利战场态势。由此可见，在孙子看来，战场上的"虚实"问题，从来就不仅只是在某一时间、某一地点上力量多少的集中兵力或作战部署问题，而是通过"形人而我无形"的腾挪博弈，在迷惑敌人与隐蔽自己、调动敌人与调整自己、分散敌人与集中自己的行动过程中创造形成的。正缘于此，曹操注《虚实》篇题曰："能虚实彼己也。"可谓一语道破全篇主旨之所在。

再次，孙子"虚实"问题，一在"形兵无形"，二在"避实击虚"，但总要则在于"因敌而制胜"的运用发挥。孙子认为，创造战场"虚实"重在"形兵"：一要讲求"形兵无形"的艺术性；二是要遵循"避实击虚"的科学性。在孙子这里，"避实击虚"是"虚实"思想的核心，亦是用兵制胜的科学真理，于是，对于用兵过程叫作"形兵"，对于理想境界叫作"无形"，对于行动形迹叫作"兵形"。"形兵"之"形"为动词，是"使用""运用"的意思，由于运用兵力的目的在于构建有利的战场态势与情形，故称之为"形兵"；"无形"之"形"为名词，是"形状""态势"的意思，由于军队行动的形迹隐秘多变而使敌不识不知，故称之为"无形"；而"兵形"就像水形，是指兵力运用或军队行动在战场上构成的形迹或状态，水因"避高趋下"而成形，兵因"避实击虚"而成形，这既是孙子所揭示的"兵形"形成的基本规律，也是孙子提出的"形兵"或者说用兵制胜的科学指导。对于"避实击虚"的"形兵"思想，孙子进一步通过"水因地而制流"的自然之理，喻明了"兵因敌而制胜"的用兵之道，于是提炼升华说："能因敌变化而取胜者，谓之神。"这是对"虚实"思想最本质的理论抽象，也是用兵制胜总要的高度概括。由此可见，孙子"虚实"，与其说是着眼于"战地"或"会战"的一时一地的"以众击寡"问题，不如说是他放眼于战争全局全程所揭示的"避实击虚""因敌制胜"的用兵指导问题。

关于《虚实》的篇次。武经本、十一家注本均次《势》作第六，唯简本将其置于《行军》《军争》之后作第八。对此，现代学者基本不置可否，皆以武经本、十一家注本作第六为是，只有王正向《新校竹简本孙子释义》认为："传本不仅互易篇名'实虚'为'虚实'，而且颠倒篇次为《虚实》《军争》相次。"而且认为，系因汉代任宏"是以'篇以类居'作为指导思想导致的后果之一，而非以两篇的内在逻辑关系为据"。究竟"两篇的内在逻辑关系"是什么，王先生只字未提。笔者认为，诚如宋代张预注曰："奇正自攻守而用，虚实自奇正而见。军争者，谓两军相对而争利也。先知彼我之虚实，然后能与人争胜。"的确如此，"虚实"之形是由"奇正"之用创造得来的，故此，《虚实》次《势》在后。同时，"虚实"作为用兵制胜的思想，是一个全局性的问题，而其"先处战地"与"后处战地"问题，实际上就是《军争》篇所专门论述的"后人发，先人至"的问题，换言之，所谓"军争"问题，不过是"虚实"这一全局中的一个局部或关键问题，因而"虚实"之后专论"军争"，《军争》又次《虚实》在后。所以说，《虚实》次《势》而先《军争》序第六。

二、构解——既讲了虚实之理，又讲了形兵之要

《虚实》是孙子对"避实击虚"用兵制胜思想的理论考察。首先，孙子以"致人而不致于人"确立了能动的"虚实观"，然后以"行""攻""守"和"进""退""战"的理想境界，论证抽象出"形人而我无形，则我专而敌分"的虚实彼己的基本原理，并突出强调了"知"与"不知"会战的"地"和"日"——"虚实"呈现与对决的地点和时间——产生的天壤之别。其次，提出了"策作形角"的知彼知己的方法体系，上接虚彼实己之前提，下通用兵形兵之大要。再次，阐明了"形兵无形"和"避实击虚"的用兵要求与原理，并将此高度抽象为"因敌变化而取胜"的用兵制胜总要。

上半部分：虚实之理。从"凡先处战地而待敌者佚"至"敌虽众，可使无斗"。首先，开篇便以"先处战地"与"后处战地"而产生的"佚"和"劳"的迥异效果，引出"致人而不致于人"的创造虚实的指导思想；其次，以"趋其所不意""能为敌之司命"的原则为统领，全面描述了军队在战场上"行""攻""守"和"进""退""战"时，己实彼虚的上佳境界；最后，由"至简"，见"大道"，抽象并阐明了"形人而我无形，则我专而敌分"的创造"虚实"之原理。

中间部分：策作形角。从"故策之而知得失之计"至"角之而知有余不足之处"。既然战场"虚实"创造形成于"形人而我无形"的敌我双方动态的博弈之中，那么，知晓敌我"虚实"形成与对决的"战地"和"战日"，就成为用兵制胜的先决大要。因此，孙子提出了"策作形角"的知彼知己的方法体系，既为"虚实之理"的条件，又为"形兵之要"的大要，上承下启，浑然天成。

下半部分：形兵之要。"故形兵之极，至于无形"至"日有短长，月有死生"。孙子认为，"虚实"问题，实质上就是"形兵"问题。因此，一要讲求"形兵无形"的最高要求；二是要遵循"避实击虚"的科学原理。最后，以"五行""四时""日月"为譬喻，升华说明"能因敌变化而取胜"才是永恒不变的制胜妙谛。

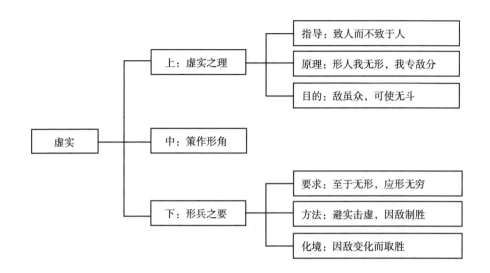

三、文解

孙子论"虚实",留给后人印象最深刻的莫过于"以碫投卵"之譬喻;而被后人奉为克敌制胜圭臬的莫过于"避实击虚""以实击虚"的作战原则。然而,诚如孙子所言"人皆知我所以胜之形,而莫知吾所以制胜之形",人们都知道用兵打仗"以实击虚"的"胜之形",但并非都知道在战场上怎样才能创造出"以实击虚"的"制胜之形"。而孙子《虚实》篇,所以犹甘露之润,如醍醐之凉,恰在于阐明并告诉人们如何在敌我博弈的战场上创造并形成"使敌势常虚,我势常实"(《唐李问对》太宗语)的战场态势。故此,曹操注篇题曰:"能虚实彼己也。"甚是。《虚实》的主旨:一在阐明"虚彼实己"之理;二在指明"因敌制胜"之要。

上:虚实之理

1.0孙子曰:凡先处战地而待敌者佚,后处战地而趋战者劳。故善战者,致人而不致于人。能使敌人自至者,利之也;能使敌人不得至者,害之也。故敌佚能劳之,饱能饥之,安能动之。

2.1出其所不趋,趋其所不意。行千里而不劳者,行于无人之地也;攻而必取者，攻其所不守也；守而必固者，守其所不攻也。故善攻者，敌不知其所守；善守者，敌不知其所攻。

2.2 微乎微乎，至于无形；神乎神乎，至于无声，故能为敌之司命。进而不可御者，冲其虚也；退而不可追者，速而不可及也。故我欲战，敌虽高垒深沟，不得不与我战者，攻其所必救也；我不欲战，画地而守之，敌不得与我战者，乖其所之也。

2.3 故形人而我无形，则我专而敌分。我专为一，敌分为十，是以十攻其一也，则我众而敌寡。能以众击寡者，则吾之所与战者约矣。吾所与战之地不可知，不可知，则敌所备者多；敌所备者多，则吾所与战者寡矣。故备前则后寡，备后则前寡，备左则右寡，备右则左寡，无所不备，则无所不寡。寡者，备人者也；众者，使人备己者也。

2.4 故知战之地，知战之日，则可千里而会战；不知战地，不知战日，则左不能救右，右不能救左，前不能救后，后不能救前，而况远者数十里，近者数里乎！以吾度之，越人之兵虽多，亦奚益于胜哉？故曰：胜可为也。敌虽众，可使无斗。

虚实的用兵指导：致人而不致于人

孙子曰：凡先处战地而待敌者佚，后处战地而趋战者劳。故善战者，致人而不致于人。能使敌人自至者，利之也；能使敌人不得至者，害之也。故敌佚能劳之，饱能饥之，安能动之。孙子《势》篇曰："兵之所加，如以碬投卵者，虚实是也。"那么，这"虚实"究竟是个什么样的问题，答案自然就在《虚实》之中。他认为，凡是先到达战场等待与敌交战的一方就从容安逸，后到达战场赶来应战的一方就仓促疲惫。所以，善于指挥打仗的人，总是调动敌人而不被敌人所调动。能使敌人主动来我预定地域的，是以利益引诱敌人的结果；能迫使敌人无法到达其预定地域的，是以灾害阻挠敌人的结果。所以，敌人休整充分能设法使它疲劳，敌人粮食充足能设法使它挨饿，敌人安稳不动能设法使它运动。在此，孙子讲了三层意思：一是产生"虚实"的现象与原因；二是创造战场"虚实"总的思想与方法；三是创造"虚实"的内容与重点。因果逻辑紧密，思想内涵清晰，开篇便将其能动的虚实观呈现于读者目前。

凡先处战地而待敌者佚，后处战地而趋战者劳。关于此言，古今注家基本上以字面义释之。如梅尧臣注曰："先至待敌则力完，后至趋战则力屈。"张预注曰："形势之地，我先据之，以待敌人之来，则士马闲逸，而力有余；便利之地，彼已据之，我方趋彼以战，则士马劳倦，而力不足。"郭化若译释为："凡先达战地等待敌人的安逸，后到战地而应战的疲劳。"凡此种种，大同小异，可以说意思基本都是对的。但是，这里显然存在一个众注家视野之外的盲点问题，也是我们不得不深入思考的问题，那就是孙子论"虚实"为什么开篇首句便言"先处战地"与"后处战地"的问题？笔者认为，对于这个问题的回答，不仅关乎我们对"虚实"内涵的理解，而且关乎我们对《虚实》主旨的把握。

关于"虚实"的本质含义，孙子认为，"虚实"的本质问题，就是指军队自身的状态问题，它无非有两种表现形式："佚"与"劳"。关于"佚"，如扬雄《蜀都赋》所云："其佚则接芬错芳，襜袡纤延。"乐舞的行列芬芳交错，衣袖飘扬。这里"佚"即"佾"，为"行列"之意，表明一种行伍有秩的队形状态，又如《说文通训定声》所云："佚民者，独乐其身之民也。"这里"佚"即"逸"，为"安逸"之意，表明一种安闲从容的精神状态。关于"劳"，如《孟子·告天下》"劳其筋骨"，这里"劳"是对"身""形"而言，表明一种困乏劳累的身形状态。又如《诗·邶风·燕燕》"实劳我心"，这里"劳"，是对"心""神"而言，表明一种焦灼疲惫的精神状态。由是观之，古代"佚""劳"二字，同时具有表明体力与精神状态的双重含义。那么，孙子"佚"与"劳"究竟是指敌我双方精神方面的因素还是指体力方面的因素呢？孙子《军争》篇曰："以治待乱，以静待哗，此治心者也。以近待远，以佚待劳，以饱待饥，此治力者也。"可见，治与乱、静与哗属于"治心"问题，而佚与劳、饱与饥则完全属于"治力"问题，所以说，此句所言的"虚实"问题，就是指敌我双方军队集团"佚与劳"的力量情状问题。进而言之，在孙子这里，"虚实"就是指军队的战斗状态，"佚与劳"是"虚实"的质量表征，是本是种，"众与寡"则是"虚实"的数量表征，是木是植，二者相较，只有"佚与劳"才是"虚实"最简单、最核心、最本质的规定，正缘于此，"众与寡"的问题才自然而又不可避免地成为《虚实》篇下文论述的重点问题。

关于"虚实"的呈现地点，孙子认为，敌我"虚实"呈现于"战地"之上。关于"战地"，张预解为"形势之地""便利之地"，贾林、杜佑等从之，这样的注解看似合理，其实偏颇甚巨，它不仅曲解了"战地"本意，而且误导了军队"先处"与"后处"的行动目的和争夺利益所在。事实上，孙子此言强调的是，"先处"之利，在于"待敌"而产生的"佚"，"后处"之害，在于"趋战"而产生的"劳"，亦即所谓"虚实"问题，而张注所言"地利"问题抑或有之，但并非孙子此言语中要义。那么，孙子所言"战地"究竟是何意呢？事实上，孙子开篇这句话与篇中"知战之地，知战之日，则可千里而会战"一句是遥相呼应的，这两句之间或者说整个上半部分，其所阐述的有关"行""攻""守"和"进""退""战"的所有问题，无不都是围绕"会战"展开的，所以说，此言"战地"就是指"'会战'之地"，也就是敌我"虚实"最终呈现之地。正因如此，孙子《势》篇云："兵之所加，如以碫投卵者，虚实是也。"这同样说明，"虚实"呈现之地，是"兵之所加"之地，亦即敌我激烈交锋的"会战"之地。

关于"虚实"的产生原因，在孙子看来，"先处"与"后处"是产生"虚实"的根本成因。"处"为"设身处地"之"处"，是"置身于"的意思，可引申为"占据""到达"之意。由于敌我在到达"战地"时有"先"有"后"，因此就造成了双方在"战地"上具有迥然相异的利弊情况："待敌"与"趋战"。"待"就是"等待"之意；"趋"通"促"，即为"仓促"之意。一方"先处战地"，有充足的时间可以解甲休士、从容待敌，孙子称军队这样的状态叫"佚"；另一方"后处战地"，只能鞍马劳顿、仓促应战，孙子称军队这样的状态叫"劳"。由此易见，是"先处"与"后处"，造成了"待敌"与"趋战"的战场不同情况，而"待敌"与"趋战"又成了军队"佚"与"劳"的"虚实"状态。所以说，"先处"与"后处"，才是战场上产生"虚实"的根本原因。

综上所述，孙子此言不仅以对偶句的形式相对地描述了敌我"虚实"在战场上呈现的情形状态，而且以缜密的逻辑深刻地揭示了其产生的客观原因。

"佚"与"劳",亦即所谓己彼力量的"实"与"虚",虽最终呈现于"战地"之上、"会战"之时,但造成"实"与"虚"的关键原因却在于"先处"与"后处"的争夺过程之中。质言之,"战地"上"会战"时的"虚实"仅仅是目的和结果,而"先处"与"后处"的手段与过程才是造成敌我"虚实"的关键所在。所以说,孙子以此言开论"虚实",极似现代逻辑学中我们说的逻辑起点,在阐明了"虚实"最简单、最一般的本质规定的同时,也厘定了战场上如何创造"虚实"的理论思维方向:怎样才能使己方"先处战地"?又怎样才能造成敌方的"后处战地"?

故善战者,致人而不致于人。既然"先处战地",能"佚"能"实","后处战地",必"劳"必"虚",那么,如何才能做到己方"先处战地"而使敌方"后处战地"呢?"故善战者"之"故",便是承接上句、提领下句的连接词,在此,孙子不仅是由因及果地提出了使我"先处战地"而使敌"后处战地"的基本原则,而且是由表及里地明确了创造战场"虚实"的总的指导思想。无怪乎《唐李问对》中太宗与李靖探讨"奇正相变"与"虚实之形"时曰:"千章万句,不出乎'致人而不致于人'。"此中玄关妙理,国公一语破的。

《说文》曰:"致,送诣也。送诣者,送而必至其处也。引申为召致之致。"可见,"致"为"招致""引来"之意,亦可引申为"调动""支配"之意。对于此言,梅尧臣注曰:"能令敌来,则敌劳;我不往就,则我佚。"杜牧注曰:"致令敌来就我,我当蓄力待之;不就敌人,恐我劳也。"类似于梅、杜之注,明显着眼于与上句文意的淹通,说明此言就是使我"先处战地"而使敌"后处战地"的基本原则。但我们还是要问,孙子此言的含义仅在于此吗?显然不是的。所以,张预注曰:"致敌来战,则彼势常虚;不往赴战,则我势常实。此乃虚实彼我之术也。"张公"致敌来战"与"不往赴战"之语,虽仍侧重于与上句文意的融会,但"彼势常虚"与"我势常实"之说,已侧重于此言一般意义的界说,而其"此乃虚实彼我之术"之论,则揭示了此言在"虚实"问题上所具有的普遍指导意义。

或鉴于此,当代学者吴如嵩指出:"孙武提出'故善战者,致人而不致于人'，这句话是本篇的脊梁。这一句名言历来受到兵学家的重视。《李卫公问对》说，古代兵法千章万句，最重要的无过于'致人而不致于人'。两千多年前的孙武，能看到主动权在战争中的重要性，并提出若干宝贵的争取和创造主动、避免和摆脱被动的原则和方法，无疑是十分可贵的。"（吴如嵩：《孙子兵法浅说》，解放军出版社）吴先生关于"主动权"的见解，更是将孙子此言的重要性提升至指导战争全局的高度。从《虚实》篇内容来看，孙子下文不仅论及"出其所不趋，趋其所不意"的"行""攻""守"问题，而且还论及"能为敌之司命"的"进""退""战"问题，同时还论及"形人而我无形，则我专而敌分"的"以众击寡"问题，所有这些问题的论述，无一不是对"致人而不致于人"的充分展开与具体运用，所以说，孙子"致人而不致于人"的思想贯穿于战争各环节，自然也始终运用于虚实彼己的策略方法之中。由此足见，吴先生之识殊具见地，孙子此言绝非仅仅是只限于"先处战地"与"后处战地"的基本原则问题，而是一个涉及战争全过程的用兵思想问题。

《太白阴经·数有探心》云："夫道贵制人，不贵制于人。制人者握权，制于人者遵命也。"由是观之，孙子正是在"制人"与"制于人"的意义上言"致人"与"致于人"的。所以说，此言的确是关于夺取战争主动权的名言谠论，蕴含着丰富的深文大义，对于上一句，它是确保"先处战地"而不是"后处战地"的基本原则，对于下一句，它又是提领"致人"而不是"致于人"一般方法的理论指导，而对于下文，则是贯穿《虚实》全篇始终的思想灵魂。

能使敌人自至者，利之也；能使敌人不得至者，害之也。这是对"致人而不致于人"的具体说明，也是使我"先处战地"而使敌"后处战地"的一般方法，自然也是战争全过程虚实彼己的基本方略。孙子上句说，力主"致人"，力避"致于人"；故这一句，必然尤需专论"致人"之法，无须再言"致于人"之事。因而，赵本学注曰"此二句为致人之术"，邓廷罗注曰"此言致人之妙用"。甚是。准确地说，这两句就是专门说明"致人"的具体思路和方略的。句中，"至"与"致"属同字分化，自己来是"至"，使人来是"致"，这两个字本身就有主动与被动之分。

对于此言含义，张预注曰："所以能致敌之来者，诱之以利耳。所以能令敌人必不得至者，害其所顾爱耳。"邓廷罗注曰："利之者，故示以利，而诱之也。害之者，显示以害，而扼之也。"王晳注曰："利之，如示怯、示弱、佯北、诈败之类。害之，如分兵牵制、守险设伏之类。"纵观诸家各解，"利之"，就是"以利诱敌"，是使敌人按照我方意图主动寻我来战的根本手段；"害之"，就是"以害阻敌"，是使敌人无法按照自己意图到达预定地域的根本手段。这里，"利"就是《势》篇"以利动敌"之"利"，为"利诱""引诱"之意，表明调动敌人的一切方法和手段；"害"就是《九变》篇"屈诸侯者以害"之"害"，为"屈挠""阻止"之意，表明了阻挠敌人的一切方法和手段。由此可见，无论"利之"还是"害之"，均实属见仁见智之说，即使人们极陈其详，也难穷尽其全部做法，因此，与其说它是一种具体方法，倒不如说是一种饱含有将帅主观能动性和智谋运用的一般思路与方略。故孙子《军争》篇有云："兵以诈立，以利动，以分合为变者也。"这句话可以说是对"利之"与"害之"精神实质的高度概括。从《虚实》篇下文展开的论述来看，无论是"出其所不趋，趋其所不意"，还是"能为敌之司命"，也还是"形人而我无形，则我专而敌分"，基本上就是对"诈利""分合"的深入阐释与具体运用。故此，刘邦骥注曰："（此句至"可使无斗"）此第二节，论虚虚实实之种种方法，均以致人而不致于人为要诀，无一而非诡道也。"刘注说明，"致人"也好，"利之"与"害之"也罢，均非"诡道"而不能为，靠的就是将帅智慧与谋略运用。同时也说明，此言不仅是使我"先处战地"而使敌"后处战地"的一般方法，同时还是在战争全过程中虚实彼己的基本思路与方略。由此足见，孙子论"虚实"问题，并非就"虚实"而论"虚实"，他是把"虚实"问题置于战争全局之中进行研究和探讨的。那么我们要问，就是"致人"，亦即"利之"与"害之"，这样一条放之战争全局而皆准的思想原则，它对于"虚实"又能发挥出怎样的具体作用呢？

故敌佚能劳之，饱能饥之，安能动之。孙子的逻辑缜密清晰，只要坚持"致人"的总的指导，运用"利之""害之"的思路方略，就能使敌人由佚变劳、由饱变饥、由安变动。对此，赵本学注曰："曰佚、曰饱、曰安，实也；劳之、饥之、动之，致敌之实为虚也。"甚是。在孙子看来，"佚""饱""安"就是"实"；"劳""饥""动"就是"虚"。这里，此言之所以成为开篇首段的结语，其意义作用无非有两点：从思想内容上讲，它是对首句确立的"虚实"内涵——"佚"与"劳"，在"致人而不致于人"思想的指导运用下，更具体、更实用的阐释与表达。从逻辑结构上讲，它是在开篇首段结尾之际，特别是在论及"致人而不致于人"这一战争普遍指导思想之后，对"虚实"主题的收束，目的在于昭示人们，下文将是对战争全过程中"虚实"问题的论述与展开。

对于此言，曹操注曰："以事烦之；绝其粮道以饥之；攻其所必爱，出其所必趋，则使敌不得不相救也。"梅尧臣注曰："挠之，使不得休息；要其粮，使不得馈；趁其所顾，使不得止。"李筌注曰："攻其不意，使敌疲于奔命；焚其积聚，芟其禾苗，绝其粮道；出其所必趋，击其所不意，攻其所必爱，使不得不救也。"纵观各家之解，基本是着眼于"劳之""饥之""动之"策略或方法的解读，应当说各有所见、各有所长。但事实上，诸如此类的注解，无论如何标新立异、尽陈其详，仍无出孙子"致人"之论、"利之"与"害之"之法的高度理论概括。故而，陈启天注曰："此三'能'字，最为紧要，谓能以利或害之法，使敌佚者变劳，饱者饥，安者动，实者虚，岂非致人而不致于人乎！"陈公之注的确深得孙子真意，"能"就是"有智谋""有办法""有能力"，能够设法使敌人由佚变劳、由饱变饥、由安变动，而此"能"则全因于"致人而不致于人"的思想指导，皆在于"利之"与"害之"的方略运用。由此可见，孙子"虚实"并非专指一时一地的以实对虚、以实击虚问题，他更加强调通过主观的努力，在谋略运用的过程中使敌由实变虚，这也再次说明，孙子论"虚实"并非静止的、不变的，而是动态的、变化的。

值得强调的是，在"佚与劳""饱与饥""安与动"三者之间，它们既相互联系、有机统一，又存在着明显的主次之分、本末之别。具体而言，"饱"本身就是"佚"的一种具体状态，而"安"则是保持"佚"的主要方法手段；与此相应，"饥"本身也是"劳"的一种表现形式，而"动"则是造成"劳"的主要方法手段。所以，诚如上文我们所讲到的，"佚与劳"是"虚实"最核心、最关键、最本质的要素，在"虚实"问题上，"佚与劳"是主要的，是创造战场"虚实"的目的，而"饱与饥""安与动"是次要的，是创造战场"虚实"的手段，"饥之""动之"始终服从并服务于"劳之"，其最终目的皆在于造成会战时以佚待劳、以实击虚的决胜基础和条件。

整观开篇首段，"先处"与"后处"句，讲的是战场上虚实出现的一般现象和原因，"致人"与"不致于人"句，讲的是战场用兵总的指导思想和原则，"利之"与"害之"句讲的是一般思路和方略，而"劳之""饥之"和"动之"句讲的则是虚实敌我的具体内容和重点。按照现代逻辑学的观点，整段呈现出从具体到抽象再到具体的逻辑行程，不仅明确了"虚实"本质的规定性，而且提出虚实彼己最一般的指导思想与方法，同时还指明了虚实彼己的和具体内容和重点。更为重要的是，孙子借此也确立起了自己全局的、能动的、动态的"虚实观"。正基于此，刘邦骥注曰："此第一节，总论虚实之妙诀，在乎致人而不致于人而已"。刘公的确殊为有见，虚实的要诀就在于"致人而不致于人"的思想指导。那么，究竟如何坚持这一思想，在战争全过程中始终做到"使敌势常虚，我势常实"呢？

虚实的境界之一：出其所不趋，趋其所不意

出其所不趋，趋其所不意。行千里而不劳者，行于无人之地也；攻而必取者，攻其所不守也；守而必固者，守其所不攻也。故善攻者，敌不知其所守；善守者，敌不知其所攻。正确选择"行""攻""守"的路线和方向，是筹划与组织战争的首要问题。在此，如何力争主动、力避被动，使我势为实、敌势为虚呢？孙子认为，出兵要走敌无法驰援阻挠的路线，趋战要向敌无法意料判明的方向。行军千里不会疲劳，是因为行进在没有敌人阻碍的地域；进攻必定会取胜，是因为攻击了敌人没有防备的地点；防守必定会稳固，是因为扼守在没有敌人进攻的地点。所以，善于进攻的军队，让敌人不知道该防守何处；善于防守的军队，让敌人不知道该进攻何处。总体看来，从原则到方法再到根由，境界高远，思想灵动，逻辑清晰，敌对双方主动与被动、至实与至虚浑然呈现于整段的字里行间。

　　出其所不趋，趋其所不意。简本作"出其所必趋也"，且下无"趋其所不意"五字。从简本者认为，"出其所必趋也"应归至上段作结语，其理由在于："今统依汉简、《御览》作'出其所必趋也'，作为以上三句之结语，同时删去该句下之'趋其所不意'。如此，则不但可与以下'行千里而不劳者，行于无人之地也'、'攻而必取者，攻其所不守也'与'守而必固者，守其所不攻也'等句在句法结构上保持完全一致，而且又可以避免既言'出其所必趋'而又接言'趋其所不意'二者在文意上之矛盾。"（吴九龙主编：《孙子校释》，军事科学出版社）就吴先生考释的前一句而言，其"'出其所必趋也'，作为上三句之结语"之说，是有一定道理的，因为，我若出兵，敌若"必趋"，则必然就会造成"劳之""饥之""动之"的战场行动效果，所以，"出其所必趋也"的确可以看作是对"敌佚能劳之，饱能饥之，安能动之"方法论的高度概括。但就吴先生考释的后一句而言，其"可与以下'行千里而不劳者，行于无人之地也'、'攻而必取者，攻其所不守也'与'守而必固者，守其所不攻也'等句在句法结构上保持完全一致"之说，不仅没有任何说服力，而且上下矛盾立现，文意完全相反，因为，如果敌人"必趋"，怎么会出现敌之"无人之地"和"不守""不攻"的情形呢？可见，吴先生的考释并没有合理地解决这一问题。对此，钱基博也曾提出自己的独家之言："此两句承上开下。'出其所必趋'，承上致人；'趋其所不意'，开下击虚。"从表面上看，钱先生所据之本，所训之解，合情合理，但对于吴九龙提出的"既言'出其所必趋'而又接言'趋其所不意'二者在文意上之矛盾"的问题，依然使后学无法理解融通，因为，敌人既然"必趋"何来"不意"，敌人既然"不意"又何来"必趋"，所以说，这种自相矛盾的表述恐怕也并非孙子原本的文字。

　　故此，笔者认为，按传本作"出其所不趋，趋其所不意"，且将其划归此段作首句义长。理由有三点。第一，以"故敌佚能劳之，饱能饥之，安能动之"作为开篇首段的结尾句，可以清晰地昭示并表明下文所论乃虚实彼己的中心主题。第二，以"出其所不趋，趋其所不意"作为此段提领句，与文中"行于无人之地""攻其所不守也""守其所不攻也"等论述，文意淹会贯通，义理一脉相承，具而言之，因为敌人"不趋""不意"，所以才会造成敌之"无人之地"和"不守""不攻"的战场情形。第三，以"出其所不趋，趋其所不意"和"能为敌之司命"分别作为两个段落的提领句，它们不仅是首段确立的总的用兵指导——"致人而不致于人"的具体体现和运用，而且由它们提领的两段论述也客观地表明，这些思想内容正是围绕着"致人而不致于人"而展开的"虚实彼己之术"。故此，从传本作"出其所不趋，趋其所不意"且划归此段为善。

句中，"出"，与下文"行"对言，乃"出兵""出征"之意；"趋"，与下文"攻""守"对言，乃"趋战""赴战"之意。"不趋"，并非敌人主观上"不想趋"，而是由于客观条件造成其"不及趋""不利趋"或"不能趋"，因此，曹操注曰"使敌不得相往而救之也"，故"不"训为"无法"义长，故此，也正因我之"出其所不趋"，才会产生下文"行千里而不劳者，行于无人之地也"的效果；"不意"，本身就指敌人思想上的"没想到"，这显然是由我在"趋战"时间、地点和方向的选择上使敌难以意料所造成，因此，赵本学注曰"乃出其意外而图其虚"，故"不"亦可训为"无法"之意，也正因我之"趋其所不意"，才会产生下文"攻而必取者，攻其所不守也；守而必固者，守其所不攻也"的效果。由此可见，在战争打响之前，我方就已然处于主动的地位，而敌方也已然处于被动的地位，战争的主动权已经牢牢地掌握在我方的手中。所以说，此言乃战争首要环节——选择出兵路线和攻守方向——争取主动权的基本原则。那么，此原则对于"虚实"有何具体作用，又怎样产生虚实彼己的效果呢？

行千里而不劳者，行于无人之地也。"行"，就是"行军"，按照现代作战理论的术语解释，就是指从驻地向作战地域的移动，同样，此言之"行"，亦是指从本国出发到远在敌国作战地域的行军，否则"行"的距离也不可能远达"千里"，可见，关于"行军"古今大体同义。正基于此，我们才把"出其所不趋"之"出"，释为"出兵""出征"；"劳"，就是"疲惫"，亦即"虚"；"不劳"就是"佚"，亦即"实"。孙子认为，保持"行"中之"实"的关键是"行于无人之地"。对此，杜牧注曰："言不劳者，空虚之地，无敌人之虞，行止在我，故不劳地也。"而陈皞则注曰："夫言空虚者，非止为敌人不备也。但备之不严，守之不固，将弱兵乱，粮少势孤，我整军临之，彼必望风自溃。是我不劳苦，如行无人之地。"客观而言，在或我国或敌国的国土上"行千里"，不可能绝对地行进在"无人之地"，从这个意义上讲，陈公所注不无道理，但必须注意的是，孙子此言的确讲的是"无人之地"四个字，所以，孙子此言并非是对战场之"行"实际情况的客观描述，而是对战场之"行"理想境界的抽象表述，旨在说明敌之"至虚"的状态和情形。综上所述，在"行"的问题上，只要坚持"出其所不趋"的基本原则，就可达到以我之"千里不劳"，对敌之"无人之地"，也就是，以我之"至实"，对敌之"至虚"，进而实现乘虚而入的行军目的，足见，此言不仅清晰描绘了"行"的"虚实"的战场情形，而且明确指出了"行"的理想境界和最高目标。

攻而必取者，攻其所不守也；守而必固者，守其所不攻也。关于此言，吴九龙《孙子校释》指出"汉简本作'守其所必（下缺）'，《御览》卷三一七引此作'守其所必攻'"，并认为"守敌所不攻之地，固可守而必固，上下文意亦似通畅，然敌既不攻，则何须加强守备？且如此守备，何益于战胜攻取？"其结论是"故应依汉简本、《御览》作战'必攻'"。李零《兵以诈立：我读〈孙子〉》也认为："'守其所必攻也'，今本作'守其所不攻也'，也是后人改反了。敌人不来攻，还守它干吗？"事实上，类似这样的认识看似很有道理，其实有一个问题恐怕是无法解释的：如果按照"守而必固者，守其所必攻也"，意思就是一方要"守"而一方"必攻"，那么我们要问，在这"守"与"必攻"之间究竟谁胜谁负呢？答案定然在守可胜、攻亦可胜的两可之间，果若如此，"守而必固"之说又从何而来呢？可见，若按吴、李二位先生的说法，只怕连"上下文意亦似通畅"也无法达到了，更何况在《银雀山汉墓竹简孙子兵法》中，本来就作"守其所（下缺）"，并无"必"字。故笔者认为，从传本作"守其所不攻也"为善，且训解此言的重点，应放在对孙子"不守""不攻"真意的破解。

对于此言的训解，诸家之注各有所见。杜牧注曰："警其东，击其西；诱其前，袭其后。"梅尧臣注曰："言击其南，实击其北。"杜、梅之注，侧重于使敌"不守"的方法阐释，本质上属于孙子《计》篇"诡道"的范畴，但对于"诡道"

的内涵而言，这样的训解又明显狭义。张预注曰："善攻者，动于九天之上，使敌人莫之能备，莫之能备，则吾之所攻者，乃敌之所不守也；善守者，藏于九地之下，使敌人莫之能测，莫之能测，则吾之所守者，乃敌之所不攻也。"张公之注，侧重于使敌"不守""不攻"的原因阐释，其"莫之能备""莫之能测"的说法，倒更像是对"趋其所不意"的训解。众家之中，当属王皙之注最切合孙子真意："攻其虚也。谓将不能、兵不精、垒不坚、备不严、救不及、食不足、心不一尔。守以实也。谓将能、兵精、垒坚、备严、救及、食足、心一尔"王公之注，不仅将"攻而必取""守而必固"的原因讲得很清：在于"攻其虚也""守以实也"；而且将敌人"不守""不攻"的情形也讲得很明：敌"不守"就是其"将不能、兵不精、垒不坚、备不严、救不及、食不足、心不一尔"，亦即所谓"虚"；敌"不攻"则在于我"将能、兵精、垒坚、备严、救及、食足、心一尔"，亦即所谓"实"。由此可见，在王皙看来，敌之所谓"不守"，并非完全是他真不守，它不过是指敌人"守"的一种"虚"的状况；敌之所谓"不攻"，也并非完全是他真不攻，它不过是指我方"攻"的一种"实"的状况。但是，我们仍须注意的是，孙子此言的确讲的是"不守""不攻"四个字，所以，孙子此言并非是对战场"守""攻"实际情况的客观描述，它同样是对战场"守"和"攻"理想境界的抽象表述，旨在说明敌之"至虚"的状态和情形。综上所述，我们同样可以看到，在"守"和"攻"的问题上，只要坚持"趋其所不意"的基本原则，就可达成"攻"敌所"不守"，"守"敌所"不攻"，也就是，以我之"至实"对敌之"至虚"，进而实现以实击虚的目的，又见，此言不仅清晰描绘了"虚实"在"守"和"攻"中的战场表现，而且明确指出了"守"和"攻"的理想境界和最高目标。然而，战争毕竟是敌对双方智慧的对垒、力量的抗衡，究竟缘于何故才使得战场"行""攻""守"达于如此出神入化的妙境呢？

故善攻者，敌不知其所守；善守者，敌不知其所攻。孙子此言，既是对上一言义理缘由的阐释说明，也是对此一段首句思想的首尾照应。由于"敌不知其所守"，敌人根本不知道守哪里好，所以我总是可以"攻其所不守"，且总能"攻而必取"；由于"敌不知其所攻"，敌人根本不知道攻哪里好，所以我总是可以"守其所不攻",且总能"守而必固"。然究其最根本的缘由,还在于我总是"趋其所不意",兵锋所指总在敌人根本意料不到的方向和地点,要言之,是我之出敌"不意"造成了敌对其所守所攻之"不知"。全段思想首尾呼应,"攻""守"制胜机理昭然。对此,曹操注曰:"情不泄也。"何氏注曰:"言攻守之谋,令不可测。"显然,曹公"情不泄也"之说,只是片面说明了使敌"不知"的手段,而何公"令不可测"之训,则总体道出了使敌"不意"的方略。故王晳注曰:"云不知者,攻守之计不知所出耳。"的确如此,敌所以"不知",皆因我方"攻守之谋"总能使敌"不意",总是造成敌人"攻守之计不知所出",而并非只在于"情不泄也"的保密的原因。事实上,就其本质而言,还是陈启天之注洞彻事理:"善攻者,善守者,谓善于运用虚实之法,以为攻守之计者。善于运用虚实以攻敌者,常能审知敌之虚实,避实击虚,故敌不知其所守也。善于运用虚实以自守者,常能虚虚实实,使敌无由知我之虚实,故敌不知其所攻也。"所谓善攻善守者,不过是在进攻或防守方向和地点的选择上,总能做到明于虚实,出敌不意,以实击虚;而不知其所攻所守者,也不过是在攻守方向和地点的选择上,总是昧于虚实,无所适从,始终无法确定自己到底攻哪里好或者守哪里好。

整观此段,孙子着重论述了战争初期出兵路线与攻守方向的选择问题。由于我方"行"的路线总是选择在敌所"不趋"的地域,所以总可行进于"无人之地",纵使行军千里也能达到"不劳"的理想效果;由于我方"攻""守"的方向总是选择在敌所"不意"的地点,所以总能达成攻敌所"不守"、守敌所"不攻",进而实现攻"必取"、守"必固"的理想目标。究其缘由,皆在于我方之"善攻""善守"造成了敌人对自己"守""攻"方向和地点的"不知"。在这段论述的行间字里,我们不难看出孙子三个维度的思想表达:第一,宏观描述了"行""攻""守"的绝胜情状,亦即如何实现行"不劳"、攻"必取"、守"必固"的理想境界;第二,具体阐明了"致人而不致于人"的思想运用,亦即通过使敌"不趋""不意""不知"力争绝对的战场主动地位;第三,深刻揭示了"虚实"在"行""攻""守"中的本质反映,亦即兵锋所向始终在敌"无人之地""不守""不攻"的空虚之地。由此可见，此段所论乃是在"行""攻""守"时节，对"致人而不致于人"指导思想的具体运用，更是在战争初始阶段"使敌势常虚，我势常实"的本质要点。

王国维认为，"意境"是中国古典美学的最高范畴。反观孙子论兵，"行"要行于"无人之地"，"攻"要攻敌"不守"而"必取"，"守"要守敌"不攻"而"必固"，如此这般之所言所欲，无不如诗如歌，描绘出一种尽善尽美的上佳妙境。王先生还提出意境有两个特征：一是必须"意与境浑"，二是要有"言外之味"，二者缺一不可。再看孙子言"虚实"，表面讲得的是"行""攻""守"之境，实则论的是"虚"与"实"之意，而贯穿始终的则是"致人"之魂。由此足见，孙子论兵的确达到了"意"与"境"浑然一体，而"致人"之魂又恰似"言外之味"绕梁三日且经久不绝。然言及于此，我们不禁要问，"虚实"对于战争初始阶段的"行""攻""守"可臻于如此妙境，那么它对于战争的后续阶段是否也可以达于同样的上佳境界呢？

虚实的境界之二：能为敌之司命

微乎微乎，至于无形；神乎神乎，至于无声，故能为敌之司命。进而不可御者，冲其虚也；退而不可止者，远而不可及也。故我欲战，敌虽高垒深沟，不得不与我战者，攻其所必救也；我不欲战，画地而守之，敌不得与我战者，乖其所之也。合理确定"进""退""战"的方向、地点和时机，是组织实施战争的关键问题。孙子认为，微妙呀！微妙到用兵毫无形迹；神奇呀！神奇到用兵毫无声息，所以能够成为敌人行动的主宰。进攻而使敌人无法抵御，是因为冲击了敌人的空虚之地；退却而使敌人无法阻止，是因为我所退却地域敌人远不可及。所以，我决心要战，敌人即使是高垒深沟坚不欲战，也不得不离开工事与我交战，是因为攻击了敌人必定援救之地；我决心不战，即使是画地而守不与敌战，敌人也无法与我交战，是因为设法改变了敌人的行动方向。这段话的文字表达和逻辑思路与上一段如出一辙，也是从原则，到方法，再到缘由，敌对双方的实与虚、主动与被动同样显现于整段的字里行间。

微乎微乎，至于无形；神乎神乎，至于无声，故能为敌之司命。对于此言的训解，主要有三种认识。一种认为讲的是"攻守"问题，如李筌注曰："攻守微妙，不可形于言说也。微妙神乎，敌之死生，悬形于我，故曰'司命'。"张预注曰："攻守之术，微妙神密，至于无形之可睹，无声之可闻，故敌人死生之命，皆主于我也。"李、张二公明显是将此言归至上段作为结语，因为上一段主要讲的就是"攻守"问题。但"能为敌之司命"仅是指能做"攻守"问题的主宰吗？显然，"能为敌之司命"除了要做上段讲的"行""攻""守"问题的主宰，还要做此段讲的"进""退""战"问题的主宰，实则就是要做后面讲的"形人而我无形"式的主宰，足见此解颇显狭义。另一种认为讲的是"虚实"问题，如何氏注曰："武论虚实之法，至于神微，而后见成功之极也。"郑友贤注曰："无形无声者，虚实之极而入神微也。"何、郑二公之注表面看似切合《虚实》题义，但"能为敌之司命"就是"虚实"问题吗？显然，"能为敌之司命"只能说是为战场创造"虚实"提供了可能的条件，而并非"虚实"这一问题的本身。还有一种认为讲的是"见知"问题，如梅尧臣注曰："无形则微密，不可得而窥；无声则神速，不可得而知。"王皙注曰："微密则难窥，神速则难应，故能制敌之命。"梅、王二公之注侧重于对"微""神"二字的训解，但仅仅做到使敌"不见""不知"就"能为敌之司命"吗？显然，"能为敌之司命"重在己方的能谋善断，而使敌"不见""不知"不过是施谋用谋的一个必要手段而已。那么，孙子此言究竟要说明什么问题呢？

《道德经·第十四章》云："视之不见名曰夷，听之不闻名曰希，抟之不得名曰微，此三者不可致诘，故混而为一。"句中，"夷"为"平坦"之意，用以说明"无形"的；"希"为"稀少"之意，用以说明"无声"的；"微"为"细小"之意，用以说明"无体"的。眼看不见，耳听不到，手摸不着，既无法感观，也难以穷究，但浑然一体，这就是老子所要说的"道"。由是观之，在中国古代思想文化中，所谓"无形""无声""无体"通常是用以描述"道"的专有言辞，反观孙子此言，"微"乃"细微""微妙"之意，用以描述用兵之极臻于"无形"，"神"乃"神密""神奇"之意，用以描述用兵之极臻于"无声"，由此我们有理由相信，孙子此言的要旨同样在于说明用兵之"道"——一种"无形""无声"的用兵境界，当用兵达到无形无声的绝佳妙境时，我便"能为敌之司命"。故此，夏振翼注曰："重言微乎，叹其兵机秘密，无形之可窥也；重言神乎，叹其运用奇妙，无声之可闻也。"《管子·幼官》亦云："备具胜之原，无象胜之本。"充分的战备是胜利的基础，用兵于无形是胜利的根本。那么，什么是"司命"呢？"司命"就是天上的星官，掌管人间的死生寿命。孙子《作战》篇云："知兵之将，民之司命"。这还只是讲要当自己的"司命"。而此言则是"为敌之司命"，就是要当敌人命运的主宰，让敌人所有的行动都听我方的指挥和调遣。由此易见，"能为敌之司命"不过是"致人而不致于人"更为形象的一种表现形式，乃"致人"思想在使敌"不趋""不意"之后又一个理想境界。所以说，孙子此言不仅是对"致人"思想臻于妙境的叹服与赞赏，而且是对"致人"思想最高境界的生动描绘与具体阐释。当用兵达到战场上无形迹可循、行动上无声息可闻的境界时，我就能够成为敌人一切行动的主宰。

进而不可御者，冲其虚也；退而不可止者，远而不可及也。孙子《谋攻》篇云："不知军之不可以进而谓之进，不知军之不可以退而谓之退，是谓縻军。"此乃孙子警示的"中御之患"之首患，足见，"进"和"退"问题是战场上将帅决策的关键问题。对此，曹操注曰："卒往进攻其虚懈，退又疾也。"梅尧臣注曰："进乘其虚，则莫我御；退因其弊，则莫我追。"何氏注曰："兵进则冲虚，兵退则利速。"凡此种种注解，看似合情合理，切合孙子本意，实则颇有浅尝辄止、望文生义之嫌。什么是"进"，"进"为什么能够做到"冲其虚"？什么是"退"，"退"为什么能够做到"远而不可及"？对于这些问题，究竟是孙子压根就不曾论及，还是人们根本就没有读懂孙子的思想和逻辑，从此段整体意思来看，问题显然是出在读者自己。

关于"进"与"冲其虚"，"进"与"行"不同，"行"主要是指从驻地向作战地域的移动，也就是从本国出发到远在敌国作战地域的行军，而"进"则主要是指在作战地域的向前移动，也就是在作战地域内从我方向敌方的前进。因此，在"进"的整个过程中，不可能像"行"一样"行于无人之地"，而不可避免地会遇到我方必由而敌方必守的城池或要道等，所以，"进"更多地表现为"攻城略地",它与"攻"始终是紧密地联结在一起的，正缘于此，孙子下句才以"故"字提领云，"我欲战，敌虽高垒深沟，不得不与我战者，攻其所必救也"，以此来阐释说明，在"进"的过程中，若遇敌"高垒深沟"的必守之地时，只有采取"攻其所必救"的策略调动敌人，才能使敌人坚守、固守、死守的据点由"实"变"虚"，从而确保我方之"进"始终"冲其虚也"。或因如此，赵本学注曰："袭虚之术有二：曰因，曰诱。"的确，"因"就是根据敌人兵力部署的实际情况，选择其本来就防守薄弱之处，由"虚"而"进"；"诱"就是采取"攻其所必救"的策略调动敌人，使敌固守之地由"实"变"虚"，乘"虚"而"进"。赵公虽对自己提出的"因"与"诱"阐释杂乱，但其"袭虚之术有二：曰因，曰诱"的训解，的确切中了孙子"冲其虚也"的核心方法。总而言之，"进"本当因敌之"虚"，由"虚"而"进"；但若遇敌之"实"，需以"攻其所必救"之法调动敌人，能动地降解敌人之"实"，从而确保我军之"进"始终冲"虚"向前。这才是我方之"进"，为什么"不可御"和怎样做到"冲其虚"的道理所在。

关于"退"与"不可及"，与"进"相对应，"退"主要是指在作战地域的退却，它集中表现为为了保存军力或其他目的而采取的有组织的撤退。因此，在"退"的整个过程中，由于处在作战地域，不可避免地会受到敌人多方的围追堵截，所以，"退"更多地表现为"且战且退"，它与"守"始终是紧密地联结在一起的，正缘于此，孙子下句又云，"我不欲战，画地而守之，敌不得与我战者，乖其所之也"，以此来阐释说明，在"退"的过程中，只有采取"乖其所之"的策略改变敌人的行动方向，将敌人引向他处，使敌与我背道而驰，才能使敌之追堵望尘莫及，从而确保我方之"退"安全有序。故此，赵本学注曰："若无诡计止于速走，则为败兵也。"如果不采用"乖其所之"的计谋，仅仅是讲求退去的速度，那不叫"退"，而是叫"败"，赵公之言道出了"退"需有谋略、有组织的真谛。总而言之，"退"若本就行进于我方控制而敌无设防的地域，亦即由"虚"而"退"；但若遇敌围追堵截，需以"乖其所之"之法调动敌人，以改变敌人的行动方向来化解其围追堵截之"实"，从而确保我军之"退"始终践"虚"而行。这也才是我方之"退",为什么"不可止"和怎样做到"远而不可及"的道理所在。

句中,"进而不可御"之"御",简本作"迎",这两个字意义相同,读音也相近,可解为"迎战""抵抗"之意,因为"进"中包含有"攻",且"攻"与"御"对言,故作"御"义长;"退而不可追"之"追",简本作"止",可解为"拦阻""阻止"之意,对"退"之军,围追堵截皆为"止"之常法,且"止"与"御"对举,故作"追"义狭而作"止"义长;"远而不可及"之"远",简本作"远",传本作"速","远"是距离问题,"速"是快慢问题,意思不一样,对于"退"而言,只有有组织、有谋略,"退"才能具有"速",而下句"乖其所之",讲的就是改变敌人行动方向的谋略问题,我向东走而使敌不得不向西走,所以才形成邈然而不可及的情形,故作"远"义长。反观古今各家之解,大都无问孙子"进"为何事、"退"为何物,亦不解"虚"从何来,"远"由何成,故而几近形成望文之解的气候,究其根由,实则是没有理解甚或是根本没有注意到孙子此言与下句之间存在的深层逻辑关系。

故我欲战,敌虽高垒深沟,不得不与我战者,攻其所必救也;我不欲战,画地而守之,敌不得与我战者,乖其所之也。与上一段结构相同,孙子此言既是对上一言基本原理的阐释,也是对此一段首句思想的呼应。句中"故",与上一段"故善攻者"之"故"作用完全一样,是用以表明此一言与上一言逻辑关系的连接词,由于古今注家对此或视而不见、或不知其详,故造成这两句在训解上的文意失应,人为地割裂了二者之间存在的逻辑关系。唯赵又春在《我读孙子》(岳麓书社2014年版)中明确提出,二者属于"假言推理的否定后件式"的逻辑关系。具而言之,如果不采取"攻其所必救"的方法策略,敌之"高垒深沟"就无法破解,那么我方之"进"就不可能"冲其虚",更不可能"不可御";如果不采取"乖其所之"的方法策略,我之"画地而守"就无法发挥作用,那么我方之"退"就不可能"远而不可及",更不可能"不可止"。赵先生的认识着实殊为有见。同时,我们还应看到,"攻其所必救"与"乖其所之",其实就是"能为敌之司命"的具体运用与生动体现,又见,整段思想首尾呼应,

"进""退"机理凸现目前。总之，若深究此言含义就会发现，它看似讲的是"欲战"与"不欲战"的问题，其实仍然讲的是"进"与"退"的问题，但说到底，终归讲的还是"虚"和"实"问题。

关于"高垒深沟"，什么是"高垒深沟"？敌"高垒深沟"究竟意欲何在？《说文》曰："垒，絫墼也。""絫"古同"累"，为"增"之意；"墼"指未烧的砖坯，亦指用碎末抟成的块状物。可见，"垒"就是指构筑的城墙或防御工事。"沟，水渎也。""渎"指沟渠，亦指江河大川，又见，"沟"就是指护城河或人工挖掘的战壕。在此，孙子以"高"饰"垒"、以"深"饰"沟"，主要用来形容敌人防御的金城汤池之固。诚如前文所言，在我方"进"的征程中，不可避免地会遇到敌方顽强的抵御，而古代最大的抵御莫过于横亘在"进"的道路上的战略城池或交通要塞。对敌而言，只要凭恃"高垒深沟"固守，坚不欲战，便可有效阻止我方之"进"；对我而言，若不破敌"高垒深沟"，攻城克坚，则不能为"进"。所以孙子才提到"我欲战"的问题，因为，不"战"就无以言"进"。那么，如何筹划和实施这种攻城或类似于攻城之"战"呢？对此，《谋攻》篇云："攻城为下"，"攻城之法，为不得已"，"杀士三分之一，而城不拔者，此攻之灾也"。显然，孙子是旗帜鲜明地反对强攻的。还是陈启天之注一语破的："敌之高垒深沟，为实之所在，未易攻也。""高垒深沟"乃敌人"实"之所在，不容易攻取。由此看来，问题的关键在于如何将敌之"高垒深沟"由"实"变"虚"，且使敌"不得不与我战"。

关于"攻其所必救"，这就是孙子提出的将敌"高垒深沟"由"实"变"虚"，且"不得不与我战"的方法策略。对此，曹操注曰："绝其粮道，守其归路，攻其君主也。"赵本学注曰："必救者，如腹心主君所在，巢穴妻子所居，或所恃以救援，或所依以为唇齿，或咽喉往来之路，或所仰给之野，或所积聚之城，或粮饷所由之道，皆是也。"梅尧臣则一言以蔽之："攻其要害。"上述诸公虽说出了"攻其要害"的方法手段，但并没有说明"攻其所必救"的意图目的所在。故王皙注曰："曹公曰：'绝其粮道，守其归路，攻其君主也。'皙谓敌若坚守，但能攻其所必救，则与我战矣。"王公之注不仅揭示了敌欲"坚守"

的企图，而且还明确揭示了我"攻其所必救"的意图目的——"与我战"。《孙膑兵法·十问》则讲得更为清楚："攻其所必救，使离其固，以摇其虑，施伏设援，击其移庶。"迫使敌脱离坚固阵地，动摇敌作战企图，设置伏兵和援军，击敌于运动之中。笔者认为，若从"攻其所必救"的宏观目的来看，其实可以呈现出或者"调虎离山"、或者"设伏诱奸"、或者"围魏救赵"等种种见仁见智的无穷情形，但若仅从"进"的具体企图来看，"攻其所必救"的意图目的无非表现为两点：一是迫敌离固，使敌"高垒深沟"之御由"实"变"虚"；二是动敌决心，迫使敌"不得不与我战"。由此而最终达成的效果亦有两点：一为拔其固；二为奸其军。前者可破除敌方对我"进"的抵御阻碍，后者可排除我方"进"的后顾之忧。汉简本虽无"虽高垒深沟"五字，但整观此言义理，其当属于孙子原文，故从传本义长。分析理解至此，我们便更加清楚孙子藏匿于"进而不可御者，冲其虚也"的奥义所在。

关于"画地而守"，什么是"画地而守"？我"画地而守"究竟意欲何为？李筌注曰："若入敌境，则用天一遁甲真人闭六戊之法，以刀画地为营也。"李公认为画地之法乃奇门遁甲之术，吴承恩《西游记》构思的悟空为唐僧画圈念咒以防止妖怪侵袭的情景抑或发蒙于此。孟氏注曰："以物画地而守，喻其易也。"孟公认为"画地"不过是用以形容"守"容易程度的譬喻。李零《兵以诈立：我读〈孙子〉》认为："兵书所谓画地，是指阵法，阵法是类似手段，没墙，敌人进不来。比如李靖引《太公书》，有'太公画地之法'"。从《唐李问对》来看，"太公画地之法"的确是指阵法，但李先生"敌人进不来"的说法确属无稽之谈，看来太公"画地"亦非孙子"画地"。值得玩味的是贾林之注："置疑兵于敌恶之所，屯营于形胜之地，虽未修垒堑，敌人不敢来攻我也。"贾公之注说明，"疑兵"也好，"屯营"也罢，用"兵"一定是"画地而守"的基础条件，至于贾公所说的具体方法恐怕又是一个见仁见智的繁杂问题。此外，据《三国志·魏志·荀彧传》记载，官渡之战时曹操与袁绍对峙，曹操军粮方尽，意欲引兵而退，荀彧谏曰："公以十分居一之众，画地而守之，扼其喉而不得进，已半年矣。情见势竭，必将有变，此用奇之时，不可失也。"由此又见，曹操

"画地而守"的特点,一因兵寡,二在扼要。故笔者认为,孙子此言的前后两句,虽非工整的对偶句,但切实相对成言,也就是说,"我欲战"与"我不欲战"相对,敌之"高垒深沟"与我之"画地而守"相对,后面亦依此相对。如前所述,敌之"高垒深沟",乃"实"之所在,意在恃强固守、坚不欲战,企图阻止我"进"之前程,相形而见,我之"画地而守",虽乃"虚"之所在,但其意亦在守不欲战、阻敌追堵,企图确保我"退"之安全。或因于此,曹操注曰:"军不欲烦也。"我"画地而守"的真正目的,就在于阻止敌人对我之"退"的"烦"——围追堵截。但毋庸置疑的是,我之"画地而守"毕竟将少兵稀,靠的仅是兵威所至,形势所成。那么,究竟如何使之由"虚"变"实",在"退"的过程中有效发挥出"军不欲烦"的作用呢?由此看来,问题的关键就在于如何使"敌不得与我战"。

关于"乖其所之",这是孙子提出的我之"画地而守"由"虚"变"实",且使"敌不得与我战"的方法策略。《说文》曰:"乖,戾也。""戾"为"违逆",不合情理的意思;"之"为"往",朝某方向走的意思。对此,杜牧注曰:"言敌来攻我,我不与战,设权变以疑之,使敌人疑惑不决,与初来之心乖戾,不敢与我战也。"杜公认为"乖其所之"要在"权变",也就是谋略,但他并没有讲究竟用什么谋略。故赵本学注曰:"乖其所之,扬兵以疑其所向也,或偃旗息鼓,如有所伏;或解甲卸鞍,如有所饵,皆乖之之术也。"赵公提出了"乖之之术"的方法手段,但的确存在流于具体而失之一般的弊端。事实上,还是曹操之注较为贴切:"戾其道,示以利害,使敌疑也。"正如孙子前文所言:"能使敌人自至者,利之也;能使敌人不得至者,害之也。"能够改变敌人行动方向的方法无非就两个,一是诱敌来,二是烦敌去,诱之靠"利",去之靠"害",所以说,曹公之注深得孙子要义。然而,综观诸家之注均言一个"疑"字,似乎是所有"乖其所之"的方法手段都是迷敌欺敌之术,其实不然,利诱也好,害烦也罢,假的自然可以迷敌,而真的则可以迫敌,其结果都可以改变敌人的行动方向。所以,笔者认为,若从"乖其所之"的宏观意图来看,就是运用"利之"或"害之"的手段改变敌人的行动方向,但若仅从"退"的具体企图来看,

"乖其所之"的目的则表现为两点：一是使"敌不得与我战"，通过改变敌人的行动方向，彻底摆脱敌人对我方之"退"的围追堵截，有效达成我方退却的"远而不可及"；二是实现"画地而守"的由"虚"变"实"，尽管这种"实"是通过使敌离远造成的相对的"实"，但仍可有效拱卫我方退却的"退而不可止"。

整观此段，孙子着重论述了战争实施过程中"进"与"退"，以及由此引发的"战"与"不战"的问题。由于我之"进"，一在因敌之"虚"，由"虚"而"进"；二在以"攻其所必救"调动敌人，使敌"高垒深沟"之固由"实"变"虚"。故而，我之"进"总可实现"冲其虚"，进而使敌"不可御"的理想目标。由于我之"退"，一在"画地而守"，御敌追堵，二在以"乖其所之"使敌离远，且可辅我之"画地而守"由"虚"变"实"，故此，我之"退"总可达成"远而不可及"，进而使敌"不可止"的理想效果。在这段论述的行间字里，我们同样不难看出孙子三个维度的思想表达：第一，宏观描述了"进""退""战"的上佳情形，亦即如何实现进"不可御"、退"不可止"、"战"与"不战"皆从于我的理想境界；第二，具体阐明了"致人而不致于人"的思想运用，亦即通过使敌"攻其所必救""乖其所之"主动灵活地调动敌人；第三，深刻揭示了"虚实"在"进""退""战"中的本质反映，亦即进"冲其虚"、退"远而不可及"的由虚之情，以及"攻其所必救""乖其所之"的制虚之策。由此可见，此段所论乃是在"进""退""战"时节，对"致人而不致于人"思想的具体运用，也是在战争后续阶段"使敌势常虚，我势常实"的本质要点。

《礼记·大学》云："大学之道，在明明德，在亲民，在止于至善"。朱熹《大学章句》释曰："止者，必至于是而不迁之意。至善，则事理当然之极也。"大学的道理，在于彰显人的光明德性，在于人的除旧自新，在于使人达到最为完善的境界。朱子认为，"止于至善"就是探寻达到事物本质的、固有的、稳定的真理之极。孙子论"虚实"亦可谓"止于至善"，其"行于无人之地""攻其所不守""守其所不攻""进而不可御""退而不可止"，以及"我欲战，敌虽高垒深沟，不得不与我战""我不欲战，画地而守之，敌不得与我战"之说，无一不是对战争过程中敌我虚实"至善"境况的极致描绘。而道家学者亦云：

"万物之始，大道至简，衍化至繁。"万物的本原，深奥的道理总是最为简单，然后才演化为复杂冗繁，这是道家对事物本质及其发展规律的深刻揭示。与此相适应，人类对于事物的探寻，只有简于形，方可精于心，才能达于本，按照现代逻辑学的观点，就是先研究简单的再研究复杂的。再观孙子论"虚实"，他对于"行""攻""守"和"进""退""战"的上佳境界的恣意挥洒，实质上就是对战争过程中敌我虚实"至简"境况的精湛表达，同时也是对虚实"大道"的深刻揭示。无独有偶，克劳塞维茨在其《战争论》中，同样是在"理想战争"或"绝对战争"的理想条件下，抽象出战争的"三种极端"，而后在"现实战争"中对其修正，进而揭示了"战争无非是政治通过另一种手段的继续"的战争本质。穿越古今东西的时与空，我们不难发现克氏论战争本质哲学推究的方法，颇似孙子言"虚实"追求上佳境界的手法，克氏以"三个极端"达及战争的本质，而孙子则以"行""攻""守"和"进""退""战"的"六个境界"，不仅使战场用兵达及了"至善"的高度，而且达及了"至简"的深度，他对于"至善"用兵境界的尽致描摹，实质上就是对"至简"虚实之道的淋漓揭发。然言及于此，我们不禁要问，在战争过程中，无论"行""攻""守"，还是"进""退""战"，要想达到孙子所言的我"至实"而敌"至虚"的用兵化境，究竟应当遵循什么样的至简之道呢？

虚实的基本原理：形人而我无形，则我专而敌分

故形人而我无形，则我专而敌分。我专为一，敌分为十，是以十攻其一也，则我众而敌寡。能以众击寡者，则吾之所与战者约矣。吾所与战之地不可知，不可知，则敌所备者多；敌所备者多，则吾所与战者寡矣。故备前则后寡，备后则前寡，备左则右寡，备右则左寡，无所不备，则无所不寡。寡者，备人者也；众者，使人备己者也。这是孙子对以上所述"行""攻""守"和"进""退""战"所以臻于上佳境界基本原理的揭示，也是对战场上如何"使敌势常虚，我势常实"本质要求的高度凝练。他明确指出：所以，使敌人露出形迹而我军不露形迹，这样我军兵力就可以集中而敌军兵力就不得不分散。我军兵力集中在一处，敌军兵力分散在十处，如此便能以十倍于敌的兵力去攻击敌人，就会造成我众敌寡的战场态势。能造成以众击寡的态势，那么与我军交战的敌人就弱小了。我要交战的地点敌人无从知道，无从知道作战地点，那么敌人所要防备的地方就多；敌人防备的地方多，那么我军交战的敌人就少了。所以，敌人防备前面，后面的兵力就少；防备后面，前面的兵力就少；防备左边，右边的兵力就少；防备右边，左侧的兵力就少；无处不防备，就无处不兵力少。兵力少，是因为处处防备；兵力多，是因为使敌人处处防备于我。观至此段，我们当油然而生"山重水复疑无路，柳暗花明又一村"的感触：前文所论"行""攻""守"也好，"进""退""战"也罢，对于"虚实"问题，总给人以若隐若现、文文莫莫之感；而此段所论则霎时给人以拨云见日、言归正传之悟——关于"虚实"最大的问题不就是"众寡"问题吗？孙子在此所述的战场创造"众寡"的基本原理，实质上也就是战场创造"虚实"的基本原理。

故形人而我无形，则我专而敌分。此言既是对上文所述行、攻、守和进、退、战等战场具体用兵问题的高度概括，也是对战场创造"虚实"基本原理的抽象总结。对于此言的训解，赵又春《我读孙子》的说法颇值寻味："本章开头的'故'字不是用来引出推论，而是发语词，相当于'夫'，表示另起话题：因为似乎说不出领起的话语是从前文哪个意思推论出来的。"值得肯定的是，赵先生密切注意到句中"故"字的存在，但由于"说不出领起的话语是从前文哪个意思推论出来的"，所以，他认为"本章开头'故'字不是用来引出推论，而是发语词，相当于'夫'，表示另起话题"。与此相反，笔者认为，句中"故"正是用来引出推论的连接词，而且领起句"形人而我无形，则我专而敌分"正是对上文所述"两个境界"基本原理的推论，我之所以如是说，关键的问题就在于必须弄清孙子此言"形"字究竟包括什么样的具体含义。

关于"形人"与"无形"，张预注曰："吾之正，使敌视以为奇；吾之奇，使敌视以为正，形人者也。以奇为正，以正为奇，变化纷纭，使敌莫测，无形者也。"赵本学注曰："形人，是虚张掩袭埋伏之形，使敌多防多备也。如古人疏旗扬尘，结草列炬，皆形人之术。无形，是自秘其形不露，使敌人但疑我掩攻之形，而不测我啸聚之意也。"张注"奇正"之说也好，赵注"虚张""自秘"

也罢，虽看似言之成理、无懈可击，但均存在一个最为根本的问题，就是对于上下文意的融通淹会，着实给人以未得要领、隔靴搔痒之感。笔者认为，"形人"与"无形"之"形"，准确讲就是指战场上军队行动的行迹及由此而产生的形状，具体言之，也就是指上文所述"行""攻""守"与"进""退""战"的所有行动在战场上所呈现的形迹。事实上，孙子前文以"微乎微乎，至于无形；神乎神乎，至于无声，故能为敌之司命"句，上承"行""攻""守"问题，下启"进""退""战"问题，亦已然有力地说明这一点。所以说，"形人"之"形"，乃使动用法，意思就是使敌人"行""攻""守"与"进""退""战"的行动部署暴露形迹；"无形"之"形"，乃为名词，是指我方"行""攻""守"与"进""退""战"等军队行动部署的战场形迹，而"无形"并非指军队行动部署真的没有形迹，而是指我方行动部署的无规律性，并由此造成敌人对我方行动部署形迹的无知与不识。由此可见，"形人"与"无形"，作为对军队战场行动部署于敌和于己效果的双重要求，二者只有相辅相成，才能达成预期的效果。正鉴于此，我们才说句中"故"不仅是用以表明推论的连接词，而且"形人而我无形"是对上文"行""攻""守"与"进""退""战"等战场行动部署之所以能够达成上佳妙境原因和机理的总体说明与高度抽象。故而，王皙注曰："（此句至'约矣'）此（节）又即无形无声之意而推极之也。"此段的确是对上两段——"两个境界"——所以"无形无声"的本质概括。

　　关于"我专"与"敌分"，"专"为"结聚"之意，引申为兵力集中于一处，亦即所谓"众"或"实"，"分"为"切开"之意，可引申为兵力分散于多处，亦即所谓"寡"或"虚"。关于"我专而敌分"的含义，梅尧臣注曰："他人有形，我形不见，故敌分兵以备我。"张预注曰："敌形既见，我乃合众以临之；我形不彰，彼必分势以防备。"梅、张之注，虽然依据孙子下文"寡者，备人者也；众者，使人备己者也"的阐述，释清了"形人而我无形"为什么会造成"我专而敌分"，但是他们并没有看到在孙子的行间字里已经表明"形人而我无形"不仅能够造成"我专而敌分"，而且"我专而敌分"本身就是通往胜利的制胜之道。因为，孙子上文所谓"行"要行敌"无人之地"、"攻"要攻敌"不守"、"守"要守敌"不攻"、"进"要"冲其虚"、"退"要"不可及"等，其实就是对我之至实、敌之至虚，亦即"我专而敌分"极端状况的具体表达，而"我专而敌分"不过是对上述"行""攻""守"和"进""退""战"所以臻于理想境界、达于胜利彼岸基本原理的一般抽象。

综上所述，段首"故"字，表明此段所论属上文所述内容的推论。"形人而我无形，则我专而敌分"，乃是孙子对上述"行""攻""守"与"进""退""战"等战场行动所以臻于上佳境界，或者说已然达于胜利彼岸的理论概括，换言之，它就是对战场一般制胜机理的科学揭示。其中，"形人而我无形"，孙子下文称之为"形兵"问题；"我专而敌分"，孙子下文言之为"众寡"，亦即所谓"虚实"问题。若整观全段，我们不难发现，"形人而我无形，则我专而敌分"乃全段思想内容的提纲挈领句，它以总结上文的战场实践问题承上，又以引领下文的理论原理阐释启下，而孙子下文正是紧紧围绕着这句话，以一连串的"则"作由果溯因的连锁推理，严谨而科学地阐释了两个问题：一是此乃制胜的基本原理；二是此乃制寡的根本大要。

第一，制胜之理：吾之所与战者约矣。

我专为一，敌分为十，是以十攻其一也，则我众而敌寡。能以众击寡者，则吾之所与战者约矣。这便是孙子对"形人而我无形"为什么要达成"我专而敌分"的缘由说明，也是对"形人而我无形，则我专而敌分"制胜机理的科学阐释。对此，杜佑注曰："我专为一，故众；敌分为十，故寡。"应当说，在诸多注家之中，杜公之注最为简洁，寥寥几语便将"专""一"与"众"、"分""十"与"寡"各自之间的内在关系阐释得清清楚楚。然而，笔者认为，对于这段话真正含义的揭示，关键还在于对"约"字的解读。最早杜牧注曰"约，犹少也"，后世学者多从之，如吴九龙《孙子校释》便释为"约，少，寡"，陶汉章《孙子兵法概论》亦释为"约，少而弱的意思"。可是，如果把"约"按照"少"或"寡"来理解，那么"能以众击寡者，则吾之所与战者约矣"句的意思就成为："能够以众击寡的，那么与我方作战的敌人就少了。"前后两言明显犯复，全句意思空洞无物。事实上，"约"的确有"少""寡"的意思，如《淮南子·主术》

云"所守甚约";但"约"本意为"束缚""捆绑"之义,如《说文解字》释曰"缠束也";"约"还有"简单""容易"之义,如《吴子·论将》云"约者,法令省而不烦"。正鉴于此,句中"约"如按其本意释为"束缚""捆绑"之义,当极为生动形象。如《谋攻》篇云"故小敌之坚,大敌之擒也",此言又云"能以众击寡者,则吾之所与战者约矣",可见,以小敌大、以寡敌众者,结果只有一个——"束手就擒"。但若将"约"引申为"简单""容易"之意则更为义长:"能以众击寡者"讲的是以多打少的战场态势问题,而"吾之所与战者约矣"则讲的是易于取胜的作战效果问题,前后因果关系明确,所述思想递进深入,故杜佑注曰"言约少而易胜",可谓深切孙子真意。

众所周知,战争的最终目的无非就是赢得胜利,而赢得胜利最大的可能或者说最现实的基础莫过于创造并形成"我专而敌分",也就是"我众敌寡"的战场态势。整观这段话,孙子的逻辑其实也就是在由果溯因地说明:"我专而敌分"就是"我众而敌寡","能以众击寡者"就是"吾之所与战者约矣"——基本上就等于赢得了胜利。正因如此,我们就可以说,创造并形成"我专而敌分"的战场态势,乃是"形人而我无形"战场用兵最根本、最核心的目的,这也是赢得战争这一最终目的的本质要求。所以,孙子这段话不仅明确地回答了"形人而我无形"为什么要达成"我专而敌分"问题,而且还清楚阐明了"形人而我无形,则我专而敌分"的制胜机理问题。

这里,我们还尤须辨析的是:传本"我众而敌寡,能以众击寡者",汉简本作"我寡而敌众,能以寡击……""击"下处当为"众"字,汉简本与传本文意相反。对此,王正向《新校竹简本孙子释义》认为:"这种篡改导致孙子'能以寡胜众'思想之不传于世,迄今已达两千余年之久矣!"王先生着实张大其词了,果若如此的话在悠久的历史长河中哪还会发生那么多以少胜多的经典战例。对此,吴九龙《孙子校释》认为:"汉简本之意,似为:虽自整体而言,我寡敌众,但若能贯彻上述以十击一之作战,则亦可以寡胜众。如此解释亦自有理,且下文有云:'越人之兵虽多,亦奚益于胜哉',又云:'敌虽众,可使无斗。'此正'以寡击众'之义。"的确如此,汉简本"以寡击众"也好,武经本"以众击寡"也罢，无非是在全局上或是局部上进行理解的问题，历史既然给我们留下了见仁见智且疑窦颇多的《孙子兵法》，合理正确地析疑匡谬乃后世学人的历史使命。对于孙子这一思想，还是毛泽东军事思想做出了最好的诠释："在全体上，我们是劣势（就数量来说），但在每一个局部上，在每一个具体战役上，我们是绝对的优势，这就保证了战役的胜利。随着时间的推移，我们将在全体上转变为优势，直到歼灭一切敌人。"

第二，制寡之要：吾所与战者寡矣。

吾所与战之地不可知，不可知，则敌所备者多；敌所备者多，则吾所与战者寡矣。这便是孙子对"形人而我无形"为什么能够达成"我专而敌分"的缘由说明，也是对"形人而我无形，则我专而敌分"制寡大要的深刻揭示。对此，曹操注曰："形藏敌疑，则分离其众备我也，言少而易击也。"张预注曰："无形势故也。"刘寅则讲得更加清楚："吾所与战之地使敌不可知者，以其无形故也。无形，故不知我车果何出，骑果何来，则敌分兵以备我者多。敌既分兵以备我者多，则吾所与接战者寡矣。"曹、张、刘注均说明，这句话并非是紧接着上一句来讲的，而是承接段首句"形人而我无形，则我专而敌分"来讲的。具体而言，战场用兵之所以"形人而我无形，则我专而敌分"，一是为了制胜——"吾之所与战者约矣"，二是为了制寡——"吾所与战者寡矣"，前者说明了"形人而我无形，则我专而敌分"为什么能制胜，后者说明了"形人而我无形，则我专而敌分"为什么能制寡，那么，在这二者之间又存在着怎样的内在联系呢？

综观这两段话，"吾之所与战者约矣"段的逻辑是："约矣"的关键在"众寡"，而"众寡"的关键在"形兵"；"吾所与战者寡矣"段的逻辑是："寡矣"的关键在使敌"不可知"，而使敌"不可知"的关键在"形兵"。孙子这两条逻辑链说明，"形兵"不仅可以制胜，而且可以制寡，而"形兵"所以能制寡，其前提是造成了敌人对战地的"不可知"，故简言之，"众寡"的关键在"形兵"，而"形兵"的关键就在于造成敌人对战地的"不可知"。这里还有一点尤为重要，无论制胜还是制寡，二者之所以能够同宗共本于"形兵"，皆在于二者有着共同的逻辑交汇点——"众寡"，亦即所谓"虚实"问题。因此我们说，在此孙子不仅是对制胜之理、制寡之要的科学阐释，而且也是对《虚实》全篇主旨问题的收束与揭示，这也是前文为什么说"观至此段，我们当油然而生'山重水复疑无路，柳暗花明又一村'的感触"。孙子下文对"众寡"——"虚实"——宛如牛毛细雨般的详述，便可更加有力地证明这一点。

故备前则后寡，备后则前寡，备左则右寡，备右则左寡，无所不备，则无所不寡。寡者，备人者也；众者，使人备己者也。对于这段话，赵本学注曰："申上文之意。"甚是。那么，孙子这段话铺张扬厉、排比叠出，究竟在申述说明什么问题呢？一是关于"形兵"问题，集中体现在前一句话的阐述之中。对此，曹操注曰："上所谓形藏敌疑，则分离其众以备我也。"杜牧讲得更清楚："所战之地，不可令敌人知之。我形不泄，则左右、前后、远近、险易，敌人不知，亦不知我何处来攻，何地会战，故分兵彻卫，处处防备。形藏者众，分多者寡。故众者必胜也，寡者必败也。"所言极是。孙子此言虽看似是对"无所不备，则无所不寡"的具体说明，但实则亦是在强调：让敌人前后左右"无所不备，则无所不寡"的关键，在于使敌对战地的"不可知"；而使敌对战地"不可知"的关键，又在于"形人而我无形"的"形藏"，即"形兵"问题。二是关于"虚实"问题，集中体现在后一句话的阐述之中。对此，张预注曰："所以寡者，为兵分而广备于人也；所以众者，为势专而使人备己也。"施子美则引申说："众者，非兵之本多也，为其使人分兵备我，故得以成其众也。"这又说明，战场构成"众寡"的本质问题，不过是"备人"还是"使人备"的问题。战场上处于"备人"地位的一方，必然就是"寡者"，也就是"虚"的一方；而处于"使人备"地位的一方，必然就是"众者"，也就是"实"的一方。或缘于此，钱基博精琢细磨而注曰："反复推勘，其神微在形人而我无形，而其机括在虚实。明于虚实，则我可以专而攻敌之分；不明虚实，则敌得以专而攻我之分。"钱先生洞若观火，这段话的确就是阐明两个问题。一是会"形兵"。会形兵者，能够做到"形人而我无形"，使敌因不知我形而处处备我。二是明"虚实"。明虚实者，并不在于自己兵力的众寡，关键在于自己要成为"使人备者”，而使敌人成为“备人者”，两个问题的焦点皆聚汇于“形兵”时能否做到使对方对战地的“不可知”。

整观全段，孙子“形人而我无形，则我专而敌分”的论断，对于上文，它是对“行”“攻”“守”与“进”“退”“战”等战场“形兵”所以达成上佳妙境的理论概括，也是对战场创造“虚实”基本原理的高度抽象，同时，还是对《虚实》全篇主旨——专与分、众与寡——“虚实”问题的收束与揭示。对于下文，孙子通过由果溯因的详尽阐释说明：“虚实”乃“形兵”之果，“形兵”乃“虚实”之径，所谓“虚实”问题，并不是什么别的问题，它本质上就是“形兵”问题，如何“形兵”才是创造战场“虚实”的关键所在。

虚实的有效目的：敌虽众，可使无斗

故知战之地，知战之日，则可千里而会战；不知战地，不知战日，则左不能救右，右不能救左，前不能救后，后不能救前，而况远者数十里，近者数里乎！以吾度之，越人之兵虽多，亦奚益于胜哉？故曰：胜可为也。敌虽众，可使无斗。纵观开篇至此段，首先，孙子以“先处战地”能“佚”，“后处战地”必“劳”，开门见山地提出战场“虚实”总的指导：“致人而不致于人”。然后，穷幽极微，洋洋洒洒，尽致描摹了战场上“行”“攻”“守”和“进”“退”“战”中己至实彼至虚的理想境界，并高度抽象了“虚实”的基本原理：“形人而我无形，则我专而敌分”。同时，在字里行间清晰表明：“众寡”之要在“形兵”；而“形兵”之要则在于使敌对战地的“不可知”。在此，孙子又竭力铺陈渲染，对比描绘了“知”战地战日者胜券在握、千里驱战，而“不知”战地战日者左支右绌、顾此失彼，以战场所现情形的霄壤之别，充分说明了一个用兵制胜的科学道理——源于知，本于人，故而抽象出一条用兵制胜的普遍原理：“胜可为也”。正鉴于此，孙子着眼吴越斗争“越人之兵虽多”的客观实际，又将“胜可为也”之“为”具体为战场“虚实”的效果目的：“敌虽众，可使无斗”。

故知战之地，知战之日，则可千里而会战。孙子说，所以，明了会战的地点，明了会战的时间，那么即使相距千里也可以去同敌人会战。此言既出，遽然将人们带入“金戈铁马，气吞万里如虎”的古战场景，从中我们也可以深切感受到孙子稳操胜券、气薄云天的胆识与豪情。而且，细心的读者还会发现，这句话与开篇首句"凡先处战地而待敌者佚，后处战地而趋战者劳"遥相呼应，以不同的视角同样言说着关于"战地"以及"驱战"问题。那么，何者为"战之地"，何者又为"战之日"？既然"先处战地"方可为"佚"，为什么在此又以"千里"极言"战地"之远，然却云"可千里而会战"？此言与开篇首句前呼后应，孙子作出如此精心的谋篇布局，究竟要说明怎样的微言精义？若不弄清这些问题，恐怕很难准确把握此言的远旨深义。

关于"战之地"与"战之日"，对于此言，杜佑注曰："夫善战者，必知战之日，知战之地。度道设期，分军杂卒，远者先进，近者后发，千里之会，同时而合，若会都市。其会地之日，无令敌知，知之则所备处少，不知则所备处多。备寡则专，备多则分。分则力散，专则力全。"张预注曰："凡举兵伐敌，所战之地，必先知之。师至之日，能使敌人如期而来，以与我战。知战地日，则所备者专，所守者固，虽千里之远，可以赴战。"杜、张之注认为："知战之地"就是了解会战的地点，"知战之日"就是了解会战的时间。对于此类注解，钱基博认为："'知战之地'，'知战之日'，两'知'字，承上文'吾所与战之地不可知，不可知，则敌所备者多'之'知'，乃指敌人知，谓未能'形人而我无形'也。正与下文'不知战地'，'不知战日'，两'不知'语意反正相生。诸家注未能融贯上下文，殊穿凿失其指也！"钱先生看法不无道理，杜佑、张预的注解的确有望文生义、穿凿附会之嫌，然仅凭一句"乃指敌人知，谓未能'形人而我无形'也"，也并不能说明孙子"战之地"与"战之日"的真实含义。

对此，曹操注曰："以度量知空虚会战之日。"王晳注曰："必先知地利敌情，然后以兵法之度量，计其远近，知其空虚，审敌趣应之所及战期也。如是，则虽千里可会战而破敌矣。"曹、王二公均认为，"知战之地，知战之日"不仅要了解会战的地点与时间，关键还要了解敌是否处于"空虚"状态。甚是。那么，战场上什么样的状态才是所谓"空虚"状态呢？从上文看来，孙子指出："吾所与战之地不可知，不可知，则敌所备者多；敌所备者多，则吾所与战者寡矣。""寡者，备人者也，众者，使人备己者也"。由此可见，"不知战地"者

"备人"必"寡",亦即为"虚";"知战之地"者"使人备"必"众",亦即为"实"。然而,需要我们进一步拷问的是,"知战之地",可知敌之"众寡",难道"众寡"问题就是"虚实"问题吗?况且,"知战之日"又为知战场何情?其实,孙子开篇首句便曰:"凡先处战地而待敌者佚,后处战地而趋战者劳"。这也就是说:"先处战地"者可"待敌"为"佚",亦为所谓"实";"后处战地"者需"趋战"为"劳",亦为所谓"虚"。至此,我们便看清了孙子此言与开篇首句遥相呼应的远旨深义。一是"众寡"乃"虚实"量的属性,而"佚劳"乃"虚实"质的属性,在此,孙子通过两言的前后照应,构成了对"虚实"量与质——"众寡"与"佚劳"——两大本质属性的对接与交合,使"虚实"呈现出清晰而完整的概念和内涵。二是"众寡"呈现于空间维度的"战地"之上,而"佚劳"则取决于"先处战地"与"后处战地"之际,亦即产生于时间维度的"战日"之时,在此,孙子同样通过两言的前后照应,达成了对"虚实"空与时——"战地"与"战日"——两大表现特征的厘清与析别,为人们认识和把握"虚实"提供了具体而有力的依据和抓手。因此我们说,在孙子这里,"知战之地,知战之日"者,方可成为完全的"实"者;而"不知战地,不知战日"者,必然成为完全的"虚"者。

由此看来,孙子所言"战之地""战之日",是将"虚实"问题承载于战地、战日之上而言的。其所以称之为"战之地",并非单纯指自然之地,而是指此"地"乃敌之所在或必至之地,且亦是敌兵力"寡"的"空虚"之所,否则就不能成为"战之地";其所以称之为"战之日",并非单纯指自然之日,而是指此"日"乃敌之所在或必至之日,且亦是敌军队"劳"的"空虚"之时,否则就不能成为"战之日"。所以说,孙子所谓"战之地""战之日",表面上体现为地点和时间问题,而实质上则是敌我"众寡"与"劳佚"的"虚实"问题。由于其"众寡"问题呈现于空间维度的"地"之上,故需"知战之地";由于其"佚劳"问题产生于"先处战地"与"后处战地"之际,呈现于时间维度的"日"之中,故需"知战之日"。由此可见,"战之地"与"战之日",不仅要靠敌方"空虚之地"的给予,而且要靠我方"先处战地"的争取,具有着极强的时效性和动态性，必然随着敌我战场行动的变化而不断变化。正因如此，笔者认为，孙子所说的"战之地"和"战之日"，对于现代战争的理论与实践而言，就是我们在《谋攻》篇"知胜有五"之"知可以战与不可以战者胜"中谈到的，乃是现代战争中所谓"战机"问题。

对于"战机"，现代军事理论认为："适合用兵作战的有利时机。战机的形成由作战双方多种因素和条件决定，通常稍纵即逝。组织指挥作战时应善于把握、捕捉和创造。"定义中，"时机"之"时"自然是指时间，也就是孙子所说的"战之日"的"日"的问题，而"时机"之"机"又是指什么呢？尽管定义中有"适合用兵"四字作定语，后面有"多种因素和条件"作解释，然而"机"到底是指些什么问题呢？刘伯承曾指出："弄清任务、敌情、我情、地形、时间是定下决心的基础，五行不定，输得干干净净。"刘帅在我军历史上以身经百战、神机妙算、出奇制胜而闻名，堪称"当今孙武"。他认为，定下一切决心均取决于"五行"，自然定下战与不战的决心也同样取决于"五行"，然刘帅"五行"之说，可谓与曹操、王晳之注一脉相通。除"任务"这一作战目的外，刘帅同样将"敌情""我情"置之于"地形"和"时间"之上，而在筹划与组织作战中，对于"敌情""我情"的了解，其核心目的无外乎就是在相知相较中，量敌我之长短，明彼己之虚实。所以说，知"敌情""我情"就是知"虚实"，而知"地形"就是知"虚实"呈现之"地"，知"时间"就是知"虚实"呈现之"日"，如此，自然能够正确定下可否"千里而会战"的决心。由此看来，古代言"战机"，取决于"战地""战日"两个要素，而现代言"战机"，取决于"敌情""我情""地形"和"时间"四个要素，只不过现代军事理论是将"敌情""我情"从"战地""战日"的概念中剥离出来，使"战地""战日"成为自然的"地形"和"时间"。无论古代还是现代，既然"战机"具有如此强的时效性和动态性，并随着敌我军队行动的变化而不断变化，那么，作为战争的指导者在战场上又将如何把握与运用呢？

关于"千里而会战"，众所周知，驱"千里"而"会战"，有利于敌，不利于己。据《左传·僖公三十二年·蹇叔哭师》记载，公元前627年，秦穆公企图凭借内应，跨越晋境攻打郑国，咨询老臣蹇叔。蹇叔谏曰："劳师以远袭，非所闻也。师劳力竭，远主备之，无乃不可乎？师之所为，郑必知之。勤而无所，必有悖心。且行千里，其谁不知？"蹇叔认为，劳师远袭，闻所未闻。军队疲竭，郑当有备，是否可行？军队行动，郑必知晓。劳而无获，必生叛心。行军千里，谁人不知？然而，秦伯一意孤行，蹇叔哭而送师，并预言："晋人御师必于殽""必死是间，余收尔骨焉"。晋军必定设伏于殽山，你们必死其间，我为尔等收尸吧。事实果如蹇叔预言。综观蹇叔"哭师"之谏，分析之全面，陈词之剀切，论战之精到，历来堪称"知彼知己"的典范。那么，常道如斯，孙子在此为何反其道而言曰："知战之地，知战之日，则可千里而会战"呢？

对此，唯孟氏注曰："以度量知空虚，先知战地之形，又审必战之日，则可千里期会，先往以待之。若敌已先至，可不往以劳之。"显然，孟公认识到孙子此言与开篇首句的呼应关系，是把两句话联系起来解读的，在"度量知空虚"的基础上，不仅谈到了"战地之形""必战之日"的问题，而且谈到了"先往以待""不往以劳"的问题，确属一枝独秀，殊为有见。进而言之，孙子前后两句话结合起来的意思是说，只要"知战之地"，知晓敌人"空虚"的地点，哪怕距我"千里"之遥，但只要亦"知战之日"，知晓与敌"会战"的时间，足以确保我"先处战地而待敌"成为"佚"的一方，而敌"后处战地而趋战"成为"劳"的一方，即使跨越"千里"也可与敌人"会战"。由此可见，同为驱"千里"而战，蹇叔劝阻秦伯不可"劳师以远袭"在"知"，而孙子言曰"可千里而会战"也在"知"，二者均说明了"知"的无比重要性，着实具有着异曲同工之妙。这里，孙子以"千里"极言"战地"之远，无非是在强调"知"的极端重要性：只要做到"知战之地，知战之日"，即使战地远在"千里"，也要抓住这难得的战机，克服行军"千里"的艰难险阻，也要坚决与敌"会战"。那么，"知战之地，知战之日"如此，"不知战地，不知战日"若何？孙子下文，正是以浓重的笔墨、叠出的排比，对比描绘了"不知"与"知"的云泥之别，从反面再次映衬说明了"知"的极度重要性。

不知战地，不知战日，则左不能救右，右不能救左，前不能救后，后不能救前，而况远者数十里，近者数里乎！孙子认为，不明了会战的地点，不明了会战的时间，那么就会左军不能救援右军，右军也不能救援左军，前军不能救援后军，后军也不能救援前军，更何况远的相距数十里，近的也相距数里呢！对于此言，张预注曰："不知敌人何地会兵，何日接战，则所备者不专，所守者不固，忽遇劲敌，则仓遽而与之战，左右前后犹不能相援，又况首尾相去之辽乎？"钱钱基博纠正说："'不知'，乃敌人不知，非张氏之谓也"。是的，此言所充分描绘的就是，敌人在"不知战地，不知战日"的情况下，仓促应战，顾此失彼，疲于应付的战场情形。对于这样的战场情形，梅尧臣进而注曰："不能救者，寡也。"其实，梅公只说对了一半，"不能救者"是因为"寡"，而需被救者何尝不是也因为"寡"呢？"而况"领出的两句，前句说的是远的有"数十里"当然"不能救"；后句说的是即使近的也得有"数里"同样"不能救"。可见，孙子这里不仅描绘出了前后左右无所不需"救"，无所不为"寡"，整个战场寡不敌众之"寡"态，而且也描绘出了前后左右欲救"不能"，左支右绌，整个战场疲于应付之"劳"态，着实把"不知战地，不知战日"导致的战场满盘皆"虚"之情，刻画得淋漓尽致。

这里，孙子把"知战之地，知战之日"与"不知战地，不知战日"相较而言，虽未言"众寡"，不语"佚劳"，然战场"虚实"之情状，却油然而生于其铺张扬厉、洋洋洒洒的字里行间，那么，他究竟要说明什么？无非就是两点：一是只要"知战之地，知战之日"，便"可千里而会战"，可见，战场"虚实"，在知在为；二是倘若"不知战地，不知战日"，就会"左不能救右，右不能救左，前不能救后，后不能救前"，又见，即使兵多，无知无用。无怪乎杜牧注曰："管子曰：'计未定而出兵，则战而自毁也。'"由"知"而"计"，谋事在人；由"计"而"战"，事在人为，战场胜负，皆本于人。

以吾度之，越人之兵虽多，亦奚益于胜哉？孙子转而说，依我看来，越国的军队虽多，对夺取战争胜利又有什么补益呢？句中，关于"越"，存在两种不同的解释。一种观点认为，"越"乃越国之"越"，就是指越国。如曹操注曰："吴越仇国也。"陈皞注曰："孙子为吴王阖闾论兵，吴与越仇，故言越。"另一种观点认为，"越"乃"超越"之"越"，为"过"义，指"多"的意思。如李筌注曰："越，过也。不知战地及战日，兵虽过人，安能知其胜败乎？"刘邦骥注曰："越非吴越之越，《孙子》十三篇，非专为攻越人作也，宜训为过。言兵虽过人，苟不知战地、战日，则我之胜可为也。"笔者认为，"越"就是指越国。因为，如果按照李、刘二公之注，"越"训为"过"义，那么"越人"与"兵虽多"前后犯复，会使"越人之兵虽多"句空洞无物，与其如此，孙子还不如直接说"越人亦奚益于胜哉？"更何况，《孙子兵法》提及"越人"共为两处。一处在《虚实》。一处在《九地》，曰："夫吴人与越人相恶也，当其同舟而济，遇风，其相救也如左右手。"那么，这个"越人"又应当指什么，难道也能训解为"过人"吗？显然是不对的。故此，张预亦注曰："吴、越邻国，数相侵伐，故下文云'吴人与越人相恶也'。言越国之兵虽曰众多，但不知战地、战日，当分其势而弱也。"

此外，句中"吾"，武经本作"吴"，张预注曰："'吾'字作'吴'。"笔者认为，生此异议，概为避免对"越"训解的歧义而起，故将"吾"改作"吴"，但无论是"吾"还是"吴"，孙子既然出仕于吴国，吴越两国乃宿敌世仇，论越国兵力之多寡，其参照系当然是"吴"，"吾"自然也代表着"吴"。句中"胜"，十一家注本"胜"下有"败"字，作"胜败"。若按十一家注本，此"胜败"与《形》篇"修道而保法，故能为胜败之政"之"胜败"完全同义，属反义联合结构，意思完全同于前一字。有关这点，在《形》篇已详尽阐述，在此不再赘述。

真正的问题在于，孙子为什么在论述用兵一般理论之际，突然转而言及"越人之兵虽多"的现实问题？对此，王皙注曰："此武相时料敌也。"甚是。此言正是孙子因应用兵普遍原理的阐释之需，探讨吴越斗争实际的相机之论，似感而慨之，又似信手拈来，不仅表明了其用兵理论的实践意义，而且起到了思想逻辑深化推进的重要纽结作用。上文讲：创造战场"众寡"和"佚劳"——"虚实"——关键在于"知"与"不知"战地战日，言外之意，知情用兵皆本于人；此言讲："越人之兵虽多，亦奚益于胜哉？"实则明确告诉人们，兵不在多而在用；下文讲："胜可为也"，谋"战"在人，"战"在人为，战争的胜利是可以争取的。足见，此言本就与上下文淹会贯通，浑然一体，乃为不可或缺的重要理论思维环节。

故曰：胜可为也。孙子总结道，所以说，胜利是可以争取的。句中"曰"字表明，此言既可能是孙子据前所述得出的推论，更可能是兵家脍炙人口的谚语式的定论。对此，张预注曰："为胜在我故也。《形篇》云：'胜可知而不可为'，今言'胜可为'者何也？盖《形篇》论攻守之势，言敌若有备，则不可必为也，今则主以越兵而言，度越人必不能知所战之地日，故云'可为'。"我们姑且不论张公之注是否确切，然其注释的方法是着实可取的，只有将此言与《形篇》"胜可知，而不可为"句对比理解，方可明了此言的真正内涵。关于这一点，正如我们在《形篇》中所说的："'形胜'属于和平时期军事实力的竞争与对垒，乃敌对双方己所素备的实力对比的结果，'故曰：胜可知，而不可为'；'战胜'属于战争时期军事力量的角逐与厮杀，乃敌对双方能动活动的暴力斗争的结果，'故曰：胜可为也'，而'不可为'与'可为'，实属'形胜'与'战胜'这两类不同形式的军事斗争在制胜指导上存在的最本质、最显著的区别。"然而，我们还需清楚地看到的是，孙子在此旗帜鲜明地提出这样的观点，其重大意义在于，它不仅体现了孙子战争制胜思想的科学性，而且体现了孙子战争哲学理念的先进性。

众所周知，春秋战国时期，人们对于战争这个人类互相残杀的怪物的根本看法，仍然处于"人神共宰"的历史时期，即使到了战国时期，《吴子兵法·图国》仍有"不敢信其私谋，必告于祖庙。启于元龟。参之天时，吉乃后举"的说法，便是这种"敬天保民""顺天行诛"战争观的显证。在这样的历史条件下，孙子却斩钉截铁地提出："兵者，国之大事，死生之地，存亡之道，不可不察也。"（《孙子兵法·计》）"不可取于鬼神，不可象于事，不可验于度，必取于人。"（《孙子兵法·用间》）所有这些论述无不充分表明了孙子看待战争问题的朴素唯物观。在此，孙子又明确提出"胜可为也"，这也正是其朴素唯物的战争观在作战指导上的生动体现。尤为值得肯定的是，孙子在这里不仅表明了其先进的战争哲学理念，而且还充分说明了"胜可为也"的科学原理。

纵观《虚实》全篇，孙子开篇便提出了"致人而不致于人"的用兵思想，进而详尽描述了"行""攻""守"和"进""退""战"，以我之至实对敌之至虚的"六个境界"，并将此所以臻于理想境界的普遍原理归纳为"形人而我无形"，亦即所谓"形兵"问题。在此基础上，他提出"形人而我无形"，既是"吾之所与战者约矣"——战场制胜的基本原理，亦是"吾所与战者寡矣"——战场制寡的思想方法，借此，其"虚实之理"了然目前。与此同时，孙子还告诉人们，战场创造"虚实"的关键在"形兵"，而"形兵"的关键在于造成敌人对战地战日的"不可知"。为说明这一点的极端重要性，孙子又铺张扬厉地描绘了"知"与"不知"战地战日之间的天壤之别，用战场的实际情形证明："形兵"在人，"知"与"不知"战地战日也在人，于是，"胜可为也"的思想便犹立于累土九台，说理之透彻，逻辑之严谨，论证之充实，堪可称"磐石方且厚，可以卒千年"。正鉴于此，我们才说孙子此言不仅旗帜鲜明地提出了"胜可为也"的科学观点，而且张本继末地阐明了"胜可为也"的科学道理。

敌虽众，可使无斗。孙子明确说，敌军虽多，可以使它无法同我战斗。此言既是孙子对"越人之兵虽多，亦奚益于胜哉？"现实问题的回答，也是对"胜可为也"思想观点的解释，换言之，"敌虽众，可使无斗"不过是"胜可为也"的普遍原理在战场"虚实"问题上的具体反映。对此，孟氏注曰："敌虽多兵，我能多设变诈，分其形势，使不能并力也。"梅尧臣注曰："苟能寡，何有斗？"张预注曰："分散其势，不得齐力同进，则焉能与我争？"各家普遍认为，"可使无斗"的根本原因在于"分"敌"寡"敌，显然，他们仅是着眼于上文内容，对孙子此言做出了解释。然而，笔者认为，对于此言的训解，不仅应当立足于上文的内容，而且还应当着眼于下文的内容。下文中谈道："夫兵形象水，水之形，避高而趋下；兵之形，避实而击虚。"句中"击虚"，自然是由于上文中谈到的我能"分"敌和"寡"敌而造成的必然结果；而句中"避实"，则是我造成敌"无斗"的根本原因。换言之，是因为我们避开了敌人兵力众多的地方，所以使敌大量兵力根本难以发挥作用，因此，"无斗"就是指"无法有效投入战斗"之义。由此又见，"可使无斗"对于下文"避实而击虚"思想的提出，着实具有着重要的引领铺垫作用。

中：策作形角

孙子认为，知彼知己乃战争胜负之前提大要，亦是战场创造"虚实"之枢机纽结。故而，上文言，创造"虚实"的原理在"形兵"，而"形兵"的关键在于使敌对战地、战日的"不可知"。下文言，战场"形兵"的境界在"无形"，而"无形"的关键在于使敌间"不能窥"、众人"不能知"。在此，孙子从"策作形角"四个层次，全面阐述了"知彼知己"的方法体系，对上承接了"知"战地战日之于"虚实之理"的极端重要性，对下则引启了使敌间"不能窥"、众人"不能知"之于"形兵之要"的前提基础性，由"知"之法，融通上下，全篇布局，浑然天成。

3.0 故策之而知得失之计，作之而知动静之理，形之而知死生之地，角之而知有余不足之处。

战争的前提大要：策作形角

孙子《谋攻》曰："知彼知己，百战不殆"。然而，何以为"知"呢？《淮南子·兵略训》云："智见者，人为之谋；形见者，人为之功；众见者，人为之伏；器见者，人为之备。"句中，"见"乃"现"，为"暴露"的意思。你暴露了智谋企图，人家就应对以谋略；你暴露了行动形迹，人家就应对以行动；你暴露了强大力量，人家就应对以设伏；你暴露了武器装备，人家就应对以守备。质而言之，在敌我双方的对抗过程中，只要一方有端倪可察，有形迹可寻，另一方就会找出有针对性的对策，这便是战争运动的基本规律。所以，毛泽东曾明确指出："战争不是神物，仍是世间一种必然运动，因此，孙子的规律，'知彼知己，百战不殆'，仍是科学的真理。"反观孙子所言：分析敌情就会知道敌我各自的计划得失；挑动敌人就会知道敌我相应的活动规律；示形于敌就会知道敌我胜负的攸关所在；试探接触就会知道敌我实力的众寡优劣。可见，孙子提出"策作形角"的"知彼知己"的方法体系，正是基于战争这一基本运动规律而构建形成的。

策之而知得失之计。《计》篇中谈到，"策"与"计"同属一类性质的东西，均由竹片或骨片削制而成，是一种原始的计数工具。"策"与"计"有何区别呢？"策"，竹束，就是将竹片一条一条地捆在一起，可见，"策"乃系统化的"计"。句中，"策"为动词，故可引申为全面系统的"分析""筹划"；"计"，十言为计，此处为名词，故可引申为讨论所得的"计划""方案"。对于此言，梅尧臣注曰："彼得失之计，我以策算知。"张预注曰："筹策知情，知其计之得失。"梅、张等诸家认为，"策之"是知晓敌人计划的得失，旨在"知彼"的。现代学者吴九龙《孙子校释》就释译为："筹算一下计谋，来分析敌人作战计划的优劣"。吴如嵩、陶汉章等亦持这样的观点。笔者认为，分析"计"之"得失"，非敌我双方情况的全面较量而不能得知，敌之"得"处，可能是我之"失"处，敌之"失"处，可能是我之"得"处。所以，"策之"，既是分析彼己"得失"的过程，也是知彼己"得失"之所以然的过程，同时还是有针对性地修改完善我"计"的过程，此过程犹如现代指挥部作战筹划"分析判断情况，定下作战决心，制定作战计划"的过程一样，只有全面地分析判断敌情、我情和战场情况的利弊优劣，才能制定出正确科学的作战计划，故此，其旨是在"知彼知己"的。或缘于此，贾林注曰："樽俎帷幄之间，以策筹之，我得彼失之计皆先知也。"

作之而知动静之理。句中"作"，汉简本作"绩"。吴九龙《孙子校释》认为："'绩'，从'责'声；而'作'从'乍'声，二字音近，或即'作'之借字。今仍作'作'。"而《长短·经料敌》《通典》《御览》均引此"作"为"候"，李筌、贾林、郑友贤注亦解"候"。笔者认为，"候"为"伺候""守候"之义，亦即"守望""瞭望"一类的"侦察"的意思。我们的问题是，如果仅凭"候之"，就能够"知"战场上的"动静之理"吗？恐怕很难。而"作"字，《说文》云："作，起也。"本意为人起身，属于微弱的动作，故可引申为"挑动""引逗"之义。对此，杜牧注曰："作，激作也。言激作敌人，使其应我，然后观其动静理乱之形也。"刘寅则注曰："'作'字不止激作敌人，凡有所施为皆作也。"那么，什么是杜、刘所言的"激作"或"有所施为"呢？杜佑注曰："喜怒动作，察其举止，则情理可得。故知动静权变，为其胜负也。"张贲注曰："或诳之以言，或诱之以利，或示之以害，多方以诡道欺之，则敌之动静可知。"由此可见，一切能够"挑动"或"调动"敌人的微小言行均属孙子所言"作之"的范畴，若挑动敌人，敌有应对则为"动"，若挑动敌人，敌无应对则为"静"，若没有敌我的互动，又何来"动静之理"呢？因此，"作之"，其目的就是了解战场上我动彼应的内在联系，掌握敌我活动的基本规律，同样是旨在"知彼知己"的。而反观"候"义，仅进行"守候"与"瞭望"一类的侦察活动，是达不到"知"战场"动静之理"的目的的，所以，依十一家注本和武经本为"作"义长。

形之而知死生之地。对此，张预注曰："上文云'善动敌者，形之，敌必从之'是也。"甚是。然问题在于，《势》篇的"形之"，手段是示形，目的是"动敌"；《虚实》篇的"形之"，手段同样是示形，目的却是"知死生之地"。那么，何为"死生之地"？"动敌"与"知死生之地"究竟是什么关系？是不是"形之"而"动敌"便可"知死生之地"？只有弄清这些问题，方可理解此言真义。对于"死地"，孙子《九地》篇曰："无所往者，死地也"，"疾战则存，不疾战则亡者，为死地"。由此易见，"死地"，不仅是指自然的地形情况，而且更是指敌我决战的胜负所在。故杜牧注曰："死生之地，盖战地也。"对于"形之"，诚如我们《势》篇所言，"就是我方以积极的行动或佯动主动暴露我行迹与部署，即显示我或真或假的兵形之'实虚'"，其目的就是"动敌"。若敌信以为真，必然从引而行，于是，反而暴露了自己行迹与部署的优长与致命之处，亦即"死生之地"。可见，若不知敌之"生地"，又何以知我之"死地"，若不知我之"生地"，又何以知敌之"死地"，"形之"同样是旨在"知彼知己"的。故而，陈皞注曰："敌人既有动静，则我得见其形。"杜牧注曰："言我多方误挠敌人，以观其应我之形，然后随而制之，则死生之地可知也。"由上所述又可清楚地看出，"形之"较之"作之"，兵力规模更大，行动范围更广。

角之而知有余不足之处。"角"，《说文》云："角，兽角也。"通"斛"，乃古代量谷物时平斗斛的工具。《管子·七法》称："斗斛也，角量也。"故有"较量"之义。《易·大壮》有云："羝羊触藩，羸其角。"故亦有"接触"之义。所以，"角之"就是指敌我实际的"接触"与"较量"，可引申为"实力侦察"。"有余"与"不足"

相对成文，敌"有余"，我便"不足"，我"有余"，敌便"不足"。对此，张预注曰："有余，强也；不足，弱也。角量敌形，知彼强弱之所。"李筌注曰："角，量也，量其力精勇，则虚实可知也。"张公认为，"有余"与"不足"是指敌人力量的"强弱"问题，李公认为，是指敌人力量的"精勇"，亦是"虚实"问题。笔者认为，"有余"与"不足"，的确是指"众寡"乃至"勇怯"，即所谓"虚实"问题，然并非单指敌人一个方面，难道知晓敌方"有余"的同时，能不知晓我方的"不足"吗？反之亦然。所以，"角之"，其目的就是通过小规模的接触或战斗，试探敌我的"虚实"情况，为后续击其要害、组织大规模作战提供可靠的情报保障，可见，同样是旨在"知彼知己"的。故此，王晳注曰："角彼我之力，则知有余不足之处，然后可以谋攻守之利也。"

综观孙子"策作形角"，或为兵力规模的逐步扩大，或为行动烈度的逐步升级，呈现出明显的体系性与系统性。故此，赵本学注曰："策之不得而作之，作之不得而形之，形之不得而角之。……苟既策而且作，既形而且角，四者俱起，则人之虚实，安能逃其万一耶？"钱基博则注曰："策之，候之，形之，角之四者，所以形人之法也。"就其体系性与系统性而言，赵、张之识是一致的。然就其功能与作用而言，赵公认为主要是知"虚实"的，钱公认为主要是致"形兵"的，而笔者认为，"策作形角"作为"知彼知己"的方法体系，既非专为知"虚实"，也非专为致"形兵"，此乃筹划与实施战争的前提大要。孙子在此言及于此不过是为了：上可承"知"战地、战日之于"虚实之理"的关键性，下可启使敌间"不能窥"、众人"不能知"之于"形兵之要"的根本性。

下：形兵之要

孙子认为，"虚实"乃用兵制胜之本，"形兵"乃用兵制胜之末，进言之，二者虽同属用兵制胜问题，但"形兵"是由"虚实"所决定的。故而，承接上文"策作形角"之"知"明确提出两点要求。一要臻于"形兵无形"的高度的艺术性。形兵的最高要求是"无形"，亦即使敌深间"不能窥"、智者"不能谋"、众人"不能知"之"不知"。二要遵循"避实击虚"的制胜的科学性。形兵的科学原理是像水之"避高而趋下"成流，兵必"避实而击虚"成形，言外之意，形兵大要皆在对战场"虚实"之"知"。最后，赞"因敌变化取胜"为战之神，喻"五行四时日月"为兵之变，升华战场"虚实"的运用之妙。

4.1 故形兵之极，至于无形。无形，则深间不能窥，智者不能谋。因形而措胜于众，众不能知；人皆知我所以胜之形，而莫知吾所以制胜之形。故其战胜不复，而应形于无穷。

4.2 夫兵形象水，水之形，避高而趋下；兵之形，避实而击虚。水因地而制流，兵因敌而制胜。

5.1 故兵无常势，水无常形，能因敌变化而取胜者，谓之神。

5.2 故五行无常胜，四时无常位，日有短长，月有死生。

形兵的目标要求：至于无形，应形无穷

故形兵之极，至于无形。无形，则深间不能窥，智者不能谋。因形而措胜于众，众不能知；人皆知我所以胜之形，而莫知吾所以制胜之形。故其战胜不复，而应形于无穷。孙子提出，所以兵力运用的最高境界就是无形迹可循。无形迹可循，那深藏的间谍也无法窥探，聪明的对手也无法谋量。依据敌人用兵情形将胜利的措施摆在众人面前，众人仍不知道；人们都知道我战胜敌人兵力运用的形迹，但并不知道我战胜敌人兵力运用的形迹是怎样达成的。因此，用兵制胜不会重复，而总是应对战场形势的无穷变化。在孙子看来，唯有己"知"，才能使彼"不知"。正基于此，他不仅提出了战场"形兵"的理想境界与最高目标——"无形"，而且阐明了"形兵"的具体要求——"应形于无穷"。

故形兵之极，至于无形。这是《虚实》下半部分的第一句话，与上文"形人而我无形"相互照应。或因于此，关于此言出现了两种截然不同的注解。一种观点认为，"形兵"是指调动敌兵。如李筌注曰："形敌之妙，入于无形。"钱基博注曰："'形兵'之'兵'，指敌兵而言；上文所云'候之''形之''角之'而知敌兵动静之理，死生之地，有余不足之处，此之谓形兵也。"另一种观点认为，"形兵"是指调动我兵。如杜牧注曰："此言用兵之道，至于臻极，不过于无形。"陈启天注曰："形兵，谓调度部署我兵。善于运用虚实，以调度部署我兵，则其极致，可使我兵之形，不易为敌所窥知，是谓无形。"笔者认为，将"形兵"视为"形人""形敌"的第一种观点是完全错误的。至于钱先生将"形兵"看作"上文所云'候之''形之''角之'"的说法则更属于无稽之谈。上文讲得很清楚，"策之""候之""形之""角之"是孙子对"知彼知己"方法体系的具体揭示，绝非所谓"形兵"问题。那么为什么说"形兵"是指"调度部署我兵"呢？

其实，孙子"形人而我无形"讲得非常清楚，"形人"就是指"形敌"，或者说示形于敌、调动敌人，"我无形"就是指我方"形兵"，或者说用兵于敌、措胜制胜，故此方曰"形兵之极，至于无形"。进而言之，上文"形人"，讲的是通过用兵、示形于敌、调动敌人，诱使敌人或者改变兵形的虚实、或者暴露兵形的弱点，故而才引发并阐释了可造成"我专而敌分"，就等于"以十攻其一"，亦即所以"能以众击寡"的彼己"虚实之理"；此处"形兵"，讲的则是通过用兵、调动力量、措胜于敌，构设我战胜制胜的兵形，故转而引发并将阐明"至于无形"之境、"避实击虚"之法的战场"形兵之要"。所以，"形人"与"形兵"，虽均属于我方积极主动的用兵问题，但前者为的是示形于敌，调动敌兵，改变彼己虚实的状态，旨在创"虚实"；而后者为的是调动我兵，避实击虚，构设我战胜制胜的态势，要在用"虚实"。由此可见，"形人"与"形兵"的"用兵"问题，不过是战场制胜的外在表现；而创"虚实"和用"虚实"的"虚实"问题，才是战场制胜的内在要求，二者乃本质与现象、目的与手段、内容与形式的辩证关系。令人折服的是，孙子正是利用了"形人"有创"虚实"之功，于是上文由此引发并阐明了战场"虚实之理"，而此处又利用"形兵"有用"虚实"之效，于是在此引发并将转而阐明"形兵之要"。毋庸置疑，如此赋有哲思的铺排布局，断然是由孙子批隙导窾的理论思维能力而笔下生花的。

所以说，"形兵"问题就是用兵问题，属兵家的第一要务，按今天的话来说，就是兵力运用问题，而事实上，孙子从此言开始所展开阐述的也正是如何运用兵力的问题。在此，他再次石破天惊地指出："形兵"的极致就是臻于"无形"。换言之，"无形"乃"形兵"的理想境界，亦是最高的标准与目标。佛家的最高境界是"无我"，道家的最高境界是"无为"，儒家的最高境界是"无怨"，而孙子此处无异于在说，兵家的最高境界是"无形"。事实上，在古代人们看来，"无"即"虚无"和"空"，这是宇宙的母体，是宇宙最初的现象，是通往一切的根本和法则，因此，它是宇宙法理的神奇奥妙之处，也是最让人迷惑的地方。那么，对于兵家的用兵来说，何谓"无形"呢？

无形，则深间不能窥，智者不能谋。关于"无形"，孙子前文亦有描述："微乎微乎，至于无形；神乎神乎，至于无声"。此之"无形""无声"让人颇感神秘莫测、玄妙无穷。然按此言所说，"无形"便不再是不可触及的神物，"无形"与"有形"全然在于能否"窥"与"谋"："不能窥"与"不能谋"者，便是"无形"；而"能窥"与"能谋"者，便是"有形"。但是，孙子所言"窥"者并非一般的窥探者，而是"深间"——抑或为将帅身边的间谍，"谋"者亦非一般的图谋者，而是"智者"——抑或是智慧极高的敌手，于是，"无形"这一"形兵"的标准和目标，着实变为一种理想的境界与高超的艺术。那么，"无形"究竟是指什么？或者说，"窥"者究竟当窥知什么？"谋"者究竟当图谋什么呢？

《道德经·四十一章》云："大音希声，大象无形。"老子言"音象"认为，当声音太大时，人在其中就听不到什么声音；当形象太大时，人在其中就看不到什么形象。孙子言"形兵"认为，当战场用兵达到极致，就会臻于没有形迹，所谓没有形迹，即使深藏的间谍也不能窥知，智慧的敌手也不能谋量。综而言之，音本有声，只是声音太大而人不能听；象本有形，只是形象太大而人不能见；"形兵"本亦有兵形，只是达到出神入化的境界便臻于"无形"，于是"深间""智者"也不能"窥""谋"。显而易见，孙子之"无形"与老子之"希声无形"一脉相通。正基于此，我们在诠释"形人而我无形"时指出："'无形'并非指军队行动部署真的没有形迹，而是指我方行动部署的无规律性，并由此造成敌人对我方行动部署形迹的无知与不识。"然而，对于此言，梅尧臣注曰："兵本有形，虚实不露，是以无形，此极致也。"杜牧注曰："无形，则虽有深间者来窥我，不能知我之虚实。强弱不泄于外，虽有智能之士，亦不能谋我也。"那么，"无形"究竟是指我们所说的"形迹"，还是指梅、杜二公所说的"虚实"呢？《周易·系辞上》云："形而上者谓之道，形而下者谓之器。"孔颖达等正义曰："道是无体之名，形是有质之称。"可见，"形"与"质"，或者说现象与本质、形式与内容，对于任何事物来说，都是不可分割的统一体。就孙子论"形兵"而言，"形迹"乃战场"形兵"的外在表现，而"虚实"则是战场"形兵"的内在本质，在敌我双方激烈对抗的战场上，没有不表明兵力"虚实"的用兵"形迹"，更没有不蕴藏于用兵"形迹"中的兵力"虚实"，二者往往统一蕴藏于纷繁复杂的战场情况之中。因此，无论"深间"也好，还是"智者"也罢，只有认清了"形迹"的外在现象，才可能抓住"虚实"的内在本质；反之，如果认不清"形迹"的外在现象，即所谓"不能窥"，如果抓不住"虚实"的内在本质，即所谓"不能谋"。所以我们说，孙子所言"无形"，不仅是指我方军队行动部署"形迹"的无规律，而且是指我方军队行动部署"虚实"的不暴露，只是由于人们在战场上看到的只能是"形迹"的外在现象，并不能直接看到"虚实"的内在本质，故此，孙子将"形兵"的极致称之为"无形"，"形兵"的结果称之为"兵形"，单从字面意思看，"形迹"与"虚实"的认知程序次第，亦当一目了然。

因形而措胜于众，众不能知。句中"措"，十一家注本作"错"，然其《形》篇"所措必胜"则作"措"，因二字古时通用，故依武经本统作"措"。李筌注曰："错，置也。"有"放置""摆置"之义，同时，亦有"所措必胜"之"措"的"措施""举措"之义，因此，"措胜"就是指"拿出胜利的措施"或"实行胜利的措施"之义，而并非单纯指现代学者所说的"将胜利摆在面前"的狭隘之义。然笔者认为，理解此言的关键还是弄懂"因形"之"形"的真意。毫无疑问，战争乃智慧的对垒、力量的抗衡，但最终将体现为敌我双方战场用兵的殊死对抗。因此，在孙子看来，战争就是敌我双方"形兵"与"形兵"的博弈、"兵形"与"兵形"的对决。进而言之，他之所以将战场用兵称之为"形兵"，就是因为战场用兵必须按照敌方的"兵形"谋划展开，他之所以将用兵极致称之为"无形"，就是因为可使敌方失去按照我方"兵形"而"形兵"的应对依据，所以，他才将战场用兵制胜谓之曰"因形措胜"，亦即所谓"形兵"问题。故此，曹操注曰："因敌形而立胜。"甚是。"因"就是"由""依据"之义；"形"就是"敌形""敌方兵形"之义。王皙之注则更为详尽："因形措胜者，谓因得失而制其得失，因动静而制其动静，因死生而制其死生，因有余不足而制其有余不足，措施其在我之胜算也。"王公穿文凿字，甚得"形"之真意。显然，由孙子对"形"字的使用，我们亦可窥古代兵学理论特有其自身概念体系之一斑。那么，按照敌人的"兵形"而"形兵"，为什么会产生将胜利的措施摆在众人面前而"众不能知"的效果呢？对此，张预注曰："因敌变动之形以置胜，非众人所能知。"张公"变动"二字可谓点睛之笔，入木三分，一语破的，关于这一点，孙子下文尽述其详。

人皆知我所以胜之形，而莫知吾所以制胜之形。此言乃孙子对"众不能知"的具体说明。"不能知"并非全然不知，正因为有所"知"，所以才产生有所"不能知"，故曹操注曰"不备知也"。此"备"，为"完全"的意思。所以孙子说，众人知道的是"胜之形"的道理，不知道的是"制胜之形"的道理。句中"所以"，为"原由""道理"之义。那么，什么是"胜之形"，什么又是"制胜之形"，二者存在着怎样的区别与联系呢？对此，张预注曰："立胜之迹，人皆知之，但莫测吾因敌形而制此胜也。"张公认为，"胜之形"就是"立胜之迹"；"制胜之形"就是"因形措胜"。陈启天讲得更清楚："胜之形，谓胜利时之情况。制胜之形，谓运用虚实，妥速部署，以求获胜利之兵形。胜之形，亦迹象易见。制胜之形，多存于运用之迅速秘密及变化无穷。"是的，"胜之形"就是我方在夺取胜利之际的"兵形"，对此"兵形"取胜的道理之所以众所周知，是因为敌我双方"兵形"的优劣胜败已定格于人们的眼前。"制胜之形"则是我方根据敌方"兵形"谋求和构设可赢得胜利的"兵形"，亦即"形兵"问题，对"形兵"取胜的道理之所以全然不知，是因为敌我双方"形兵"的对抗博弈只了然于将帅自己的心中。所以，"胜之形"讲的是"兵形"问题，是敌我双方"兵形"与"兵形"对决的结果，用今天的话说，是敌我双方决战时兵力的布局或部署，它不仅相对静止，而且优劣胜败易见；"制胜之形"讲的是"形兵"问题，是敌我双方"形兵"与"形兵"博弈的过程，用今天的话说，是敌我双方谋划、调度、布局或部署兵力的过程，它不仅相对变化，而且相因相机所行皆处隐秘之中。显然，孙子从"形兵之极"，到"因形措胜"，再到"制胜之形"，无一不在递嬗说明一个问题——"形兵"，下一句话，就是他在上文论述基础上对"形兵"本质要求的深刻揭示。

故其战胜不复，而应形于无穷。这句话，既是孙子对"因形措胜"和"制胜之法"，为什么众人"不能知"与"莫知"根本缘由的总的回答，更是对"形兵"本质要求的高度抽象。对此，曹操始注曰："不重复动而应之也。"后学多从之。古如李筌注曰："不复前谋以取胜，随宜制变也。"张预注曰："已胜之后，不复更用前谋，但随敌之形而应之，出奇无穷也。"今如郭化若、吴九龙等释译为："所以每次战胜，都不是重复老一套的方式，而是适应不同的情况，变化无穷。"笔者认为，"战胜"的"不重复"与"不重复使用"是存在根本区别的，前者表明的是"战胜"这一事物本身的客观特性，而后者表明的是"战胜"指导者自身的主观努力，换言之，此言乃是孙子对"形兵"本身本质要求的揭示，而并非对"形兵"指导者用兵制胜的教诲。这里，关键的问题是，要弄清句中"其"究竟代指什么。从整段表达论述来看，这一句与前两句乃明显的因果关系，无论是"应形于无穷"，还是"因形措胜"和"制胜之形"，其实都是指"形兵"，所以，"其"就是指此段论述的中心"形兵"问题。故此，贾林注曰："应敌形而制胜。"因此，这句话的真实含义就是："形兵"制胜不会重复，总是因敌"兵形"的变化而应对以无穷的变化。对此，王晢则注曰："夫制胜之理惟一，而所胜之形无穷也。"王公所言极是。尽管"形兵"的最高目标是"无形"，其本质要求是"应形于无穷"，然而"形兵"的确还存在着"惟一"的"制胜之理"。

形兵的思想方法：避实击虚，因敌制胜

夫兵形象水，水之形，避高而趋下；兵之形，避实而击虚。水因地而制流，兵因敌而制胜。孙子认为，战场上军队的形迹像水，水的形迹，是避开高处而流向低处所形成，军队的形迹，是避开实处而攻击虚处所形成。水因循地形而变化流向，军队因应敌情而夺取胜利。也就是说，尽管"形兵"的最高境界是"无形"，"形兵"的本质要求是"应形于无穷"，但是"形兵"的结果——"兵

形"，仍然有其自身的形成规律。对此，王皙注曰："此又即水言兵，以申上文因形措胜，应形无穷之意。"的确如此，孙子这里以水喻兵，其目的就是告诉人们，所谓"因形措胜"与"应形无穷"，其本质内涵就是"避实击虚"，就是"因敌制胜"。

夫兵形象水，水之形，避高而趋下；兵之形，避实而击虚。《孟子·尽心上》云："观水有术，必观其澜。"的确，圣人观水可谓各得其术。孔子云"知者乐水"，智者的聪慧如水之柔顺而灵动；老子云"上善若水"，道的无为如水之处下而不争；禅语曰"善心如水"，佛陀的善心如水之滋润而无声；同样，孙子观水，则旨在借水明理、洞彻用兵之法。水本无形，然水之行，避高趋下，流则成溪、成河、成江，止则成潭、成泽、成湖，满则溢出奔流四海，故能就地形而成"水之形"，这是水的活动规律。故此，张预注曰："方圆斜直，因地而成形。"兵本有形，然兵之行，避实击虚，遇敌实处或强点则避之，遇敌虚处或弱点则击之，行动和部署皆随敌之虚实不断变化，故能因敌而成我"兵之形"，若敌变我变，应于无穷，便能臻于兵之"无形"，这是军队的活动规律。故此，梅尧臣注曰："性也。"梅公之注言简意赅，着实道出了孙子所揭示问题的深刻本质——"避高而趋下"是水运动的规律，也是"水之形"形成的根本法则；同样，"避实而击虚"是战场用兵的基本规律，也是"兵之形"形成的根本法则。这里，孙子以"水之形"比况"兵之形"，无非就是为了强调说明"避实而击虚"乃一条不可移易的用兵规律。

事实上，早在孙子之前，《管子·霸言》便云："释实而攻虚，释坚而攻脆，释难而攻易。"放弃实备而攻其空虚，放弃坚固而攻其脆弱，放弃难处而击其易处。而且，《管子·制分》又云："凡用兵者，攻坚则韧，乘瑕则神。攻坚则瑕者坚，乘瑕则坚者瑕。故坚其坚者，瑕其瑕者。屠牛坦朝解九牛，而刀可以莫铁，则刃游间也。"意思是说，凡是用兵打仗，攻击强点就会受到阻碍，攻击弱点就能建立奇功。攻击强点不克，其弱点也会变强；攻击弱点成功，其强点也会变为弱。所以，使敌强点变得更强，弱点变得更弱。并举例说，屠牛坦一天割解九头牛，而屠刀依然可锋利削铁，就是因为刀刃总是游走于牛骨的缝隙之间。由此可见，管仲不仅提出了"释实而攻虚"的思想观点，而且说明了"释实而攻虚"的根本原理。无怪乎明代茅元仪说："前孙子者，孙子不能遗，后孙子者，不能遗孙子。"孙子不愧为善于汲取前人思想精华的集大成者。

两千年后，毛泽东在指导中国革命战争的过程中，提出了著名的"十大军事原则"。他指出："先打分散和孤立之敌，后打集中和强大之敌。""在攻城问题上，一切敌人守备薄弱的据点和城市，坚决夺取之。一切敌人有中等程度的守备、而环境又许可加以夺取的据点和城市，相机夺取之。一切敌人守备强固的据点和城市，则等候条件成熟时然后夺取之。"依孙子此言，观毛泽东思想，我们可以清楚看到毛泽东对于"避实而击虚"思想的极大丰富与发展；同样，依毛泽东思想，观孙子此言，我们则能够更加深刻地体悟到孙子"避实而击虚"思想的微言大义。

水因地而制流，兵因敌而制胜。《道德经·第七十八章》云："天下莫柔弱于水，而攻坚强者莫之能胜，以其无以易之。"天下万物之中，没有什么比水更柔弱的了，然而对付坚强的东西，没有什么能胜过水了，这是因为水的柔弱是没有什么能改变的。老子认为，水柔弱至极，能胜刚强，天下万物无与伦比，就是因为水的柔弱任何东西都无法改变；孙子认为，水由上而下，随方就圆，能平天下之不平，就是因为水总是随着地形凸凹的变化而改变流向。前者看到的是水不变的本性，后者看到的是水易变的外形，然而究其根本，皆在于水性柔弱而善"因"。足见，老、孙观水术同而道合，异曲而同工。在此，孙子所以以水喻兵，二者真正的契合点皆在于善"因"的本质属性。故此，《吕氏春秋·仲秋纪·决胜》云："凡兵，贵其因也。因也者，因敌之险以为己固，因敌之谋以为己事。能审因而加，胜则不可穷矣。"用兵打仗，贵在善"因"。所谓善"因"，就是利用敌人的险阻稳固自己，利用敌人的计谋成就自己。能明察形势而采取行动，就能从胜利走向胜利。那么，何谓"因敌"呢？

对此，梅尧臣注曰："随虚实也。"张预注曰："虚实强弱，随敌而取胜。"梅、张二公认为，"因敌"就是因敌之虚实。而李筌注则曰："不因敌之势，吾何以制哉？夫轻兵不能持久，守之必败；重兵挑之必出。怒兵辱之，强兵缓之，将骄宜卑之，将贪宜利之，将疑宜反间之，故因敌而制胜。"李公认为，"因敌"就是因敌之实情。表面上看，李筌讲得不无道理，然就孙子对"虚实"的界说而言，"虚实"不仅包含着军队的"众寡"，而且包含着军队的"佚劳"，不仅呈现在"战地"之上，而且呈现在"战日"之时，不仅蕴含于战场行动的"进退"，而且蕴含于兵力部署的"攻守"，诚可谓"虚实"就是敌情问题的集中体现。所以说，"因敌"就是梅、张所注的因敌之虚实，进而言之，难道李注所列举的那些情况，最终还不是要体现为战场上的虚实嘛！况且，从《虚实》全篇来看，根据"虚实"，进行"形兵"，正是孙子所阐述的"制胜"之道。

文中"水之形"，各本皆作"水之形"，而汉简本则作"水行"；"制流"，十一家注本与武经本皆作"制流"，而汉简本则作"制行"。诚如上文所言，水因地形凸凹的变化，或流或止而在大地上形成水的形状，兵因敌情虚实的变化，或行动或部署而在战场上形成兵的形状。同样，水因地形变化而决定流向，兵因敌情变化而夺取胜利。在此，从"水之形"到水之"流"，从"兵之形"到兵之"胜"，孙子已然将"避实击虚"的形兵原理，提升为"因敌制胜"的普遍规律。可见，在孙子这里，"水之形"与"兵之形"类举，"制流"与"制胜"对言，水从"形"到"流"，兵由"形"至"胜"，体现了逻辑的推进，思想的升华，故从多本作"水之形""制流"义长。

用兵制胜的化境：因敌变化而取胜

故兵无常势，水无常形，能因敌变化而取胜者，谓之神。故五行无常胜，四时无常位，日有短长，月有死生。这是《虚实》全篇的结尾，也是孙子对战争制胜最本质规律的升华。他明确指出，所以，战场没有不变的形势，水流没有不变的形状，能够根据敌情变化而夺取胜利的，就叫作用兵如神。五行相生相克没有常胜的，四季相接相替没有不变的，白天有长有短，月亮有缺有圆。显而易见，整个结尾的灵魂皆聚焦于一个"变"字。那么，孙子为什么会将《虚实》全篇归束于"变"，且以"五行""四时""日月"为喻，叩绕梁之音，发人之深省呢？

故兵无常势，水无常形，能因敌变化而取胜者，谓之神。此言是孙子《虚

299

实》篇结束语的第一句话，也是他对"虚实"形兵之理的否定与升华。这里关键的关键，在于他由言"兵形"转为言"兵势"。现代学者一般认为，"形"与"势"相互对立，相互依存，二者有时界限模糊，可以互用，故有今天"形势"一词。其实，在孙子看来，二者的区别与联系是非常清楚的。关于"形"，他以水作譬，在战略层面，似深谷决水，喻指国家的军事实力，厚积而薄发，在战术层面，似因地成流，喻指军队的战场形迹，避实而击虚。关于"势"，他以石作譬，似高山滚石，喻指战场的敌我态势，实者"治勇强"即"佚"与"众"，似石之居高，虚者"乱怯弱"即"劳"与"寡"，似卵之居下，敌我高下的战场"势位"，相对而成，不断变化，恒无常态。所以，"形"因虚实而成，"势"因敌我而现，"形"产生"势"，但只有当敌我"兵形"在战场上相互对立时，才产生虚实高下，才会显现出所谓"势"。反观《虚实》全篇，先言虚实之理，后明虚实之用，最终所揭示的是，"虚实"最根本的用途就在"形兵"，而"形兵"最本质的原理就是"避实击虚"。然而，就在全篇结尾之际，孙子陡然警示人们："能因敌变化而取胜者，谓之神。"就像《道德经》首句所云"道可道，非常道"，孙子所以如此收束全文，目的就是告诉人们，"避实击虚"的"兵形"的形成原理，不过是"可道"的"非常道"，而"因敌变化"的"兵势"的形成原理，才是"不可道"的"常道"。故此，王皙注曰："兵有常理，而无常势；水有常性，而无常形。兵有常理者，击虚是也；无常势者，因敌以应之也。"所以说，孙子在此易"兵形"而言"兵势"无非是在说明，关于"兵形"问题，虽有"避实击虚"的规律可循，但由此而产生的"兵势"问题，则总是随着敌我虚实的变化而变化，敌我之间佚与劳、众与寡的"势位"高下，也就是敌我之间优与劣、强与弱的战场形势，总在不断变化，如果说有规律可循的话，那就是"因敌变化而取胜"，因此，"变"才是"避实击虚"的灵魂，才是战场永恒不变的制胜之道。

那么，孙子为什么将"能因敌变化而取胜者"称之为"神"呢？一是由因于"变"义之元首。《形》篇中我们讲过，《易经》乃大道之源，群经之首，设教之书，然《易经》，变经也，大易之道即在于"变"。人文始祖伏羲"仰则观于天文，俯则察于地理"，发现的就是世界"变"的本质，创生的也是人类"变"的观念。由此可见，在古人看来，"变"并非仅是自然的普遍现象，而是世间万事万物的玄关妙理，世人一般是难解其中之意的。二是由因于"神"通之广大。《孟子·尽心下》云："大而化之之谓圣，圣而不可知之之谓神。"意思是说，大到教化天下，就可称之为圣；圣到不可测知，就可称之为神。其言中之意，若能达到知晓"不可知"的境界，自然也是神。所以，孙子在此才斩钉截铁地说，战场形势敌变我变，瞬息万变，若能知变、通变、善变，就是用兵之神。无怪乎汉简《孙子兵法》的墓主人，在《虚实》篇尾赫然书写"神要"二字，"变"就是战场制胜之"神要"。

故五行无常胜，四时无常位，日有短长，月有死生。此言是孙子《虚实》篇的最后一句话，是对"虚实"妙用的喻指，更是对兵家叩响的暮鼓晨钟。悠悠"天地间"，左不过一个"变"字："间"有"五行"，金、木、水、火、土，相生相克，迭替休王；"地"有"四时"，春、夏、秋、冬，寒来暑往，代谢更用；"天"有"日月"，昼、夜、圆、缺，长短有变，盈缩无常。由此足见，孙子"因敌变化"之"变"，恰似伏羲仰观俯察之"变"，在他看来，战场与天地互通，用兵与自然相融，胜利本就遵于容易，循于自然。克劳塞维茨曾经说过："理论应该是考察而不是死板的规定。"在此，孙子同样在告诫人们，虚实之用有常理，而用兵之变非一道也。静静体悟此言，宛如一首咏物小赋，令人发用兵妙理之深省，引人入取胜若神之胜境，似余音绕梁，经久而不绝。

《白虎通·五行》有云，天地之性，众胜寡，精胜坚，刚胜柔，专胜散，实胜虚。依笔者之见，孙子《虚实》正是本于"天地之性"的自然法则而立论，方使其成为《孙子兵法》十三篇的扛鼎之作。从思想内容上看，孙子确立的"虚实"范畴，不仅切中了用兵之关键，夺胜之要害，而且，循此而揭示出的"避实击虚"的用兵机理，犹如江河之源，广厦之基，可推衍出近乎所有的作战原则与方法，堪称战场用兵制胜机理的滥觞。从思维方法上看，大道至简，简易立节。《虚实》所阐明的"致人而不致于人""形人而我无形""因敌变化而取胜"等一切用兵之道，无不源出于我"至实"敌"至虚"、我"至专"敌"至分"、我"至众"敌"至寡"的上佳之情、至善之境，其理论思维和逻辑方法始终行进在"易简"的理径之上。从文学艺术上看，就像王国维所说："情景名为二，而实不可离，神于诗者，妙合无垠，巧者则有情中景，景中情。"纵观孙子论"虚实"，确乎达到了"境"中"道"、"道"中"境"的"神于诗者，妙合无垠"的文气意境，由此进而亦实现了人与自然，冥合无间，直至达及了"天人合一"的思想之巅。借用鲁迅赞美《史记》的话，《虚实》不愧为"兵家之绝唱，无韵之《离骚》"。

第七　军争

——竞先争利

在现存各本《孙子兵法》中，《军争》篇均位列第七，可见，居十三篇的正中一篇乃其固有之位次。对此，日本著名孙子兵法研究专家服部千春认为："本篇置于前六篇与后六篇之中间，具有联系全书，把握整体大纲的作用。"事实上，早在唐代，李筌在注《孙子兵法》各篇篇题时，便已注意到了诸篇之间的相互联系；南宋时期，张预、郑友贤也认识到孙子十三篇体系性的存在；直至今天，尽管人们对这一体系的理解和认识千差万别，但对其本身的存在却鲜有疑议。若果如服部所言，《军争》"联系全书，把握整体大纲的作用"是如何发挥的？此外，对《军争》暴惊世之语者还属明代将领茅元仪："真实用兵，尽此一篇。"准确地讲，《孙子兵法》各篇无一不是对战争问题的理论研究与考察，那么，此篇与他篇究竟殊异何在，致使茅公作出如此极端的评议？显然，此类问题的奥秘，皆当蕴藏于《军争》的思想内容之中。

一、题解——军争，是争夺战场的先机之利

汉简篇题木牍上有《军□》，应即《军争》。十一家注本、武经本篇题亦作《军争》，唯樱田本作《争》。因篇内五见"军争"二字，故篇题当有"军"字，樱田本不足从。关于"争"，《说文》云："争，引也。"意思是竞相征引辩论。《一

切经音义》引《苍颉篇》云："斗争也，称兵相攻战也。"故篇题"军争"之"争"，乃为"战争"之"争"，是"两军相争"的意思。对于"争"的对象，主要存在四种认识。一是争胜。如曹操注曰："两军争胜。"二是争利。如王晳注曰："争者，争利。"三是争胜和利。如何守法注曰："争胜争利，其争一也。"四是争形势。如黄巩注曰："军争者，争形势也。"那么，"军争"作为古代军事术语，究竟是争什么？弄清这个问题，恐怕是我们深入理解和准确把握孙子《军争》篇主旨的首要问题。

首先，军争的表现形式是"争先"。在《军争》开篇，孙子便以清晰的逻辑宏观勾勒了什么是"军争"。在"军争"的时限和范围上，他指出："凡用兵之法，将受命于君，合军聚众，交和而舍，莫难于军争。"这就是说，"军争"发端于"受命"，历经于"合军"，终结于"交和"，军争活动存在于从接受君命到两军对垒的整个过程之中，是战争打响之前的敌我斗争活动。在"军争"的属性和难点上，他指出："军争之难者，以迂为直，以患为利。"这就是说，"军争"属于"迂"与"直"的军队行军路线问题，也是"患"与"利"的军队行军效果问题，同时，如何将"迂"灵活地转化为"直"，如何将"患"巧妙地转化为"利"，这既是军争的重点难点问题，也是军争的总体指导问题。在"军争"的方法和企图上，他指出："故迂其途，而诱之以利，后人发，先人至，此知迂直之计者也"。这就是说，军争的方法是"迂其途，而诱之以利"，通过利诱使敌人走弯路而滞其速；军争的企图是"后人发，先人至"，我方虽后于敌人出发，但先于敌人到达，亦即所谓"争先"问题，孙子总称其为"迂直之计"。那么，军争的目的究竟是"后人发，先人至"的"争先"问题，还是"以迂为直，以患为利"的"争利"问题？孙子下面的论述便会清楚地告诉我们，"争先"仅仅是军争活动的表现形式，而"争利"才是军争活动的真实目的。

其次，军争的根本目的是"争利"。孙子指出："军争为利，军争为危。"军争既能带来有利的方面，也能带来不利的方面。紧接着他详尽陈述了五种看似"为利"实则"为危"的军争情形："举军争利"，结果是争利而有所"不及"；

"委军争利"，结果是获速而"辎重捐"；"百里争利"，结果是"擒三将军"而军队"十一而至"；"五十里争利"，结果是"蹶上将军"而军队"半至"；"三十里争利"，结果是军队只有"三分之二至"。显然，上述情况全部属于名谓"争利"而实则只重"争先"所造成的危害和恶果。他最终的结论是："无辎重则亡，无粮食则亡，无委积则亡。"无疑，这是他对只求军队行军速度的"唯争先论"的彻底否定。所以，在孙子看来，"争先"与"争利"本就是军争活动自身存在的一对既对立而又统一的矛盾。在军争过程中，没有"争先"，就没有所谓"争利"，没有"争利"，"争先"也就失去了自身的意义，"争先"为的是"争利"，而只注重"争先"不仅不能达到"争利"的效果，反而会给军队带来"亡"的恶果。因此，"争先"只是"争利"的前提，是军争的基本手段；而"争利"才是"争先"的结果，是军争的根本目的。

再次，军争的效果运用是"争胜"。毛泽东在《中国革命战争的战略问题》中指出："打得赢就打，打不赢就走"，并且"一切的'走'都是为着'打'"。准确地说，孙子《军争》所阐述的就是为了"打"的"走"。在行军环境上，他提出知"豫交"、知"地形"、用"乡导"的必要条件；在行军原则上，他提出"以诈立，以利动，以分合为变"的基本指导；在行军要求上，他提出快"如风"、缓"如林"、掠"如火"、静"如山"、密"如阴"、动"如雷震"的行动规范；在具体方法上，他提出"掠乡分众，廓地分利，悬权而动"的行动方法。而后总结道，这就是"迂直之计"，也就是"军争之法"。那么，在"走"与"打"，或者说"争利"与"争胜"之间，究竟存在着怎样的关系呢？孙子认为，二者所必需的共同要件是："一人耳目"的统一指挥，也就是"勇者不得独进，怯者不得独退"的"用众之法"。由此，他进一步提出，只要掌握了"用众之法"，便可达到"治气""治心""治力""治变"的目的，显然，这"四治"既是"走"所需要和追求的，同时也是"打"所需要和必备的。要言之，军争之"争利"的目的就是为会战之"争胜"创造有利的条件和基础。在全篇的最后，孙子警告军争要"八戒"，其目的就是告诫人们："走"绝对不能纠缠于"打"。言外之意，只有通过顺利的"走"的"争利"，才能为"打"的"争胜"创造良好条件。

综上所述，"争先"仅是军争的基本手段，"争利"才是军争的根本目的，而军争所以"争利"，就是为下一步作战的"争胜"提供有利的前提和条件。故此，《虚实》篇首句云："凡先处战地而待敌者佚，后处战地而趋战者劳"。显然，"先处"与"后处"就是军争的"争先"问题。"争利"则集中表现为两点：一是时间上的利，以"佚"待"劳"；二是地点上的利，抢占有利的"战地"。由此亦见，军争所争之"利"，就是军队到达"战地"时所具有的"佚"的状态，也就是本篇所谈到的军队"气""心""力""变"的"四治"状态，而这"四治"不仅是军争"争利"所必需的行军状态，同时也是而后会战"争胜"所必备的临战状态。

关于《军争》的篇次，十一家注本、武经本均为次《虚实》而先《九变》，唯汉简本篇题木牍为次《行军》而先《虚实》，然居第七之位次各本皆同。对此，李筌注曰："虚实定，乃可与人争利。"张预注曰："先知彼我之虚实，然后能与人争胜，故次《虚实》。"笔者认为，李、张之注，虽均在说明《军争》当次《虚实》的问题，但李注所言"虚实定"的因由，着实存在本末倒置之误；而张注所言"知彼我之虚实"的缘故，同样有着据理失实之嫌。《虚实》篇云："先处战地而待敌者佚，后处战地而趋战者劳"。这就是说，"先处战地"者可得"佚"，而"后处战地"者只能"劳"。《军争》篇云："后人发，先人至"。这也就是说，军争解决的问题就是如何"先处战地"，亦即如何得"佚"的问题。在《虚实》篇中我们讲过："只有'佚与劳'才是'虚实'最简单、最核心、最本质的规定。"因此，军争表面上是在"争先"，目的上是在"争利"，而本质上则是在"争'实'"。所以说，李公所言的"虚实定"，其实是"虚实未定"，因为"虚实"是由军争"争"出来的。同时，《虚实》虽涉及"知"的问题，但其主旨则是论"虚实之理""形兵之要"，而并非是"知彼我之虚实"问题，故而说，张公对《虚实》在前的缘由亦不过耳食之论、片面之言。笔者认为，《虚实》和《军争》内在的逻辑是：《虚实》讲的是关于"虚实"的全面而系统的理论问题，而《军争》讲的是达成"虚实"的一个关键问题，先全局，后关键，故《虚实》先而《军争》

后。或缘于此，陈启天说："本篇以前，如《计》《作战》《谋攻》《形势》《虚实》等篇，皆泛论尚未实行战斗之前的要务，必须预为讲求者。自此以下各篇，乃分述关于实际战争之各事，临敌决胜必须注意者。"

二、构解——既讲了军争之法，又讲了军争之要

战场上军队的行动千差万别，但归根到底可分为两类，一类是"走"，一类是"打"，而"走"是为了更好地"打"。准确地讲，孙子《军争》便是回答为着很好地"打"而如何"走"的问题。他认为，通往打赢的"走"必须做到两点：一是"争先"，二是"争利"，且二者之间既相互矛盾，又相互统一，只有辩证地处理好它们之间的关系，方可为"打"争得先机之利，才能为而后"打"的"争胜"创造有利条件。

上半部分：军争之法。从"凡用兵之法，将受命于君"至"此军争之法也"。首先，孙子明确指出，军争是将帅从受君战命到两军对垒过程中最难的问题，其难在"以迂为直，以患为利"，而要在"知迂直之计"。其次，详尽陈述了"卷甲而趋，日夜不处，倍道兼行"只求速度的军争危害，从反面说明，军争必须处理好"争先"与"争利"辩证关系。再次，从军争的环境条件、指导原则、行动要求和具体方法等方面，提出并确立了科学的"军争之法"。

中间部分：用众之法。从"《军政》曰"到"所以变人之耳目也"。孙子认为"用众之法"，本于"一人之耳目"的统一指挥行动，用于"变人之耳目"的变换行动。故"用众之法"，对上乃"军争之法"的方略之本，对下乃"军争之要"的行动之基，全文上下融会贯通。

下半部分：军争之要。从"三军可夺气"到"此用兵之法也"。孙子认为，用兵打仗有趋有避，军争活动亦然。一是"四治"之趋。"治气""治心""治力""治变"，既是军争活动的行动基础，也是军争活动的行动目的，同时还是而后打赢的前提条件。二是"八戒"之避。"七勿一必"，看似"打"的戒律，实为"走"的权变，亦即军争活动的"用兵之法"。

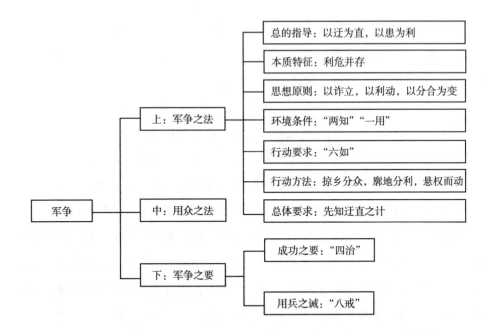

三、文解

用兵之场，立尸之地，怎样才能科学甚或是艺术地夺取战争的胜利？对此，孙子认为，如国君之为胜，必先图国家之"形胜"，而后求战场之"战胜"；而将军之为胜，则必先图"军争"之先利，而后求"会战"之胜利。故此，孙子独辟《军争》一篇，旨在阐明"军争之法"何是，"军争之要"何在，只有以"军争"获取先机之利，才能为"会战"奠定胜利之基。而其上半部分，就是围绕军争的难点重点问题阐明并确立"军争之法"的。

上：军争之法

1.0 孙子曰：凡用兵之法，将受命于君，合军聚众，交和而舍，莫难于军争。军争之难者，以迂为直，以患为利。故迂其途，而诱之以利，后人发，先人至，此知迂直之计者也。

2.1 故军争为利，军争为危。举军而争利则不及，委军而争利则辎重捐。

是故卷甲而趋，日夜不处，倍道兼行，百里而争利，则擒三将军，劲者先，疲者后，其法十一而至；五十里而争利，则蹶上将军，其法半至；三十里而争利，则三分之二至。是故军无辎重则亡，无粮食则亡，无委积则亡。

2.2 故不知诸侯之谋者，不能豫交；不知山林、险阻、沮泽之形者，不能行军；不用乡导者，不能得地利。故兵以诈立，以利动，以分合为变者也。故其疾如风，其徐如林，侵掠如火，不动如山，难知如阴，动如雷震。掠乡分众，廓地分利，悬权而动。先知迂直之计者胜。此军争之法也。

军争的总的指导：以迂为直，以患为利

孙子曰：凡用兵之法，将受命于君，合军聚众，交和而舍，莫难于军争。军争之难者，以迂为直，以患为利。故迂其途而诱之以利，后人发，先人至，此知迂直之计者也。孙子《虚实》篇曰："先处战地而待敌者佚，后处战地而趋战者劳。"那么，战场上如何才能达到"先处战地"且"佚"的效果呢？这便是《军争》篇着力回答和解决的问题。他认为，将帅从受领国君的战命，到征募兵众组织军队，再到与敌军对阵，在这过程中没有比争取先机之利更难的了。争取先机之利的难点，就是把弯道转化为直道，把不利转化为有利。所以，以利诱把敌人引上弯道，后于敌人出发，先于敌人到达，这才叫懂得把弯道转化为直道的策略。这里，孙子讲了三层意思：一是"军争"的发生与时机；二是"军争"的难点与指导；三是"军争"的方法与策略。开宗明义，言简意赅。

凡用兵之法，将受命于君，合军聚众，交和而舍，莫难于军争。《军争》首句，孙子就开门见山地引入和提出了"军争"问题。对此，曹操注曰："从始受命，至于交和，军争难也。"梅尧臣注曰："自受命至此，为最难也。"曹、梅二公认为，"军争"产生并存在于从"受命"至"交和"的过程之中。然而，何氏注曰："和门相望，将合战争利，兵家难事也。"陈启天注曰："两军既已相对驻营，宜采取何种方略，以求得先制之利乎？其事最难，故曰：莫难于军争。"何、陈二公认为，"军争"产生并存在于"交合而舍"之后。究竟孰是孰非，恐怕还需回到孙子的时代，了解春秋的战争，辨明此言的真义。

将受命于君。对此，李筌注曰："受君命也。遵庙胜之算，恭行天罚。"孙子作为朴素的唯物主义者，李公"恭行天罚"之注当属谬解，然其"遵庙胜之算"的注解却深切孙子本义。正如《计》篇所云："将听吾计，用之必胜，留之；将不听吾计，用之必败，去之。"居庙堂之高，经"五事"、校"七计"，而后"选将"，而"选将"的唯一标准就是"听"，亦即李筌所言"遵庙胜之算"。同时，可以肯定的是，在我国古代，无论"将受命于君"，还是君授命于将，均为"庙算"之后发动战争的首要环节。从战国时期魏文侯"身自布席，夫人捧觞，醮吴起于庙，立为大将"，到西汉初年刘邦"择良日，斋戒，设坛场"拜韩信为将，再到唐代太宗与卫国公"授斧钺而推其毂者，所以委寄以权也"论立将之法，此种庄严神圣的立将仪式，均是古代发动和进行战争不可或缺的首要战略环节，这不仅可以让人身感使命千钧、责任重大，而且可以令人心生敬畏、慷慨赴死。

合军聚众。现代称之为编成作战集团，通常是在战争爆发之前，按照作战编成方案，调动投送军队，然后在作战地域集结而成。春秋时期的"合军聚众"与现代不同，其最大的不同点在于那时并没有常备军，只有"凡战：定爵位，著功罪，收游士，申教诏，讯厥众，求厥技，方虑极物，辨嫌推疑，养力索巧，因心之动"（《司马法·定爵》）。也就是说，到战时才开始选将定爵、明确赏罚、招录贤士、颁布训令、征询民意和搜罗人才等组织军队的活动，这便是春秋时期的军赋制度，亦即当时所谓"寓兵于农"的军事组织形态。关于这一点，我们在《形》篇中已详尽阐述。那么，什么是"合军"呢？对此，王晳注曰："大国三军，总三万七千五百人；若悉举其赋，则总七万五千人。""军"是指军队的一级体制编制，在此则为军队的统称。《庄子·达生》云："天地者，万物之父母也。合则成体，散则成始。""合"具有"聚合成体"之义。可见，"合军"就是指按照体制编制组成军队。什么是"聚众"呢？《说文》云："聚，会也。""聚"乃"会合""聚集"之义。至于"众"的构成，发生于公元前439年，晋、郑铁之战时，晋国赵简子誓师大会上的讲话可说明一二："克敌者，上大夫受县，下大夫受郡，士田十万，庶人工商遂，人臣隶圉免"（《左传·哀公二年》）。立军功者，各得其赏，即使是庶人工商者也可获准进入仕途，奴隶也可焚毁身契获得自由。这里，"众"不仅包括有上大夫、下大夫和士，而且包括有庶人以及同一阶层的工、商人等，甚至还包括没有人身自由的奴隶，可以说几乎囊括了当时社会各个阶层的人物。所以，"聚众"是指聚集各阶层广大士众。或深明于此，曹操注曰："聚国人，结行伍，选部曲，起营为军陈。"梅尧臣亦注曰："聚国之众，合以为军。"由此亦见，"合军聚众"亦为古代发动和进行战争又一重要的战略环节。

交和而舍。前面我们提到，"军争"究竟是在"交合而舍"之前，还是在"交合而舍"之后，显然，对于此言的训释是破解这一问题的关键。什么是"交和"呢？曹操注曰："军门为和门，左右门为旗门，以车为营曰辕门，以人为营曰人门，两军相对为交和。"曹公认为，"和"为"军门"，"交和"乃两军对垒之义。贾林却注曰："舍，止也。士众交杂和合，而止于军中，趋利而动。"贾公认为，"和"为"和合"，乃和谐团结之义。张预则注曰："军门为和门。言与敌对垒而舍，其门相交对也。或曰：与上下交相和睦，然后可以出兵为营舍。故吴子曰：'不和于国，不可以出军；不和于军，不可以出阵。'"张公兼容并蓄，认为二者兼而有之。那么，孙子所言"交和"究竟何指呢？《管子·兵法》云："畜之以道，则民和；养之以德，则民合。和合故能谐，谐故能辑，谐辑以悉，莫之能伤。"意思是说，养民以道，则人民和睦；养民以德，则人民团结。和睦团结就能步调和谐，步调和谐就能行动一致，全体协调一致，那就无敌能创。从管仲的话中我们可以明显看出，即使是在军队属于非常备军的春秋时期，军队的"和合"问题，也并非只是靠临战训练解决的问题，它主要还是靠平时的道德蓄养，因此，将"交和"释为"士众交杂和合"或"上下交相和睦"，更像是一种临战的教育训练活动，而不是一种发动战争必由的战略步骤，显然，这与孙子前面所言的"将受命于君"和"合军聚众"相比，着实有殊为不类之嫌。故笔者认为，"交和"当以曹公所释"两军相对"为是。所以，"交合而舍"乃古代战争打响之前又一个重要的战略环节。如此，则从"将受命于君"，到"合军聚众"，再到"交合而舍"，各步之间时空顺序清晰，行动目的明确，战争打响前的战略步骤一目了然。

那么，什么是"舍"呢？《说文》云："市居曰舍。"本义指村邑中供旅人暂住的简易客店。因为旅人到了客舍就暂停了旅程，所以"舍"亦有"止息"之义，故贾林注曰："舍，止也"。《左传·僖公二十三年》又云："晋楚治兵，遇于中原，其避君三舍。"在此，"舍"又为古时行军的计程，以三十里为一舍。李零《兵以诈立：我读〈孙子〉》也说："读《左传》，我们经常会碰见一个军事术语，叫'舍'。'舍'的意思就是安营扎寨，让军队住下来。当时行军的常规速度，就是以'舍'来计算。一舍有多大？距离是30里。每行30里，就要住下来。"依此来看，孙子所言"交合而舍"，两军军门相对而驻扎，其距离是否就是三十里，我们虽不得而知，然陈皞有注曰："合军聚众，交合而舍，皆有旧制"。赵本学注曰："交合，对垒密迩也。"由此，我们有理由相信，在讲求军礼的古代，特别是在"皆陈曰战"的贵族式"决斗"的战争样式下，两军"交合而舍"的"旧制"应当包含有一定距离的概念，而且，两军相对的距离非常接近。有鉴于此，笔者认为，在两军"交合而舍"之后，不应当再存在"日夜不处，倍道兼行，百里而争利"的"军争"问题。再者，从古代战争持续的时间来看，公元前648年的长勺之战，"一鼓作气，再而衰，三而竭。彼竭我盈，故克之"（《左传·庄公十年》），打了当不过半天的时间；公元前575年的鄢陵之战，"旦而战，见星未已"（《左传·成公十六年》），打了也不过一天的时间。由此又见，在两军"交合而舍"之后，出战仅半天或一天，绝不足以造成"无辎重则亡，无粮食则亡，无委积则亡"的"军争"恶果。所以说，曹注"从始受命，至于交和，军争难也"深得孙子真义，"军争"只产生并存在于从"受命"至"交和"的"千里而会战"的行军接敌过程之中。

莫难于军争。王皙注曰："莫难云者，谓将自受命，会合三军，聚集士众，以至与敌对垒，其间事类繁多，而惟军争一事为最难也。"是的，孙子开篇首句便言，从"受命"，到"合军"，再到"交和"，在这整个过程之中"军争"最难。正因其最难，故尤为凸显，这不仅产生了首言切题的开门见山之效，而且引发了阐明缘由的揆情度理之需。人们自然会问：究竟"难"在何处？对此，张预注曰："与人相对而争利，天下之至难也。"杜牧注曰："于争利害难也。"张、杜二公一致认为，其"难"就在"争利"，其实这样的解释未必逮及孙子真意。纵观《军争》全篇，"军争"旨在"争利"不假，但其"难"却在如何去"争"。进而言之，以"力"相争是"争"，以"智"相争也是"争"，而孙子所言"难者"，皆指"智争"，而非"力争"，下文的阐述便充分说明这一点。

军争之难者，以迂为直，以患为利。此言，便是孙子对军争"难"之所在的深刻揭示。句中，"迂"为"迂回""曲折"之义，指弯道、远道；"直"为"径直""直接"之义，指直道、近道。在此，"迂"与"直"属于军争活动的空间概念，它又和时间概念相联，自然包含有速度的意思。"患"为"患处""害处"之义，指不利的因素；"利"为"益处""利处"之义，指有利的因素。在此，"利"与"患"属于军争活动的条件总称，它又和难易程度相联，自然包含有效果的意思。"为"乃"作为""当作"之义。那么，为什么弯道、远道能够当作为直道、近道，患处、害处能够当作为益处、利处？《道德经·第二章》云："有无相生，难易相成，长短相形，高下相盈，音声相和，前后相随，恒也。"由是观之，在先秦诸子看来，有与无、难与易、长与短、高与下、音与声、前与后，始终是相互依存、相反相成、相互转化的，此乃世间永恒不变的道理。同样，在孙子看来，"迂"可以转化为"直"，可以成为"直"，"患"可以转化为"利"，可以成为"利"，这也是军争活动所具有的普遍规律，但是，这并不是由客观条件所决定的，而是由人在客观条件基础上的主观努力所决定的。

进而言之，"迂"与"直"，主要指军争路线的曲直、路途的远近，"患"与"利"，主要指军争社会环境（"豫交"）的优劣、自然环境（"险阻"）的险易、人文环境（"乡导"）的顺逆，而作为将帅，只有综合权衡利弊情况，正确选择军争路线，合理组织军争行动，才能最终达到夺取先机之利的军争目的。因此，孙子"以迂为直，以患为利"的思想，集中表达的是选择路途可以"迂"，但效果必须"直"，面临条件可以"患"，但行动必须"利"，选择和面对"迂"与"患"仅仅是手段，而实现和达成"直"与"利"才是目的。由此也可以看出，在军争问题上，孙子并不是机械地看待客观条件，而是特别强调在客观物质基础上主观能动性的发挥与运用。

那么，孙子因何又认为"以迂为直，以患为利"乃"军争之难者"？陈启天注曰："迂者，直之反也；患者，利之反也。"是啊，在这"迂"与"直"、"患"与"利"的大悖、大反之间，人皆以捷径为直，我却以迂为直，人皆以顺遂为利，我却以患为利，毫无疑问，这不仅要求将帅具有把"迂"视作为"直"、把"患"视作为"利"的智识与慧眼，而且要求具有把"迂"转变为"直"、把"患"转变为"利"的谋略与方法，足见，非超常的审时度势不能辨，非高超的谋略艺术不能为。故此，梅尧臣注曰："能变迂为近，转患为利，难也。"赵本学注曰："盖非有奇计不能也。"所以说，孙子提出的"以迂为直，以患为利"，不仅是对军争难点的本质抽象和高度概括，而且是对军争特点与规律的深刻揭示，自然也是为军争确立的根本指导和行动方略，故孙子总称之为"迂直之计"。

故迂其途而诱之以利，后人发，先人至，此知迂直之计者也。对于此言，赵本学注曰："此微言其计也。"赵公的意思是说，这句话是对军争"以迂为直，以患为利"之计的微义解说。甚是。句中，"迂"为使动用法，意为"使……迂回"；"其"和"之"均指敌军。为了使敌人行迂趋患，处于不利地位，必须"诱之以利"，如此则能使敌途变迂，而我之迂途则相对变直，故"迂其途而诱之以利"亦即"诱之以利而迂其途"的倒装句式。那么，如何"诱之以利"呢？曹操注曰："迂其途者，示之远也"；李筌注曰："故迂其途，示不速进"；贾林则注曰："敌途本近，我能迂之者，或以羸兵，或以小利，于他道诱之，使不得以军争赴也"。由此可见，"诱之以利"是一个方法和手段极为丰富的策略问题，质言之，实属一个见仁见智的谋略问题。然有一点是肯定的，只要能通过诱骗手段改变敌人的行动路线，进而达到"使不得以军争赴也"的目的，就不失为"诱之以利"的真谛。

那么，"后人发，先人至"是为何义，或者说，在孙子看来，"军争"是否存在着"贵后"或者说一定要晚于敌人出发的问题呢？《荀子·议兵》云："王曰：请问兵要。临武君对曰：上得天时，下得地利，观敌之变动，后之发，先之至，此用兵之要术也。"荀况与临武君论兵于赵孝成王前，临武君不仅断然认为"后之发，先之至"乃"用兵之要术"，而且从其"观敌之变动"一语来看，"后之发"就是强调要晚于敌人出发，亦即表明其"贵后"的观点。而事实上，"军争"作为"敌我相对而争"的军事活动，其根本目的就是以"先人至"而夺取先机之利。"先机之利"无非包括两点：一是时间之利，可充分做好作战准备，以逸待劳；二是地点之利，可占领有利地形地势，匡助胜利。由此而见，究竟"后人发"还是"先人发"，当如"王廖贵先，兒良贵后"（《吕氏春秋·不二》）之兵法两派一样，其实各有利弊，从某种意义而言，"先人发"更有利于达成"先人至"的目的。所以说，孙子所言"后人发"绝不是讲"军争"一定要"贵后"，而是强调"迁其途而诱之以利"乃"军争"关键之所在，只要是通晓了这一点，即使是"后人发"也能达到"先人至"的目的。故而，梅尧臣注曰："远其途，诱以利，款之也；后其发，先其至，争之也。能知此者，变迁转害之谋也。"梅公的意思是说，"迁其途而诱之以利"，意图是"款之"，是延缓敌人速度，"后人发，先人至"，意图是"争之"，是我方争抢速度，只有深明这相辅相成的两点，方为"变迁转害之谋也"，才是孙子所说的"此知迁直之计者也"。

在此，孙子为何又会把"以迁为直，以患为利"的军争之策，简洁概括为"迁直之计"呢？对于"军争"的理解，李零《唯一的规则：〈孙子〉的斗争哲学》可谓独树一见。李先生形象地将"军争"比喻为"赛跑或竞走"，并将篇题释解为"看谁跑得快"，而且指出："这样的比赛，路线最重要。"依此，我们反观孙子所言"以迁为直，以患为利"，"迁"与"直"就是"路线"问题；而"患"与"利"则是沿途的情况或条件问题。显然，选择不同的"路线"，沿途会面临不同的情况或条件，所以，军争的"路线"决定着军争面临的情况或条件，因此，"以迁为直"是本，"以患为利"是末。正基于此，孙子才将"以迁为直，以患为利"的军争之策，简明概括为"迁直之计"，而非"患利之计"。然而问题的关键还在于，"军争"不是"赛跑或竞走"，战场也不是赛场，其"迁直"问题始终受到"患利"问题的持续影响与严重制约，因此，军争不仅要求"跑得快"，而且要求"跑得好"，否则不仅不能达到军争的目的，反而会给军队带来巨大的损失甚至是被消灭的危险。那么，军争究竟存在怎样的危险呢？

军争的本质特征：军争为利，军争为危

故军争为利，军争为危。举军而争利则不及，委军而争利则辎重捐。是故卷甲而趋，日夜不处，倍道兼行，百里而争利，则擒三将军，劲者先，疲者后，其法十一而至；五十里而争利，则蹶上将军，其法半至；三十里而争利，则三分之二至。是故军无辎重则亡，无粮食则亡，无委积则亡。孙子说，所以军争有有利的一面，军争也有危险的一面。如果携辎重全军去争取先机之利，就可能无法及时到达；如果留辎重轻装去争取先机之利，就可能造成辎重损失。因此，卷起铠甲，轻装急进，昼夜不停，倍速强行，若趋百里去争先机之利，三军将领就会被俘，强壮士卒跑在前，疲弱士卒落在后，这样的方法只会有十分之一的兵力到达目的地；若趋五十里去争先机之利，前军的将领就会折损，这样的方法只会有一半的兵力到达目的地；若趋三十里去争先机之利，就只会有三分之二的兵力到达目的地。因此，军队没有辎重就会灭亡，没有粮草就会灭亡，没有军需也会灭亡。在此，孙子铺张扬厉，尽陈唯"跑得快"之害，其目的就是告诉人们，军争虽以"先人至"而"争利"，但仅以"跑得快"而"争利"，不仅不能带来先机之利，反而会带来灭亡之灾。

故军争为利，军争为危。汉简本作"军争为利，军争□危"。十一家注本同。而武经本、平津馆本、樱田本、《通典》卷一五四引文皆作"众争为危"。梅尧臣注下亦有云："一本作'军争为利，众争为危'"。若按"众争为危"，则其意当为："危"乃由"众争"所致，然下文所言之"危"，或由"卷甲而趋，日夜不处，倍道兼行"而生，或因"无辎重""无粮食""无委积"而成，皆言"军争"而非"众争"之"危"，且各注家均未著"众争"义。所以，于鬯《香草续校书》云："同一军争而有利有危，'军争'字不当有异。"其说甚是。故作"众争"者误，依汉简本与十一家注本作"军争"者是。

对于此言，各注家主要有三个方面的解释。一是原因说。如曹操注曰："善者则以利，不善者则以危。"李筌注曰："夫军者，将善则利，不善则危。"张预注曰："智者争之则为利，庸人争之则为危。明者知迂直，愚者昧之故也。"军争的"利"与"危"，皆由将帅的"善"与"不善"、"智"与"庸"所致。二是结果说。如贾林注曰："我军先至，得其便利之地，则为利；彼敌先据其地，我三军之众驰往争之，则敌佚我劳，危之道也。"军争的"利"与"危"，就在于得地利与失地利及佚与劳。三是本质说。如梅尧臣注曰："军争之事，有利也，有危也。"军争活动，有有利的一面，也有危害的一面。整观上述诸解，恰如《文子·微明》所云："祸与福同门，利与害同邻，自非至精，莫之能分。是故智虑者祸福之门户也，动静者利害之枢机也，不可不慎察也。"显然，"原因说"强调的是"智虑者祸福之门户也，动静者利害之枢机也"；"结果说"强调的是"不可不慎察也"；而"本质说"则强调的是"祸与福同门，利与害同邻"。那么，哪一种解释才属于孙子的本意呢？毋庸置疑，孙子"军争为利，军争为危"的表述本身，说明讲的就是军争"祸与福同门，利与害同邻"的本质问题，故笔者认为，梅公之注深得孙子真意。句中的两个"为"字，乃"若让之以一矢，祸之大者，其何福之为？"的"为"（《左传·成公十二年》），《经传释词》卷二注："言其何福之有也。"所以，"为"当训为"有"的意思。按现代军事理论的语境来说，孙子此言只是揭示了"军争"本身的特点或规律——有利有危问题，而下文所述，才是军争因"争利"而可能导致的"危"之所在。

举军而争利则不及，委军而争利则辎重捐。在此，钱基博注曰："自此以下承上'军争为危'，而专论军争之危。"甚是。"军争"的目的是争取"利"，但"军争"同时也会带来"危"，那么，"危"从何来呢？诚如《作战》所云："不能尽知用兵之害者，则不能尽知用兵之利也。"这里，孙子首先说明的便是造成军争之"危"的根本原因。那么，何谓"举军"，为何会"争利"而"不及"？曹操注曰："迟不及也。"李筌注曰："辎重行迟。"张预注曰："竭军而前，则行缓而不能及利。"诸家的观点完全一致，"举军而争利"皆因携"辎重"而行，故可能造成行动迟缓而"不及"。那么，何谓"委军"，为何会"争利"而"辎重捐"？曹操注曰："置辎重，则恐捐弃也。"李筌注曰："委弃辎重，则军资阙也。"张预注曰："委置重滞，轻兵独进，则恐辎重为敌所掠，故弃捐也。"

诸家的观点亦完全一致，"委军而争利"皆因留"辎重"而行，故可能造成"辎重捐"。

由是观之，"举军"与"委军"相对成言。"举"乃"全"义，但此"全"并非强调上、中、下三军之"全"，而是强调作战力量与后勤力量之"全"，故"举军"就是指携行"辎重"的军队；"委"乃"弃"义，但此"弃"并非是"抛弃""丢弃"之义，而是"留置""不携"之义，故"委军"就是指不带"辎重"的军队。关于"辎重"，《汉书·韩安国传》颜师古注曰："辎，谓衣车；重，谓载重。故行者之资，总曰辎重。"这里，"衣车"古代并非指载衣装之车，而是指安帷盖之车。正如我们在《作战》篇中所说的，"驰车"即战车，是马车，速度快；"革车"即"辎车"，是牛车，速度慢。正因如此，"举军"去争取先机之利，就会因与辎重车同行而速度缓慢，故造成无法达到军争"争利"的目的；而"委军"去争取先机之利，就会因置留辎重在后，故造成辎重不继甚至被敌所掠的危险。要言之，孙子在此就是明确告诉人们，在军争的具体行动中，始终存在着速度问题与辎重问题的尖锐矛盾：顾辎重，则速度不及；唯速度，则辎重不继。而在这二者之间，因为，唯有"争先"才能"争利"，"争先"乃"争利"的先决条件，所以，速度就成为军争活动成功与否的决定性因素，也正因如此，在军争过程中，只拼速度也往往会成为人们极易违犯的重大错误。故而，孙子下文再度以其高度的科学精神，以两个"是故"为提领，区分为三种情况，对"委军而争利"所造成的两大方面危害进行了定量剖析和定性说明。

是故卷甲而趋，日夜不处，倍道兼行。百里而争利，则擒三将军，劲者先，疲者后，其法十一而至；五十里而争利，则蹶上将军，其法半至；三十里而争利，则三分之二至。这是第一个"是故"，详尽阐明了"委军而争利"因只求"速度"所造成的危害。"卷甲而趋"，"卷"乃"卷起"义，"趋"乃"快走"义，卷起铠甲，活动便捷，快步行走，为的就是一个"快"字；"日夜不处"，"处"乃《行军》篇"处军"之"处"，为"驻扎""宿营"之义，在此为"停止""歇息"之义，白天晚上，既不停止，也不休息，为的也是一个"快"字；"倍道兼行"，"倍道"指同样的时间走双倍的路程，"兼行"指双倍的路程并在一起走，为的还是一个"快"字。乍看起来，如此疾急的行军方式，颇似现代战争中的强行军——以加快速度或延长时间的方式实施的行军，但事实上，强行军通常是在奔袭、追击、迂回、摆脱敌方或遂行其他紧急任务时采用，属于战役战术范围的行动，而孙子此言所描述的行军则主要用于争取战争的先机之利，属于战略范围的行动，二者相较，虽在方式上有所类同，但在目的和层次上却相去甚远。那么，按照这样的行军方式去"争利"，会产生怎样的结果呢？

孙子将其区分为三种情形进行了剖析。一是"百里而争利"。据《荀子·议兵》记载："魏氏之武卒，以度取之，衣三属之甲，操十二石之弩，负服矢五十个，置戈其上，冠胄带剑，赢三日之粮，日中而趋百里"。战国晚期，魏国遴选"武卒"的标准是：身披铠甲，手执强弩，背负箭囊，横戈在上，戴盔佩剑，携粮三日，日行百里。《司马法·仁本》亦云："纵绥不过三舍。"追击敌军不可超过三舍之地，三舍略小于一百里。可见，"百里"在古代已经是一个足够远的距离。在这样的距离上"争利"的结果是，上、中、下三军将帅被敌擒获，强壮者跑在前，疲弱者落在后，全然一幅"前后不相及，众寡不相恃"（《孙子兵法·九地》）的景象，只能有十分之一的军队按时到达目的地。二是"五十里而争利"。"五十里"为"百里"之半，不到"二舍"；"蹶"为"跌倒"义，有"失败""折损"的意思。在这样的距离上"争利"的结果是，前军先至，大军未继，先锋将领损折，只能有一半的军队按时到达目的地。三是"三十里而争利"。"三十里"为"一舍"。在这样的距离上"争利"的结果是，只能有三分之二的军队按时到达目的地。《左传·庄公三年》有云："凡师，一宿为舍，再宿为信，过信为次。"句中，"信"为"诚信""不疑"义；"次"为"靠后""退却"义。意思是说，在古代"义战"条件下，敌我军队的距离可表明双方行动的意图：一舍为接触的距离，二舍为诚信的距离，三舍为退却的距离。由此可见，孙子论兵虽已打破"义战"思想的羁绊，但其"百里""五十里"和"三十里"的距离，仍不失为两军"交和而舍"而实施"军争"时远、中、近的三个典型距离。

对此，张预注曰："上三事皆谓举军而争利。"笔者认为，非是。理由有两点。其一，从孙子叙述的一般方式来看，如同我们在《谋攻》篇中所讲到的，在"上兵伐谋，其次伐交，其次伐兵，其下攻城"之后，紧接着便以"攻城之法，为不得已……"来说明为什么"其下攻城"问题；在"十则围之，五则攻之；倍则分之，敌则能战之；少则能逃之，不若则能避之"之后，又紧接以"故小敌之坚，大敌之擒也"来说明为什么"少则能逃之，不若则能避之"问题；这里，在"举军而争利则不及，委军而争利则辎重捐"之后，紧接此"是故"句同样也是说明"委军而争利"问题。其二，从孙子表达的思想内容来看，倘若以上三种"争利"之"法"讲的是"举军"，那么采取"卷甲而趋，日夜不处，倍道兼行"的行军方式，其结果就不只是"劲者先，疲者后"的问题，而必然会造成始终把速度慢的"辎重"远远落在后面的问题，果若如此，"举军"不是又变成"委军"了吗？所以说，以如此疾急的行军方式去"争利"，只能是"委军"所追求，而绝非"举军"所能为，故孙子言曰："举军而争利则不及"——"举军"从来就达不到"争利"的目的，根本也不是什么军争应当采取的方法。

总而言之，即使"委军而争利"，无论是在"百里"还是"五十里"或"三十里"的距离上，只要采取"卷甲而趋，日夜不处，倍道兼行"的行军方式，或者说，只要是"唯速"而行，其结果皆是陷入危局，且距离愈远，损失愈大。故《孙膑兵法·善者》亦云："善者能使敌卷甲趋远，倍道兼行，倦病而不得息，饥渴而不得食。以此薄敌，战必不胜矣。"孙膑从反面也说明，无论对敌方还是对于我方，"卷甲趋远，倍道兼行，倦病而不得息，饥渴而不得食"的方式只能是自我削弱的方式，是"战必不胜"的方式。由此看来，古代对于"卷甲而趋，日夜不处，倍道兼行"这种单纯追求速度的行军方式，始终是坚决否定的。综观此言，这一个"是故"句，孙子阐明的是"委军而争利"因只求速度所造成的危害，它集中体现为将帅损折、士众失调等不利状况，亦即在作战力量方面所造成的损失和危害；而下一个"是故"句，孙子揭示的则是"委军而争利"最根本的危害，亦即因后勤力量的缺失所导致的危亡险境。

是故军无辎重则亡，无粮食则亡，无委积则亡。这是第二个"是故"，深刻揭示了"委军而争利"的根本危害。对此，杜牧注曰："辎重者，器械及军士衣装；委积者，财货也。"张预注曰："无辎重，则器用不供；无粮食，则军饷不足；无委积，则财货不充，皆亡覆之道。此三者委军而争利也。"在此，张公所言甚是，讲的正是"委军"问题。其实，此言道理极为简单，没有辎重保障，断绝粮秣接济，缺乏物资的供给，遑论军队作战问题，即使生存问题也根本无法保证。故曹操言简意赅注曰："无此三者，亡之道也。"也就是说，"委军而争利"最大的问题，不仅在于作战力量的折损和失调，更严重的在于其因破釜沉舟、孤注一掷而丢掉了军队生存的老本儿，说到底，这根本就属于危亡之道。

整观全段，孙子清楚地告诉人们："举军"有"不及"之害，但同时亦有辎重自济之利，"委军"有"辎重捐"之害，但同时亦有轻装而趋之利，如果"利"与"害"只知其一，便始终会为危害所困。进而言之，在军争活动中，"争先"乃"争利"的先决条件，故"速度"问题至关重要；而"辎重"不仅是军争活动本身的重要保障，而且是而后作战"争胜"的根本保证，故"辎重"问题生死攸关。那么，军争指导者如何正确处理"辎重"与"速度"，以及军队协调并进的关系呢？对此，钱基博注曰："以上言军争之危；以下言军争之法；军争而有法，则'军争为利'矣。"孙子"以迂为直，以患为利"的"军争之法"呼之欲出。

军争的环境条件："两知""一用"

故不知诸侯之谋者，不能豫交；不知山林、险阻、沮泽之形者，不能行军；不用乡导者，不能得地利。军争，远则行军百里，近则亦行军数十里，因此，其活动环境对军争的成功与否具有着极其重要的影响和制约作用。尤为重要的是，作为军争的指导者，要想做到"以迂为直，以患为利"，就不能不深入研究和了解军争环境中所蕴含的"迂"与"直"、"患"与"利"等各方面因素。所以，孙子说，不了解列国诸侯战略图谋的，就不能与之结交；不熟悉山林、险阻、水网、沼泽等地形的，就不能行军；不使用向导的，就不能得到地利。这好似严辞训诫，又似谆谆教诲，全面而系统地阐明了军争活动需要预先了解与营造的在社会、自然、人文方面的环境和条件。

故不知诸侯之谋者，不能豫交。这句话讲的是对军争的社会环境必须了解与营造。对此，杜牧注曰："言诸侯之谋先须知之，然后可交兵合战；若不知其谋，固不可与交兵也。"杜注认为，"豫交"就是"交兵"，指作战行动。张预注曰："先知诸侯之实情，然后可与结交；不知其谋，则恐翻覆为患。其邻国为援，亦军争之事。"张注认为，"豫交"就是"结交"，指外交活动。笔者认为，句中"豫交"，如《广雅·释言》所云"豫，早也"，"豫"乃"预先""事先"之义，"交"乃"结交""外交"之义，"豫交"就是预先展开外交的意思，故以张公所言为是。究其原因，在诸侯林立的春秋时期，战争往往是涉及第三乃至第四国的"国际战争"，他们的政治图谋及其所采取的态度和行动，对战争的胜负均会产生非常重要的影响，尤其是敌我双方的军争活动，常常会经由第三国或者多国交界的地域，因此，外交问题就成为军争活动面临的重大问题。故此，孙子《九地》篇亦云"衢地合交"，在四通八达的多国交界地域，就应积极与诸侯展开外交，以确保军事活动的顺利进行。对于军争"豫交"的目的和意义，赵本学之注可谓详尽而具体："交诸侯者，一则恐其为敌之应也；二则恐其袭我之后也；三则恐迂途而行为其阻截不得归也；四则可以假道也。"通过与诸侯"豫交"，可以避免其或为敌之策应，或袭击我后方，或阻截我迂回，或可像"假虞灭虢"一样借他国之道而实施军争。

对于军争环境孙子为何首言"豫交"问题，李零在《兵以诈立：我读〈孙子〉》中指出："古代的军事地理，首先是国与国的地缘关系，其次是一国之内的纵深层次，然后才是具体的地形、地貌。"李先生的认识颇具见地。孙子对军事地理的论述的确分为三个层次：首先是"国与国的地缘关系"问题，亦即孙子经常谈到的"诸侯"问题，其实质主要也是所谓"豫交"问题，对此虽无独篇专论，但散见于多篇论述之中；其次是"一国之内的纵深层次"问题，也就是《九地》篇专门论述的"散地""轻地""争地""交地""衢地""重地""圮地""围地""死地"等问题；最后才是"具体的地形、地貌"问题，也就是《地形》篇专门论述的"通""挂""支""隘""险""远"等问题。正因如此，孙子在论及军争环境问题时，首先谈到的就是"知诸侯之谋"的"豫交"问题，亦即为军争营造良好的社会环境问题；然后才谈到"知山林、险阻、沮泽之形"的问题，亦即要掌握军争的自然环境问题。

不知山林、险阻、沮泽之形者，不能行军。这句话讲的是对军争的自然环境必须了解与掌握。对此，曹操注曰："高而崇者为山，众树所聚者为林，坑堑者为险，一高一下者为阻，水草渐洳者为沮，众水所归而不流者为泽。不先知军之所据及山川之形者，则不能行师也。"甚是。行于"山林"，崇山峻岭，阴翳丛林，不好走；行于"险阻"，悬崖峭壁，道路阻塞，不好走；行于"沮泽"，低凹湿地，泥潭沼泽，不好走。故此，孙子《九地》篇云："行山林、险阻、沮泽，凡难行之道者，为圮地。"这就明确告诉人们，此三者为典型的"难行之道"，并统称之为"圮地"。由此可见，"山林、险阻、沮泽"，乃"行军"真正的阻碍或难点所在，乃孙子所言"知"的重中之重。正缘于此，梅尧臣注曰："山林险阻之形，沮泽泞淖之所，必先审知。"预先了解难行道路，实乃筹划与组织行军的重要前提。赵本学注曰："山水道路之间有无难行之患必知之明，然后迂直之计得有所裁也。"预先了解难行道路，是确定"迂直之计"的依据和前提。张预则注曰："凡此地形，悉能知之，然后可与人争利而行军。"只有全面了解这样的难行道路，才可以组织与敌争利的行军，即所谓军争活动。

然而，在春秋时期，将帅如何去"知"敌国境内的"山林、险阻、沮泽之形"呢？《管子·地图》云："凡兵主者，必先审知地图。辕辕之险，滥车之水，名山通谷经川陵陆丘阜之所在，苴草林木蒲苇之所茂，道里之远近，城郭之大小，名邑废邑困殖之地，必尽知之，地形出入之相错者，尽藏之，然后不失地利。"军中主帅，必须首先察看了解地图。盘旋的险路，覆车的大河，名山、深谷、大川、高原、丘陵之所在，枯草、林木、蒲苇之茂状，道路的远近，城郭的大小，名城、废邑、贫瘠的地方，对这些必须做到胸中有数，然后方可不会失去地利。句中，"地形出入之相错者"，当指现代地理学上的"现势性"问题，即地图对地理信息现状的反映程度。那么，如何解决地图与实地"出入"和"相错"的问题呢？下句便是问题的回答。

不用乡导者，不能得地利。这句话讲的是对军争的人文环境必须了解与利用。对此，陈启天注曰："乡导，即《用间篇》之乡间，为敌境熟悉地形之土著。在敌境行军，虽有地图可按索，而不用土著为引导，每致迷失，陷于危险。"乡导是否就是乡间，我们姑且不论，但乡导的"现势性"优于地图，且为地图所不可替代，这一点着实是兵家不争的事实。句中"乡导"之"乡"，目前存在两种解释：一种认为，"乡"古通"向"，如"离合背乡，变化无常"之"乡"（《汉书·艺文志》），即为"相向""方向"之义；另一种认为，"乡"为国都四周之野，如"国者，乡之本也"之"乡"（《管子·权修》），即为"乡村""当地"之义。笔者认为，孙子所谓"乡导"，既是指给军队指向带路之人，更是指熟悉当地地形之人，倘若不熟当地地形，又何以指向带路呢？所以，上述两种认识，"乡"义本当兼而有之；"乡导"是当地人，了解本地地形，适于指向带路，尤其是在环境原始的古代，当地许多民情和地理特点，也只有当地的人才知道。或缘于此，赵本学注曰："乡导者，导引所向之人也。或曰用彼乡人而为之。"杜佑注曰："不任彼乡人而导军者，则不能得道路之便利也。"

然而，关键问题在于，"用乡导"与"不用乡导"，只是常识问题；而如何"用乡导"，才是难点问题，这自然也是孙子此言的题中应有之义。对此，何氏注曰："凡用乡导，或军行虏获其人，须防贼谋，阴持奸计，为其诱误；必在鉴其色，察其情，参验数人之言，始终如一，乃可为准。厚其颁赏，使之怀恩，丰其室家，使之系心，即为吾人，当无翻覆。然不如素畜堪用者，但能谙练行途，不必土人，亦可任也。仍选腹心智勇之士，挟而偕往，则巨细必审，指踪无失矣。"在何公看来，乡导分为两种：一种是"虏获"之人，一种是"素畜"之人，且后者远比前者可靠管用。但问题是，"素畜"之人若为"不必土人"，他怎么能对当地的地形和民情熟稔于胸、了如指掌呢？唯一合理的解释是，何氏所言的"素畜"之人，就是陈启天所言的"乡间"，但既然是"乡间"，又怎么会"不必土人"呢？由此可见，何氏所言"素畜堪用者"充其量是熟悉行军地域的"参谋人员"，而绝非孙子所说的"乡导"。尽管如此，何氏提出的"必在鉴其色，察其情，参验数人之言，始终如一，乃可为准"，以及"厚其颁赏，使之怀恩；丰其室家，使之系心"的"用乡导"之法，倒是颇有见地。对于这一点，《管子·小问》亦云："桓公曰：'请问行军袭邑，举措而知先后，不失地利若何？'管子对曰：'用货察图。'"管仲的回答简洁明快，"不失地利"的方法无非两条：一是钱财奖赏，二是察看地图。管仲所言"货"，乃《作战》篇"取敌之利者，货也"之"货"，对此，曹操注曰："军无财，士不来；军无赏，士不往。"士卒之"来"和"往"如此，乡导之"来"和"往"亦如此，皆取决于"财"与"赏"，亦即管仲所说的"货"。《礼记·曲记》云："入境而问禁，入国而问俗，入门而问讳。"这也说明"用乡导"绝不是一个抓来就用的简单问题，而是一个暗含有许多细致的当地民情工作的复杂问题，换言之，它既是一项军事工作，也是一项人文工作。

综上所述，了解诸侯，熟悉地形，利用乡导，皆乃将帅组织与实施军争活动之前必须了解和营造的环境与条件问题。故此，钱基博注曰："夫知敌谋以备交兵，知险阻以审行军，用乡导以得'地理'，三者皆军争之必先有事，苟其不知不用，何能为军争！"钱先生"豫交"即为"交兵"之说，虽谬误，然其"三者皆军争之必先有事"之说，则甚为精辟，明确揭示了此"三者"之于军争活动乃前提与基础的内在关系。

军争的思想原则：以诈立，以利动，以分合为变

故兵以诈立，以利动，以分合为变者也。了解和营造了军争的环境与条件之后，如何筹划和指导军争呢？孙子说，用兵打仗是以欺诈为根本的策略，以利益为行动的法则，以分散和集中为用兵的变化。对于此言，赵又春《我读孙子》认为："这三句作为整体，乃是一个判断句，是申明'兵'亦即用兵作战的本质规定性，不是宣讲一个行军的具体经验，所以我标点为'兵，……者也'的形式。"赵先生的认识和句读堪称精辟，此言确实是在"申明'兵'亦即用兵作战的本质规定性"，且"兵"为三句话共同的主语。但还需我们深入思考和具体解析的是，孙子这里讲的是"军争"问题，为什么此言的主体对象却是"兵"？倘或此言所揭示的是用兵打仗的一般原理，那么它对于军争，又具有什么样特殊的、具体的思想内涵呢？

兵以诈立。句中"诈"，《说文解字》云"诈，欺也"，《尔雅》云"诈，伪也",《荀子·性恶》云"可学而能,可事而成之在人者,谓之伪"。可见,"伪"就是"人为"的意思,并无褒贬之义。同时,它还通"乍",含有突然、让人猝不及防的意味,所以,此处的意思就是"欺骗""欺诈"。句中"立",《韩非子·初见秦》云"赵举则韩亡,韩亡则荆、魏不能独立"。可见,"立"与"亡"对言,有"生存""存在"之义。又《论语·为政》云"三十而立",亦见,它又有"立业""成功"之义。整观此言,孙子的意思是说,用兵打仗因欺诈而存在,依欺诈而行为,凭欺诈而获胜。质言之,孙子这句话所揭示的就是用兵打仗的本质规定性,即其"诈性"。所以,孙子此言与《计》篇"兵者,诡道也"同义,"诡道"是用兵打仗之体,"诈"是用兵打仗之用,二者属于用兵打仗本质在不同层次上的反映。但无论如何,有一点是极为肯定的,孙子在《军争》篇言"兵以诈立",目的就是告诉人们:用兵打仗须臾不可离开"诈",但军争活动尤为如此,更要用"诈"。正因如此,孙子上文在解释军争指导"以迂为直,以患为利"时说:"迂其途而诱之以利"。一定要通过"利诱"的手段欺骗敌人,使敌人多走弯路,耽误时间,从而使我方"后人发,先人至",达到争得先机之利的军争目的。

以利动。如上所说,此言的主语仍是"兵",故全句实为"兵以利动"。孙子认为,军队的一切行动都是基于利益的考虑,是以利益为行动准则的。因此,他在《火攻》篇进一步指出"非利不动",没有利益就没有行动,利益是决定军队行动与否的唯一标准。显而易见,"以利动"本质上是对军队行动内在机理的深刻揭示,而《火攻》所言,不过是对这一原理的补充阐释和具体说明,故或可称之为"利动原理"。正是基于这一原理,孙子进一步引申认为:对于士卒,"取敌之利者,货也"(《作战》),"利"可以激励士卒争先恐后,奋勇夺敌;对于我军,"合于利而动,不合于利而止"(《九地》《火攻》),符合利益要求,军队就行动,不符合利益要求,军队就停止行动;对于他国,"役诸侯者以业,趋诸侯者以利"(《九变》),"利"是发展和巩固同盟的主要驱动;对于敌军,"以利诱之,以本待之"(《势》),"能使敌自至者,利之也"(《虚实》),"故迂其途而诱之以利"(《军争》),"利"成为诱骗敌人,调动敌人的根本手段。

由此可见，从单兵到部队，从我方到敌方再到第三方，皆因"利"动，俨然一幅"纷纷纭纭，皆为利来；浑浑沌沌，皆为利往"的战场景象。或缘于此，古今诸家普遍认为，孙子言兵尤为重利；而我们要说，"利"是孙子指导战争的最高准则，"以利动"就是这一思想的集中反映和高度概括。《军争》此言则旨在强调：用兵打仗，军队由利动，依利动，为利动；而军争活动，旨在"争利"，军队尤当以获利为旨归。

以分合为变者也。亦如上说，这句话的主语仍是"兵"，故全句实为"兵以分合为变者也"。"分"，为"分散""分兵"之义；"合"，为"集中""合兵"之义。对此，曹操注曰："兵一分一合，以敌为变也。"杜牧注曰："分合者，或分或合，以惑敌人；观其应我之形，然后能变化以取胜也。"张预注曰："或分散其形，或合聚其势，皆因敌动静而为变化也。"综观诸家之注，大多只是说明"兵"之"分合"应"以敌为变"，而并未说明"兵"为何是"以分合为变"，换言之，他们并没有弄清孙子此言的主旨究竟何在。唯赵本学之注最具卓识："此以战言兵，不可无变，而变生于分合。"用兵打仗，不能没有变化，而变化就产生于军队的分散与集中之中。众所周知，战争无非由时间、空间和力量三大要素构成，而在这三大要素之中，力量无疑是导致战场变化最活跃的因素，当敌我力量相对确定时，军队的"分合"变化必然成为战场上最具主导性和能动性的变化。所以，孟氏注曰："或合或散，为变化之术。"军队的分散与集中，是战场变化的基本方略。那么，用兵打仗为何一定要求"变"制"变"呢？诚如《虚实》所云："能因敌变化而取胜者，谓之神。"用兵的灵活多变，是战场克敌制胜最根本、最有效、最能动的方法和手段。由是观之，军队的"分合"产生战场之"变"，而战场之"变"创造"取胜"的可能，故而，孙子此言所真正表达的是："分合"，既是战场制"变"的必因之法，亦是战场"取胜"的必由之术，实乃一条用兵打仗的基本规律。

如果说《军争》言"兵以诈立"问题，言"以利动"问题，旨在宏观地强调二者在军争活动中的重要性，那么言"以分合为变"问题，则蕴涵着极为丰富而具体的思想内容。如前所述，军争最尖锐的矛盾是速度与辎重之间的矛盾，而"以分合为变"就是解决这一矛盾的最佳方法。关于军争的"合"，即合兵一道而军争，其利在于：兵力集中，便于统一指挥与行动；但其弊在于：大规模军队同道而行，受道路通行流量所限，行军速度缓慢，必然极大地限制军队的行军能力，倘若采取"卷甲而趋，日夜不处，倍道兼行"的强行军，则不仅折将损兵、少部而至，更严重的是会造成"辎重捐"的恶果。关于军争的"分"，即分兵多道而军争，其弊在于：兵力分散，不便于统一指挥与行动；但利在于：大规模军队分道而行，可充分利用多条道路的通行流量，行军速度提高，必然成倍提升军队的行军能力，倘若采取作战力量与后勤力量的合理编组，便可有效解决行军速度与辎重同行的尖锐矛盾。关于军争的"以分合为变"，即军争的"分合"不能一成不变，而是依据敌情和战场道路的数量及其分布情况灵活确定，当"分"即"分"，当"合"即"合"，灵活变化。故而，太公有云："分不分为縻军，聚不聚为孤旅。"该分兵而不分兵的军队，是行动受缚的军队；该合兵而不合兵的师旅，是孤军奋战的师旅。反观古今众家之注，只言"分合"之于战阵之义，而不解"分合"之于军争之理，无怪乎《唐李问对》卫公叹曰："分合所出，惟孙武能之，吴起而下，莫可及焉！"是的，不能知之，何以能之！

综上所述，孙子"兵以诈立，以利动，以分合为变"，对于军争而言，实乃一条特殊见之于一般的思想原理。换言之，它既是一条适用于军争活动的特殊的指导原则，但更是一条适用于用兵打仗的一般的指导思想。对此，施子美注曰："兵有本，有用，有术。兵以诈立，其本也；以利动，其用也；以分合为变，其术也。"施公的意思是说，"诈""变""立"，地位由本至末，作用由体至用，层次由高至低，言下之意，三者共同构成了用兵打仗的系统指导和思想观点。对于这一点，宋代郑友贤的注释当最具典型性与代表性。

"或问：'兵以诈立，以利动，以分合为变'，立也，动也，变也，三者先后而用乎？曰：先王之道，兵家者流，所用皆有本末先后之次，而所尚不同耳。盖先王之道，尚仁义而济之以权；兵家者流，贵诈利而终之以变。司马法以仁为本，孙武以诈立；司马法以义治之，孙武以利动；司马法以正不获意则权，孙武以分合为变。盖本仁者，治必为义；立诈者，动必为利。在圣人谓之权；在兵家名曰变。非本与立，无以自修；非治与动，无以趋时；非权与变，无以胜敌。有本立而后能治动；能治动而后可以权变。权变所以济治动，治动所以辅本立。此本末先后之次略同耳。"（《十家注孙子遗说并序》）

在此，郑公主要是为说明"立也，动也，变也，三者先后而用"的，即三者是有层次之分、次第之序的。但在说明这一问题时，采取了"先王"与"兵家"比较的方法。"先王"强调"仁""义""权"，"兵家"强调"诈""利""变"，两种不同的价值理念，反映出两种不同的用兵思想。若按《论语·里仁》所云："君子喻于义，小人喻于利。"君子明于道义，小人明于利益，"先王"所遵乃一条坦荡荡的"君子"之道，孙子所循乃一条长戚戚的"小人"之径。孰是孰非之辩，发端于荀子与临武君论兵的战国之末，造极于重文抑武的赵宋之世，两千余年，聚讼不已。其实，荀子的学生韩非在其《难一》中早就作出过正确的回答："繁礼君子，不厌忠信；战阵之间，不厌诈伪。"在礼乐政治活动中，不满足于忠信；在用兵打仗活动中，不满足于诈伪。质言之，不同的社会领域，具有着不同的活动特点和规律，治国理政必当以"仁""义"为首，而克敌制胜必当以"诈""利"为务。政治孕育了战争，战争继续了政治，只要战争是正义的，战争的"诈""利"必然统一于政治的"仁""义"之中。郑公所论，虽未明言二者之间的关系，但以蕴含政治意味的"先王"和表明战争意味的"兵家"分别冠名两派，或许已然道出了二者之间的内在关系。总之，"诈""利""变"，是孙子用兵思想的关键词，也是其用兵思想最根本、最核心的价值理念，同时还是人类认识战争这一特殊社会实践活动的划时代丰碑。按照古代的方法论体系，"诈"属于用兵打仗"道"的层面，"利"属于用兵打仗"法"的层面，"变"属于用兵打仗"术"的层面，三者环环相扣，逻辑严密，共同构成了孙子科学而系统用兵指导思想。故此，钱基博注曰："'以诈立''以利动''以分合为变'三者，军争之原则也；以下论军争之动作。"甚是。

军争的行动要求："六如"

故其疾如风，其徐如林，侵掠如火，不动如山，难知如阴，动如雷震。军争，目的是"争利"，手段是"争先"，只有达到"先人至"的效果，才能实现争得先机之利的目的。因此，军争的行动虽然主要是"走"，但毕竟"走"于"兵战之场，立尸之地"，在不同的时间，经不同的地点，遇不同的情况，对"走"均产生不同的行动要求。在此，孙子用形象生动的比喻，由分至总地说明了军争四具种、两大类的行动要求：快速行军像疾风掠过，缓慢行军像林木齐整，掳掠乡野像烈火燎原，驻止屯军像山岳岿然，匿藏潜行像阴云蔽空，行动突然像雷霆迅猛。这六言排比，如诗之比兴，又成双作对，灵动而立体地描摹出军争活动的行动艺术。

"其疾"与"其徐"，此为军争活动的两种主要行动。关于"其疾"，曹操注曰"击空虚也"，李筌注曰"进退也。其来无迹，其退至疾也"，张预注曰"其来疾暴，所向皆靡"。关于"其徐"，曹操注曰"不见利也"，李筌注曰"整陈而行"，张预注曰"徐，舒也。舒缓而行，若林木之森森然，谓未见利也"，孟氏注曰"言缓行须有行列如林，以防其掩袭"。综观诸家之注，"其疾"似乎被解释为战阵之间的冲杀行动，而"其徐"又似乎被解释为军争活动的行军状态，由此看来，诸家对于这两句话的认识也是含混不清的。如前所述，军争活动主要是"走"，故此，这前两句实则是孙子首先对两种行军状态提出的行动要求。句中，"其"指的是军争；"疾"指的是军争快速行军的状态；"徐"指的是军争低速行军的状态。孙子要求，军队快速行军时，要像"风"一样，一掠而过，不留踪影；军队低速行军时，要像"林"一样，森然齐整，不容侵犯。足见，军争虽以"先人至"为旨归，但绝非只是"倍道兼行"而能为，必当有"疾"有"徐"，因情而用，方可有效达成军争的目的。无论如何，二者皆属军争活动中行军争先的基本行动。

"侵掠"与"不动"，此为军争活动的两种必要行动。关于"侵掠"，《左传·庄公二十九年》云："凡师有钟鼓曰伐，无曰侵，轻曰袭。"杜预注："伐，声其罪；侵，钟鼓无声，袭，掩其不备。"可见，"侵"有"无声""偷偷"之义。《说文》云："掠，夺取也。"清代《沧浪诗话纠谬》又云："浮光掠影。"可见，"掠"既有"掠夺"之义，又有"拂过"之义。通观《孙子兵法》，"掠"总共出现过四次,《军争》篇两次,"侵掠如火""掠乡分众",《九地》篇两次,"重地则掠""掠于饶野",而所谓"重地"又是指"入人之地深,背城邑多者",也就是深入敌国境内,背后有众多敌方的"城邑"。由此可见,"掠"是一种专门针对"乡野"的军事行动。故此,笔者认为,"侵掠"作为军争活动的一种具体行动,主要是指对敌方乡野进行的隐蔽、突然、迅速的掳掠行动。关于"不动",就是"静止""停止"的意思。对此,曹操注曰:"守也。"李筌注曰:"驻军也。"曹、李之注均有道理,军队的驻止与守备本就是相辅相成,联为一体的。故此,"不动"作为军争活动的一种具体行动,主要是指军队驻扎休整、停留待机等行动。孙子要求:军队侵掠乡野时,要像"火"一样,燎原之势,迅猛而不可阻挡;军队停留驻止时,要像"山"一样,岿然屹立,稳固而不可撼动。"侵掠"可使部队物资获得补给,"不动"可使部队人员获得休整,二者皆为军争活动不可或缺的重要行动。

"难知"与"动",此为孙子从总体的视角,又把军争活动划分为两大类并对其提出的行动要求,这颇似《形》篇对"守"与"攻"提出的要求:"善守者,藏于九地之下;善攻者,动于九天之上"。关于"难知",李筌注曰"其势不测如阴,不能睹万象",梅尧臣注曰"幽隐莫测",王晢注曰"形藏也"。可见,此类行动属于军争活动需要隐蔽潜行时的行动。关于"动",贾林注曰"其动也,疾不及应",梅尧臣注曰"迅不及避",王晢注曰"不虞而至"。又见,此类行动属于军争活动需要突然迅猛时的行动。孙子要求:军队隐蔽行动时,要像"阴"一样,阴云蔽空,不见日月,神秘莫测,俨然一种"藏于九地之下"的情形;军队迅猛行动时,要像"雷霆"一样,电闪雷鸣,呼啸而至,猝不及防,俨然一种"动于九天之上"的情形。由此看来,"难知"仅是确保军争活动成功的一种手段,而军争作为以"争利"为目的的"争先"活动,其"雷霆"之"动"才是达成军争活动目的最根本、最有效的行动。那么,如何组织、实施并达成军争活动的"动如雷震"呢?下面三句话便是孙子具体的阐释。

军争的具体方法:掠乡分众,廓地分利,悬权而动

掠乡分众,廓地分利,悬权而动。指导原则已定,行动要求已明,军争又

331

当采取什么样的具体方法呢？孙子提出：分兵多路，掳掠乡野；区分利害，拓进控要；权衡得失，相机而动。琢之磨之，感之悟之，此中"雷霆"之"动"，"难知"之"阴"，"疾"与"徐"之相济，"侵掠"与"不动"之互辅，油然而生成一幅长驱直入、千里会战的军争画卷。与此同时，"分众"对于"分合"之因，"分利"对于"利动"之应，"悬权"对于"诈立"之承，跃然呈现出一条由理论抽象到行动具体的思想行程。进而言之，孙子提出的军争具体方法，既是对"疾""徐""侵掠""不动"等军争行动的具体运用，也是对"兵以诈立，以利动，以分合为变"军争原则的生动反映。在此，需要特别强调的是，如果想要理解此言的真正含义，就必须立足于军争的概念，着眼于军争的目的，通晓于军争的过程，唯此方可准确地把握孙子所确立的军争具体方法的真实意图和行动要点。

掠乡分众。各本皆作"掠乡"，而《通典》《御览》则"掠"作'指'。观各家注，贾林、王皙、杜佑注作"指"，陈皞注下亦云"'掠乡'一作'指向'"，其他则均注"掠"。对于因何作"指向"，王皙注曰"指所乡以分其众。'乡'音'向'"，杜佑注曰"因敌而制胜也，旌旗之所指向，则分离其众"，贾林注曰"三军不可言遣，故以旌旗指向；队伍不可语传，故以麾帜分众"。纵观王、杜、贾三家之注，大体意思是说，指挥千军万马，只靠言语是听不到的，所以，用旌旗指明行进的方向，用麾帜指挥部队的分散。对此，《孙子校释》认为："作'指乡（向）'于义亦通，存其说。"笔者认为，孙子上文有云："以分合为变"。由此，产生的疑问是：难道只有军队之"分"要用旌旗麾帜"指向"，而军队之"合"就不用旌旗麾帜"指向"吗？显然，"指向"独与"分众"对言，不是"于义亦通"，而是于义偏颇。尤为重要的是，"掠乡"与"廓地"同时作为军争活动中两项不可或缺的重要行动，只有这两项行动相辅相成、共同进行，才能有效达成军争的目的。关于这一点，我们将会在下文的论述中逐步阐明。况且，孙子上文有"侵掠如火"之语，《九地》又有"重地则掠""掠于饶野"之说，故作"掠乡"当是孙子原本。

对于"掠乡分众"，众家基本上有两种认识。一种如李筌注曰："抄掠必分兵为数道，惧不虞也。"杜牧注曰："敌之乡邑聚落无有守兵，六畜财谷易于剽掠，则须分番次第，使众人皆得往也，不可独有所往。如此，则大小强弱皆欲与敌争利也。"张预注曰："用兵之道，大率务因粮于敌；然而乡邑之民，所积不多，必分兵随处掠之，乃可足用。"总的来看，他们认为，"掠乡"就是"抄掠乡邑"，"分众"就是"分兵数道"，"掠乡分众"的目的就是"因粮于敌"。另一种如梅尧臣注曰："以飨士卒。"他认为，"分众"就是"分给士卒"，"掠乡分众"的目的就是将抄掠所得，分予部众。究竟哪种观点符合孙子本意？《孙子兵法佚文》中孙子与吴王问对："吴王问孙武曰：'吾引兵深入重地，多所逾越，粮道绝塞，设欲归还，势不可过，欲食于敌，持兵不失，则如之何？'武曰：'凡居重地，士卒轻勇，转输不通，则掠以继食。下得粟米，皆贡于上，多者有赏，士无归意。'"显然，这段话的论述与《九地》篇"重地则掠"，"重地，吾将继其食"，"掠于饶野，三军足食"等思想是一脉相承的。

　　由此可见，在"士卒轻勇，转输不通"的情况下，"掠乡"不仅可以有效解决"三军足食"的后勤补给问题，而且可以有效解决"士无归意"的军心士气问题，更为重要的是，它还可以有效解决军争速度与辎重携行之间的矛盾问题。那么，"掠乡"为何要"分众"呢？如前所述，"掠"不仅有"掳掠"的抢夺之义，而且还有"一掠而过"的速度之义，故而孙子才提出"侵掠如火"的要求。对此，曹操注曰："疾也。"李筌注曰："如火燎原，无遗草。"足见，"掠乡"之所以"分众"，一是由于"乡"的广袤地幅所决定的，二是由于"掠"的速度效果所要求的，倘若采取"合众"去"掠乡"，全军并向一路，则队伍长、行动慢，不仅"掠"的范围有限，而且"掠"的效果很差。由是观之，"掠乡分众"是军争活动中不可或缺的重要行动，其总体意图是解决军队的后勤补给问题，其行动要点是分兵多路且行动迅速。而且，其所"掠"之"乡"，无论是处在"直"的必由之路上，还是处在"迂"的弯远之途上，只要军队有"继食"的需求，即使是绕道远行也必须采取"掠乡"行动，或许这也是孙子"以迂为直"思想的题中之义。同时，我们还应认识到，孙子提出的军争原则云："以分合为变。"何时该"分"？何时该"合"？毋庸置疑，"掠乡"乃需要"分"

的必然时机之一,"掠乡分众"实则是"分众掠乡"的倒装句,它不过是对"以分合为变"原则的生动体现和具体运用。

廓地分利。对于此言,众家也有两种不同的看法。一种认为是,得敌土地,区分利害把守。如李筌注曰:"得敌地,必分守利害。"王晳注曰:"廓视地形,以据便利,勿使敌专也。"另一种认为是,得敌土地,分赏有功人员。如杜牧注曰:"廓,开也。开土拓境,则分割与有功者。"梅尧臣注曰:"与有功也。"对于这两种认识,宋时张预早有评判:"开廓平易之地,必分兵守利,不使敌人得之。或云:得地则分赏有功者,今观上下之文,恐非谓此也。"至于"非谓此也"的个中就里,张公并未言明。事实上,"与有功者"之说,至少存在三点误解:第一,军争属于为会战而与敌争取先机之利的军事行动,在大战未开、胜负未定之际,即言裂土分封问题,此为时之误也;第二,即使存在裂土分封问题,也当属国君之政事,而并非将帅所能为,此为人之误也;第三,春秋时期的战争,旨在兼并他国者有之,旨在"修正其国"者亦有之,断然以裂土分封释之,此为事之误也。故此,"与有功者"之说不足取。

然而,虽"与有功者"乃属曲解或谬误之说,但"分守利害"之解亦存晦暗不明之嫌。何谓"廓地","廓"何所为?"地"何所指?何谓"分利","分"何所依?"利"何所在?对于这些问题,诸家之注均并未言明。笔者认为,所谓"廓",如《方言》所云:"张小使大谓之廓。""廓"乃"扩张""扩大"之义。然对军事而言,只"扩"不"守"则无以为"张小使大",故赵本学有云:"言地已得,分利害而守据"。可见,"廓"既有"军队向前推进"之义,又有"军队择要扼守"之义。所谓"地",乃"九地"之"地",换言之,它并非指自然意义的"地",而是指军事意义的"地"。对此,《九地》篇将其划分为九种类型,并明确指出:"散地则无战,轻地则无止,争地则无攻,交地则无绝,衢地则合交,重地则掠,圮地则行,围地则谋,死地则战。"这说明,在散地有"战"之害,在轻地有"止"之害,在争地有"攻"之害,在交地有"绝"之害,而在衢地有"合交"之利,在重地有"掠"之利,在圮地有"行"之利,在围地

334

有"谋"之利，在死地有"战"之利。故此，所谓"廓地"，就是指军队在时"分"时"合"中，不断向敌境内推进深入，并择要扼守的军争行动。所谓"分利"，就是指要区分军队推进过程中"九地"的利害，趋利避害，正确处置。综上所述，"廓地分利"属于军争活动的主体行动。其总体意图是：以军队的快速推进去争取会战的先机之利；其行动要点是：区分利害，择要扼守，确保后方无虞。同时，我们还应认识到，孙子提出的军争原则云"以利动"，对于军争，即指军队深入敌境，途经"九地"时，要趋其"利"，避其"害"，因"利"而动，故"廓地分利"实则为"分利廓地"的倒装句，它是对"以利动"原则的生动反映和具体运用。

悬权而动。所谓"悬"，《礼记·经解》云："故衡诚縣，不可欺以轻重。"孔颖达疏："衡谓称。衡縣谓称锤。诚，审也"。"縣"古同"懸"，简写为"悬"，为"悬垂""悬挂"的意思。所谓"权"，《汉书·律历志》云："权者，铢两斤钧石也。""权"为有等量分别的"秤砣""秤锤"。故而，《孟子·梁惠王》有云："权，然后知轻重；度，然后知长短。"可见，孙子所言"悬权"又是一种比喻。正因如此，杜牧注曰："如衡悬权，秤量已定，然后动也。"张预曰注曰："如悬权于衡，量知轻重然后动也。"但相形之下，曹操之注最为简明精准："量敌而动也。"由是知之，孙子"悬权而动"，实则是为军争指导者提出的筹划与组织方法，即依据军争途中情况，权衡利弊得失，决定采取"疾""徐""侵掠""不动"等不同的具体行动。在此，我们还应认识到，孙子提出的军争原则云"兵以诈立"，显然，"悬权"乃"诈立"之基，"诈立"乃"悬权"之果，"悬权而动"所体现的是军争指导的科学性，"兵以诈立"所体现的是军争指导的艺术性，二者相辅相成，高度统一。

总而言之，在整个军争活动中，"掠乡分众"，旨在解决军队的补给问题，而军队行动则呈现出多路、快速且为面状的掳掠活动，"廓地分利"，旨在以军队的快速推进去争取会战的先机之利，而军队行动则呈现出时分时合、时快时慢、时攻时守且为点、线结合的跃进活动，"悬权而动"，旨在量敌、因情、定行，而主要体现为将帅权衡利弊、快速筹划、果断决策的指挥活动，三者相辅相成，紧密联系，共同构成了军争活动的行动方法体系。

军争的总的要求：先知迂直之计

先知迂直之计者胜。此军争之法也。古今注家普遍认为，"先知迂直之计者胜"和"此军争之法也"，这是一句话，但笔者认为，它们应该分为两句话：前一句所表达的是孙子对军争指导者提出的总体要求；而后一句所表达的则是对此段所论述"军争"要义的收束与总结。进言之，"先知迂直之计者胜"作为对军争指导的总的要求，它与此段之前所述的军争活动的环境条件、指导原则、行动要求和具体方法，属于并列关系，它们共同构成了"军争之法"。

先知迂直之计者胜。汉简本"计"作"道"，义同。此言之中"先知"二字尤为重要，它明确表达了对军争指导者的总的要求。这里我们不禁要问，孙子既然说"迂直之计"可以"先知"，那么究竟能够预先知道些什么呢？对此，钱基博注曰："'先知迂直之计者胜'，自承上文'此知迂直之计者也'句来。明为'计'，而非'道路之迂直'。'迂直之计'，即'军争之法。'"且又曰："孙子论军争之法，不外二端：敌疑以诈，我动以决。以迂为直，以患为利，敌疑以诈也。后人发，先人至，我动以决也。"钱先生的意思是说，此言的"迂直之计"，与篇首的"迂直之计"，是前后相对、遥相呼应的，而且，孙子所言"迂直之计"就是"军争之法"，它无外乎两方面问题：一方面是"敌疑以诈"，即"以迂为直，以患为利"问题；另一方面是"我动以决"，即"后人发，先人至"问题。

笔者认为，钱先生虽有卓识，却也存在差误。孙子篇首云："迂其途，而诱之以利，后人发，先人至，此知迂直之计者也。"这清楚表明，"迂直之计"包括两个方面：一是"迂其途，而诱之以利"，确属"敌疑以诈"问题；二是"后人发，先人至"，确属"我动以决"问题。此乃钱先生独见所在。然而，细观首段亦不难发现，"迂直之计"其实是对"以迂为直，以患为利"的高度抽象与总的概括，所以，"敌疑以诈"问题，并非钱先生所说的"以迂为直，以患为利"，而是"迂其途，而诱之以利"。此乃钱先生差误所在。我们深究于此的目的就是告诉人们：此段之前论述的军争条件、指导原则、行动要求和具体方法，其实重点阐明的是如何做到"后人发，先人至"，即"我动以决"问题，它集中地体现为"迂直之计"的科学性，也是属于可"先知"的问题；至于如何做到"迂其途，而诱之以利"，即"敌疑以诈"问题，实则是一个"运用之妙，存乎一心"的问题，只可意会，不可言传，恰如《计》篇所云"此兵家之胜，不可先传也"，它集中地体现为"迂直之计"的艺术性，故属于不可"先知"的问题。

由是观之，在"迂直之计"之中，尽管"我动以决"属于科学性问题，是可"先知"的，而"敌疑以诈"属于艺术性问题，是不可"先知"的，但是，此段所阐述的军争条件、指导原则、行动要求和具体方法，包括此言提出的"先知"的总要求，它们作为"迂直之计"的普遍原理，既是达成"后人发，先人至"即"我动以决"的行动依据和准绳，也是谋划"迂其途，而诱之以利"即"敌疑以诈"的智慧源泉和基础，换言之，只有深刻地把握"迂直之计"的科学性，才能灵活地创造出"迂直之计"的艺术性，二者在军争指导者主观能动性的高度发挥中获得有机统一。故此，只有"先知"，方可为军争之"胜"。"先知迂直之计"是夺取军争之"胜"的前提大要，此乃是"知彼知己，百战不殆"在军争活动中的生动体现和具体运用。所以说，孙子此言所表明的是对军争指导者最根本的总的要求。

此军争之法也。毫无疑问，此言明确表达了对"军争"要义的收束与总结。句中"此"，不仅包括了军争活动的环境条件、指导原则、行动要求和具体方法，而且包括了对军争指导者的总的要求。由此可见，句中"法"，并非指现代理论意义的狭义的"方法"，而是指包括军争活动筹划和行动诸多要点的广义的"方法"。对此，钮先钟《孙子三论：从古兵法到新战略》认为："从文理上来看，'军争'篇应到此即全部结束。但所有的版本在后面又都还有一大段文章，严格说来，与前面并无太多关系，最多只能说是一种补充而已。"钮先生之见，是也？非也？若说非也，那么孙子下文究竟又在说明什么？它与上文之间又存在着怎样的逻辑关系？弄不懂这些问题，恐怕根本无法理解《军争》的整体思想和核心要义。

中：用众之法

孙子认为，军争的目的就在争取战场的先机之利，然军争的成败则取决于军队统一而灵活的指挥与行动。故而，孙子在此通过"金鼓旌旗"的功能和作用，阐明了"用众之法"的两大本质特征：一是"一"，即"一人之耳目"，就是军队统一的指挥和行动；二是"变"，即"变人之耳目"，就是军队灵活的指挥和行动。借此，承接上文，揭示了实现"军争之法"的前提与基础——"一"与"变"，开启下文，引出了军争活动达成"一"与"变"的关键与要点——"四治""八戒"的"军争之要"。因是，全篇内容淹会贯通，整体结构浑然天成。

3.0《军政》曰："言不相闻，故为金鼓；视不相见，故为旌旗。"夫金鼓旌旗者，所以一人之耳目也。人既专一，则勇者不得独进，怯者不得独退，此用众之法也。故夜战多金鼓，昼战多旌旗，所以变人之耳目也。

用众之法：本乎于"一"，用乎于"变"

孙子上文，从开宗明义地提出"以迂为直，以患为利"的军争之难，到铺张扬厉地说明"百里""五十里""三十里"而争利的唯先之害，再到探幽索胜地确立军争条件、指导原则、行动要求和具体方法等的"军争之法"，赫然可见，军争活动的兵多地广之貌，军队行动的疾徐动静之状，因情因地的分合聚散之变。这里，人们不禁要问，"军争之法"若此，何以有效为之？对此，钱基博注曰："必先有用众之法，而后可与言军争。"甚是。"用众之法"乃实现"军争之法"最根本的前提和基础，"军争之法"的运用实现，关键还取决于一支统一指挥、协调行动的军队。

《军政》曰："言不相闻，故为金鼓；视不相见，故为旌旗。"孙子引《军政》说，"战场上用语言指挥听不到，所以设置金鼓；用动作指挥看不见，所以设置旌旗"。对此，张预注曰："夫用兵既众，占地必广，首尾相辽，耳目不接，故设金鼓之声，使之相闻；立旌旗之形，使之相见。"张公之注，将战场上使用"金鼓"和"旌旗"的景象与缘由了然目前。对于"军政"，梅尧臣注曰"军之旧典"，王晳注曰"古军书"。一般认为，《军政》乃上古兵书，与其同类者还有《军志》，二者虽均已亡佚，但书名和引文可早见于《左传》之中。在古代，人们通常把军队的组织、管理和训练等问题统称为"军法"或"军政"，故《左传·襄公二十四年》有云："楚子为舟师以伐吴，不为军政，无功而还"。足见，治兵是用兵的基础，古今中外概莫能外。那么，孙子引用《军政》这句话的目的究竟是什么呢？

夫金鼓旌旗者，所以一人之耳目也。此言是孙子引用《军政》之语的目的所在，亦即其意旨所归：金鼓旌旗，都是用来统一军队行动的。句中"所以"，有"原因""原理"之义，含有一般性、规律性的蕴意；句中"耳目"，"耳目"主"视听"，而"视听"又主"行动"，故引申为"行动"的意思。关于"金鼓"，《周礼·地官·鼓人》有所谓"六鼓四金"；关于"旌旗"，《周礼·春官·司常》有所谓"九旗"。可见，"金鼓"和"旌旗"基本构成严密的军队指挥信息系统。故而，《管子·兵法》有云："三官：一曰鼓，鼓所以任也，所以起也，所以进也；二曰金，金所以坐也，所以退也，所以免也；三曰旗，旗所以立兵也，所以制兵也，所以偃兵也。"军队的一切行动，包括发令、开动和进攻，防守、撤退和停战，出动、控制和息兵等，均靠鼓、金、旗来发号施令。故《左传·成公二年》亦云："师之耳目，在吾旗鼓，进退从之。"正因如此，梅尧臣注曰："一人之耳目者，谓使人之视听齐一而不乱也。"张预注曰："视听均齐，则虽百万之众，进退如一矣。"所以说，句中"金鼓旌旗"，原意是讲军队的指挥手段问题，而孙子实际的目的则是引出军队的统一指挥和行动问题。

人既专一，则勇者不得独进，怯者不得独退，此用众之法也。孙子说，全军行动既然已经统一了，那么勇猛的士卒就不会单独前进，怯懦的士卒就不会单独后退，这就是运用军队的方法。对此，梅尧臣注曰："鼓之则进，金之则止；麾右则右，麾左则左，不可以勇怯而独先也。"王皙注曰："使三军之众，勇怯、进退齐一者，鼓铎旌旗之为也。"一如梅、王所注，众家仍将诠释的重点放在"人既专一"或"勇怯、进退齐一"的缘由上，即"金鼓旌旗"的统一指挥上。笔者认为，众家之解均有望文生义而不求甚解之嫌。我们不妨将孙子此言做一反向推论。什么是"用众之法"？"勇者不得独进，怯者不得独退"也。为何会"勇者不得独进，怯者不得独退"？"人既专一"也。由此易见，孙子实则从两个层面阐明了"用众之法"：一是现象——"勇者不得独进，怯者不得独退"；二是本质——"人既专一"。显然，孙子此言真正所揭示的并非"用众之法"的现象而是其本质："人既专一"，即军队统一的指挥与行动。所以，孙子"人既专一"四字可谓含不尽之意见于言外："一"乃"用众之法"之本也。

故夜战多金鼓，昼战多旌旗，所以变人之耳目也。关于此言，汉简本无"所以变人之耳目也"八字，并将"故夜战多金鼓，昼战多旌旗"二句置于"夫金鼓旌旗者"之前，且"金鼓"作"鼓金"，故简本此段作："《军政》曰：'言不相闻，故为鼓金；视不相见，故为旌旗。'故夜战多鼓金，昼战多旌旗。夫鼓金旌旗者，所以一人之耳目也。人既专一，则勇者不得独进，怯者不得独退，此用众之法也。"对此，吴九龙《孙子校释》认为："详审此处文字，汉简本义长。'夜战'与'昼战'两句紧接于'言不相闻，故为金鼓；视不相见，故为旌旗。'之后，是其文意之直接引申或阐释；并下文总结指出：'夫金鼓旌旗者，所以一人之耳目也'，文意通畅，逻辑层次清晰可见。如依各本仍置于'夫金鼓旌旗者，所以一人之耳目也……此用众之法也'之后，再出现此'夜战'与'昼战'两句，则文字不相衔接，且重复。"然而，笔者认为，若依汉简本各句的顺序，虽看似此段"文意通畅，逻辑层次清晰可见"，但就全篇整体文意和结构来看，则失去了"夜战多金鼓，昼战多旌旗，所以变人之耳目也"一句作为此段结语，其所以能够在全篇中承上启下的思想相通点和逻辑共构点。故而，仍依传本及各本义长。

对于此言，李筌注曰："火鼓，夜之所视听；旌旗，昼之所指挥。"杜牧注曰："令军士耳目，皆随旌旗火鼓而变也。"甚是。句中，"夜战"与"昼战"，表明了时间上的全天候与不间断；"多"乃表示比较的形容词，是在"夜战"与"昼战"条件下"金鼓"和"旌旗"使用多少的比较结果；"变"乃使动用法，为"使……改变""使……变化"之意；"耳目"主"行动"，故军士"耳目"

的改变即意味着行动的改变。所以，这句话的意思就是：夜间作战更多使用金鼓指挥，昼间作战更多使用旌旗指挥，这就能够改变或变换军队行动和阵形。若反观此段我们不难发现，从《军政》言"金鼓旌旗"问题起，至孙子论"金鼓旌旗"问题讫，无非说明"金鼓旌旗"的两大功能与作用：一是"一"，即"一人之耳目"，也就是统一军队的行动；二是"变"，即"变人之耳目"，也就是改变或变换军队的行动或阵形。显而易见，孙子此段主论于"金鼓旌旗"之"一"的功能，结尾收束于"金鼓旌旗"之"变"的功能，其目的就是强调"用众之法"之"变"，即在高度统一前提下军队行动的改变或阵形的变化。所以说，孙子以"故夜战多金鼓，昼战多旌旗，所以变人之耳目也"收束此段，亦可谓含不尽之意见于言外："变"乃"用众之法"之用也。

综上所述，此段清楚地表明："一"乃"用众之法"之本，"变"乃"用众之法"之用，换言之，统一是军队行动的根本，变化是军队行动的运用。那么，这"用众之法"的"一"与"变"，与上下文之间又存在着怎样的内在联系呢？就上文而言，军争"百里""五十里""三十里"而争利，其结果却为"十一而至""半至""三分之二至"，易见，军争之大害在于"用众之法"之不"一"。为此，孙子提出，在军争基本原则上，"兵以诈立，以利动，以分合为变"，其重在军队分合之变；在军争行动要求上，"其疾如风，其徐如林，侵掠如火，不动如山，难知如阴，动如雷震"，其要在缓急动静之变；在军争具体方法上，"掠乡分众，廓地分利，悬权而动"，其活在相机而动之变，又见，军争之大要在于"用众之法"之"变"。由此可见，孙子"用众之法"的"一"和"变"，与上文"军争之法"的思想核心互通。就下文而言，由于"军争之法"基于"一"，而成于"变"，故需"治气""治心""治力"与"治变"。同时，鉴于"治变"之于军争成败的极端重要性，故孙子将"无邀正正之旗，勿击堂堂之阵"之"治变"，引申演化为"高陵勿向，背丘勿逆，佯北勿从，锐卒勿攻，饵兵勿食，归师勿遏，围师必阙，穷寇勿迫"之"八戒"。由此又见，"用众之法"的"一"和"变"，与下文"军争之要"的行动要点共融。孙子全篇思想逻辑之缜密，构思匠心之独运，可见一斑。

下：军争之要

孙子认为，"军争"重在"用众"，而"用众"重在"治众"。故而，承接上文"用众之法"——本于"一"，用于"变"，他明确提出并阐明了"四治"与"八戒"：其中，"治气""治心""治力"，重在达乎于"一"，乃军争成功之根本；"治变"及"八戒"，重在达乎于"变"，乃军争成功之关键。在此，孙子探幽索隐，不仅阐明了"四治"的原则与方法，而且也深刻地阐释了以实待虚、避实击虚的"迂直之计"的思想精髓。通过下半部分，不仅夯实了"军争之法"的苗实之基，而且厘定了军争夺胜的行动之要。

4.0 三军可夺气，将军可夺心。是故朝气锐，昼气惰，暮气归。善用兵者，避其锐气，击其惰归，此治气者也。以治待乱，以静待哗，此治心者也。以近待远，以佚待劳，以饱待饥，此治力者也。无邀正正之旗，勿击堂堂之阵，此治变者也。

5.0 故用兵之法，高陵勿向，背丘勿逆，佯北勿从，锐卒勿攻，饵兵勿食，归师勿遏，围师必阙，穷寇勿迫，此用兵之法也。

军争成功之要："四治"

三军可夺气，将军可夺心。是故朝气锐，昼气惰，暮气归。善用兵者，避其锐气，击其惰归，此治气者也。以治待乱，以静待哗，此治心者也。以近待远，以佚待劳，以饱待饥，此治力者也。无邀正正之旗，勿击堂堂之阵，此治变者也。孙子指出，对敌军可挫伤其士气，对敌将可动摇其决心。其原因在于，军队战初时士气饱满，战中时士气疲懈，战末时士气衰竭，所以善于用兵的人，避开敌军初战的锐气，打击敌军懈怠衰竭的时候，这是处理军队士气问题的方法。用己方的严整有序对付敌人的混乱无章，用自己的从容镇静对待敌人的轻浮躁动，这是处理将帅心理问题的方法。用己方的靠近战场对付敌方的远道来战，用己方的安逸休整对付敌方的疲劳奔忙，用己方的餐饮饱足对付敌方的饥肠辘辘，这是处理军队体力问题的方法。不截击敌旌旗严整的行军队伍，不攻击敌声威强大的阵营阵形，这是处理相机变化问题的方法。这里，孙子提出的"四治"，不仅集中解决了军争活动基于"一"而胜于"变"的重点难点问题，而且详细阐释军争"迂直之计"的思想内涵和行动方法，共同构成成功争取战场先机之利的"军争之要"。

三军可夺气，将军可夺心。此言乃这一段的提领句，亦是全篇中间部分与下半部分的承接句。关于两"夺"字，《说文》云："手持隹（短尾鸟）失之也。"段玉裁注："引申为凡失物之称。"故此"夺"为使动用法，乃"使……丧失"之义，此处又可引申为"强行改变"之义。关于"气"与"心"，郑友贤的注解可谓条分缕析："或问：夺气者必曰三军，夺心者必曰将军，何也？曰：三军主于斗，将军主于谋；斗者乘于气，谋者运于心。夫鼓作斗争，不顾万死者，气使之也；深思远虑，以应万变者，心主之也。气夺，则怯于斗；心夺，则乱于谋。下者不能斗，上者不能谋，敌人上下怯乱，则吾一举而乘之矣！"可见，"气"与"三军"对言，主要指军队的士气和勇气；"心"与"将军"对言，主要指将帅的信心和决心。令人深思的是，孙子为什么要在下半部分的首句提出"夺气"和"夺心"问题。显而易见，"气"与"心"，属精神因素。克劳塞维茨指出："物质的原因和结果不过是刀柄，精神的原因和结果才是真正的金属，才是真正的锋利的刀刃。"因此，它是影响军队统一行动和变化行动或阵形的主要因素，换言之，乃"用众之法"之"一"与"变"的根本，故言之以承接上文；此言"夺"，乃削弱敌方统一行动和变化行动或阵形精神因素的手段，下文"治"，乃增强己方统一行动和变化行动或阵形能力因素的手段，二者相辅相成，共同构成了改变敌我双方"用众之法"之"一"与"变"的基本方略，故言之以开启下文。所以说，这句话具有极为重要的承上启下的纽结作用。

是故朝气锐，昼气惰，暮气归。善用兵者，避其锐气，击其惰归，此治气者也。古人认为，人的精神状态和生理水平师法自然，所以，晨气旺，昼气懈，暮气衰。然此言"朝""昼""暮"，并非指自然意义的，而是指军事意义的，故梅尧臣注曰"朝，言其始也；昼，言其中也；暮，言其终也"，张预亦注曰"朝喻始，昼喻中，暮喻末，非以早晚为辞也"。可见，"朝"，主要是指战或行动之初；"昼"，主要是指战或行动之中；"暮"主要是指战或行动之末。句中"归"，《尔雅·释训》云："鬼之为言归也。"此为以"归"训"鬼"，可明语源。扬雄《方言》释曰："息，归也。"由此可知，"归"有"死灭""止息"之义，本句正用此义，而并非"还家""归营"之义。古时"对陈曰战"，故前一句话的意思就是：两军列阵作战，开始时军队士气勇猛旺盛，中间时军队士气疲惫懈怠，结束时军队士气衰退殆竭。显而易见，这是孙子对战场军队士气变化一般规律的揭示。对此，陈启天注曰："欲知治气之法，须先明士气消长之自然趋势。"掌握战争规律是为了运用战争规律进而揭示出克敌制胜的战略战术。

于是，孙子说"避其锐气，击其惰归"，并名之为"治气"。对此，杜佑注曰："避其精锐之气，击其懈惰、欲归，此理气者也。曹刿之说是也。"杜公认为，"治"与"理"一义，且如长勺之战时曹刿所云："夫战，勇气也，一鼓作气，再而衰，三而竭。彼竭我盈，故克之。"确如杜公之见，长勺战争之实与孙子本篇之思互映，曹刿克齐之故与孙子"治气"之理共义。或缘于此，张预注曰："凡人之气，初来新至则勇锐，陈久人倦则衰。故善用兵者，当其锐盛，则坚守以避之；待其惰归，则出兵以击之，此所谓善治己之气，以夺人之气者也。"张公意思是说，"避"之要，在于"守"，即守己之气，"击"之机，在于"待"，即待敌之衰，故在"治气"的过程中，"治己之气"与"夺人之气"，二者是紧密联系、相辅相成、高度统一的。由此易见，孙所谓"治气"，是对战场军队士气变化规律的科学运用，乃利用军队士气克敌制胜的基本方略。

以治待乱，以静待哗，此治心者也。前文言"将军可夺心"，《九地》篇亦云"将军之事，静以幽，正以治"。无疑，此言是专讲将军的。句中，"治"与"乱"对言。《吴子·治兵》云："所谓治者，居则有礼，动则有威，进不可当，退不可追，前却有节，左右应麾，虽绝成陈，虽散成行。"吴起说，所谓"治"就是，平时守礼法，战时有威势，前进不可挡，后退不可追，进退有节制，左右听指挥，虽被阻断仍有阵形，虽被冲散仍有行伍。可见，"治"为"整饬""严整"之义，"乱"为"混乱""纷乱"之义。"静"与"哗"对言。《老子·第二十六章》云："重为轻根，静为躁君。"重是轻的根本，静是躁的主宰。可见，"静"为"清静""镇静"之义，"哗"为"喧哗""鼓噪"之义。这里，关键是对"待"的理解。现代学者普遍认为"待"乃"对待"之义，然李筌注曰"伺敌之变，因而乘之"，杜牧亦注曰"言料敌制胜，本心已定，但当调治之，使安静坚固，不为事挠，不为利惑，候敌之乱，伺敌之哗，则出兵攻之矣。"李、杜二公之一"伺"一"候"说明，"待"不仅具有"对待"之义，而且还有"等待"之义。因此，孙子"以治待乱，以静待哗"，基本承袭了"避其锐气，击其惰归"的语意，其整体意思当为：避敌之治，待敌之乱，以己之治，击敌之乱；避敌之静，待敌之哗，以己之静，击敌之哗。故此，张预注曰："治以待乱，静以待哗，安以待躁，忍以待忿，严以待懈，此所谓善治己之心以夺人之心者也。"又见，在"治心"的过程中，"治己之心"与"夺人之心"，是紧密联系、相辅相成、高度统一的。

对于"治心"主旨，何氏注曰："夫将以一身之寡，一心之微，连百万之众，对虎狼之敌，利害之相杂，胜负之纷揉，权智万变，而措置于胸臆之中，非其中廓然，方寸不乱，岂能应变而不穷，处事而不迷，卒然遇大难而不惊，案然接万物而不惑？吾之治足以待乱，吾之静足以待哗，前有百万之敌，而吾视之，则如遇小寇。亚夫之御寇也，坚卧而不起；栾箴之临敌也，好以整又好以暇。夫审此二人者，蕴以何术哉？盖其心治之有素，养之有余也。"何公无非是说，将帅的冷静笃定，乃能谋善断之源，克敌制胜之本。《老子·第四十五章》云："清静为天下正。"清静无为乃自然之道，以清静无为治理天下，才是真正的大道。从这个意义上说，将帅以冷静的心用兵打仗，同样是战场制胜的大道。所以说，孙子所谓"治心"，乃利用将帅心智克敌制胜的基本方略。

以近待远，以佚待劳，以饱待饥，此治力者也。刘寅《武经七书直解》注曰："近、佚、饱则力胜强，远、劳、饥则力疲倦，以盛强击疲倦，此治力之法。"显然，"近、佚、饱"，则军队体力充沛；"远、劳、饥"，则军队体力疲乏。《司马法·严位》有云："凡战，击其倦劳，避其闲窕。"可见，此言仍然承袭了"避其锐气，击其惰归"的语意，避敌之近、佚、饱，击敌之远、劳、饥。依此推敲句中的"待"字，既具有"避"时的"等待"之义，又具有"击"时的"对待"之义。对于此言，张预注曰："近以待远，佚以待劳，饱以待饥，诱以待来，重以待轻，此所谓善治己之力以困人之力者也。"又见，在"治力"

避中待、待中击的过程中，"治己之力"与"困人之力"，同样是紧密联系、相辅相成、高度统一的。

尤值辨明的是，杜枚注曰："上文云'致人而不致于人'是也。"杜公的意思是说，此言所讲乃《虚实》篇所云"致人而不致于人"问题，亦即"敌佚能劳之，饱能饥之，安能动之"问题。其实，这二者既有联系，又有区别，乃手段与目的、过程与结果的关系。进而言之，若不经过"敌佚能劳之，饱能饥之，安能动之"的能动手段与过程，很难达成"以近待远，以佚待劳，以饱待饥"的目的与结果。显然，孙子所言"治力"，讲的正是其目的与结果问题，而并非其手段与过程问题。故而，赵本学注曰："但驻师近郊，以待敌人远来就我；但闭营休士，以待敌人攻击劳倦；但秣饲人马，以待敌人粮尽饥乏。其术如此，则吾之力常强而不溃矣。"《孙膑兵法·善者》亦云："我饱食而待其饥也，安处以待其劳也，正静以待其动也。故民见进而不见退，蹈白刃而不还踵。"所以说，孙子所谓"治力"，乃利用军队体力克敌制胜的基本方略。

无邀正正之旗，勿击堂堂之阵，此治变者也。汉简本"无"作"毋"，"无""毋""勿"同义，皆为"不"之义，"邀"作"要"，"要"为"腰"之初文，可引申为"中道拦截"之义，而"邀"本身就有"拦截""截击"之义。关于"正正之旗"与"堂堂之阵"，曹操注曰"正正，齐也；堂堂，大也"，王皙注曰"正正，旗帜整治之貌。堂堂，行阵盛大之貌"。可见，"正正之旗"，就是指旌旗猎猎的行军队伍，"堂堂之阵"，就是指威武盛大的作战阵形，故梅尧臣注曰："正正而来，堂堂而阵"。那么，孙子为何主张对这样的行军队伍不要拦截，对这样的作战阵形不要攻击呢？对此，刘寅注曰："正正者，旌旗整治也。旌旗整治，岂可邀之？邀之则为彼所乘。堂堂者，行阵盛大也。行阵盛大，岂可击之？击之反为彼所胜。故正正之旗，伺其隙而邀之可也。堂堂之阵，候其变而击之可也。"由此可见，孙子此言仍然承袭了"避其锐气，击其惰归"的语意：避敌之强，击敌之变。

关键问题在于，孙子为何将"无邀正正之旗，勿击堂堂之阵"，谓之曰"治变"？对此，张预注曰："正正，谓形名齐整也；堂堂，谓行陈广大也。敌人如此，岂可轻战？《军政》曰：'见可而进，知难而退。'又曰：'强而避之。'言须识变通。此所谓善治变化之道，以应敌人者也。"原来，强而避之，是战场变通的根本需要，乃治变应敌的不二法门。按照毛泽东的话讲就是："此敌不好打，再找好打之敌；此时不好打，再找好打之时；此地不好打，再找好打之地。"由此易见，这便是孙子所讲的治变之道。《周易·系辞下》云："穷则变，变则通，通则久。"当事物发展进入困境，就需变化来突破通达，这样事物才能不断发展和前进。同样，孙子"治变"之"变"，正产生于"邀正正之旗"而不利、"击堂堂之阵"而不胜之"穷"，所以说，"治变"乃利用求变待变克敌制胜的基本方略。

综观孙子"四治"，完全是对"避实击虚"思想的具体反映和灵活运用，他反对直接地以锐对锐、以治静对治静、以近佚饱对近佚饱、以强实对强实，坚持迂曲地避锐击惰、避治静击乱哗、避近佚饱击远劳饥、避强实击变隙，而所有这些方略正恰如其分地反映和诠释了孙子"迂直之计"的思想内涵。换言之，孙子通过对"四治"的阐释，使"迂直之计"由抽象的理论原则变为具体的行动要点。与此同时，孙子认为，难于变、重于变、胜于变乃军争活动最本质的特征，因此，"治气""治心""治力"不过是军争活动的基础性行动，而唯有"治变"才是军争成败的关键性行动。正基于此，孙子下文进一步探幽析微，浓墨涂抹，将"无邀正正之旗，勿击堂堂之阵"的"治变"方略，演进细化为"七勿一必"，亦可谓"八戒"，进而使广袤战场上军争"治变"的方略，末节尽致，细行详备。

军争用兵之诫："八戒"

故用兵之法，高陵勿向，背丘勿逆，佯北勿从，锐卒勿攻，饵兵勿食，归师勿遏，围师必阙，穷寇勿迫，此用兵之法也。在广袤战场上进行军争活动，遇敌"正正之旗"，逢敌"堂堂之阵"，仅仅是"治变"的一般时机与情形，那么，是否还有特殊的、具体的时机与情形仍需采取"治变"之策呢？回答是肯定的，"治变"不仅有"无邀正正之旗，勿击堂堂之阵"的常法，而且有"七勿一必"的变法，将帅既要懂常法，又要懂变法，知常方可达变。故孙子说，用兵的法则，敌军占领高陵不要去仰攻，敌军背靠山丘不要去迎击，敌军佯装败退不要去追击，敌军精锐力量不要去攻击，敌军诱饵部队不要去歼灭，敌军退向本国不要去阻截，围攻敌军定要遗留缺口，敌军陷入绝境不要去逼迫。这就是用兵的法则。显而易见，孙子对"治变"变法的详尽阐释有力地说明，对于军争而言，"治变"乃"四治"的重中之重，是决定军争成败的关键问题。

高陵勿向。句中"陵"，《说文》云："陵，大阜也。"而"阜"指土山，故"陵"就是指大土山；"向"，杜牧注曰"向者，仰也"，故"向"就是指仰攻；"高"，并非形容词，而是动词，为"据……之高"之义。对此，杜佑注曰："敌若据山陵依附险阻，陈兵待敌、勿轻攻趋也。既地势不便有殒石之冲也。"张预注曰："敌处高为陈，不可仰攻，人马之驰逐，弧矢之施发，皆不便也。"杜、张之注充分说明，古代用兵打仗，以下攻上多不利，是逆势，以上攻下多便利，是顺势。正基于此，李筌注曰："地势也。"李公之注，言简意赅，此言主要指因敌所据之地势而需"治变"的思想与策略。

背丘勿逆。句中"丘"，指小土山；"背"与"逆"，杜牧注曰"背者，倚也。逆者，迎也"，可见，"背"是动词，主要指"倚……而阵"，"逆"主要指迎面进攻。对此，杜佑注曰："敌背丘陵为陈，无有后患，则当引置平地，勿迎而击也。"施子美注曰："向山而阵是为废军，故勿向之。敌既背丘，则敌得其势，不可逆战，恐为所乘。"古代摆兵布阵，讲求左面和前面开阔，右面和背面高峻，前面要有出口，后面要有屏障，一在断绝侧翼和背后的遭袭之患，二在借自上而下的地势攻击。杜、施之注说明，敌背丘而阵是顺势，我迎面而击是逆势。可见，此言主要是指因敌之阵势而需"治变"的思想与策略。

佯北勿从。句中"佯"，同《荀子·非十二子》"利心无足，而佯无欲者也"之"佯"，本义为"假装""伪装"，此处引申为"欺诈"之义；"北"，《说文》云"北，乖也。从二人相背"，本义为"乖违""背离"，此处引申为"败退"之义，故古时以军之败走为北；"从"，甲金文从二人，本义为"相随""追随"，此处引申为"追击"之义。对此，杜牧注曰："恐有伏兵也。"张预注曰："敌人奔北，必审真伪。若旗鼓齐应，号令如一，纷纷纭纭，虽退走，非败也，必有奇也，不可从之。若旗靡辙乱，人嚣马骇，此真败却也。"可见，佯败乃古代用欺使诈的重要方式，必先审而后图之，所以，此言主要是指因敌之欺诈而需"治变"的思想与策略。

锐卒勿攻。何谓"锐卒"？对于此言，李筌注曰："避强气也。"梅尧臣注曰："伺其气挫。"李、梅二公认为，"锐"是指"锐气"，"锐卒"乃士气旺盛的部队。然而，杜牧注曰："避实也。"张预注曰："敌若乘锐而来，其锋不可当，宜少避之，以伺疲挫。"杜、张二公认为，"锐"是指"精锐"，不仅有"气盛"之义，而且有"力强"之义，故"锐卒"乃锋芒正锐的部队。事实上，句中"锐"当为形容词，对于上文的"锐气"，它修饰"气"，就指旺盛的士气；对于此言的"锐卒"，它修饰"卒"，就指精锐的士卒，自然也包含着"锐气"于内，否则亦不成为"锐卒"。对于此言深识卓见者当属陈启天之注："谓我对于精锐之敌军，不宜轻于攻击也。我以锐卒攻敌之锐卒，尚不免于损伤。我以弱卒攻敌之锐卒，则无异自取败亡，故以勿攻为知变通之道。"强敌难克，避而图之。可见，此言就是指因敌之强实而需"治变"的思想与策略。

饵兵勿食。《吕氏春秋·功名》云："善钓者，出鱼于十仞之下，饵香也。"深渊之鱼，出于香饵。"饵"，本义指耳朵状的饺子，后主要指小耳状的鱼饵。对于此言，杜牧注曰："敌忽弃饮食而去，先须尝试，不可便食，虑毒也。"显然，杜公将"饵"作名词，当"饮食"义，"兵"亦作名词，当"我兵"之义。而事实上，此言的"饵"，与上句的"锐"，以及下文的"归""围"一样，均为修饰"卒""兵"或"师"的形容词，故"饵兵"为"诱敌的部队"之义，是指敌军。正基于此，王皙注曰："饵我以利，必有奇伏。"张预注曰："鱼贪饵，则为钓者所得；兵贪利，则为敌人所败。"诱力可怕，谨防中计！可见，此言就是指因敌之利诱而需"治变"的思想与策略。

归师勿遏。"归"，为"退还""返回"之义；"遏"，为"拦阻""阻截"之义。对此，孟氏注曰："人怀归心，必能死战，则不可止而击也。"张预注曰："兵之在外，人人思归，当路邀之，必致死战。"孙子言兵，主论客战，士卒背井离乡，南征北战，或奏凯而归，或败走而还，必是归心似箭，势不可当，故《孙子兵法·九地》云："九地之变，屈伸之利，人情之理，不可不察也。"该篇浓墨重彩地说明，深入敌境的纵深不同，攻防进退的利害得失不同，全军上下的心理状态也不同，这些都是将帅不能不认真研究和考察的问题，而孙子"归师勿遏"正是基于官兵的"人情之理"所得出的结论。可见，此言就是指因敌之人情而需"治变"的思想与策略。

围师必阙。汉简本"必阙"作"遗阙"。"阙"同"缺"，此指留个缺口。对此，曹操注曰："《司马法》曰：'围其三面，阙其一面，所以示生路也。'"张预注曰："围其三面，开其一角，示以生路，使不坚战。"甚是。若四面受敌，铜围铁马，敌必众志成城，拼死一搏，做困兽之斗；若网开一面，留出生路，敌必心无斗志，军心涣散，弃甲急走，此时，难打的"困兽之斗"便转变为好打的"惊弓之鸟"。故此，赵本学注曰："围之太急，彼无出脱之路，必有困极之势。开其一面，以摇其心，譬如决水，使之自溃，则其势不相救而可击也。"可见，此言就是指因敌之困境而需"治变"的思想与策略。

穷寇勿迫。何谓"穷寇"？《孙子兵法·行军》云："粟马肉食，军无悬甀，不返其舍者，穷寇也。"用粮食喂马，杀牲口吃肉，收拾起汲水器具，部队不返回营舍的，就是穷寇。可见，穷寇并非走投无路的败军，而是决心死战的顽敌。句中"迫"，四库本与《武备志》作"追"，樱田本又作"逼"。笔者认为，"迫"虽本身含有"逼近""靠近"，亦即有"追"的意味，但对于身处绝境、决心死战的穷寇而言，如再往绝路、死路上逼，必然生变，故从"迫"义长。因此，梅尧臣注曰："困兽犹斗，物理然也。"张预注曰："敌若焚舟破釜，来决一战，则不可逼迫，盖兽穷则搏也。"足见，穷寇有必死之志，迫之必坚其志，穷寇不是不消灭，而是要讲求消灭的策略。这里，或许人们会情不自禁地想起毛泽东《七律·人民解放军占领南京》那气壮山河的诗句："宜将剩勇追穷寇，不可沽名学霸王。"对此，有学者认为这"正是对'穷寇勿迫'的最高明的批判"（陶汉章：《孙子兵法概论》）。其实不然。在解放战争即将胜利的前夕，面对国际国内"划江而治"的思潮和主张，毛泽东的诗句与其说是一种军事战略，不如说是一种政治宣言：打过长江去，解放全中国！反观孙子此言，就是指因敌之穷极而需"治变"的思想与策略。

此用兵之法也。此段首尾两度云"用兵之法",那么,孙子究竟讲明了什么"用兵之法"?郑友贤《十家注孙子遗说并序》云:"所谓'高陵勿向,背丘勿逆',盖亦有可向可逆之机;'佯北勿从,锐卒勿攻',亦有可从可攻之利;'饵兵勿食,归师勿遏',亦有可食可遏之理;'围师必阙,穷寇勿追',亦有不阙可追之胜。"既然如此,为何孙子斩钉截铁地说"勿向""勿逆""勿从""勿攻""勿食""勿遏""必阙""勿追",何等的决断与定力!对此,郑公又曰:"夫事至于可疑,而后知不疑者为明;机至于难决,而后知能决者为智。"军争竞先,军争争利,明于"争先"必有所"勿为",智于"争利"须待机"治变"。所以,孙子"八戒",与其说是"打"的禁忌,不如说是"走"的禁忌,实乃"走"中之"打"的禁忌,亦即所谓"军争"的"用兵之法"。

银雀山汉墓中,出土有《孙子兵法》篇题木牍,在《军争》篇名之上,标有醒目的黑色圆点,竹简整理小组认为:"似木牍原分《孙子兵法》为两个部分"。古人编书,分上下篇或者内外篇亦属成例,如《老子》分上篇和下篇,《庄子》分内篇、外篇和杂篇。故而,李零《唯一的规则:〈孙子〉的斗争哲学》说:孙子"上篇讲理论,我叫'理论'篇,下篇讲实战,我叫'实战'篇。精观《军争》全篇,我们会深切地感悟到"兵战之场"的博弈与"立尸之地"的角逐;而通观前六篇,我们又会清楚地认识到孙子对战略筹划与制胜机理的考察;而通观后六篇,我们同样会清楚地认识到孙子对战役战术以及与具体关键问题的探索。所以,明代茅元仪的评议可谓一语破的,说明他敏锐地感受到了《军争》由庙堂之高向战场之远的显著转变;而日本服部千春的观点堪称深识独见,说明他宏观地认识到《军争》从前六篇到后六篇的转承联结。故而,笔者认为,《孙子兵法》全书就像其每篇的结构,应分为三个部分:前六篇为上篇,后六篇为下篇,《军争》篇为中篇,它发挥着全书承上启下的中枢纽带的重要作用,对此,犹如前六篇思想内容的全局性与理论性一样,后六篇思想内容的局部性与具体性,均将会有力地证明这一点。

第七 军争——竞先争利

第八　九变

——通权达变

在《孙子兵法》十三篇中，《九变》篇幅最短，存留疑问最多，机缘巧合的是，其汉简又残缺甚重，以至于篇题不存。观古今诸家之注，或昧于"九变"题义，言"九变"或作"五变"，聚讼不已，莫衷一是；或晦于《九变》主旨，与《九地》甚至《军争》《地形》混作一谈，不求甚解，臆断妄言；或暗于"九变"脉络，巧于弥缝，篡字训释，断章解经。极为甚者，如元明时期张贲、刘寅、赵本学，以"错简"为由，移花接木，将《军争》篇尾"八戒"移至《九变》篇首，只存《九变》篇首"绝地无留"一语而删除其余，合之而附会"九变"题义。及至现代，甚至有人认为《九变》是一篇糊涂文章"，"这篇文章有四小段，每段话相对独立，各说各话，没有启承转合，没有前后照应"，还有人认为"此篇系由《九地》篇割裂而出"。笔者认为，所有这些问题，皆因未通晓孙子的理论思维。

一、题解——九变，是因情制变的指挥艺术

武经本、十一家注本皆作《九变》。对于篇题题义，曹操注曰："变其正，得其所用九也。"曹公认为，变正为奇，得奇有九，"九"当为实指。王晢则注曰："晢谓：九者数之极；用兵之法，当极其变耳。《逸诗》云：'九变复贯'。不

352

知曹公谓何为九？或曰：九地之变也。"王公认为，"九"为阳数之极，故当为虚指，但他对曹操"九"为实指之说未敢轻弃，提出"九变"是否即为"九地之变"的猜臆。张预则注曰："变者，不拘常法，临事适变，从宜而行之之谓也。凡与人争利，必知九地之变，故次《军争》。"且注篇内"死地则战"语曰："从'圮地无舍'至此为九变，止陈五事者，举其大略也。"张公坚定地认为，"九变"就是"九地之变"，孙子《九变》所以只言圮、衢、绝、围、死五地，乃只是列举了"九地"的大略。尽管目前对上述各家之注，众说纷纭，莫衷一是，但笔者认为，王晳之问，特别是张预之注，为我们破解本篇悬疑提供了弥足珍贵的启示。

　　首先，"九变"是将帅通于"九地之变，屈伸之利，人情之理"的指挥艺术。在《九变》开篇所举的圮、衢、绝、围、死"五地"之中，唯独"绝地"不在"九地"之列。然《九地》篇内有云："去国境而师者，绝地也。"这便清楚地说明，"绝地"乃跨越国境、离开本国的作战地域，属所有"客地"的统称。依此而观，孙子"九地"，除轻地（入人之地不深者）和重地（入人之地深，背城邑多者）纯属"绝地"外，其他如散地、争地和交地，甚至包括圮地、衢地、围地和死地，只要处在他国境内，均属于"绝地"的范畴。而孙子言兵，主论攻伐他国的"为客之道"。故此，笔者认为，《九变》所陈，表面为"五地"，实则为"九地"，同时，《九变》与《九地》两篇思想内容，休戚相关，一脉相通。综观《九地》主旨，一言以蔽之，就是考察"九地之变，屈伸之利，人情之理"的"为客之道"。正因如此，孙子才说通于"九变"的根本价值在于"知用兵矣"。如果打仗不懂"九变之利"，即使懂得"地形"，但也不能得到"地之利"，显然，此乃"九地之变"使然；如果治军不懂"九变之术"，即使懂得"五利"，但也不能得到"人之用"，显然，此乃"人情之理"使然。由是观之，所谓"九变"，非唯"九地之变"的简称，它乃是对"九地之变，屈伸之利，人情之理"的高度抽象与概括，是关于将帅指挥问题的总的理论概念；而所谓"五利"，则是指"屈伸之利"，亦即开篇所讲的五个"有所不"，有关这一点，我们在下文中详尽阐释。

其次，"九变"是将帅基于"杂于利害"辩证方法的指挥艺术。所谓"九变"，是将帅按照战局向敌纵深的推进和发展，对不同作战地域特点的深入把握，对进退攻守策略的有利选择，对部队思想心理的精湛驾驭，但归根结底，它是对全部"利害"问题的科学分析和正确解决。所以，孙子说"智者"考虑问题，必然要"杂于利害"，因为，"杂于利"，其"务"就"可信"，即为部队确立的企图和任务就可信可行，"杂于害"，其"患"就"可解"，即使部队面临的困难和问题就可破可解。在此，将帅作战指挥的核心问题——确立任务，解决困难——得到集中体现。由此可见，如同《作战》篇"故不尽知用兵之害者，则不能尽知用兵之利也"一样，孙子所言的"杂于利害"，远非人们一般所说的军队行动的"避害趋利"问题，而是将帅指挥打仗的思想方法，是研究与解决一切战争问题的辩证法。要言之，"杂于利害"是孙子"九变"思想的哲学根据。

再次，"九变"是将帅趋"伐交伐兵"之利、避"将有五危"之害的指挥艺术。既然将帅"九变"的指挥思想，基于"杂于利害"的辩证哲学，那么，在组织与实施战争中该如何具体地运用呢？孙子认为，一方面，要趋"伐交伐兵"之利。在国际环境的营造上，要充分利用"利害"创造有利的战争条件：以"害"屈服诸侯，以"业"役使诸侯，以"利"调动诸侯；在用兵打仗的指导上，要有备无患，始终保持随机应变的主动权和军队行动的自由权：不寄希望于敌人"不来"，而要依靠"吾有以待"，不寄希望于敌人"不攻"，而要依靠"吾有所不可攻"。另一方面，要避"将有五危"之害。"九变"的死敌，是将帅的"五危"："必死""必生""忿速""廉洁""爱民"。偏执是权变的天敌，用兵打仗的大害，因此，孙子的结论是："覆军杀将必以五危，不可不察也。"

由是观之，《九变》与《九地》虽紧密联系、一脉相通，但语异义殊、各书一旨。就《九地》而言，它所考察的是"九地之变，屈伸之利，人情之理"的具体情形及其一般做法，属于"术"的层面，在用兵打仗过程中，它自发地、强制地起作用，具有鲜明的客观性；然就《九变》而言，它所揭示的是"九地之变，屈伸之利，人情之理"的总体运用及其思想原理，属于"道"的层面，在用兵打仗过程中，它自觉地、能动地起作用，具有鲜明的主观性。前者决定后者，而后者受到前者的制约。用现代军事理论的语境讲，《九地》所揭示的是战争的规律，而《九变》所揭示的是战争的指导规律。

关于《九变》的篇次，在汉简篇题木牍的后七篇中，唯《九变》篇题不存，恰木牍的第二排第五行文字缺失，故疑此即系《九变》位置，为次《实虚》而先《地形》。然十一家注本与武经本皆为次《军争》而先《行军》，位居第八。对此，张预注曰："凡与人争利，必知九地之变，故次《军争》。"张公之注，虽言之有理，军争"百里""五十里""三十里"而"争利"，途由或圮、或衢、或绝、或围、或死之"九地"势所必然，但张公为何不说必须知晓"九地"，而是说必须知晓"九地之变"呢？笔者认为，诚如《军争》篇中我们所讲到的，军争之要在于"以分合为变"，军争之胜则在于将帅"治变"，因此，与人军争必知治变之法，而《九变》（张注"九地之变"），就是专门论述"治变"问题的。所以，陈启天亦注曰："治变之法，《军争》已略示其义，本篇则详论之。"正因如此，我们说《九变》次《军争》，位居第八为确。然而，还有一个问题是，按照常理而言，欲知"九地之变"，需先知"九地"，也就是说，《九地》应当位于《九变》之前，那么，孙子为何将其远置于《地形》之后呢？我们说，这是由《孙子兵法》从理论到实践、从整体到局部、从宏观到微观的体系构建思想使然。欲《军争》，需通《九变》；通《九变》，可以《行军》；欲《行军》，先知《地形》；用《地形》，必明《九地》。环环相扣，层层递进，一脉千里，呈率然之势，显无穷之妙。

二、构解——既讲了九变之理，又讲了九变之要

《九变》是孙子对将帅指挥艺术的理论考察。与现代作战指挥理论不同，孙子研究将帅指挥艺术，主要以"为客之道"为背景，以"九地之变"为对象，以通权达变为灵魂，重点解决了将帅"九变"的思想内涵、地位作用、哲学基础，以及伐交、伐兵和坚决反对的将帅"五危"的运用要点。言约旨远，一气呵成。

上半部分：九变之理。从"凡用兵之法，将受命于君"至"不能得人之用矣"。首先，以"圮地""衢地""绝地""围地""死地"的相应之策，说明了"九变"类指；又以五个"有所不"，说明了"九变"本质。然后，以将帅不通"九变之利"，则不能得"地之利"，不通"九变之术"，则不能得"人之用"，从反面说明通"九变"即可"知用兵矣"的地位作用。

中间部分：杂于利害。从"是故智者之虑"至"而患可解也"。孙子指出，"智者之虑，必杂于利害"，因为，"杂于利"，其"务"就可信受奉行，"杂于害"，其"患"就可迎刃而解。其言下之意，最高明将帅所"必"者——"杂于利害"，乃是最根本的和带有规律性的东西。对于上文，揭示了"九变之理"的哲学基础；对于下文，指明了"九变之要"的根本遵循。

下半部分：九变之要。"是故屈诸侯者以害"至"不可不察也"。孙子认为，攻伐敌国而"杂于利害"，其荦荦大端有二。一为用"利害"驾驭诸侯，营造有利的战争环境。故"屈"之以"害"，"役"之以"业"，"趋"之以"利"。二是因"利害"筹划用兵，不打无准备之仗。故"不恃"敌人"不来"和"不攻"，而"恃"我方"有以待"和"有所不可攻"。最后，以"将有五危"为警示，穷尽将帅呆板之极，反明"九变"灵活之义。

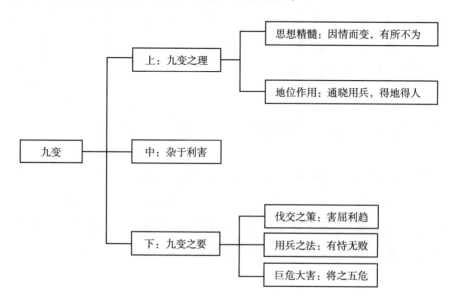

三、文解

战争的胜利源自于战争指导者高超的指挥艺术。孙子认为，将帅的指挥艺术就是"九变"。那么，什么是"九变"？"九变"的地位作用究竟是什么？春秋时期，人们虽然尚未确立起研究思维的逻辑学，但孙子仍以自己严谨的理论思维回答了上述两个问题。孙子首先类举了"圮""衢""绝""围""死"因地制策的一系列具体情形——明确了"九变"的外延；其次概括出五个"有所不"——揭示了"九变"的内涵；再次阐释了其"知用兵"的功能以及"得地之利"和"得人之用"的效用——说明了"九变"的地位作用。字里行间，我们仿佛看到了形式逻辑的萌芽与影子。

上：九变之理

1.0 孙子曰：凡用兵之法，将受命于君，合军聚众。圮地无舍，衢地交合，绝地无留，围地则谋，死地则战。途有所不由，军有所不击，城有所不攻，地有所不争，君命有所不受。

2.0 故将通于九变之地利者，知用兵矣。将不通于九变之利者，虽知地形，不能得地之利矣；治兵不知九变之术，虽知五利，不能得人之用矣。

九变的思想精髓：因情而变，有所不为

孙子曰：凡用兵之法，将受命于君，合军聚众。圮地无舍，衢地交合，绝地无留，围地则谋，死地则战。途有所不由，军有所不击，城有所不攻，地有所不争，君命有所不受。孙子说，大凡用兵的法则，将帅受领国君的战命，征募兵众组织军队。在"圮地"不驻扎，在"衢地"搞外交，在"绝地"不滞留，在"围地"用奇谋，在"死地"拼力战。有的道路不一定要走，有的敌人不一定要打，有的城池不一定要攻，有的地方不一定要争，有的君命不一定要听。孙子开篇首段，表面上语义支离，实际上明断暗续，言简意赅，说明了以下三个方面的问题：

第一，"九变"的研究对象：将帅（指挥）问题。

凡用兵之法，将受命于君，合军聚众。对于此言，《十一家注孙子》中，唯张预注曰："已解上文。"张公的意思是说，这句话《军争》篇中已经解释过了，再没什么好说的了。那么，为什么孙子在《九变》开篇仍然还要说这句话呢？我们不妨回顾一下《军争》的开篇："孙子曰：凡用兵之法，将受命于君，合军聚众，交和而舍，莫难于军争。"孙子此言为的是引出"军争"问题，不仅如此，诚如《军争》篇中我们所讲到的，他还告诉人们："'军争'发端于'受命'，历经于'合军'，终结于'交和'，军争活动存在于从接受君命到两军对垒的整个过程之中"。同样，《九变》开篇的这句话，引出的则是"九变"问题，但他却告诉人们，"九变"发端于"受命"，历经于"合军"，但它未必终结于"交和"，因为，在此孙子并未言及"交和而舍"。然而这也正恰说明，"九变"不仅存在于"军争"的全过程，而且存在于之后"会战"的全过程。当然，按照孙子"先胜而后求战"的一贯思想，"九变"的运用重点当先聚焦于"军争"之时，而后聚焦于"会战"之际。故此，张预注曰："凡与人争利，必知九地之变"。钱基博亦注曰："通于九变之利，而军争为利矣。"更为重要的是，在此我们还必须认识到，如果说《军争》乃主论"军争"之事，那么《九变》则主论"九变"之人，因此，刘邦骥注曰："此一篇，论为将者，当极其应变之能事，故亦以将受命于君发其端"。综上所述，孙子开篇此言诚所谓开宗明义：不仅说明了《九变》的研究对象是将帅（指挥）问题，而且说明了将帅（指挥）问题——"九变"，作用于"军争"和"会战"或者说战争的全过程。

第二，"九变"的类指外延：九地（五地）之变。

圮地无舍，衢地交合，绝地无留，围地则谋，死地则战。综观《十一家注孙子》中各家之注，或重于对句中词义的训诂，或重于对句义缘由的诠释，应当说，各有所见，各具千秋。但事实上，孙子《九地》篇对此均有详尽的阐述，"九地"是什么，该当怎么办，原因为什么，讲得清清楚楚、明明白白。

诸侯自战其地，为散地。入人之地不深者，为轻地。我得则利，彼得亦利者，为争地。我可以往，彼可以来者，为交地。诸侯之地三属，先至而得天下之众者，为衢地。入人之地深，背城邑多者，为重地。行山林、险阻、沮泽，

凡难行之道者，为圮地。所由入者隘，所从归者迂，彼寡可以击吾之众者，为
围地。疾战则存，不疾战则亡者，为死地。是故散地则无战，轻地则无止，争
地则无攻，交地则无绝，衢地则合交，重地则掠，圮地则行，围地则谋，死地
则战。(《孙子兵法·九地》)

从引文中可以明显看出，关于"地"的问题，乃《九地》所阐述的主要问题，
而并非《九变》所要阐述的主要问题。所以，与孙子两篇内容的安排一致，我
们也把"圮地"为何"无舍"、"衢地"为何"交合"、"绝地"为何"无留"、"围
地"为何"则谋"、"死地"为何"则战"等有关问题，放在《九地》篇再作详
细的诠释。在这里，我们首先围绕《九变》的主旨，研究一下"五地"是否就
是"九地"，如果是，"九变"与"九地"究竟存在着怎样的内在关系。

《九地》篇，将散地、轻地、争地、交地、衢地、重地、圮地、围地、死
地，统称"九地"，且具足而论"地"；《九变》篇，保留圮地、衢地、围地、
死地，合并散地、轻地、争地、交地、重地为一绝地，人称"五地"，然由之
而论"变"。在这当中，关于"圮地无舍"，《九地》作"圮地则行"，因"圮地"
属难行之道，通行都难，倘若驻止，遇敌突犯，再走甚难，故当行而勿止，可
见，"行"与"无舍"一义。关于"绝地无留"，因孙子论兵主述"为客之道"，
故散地、轻地、争地、交地、重地均可归于"去国越境而师者"之"绝地"；
又因跨境离国，客场作战，周遭受敌，从速为宜，淹久必危，故"无战""无
止""无攻""无绝""则掠"均可归于不贵久的"无留"之策，正如曹操注曰
"无久止也"。由是观之，《九地》之所以为"九地"，主要是依据战场情况的不
同，对作战地域的细分；《九变》之所以为"五地"，主要是依据采取对策的不
同，对作战地域的略分。对此，张预注曰："止陈五事者，举其大略也。"其实，
张公并不清楚"五地"之"略"，乃是依据对策对"九地"的并类之"略"。因此，
"五地"实际上就是"九地"，二者不过是由于划分标准的迥异而得出的不同表
述。那么，孙子为什么在《九变》开篇只言"五地"而不言"九地"呢？笔者
认为，这完全是由先秦文化特点及由此产生的理论思维模式所决定的。

自古以来，"九"与"五"就有着幽深而密切的文化关联。如《易经·乾卦》

云："九五，飞龙在天，利见大人。"数术家以为，"九五"是人君的象征，代表着至高无上的权位，故历代帝王素有"九五之尊"的称谓。再如《南齐书·高帝纪上》云："公忠诚慷慨，在险弥亮，深识九变，妙察五色。"《桓书·商鞅》云："鞅之作法也，尽九变以笼五官，核其宪度而为治本。"两句之中，一"九"一"五"，前者渲染了"公"之"弥亮"的灵机之境；后者则烘托出"鞅"之"作法"的深广之界。纵观古代文化，"九"通常代表了一种"极"的状态。清人汪中《述学·内篇·释三九》云："凡一二之所不能尽者，则约之三以见其多；三之所不能尽者，则约之九以见其极多，此言语之虚数也。"可见，在古人看来，"九"作为阳（奇）数的最大数，表示了一种极情尽致的状态。正缘于此，王晳注《九变》篇题曰："九者数之极；用兵之法，当极其变耳。"这里需要说明的是，王注看似言之有理，然王公有一点其实并不清楚，那就是先秦子虽以"九"为"极"，然也常以"九"述"极"。如《管子·九变》述"民之所以守战至死而不德其上"原因有九；《庄子·天道》述明道之先后，亦以"天""道德""仁义""分守""形名""因任""原省""是非""赏罚"为九变。由是观之，孙子"九变"之"九"，既表征了"变"的无穷之境，也照应着"变"的具体之情（"五地之变"即"九地之变"），虽有喻"极"之义，然并非完全虚指。

与此相应，"五"则通常代表着一种"全"的状态。《说文》云："五，五行也。"段玉裁注曰："古之圣人知有水火木金土五者，而后造此字也。"可见，"五"从诞生之日起，就代表着宇宙构成的基本要素，是天地万物构成元素的极限数；而五行学说亦是中国古代取象比类学说，用以说明世界万物的产生形成、运动发展及其转化关系，因此，具有极强的整体性，堪称原始的系统论。正因如此，孙子《势》篇云曰："声不过五，五声之变，不可胜听也；色不过五，五色之变，不可胜观也；味不过五，五味之变，不可胜尝也。"所以，"五"可以构成万事万物，代表了一种归全返真的状态。整观《九变》篇之"五地"："圮地"，乃难行之道；"衢地"，乃多国之界；"绝地"，乃敌国之境；"围地"，乃险阨之所；"死地"，乃决死之场。这些不仅立体地展现了"为客之道"的时空全景，而且精准地抓住了古代战场所有的"卓绝"之情，无不将《九地》篇之"九地"包罗其中。诚如我们在《计》篇讲到的："每个民族都有自己的象征系统，并构成内化的思维方式。"在先秦文化中，"九五"不仅代表了至高无上的状态，而且形成了先秦子以"九"言"极"、以"五"述"全"的理论思维范式。具而言之，《九地》篇虽举"九地"之多，然在详尽阐明"九地"的同时，也以"九"之"极"的内涵表明了"地"的无穷无尽；而《九变》篇虽陈"五地"之少，然在扼要阐明"五地"的同时，更以"五"之"全"的内涵表明了"地"的尽在其中。

由是观之，《九变》开篇便将"九地"浓缩为"五地"，既是对"九地"所有情形进行"全"的类框定的逻辑需要，也是对"九变"通权达变进行"极"的态塑造的理论规定。其潜台词是：地不过五，五地之变，不可胜穷也；而潜逻辑则是："九变"——基于"九地之变"——类于"五地之变"——千变万化。现代逻辑学认为，概念是思维的基本形式之一，它反映事物的一般的、本质的特征。人类在认识过程中，把所感觉到的事物的共同特点抽出来，加以概括，就成为概念。所以，概念总是反映一个个或者一类类的事物或对象。毋庸置疑，处于春秋时期的孙子不可能像现代逻辑学所阐述的那样，为"九变"下一个"反映事物特性或本质"的定义，但通过列举"一个个或者一类类的事物或对象"来反映"九变"之所指，显然已经成为孙子表明"九变"类指事物的一种理论思维形式。那么，如何全面地而不是片面地、完整地而不是支离地列举出关于"九变"的所有类指事物呢？"五行"取象比类之说，自然成为孙子全面框定"九变"所类情形的理论根据。综上所述，笔者认为，"五地"之"五"，乃战场所类情形"全"的表征；"九变"之"九"，乃将帅指挥变化"极"的表征。"九变"表面上因于"五地"，本质上还是因于"九地"，其所以将"九地"浓缩为"五地"，是全面地框定"九变"所类情形的逻辑需要，其目的在于廓清"九变"的外延："九地之变"——进入不同的作战地域，应有不同的行动策略。

第三，"九变"的本质内涵：屈伸（有所不）之利。

途有所不由，军有所不击，城有所不攻，地有所不争，君命有所不受。观古今众家之注，大都拘囿于何"途"不可"由"、何"军"不可"击"、何"城"

361

不可"攻"、何"地"不可"争"、何"君命"不可"受"的问题，随文释义，求新立异，然实则去《九变》主旨远矣。用心参悟此言，"途"是否"由"、"军"是否"击"、"城"是否"攻"、"地"是否"争"、"君命"是否"受"，才是孙子这句话的言中之味。索其就里，孙子在此，排比叠出，铺张扬厉，五言"有所不"语，这充分表明，"有所不"乃此言玄关奥义所在。那么，"有所不"的内涵究竟是什么？五个"有所不"总体阐明了什么？它与上文的"五地"、与下文的"五利"又存在怎样的内在联系呢？

《郭店楚墓竹简·语丛三》云："有所不行，益。必行，损。"可见，在古人的认知世界中，"有所不"与"必"是一对相互对立的基本范畴。"有所不"既是"益"的表征，也代表着一种辩证的思想和有利的行为方式；"必"既是"损"的表征，也代表着一种机械的思想和有害的行为方式。正基于此，孙子《九变》篇，以将帅之五个"有所不"发其端，以智者之"杂于利害"隆其中，以将帅之"五危"（其实就是五个"必"）终其篇，从而全面而辩证地阐明了"九变"思想的丰富内涵。尤为重要的是，这也有力地证明了"有所不"与"必"，相对于"利"与"害"，具有着鲜明的方法论意义和哲学价值。因此，我们说，"有所不"实则是先秦时期的一种辩证法，它与"必"相互对立，共同构成了人们趋利避害行为的思想基础。

"有所不"的本质是"变"。何者为"变"？《军争》篇云："无邀正正之旗，勿击堂堂之阵，此治变者也。"赵本学注曰："兵所以斗，不斗非兵，然有避而不斗者，是权变之道，故曰：'此治变者也'。"赵公的意思是说："斗"，即"邀正正之旗""击堂堂之阵"是兵之常，"不斗"，即"无邀正正之旗""勿击堂堂之阵"是兵之变，因此，"避而不斗"就是"权变之道"。诚如隋唐大儒王通《止学》所云："大智知止，小智惟谋。"一言以蔽之，只要不打"正正之旗""堂堂之阵"的正规战就叫"变"。因此，何守法亦曰："常之反为变。"与此相同，途必由，军必击，城必攻，地必争，君命必受，乃将帅用兵之常；而"途有所不由，军有所不击，城有所不攻，地有所不争，君命有所不受"，乃将帅用兵之变。因此，"变"从"有所不"中来，"有所不"就是"变"。故而，张预注曰：

"变者不拘常法，临事适变，从宜而行之之谓也。"由此可见，孙子五个"有所不"，其手段是主动地选择放弃，其关键是摒弃拘于常法的教条主义，而其本质是因时、因地、因情的通权达变。无怪乎邵雍《近思录》有云："释氏多言定，圣人则言止。"足见，知"止"或者说懂得"有所不"，实属为一种极为通透睿智的思想境界。

"有所不"的目的是"利"。纵观诸家之注，笔者认为，唯梅尧臣之解言简意赅，高屋建瓴：对"途有所不由"，注曰"避其险阨也"；对"军有所不击"，注曰"往无利也"；对"城有所不攻"，注曰"有所害也"；对"地有所不争"，注曰"得之无益也"；对"君命有所不受"注曰"从宜而行也"。显然，在梅公看来，决定"由"或"不由"、"击"或"不击"、"攻"或"不攻"、"争"或"不争"、"受"或"不受"的唯一标准，就是利与害；而"有所不"的根本目的，就是避害而趋利。《孟子·离娄下》云："人有不为也，而后可以有为。"孟子告诉人们，"有所为"与"有所不为"始终是辩证统一的，"有所不为"仅是手段，而"有所为"才是目的，要想"有所为"就必须"有所不为"，"有所不为"是为了更好地"有所为"。因此我们说，孙子五个"有所不"，所表达的是在战争问题上"有所不为"与"有所为"的辩证法，而所阐明的则是机动灵活的变通思想：忍小利之失，图大谋之成，旨在获取更大的利益。

综上所述，五个"有所不"，既是对"五地"——"九地之变"基本原则的总结概括，也是对"五利"——"屈伸之利"精神实质的高度抽象。《九变》篇言"五地"也好，《九地》篇言"九地"也罢，无非说明了军队在处于不同作战地域时应当采取的具体对策。而五个"有所不"，则全面阐明了将帅在指挥打仗时对行进的道路、打击的敌人、攻克的城池、争夺的地域和国君的命令的选择与决断。诚如上文所言，以"五"述"全"乃先秦子固有的理论思维范式。而孙子此言，其择路、择击、择攻、择争、择君命的五大问题，实则囊括并表征将帅战略决策的内容之"全"；而由其"有所不"的变通策略所带来的择路之利、择击之利、择攻之利、择争之利、择君命之利的五大利益，实则表征将帅战略决策所带来的利益之"全"。故此，五个"有所不"，既是孙子下文所称的"五利",也是孙子下文所称"九变之利",同时还是《九地》篇所言的"屈伸之利"。它不仅总结概括了"五地"——"九地之变"——因其地、制其策的"有所不"的基本准则,而且高度抽象了"五利"——"屈伸之利"——先以"有所不"之"屈"弃小利、后以"有所为"之"伸"图大利的精神实质。或因于是,梅尧臣注"君命有所不受"语曰:"此而上,五利也。"意思是说,五个"有所不"就是"五利"。而曹操注下文"虽知五利"语曰:"谓下五事也。"意思是说"五利"就是指"五地"之后的五个"有所不"。虽然,曹、梅二公一致指出,五个"有所不"就是"五利",但遗憾的是,他们只云其然,而未云其所以然。

研究孙子五个"有所不"以及《九变》篇题,有一篇无法绕开的重要文献,那就是 1972 年银雀山汉墓出土的竹简兵书中的《四变》篇。需要说明的是,这篇简书出土时本无篇名,因文中有"君令有反此四变者"之语,因此,银雀山汉墓竹简整理小组便以"四变"名篇。该篇专为五个"有所不"句作解。

徐(途)之所不由者,曰:浅入则前事不信,深入则后利不棱(接)。动则不利,立则囚。如此者,弗由也。军之所不毁(击)者,曰:两军交和而舍,计吾为足以破其军,獾其将。远计之,有奇埶(势)巧权於它,而军……□将。如此者,军唯(虽)可毁(击),弗毁(击)也。城之所不攻者,曰:计吾力足以拔之,拔之而不及利於前,得之而后弗能守。若力〔□〕之,城必不取。及於前,利得而城自降,利不得而不为害於后。若此者,城唯(虽)可攻,弗攻也。地之所不争者,曰:山谷水□无能生者,□□□而□□……虚。如此者,弗争也。君令有所不行者,君令有反此四变者,则弗行也。……行也。事……变者,则智(知)用兵矣。(《四变》银雀山汉墓竹简)

关于"君命有所不受",文中曰:"君令有反此四变者,则弗行也"。其意思是说,前面四个"有所不"统称"四变","君命"所以"弗行",是因为它违反了"四变"的客观情况。言下之意,"君令有所不行"乃是对前面四个"有所不"的总说。无独有偶,对于《九变》篇题,唐代张预注曰:"自'圮地无舍'至'地有所不争'为九变。谓此九事,皆不从中覆,但临时制宜,故统之以'君命有所不受'。"张公的意思是说，"五地"加前四个"有所不"即为孙子所说的"九变"，由于这九个方面，均属将帅临机制宜之情，而非国君"中御"之事，因此末句以"君命有所不受"对其进行总结与概括。唐代李筌、贾林以及宋代何延锡皆从此说，而竹简《四变》的出土，与此说正合，所以，直至现代仍有许多学者赞同这样的观点。

笔者认为，事实并非如此。从文中我们可以明显看出，关于"途有所不由"，谈的是"前事不信"与"后利不棱（接）"的前后利益问题；关于"军有所不击"，谈的是"远计之"的远近利益问题；关于"城有所不攻"，谈的也是"及于前"与"害于后"的前后利益问题；关于"地有所不争"，因残缺严重，故难得其义；然关于"君命有所不受"，正如孙子《地形》所云："战道必胜，主曰无战，必战可也；战道不胜，主曰必战，无战可也。故进不求名，退不避罪，唯人是保，而利合于主，国之宝也"。可见，君命的"受"与"不受"同样属于是否"合于主"的"利"的问题。综上所述，孙子五个"有所不"，无一不在阐明将帅如何着眼利益进行战略决策的问题，它们完全属于并列关系，而并不存在所谓从属关系，故而孙子下文方有"五利"的称谓。由是观之，竹简《四变》不仅不足为考证《九变》的凿凿之据，而且还说明与之同时出土的《吴问》《地形》《黄帝伐赤帝》等并非吴孙子佚文，而当属墓主或他人对《孙子兵法》的注释文。

马克思说，语言是人类的思维外壳。整观《九变》首段，其实就是孙子对"九变"概念的建立与推阐。第一句，"将受命于君，合军聚众"，清楚表明了"九变"的执行主体与作用范围；第二句，陈列"五地"，全面框定了"九变"的所类情形，界定其外延；第三句，阐述"五利"，全面归纳了"九变"的"有所不"的共同准则，抽象其本质内涵或者说思想精髓。就其本质内涵而言，"有所不"作为先秦时期一种行为理念或一个哲学范畴，蕴含着丰富的现实与潜在、眼前与长远、局部与全局利益关系的辩证思想。孙子将其运用到战争领域，则体现为将帅对"由"与"不由"、"击"与"不击"、"攻"与"不攻"、"争"与"不争"、"受"与"不受"等重大问题，因时、因地、因情的战略抉择。令人叹为观止的是，孙子确立"九变"概念的逻辑，与现代逻辑学确立概念的理论惊人地一致。孙子"九变"的概念，就是对一个个或一类类事物或对象的反映，就是对把所感觉到的事物的共同点抽出来而进行的概括。

九变的地位作用：通晓用兵，得地得人

故将通于九变之利者，知用兵矣。将不通于九变之利者，虽知地形，不能得地之利矣；治兵不知九变之术，虽知五利，不能得人之用矣。这一段既有对上文所述思想的升华与凝练，也有对上文所述思想的伸展与说明。孙子说，所以，通晓了九变的本质，就是懂得了用兵。不懂得九变的本质，即使熟悉"五地"的地形，也不能实际得到地利；治军而不懂得九变的方法，即使知道"五利"的抉择，也不能充分发挥部队的战斗力。这里，不仅把上文所述思想内容结晶为概念——"九变"一词跃然纸上，而且以此作为认识的"阶梯"和"支撑点"，使其重要地位与具体作用也得以阐扬发挥。

第一，九变的地位：知用兵矣。

故将通于九变之地利者，知用兵矣。句中"地利"，《十一家注孙子》作"地利"，然武经本并无"地"字，由于孙子下文是将"地"与"利"作分别阐述，以此来说明"九变"的"得地之利"和"得人之用"两大作用的，故从注本作"地利"为是。在此，孙子言简意赅、一针见血地指出：通晓"九变之地利"的，就懂用兵；反之，不通晓"九变之地利"的，就不懂用兵。足见，通晓"九变之地利"是"知用兵"的不二法门，其重要地位赫然耸现。这里的问题是，何谓"九变"？它与"九变之地利"以及下文所说的"九变之利"与"九变之术"又有着怎样的内在联系？

关于"九变"，自古以来就众说不一。上文谈到圮地、衢地、绝地、围地、死地、途、军、城、地、君命，共为十事，非九之数，故此，贾林、何氏和张预等皆以为"君命"在此"昭然不类"，应"去而不数"，如此则"正合九之数"。然真正的"昭然不类"并非"君命"一条，而是前后五事的两不相类，故此说实属牵强附会。而赵本学则以"错简"之由认为："自上篇'高陵勿向，背丘勿逆，佯北勿从，锐卒勿攻，饵兵勿食，归师勿遏，围师必阙，穷寇勿追'八句，以合于'绝地勿留'一句为九变"。但是，汉简本原文与传本一致，并无错简，此说亦缺乏真凭实据。所以，生硬地拼凑"九变"无疑是冬烘之识、迂阔之见。笔者认为，孙子在此径自提出"九变"一词，并非突兀之举，此乃对上文所述"五地"（"九地"）类指情形的抽象概括，也是对其"五利"（"有所不"）共同本质的客观反映，总之，它是对上文所述事物或对象概念的抽象与抽象的概念。具而言之，"五地"之"五"，作为战场情形"全"的表征，反映了将帅指挥因地制宜的战场普适性；"九变"之"九"，作为通权达变的"极"的表征，表明了将帅指挥因情制变的灵活多变性。从这个意义上讲，"五"与"九"具有着同样的意义。所以，在古代"九变"或可称为"五变"，如《御览》卷二七二引文即作"五变"，二者不过是对将帅指挥问题的不同称谓。由是观之，"九变"属古代特有的军事术语，专指将帅因时因地因情而通权达变的指挥问题。

关于"九变之地利"，其实就是"九变"。其中，"地"乃"九地之变"的"地"（也是"五地"的"地"），"利"乃"屈伸之利"的"利"（也是"有所不"的"利"），因此，"九变之地利"其实就是对"九地之变"与"屈伸之利"的合称。孙子在此不言"九变"，而言"九变之地利"，其根本原因在于：除了"九地之变"与"屈伸之利"本身就是"九变"的核心内容外，更为重要的是孙子下文需要从"九变之利"和"九变之术"两个层面，来分别阐明"得地之利"与"得人之用"的两大作用。具而言之，"九变之利"即"屈伸之利"，如果将帅不懂得"有所不"所追求的全局利益，即使了解了"五地"或"九地"的地理条件和人文环境，同样还是不能利用好"地之利"；"九变之术"即"九地之变"，如果将帅不懂得在不同地理环境中士卒的精神心理变化即"人情之理"，即使通晓不同的地理环境应采取的相应策略，同样还是不能发挥好"人之用"。所以，如果用一个公式来直观地表述的话：九变＝九变之地利＝九变之利＋九变之术。"九变"作为将帅指挥的科学与艺术，其所谋之"利"，其所施之"术"，本就蕴含于其间，"九变"就是"九变之利"和"九变之术"的总和；而"九变之术"，乃是对"圮地无舍，衢地交合，绝地无留，围地则谋，死地则战"的现象概括，是关于"五地"（"九地之变"）因地制策的总的称谓；"九变之利"，乃是对"途有所不由，军有所不击，城有所不攻，地有所不争，君命有所不受"的本质抽象，是关于五个"有所不"（"五利"）思想内涵的理论概括，二者虽各有侧重，但共同统一于"九变"的概念之中。正基于此，孙子方曰，将帅通晓"九变之地利"，就是"知用兵矣"。从本质上说，"九变之地利"就是"九变"。

第二，九变的作用：得地之利，得人之用。

将不通于九变之利者，虽知地形，不能得地之利者矣；治兵不知九变之术，虽知五利，不能得人之用矣。如前所述，"九变"的类指外延是"五地"，孙子亦名之为"九变之术"；"九变"的本质内涵是"五利"即五个"有所不"，孙子亦名之为"九变之利"。正是由于厘清了"九变"的内涵，他才在"九变之利"与"九变之术"的辩证分析和考察中，条分缕析地阐明了"九变"的作用：一是"得地之利"；二是"得人之用"。总之，这段话是从反面说明，将帅只有通晓"九变"，即"九变之地利"，既明"九变之利"，又晓"九变之术"，才能达成地利与人和的兼得。

将不通于九变之利者，虽知地形，不能得地之利者矣。句中，"九变之利"，是指五个"有所不"的屈伸进退之利——"五利"，它是"九变"本质的理论抽象，亦是"九变"目的的集中体现；"地形"与"地之利"，并非单指自然的和有利的地形条件，而是指《九地》篇散、轻、争、交、衢、重、圮、围、死九种类型的"地"，及其因地制宜的一系列行动和对策。进而言之，《地形》篇之"地形"乃是对战场地形（地貌、地物和敌情等）及其相应战法和行动的类分；而《九变》篇之"五地"或《九变》篇之"九地"则是对战场环境（政治、军事、外交、经济、地理、人文和敌情等）及其相应策略和行动的类分。毋庸置疑，孙子言"地"并不是就地论地，而是因策论地、因人论地，它强调的是地与策的相宜、人与地的相得，这是孙子论"地"的基本观点与鲜明特色。正因如此，孙子指出，在实际用兵过程中，如果将帅不懂得"九变之利"——"五利"的通权达变，即使你知晓了"地理"——"五地"的地理环境和人文条件，仍然无法做到因地制宜、因地制策——"得地之利"。在此，孙子清楚地告诉人们，将帅通"九变"是用兵之本，知"地理"是用兵之末，若不通晓"五利"现实与潜在、眼前与长远、局部与总体的利益变通，就不可能做到因地制宜、因地制策。或缘于此，赵本学注曰："用兵以知变为先，知地次之。苟无其变，虽知地形，不得地之利也。"梅尧臣则注曰："知地不知变，安得地之利？"总之，在孙子看来，将帅只有充分施展自己的主观能动性，军队活动的地理环境才能得以真正的利用和发挥。换言之，将帅通"九变"的重大作用之一在于："得地之利"。

治兵不知九变之术，虽知五利，不能得人之用矣。总的来说，"九变之术"就是权变的具体方法。在《九地》中，"散地则无战，轻地则无止，争地则无攻，交地则无绝，衢地则合交，重地则掠，圮地则行，围地则谋，死地则战"，九种军队作战地域，九种具体处置方法，可名之谓"九变之术"；而在《九变》中，"圮地无舍，衢地交合，绝地无留，围地则谋，死地则战"，五种军队作战地域，五种具体处置方法，可名之谓"五变之术"。对此，曹操注曰："'九变'一云'五变'。"贾林注曰："五利、五变，亦在九变之中。"这说明，曹公有见此为"五变"之古本，而贾权所据即为"五变"之注本。如前所述，"九"表征其变化无穷，"五"表征其全面系统，二者实则同义。因此，笔者认为，"九变之术"亦即"五变之术"，就是指在圮地、衢地、绝地、围地和死地等不同的作战地域，分别采取无舍、交合、无留、谋和战等具体的对策和行动。

那么，"九变之术"与"治兵"或"得人之用"又存在着怎样的内在联系呢？孙子认为，这是由"兵士甚陷则不惧，无所往则固，入深则拘，不得已则斗"（《九地》），即深陷险境士卒就会不恐惧，无路可走军心就会坚固，深入敌国军队就会不涣散，迫不得已士卒就死战的"人情之理"所决定的。正鉴于此，孙子提出的做法是："散地，吾将一其志；轻地，吾将使之属；争地，吾将趋其后；交地，吾将谨其守；衢地，吾将固其结；重地，吾将继其食；圮地，吾将进其涂；围地，吾将塞其阙；死地，吾将示之以不活。"（《九地》）这不仅阐明了"九变之术"或"五变之术"的思想内容，而且清楚地表明了它与"治军"和"得人之用"之间的有机联系。正因如此，孙子才说，在实际治兵的过程中，如果将帅不知道在不同的作战地域，采取不同的策略方法，即使知道"五利"的通权达变，也无法获得"人之用"。总之，在孙子看来，将帅的权变与抉择仅是前提，只有依据不同的战场情况采取科学的方法策略，才能充分发挥出部队的战斗力。换言之，将帅通"九变"的重大作用之二在于："得人之用"。

列宁说，概念或范畴并不是认识的工具，而是认识的"阶梯"和"支撑点"。孙子关于"九变"的概念，发端于类指外延的"五地"，凝结于本质内涵的"五利"，但将其枝叶扶疏般呈现于人们眼前的，则展现在对其"知用兵"与"得地之利""得人之用"的地位和作用的阐扬之中。如果不懂"五利"——"屈伸之利"的通权达变，即使知道"五地"——"九地之变"的各种地形，也不可能充分发挥地形的有利作用；如果不懂"五地"——"人情之理"的运用方法，即使作出"五利"——"屈伸之利"的正确抉择，也不可能充分发挥军队的战斗力。所以我们才说，"九变"就是将帅关于"九地之变，屈伸之利，人情之理"的指挥科学和艺术。

中：杂于利害

孙子认为，将帅指挥贵在"九变"，而"九变"的本质精髓则在于通权达变、灵活机变。《荀子·儒效》云："千举万变，其道一也。"那么，将帅"九变"其所循又为何"道"呢？孙子的回答是："杂于利害"。因为，"杂于利"，军队的企图任务就可信可成；"杂于害"，面临的隐患问题就可排可解。借此，承接上文，揭示了"九变之理"的思想方法与哲学根据，开启下文，昭示了纵横捭阖不过施之以利害、进退攻守不过违害而就利，并以将之"五危"呼应篇首"五利"，在指明"九变"禁忌的同时，反面映衬出"九变"的"活"的灵魂。将帅指挥的"九变之要"呼之欲出。

3.0 是故智者之虑，必杂于利害。杂于利，而务可信也；杂于害，而患可解也。

"九变"的思想方法：杂于利害

孙子指出，明智的将帅考虑问题，总是兼顾利害两个方面。从利的方面考虑，企图任务就可信受奉行；从害的方面考虑，隐患问题就可迎刃而解。对此，钮先钟《孙子三论：从古兵法到新战略》认为："这一段话与前面的讨论实在是没有太多的关系，无论作何种解释，似乎都还是相当勉强。很明显，其内容是属于大战略的层次，而非属于较低的作战层次，所以在这里出现颇不可解。"可以肯定地说，这里绝非是"作者痴"，而是钮公不解"其中味"。那么，孙子在此为何好似突兀地提出"杂于利害"的问题呢？因为将帅指挥"九变"思想的科学性和艺术性正根植于此。

　　是故智者之虑，必杂于利害。首先，关于"利害"，世界上任何一个民族都有其发生智慧的始端。《易·系辞下》云："阴阳合德，而刚柔有体。"阴阳两气相合相感，产生天地万物，于是生生不息。中国自有思想以来即讲两端：阴阳、乾坤、善恶、利害等。孙子认为，兵"以利动"（《军争》），"非利不动"（《火攻》），"合于利而动，不合于利而止"（《九地》《火攻》），利益是决定军队行动与否的唯一标准，因此，"利害"是孙子考虑与谋划军队一切行动的立足点和出发点，自然也成为将帅指挥"九变"的根本依据和准则。其次，关于"杂于"，《说文·衣部》云："杂，五彩相合。"故"杂"乃"搀杂"义，可引申为"兼顾"。对此，曹操注曰："在利思害，在害思利。"张预注曰："虽处利地，必思所以害；虽处害地，必思所以利。"显然，曹、张二公居利思害、居害思利的诠释，对于"虑"的方法——"杂于"而言，不仅显得含混不清，而且颇有简单机械之嫌。《论语·子罕》云："吾有知乎哉？无知也。有鄙夫问于我，空空如也。我叩其两端而竭焉。"我有知识吗？没什么知识。有乡野村夫问我一个问题，我什么也不知道。但我从正反两个方面不断追问，问题便清楚了。世界是无限的，人的认知是有限的，但孔子却有认识和解决问题的基本方法，这就是"叩其两端而竭"。从孙子下句来看，他所运用的正是中国"两端"思想方法之滥觞——从"利"与"害"两个方面来分析、研究和解决军事问题。故赵本学注曰："杂于利害两端，往来胸中而斟酌之也。"可见，"杂于"引申为"辩证分析"甚切。再次，关于"智者"，《计》篇云："将者，智、信、仁、勇、严也。"孙子始终把"智"置于将帅"五德"之首，并且把"智将"作为将帅完美的化身，因此，句中"必"不仅表明了"智者之虑"的必然性和规律性,同时,"智者"二字还表征了"杂于利害"这一思想方法的高超性和真理性。所以我们说,孙子提出的"杂于利害",既是将帅指挥"九变"的思想方法,也是其"九变"思想的哲学根据。无怪乎古希腊人说,哲学就是爱智慧。

杂于利,而务可信也;杂于害,而患可解也。这句话是孙子对"杂于利害"思想方法的具体诠释,也是对其军事意义和作用的深刻揭示。句中"务",《广韵·遇韵》云:"务,事务也。"可引申为"任务""企图"。句中"信",本意为"相信""信赖",然《周易·系辞》亦云:"尺蠖之屈,以求信也。"树虫蠕行,以屈求伸,故又通"伸",可引申为"伸展""完成"。智者为何且怎样"杂于利害"呢?孙子指出,从"利"的方面分析,将帅确定的企图和任务,才可靠可行;从"害"的方面分析,行动面临的困难和问题,才可排可解。简言之,其方法是:"叩其两端";其目的是:"务信害解"。事实亦是如此,将帅的指挥或者说"九变"无非包括两大部分:一是定下决心;二是实现决心。因此,将帅在指挥打仗时,一方面,要围绕着胜利和有利条件确定任务、计划行动,以确保作战决心的可靠性,另一方面,则要围绕着困难和不利条件寻找问题、拿出对策,以确保作战决心的可行性,唯此方可赢得胜利而避免失败。句中两个"杂于",堪称孙子点睛之笔,这不仅深刻反映了他对战争乃"利"与"害"交织体的本质认识,而且体现了他对"利"与"害"统筹兼顾、综合分析的辩证方法,正基于此,才使得将帅"九变"的可靠性与可行性达成高度的统一。所以我们说,此段"杂于利害"的提出,不仅深刻揭示了将帅指挥"九变"的思想方法,而且明确指出了将帅指挥"九变"的哲学根据。

下:九变之要

上半部分,陈"五地",言"五利",表明"九变"的本质内涵,以通"九变之利",知"九变之术",说明其"知用兵"与"得地之利""得人之用"的地位和作用。从而,系统阐释了"九变"通权达变的思想精髓。中间部分,以"智者"思虑,论"利害"两端,明"九变"之宗,科学揭示了"九变"杂于利害的思想方法。借此，为上文玄奥的"九变之理"找准了哲学根据，为下文具体的"九变之要"提供了基本遵循。下半部分，以"害利"屈趋诸侯，凭"恃待"防患未然，用"五危"警戒将帅，"九变"的运用要点跃然于目前。

4.1 是故屈诸侯者以害，役诸侯者以业，趋诸侯者以利。

4.2 故用兵之法，无恃其不来，恃吾有以待也；无恃其不攻，恃吾有所不可攻也。

5.0 故将有五危：必死，可杀也；必生，可虏也；忿速，可侮也；廉洁，可辱也；爱民，可烦也。凡此五者，将之过也，用兵之灾也。覆军杀将，必以五危，不可不察也。

九变的伐交之策：害屈利趋

是故屈诸侯者以害，役诸侯者以业，趋诸侯者以利。孙子指出，依上而为，要使诸侯屈服于我就构害威逼，要使诸侯无暇顾我就构事驱扰，要使诸侯趋附于我就构利引诱。春秋战国，"诸侯"即"国"。这里，就像20世纪70年代毛泽东对波谲云诡的国际社会作出"三个世界"的划分一样，孙子"杂于利害"，旨在利我，将"国际"上可能存在的不同势力，区分为三种立场的"诸侯"，提出了三种应对的方法，共同构建起了其服务于军事活动的外交策略。

关于"诸侯"，吴九龙、李零等一些现代学者认为：诸侯是"指敌国"。非也。从孙子使用"诸侯"一词的情况来看，《孙子兵法》言及"诸侯"者共十处，除本篇提到之处外，大体可区分为四种情况。一是《作战》篇云：若战争久拖致国力枯竭，"则诸侯乘其弊而起"；二是《谋攻》篇云：如果军队对统帅指挥猜忌且怀疑，"则诸侯之难至矣"；三是《九地》篇云："诸侯自战其地"与"诸侯之地三属"，分别名之"散地"和"衢地"；四是《军争》和《九地》篇云："故不知诸侯之谋者，不能豫交"。整观易见，孙子所言"诸侯"，无一处是指"敌国"，而是指交战国之外的"第三国"。从春秋时期的战争实践看，正如我们在《军争》篇中所谈道的："在诸侯林立的春秋时期，战争往往是涉及第三乃至第四国的'国际战争'，他们的政治图谋及其所采取的态度和行动，对战争的胜负均会产生非常重要的影响"。所以，孙子《谋攻》篇方云："上兵伐谋，其次伐交，其次伐兵，其下攻城。"在"出将入相"的春秋时期，上述谈到的有关"诸侯"事宜均属将帅在外指挥打仗的职责范围所在。从此言阐述的思想内容看，这正是孙子针对不同立场的"诸侯"所提出的基本策略，即对如何"伐交"或"豫交"问题的科学回答。

关于"屈诸侯者""役诸侯者"和"趋诸侯者"，如上所述，两国交战，不只关乎敌我两国，而是涉及多国关系，那么，面对纷繁复杂的"国际"社会，孙子如何"杂于利害"，科学划分并应对"诸侯"势力，进而瓦解敌国盟友，强大自己阵营呢？对此，赵又春《我读孙子》指出一个颇值玩味的问题："'是故'引出的是三个"者"字句，自然要首先确定'者'字在这里的用法。我以为都不是指人，而是表示假设关系"。笔者认为，赵先生的眼光确实敏锐，句中这三个"者"字不只表示了一种或然式的"假设关系"，更重要的是表明了三种截然不同的对待"诸侯"的立场与方法。一是对反对者，"屈"之以"害"。"屈"为"使……屈服"义；"害"为"祸害""危害"义。曹操注曰："害其所恶也。"对于己方的反对者，只有施以危害威逼，迫使其屈从于我，才能瓦解和削弱己方的敌对势力。二是对观望者，"役"之以"业"。"役"为"使……劳役"义；"业"为"事业""事务"义。张预注曰："以事劳之，使不得休。"对于战争的观望者，只有施以役事驱使，支使其汲汲忙忙、自我消耗，才能避免其摇摆不定而减少战争胜负的不确定因素。三是对支持者，"趋"之以"利"。"趋"为"使……趋附"义；"利"为"利益""好处"义。曹操注曰："令自来也。"对于己方的支持者，只有施以利益捆绑，致使其趋附于我，才能巩固和扩大己方的同盟力量。由是观之，孙子所言，是在多方考虑敌我利害关系的基础上制定的"伐交"策略体系，其站位之高远，思维之缜密，划区之科学，可窥见一斑。

九变的用兵之法：有恃无败

故用兵之法，无恃其不来，恃吾有以待也；无恃其不攻，恃吾有所不可攻也。以"利害"度之，"伐交"如是，"伐兵"若何？孙子指出，所以用兵的法则是，不要寄希望于敌人不会来，而要依靠自己有充分的准备，不要寄希望于敌人不会进攻，而要依靠自己有使敌人无法进攻的防备。真可谓，世人常道兵圣思想之玄妙，鲜语孙武用兵方法之平实，在此，孙子将"九变"思想，从通权达变的灵动境界，拉回到实备真防的现实场景，一切赖于常备，本于自固。

众所周知，战争最大的利害莫过于胜败。那么，如何最大限度地避免失败，最大可能地争取胜利呢？孙子认为，在观念上，"无恃其"而"恃吾"。"无"通"毋"，为"不要""不可"义，具有告诫的意味；"恃"，为"恃仗""依靠"义，含有寄希望的意思；"其"指"敌军"。也就是说，要"寄希望于自己"而不是"寄希望于敌人"。在行动上，"有以待"和"有所不可攻"。无论敌人来不来、攻不攻，我方都要未雨绸缪、实备真防。究其根由，孙子《计》篇早已言明："攻其无备，出其不意。此兵家之胜，不可先传也。"这就是说，兵家所以取胜，要在击其空虚，袭其懈怠；同样，兵家所以不可胜，要在常备不懈，有备无患。由此可见，从"利"即争取胜利的角度看，将帅"九变"的关键是"变"——根据战场情况，灵活采取策略，因敌变化制胜；而从"害"即防止失败的角度看，将帅"九变"的关键则是"不变"——做好充分准备，抵御各种风险，以不变应万变。显而易见，孙子提出的"用兵之法"，完全是一种"底线思维"的用兵方法。

自古以来，中国就有"底线思维"的哲学智慧与思想传统。《诗·豳风·鸱鸮》云："迨天之未阴雨，彻彼桑土，绸缪牖户。今女下民，或敢侮予。"我趁天未阴雨，啄取桑皮桑根，缚牢窗扇门户。你们树下的人，谁敢将我欺凌。《管子·霸言》亦云："我有虑败之道，而后可以自存。"司马相如《上书谏猎》亦云："盖明者远见于未萌，而知者避危于无形。"对于中国"底线思维"的思想精髓，还是毛泽东讲得透彻："必须预计到最困难最危险最黑暗的种种可能情况，并从这点出发去克服困难，争取光明与胜利的局面。"反观此言，孙子同样在强调，将帅依"九变"用兵，避害是本，趋利是末，只有避害，方有趋利；不败是本，取胜是末，只有不败，方有取胜。换言之，唯有坚持常备不懈，立于不败之地，才可在自保自固的基础上创造出波澜壮阔的可能之胜利。

由是观之，孙子此言提出的"用兵之法"，是"九变"本质——"有所不"在实际用兵问题上的生动体现和具体运用，只有以"有所不"自固自保，才能为"有所为"创造条件，在此，"九变"的"变"与"不变"达到了高度统一。所以说，此言所述的用兵思想，是孙子对兵凶战危、你死我活战争本质深刻认识的必然结果，是战场用兵的立足点和出发点，乃将帅"九变"之根，亦将帅"九变"之本，或缘于此，何氏注曰："常能居安思危，在治思乱，戒之于无形，防之于未然，斯善之又善者也。"甚是。孙子此言堪称千古打仗之警策，百世用兵之良方。

九变的巨危大害：将之五危

故将有五危：必死，可杀也；必生，可虏也；忿速，可侮也；廉洁，可辱也；爱民，可烦也。凡此五者，将之过也，用兵之灾也。覆军杀将，必以五危，不可不察也。孙子转而指出，将帅有五种致命的弱点及其导致的危险：只知拼死可能遭致杀身之祸，贪生怕死可能遭致生擒活捉，急躁易怒可能遭致凌侮恼怒，徒好清誉可能遭致污辱诽谤，一味爱民可能遭致烦扰不宁。以上五点，是将帅的过错，也是用兵的灾难。军队覆灭，将帅被杀，必定由这五种危险引起，是不能不预先洞察探悉的。在全文结尾收束之际，孙子铺张扬厉，细述将帅"五危"，其意指何在，它对于突显《九变》主旨又发挥着什么作用呢？

故将有五危。《说文》云："危，在高而惧。"段玉裁注："引申为凡可惧之称。"可见，"危"是对"危害""危险"的统称。孙子《计》篇讲"将者，智、信、仁、勇、严也"，将帅必须具备"五德"，而此处又讲将帅存在"五危"。诚如我们在《计》篇中所讲到的："孙子提出的将之'五德'既相得益彰，又相互制约，是相济相制的，否则，会过犹不及、物极必反。将帅恪守'五德'是有度的。"而孙子下面的论述就明白告诉人们，"五危"与"五德"不仅存在着密切的联系，而且将帅之"五危"基本的或者说主要的，是由于他对"五德"的扞格不通、偏执一端所造成的。

必死，可杀也。《论语·子罕》云："毋意，毋必，毋固，毋我。"何晏集解："用之则行，舍之则藏，故无专必。"用我就施展抱负，不用就藏身自好，所以绝无唯一必定的事。显然，"必"为"偏执""固执"之义。作为将帅，视死如归，敢于赴死，本是一种美德，然而不知死活，一味死拼，反会变为致命的弱点。用佛家的话说，一旦着了"相"、成了"障"，便成了敌人的可乘之隙，其结果自然就是"可杀"。句中"可"，兼有"可能"和"被"两个义项，意思就是可能被敌所杀。所以，"必死"就是指将帅有勇无谋的能力缺失；"可杀"则是指以诛将杀帅为手段的制胜方法。故此，张预注曰："勇而无谋，必欲死斗，不可与力争，当以奇伏诱致而杀之。"

必生，可虏也。孙子《谋攻》篇云："不战而屈人之兵，善之善者也。故上兵伐谋，其次伐交，其次伐兵，其下攻城。"将帅运筹帷幄，决胜千里，以最小的牺牲换取最大的胜利，本是最高的追求和最好的结果。然而，战争毕竟是流血的政治，是你死我活的暴力斗争，倘若将帅爱生恶死、临阵畏怯，其表现必然是见到战机不敢行动、见到危险迅速逃跑；其结果大致是贪生必降、沦为俘虏；而其实质则是与战争流血的本质严重背离。所以，"必生"就是指将帅有贪生怕死的信念缺失；"可虏"则是指以生擒活捉为手段的克敌方法。故此，陈启天注曰："将有必生之性格者，乃恶德也。"张预注曰："临陈畏怯，必欲生还，当鼓噪乘之，可以虏也。"

忿速，可侮也。《说文》云："忿，悁也。"段玉裁注："忿以狷急为义。"又云："狷，褊急也"；"速，疾也"。故"忿速"主要指一触即跳、容易发怒。又云："侮，伤也。"故"侮"可理解为身心受到伤害。战争不仅是敌我两军力与力的搏杀，而且更是双方将帅智与智的博弈。从周密细致的侦察，到客观准确的判断，再到果敢正确的决心，须臾离不开将帅沉着冷静的头脑，如果稍遇侮狎挑逗便丧失理智、暴跳如雷，必然造成无法挽回的恶果。所以，"忿速"就是指将帅有暴躁易怒的性格缺陷；"可侮"则是指以凌侮刺激为手段的身心打击。故此，张预注曰："刚愎褊急之人，可凌侮而致之。"

廉洁，可辱也。《说文》云："廉，仄也。"段玉裁注："与广为对文。"故"廉"有"狭窄"之义，而"廉洁"与今日"为政清廉，严于律己"之义不同，主要是指一味地洁身自爱。又云："辱，耻也。"而"耻"的异体为"恥"，故尤指对内心的污辱和伤害。《后汉书·黄琼传》云："峣峣者易缺，皦皦者易污。"高而尖者，易于损折；洁而白者，易于玷污。可见，作为将帅，应有"进不求名，退不避罪"（《孙子兵法·地形》）的使命担当与职责操守，而决不能以束身自好为名，一介不取，非礼勿视，积习成癖。所以，"廉洁"就是指将帅有名利方面的心理洁癖；"可辱"则是指以污辱名节为手段的心理攻击。故此，曹操注曰："廉洁之人，可污辱致之也。"

爱民，可烦也。《说文》云："烦，热头痛也。"故"烦"，为"让人心烦""令人头痛"之义。《史记·吴太伯世家》云："光谋欲入郢，将军孙武曰：'民劳，未可，待之。'"《行军》篇又云："令素行以教其民，则民服；令素不行以教其民，则民不服。"故"民"，前者为"人民"之义，后者为"士卒"之义。《九地》篇云："先夺其所爱，则听矣。"故"爱"，主要指将帅的情感关切。由是可见，作为将帅，无论是对自己的人民，还是对部属的士卒，一旦心生过分的牵掣与挂碍，便极易被敌人所利用，并因此被敌人所调动，进而丧失大局观念，始终处于疲于应付的被动局面。所以，"爱民"就是指将帅有妇人之仁的情感缺陷；"可烦"则是指以攻其关切为手段的袭扰活动。故此，张预注曰："民虽可爱，当审利害，若无微不救，无远不援，则出其所必趋，使烦而困也。"

凡此五者，将之过也，用兵之灾也。清代于鬯曰："必死者，勇将也；必生者，智将也；忿速者，严将也；廉洁者，名将也；爱民者，仁将也，而必之，即有授敌以可杀、可虏、可侮、可辱、可烦之道，故为过。"与于公认识有所不同，笔者认为，"必死"是"勇"的极端表现，"必生"是"信"的极度缺失，"忿速"是"智"的极大妨害，"廉洁"是"严"的极化癖好，"爱民"是"仁"的极意泛滥。由此可见，将之"五危"，不仅与将之"五德"存在着密切的内在联系，而且它们有着一个共同的本质特点，那就是于公所说的"必之"，即所谓固执一端，毫无变通。正缘于此，刘邦骥注曰："凡此五者，皆偏于一端而不知变，有将如此，虽有美德，然若不知变通，则为将之过失，亦用兵之灾害。"

《郭店楚墓竹简·语丛三》云："有所不行，益；必行，损。"诚如前文所言，这是先秦时期人们思想行为的哲学滥觞。"有所不"是"益"的思想行为，是一种辩证思想方法的客观反映，是灵活变通的具体体现；而"必"是"损"的思想行为，是一种机械思想方法的客观反映，是固执一隅的具体体现。正基于此，孙子以将帅之五个"有所不"开其篇，由此说明将帅用兵"九变"的思想灵魂在于"变"；而以智者之"杂于利害"隆其中，由此说明将帅用兵"九变"的唯一标准在于"利害"；又以将帅之"五危"，实则是五个"必"终其篇，由此说明将帅用兵的巨危大害在于"不通变"——不知利害，固执一见。文成于思，思重于巧，其神远矣。孙子《九变》篇五个"有所不"与五个"必"的遥相呼应，已超然于一般文法意义而进入一种辩证式的首尾照应，这不仅使全篇结构勾连缜密、浑然一体，而且使"九变"之"变"的灵魂凸显、思想升华。

覆军杀将，必以五危，不可不察也。句中"以"，为"由于""缘于"之义。全军覆没，将帅杀身，一定是由于将有"五危"，换言之，是将不通"九变"所带来的巨大灾难，因此，不能不认真考察。这是孙子对国君的告诫，更是对后人的警示。用人本于政治，任将本于胜败。《淮南子·兵略训》云："将军之心，滔滔如春，旷旷如夏，湫漻如秋，典凝如冬，因形而与之化，随时而与之移。"将军心性，和煦如春，明媚如夏，幽静如秋，沉寂如冬，依山川江河而变化，随时间流转而易移。淮南王刘安把将帅"通变"心性描摹得如此精致灵动，不禁让人想起元代冯致远《汉宫秋》的一声慨叹："陛恁的千军易得，一将难求！"那么，究竟如何"察"将或者说"求"将呢？笔者认为，当之无愧地还需依孙子《计》篇所云："将者，智、信、仁、勇、严也。"标准系统明确，操作规矩绳墨，虽时代不断发展，"五德"内涵络续递嬗，然孙子所确立的选将任将的指标体系，仍具有非常重要的理论与现实意义。

学界认为，中国哲学侧重于研究社会与人生，注重直觉性，注重了悟，故其主要特征是体验的、综合的，西方哲学侧重于研究科学与思维，注重逻辑推理，注重论证，故其主要特征是逻辑的、分析的。综观《九变》全篇，孙子开篇便明确了"九变"的概念：以"五地"类指其外延，以五个"有所不"抽象其内涵；接着，阐释了"九变"的地位作用："知用兵矣"，"得地之利"和"得人之用"；然后，揭示了"九变"的思想基础："杂于利害"；继而，具体提出了"伐交"与"伐兵"的方法策略：害屈利趋，有恃无败；最后，以将之"五危"与篇首五个"有所不"前后照应：辩证说明了"九变"在"变"的思想灵魂。由是观之，孙子《九变》篇所展现的理论思维与逻辑分析，或许真的告诉我们一个重大而严肃的问题：中国传统哲学并非不重于研究科学与思维，也并非不善于逻辑推理和论证分析，只是我们对于古人哲学智慧的认知唯见冰山一角耳。

第九　行军

——处军相敌

黑格尔有句名言："在现实生活中，人们经常挂在嘴边的名词，往往是最无知的东西。"哲人卓见。"行军"作为古往今来经常使用的军事术语，或因顾名思义，或因耳熟能详，实则已积习成俗其为一个经验性的名称，而鲜有人再去追根究底其本来的规定性的概念。《辞源》《汉语大词典》引《孙子·军争》"不知山林、险阻、沮泽之形者，不能行军"为例，释"行军"为"用兵作战"。笔者认为，"行军"之义，绝非如是。就像吉林大学孙正聿所说的："名称只是一种熟知，一种常识，概念则是一种真知，一种理论。"可见，要想理解"行军"的真正含义，弄懂"行军"在古代战争中的战略地位和实际行动，还须深入研究孙子所独辟的《行军》理论篇章。

一、题解——行军，是向会战地域有组织的移动

本篇篇题各本皆作《行军》。汉简篇题木牍有《行□》，应即《行军》。关于"行"，最早见于甲骨文，本音为 háng，其本义为十字路口，后延伸有"行列""行阵"之义。如《老子·第六十九章》云："是谓行无行。"王弼注："行，谓行阵也。"《说文》又云："行，人之步趋也。"可见，后转有"行走"之义，读音为 xíng。关于"军"，《说文》云："圜围也。四千人为军。"一指"屯""驻

扎"，如《国语·晋语》云："军于庐柳。"韦昭注："犹屯也。"一指军队的单位，如《孙子·谋攻》云："全军为上，破军次之。"对于《行军》题义，曹操注曰："择便利而行也。"显然，曹公所言之"行"，亦即孙子所言"行军"，而且，曹注与孙子《军争》篇"不知山林、险阻、沮泽之形者，不能行军"，因果相承，义理相通，尤可证明这一点。然而，现代有学者认为，《行军》开篇便长篇大论"处军相敌"，故孙子所言"行军"与现代军事术语"行军"含义不同。于是，吴九龙《孙子校释》指出，"'行'，音'杭'，行列、阵势"，其义"可谓行军布阵"。似乎表明唯此义方可与"处军相敌"契合，且今从此说者甚多。那么，古代"行军"是否与现代"行军"义同，"行军"与"处军相敌"究竟存在怎样的关系，孙子为何开篇便连篇累牍地阐述"处军相敌"呢？

"行军"即跨境出征，"处军"即情况处置，只有按照地形敌情，择路而行，择地而息，择机而战，才能千里行军。在孙子看来，军队行军无非有两大影响因素，一是地形，二是敌情。于是，孙子开篇便言"处军"：在处军方法上，阐明了对于山、水、斥泽、平陆四种典型地形，如何通过，如何驻止，如何处置敌情，并名之为制胜的"四军之利"。在处军原则上，提出了"好高而恶下，贵阳而贱阴，养生而处实"的行动准则，并谓之曰"必胜"。在处军情况上，指出了"丘陵堤防""上雨"等行军过程中遇到作战、天候、地形和危险的典型情况的处置方法和注意事项。总而言之，"处军"乃科学组织行军的基本方略。

"行军"是战场移动，"相敌"是侦察敌情，只有充分掌握敌情，科学判断，相机而行，才能确保行军的顺利进行。孙子认为，行军必须周密细致地掌握敌情。为此，他铺张扬厉，排比叠出，从八个方面详尽阐述了"相敌"三十二法：依"地"相敌者三，敌近、敌远、居易；依"迹"相敌者八，树动、众草、鸟起、兽骇、尘高、尘卑、尘散、尘少；依"使"相敌者二，辞卑、辞强；依"阵"相敌者四，轻车、无约、奔走、半进；依"卒"相敌者三，杖立、汲而、见利；依"营"相敌者六，鸟集、夜呼、军扰、旌旗、吏怒、粟马；依"将"相敌者四，谆翕、数赏、数罚、先暴；依"欲"相敌者二，委谢、兵怒。由此，充分说明

"相敌"乃科学组织行军的必要条件。

"行军"属战时行动，"必取"属平时治军，只有将帅士卒相戚，团结一致，令行禁止，才能为行军提供根本保证。在孙子看来，处军相敌是行军的方略要务，而将士亲和才是行军的根本保证。于是，以"兵非益多也，惟无武进，足以并力、料敌、取人而已"的制胜机理为过渡，阐述了"必取"的治军思想：士卒"未亲附而罚之"，就"难用"，士卒"已亲附而罚不行"，就"不可用"，所以，必须坚持以"令之以文，齐之以武"的思想治军，以赏罚的"令素行"来"教民"，就可打造出"与众相得"的战斗集体。由是观之，战时行军的顺利与否，完全取决于平时治军的恩威并用。

综上所述，孙子所言"行军"，"行"读音 xíng，是指军队从本国向敌国有组织的战场移动。具而言之，就是从本国的"合军聚众"到他国与敌"交合而舍"的行进过程。由此可见，行军作为远程的战场移动，既包括有选择行进道路问题，也包括有选择驻扎地域问题，同时还包括着敌情处置问题，正基于此，孙子开篇便提出了"处军相敌"这组织行军的两大要务："处军"即行军的基本方略，"相敌"即行军的全程要件，其言下之意，只有把握和精通这两点，才能科学合理地组织部队行军。反观现代军事理论著述，却普遍地将"行军"定义为："部队沿指定路线进行的有组织的移动。"如此这般定义"行军"，不仅使之失去了本身所固有的本质含义，而且使之与开进、机动、转移等概念完全混为一谈。因此，笔者认为，所谓"行军"就是指军队从驻地向作战地域有组织的战场移动。

关于《行军》的篇次，汉简篇题木牍《行□》列在《军争》《虚实》之前，而各本《行军》皆在《军争》《九变》之后。对此，张预注曰："知九地之变，然后可以择利而行军，故次《九变》。"上篇中我们谈到，张公所言"九地之变"，就是指"九变"。那么，为什么在知"九变"之后，就可"行军"了呢？笔者认为，古代战争总体包括两个部分：一是行军，二是会战。《九变》篇解决的是武装将帅头脑的问题；《行军》篇解决的是组织军队行动的问题，而行军作为战争的首要步骤，将帅在通"九变"之后，自然应当组织实施战争的第一实际行动

"行军"，故《行军》次《九变》位居第九。

二、构解——既讲了行军之要，又讲了行军之本

《行军》是孙子对组织行军问题的理论考察。赵本学注曰："行军者，军行出境，须知之事也。"甚是。具体而言，组织行军包括三大关键问题：一是"处军"，组织行军需精通基本方略；二是"相敌"，组织行军需周密地侦察敌情；三是"必取"，治军用兵需恩威并重，确保行军的顺利进行。张本继末，提要钩玄。

上半部分：行军之要。从"凡处军相敌"至"必谨察之"。孙子认为，组织行军必备两大要务：一曰处军；二曰相敌。于是，开篇便以"处山之军""处水之军""处斥泽之军""处平陆之军"为典型，系统阐述了处军的主要方法。借此，以"好高而恶下，贵阳而贱阴，养生而处实"为准绳，抽象概括出处军的基本原则。而后，以"丘陵堤防""上雨"等为典型情况，提出了处军的具体方法和注意事项。由于"处军"须臾不可或缺对敌情把握，于是，接着以排比叠出的句式，周密细致地阐述了"相敌"三十二法。"处军"乃行军要略，"相敌"乃行军要务，二者共同构成了将帅组织行军的枢机钤键。

中间部分：将虑取人。从"兵非益多也"至"必擒于人"。孙子认为，打仗不在兵多，皆在于"将虑"：一是要做到"惟无武进"的总体要求；二是要把握"并力、料敌、取人"的制胜要诀。"并力料敌"与"处军相敌"相承，而"取人"与下文令文齐武的"必取"互应，上下文共构于"将虑取人"的用兵大要之中。

下半部分：行军之本。"卒未亲附而罚之"至"与众相得也"。孙子认为，由于"卒未亲附而罚之"，所以"难用"；由于"卒已亲附而罚不行"，同样"不可用"。因此，必须坚持"令之以文，齐之以武"的治军用兵思想。最后，由战时引申至平时，只有国家"令素行"，才能始终保持"与众相得"。言下之意，千里行军，赖于将帅的恩威并用，基于君国的休戚与共。

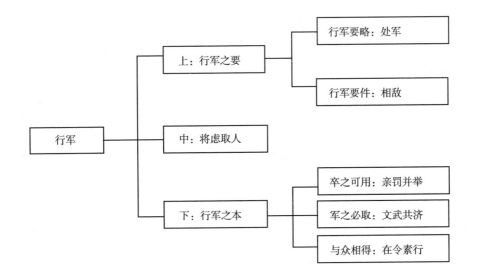

三、文解

《虚实》篇云："行千里而不劳者，行于无人之地也。"那么，如何组织行军方可达此上佳之境呢？《行军》篇就告诉人们，"行千里而不劳"在于"处军"，即在科学合理的组织方法；"行于无人之地"在于"相敌"，即在周密细致地把握敌情。与此相辅相成，还在于"必取"，既有"令之以文，齐之以武"的恩威并用，又有"令素行者，与众相得"的休戚与共。诚如赵本学注曰："处军相敌，行军之庶务；恩威并用，行军之大本。"甚是。"处军相敌"是组织行军的方略常务，"与众相得"是组织行军的根本保证。而其上半部分，就是围绕行军的要略与要务阐释其"行军之要"的。

上：行军之要

1.1 孙子曰：凡处军相敌，绝山依谷，视生处高，战隆无登，此处山之军也。绝水必远水；客绝水而来，勿迎之于水内，令半济而击之，利；欲战者，无附于水而迎客；视生处高，无迎水流，此处水上之军也。绝斥泽，惟亟去无留；若交军于斥泽之中，必依水草而背众树，此处斥泽之军也。平陆处易，而右背高，前死后生，此处平陆之军也。凡此四军之利，黄帝之所以胜四帝也。

1.2 凡军好高而恶下，贵阳而贱阴，养生而处实，军无百疾，是谓必胜。

1.3 丘陵堤防，必处其阳，而右背之。此兵之利，地之助也。上雨，水沫至，欲涉者，待其定也。凡地有绝涧、天井、天牢、天罗、天陷、天隙，必亟去之，勿近也。吾远之，敌近之；吾迎之，敌背之。军行有险阻、潢井、葭苇、山林、翳荟者，必谨覆索之，此伏奸之所处也。

2.0 敌近而静者，恃其险也；远而挑战者，欲人之进也；其所居易者，利也。众树动者，来也；众草多障者，疑也；鸟起者，伏也；兽骇者，覆也；尘高而锐者，车来也；卑而广者，徒来也；散而条达者，樵采也；少而往来者，营军也。辞卑而益备者，进也；辞强而进驱者，退也；轻车先出居其侧者，陈也；无约而请和者，谋也；奔走而陈兵车者，期也；半进半退者，诱也。杖而立者，饥也；汲而先饮者，渴也；见利而不进者，劳也；鸟集者，虚也；夜呼者，恐也；军扰者，将不重也；旌旗动者，乱也；吏怒者，倦也；粟马肉食，军无悬瓿，不返其舍者，穷寇也；谆谆翕翕，徐与人言者，失众也；数赏者，窘也；数罚者，困也；先暴而后畏其众者，不精之至也；来委谢者，欲休息也。兵怒而相迎，久而不合，又不相去，必谨察之。

行军要略：处军

孙子曰：凡处军相敌，绝山依谷，视生处高，战隆无登，此处山之军也。绝水必远水；客绝水而来，勿迎之于水内，令半济而击之，利；欲战者，无附于水而迎客；视生处高，无迎水流，此处水上之军也。绝斥泽，惟亟去无留；若交军于斥泽之中，必依水草而背众树，此处斥泽之军也。平陆处易，而右背高，前死后生，此处平陆之军也。凡此四军之利，黄帝之所以胜四帝也。乍读《行军》，往往令现代读者感到费解，孙子为何开篇便言"处军相敌"？为何又要把山、水、斥泽、平陆之"处军"，总名之为"黄帝之所以胜四帝"的"四军之利"？事实上，孙子对于行军问题的理论考察，其科学性和系统性正集中体现在这里。

凡处军相敌，何谓"处军相敌"？李筌注曰："军，我；敌，彼也。"黄巩注曰："处，自据也"；"相，视彼也"。钱基博注曰："得地利之以'处军'，审敌情之谓'相敌'"。甚是。在孙子看来，组织行军取决于两大要素：一是地形，行军者必因地形利弊而处置军情，故曰"处军"；二是敌情，行军者必须周密侦查且掌握敌情，故曰"相敌"。那么，孙子为什么开篇就提出"处军"与"相敌"这两个问题呢？《逻辑学》（甘肃人民出版社1980年版）指出："任何一门科学都是该门科学的基本概念的体系。"同样，孙子认为，"行军"的理论与实践就由两大基本概念和问题构成：即"处军"和"相敌"。对于今天的人们来说，这已然是两个形同陌路的名称概念；但对于先秦的兵家来说，或许是两个耳熟能详的军事术语，进言之，这就是他们等同于行军的两个名称概念。故此，赵本学注曰："言行军之事，在于安处我军、相视敌情二者而已，下文乃详言之。一说凡处舍其军者，当相敌而为之，亦通。"赵公之注，不仅说明了"行军"由"处军"和"相敌"两大问题组成，而且表明了"相敌"为了"处军"、"处军"必须"相敌"的相互关系。正因如此，《行军》首句就开门见山地指出：通常处置军情与侦察敌情问题。

第一，处军的主要方法：四军之利。

绝山依谷，视生处高，战隆无登，此处山之军也。关于"绝山依谷"，句中"绝"，《说文》云："绝，断丝也。"《荀子·劝学》有云："假舟楫者，非能水也，而绝江河。"横渡江河好似截断水流，故引申有"横渡""通过"之义。句中"依"，杜牧注曰："依，近也。"李筌注曰："依谷，近水草。"可见，通过山地，沿依溪谷，道路通畅，水草便利。关于"视生处高"，句中"处"，即《军争》篇"卷甲而趋，日夜不处"之"处"，为"停留""驻扎"之义。故李筌注曰："向阳曰生，在山曰高。生高之地，可居也。"显然，向阳利于生活，居高利于控下，乃安营驻寨的理想之地。关于"战隆无登"，汉简本作"战降毋登"，杜牧注曰："隆，高也。言敌人在高，我不可自下往高，迎敌人而接战也。一作'战降无登'，降，下也。"曹操注曰："无迎高也。"易见，无论遇到据"隆"而守之敌，还是遇到乘"降"而攻之敌，均要避免逆势仰攻之战。关于"此处山之军也"，张预注曰："处山拒敌，以上三事为法。"甚是。在行军过程中，无非面临三个问题：一是行进道路的选择；二是驻扎地域的确定；三是遇到敌情的处置。所以，孙子指出，当通过山地时，要沿依山谷行进，向阳居高驻扎，避免仰攻作战，这是对山地行军的军情处置。寥寥不过数语，山地"处军"之法，条分缕析，明白晓畅。

绝水必远水；客绝水而来，勿迎之于水内，令半济而击之，利；欲战者，无附于水而迎客；视生处高，无迎水流，此处水上之军也。显然，孙子对于"绝水"的阐述，较之于山、斥泽和平陆的其他"三地"，内容更丰富，情况更复杂，故而，不可避免地引起古今注家诸多的曲解或误解。譬如，张预注曰："水上拒敌，以上五事为法。"张公"五事"究竟何指，我们不得而知，然却足以说明他对"处水上之军"方法的混沌不清。事实上，孙子水域行军的军情处置仍然不外三点：渡水方法、敌情处置和驻扎宿营。

关于"远水"，对此，曹操注曰："引敌使渡。"张预注曰："凡行军过水，欲舍止者，必去水稍远，一则引敌使渡，一则进退无碍。"可以说，曹、张二公之注基本代表了古今注家的观点。然而，问题在于："远水"就一定是为了"引敌使渡"吗？未必，反倒是张公"进退无碍"的解释更符合战场实际要求。"远水"就一定是为了"欲舍止者"吗？未必，横渡江河后的后续行动绝不可能仅是驻扎宿营。因此，欲理解孙子此言的真实含义，必须首先弄清一个带有逻辑性的关键问题，即何谓"绝水"时的"远水"，换句话说，什么是横渡江河时的远离江河？显然，答案只有一个，快速横渡江河，不做近岸逗留。所以，这句话的意思就是，在横渡江河时，之前的准备工作，之后的后续行动，都必须在远离江河的地域进行和展开，唯有如此，在突然遇到敌情时，方可确保我进退自由，避免敌逼我背水作战。由此可见，"远水"既是孙子对"绝水"提出的根本要求，亦是"绝水"的基本方法。

关于"水内"，各本皆作"水内"，唯《菁华录》作"水汭"。对此，杜牧注曰："'水内'乃'汭'也，误为'内'耳。"王晳注曰："'内'当作'汭'。"对"汭"字，《说文》王注引阎若璩说云："'汭字解，有作水北者，有作水之隈曲者，有作水曲流者，有作水中洲者。'解虽有异，然要非水中，而是傍水之地。"要言之，"汭"

虽有多种含义，但主要不是指"水中"，而是指"水边"。综观《十一家注孙子》，诸家无不以"水边"作解。再如，梅尧臣注曰："敌之方来，迎于水滨，则不渡。"张预注曰："敌若引兵渡水来战，不可迎之于水边，俟其半济，行列未定，首尾不接，击之必胜。"然现代以来，或因疏忽大意，或因不求甚解，郭化若《十一家注孙子》将其译释为"敌人渡水而来，不要迎击它于水内"，吴九龙《孙子校释》也译释为"敌人渡水来战，不要在江河中迎击"。试问，千军万马横渡"于水内"或"在江河中"究竟是种什么情形？若敌"于水内"或"在江河中"为何不能乘势迎击？于情于理，皆非可通。因此，"内"通"汭"，为"水滨""水边"之义。至于为何不可迎敌于水边，还是梅尧臣所注切合孙子本意，若我"迎于水滨"，敌"则不渡"，就无法造成"半济而击"的有利局面，换孙子的话说，只有"勿迎之于水内"，才能"令半济而击之"。其制胜之理，正如张预所注："俟其半济，行列未定，首尾不接，击之必胜。"

关于"附于水"，曹操注曰："附，近也。"李筌注曰："附水迎客，敌必不得渡而与我战。"显然，李注认为，孙子"无附于水而迎客"的原因，与上句"勿迎之于水内"的原因一样，都会造成"敌必不得渡而与我战"的结果，而且，众注家皆从此说。笔者认为，这样解释犯复，并非孙子本意。《说文》云："附娄，小土山也。"后引申有"近"之义，如《淮南子·说林》"附耳之言"，即近耳之言；亦引申有"靠"之义，如《宋史·李垂传》"趋炎附势"，即依权靠势。有鉴于此，笔者认为，孙子此言的意思就是，如果想要与敌交战，就不要靠近水边列阵迎敌，否则，容易造成背水而战、无法进退的不利局面。《史记·淮阴侯列传》中"背水一战"之所以后来演绎为身处绝境、为求生路、决一死战的典故，正从反面诠释了孙子提出"欲战者，无附于水而迎客"的科学原理。韩信"背水一战"，险中求胜，万死一生；孙子"无附于水而迎客"，稳中求胜，万无一失。

关于"迎水流"，曹操注曰："恐溉我也。"王晳注曰："当乘上流。"贾林注曰："水流之地，可以溉吾军，可以流毒药。"众家一致认为，勿居下游，当居上游，以免敌人决水放毒。言之有理。但问题在于，居下游或居上游，乃敌我相对而言,这不是由各自的主观意志所决定的,而是由战场的诸多客观情况所决定的,换言之,敌我双方谁都无法保证自己一定处于对方的上游,难道处于下游的一方就必然要失败吗?未必。因此,笔者认为,"迎水流"主要指水流可至的低洼之处,而"无迎水流"则是指不要居于易被水流淹没的低洼之地,与"视生处高"相结合,共同构成了孙子在水域行军时选择驻扎地域的总的标准和根本要求。

正是基于上述思想原理,孙子指出,当通过江河时,横渡前后的准备和行动必须远离江河,当遇敌渡水而来时,不要在水边迎敌,要让敌渡过一半时发起攻击,对我有利,当欲与敌交战时,不要靠近水边列阵迎敌,当在江河地域驻扎时,要选择向阳的高地,不要选择下游低洼的地域,这是对水域行军的军情处置。易见,水域"处军"之法,即渡水、遇敌、驻扎的基本方法,言之有序,了然目前。

绝斥泽,惟亟去无留;若交军于斥泽之中,必依水草而背众树,此处斥泽之军也。何谓"斥泽"?"斥"字,《说文》云:"卤,西方碱地也……东方谓之斥,西方谓之卤。"可见,"斥泽"即指盐碱沼泽地带。对于通过"斥泽"地带,孙子提出"惟亟去无留",唯有快速离开,不做逗留。对此,王皙注曰:"斥泽之地,地气下湿,水草薄恶,人马疾疫,不堪舍止。"环境险恶,不宜生存,人马易病,不可驻止。何谓"交军"?"交"字,《说文》云:"交胫也。"两腿左右错位,泛指"交叉""交错"。可见,"交军"即指敌我两军行军队伍的不期而遇,而并非指"对陈曰战"的两军交战。对于遇到"交军"情形,孙子提出"必依水草而背众树",必须依傍水草而背靠树林。对此,王皙注曰:"若不得已而会兵于此,必依靠水草,以便樵汲,背倚树木,以为险阻,虽非可处之善地,亦可借为一时之助也。"仓促遇敌,临机制变,在不利环境中抢占有利地形,近水草有利于临时驻止时生活,靠树丛可作为短兵相接的依托。正因如此,孙子指出,通过盐碱沼泽时,唯有迅速离开,不做任何逗留,当遇到敌军时,必须抢占靠近水草且背靠树林的有利地形,这是对盐碱沼泽行军的军情处置。在此,因为不存在驻止问题,所以仅有通过和遇敌两个问题,故张预注曰:"处斥泽之地，以上二事为法。"是。

平陆处易，而右背高，前死后生，此处平陆之军也。关于"处易"，"处"为"驻扎""舍止"之义；"易"与"险"对言，为"平坦""平地"之义。关于"处易"，张预注曰："平原广野，车骑之地，必择其坦易无坎陷之处以居军，所以利于驰突也。"在平原地区驻扎，交通发达，生活便利，进退自如，当选择开阔平坦地域。关于"右背高"，《易·师卦六四》云："师左次，无咎。"王弼注："行师之法，欲右背高，故左次之。"《老子·第三十一章》亦云："君子居则贵左，用兵则贵右。吉事尚左，凶事尚右。偏将军居左，上将军居右"。这说明，古代用兵讲求主力位于右翼且背倚高地。关于"前死后生"，杜牧注曰："死者，下也；生者，高也。"这是说，要选择前低后高的有利地形。对于为何要"右背高，前死后生"，贾林注曰："后冈阜，处军稳；前临战，用兵便；高在右，回转顺也。"意思是说，后依高地，部署稳固；前低迎战，用兵便捷；右翼居高，回旋顺利。总而言之，在广袤的平原地区，行军道路的选择不受地形条件影响，但驻扎地域与敌情处置还需因地制宜。所以，孙子指出，通过平原时，要选择平坦开阔地域驻扎，当遇到敌军时，要选择前低后高的有利地形，并将主力部署在右翼且背部依托高地。故张预注曰："居平陆之地，以上二事为法。"是。

凡此四军之利，黄帝之所以胜四帝也。关于"四军"，张预注曰："山、水、斥泽、平陆之四军也。"就是指上文所述的四种地形条件下的军情处置方略。关于"黄帝"，传说是华夏民族的共同祖先，少典之子，姓公孙，居轩辕之丘，故号轩辕氏；又居姬水，因改姓姬；居国有熊，亦称有熊氏；以土德王，土色黄，故曰黄帝。据《史记·五帝本纪》记载，黄帝败炎帝于阪泉，杀蚩尤于涿鹿，北逐獯鬻，经七十战而统一黄河流域。关于"四帝"，梅尧臣和王晳认为"四帝"为"四军"之误，赵本学认为"四帝"乃"四方"之误，于鬯认为"四帝"乃"炎帝"之误。然而，汉简《黄帝伐赤帝》有云："（黄帝南伐赤帝）……东伐□（青）帝……北伐黑帝……西伐白帝……已胜四帝，大有天下。"况且，春秋战国"五行"之说盛行，帝系传说即为代表各族姓的"五帝"：太昊、炎帝、黄帝、少昊、颛顼，配以方色，就是东方青帝，南方赤帝，中央黄帝，西方白帝，北方黑帝，可见"四帝"不误。在此，孙子所以总名之为"四军之利"，是因古人讲地形，基本为山、水、隰、原四大类，故其旨在表明"处军"方略的全面性和系统性；孙子所以述及"黄帝之所以胜四帝"，一则表明其"处军"方略的渊源有自，另则表明其"处军"方略的科学性，说明它是被实践证明了的放之四海而皆准的真理。故曹操注之曰："黄帝始立，四方诸侯亦称帝，以此四地胜之也。"正基于此，他小结道，以上四种处置军情的有利方略，就是黄帝所以能战胜其他四帝的原因。

第二，处军的原则要求：高阳生实，军无百疾。

凡军好高而恶下，贵阳而贱阴，养生而处实，军无百疾，是谓必胜。对此，赵本学注曰："此以下概述处军之法，以广其意。"王晳注曰："此又总论处军之法，以结上文之意。"是的，这句话是孙子对"处军"问题由特殊到一般、由具体到抽象的高度概括。他指出，军队一切行动，总是好选高阔地而不选低洼地，优选向阳地而不选阴湿地，这既能保持部队的勃勃生机，又能占据坚实的倚固之地，军队也就没有了任何疾患，可以说是稳操胜券了。在此，孙子不仅概括了"处军"的基本原则，而且明确了"处军"的总体要求。

好高而恶下，贵阳而贱阴，养生而处实。这是孙子对上文"视生处高"的处山处水之军，以及"而右背高"的处平陆之军等具体方法的理论抽象，也是对"处军"基本原则的理论概括。对于"高下"问题，张预注曰："居高则便于觇望，利于驰逐；处下则难以为固，易以生疾。"军队占据高阔之地，可以居高临下，观察敌情，瞰制战场，当组织冲锋时，能够造成所向披靡的气势，显然，这点主要是从有利于战斗的角度提出的。对于"阳阴"问题，张预注曰："贵阳者，以其光明气舒，疾病难于滋蔓也；贱阴者，晦逆非养生之道也。"山以日光照射论阴阳，山之南向阳，叫阳；山之北背阴，叫阴。水以水流方向论阴阳，水的西北通常是上游，叫阳；水之东南通常是下游，叫阴。军队驻扎在向阳干燥的地点，可以防止疾病，便于休养生息，显然，这点主要是从有利于生活的角度提出的。对于"生实"问题，王晳注曰："养生，谓水草粮糒之属；

处实者，倚固之谓。"张预注曰："养生，谓就善水草放牧也；处实，谓倚隆高之地以居也。"军队占据之地，既要有利于生活休息，益于将士健康，保持旺盛的战斗力；又要有利于与敌作战，有险可守，有固可倚，有势可乘。显然，"生实"问题是对"高下"和"阳阴"问题的总结概括。一言以蔽之，正如施子美注曰："用兵欲违害就利，高阳生实，皆兵之利也。"

军无百疾，是谓必胜。此为贯彻上述原则的必然结果，也是孙子对"处军"提出的总的要求。"百"，为"百无是处"之"百"，乃"全部""所有"之义；"疾"，本义为"小病"，这里泛指"病"；"必胜"，意即必胜之道。孙子认为，军队无任何病患，即可谓克敌制胜的必胜之道。行军与打仗不同，打仗易受刀枪矢弩的伤害，而行军则易受地形、气候、饮食和居住条件的伤害。拿破仑曾说，"疾病是最危险的敌人"，因此，"宁可让部队去从事流血最多的战斗，而不可让他们留在不卫生的环境中"。克劳塞维茨也指出，行军对军队的损害作用很大，"以致必须把它当作可以同战斗相提并论的一个特殊因素"，并认为，疾病就是这个"特殊因素"的主要内容。由此可见，孙子在两千余年以前便明确提出的"军无百疾，是谓必胜"，其表面看似简单，甚或给人以小题大做之感——难道军队没有发生疾病就能保证作战的胜利吗？而实质上，孙子是先知先觉地揭示了"处军"或者说组织行军最首要、最核心、最艰难的问题，即避免疾病引发的非战斗减员。只有避免行军的大量减员，才能确保会战的最后胜利。故此，赵本学注曰："先使军无疾病，是必胜之本也。"

第三，处军的典型事项：利待远索。

丘陵堤防，必处其阳，而右背之。此兵之利，地之助也。上雨，水沫至，欲涉者，待其定也。凡地有绝涧、天井、天牢、天罗、天陷、天隙，必亟去之，勿近也。吾远之，敌近之；吾迎之，敌背之。军行有险阻、潢井、葭苇、山林、蘙荟者，必谨覆索之，此伏奸之所处也。从具体到抽象，再从抽象到具体，这是人类认识的两大阶段，亦是两次飞跃、两重境界。而从抽象到具体，既是从一般到个别、从普遍到特殊的过程，更是人们把获得的认识回到实践中，进而用于指导实践的过程。因此，孙子在对处山、水、斥泽、平陆之军的具体方法，作出原则与要求的理论抽象之后，再一次回到了具体的实践之中，对行军中可能遇到的作战、天候、地形和危险四个典型问题，提出了更加明确而具体的处置方法及注意事项。

丘陵堤防，必处其阳，而右背之。此兵之利，地之助也。赵本学注曰："丘陵，冈阜也"；"堤防，坝岸也"。"冈阜"就是山丘。在行军过程中，当遇到丘陵堤坝时，一定要驻扎在向阳的一面，并将右翼即主力背靠它部署。这样对作战有利，发挥了地形的辅助作用。《孙子兵法·地形》云："夫地形者，兵之助也。"地形是用兵的辅助条件，那么，究竟如何利用地形这一辅助条件呢？在此，孙子以典型事例作出了具体而准确的诠释。具而言之，在"丘陵堤防"地域，必须"处其阳，而右背之"，其根本原理就在于"此兵之利，地之助也"。显然，这一条主要是讲行军中利用地形作战的典型问题。

上雨，水沫至，欲涉者，待其定也。"上"，即上游；"雨"，即下雨。在行军过程中，当遇到上游下雨时，水面会有泡沫漂来，如要涉水横渡，需等到沫消水稳之后。对此，曹操注曰："恐半涉而水遽涨也。"杜牧注曰："言过溪涧，见上流有沫，此乃上源有雨，待其沫尽水定，乃可涉；不尔，半涉恐有瀑水卒至也。"道理极为简单，"水沫至"是现象，"上雨"是本质，洪水暴发是可能的结果，因此，必须等到水沫消减，水流平稳后，再组织渡过河流，否则，部队渡过时，会被洪水冲击甚至淹没。显然，这一条主要是讲行军中根据天候渡水的典型问题。

凡地有绝涧、天井、天牢、天罗、天陷、天隙，必亟去之，勿近也。吾远之，敌近之；吾迎之，敌背之。梅尧臣注曰：绝涧，"前后险峻，水横其中"；天井，"四面峻坂，涧壑所归"；天牢，"三面环绝，易入难出"；天罗，"草木蒙密，锋镝莫施"；天陷，"卑下污泞，车骑不通"；天隙，"两山相向，洞道狭恶"。在行军过程中，当遇到两厢峭壁，中流急水，不可逾越的"绝涧"，四周陡峭，涧壑汇集，形似水井的"天井"，三面环山，易进难出，形似牢狱的"天牢"，草木茂密，刀箭难展，形似罗网的"天罗"，地势塌陷，底部泥泞，形似陷阱的"天陷"，两山相向，观天一线，形似裂隙的"天隙"，一定要迅速离开，切勿接近。当与敌遭遇时，我方要远离这种地形，让敌方靠近它；我方要面向这种地形，让敌方背靠它。对此，张预注曰："六害之地，我既远之、向之，敌自近之、倚之；我则行止有利，彼则进退多凶也。"是的，远离它们，面向它们，就进退自由；接近它们，背向它们，就进退受阻。任何时候决不可失去军队行动的自由权。显然，这一条主要是讲行军中对待特殊地形的典型问题。

军行有险阻、潢井、葭苇、山林、蘙荟者，必谨覆索之，此伏奸之所处也。"军行"，武经本作"军旁"，因"军行"即"行军"，而"军旁"有时专指"驻地旁边"，故从"军行"义长。句中"潢"，是水池，"潢井"，泛指低洼积水的地方；"葭苇"是芦苇，泛指水草丛生的地方；"蘙荟"，"蘙"古时一种草，"荟"，为草多貌，泛指草木茂盛的地方。在行军过程中，当遇到险峻隘路、沼泽水网、水草丛生、深山密林和草木茂盛的地方，必须谨慎地反复搜索，这些都是敌人可能设置埋伏与隐藏奸细的地方。对此，张预注曰："'伏'、'奸'，当为两事。"刘寅注曰："此乃伏兵和奸细潜隐之所也。伏兵或奸细掩我不虞，或察我动静，故不可不谨也。"行军中，一怕中敌埋伏，二怕暴露我情，必须谨终慎始，小心对待。显然，这一条主要是讲行军中对待潜在危险的典型问题。这里，孙子可谓妙笔生花，以"必谨覆索之"五字，由"处军"问题自然而然地转换到"相敌"问题。

行军要件：相敌

敌近而静者，恃其险也；远而挑战者，欲人之进也；其所居易者，利也。众树动者，来也；众草多障者，疑也；鸟起者，伏也；兽骇者，覆也；尘高而锐者，车来也；卑而广者，徒来也；散而条达者，樵采也；少而往来者，营军也。辞卑而益备者，进也；辞强而进驱者，退也；轻车先出，居其侧者，陈也；无约而请和者，谋也；奔走而陈兵车者，期也；半进半退者，诱也。杖而立者，饥也；汲而先饮者，渴也；见利而不进者，劳也；鸟集者，虚也；夜呼者，恐也；军扰者，将不重也；旌旗动者，乱也；吏怒者，倦也；粟马肉食，军无悬瓿，不返其舍者，穷寇也；谆谆翕翕，徐与人言者，失众也；数赏者，窘也；数罚者，困也；先暴而后畏其众者，不精之至也；来委谢者，欲休息也。兵怒而相迎，久而不合，又不相去，必谨察之。在此，孙子为什么要在"处军"之后紧接着阐述"相敌"问题，"处军"与"相敌"究竟存在着怎样的内在关系？原来，"处军"是组织行军的基本方略，"相敌"是组织行军的敌情侦察，假使没有周到细致的敌情把握，便不可能有行军方略的科学运用。所以，"相敌"的目的是"处军"，"处军"的前提是必须"相敌"，"相敌"乃"处军"须臾不可或缺的必要条件。为此，孙子浓墨重彩，虑周藻密，从八个方面提出了"相敌"三十二法。

第一，依"地"相敌。

敌近而静者，恃其险也；远而挑战者，欲人之进也；其所居易者，利也。《孙子兵法·计》云："地者，远近、险易、广狭、生死也。"这三个相敌之法，就是从"远近、险易、广狭"方面来观察判断敌情的。关于"近"敌，梅尧臣注曰："近而不动，倚险故也。"王晳注曰："恃险，故不恐也。"敌距我虽近，但镇定自若，因占据险要而有恃无恐。关于"远"敌，陈皞注曰："若远而挑战者，欲诱我使进，然后乘利而奋击也。"敌距我虽远，但前来挑衅，因严阵以待而诱我前进。关于"易"敌，曹操注曰："所居利也。"又张预注上文"平陆处易"曰："平原广野，车骑之地，必择其坦易无坎陷之处以居军，所以利于驰突也。"可见，地形平坦开阔，交通生活便利，进退奔逐自如，是安营扎寨的理想地形。正是基于从"地"的基本要素的系统考虑，孙子指出：若敌军距我很近而又按兵不动，定是仰仗着占据了险要地形；若敌军距我很远而又前来挑战，定是想引诱我向前开进；若敌军驻扎在平坦开阔地域，定是对敌军有利的情形。

第二，依"迹"相敌。

众树动者，来也；众草多障者，疑也；鸟起者，伏也；兽骇者，覆也；尘高而锐者，车来也；卑而广者，徒来也；散而条达者，樵采也；少而往来者，营军也。战场征候向来是古今兵家分析判断敌情的主要根据。这八个相敌之法，就是从战场出现的各种迹象来观察判断敌情的。一方面，是"树""草""鸟""兽"的动静。对此，曹操注曰："斩伐树木，除道进来，故动"，森林之地，不便通行，众树摇动，伐树开道，必有来袭；"结草为障，欲使我疑也"，草茂之地，结草设障，用图难索，情况多疑，撼我决心；"鸟起其上，下有伏兵"，草木之地，鸟类所居，惊而飞起，必因敌动，下置伏兵；"敌广陈张翼，来覆我也"，深山密林，兽之所伏，骇然奔走，大军覆地，前来进袭。另一方面，是"尘"的形状。对此，梅尧臣注曰："蹄轮势重，尘必高锐"，车重马疾，扬土势重，尘埃高尖，战车奔来；"人步低轻，尘必卑广"，士卒步履，踏土轻缓，尘土低宽，步卒前来；"樵采随处，尘必纵横"，樵卒采薪，漫山遍野，曳柴而走，扬尘飞舞；"轻兵定营，往来尘少"，安营扎寨，先遣轻兵，东奔西忙，微尘泛起。正是基于对草木鸟兽动静和车马人员行踪的战场征候的全面考虑，孙子指出：若树林摇动，定是敌人辟径来袭；若草丛中设有许多障碍物，定是令我疑惑寡断；若群鸟惊飞，定是敌人设置伏兵；若野兽骇奔，定是敌人大举来攻；若尘土高而尖锐，定是敌人战车驰来；若尘土低而宽广，定是敌人步兵开来；若尘土乱而稀疏，定是敌人伐薪曳柴；若尘土少而起落，定是敌人先遣安营。

第三，依"使"相敌。

辞卑而益备者，进也；辞强而进驱者，退也。孙子认为，敌军使者的言辞和表现亦是分析判断敌情的重要根据。这两个相敌之法，就是从军使言辞与敌军行动来观察判断敌情的。对于"辞卑而益备"，梅尧臣注曰："欲进者，外则卑辞，内则益备，诳我也。"张预注曰："使来辞逊，敌复增备，欲骄我而后进也。"军使言辞谦卑，部队加紧战备，示弱以骄我，缓兵以实备，必欲前来进攻。对于"辞强而进驱"，梅尧臣注曰："欲退者，使既词壮，兵又强进，胁我也。"张预注曰："使来辞壮，军又前进，欲胁我而求退也。"军使言辞傲慢，部队强势推进，虚张其声势，掩饰其怯弱，必欲悄然撤退。正是基于对军使极端言辞与部队实际行动差距的深入考察，孙子指出：若敌军使者言辞谦卑却又加紧作战准备，定是想要进攻；若敌军使者言辞强硬且又不断推进，定是想要撤退。

第四，依"阵"相敌。

轻车先出，居其侧者，陈也；无约而请和者，谋也；奔走而陈兵车者，期也；半进半退者，诱也。孙子认为，战阵之间的敌军表现亦是分析判断敌情的重要根据。这四个相敌之法，就是从敌军列阵时的种种表现来观察判断敌情的。《春秋左传》论及古法常制五十条，即后人所称的"五十凡"，其中便有"皆陈曰战"之说。这充分说明古代敌我双方从摆兵布阵到展开决战均具有相对规范的程序和步骤，泓水之战宋襄公"不鼓不成列"就是典型例证。孙子虽坚决反对宋襄公带有契约精神的古代战法，但从此"相敌"四法来看，当时仍然保留有"皆陈曰战"的诸多行为和规范。例如，对于"轻车先出，居其侧"，曹操注曰："陈兵欲战也。"这说明此乃典型的列阵迎战的表现。又如，对于"无约而请和者"，梅尧臣注曰："无约请和，必有奸谋。"这说明敌我双方或战或和均有预先邀约。再如，对于"奔走而陈兵车"，李筌注曰："战有期，及将用，是以奔走之。"这说明敌我双方对阵决战亦均有预约日期。正是基于对摆兵布阵一般方法的辨识考察，孙子指出：若敌轻车先出，摆在部队两翼，定是摆兵布阵；若敌尚未约战就来求和，定是另有阴谋；若敌快速奔跑排兵列阵，定是如期决战；若敌时进时退，定是诱我上当。

第五，依"卒"相敌。

杖而立者，饥也；汲而先饮者，渴也；见利而不进者，劳也。孙子认为，士卒的战场表现也是分析判断敌情的重要根据。这三个相敌之法，就是从士卒在战场上的行为表现来观察判断敌情的。对于"杖而立"，张预注曰："凡人不食则困，故倚兵器而立。三军饮食，上下同时，故一人饥，则三军皆然。"士卒以兵器为杖倚挂站立，表为困乏实在腹饥，又因军队作息步调一致，少数如斯，全军皆然。对于"汲而先饮"，张预注曰："汲者未及归营，而先饮水，是三军渴也。"汲水士卒，即给水兵，水边取水，径自先饮，说明整个部队处于缺水口渴的状态。对于"见利而不进"，张预注曰："士卒疲劳，不可使战，故虽见利，将不敢进也。"战场上士卒见到功劳与财物，都不肯冲锋向前，说明处于极度疲劳的状态，这样的部队是不应当用于作战的。正是基于对士卒饥、渴、劳时的行为考察，孙子指出：若士卒挂着兵器站立，定是敌军饥饿乏力；若士卒取水先饮，定是敌军干渴难耐；若是眼见功劳不去夺取，定是敌军疲惫不堪。

第六，依"营"相敌。

鸟集者，虚也；夜呼者，恐也；军扰者，将不重也；旌旗动者，乱也；吏怒者，倦也；粟马肉食，军无悬瓿，不返其舍者，穷寇也。"行军"，一要在"行"，即行进；二要在"军"，即驻扎。故而，孙子"相敌"，依敌"迹"而观其"行"者，上文有八法，依敌"营"而观其"军"者，此处有六法，均属"相敌"的重中之重。对于"鸟集"，李筌注曰："城上有鸟，师其遁也。"营寨之上，群鸟聚集，说明军去营空。对于"夜呼"，杜牧注曰："恐惧不安，故夜呼以自壮也。"营寨吏卒，夜传呼号，说明军心恐慌。对于"军扰"，张预注曰："军中多惊扰者，将不持重也。"营寨人马，自相扰乱，说明将无威严。对于"旌旗动"，杜佑注曰："旌旗谬动，抵东触西倾倚者，乱也。"营寨旌旗，东倒西歪，说明队伍混乱。对于"吏怒"，赵本学注曰："将吏有怒声恚色，必其士卒疲劳不能应命也。"营寨将吏，动辄发怒，说明士卒疲倦。对于"粟马肉食"，梅尧臣注曰："给粮以秣乎马，杀畜以飨乎士，弃瓿不复炊，暴露不返舍，是欲决战而求胜也。"粮食喂马，杀牛吃肉，丢弃炊饮器具，部队出营不返，说明这是意欲决战的穷寇。正是基于对敌军营寨种种迹象的分析考察，孙子指出：若敌营群鸟聚集，定是兵去营空；若敌营夜传呼号，定是军心恐慌；若敌营纷扰骚动，定是将领无威；若敌营旌旗歪斜，定是队伍混乱；若将吏动辄发怒，定是军队疲惫；若敌军用粮食喂马，杀牲口吃肉，丢弃炊饮器具，部队不回营舍，定是拼死决战的穷寇。

第七，依"将"相敌。

谆谆翕翕，徐与人言者，失众也；数赏者，窘也；数罚者，困也；先暴而后畏其众者，不精之至也。孙子认为，将帅表现亦是分析判断敌情的重要根据。这四个相敌之法，就是从将帅言行来观察判断敌情的。对于"谆谆翕翕"，曹操注曰："谆谆，语貌；翕翕，失志貌。"梅尧臣注曰："谆谆，吐诚恳也；翕翕，旷职事也。缓言强安，恐众离也。"将领讲话，低声下气，细语轻声，故作亲昵，说明唯恐失去部众的信任。关于"数赏"，李筌注曰："窘则数赏以劝进。"将领仅靠奖赏，维系取悦人心，说明已处于道尽途穷的尴尬境地。对于"数罚"，李筌注曰："困则数罚以励士。"将领仅靠惩罚，威逼胁迫部众，说明已处于困兽犹斗的无望境地。对于"先暴而后畏其众"，王皙注曰："敌先行刻暴，后畏其众离，为将不精之甚也。"将领对待部众，先行刻薄粗暴，后惧众叛亲离，说明根本不懂带兵打仗之道。正是基于对敌将种种言行的分析考察，孙子指出：若将领小心翼翼、低声下气地同士兵讲话，定是已丧失军心；若将领屡行奖赏，定是已近穷途末路；若将领屡行惩罚，定是在做困兽之斗；若将领先行粗暴严刑而后惧众叛亲离，定是因其将道不精。

第八，依"欲"相敌。

来委谢者，欲休息也；兵怒而相迎，久而不合，又不相去，必谨察之。在"相敌"论讫之际，孙子依据敌军企图提出了两个"相敌"之法：前者如上述三十法，征候明显，敌情可判；而后者则征候模棱，有待进一步研判。其言外之意，"相敌"之法远非此三十余法而已。对于"来委谢"，杜牧注曰："所以委质来谢，此乃势已穷，或有他故，必欲休息也。"两军胜负未分，敌便送礼言好，或为强弩之末，或因别有他故，但真实企图是要休兵息战。对于"兵怒而相迎"，杜牧注曰："盛怒出陈，久不交刃，复不解去，有所待也，当谨伺察之，恐有奇伏旁起也。"敌逞怒而来，但久不交战，也不撤离，必另有他图，需谨慎观察其后续行动的变化。所以，孙子指出：若敌人派来使者送礼致歉，定要休兵息战；若敌人气势汹汹同我对阵，但久不交锋，又不撤退，必须谨慎地观察它的企图。

综而观之，孙子"相敌"，与古时"相面""相马""相风水"等"相法"，虽渊源紧密，然方法迥异。唯心者"相法"之"相"，一靠看，二靠算，即"卜"；孙子"相敌"之"相"，一靠观，二靠察。为此，他重复使用了三十二个"……者……也"句，前半句"者"描述了敌情的现象，后半句"也"揭示了敌情的本质，充分展现了他透过现象看本质的"相敌"的科学方法。诚如明代钱福《历子品辞》所说："此三十二者，洞敌之情，彻肺腑发隐微之论。"而对于孙子"相敌"的阐释笔法，明代大思想家王阳明《诸子汇函》则盛赞道："炼字炼句，逼真《老子》书。连用'也'字，文法开《醉翁亭记》法门。"对字句的凝练揣摩，具老子《道德经》字字珠玑之风范；对"也"字的重重叠用，开欧阳修《醉翁亭记》清丽文法之先河。

中：将虑取人

孙子认为，战争胜利的关键，不在"兵多"，而在"将虑"。故而，在此表面上讲的是"兵非益多"问题，而实质上则是以此为映衬，强调和阐释"将虑"问题。他明确指出，用兵打仗"兵非益多"，一是要做到"惟无武进"的总体要求，二是要把握"并力、料敌、取人"的制胜要诀。由此易见，"并力"与"处军"相照，"料敌"与"相敌"互应，换言之，能"处军相敌"者，即及"惟无武进"，其承上之功用彰明；同时，"取人"又与"令之以文，齐之以武"的"必取"相合，其启下之效用昭著。对此，赵本学注曰："处军相敌，行军之庶务；恩威并用，行军之大本。"甚是。上文之"处军相敌"，与下文之"令文齐武"，共构共通于"将虑取人"的用兵大要之中。

3.0 兵非益多也，惟无武进，足以并力、料敌、取人而已。夫惟无虑而易敌者，必擒于人。

用兵大要：将虑取人

孙子指出，用兵打仗兵力并非越多越好，只要不鲁莽冒进，能够适时集中兵力，准确判断敌情，取得部众信任，就足以取胜了。只有无谋略而又轻敌的将领，必定被敌人所俘虏。乍读于此，或感突兀，孙子为何在细阐"处军"之幽、大发"相敌"之微的时候，遽然言及"兵非益多"问题？事实上，若深切领悟孙子所言，我们会清楚地认识到，实则他在告诉人们：兵非益多，主于"将虑"，要在"取人"。具而言之，将有所"虑"，必无"武进"，将之所"虑"，必在"并力、料敌、取人"；反之，将"无虑而易敌"，则"必擒于人"。西汉贾谊《过秦论》曾云："深谋远虑，行军用兵之道。"全文贯通义理，恰切凝结此中。

兵非益多也，惟无武进，足以并力、料敌、取人而已。众所周知，兵力多寡向来是夺取战争胜利的重要条件。因此，韩信将兵，多多益善，究其原因，韩信"能将兵"，会带兵、会打仗，善于指挥千军万马。然而，孙子在此却毅然决然地提出："兵非益多也"。难道孙子果真如贾林所注的那样，强调"不贵众击寡，所贵寡击众"吗？还是像现代有些学者所认为的那样，强调"兵不贵多而贵精"？如果都不是，那么他提出这样的观点，其原因和意旨又是何在呢？

关于"兵非益多"，武经本作"兵非贵益多"，或因"益"上有"贵"，才产生贾林"所贵寡击众"和现代"兵不贵多而贵精"之说，非是，故无"贵"义切。句中"益多"，意动用法，"以多为益"之义。对此，曹操注曰："权力均。"王晳注曰："权力均足矣，不以多为益。"他们的意思是说，打仗需要量敌用兵，双方势均力敌即可，并非兵力越多越好。然而，孙子《谋攻》有云："十则围之，五则攻之；倍则分之，敌则能战之；少则能逃之，不若则能避之。"这却说明，兵多也好，兵少也罢，将帅横竖各有各的打法。或缘于此，施子美注曰："兵在奇变，不在众寡。兵不贵多，在于善用也。"甚是。韩信将兵之多多益善，与孙子所言之"兵非益多"，实则有着异曲同工之妙，皆在于将帅的能谋善战之道。那么，何"道"之有呢？

在于"惟无武进"的总的要求。"进"，与"行军"对言，指部队的行进或进击；"武"，从戈从止，"戈"表示武器和武力，"止"表示脚趾和行动，本义为征伐示威，引申为勇敢、英勇，此处指鲁莽灭裂、武断无谋。故此，对于"武进"，顾福堂注曰："言武进者，即下文易敌之谓也。"其实，顾公只说出一半，"武进"不仅指下文的"易敌"，而是指"无虑而易敌"，亦即指无谋轻敌、盲目冒进。这里，关键是对"惟"的训诂，贾林注解作"虽无武勇之力以轻进"，梅尧臣注解作"兵虽不足以继进"。古时"惟"虽通"虽"，但依贾注、梅注作"虽"解，则与上句"兵非贵益多"之文意不接。故"惟"应解作"独"，而"惟无"意即今所谓"只要不"，既带有明显的告诫意味，也带有强烈的转折意味："兵非益多"，只要不"武进"。具而言之，"惟无武进"乃"兵非益多"的必要条件，"兵非益多"仅是起到一种铺垫和映衬作用，而"惟无武进"才是孙子真正强调的重点。如上所述，"武进"即"无虑而易敌"；"无武进"即"虑而不易敌"。《说文》云："虑，谋思也"；"谋，虑难曰谋"。可见，"虑"与"谋"义通。故而，王晳注曰："不可但恃武也，当以计智料敌而行。"那么，将之所"虑"所"计"其津要又何在呢？

在于"足以并力、料敌、取人而已"的六字要诀。关于"并力"，普遍释之为"集中兵力"，一知半解之见也。孙子《军争》篇云：兵"以分合为变者也"。"军争"者，"倍道兼行"，旨在夺取战场的先机之利，故颇似今天的"开进"，是从集结或待机地域向作战地域有组织地移动（今通常约六十公里），先到达者可以逸待劳并占据有利地形。"行军"者，"四军之利"，旨在从本国顺利抵达敌国，故等同今天的"行军"，是从驻地向作战地域有组织地移动（远可达数百数千公里）。由此可见，无论"军争"还是"行军"，均会受到途中敌情与道路条件的影响，或分兵多路而行，或合兵一道而进，因此，孙子所谓"并力"，即指行军过程中，当遇到敌情时，能适时多路合并而集中兵力，以有效应对敌人。然能否做到这一点，关键在于"处军"——行军道路的选择与确定、各路兵力的区分与编组。或基于此，王晳注曰："善分合之变者，足以并力乘敌间，取胜人而已。"故可见，此言"并力"与上文"处军"，文意相接，照应缜密。关于"料敌"，张预注曰："察敌而取胜"。又可见，此言"料敌"与上文"相敌"，周缘切合，异名同实。由是观之，孙子"并力料敌"，不仅是对将"虑"要谛的深刻揭示，而且具有与上文"处军相敌"的承接之功。

关于"取人"，一说为"取胜于敌"，如贾林注曰"足以智谋料敌、并力而取敌人也"，王晳注曰"足以并力乘敌间取人而已"。意思是说，"取人"即是用料敌和并力的方法战胜敌人。一说为"取信部众"，如曹操注曰"厮养足以"，张预注曰"足以取人于厮养之中"。意思是说，"取人"即用培养和教育的方法取信部众。通观全文，前说与上下内容南辕北辙、文理不接，而后说则与下文"亲附"而"罚"则"可用"，"令之以文，齐之武，是谓必取"，"令素行"则"与众相得"等内容一气贯通。故"取人"之"取"，即"是谓必取"之"取"，"取人"即言得人，是指取得部众的支持与信任，而并非指"取胜于敌"。故此，李筌注曰："惟得人者胜也。"同样可见，孙子"取人"，不仅是对将"虑"又一要谛的深刻揭示，而且具有对下文"令文齐武"的肇启之效。

《孟子·梁惠王上》云："是心足以王矣。"此等胸怀完全可以称王天下了。"足以"，为"完全可以"之义，又为"够得上"之义。《论语·里仁》云："夫子之道，忠恕而已矣。"孔子之道，不过忠恕二字。"而已"，为"不过"之义，又为"罢了"之义，乃表示限止的语气。由此，我们便可深味而得孙子真义：用兵打仗并不在于兵多，只要不武断冒进，够得上"并力、料敌、取人"就罢了。宛然一派风轻云淡的语态，却全然一种举重若轻的思境，揭示和凸显出了字字千钧的行军用兵的不移至理。

夫惟无虑而易敌者，必擒于人。句中"易"，如《左传·僖公二十二年》所言"国无小，不可易也"，乃"轻视"之义，故"易敌"即"轻敌"。句中"擒于人"，是古汉语被动句式之一，意即"为人所擒"。对此，杜牧注曰："无有深谋远虑，但恃一夫之勇，轻易不顾者，必为敌人所擒也。"甚是。"无虑而易敌"就会"恃一夫之勇"，就会"武进"，其结果定然是"必擒于人"。正基于此，钱基博注曰："卒乃重言以申之曰：'夫惟无虑而易敌者，必擒于人'，所以深致于武进也。"钱先生认为，孙子最后说这句话的目的，就是深入而重点地强调"武进"问题。具而言之，孙子通过对"武进"危害的申说，一是具体阐明了"武进"之由，在于将之"无虑而易敌"，二是反面强调了"无武进"之法，在于将之"并力、料敌、取人"，否则，"必擒于人"。如前所述，"取人"乃行军打仗的前提基础，故下文"行军之本"，悠然可见，喷薄欲出。

下：行军之本

孙子认为，"处军相敌"乃行军之要，"令文齐武"乃行军之本。具而言之，千里行军，浩浩荡荡，走打吃住，御之有道，若非言出法随之军，绝无令行禁止之效。因此，孙子承接上文之"取人"：首先，说明了士卒之"可用"，在于"亲附"与"罚行"的恩威并用；其次，揭示了军队之"必取"，在于"令之以文，齐之以武"的统御之道；最后，由战时升华至平时，表明了战场之"与众相得"，在于平时之"令素行"的一贯治理。诚如赵本学所曰:"徒知其事而不知其本,则虽有其具而不可徒行也。"只知"处军相敌"的行军之事,但不知"令文齐武"的行军之本,亦是不可以组织行军的。

4.1 卒未亲附而罚之,则不服,不服则难用也。卒已亲附而罚不行,则不可用也。

4.2 故令之以文,齐之以武,是谓必取。

5.0 令素行以教其民,则民服;令不素行以教其民,则民不服。令素行者,与众相得也。

卒之可用:亲罚并举

卒未亲附而罚之,则不服,不服则难用也。卒已亲附而罚不行,则不可用也。承上所述,将帅只有"取人",方可确保自己的部众成为一支能用于行军打仗的军队。那么,何以"取人"呢?孙子以为要在两点:一在"亲附";一在"罚行"。何为"亲附"?为何"罚行"?对于这个问题,孙子《地形》篇讲得最为清楚:"视卒如婴儿,故可与之赴深谿;视卒如爱子,故可与之俱死。厚而不能使,爱而不能令,乱而不能治,譬若骄子,不可用也。"《说文》有云:"亲,至也。"段玉裁注:"父母者,情之冣(最)至者也,故谓之亲。"这说明,孙子的比喻是极为恰当的,"视卒如婴儿""视卒如爱子"即为"亲","可与之赴深谿""可与之俱死"即为"附","厚而不能使,爱而不能令,乱而不能治,譬若骄子"即因"罚不行"。由是观之,将帅对士卒就像父母对孩子,没有爱,光有罚,孩子就不会心悦诚服而听话;光有爱,没有罚,孩子就会少调失教而无规矩,故有"慈不掌兵"之古训。正基于此,孙子指出,没有取得士卒的亲近信赖就实行处罚,他们就会不服,不服的军队就难以用来行军作战;已经取得士卒的亲近信赖,却不忍依法实行处罚,这样的军队同样不可用来行军作战。进而言之,缺少"亲附"的"罚行",是令人憎恶的"罚行",缺少"罚行"的"亲附",是骄兵偭规的"亲附",是将领无能的表现,"亲附"和"罚行"是不可偏废的。对此,《唐李问对》李靖则释曰:"此言凡将先有爱结于士,然后可以严刑也。若爱未加而独用峻法,鲜克济焉。"是的,孙子此言所以以"未亲附"和"已亲附"正反两方面立论,又充分说明,欲使军队用于行军打仗,不仅要"亲附"与"罚行"并举,而且要"亲附"在先以得人心,"罚行"在后以挺规矩,否则"鲜克济",也就是很少能够成功的。

军之必取:文武共济

故令之以文,齐之以武,是谓必取。句中"令",《说文》云:"发号也。"段玉裁注:"发号者,发其号呼以使人也。"故为"号令""号召"之义。句中"齐",《说文》云:"禾麦吐穗上平也。"故为"整齐""统一"之义。句中"文""武"对言,曹操注曰"文,仁也;武,法也",李筌注曰"文,仁恩;武,威罚"。故"文"泛指一切怀柔的政策制度,"武"泛指一切严厉的军规法纪。句中"必取","取"者"取人"之"取","必"者"必然"即"道"。所以,孙子此言的意思就是,以怀柔的政令感召士卒,以严厉的军纪整饬士卒,这就是所谓取得部众之道。进而言之,政令之感召在于卒心,军纪之整饬在于卒行。所以赵本学注曰:"必以文令之于先,而以法齐之于后。"甚是。只有以文治教化凝聚军队思想,方可以武治整饬统一军队行动,虽须文武兼用,然必先文后武,军队才能听从命令,服从指挥。《吴子兵法·论将》云:"总文武者,军之将也;兼刚柔者,兵之事也。"由此可见,"总文武"者,通"令文"与"齐武"共济,乃将帅统军治军之道,"兼刚柔"者,知"亲附"与"罚行"并举,乃将帅用兵御兵之术,虽时异事殊,然其宗一也。故刘寅亦注曰:"令之以文而亲附之,齐之以武而整肃之。"所以说,孙子这句话不仅是对上言用兵御兵之理的高度抽象,而且是对将帅统军治军之道的深刻揭示。句中"令",简本作"合",皆有理,且义近,并存之。

与众相得:在令素行

令素行以教其民,则民服;令不素行以教其民,则民不服。令素行者,与众相得也。如上所述,卒之"可用",在于"亲附"与"罚行"并举,军之"必取",在于"令文"与"齐武"共济,那么,作为组织行军打仗的将帅,欲用之以亲罚,取之以文武,其枢机钤键何在呢?故而,孙子指出,一贯严格执行政令军令,并以此管教部众,部众就会惯于服从,不能一贯严格执行政令军令,并以此管教部众，部众就会惯于不服从。所以，将帅一贯严格地执行政令军令，就会与部众彼此协契同力。在此，孙子首先以前两句从正反两方面说明了"令素行"是"民服"的前提与基础，然后准确地揭示了将帅之"令素行"才是"与众相得"的把柄与抓手。

值得注意的是，对于此言，陈启天注曰："令者，政府之命令也。素者，平素也，平时也。……政府平时实行命令，始终一致，以教育国民，则国民自必心服。若政府之实行，与其命令不符，或虽实行，而朝令夕改，则国民自不心服。惟政府之实行命令始终一致，信而有征，昭著于世，始能深得民众之心，而令之效死作战也。"显然，陈注将"素"训为"平时"，且是与"战时"相对而言的。就像我们在《形》篇中所谈道的那样："春秋社会的军事组织形态完全不同于现代，它平时'寓兵于农、兵农合一'，只有到战时才'算地出卒'，'合军聚众'（《军争》）对外作战。"如果按照这样的情形，陈先生的注释无疑是正确的。然而，正如曹操注《谋攻》篇"不知三军之事而同三军之政者，则军士惑矣"句曰："军容不入国，国容不入军，礼不可以治兵也。"治国有治国的规律，治军有治军的规律，尽管二者有时紧密联系，相辅相成，但绝不可以完全混为一谈。具而言之，国君之"令民与上同意"，与将帅之"与众相得"，看似同源异流，实则时异事殊，各自存在着不同的内容与手段。所以说，陈启天的注解的确失之偏颇甚矣。

正基于此，笔者认为："令"，不仅包括文令，而且包括武令，当泛指将帅一切的政令和军令；"素"，乃"素昧平生"之"素"，为"向来""一贯"之义，是"一以贯之""从不改变"的意思；"相得"，为"相得无间"之"相得"，主要指将士在思想和行动上的彼此契合，相互熟稔。还有一个关键点是对"教"的理解，在孙子看来，"令素行"即有"教"，"令不素行"即无"教"，换言之，"令素行"本身就是"教"，"教"只存在于"令素行"之中。所以，他才得出"令素行者，与众相得也"的结论。故此，《黄帝四经·经法·君正》有云："号令发必行，俗也。""令素行"便成"俗"，即能养成习惯。又云："号令成俗而刑伐不犯则守固单（战）朕（胜）之道也。"这里则把"令素行"提到了"战胜之道"的高度。孙膑《威王问》篇则云:"威王曰:'令民素听,奈何?'孙子曰:'素信。'"《将义》篇又曰:"将者不可以不信。不信则令不行。"由此又见,只有将帅的"令素行",方有士卒的"民素听",质言之,"信"才是将帅"与众相得"之真正渊薮。

对于此言的要义与功能,钱基博注曰:"处军相敌,而终之以得众,此行军之本也。"钱先生之见可谓洞察秋毫,对于"行军"而言,"处军相敌"只是末,而"与众相得"才是本,对于《行军》而言,始之以"处军相敌",终之以"与众相得",诚可谓本末相济,首尾相照。而对于这样的论述之法,赵本学则曰:"孙子语上不遗下,语粗不遗精,类如此,此所以为兵之圣也。"孙子论述问题,总是抽象与具体、宏观与微观,兼容并包,拾掇无遗,此作文之道,正是他所以成为兵圣的奥妙所在。

综观《行军》,言"行"言"军","行"者,走也,"军"者,驻也。因"行"有逢敌之时,"军"有遭敌之际,故"行军之要"在于"处军相敌","行军之本"则在于卒之"可用"、军之"必取"。反观《军争》,言"先"言"利","先"者,先至也,"利"者,先机也。因"唯先"有"无辎重则亡,无粮食则亡,无委积则亡"之危,故"军争之法"讲求"迂直之计","军争之本"则讲求军之"四治"、将之"八戒"。反躬自问,《行军》言"走",《军争》亦言"走",二者殊异何在呢?要而言之,"行军"以"千里会战"为旨,故虽"走"中有"打",然"打"是为了更好地"走",而"军争"以"争先制胜"为旨,故"走"为争"先"争"利",其"走"是为了更好地"打"。故而,赵本学注曰:"军争者,两军争胜";"行军者,军行出境"。明各篇之旨,知篇次之序。孙子自《军争》后,言《九变》,语《行军》,谈《地形》,论《九地》,并非以战争行动的时间轴线而定篇序,而是以战争胜负的要素轴线来定篇序的。

第十　地形

——地为兵助

地形向来是影响作战胜负的重要因素。纵观《孙子兵法》，涉及"地"的篇章可谓俯拾即是。譬如《计》《形》《军争》等言"地"，好像见缝插针，适逢其会；再如《行军》《地形》《九地》等言"地"，又似水银泻地，一气呵成。对此，顾祖禹《读史方舆纪要》曾赞誉道："论兵之妙，莫如《孙子》；而论地利之妙，亦莫过如《孙子》。"略索可知，顾公乃明末地理名家，此作亦综记"山川险易，古今用兵战守攻取之宜，兴亡成败得失之迹"的鸿篇巨著，想必他对孙子"论地利之妙"的高度评价绝非溢美虚言。那么，孙子论"地"究竟揭示了哪些不易至理，又存在着怎样的理论性和系统性，甚或从《地形》之一管，可窥见其论"地"思想之大貌？

一、题解——地形，是会战决策的基本依据

本篇篇题十一家注本作《地形》。汉简篇题木牍有《□刑》一题，古"刑"通"形"，应即篇题《地形》，但汉简中并未发现此篇简文。现代语境下的地形，是指地貌和地物的统称，即指自然的和人为的地面样貌与特征；而孙子所说的"地形"，则是把地形与敌我的进退、战守、待击等问题融为一体，完全是对"地"与"兵"内在关系的综合考察。可见，古今之"地形"名同而实异，其

内涵存在着极大的差别。那么，孙子《地形》篇，从"地之道"，谈到"败之道"，再谈到"上将之道"，如此的逻辑与意绪，究竟要说明什么样的主旨呢？

首先，"地形"是因情制战的基本依据。孙子开篇便提出，地有六形，即通、挂、支、隘、险和远，前三种当为非通用之名，故下有定义，后三种当为通用之名，故未下定义。但无论对于哪一种地形，孙子均阐明了我方因地形而与敌或战、或击、或待，亦即战与不战的决策问题。可见，孙子所言"地形"乃是因地形而决定的敌我之间进退、战守、待击等因地制战问题，要言之，它专指敌我战、阵、待、击的"会战"战场问题。与此同时，孙子又提出，兵有六败，即走、弛、陷、崩、乱和北，或因用兵不当，或因将吏失和，或因治军无法，然其根由皆在于"将之过也"。由是观之，地之六形，乃战阵待击之所，战与待守莫不因地利，此所谓"地之道"也；兵之六败，乃用兵治兵之咎，败与崩乱莫不由将取，此所谓"败之道"也。故此，孙子两度重复强调指出，此二者皆为"将之至任，不可不察也"。言下之意，考察"地之道"与"败之道"虽均属"将之至任"，然地形不过是将帅决定战与不战的基本依据，而用兵才是将帅决定战争胜败的关键所在。

其次，"地形"是用兵打仗的辅助条件。因上所述，"地之道"乃将帅用"地"的规律，"地"属外因；"败之道"乃将帅用"兵"的规律，"兵"属内因。故此，孙子明确指出："夫地形者，兵之助也。"对于用兵打仗，地形仅是辅助条件，而用兵才是将帅战场制胜的关键所在。所以，孙子进而指出："料敌制胜，计险阨远近，上将之道也。"无论是"料敌制胜"的用"兵"，还是"计险阨远近"的用"地"，都是"将之至任"，均属"上将之道"的范畴。所以，进一步强调指出："知此而用战者必胜，不知此而用战者必败。"具而言之，"必胜"或"必败"，一切皆归结于将帅对"败之道"和"地之道"——"上将之道"的深刻认知与准确把握。

再次，"地形"是用战制胜的重要因素。"上将之道"或"将之至任"要点有三。一是要有"进不求名，退不避罪"的使命担当。孙子指出，"战道必胜，主曰无战，必战可也；战道不胜，主曰必战，无战可也"，只要"唯人是保，而利合于主"，即使君命亦可有所不受。二是要有"令之以文，齐之以武"的御兵方法。孙子指出，"视卒如婴儿，故可与之赴深谿；视卒如爱子，故可与之俱死"，但是如果"厚而不能使，爱而不能令，乱而不能治，譬若骄子，不可用也"，故而统军治兵重在恩威并用。三是要有"知彼知己，知天知地"的能力水平。孙子指出："知吾卒之可以击，而不知敌之不可击，胜之半也；知敌之可击，而不知吾卒之不可以击，胜之半也；知敌之可击，知吾卒之可以击，而不知地形之不可以战，胜之半也。"所以，他的结论是："知彼知己，胜乃不殆；知天知地，胜乃可全。"显而易见，将帅用兵制胜，对敌我天地必无所不知，"地形"乃是继敌情、我情、天候之后，一个不可或缺的制胜因素。

关于《地形》的篇次。十一家注本、武经本均为次《行军》而先《九地》，位居第十。汉简本篇题木牍第三排第一行有《□刑》，亦位于《九地》之前，位次与传本合，故第十当系其固有位次。对此，曹操注曰："欲战，审地形以立胜。"甚是。孙子所言地之六形，无一不以"战""胜""待""击"，即以战与待守处之，所以，"地形"就是曹公所言的"欲战"之地。或缘于此，赵本学注曰："上篇水陆、山泽、险阻、潢井、牢罗、隙陷之形，乃行军在途所经处之地耳。所经所处亦当设备，是以处之各有其道。此篇《地形》乃论战场之形势，安营布阵之所也。"赵公卓见。正如我们在谈及《行军》篇次时所说的，"古代战争总体包括两个部分：一是行军，二是会战"，《行军》所言及的地形，乃是论述行军途中的地形问题，《地形》所言及的地形，乃是论述会战地域的地形问题。军队先有行军出境，而后临敌因地制战，故《地形》次《行军》位第十。

二、构解——既讲了地兵之较，又讲了将帅之任

《地形》是孙子对会战战场问题的理论考察。首先，明确指出了因地形而制战的"地之道"，并相较提出了因将过而兵败的"败之道"。其次，继而揭示出"地"与"兵"的本质关系，指明了"上将之道"才是用兵制胜的根本所在。

再次，扼要阐述了将帅持战道、通御兵、能全知的三大问题，明确了践行"上将之道"的关键所在。总之，当用战制胜时，地之道，兵之用，将之任，其本末轻重了然目前。

上半部分：地兵之较。从"孙子曰：地形有通者"至"凡此六者，败之道也，将之至任，不可不察也"。孙子认为，用战制胜，要在两点：一是用地；二是用兵。于是，开篇便分别阐释了地有六形的"地之道"；同时阐释了兵有六败的"败之道"。前者因地，后者因人，主次轻重，相形尽现。

中间部分：地为兵助。从"夫地形者，兵之助也"至"不知此而用战者必败"。因为，用兵为主，用地为辅，故孙子曰"夫地形者，兵之助也"，以此承接上文；又因，"地之道"和"败之道"，二者皆为"将之至任"，故孙子又曰"料敌制胜，计险阨远近，上将之道也"，以此开启下文。

下半部分：将帅之任。"故战道必胜，主曰无战"至"知天知地，胜乃可全"。孙子认为，"上将之道"或"将之至任"有三：一在秉"战道"，当战君命不受；二在得军心，士卒亲附可用；三在能全知，战则无殆全胜。总而言之，用战必知用地，胜战必在用兵，一切皆归于将帅的能力水平。

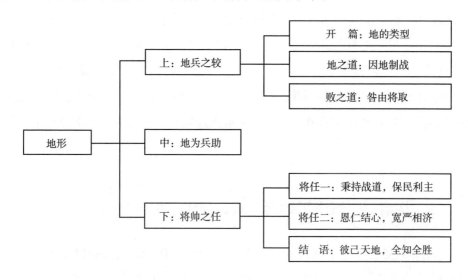

三、文解

《行军》言"地"有四：山、水、斥泽与平陆；《地形》言"地"有六：通、挂、支、隘、险和远。对此，钱基博注曰："惟行军篇所论处军，亦属地形，与此少异者，盖行军篇之论，所以自处；而此所论，则旨在应敌也。"钱先生与赵本学可谓英雄同见，《行军》言"地"乃属行军途经之地，是"走"的地形，重在"自处"；而《地形》言"地"乃属与敌交战之地，是"打"的地形，重在"应敌"。故此，孙子《地形》旨在阐明："地兵之较"何是，"将帅之任"何在，且二者源清流洁，本末终终。上半部分，就是在"地之道"与"败之道"的相较中，阐明"地"与"兵"的相互关系。

上：地兵之较

1.0 孙子曰：地形有通者，有挂者，有支者，有隘者，有险者，有远者。我可以往，彼可以来，曰通。通形者，先居高阳，利粮道，以战则利。可以往，难以返，曰挂。挂形者，敌无备，出而胜之。敌若有备，出而不胜，难以返，不利。我出而不利，彼出而不利，曰支。支形者，敌虽利我，我无出也，引而去之，令敌半出而击之，利。隘形者，我先居之，必盈之以待敌；若敌先居之，盈而勿从，不盈而从之。险形者，我先居之，必居高阳以待敌；若敌先居之，引而去之，勿从也。远形者，势均，难以挑战，战而不利。凡此六者，地之道也，将之至任，不可不察也。

2.0 故兵有走者，有弛者，有陷者，有崩者，有乱者，有北者。凡此六者，非天之灾，将之过也。夫势均，以一击十，曰走；卒强吏弱，曰弛；吏强卒弱，曰陷；大吏怒而不服，遇敌怼而自战，将不知其能，曰崩；将弱不严，教道不明，吏卒无常，陈兵纵横，曰乱；将不能料敌，以少合众，以弱击强，兵无选锋，曰北。凡此六者，败之道也，将之至任，不可不察也。

地之道：因地制战

孙子曰：地形有通者，有挂者，有支者，有隘者，有险者，有远者。孙子开门见山地指出，地形有通、挂、支、隘、险、远六种类型。显然，这句话是对地形的总说。句中"者"为代词，代指"地形"，六个"者"连用，分别表明了地形的六种类型。故此，曹操注曰："此六者，地之形也。"张预注曰："地形有此六者之别也。"但问题在于，孙子作如此划分的依据和标准究竟是什么？现代军事理论认为：地形是地貌和地物的统称；军事地形学则是研究地形特征及其对作战行动影响规律的学科。从六地名称来看，它们并非像现代地形术语如山川、河流、道路、桥梁等一样，完全是对地貌和地物的表征，尤其是"挂"和"支"更像是孙子自创的名称。从下文的阐释来看，六地不仅是对某一地域及其地貌特征的高度抽象，而且是对该地形之于作战行动影响规律的总结概括。可见，孙子所言"地形"及其六地名称实则是具有现代军事地形学意义的理论概念。

我可以往，彼可以来，曰通。通形者，先居高阳，利粮道，以战则利。对于"通"，孙子指出，我军可以去，敌军也可以来，这种地形就叫作"通"。在通形地域上，抢先占领向阳的高地，并且保持粮道的畅通，这样作战就有利。显然，前一句是对"通"的定义，后一句是对"通"的对策。关于"通"的定义，《易·系辞》云"往来不穷谓之通"，梅尧臣注曰"道路交达"。可见，在古人看来，四通八达，交通便利，这种地域就叫"通"。但孙子言"通"显然有着自己的视角："我"与"彼"相对而言，完全属于敌我对抗语境下的地形概念。关于"通"的对策，孙子提出：一要"居高阳"；二要"利粮道"。对此，王晳注曰："夫高阳先居，则以高击卑其势顺。粮道通达，则缓急战守得自由。故曰：以战则利。"王公所言极是。四通八达之地，地势相对平坦，"居高阳"者，利于瞰制，便于生存，"利粮道"者，补给持续，从容待敌，所以说，得高地者得地利，通粮道者握战机，无论怎么打，无论何时打，我方均占据有利的形势。这里，需特别注意的是句中的"先"字，此乃"居高阳"与"利粮道"的先决条件，换言之，敌我之间谁抢先占领了高阳之地，并建立了运粮通道，谁就占据了胜利的先机。那么，战场上的"先"从何来呢？毫无疑问，它来自于"迂直之计"的"军争"的结果。故此，曹操注曰："宁致人，无致于人。"曹公之注，不仅深刻揭示了孙子运用"通形"的思想精髓，而且充分表明了《军争》"争先"而《地形》"用先"的行动关系。

可以往，难以返，曰挂。挂形者，敌无备，出而胜之；敌若有备，出而不胜，难以返，不利。对于"挂"，孙子指出，可以前往，难以返回，这种地形就叫"挂"。在挂形地域上，如果敌军没有防备，我军就可突然出击战胜它；如果敌军有防备，我军出击又没能取胜，必将难以返回，这样作战就不利。关于"挂"的定义，杜牧注曰"挂者，险阻之地，与敌共有，犬牙相错，动有挂碍也"，梅尧臣注曰"网罗之地，往必挂缀"，赵本学注曰"往则顺而下，返则逆而上，后高前低，如物挂者然也"。诸家所以各抒己见，说明"挂"并非一个通用的概念，抑或是孙子自定义的名称。笔者认为，"挂"即"挂碍""阻碍"，主要指遍布坡地、隘口、沟壑、溪流等对军队进退产生严重阻碍的地域。按理来说，这样的地形无论对于"往"还是"返"，均会造成不利的影响，那为什么孙子会说"可以往"而"难以返"呢？原来，孙子对于地形的应用，始终是与敌情、我情等战场情况紧密地联系在一起的。所以，孙子关于"挂"的对策是，如果敌人没防备，我又有出击必胜的把握，就可以出击一举战胜敌人，此即所谓"可以往"，如果敌人有防备，我又没有出击必胜的把握，我军一旦出击不胜，敌军便会利用"挂形"组织反击、追击或阻击，我军则会受到陡坡、沟坎、隘口、溪流等地形的阻碍而难以顺利撤回，此即所谓"难以返"。需要注意的是，"难"与"易"本为对言，但孙子并没有说"易以往"，而是说"可以往"，这也说明在挂形地域上，军队的"往"同样会受到地形的不利影响，亦属"不易"之事。而其所以"可以往"，皆在于"敌无备"且我可以"出而胜之"。

我出而不利，彼出而不利，曰支。支形者，敌虽利我，我无出也；引而去之，令敌半出而击之，利。对于"支"，孙子指出，我军出击不利，敌军出击也不利，这种地形就叫"支"。在支形地域上，敌军即使利诱我军，我军也不要出击；而要以退却撤离引诱敌军，使敌出动一半时回师反击，这样作战就有利。关于"支"的定义，《玉篇·支部》云："支，持也。"《战国策·燕策》有云：

"今赵且伐燕，燕、赵久相支。"其中"久相支"，即为"长久相持"之义。故而，梅尧臣注曰："相持之地。"张预注曰："各守险固，以相支持。"可见，"支"颇似今天防御阵地的"支撑点"，敌我均有可凭防守对峙的险固，而中间地带则地域狭小、地势低凹，既不利于向对方组织进攻，又处于对方瞰制之下，所以孙子说，它是谁出战就对谁不利的地形。对此，孙子的对策是，要力避主动出击，纵使敌人利诱，亦坚决不出，要力求引敌出动，佯装退却离去，待敌半出而击之。那么，为什么是"半出而击"而不是"全出而击"呢？对此，赵本学注曰："俟其半出之际，急回与战，彼出险者不得险中之救，在险中者又有蹂躏之患，其败必矣。"意思是说，从险固之中出来的敌人，得不到险固之中敌人的支援，在险固之中的敌人，又有被关门打狗的隐患。其实，赵公之解多显附会穿凿。追根究底，无论是此篇的"令敌半出而击之"，还是《行军》篇的"令半渡而击之"，其要皆在于击敌于立足未稳之际，故张预注曰："敌若来追，伺其半出，行列未定，锐卒攻之必获利焉。"要在"行列未定"，亦即立足未稳之际。

　　隘形者，我先居之，必盈之以待敌；若敌先居之，盈而勿从，不盈而从之。对于"隘"，孙子指出，在隘形地域上，我军应抢先占领，并以重兵封锁山隘，等待敌人到来；如果敌军抢先占领，并以重兵封锁了山隘，就不要去攻打它；如果敌人没有重兵封锁，就可以去攻打它。何者为"隘"呢？曹操注曰："隘形者，两山间通谷也。"梅尧臣注曰："两山通谷之间。"是。何者为"盈"呢？曹操注曰："齐口陈"；杜牧注曰："如水之在器而盈满也"；杜佑注曰："盈，满也。以兵陈满隘形"；张预注曰："必齐满山口以为陈"。非确。众所周知，山隘不仅有险峻的隘口，而且有狭长的隘路，诚如《吴子·论将》所云："凡兵有四机。……路狭道险，名山大塞，十夫所守，千夫不过，是谓地机。"可见，在隘形作战，一在重兵卡口；二在依山控路。所以，"盈"就是指重兵卡口、严密控谷之义。而"齐口陈兵"也好，"陈兵满隘"也罢，全然将其描述为满谷塞兵的平面布阵之像，荡然无卡口控谷的立体用兵之貌，颇有望文生义、妄生穿凿之嫌。所以，孙子对隘形的对策是，如果我军抢先占据隘地，必须配置重兵卡口控谷，使敌无法攻入，如果敌军抢先据守隘地，必须视敌情而定——当敌军守控严密时，则不宜进攻，当敌军守控不严时，则可发起进攻。

险形者，我先居之，必居高阳以待敌；若敌先居之，引而去之，勿从也。对于"险"，孙子指出，在险形地域上，如果我军抢先到达，必须占领向阳的高地，等待敌人的到来；如果敌军抢先占领，就应引兵退去，不要去攻打它。对于"险形"，梅尧臣注曰："山川丘陵也。"即高峻险阨之地。对于"必居高阳"，张预注曰："平陆之地，尚宜先居，况险阨之所，岂可以致于人？"居高阳者，利驰突，便养生，此即《行军》篇所谓"好高而恶下，贵阳而贱阴"的古代一般的摆兵原则。对于孙子"险形"的策略，梅尧臣注曰："先得险固，居高就阳，待敌则强；敌苟先之，就战则殆，引去勿疑。"梅公之注，可谓与孙子所言同义。在此，值得一提的是，对于"险形"诸家均认识到了地利与先机的必然联系。如李筌注曰："若险阻之地，不可后于人。"杜佑注曰："地险先据，则不致于人也。"曹操则注曰："地形险隘，尤不可致于人。"而事实上，何止是"险形"，孙子所言地之六形基本上都是与"先"字紧密地联系在一起的，质言之，越是存在大的地利则越是由抢先争夺所获得的。

远形者，势均，难以挑战，战而不利。对于"远"，孙子指出，在远形地域上，敌我地形条件均等，不宜远出向敌军挑战，这样会不利。对于"远形"诸家存在两种看法，一如杜佑注曰"去国远也"，一如张预注曰"营垒相远"。因为句下明言"挑战"，所以"远形"必以两军距离为言，而"去国远"未必距敌远，故张注为是。关于"均势"也存在两种看法，一如孟氏注曰"兵势既均"，一如杜佑注曰"地势均等"。因为句中"均势"是对"远形"的解释，所以应指路途的远近相等，地形的条件相同，若将"均势"释为兵力相等，则下文"均势，以一当十"必生费解，故杜注为是。正缘于此，杜牧注曰："譬如我于敌垒相去三十里，若我来就敌垒，而延敌欲战者，是我困敌锐，故战者不利；若敌来就我垒，延我欲战者，是我佚敌劳，敌亦不利，故言势均。"杜公深得孙子真意。在此"延"为"邀约"之义。在远形地域上，哪一方主动出击挑战对方，哪一方就会陷于人疲马乏的困境，对双方都是如此，这叫"均势"。

因此，孙子"远形"的对策是，不宜远道出战，出战则处于不利境地。

凡此六者，地之道也，将之至任，不可不察也。对于此言，钱基博注曰："右第一节，论地形。"的确，这句话是对上述六种地形及其相应对策的归纳总结。孙子指出，以上这六条，是利用地形的一般道理，属将帅重大责任所在，不能不认真考察研究。综观孙子"六地"，前三者通、挂、支，或为孙子首创，故既讲了定义，也讲了对策；而后三者隘、险、远，或为众所习用，故没有讲定义，只讲了对策。这里，值得我们深思的问题在于：孙子为什么要以"六"言"地"？为什么"此六者"可以归纳升华至"地之道"的高度？其"地之道"的思想精髓或者说基本道理究竟是什么呢？

我国自先秦以来就有崇尚"六"的传统观念，譬如把士的技能称为"六艺"，把儒家经典称为"六书"，把朝廷的军队称为"六军"，把皇帝寝宫称为"六宫"，把亲属关系称为"六亲"。关于"六"，《说文》云："《易》之数，阴变于六，正于八。"又云："六为阴之变，九为阳之变。"可见，古人以"六"言"阴之变"、以"九"言"阳之变"乃固有的思维范式。众所周知，天为乾为阳，地为坤为阴，孙子以"六"言"地"，正是"六为阴之变"的思想方法在考察"地"的问题上的具体运用。具而言之，孙子开篇即作出"六地"的区分命名乃是对"地"的变化系统的确立，而对"六地"情状的逐一注解则是对"地"的系统变化的阐明，正基于此，孙子才可以顺理成章地将"此六者"归纳并升华为"地之道"的"道"的高度。

对于"地之道"的要旨，赵本学注曰："愚谓六地之要，一言以蔽之曰：致人而不致于人而已。"陈启天注曰："以上所言六种地形及其战斗方法，皆为因地制宜之法。"笔者认为，赵公之注有过于抽象而流于宽泛之弊，而陈公之注则有重具体而失精准之嫌。纵观孙子"六地"，无一不是围绕着地利问题，阐明"出战"与"不出战"以及"如何出战"的问题。故此我们说，孙子所言"地形"乃专指敌我战、阵、待、击的会战战场问题。而其"地之道"的要旨，则是将帅决定"打"与"不打"以及"如何开打"的因地制战的方法原则问题。具而言之，"地之道"就是将帅根据敌我得地利或失地利的具体情况，决定出不出战和怎样出战的基本法则。正因如此，孙子才强调说，这是将帅的重大责任，不能不加以认真研究和考察。《玉篇·至部》云："至，大也。""至任"就是大任或重任。既然考察"地之道"乃"将之至任"，那么"将之至任"还有什么，它们又存在着怎样的关系呢？

败之道：咎由将取

故兵有走者，有弛者，有陷者，有崩者，有乱者，有北者。凡此六者，非天之灾，将之过也。论讫"地之道"，孙子紧接着指出：军队有走、弛、陷、崩、乱、北六种败形。这六种败形，不是由天灾所致，而是由将帅的过错所造成。对此，贾林注曰："走、弛、陷、崩、乱、北，皆败坏大小变易之名也。"的确，孙子在此同样以六个"者"的连用，不仅表明了军队失败的六种类型，而且还暗示着此言"兵"与上文"地"的某种关系，而下一句便清楚地说明了这一点。句中"非天之灾"，十一家注本如是，而武经本则作"非天地之灾"。对此，赵本学认为，"'天'字疑衍"，故当作"非地之灾"，这至少说明赵公已认识到了"地"与"兵"存在着某种关系。笔者认为，古人以"天"为万物的主宰，所以将一切自然的、非人为的灾害统称为"天灾"，而从未有过"地灾"之说，故当以言"非天之灾"为确，如此，则"天之灾"与"将之过"相对成言，前者表明自然的灾害，后者表明人为的过错，这样便将"地有六形"与"兵有六败"的关系表露至纤芥无遗："地有六形"根本在"地"（亦即"天"）；"兵有六败"关键在"人"，正缘于此，张预注曰"凡此六败，咎在人事"。兵败的六种恶果，不怨天，不怨地，都怪将军。

夫势均，以一击十，曰走。这是导致战场失败的第一种情由，亦是孙子指出的将帅过错之一。战场条件相同，用兵却以一击十，部队必然败逃，这就叫"走"。关于"走"，《说文》云："走，趋也。"又云："奔，走也。"本义为"快跑"，后引申为"逃跑"。古代的"走"现代叫作"跑"，如《孟子·梁惠王上》云："弃甲曳兵而走"；而今的"走"古代多叫"行"，如《论语·述而》云："三人行，必有我师焉"。关于"势均"，杜牧注谓"势均力敌"，张预注谓"将之智勇，兵之利钝，一切相敌"，非是。下言"以一当十"，力量如此悬殊，何来

"势均力敌"？用兵如此反常，又何来"将之智勇"？况且，承接上段末的某一词句展开论述，是孙子常用的一种结构方法，而此"势均"恰承上段末"势均，难以挑战"的"势均"使用，故两者含义自当一致，均指"地势"而非"兵势"，即言双方的地利条件均等。关于"以一当十"，世人皆以避实击虚、以众击寡为用兵的一般法则，倘若将帅在战场条件为"势均"的情况下，采取"以一击十"的兵力运用，无异于以卵击石、以肉喂虎，士卒自会产生战必败、斗必死的恐慌，于是不战而溃、四处逃散，这样的打法实属草木愚夫之举。因此，曹操注曰："不料力。"赵本学从之曰："此不料众寡之过也。"将帅此过不是别的，乃为"不料力"之"过"。

卒强吏弱，曰弛。这是导致战场失败的第二种情由，亦是孙子指出的将帅过错之二。士卒强横不羁，军官懦弱无能，军纪必然废弛，这就叫"弛"。句中"弛"，《说文》云："弛，弓解也。"本义为弓弦松弛，引申为松懈、涣散，在此喻指军队如弓弦松弛不能放箭一样而无法战斗。故刘寅注曰："弛者，如弓之弛而不能张也。"句中"吏"，指一般的校吏，即下级的、基层的军官，由于"卒"与"将"通常不发生直接关系，而"卒"与"吏"则有直接的关系，因此，部队平时管理和战时指挥主要靠下级军官，要言之，"吏"是贯彻落实将帅军政、军令和军纪的骨干力量。对此，曹操注曰："吏不能统卒，故弛坏。"张预注曰："士卒豪悍，将吏懦弱，不能统辖约束，故军政弛坏也。"士卒强悍，军官懦弱，士卒不听从军官的指挥约束，故军纪废弛，不能作战。如同曹、张二公之注，诸家大都重在释明"卒强吏弱"者为何为"弛"，然并未能说清此种情形的"将之过"究竟何在。赵本学之注可资借鉴："此不选将之过也。"按照孙子的表述，"将"指主帅，而"吏"指小官，故准确地讲，这是将帅不懂遴选、任用、教育下级军官的过错，故为"不选吏"之"过"。

吏强卒弱，曰陷。这是导致战场失败的第三种情由，亦是孙子指出的将帅过错之三。军官精明强干，士卒怯弱涣散，行动必然瘫痪，这就叫"陷"。关于"陷"，《说文》云："高下也。"本义指从高处坠入阱坑，后引申为陷落、覆没，在此喻指军队如坠入陷阱一样无法行动。故刘寅注曰："陷者，陷殁而不能出也。"显而易见，"卒强吏弱"与"吏强卒弱"自是相对而言，前者意指上不能御下，校吏无力指挥士卒，军纪废弛，部队涣散，而后者则指下不能随上，士卒无力追随校吏，行动迟缓，攻战瘫痪。故此，曹操注曰："吏强欲进，卒弱辄陷，败也。"张预注曰："将吏刚勇欲战，而士卒素乏训练，不能齐勇同奋，苟用之，必陷于亡败。"此败"将之过"究竟何在？赵本学之注可谓精辟："此不练卒之过也。"将帅不注重练兵，士卒训练无素，此乃将帅"不练卒"之"过"。

大吏怒而不服，遇敌怼而自战，将不知其能，曰崩。这是导致战场失败的第四种情由，亦是孙子指出的将帅过错之四。部将怨怒而不服从指挥，遇敌忿然擅自出战，主将又不了解他们的能力水平，结果必然溃败，这叫作"崩"。句中"崩"，贾林注曰："自上堕下曰崩。"本义指山体自上而下的坍塌，此喻指军队的溃败。句中"大吏"与"将"，曹操注曰"大吏者，小将也"，顾福堂注曰"大吏者，一军之将，裨将也。将者，全军之将，统帅也"。可见，"大吏"指统领一方的高级军官；而"将"则指军队的最高统帅。句中"怒"与"怼"，《说文》云："怒，恚也。"又云："恚，恨也。"《尔雅·释言》云："怼，怨也。"可见，"怒"与"怼"互文同义，均有"怨恨"之义。笔者认为，理解此言的关键，是弄清"怒"和"怼"的主体与对象，也就是谁对谁"怒"和"怼"的问题。对此，曹操注谓"大将怒之"，王晳注谓"将怒不以理"，认为是将军对大吏的无理发怒，非是。事实上，孙子讲得非常清楚，"大吏怒而不服，遇敌怼而自战"讲的是"大吏"的问题，由于他们心存怨愤，于是不服将帅指挥，遇敌愤然自战，而"将不知其能"讲的则是"将"的问题，主帅又不掌握"大吏"的能力水平，所以才造成兵败如山倒的局面。正缘于此，张预注曰："大凡百将一心，三军同力，则能胜敌。"施子美则注曰："师众和而后可以有大功，不和于军，不可以进战。"但归根究底，此种败象仍乃"将之过"也，故赵本学注曰："此不能御将之过也。"将帅不通将将之学，将吏不和，各自为战，根本没有统一的意志和行动，结果必然是溃不成军，此乃将帅"不能御将"之"过"。

将弱不严，教道不明，吏卒无常，陈兵纵横，曰乱。这是导致战场失败的第五种情由，亦是孙子指出的将帅过错之五。将帅软弱无能，法令执行不严，管教法度不明，官兵关系不辨，阵容参差不齐，军队必然混乱，这叫作"乱"。句中，"道"通"导"；"陈"通"阵"；"纵横"为杂乱貌；"乱"为无秩序。对此，黄巩注曰："将弱不严，失威令也。教道不明，无训练也。吏卒无常，失部曲也。陈兵纵横，无行列也。"将弱不严，指将帅懦弱无威，军纪法令执行不严；教道不明，指将帅管教无方，教育训练法范不张；吏卒无常，指官兵关系无章，卒伍基层组织散乱；陈兵纵横，指阵形行伍无序，部队组织纪律涣散。如此混乱不堪的情形，从本质上讲究竟是一个什么问题？陈启天注曰："将弱不严，是不能齐之以武也。教道不明，是不能令之以文也。将帅不能令之以文，齐之以武，则是不知统御之术。不知统御之术，致吏卒无常，陈兵纵横，自成乱状，不可以战，亦无怪矣。"陈公所言甚是。由于平时"将弱不严"，"不能齐之以武"，即从严治军，"教道不明"，"不能令之以文"，即依法治军，致使战时"吏卒无常"和"陈兵纵横"，将帅无法统军御兵。所以说到底，此乃将帅"不知统御之术"之"过"。

将不能料敌，以少合众，以弱击强，兵无选锋，曰北。这是导致战场失败的第六种情由，亦是孙子指出的将帅过错之六。将帅不能量敌用兵，以少战多，以弱击强，又不选定兵锋指向，作战必然失败，这叫作"北"。句中"北"，古同"背"，即掉转身子朝后跑，故古称军队的败逃为"败北"。如《左传·桓公九年》云："以战而北。"段玉裁《说文解字》注云："谓背而走也。"败北与败走是有区别的，败北是战而失败，败走是不战而走，其区别就在于是否经过战斗。弄懂此言的难点是如何理解"兵无选锋"。对此，贾林注曰："兵锋不选利钝，士卒不知勇怯，如此用兵，自取背道也。"赵本学注曰："凡战皆有选锋，以骁勇冠军者充之。齐谓之伎击，魏谓之武卒，秦谓之锐士，汉谓之侠士、剑客、奇材，吴谓之解烦，齐谓之决命，唐谓之跳荡，宋谓之拐子马，皆选锋之名也。"可见，选择精锐，运用兵锋，古已有之。然笔者认为，孙子"不能料敌"，讲的是"料敌"问题。《说文》云："料，量也。从斗，米在其中。"故"料敌"即"量敌"；而"以少合众，以弱击强，兵无选锋"，讲的则是"少"与"众"、"弱"与"强"和有无"选锋"的"用兵"问题。因此，孙子所言"兵无选锋"，虽讲"兵锋"问题无疑，但重点并非众注家所释讲"兵锋"的遴选问题，而是讲"兵锋"的运用问题。具而言之，"兵锋"本指兵器的尖端或锐利部分，亦指兵力、兵势，那么，"兵无选锋"就是指没有选择与确定兵锋所向，换今天的话来说，就是没有选择与确定用兵重点或主攻方向。正如《势》篇所云："兵之所加，如以碫投卵者，虚实是也。"这里"加"即为"指向""攻击"之义。所以说，此乃将帅不能量敌用兵之"过"。

凡此六者，败之道也，将之至任，不可不察也。对于此言，钱基博注曰："右第二节，论六败。"的确，这句话是对上述六种战场失败情由的归纳总结。孙子指出，以上这六条，是导致战争失败的一般道理，属将帅重大责任所在，不能不认真考察研究。研读至此，我们不难发现，此段论"六败"与上段论"六地"，词语相对，句式相同，结构相当，特别是两段的结语，除"地"与"败"二字相异外，两句话的表述完全一致。进而言之，孙子将"地之道"与"败之道"描摹到如此惊人相似的境地，自然蕴含和表明了二者之间潜在的紧密联系，仅凭直觉便知，无非是将二者构成鲜明的对比，以此映照出它们同中之异和异中之同的本质关系。

诚如上文所言，古人认为"六为阴之变，九为阳之变"，因此，自然也就形成了以"六"言"阴之变"、以"九"言"阳之变"的固有思维范式。众所周知，古代以南为阳，以北为阴，且将军队的"败"称作"北"，如施子美注曰"北者，北方也，幽阴之义也。兵之败走，其势不振，故取于北，以为奔败之名。"可见，在古人看来，战争之"胜"是阳，而战争之"败"是阴。正缘于此，孙子才把将帅用兵打仗的"胜之道"名之为"九变"，而把将帅用兵打仗的"败之道"分之为"六败"。由是观之，孙子此段以"六"言"败"，同样是"六为阴之变"的思想方法在考察"败"的问题上的具体运用。进而言之，孙子对"六败"的区分命名乃是对"败"的变化系统的确立，而对"六败"情由的逐一注解则是对"败"的系统变化的阐明，因此，孙子才能理所当然地将"此六者"归纳并升华为"败之道"的"道"的高度。这便是孙子为何能将"败之道"与"地之道"描绘得如此一致，以至于两段的词句结构完全对等，归根结底，是其在认识论与方法论上的实理同归使然。

对于"败之道"的要旨，陈启天注曰："以上所言六种败兵之情由，不在地形，不在天灾，亦不在敌人，而在我军本身之统御不良与指挥不善，以致于败耳。"陈公言之有理。综观孙子六败，"走"与"北"属料敌用兵不当，"弛"与"陷"属基层管教不当，"崩"与"乱"属统军治军不当，归根结底，皆在于将帅的尸位素餐与软弱无能，正因如此，如同"地之道"的责有攸归，孙子再度将其归根于"将之至任"。对此，钱基博注曰："'将之至任'凡两见：一曰相地之道以料敌制胜，'将之至任'一也；一曰审败之道以整军经武，'将之至任'二也。"黄巩则注曰："六地由于天灾，而六败由于人事，故亦宜察。"综述二公之见，"地之道"与"败之道"同为"将之至任"，但前者要求将帅致力于对"地"的考察，而后者则要求将帅致力于对"人"的考察，对此，赵本学注曰："言此六事则为自败之道，其责任亦在于将，均属不可缓者也。是则相地、治兵，二事相须，不可以彼而废此矣"。笔者认为，虽如赵公所言"二事相须，不可以彼而废此"，但二者既然相依相需，必然就会有主次之分、先后之别。那么，究竟孰轻孰重、孰缓孰急呢？正是在"论六败"与"论六地"两段对仗文字的同声相呼、实理同归的相互映照之中，孙子关于"兵"与"地"相互关系的科学论断呼之欲出。

中：地为兵助

孙子认为，察"地之道"为"将之至任"，察"败之道"亦为"将之至任"，那么，对于将帅指导战争而言，"地"与"兵"究竟存在着怎样的相互关系呢？孙子的回答是："夫地形者，兵之助也。"据此他进而指出，"上将之道"要在两点：一是"料敌制胜"，即察"败之道"，由败见胜，科学用"兵"；二是"计险阨远近"，即察"地之道"，审计地利，合理用"地"。言下之意，用"兵"乃将任之主，用"地"乃将任之辅，虽均为"将之至任"，然先后有序，主次有别。最后他强调说，"知此而用战"的"必胜"，"不知此而用战"的"必败"，这点胜负攸关。借此，承接上文的"地之道"和"败之道"，作出了对"地兵之较"的科学论断；启发下文的"战道"，引出了对"将帅之任"的阐幽探赜。

3.1 夫地形者，兵之助也。料敌制胜，计险阨远近，上将之道也。知此而用战者必胜，不知此而用战者必败。

地为兵助：上将之道

孙子高屋建瓴地指出，地形是用兵打仗的辅助条件。正确判断敌情而谋划制胜之策，考察险易远近而运用地形之利，这是高明将领用兵打仗的基本方法。懂得这个方法去指挥作战的，必然胜利；不懂这个方法去指挥作战的，必定失败。寻常读之，只感孙子的笔墨如行云流水，其思想观点的表达亦鲜明而有力；深切省之，则倍感孙子的意绪似巧夺天工，其思想融通之黕然，逻辑延展之通达，上下勾联之细密，着实令人击节叹赏。那么，孙子"夫地形者，兵之助也"的科学论断从何而来？这里的"上将之道"与上文的"地之道""败之道"以及下文的"战道"又存在着怎样的联系？它又怎样使上下文脉淹会贯通而成为全篇的中枢和纽带呢？

夫地形者，兵之助也。没有比较就没有鉴别。整观上文，孙子对于"地之道"与"败之道"的论述，可谓元理同归，词语相对，句式相仿，结论同一，在二者异中见同的同时，其同中之异亦应际而生。《论语·学而》云："君子务本，本立而道生。"显而易见，"地之道"，其"道"所生，本立于"地"；"败之道"，其"道"所生，本立于"兵"。然"地"作为作战的自然条件，任何人无法改变，只能加以利用——主于将帅的因地制宜；而"兵"作为战争的行为主体，一切崩乱败走皆因于人，咎莫不由自取——本于将帅的尸位素餐，两者相较，主次轻重立现。由此易见，孙子此言乃是通过上文"地之道"与"败之道"的照映相较而得出的必然论断，它同时表明和强调了两层意思：一是"地"的辅助性；二是"地"的重要性。

句中"助"，《说文》云："助，左（佐）也。"《易传》又云："右者，助也。"段玉裁注曰："左右皆为助。"由此可见，"助"本义指人左为主、右为辅的两只手的协作和互助，这里则指"兵"为主、"地"为辅的两者的相成关系。对此，张预注曰："能审地形者，兵之助耳，乃末也；料敌制胜者，兵之本也。"

张公所言差矣。"兵"与"地"并非本与末、源与流的关系，而是如同人的左右手一样的主辅关系。因此，孙子所谓"兵之助"，一方面表明了用兵打仗"兵"为主、"地"为辅，"兵"制胜、"地"助胜的主次关系，另一方面则表明了用兵打仗"地"很重要，"兵"的制胜须臾离不开"地"的助胜。这就如同毛泽东所指出的人与武器之于战争胜负的关系一样："武器是战争的重要因素，但不是决定因素，决定的因素是人不是物。"所谓"兵之助"同样表明，"兵"是战争胜负的决定因素，而"地"是战争胜负的重要因素，这才是孙子此言所表达的真实含义，也正恰是孙子《地形》立论的出发点和落脚点。

因为，在生产力相对低下的农耕时代，自然环境对人类的生产生活有着巨大的影响作用。与此相适应，在冷兵器时代，自然环境对军队行动的影响作用也远比今天要大得多。有关这方面的论述，我们只要对孙子有关论"地"的篇章稍作浏索便易如拾芥。如《地形》篇所言的"六地"，"地"不仅决定着打不打的问题，而且还决定着如何打的问题。再如《九地》篇所言的"九地"，"地"不仅决定着军队的行动，而且决定着部队的心理，同时还决定着将军的策略。

是故散地则无战，轻地则无止，争地则无攻，交地则无绝，衢地则合交，重地则掠，圮地则行，围地则谋，死地则战。

凡为客之道：深入则专，主人不克；掠于饶野，三军足食；谨养而勿劳，并气积力，运兵计谋，为不可测。投之无所往，死且不北，死焉不得，士人尽力。兵士甚陷则不惧，无所往则固。深入则拘，不得已则斗。

是故散地，吾将一其志；轻地，吾将使之属；争地，吾将趋其后；交地，吾将谨其守；衢地，吾将固其结；重地，吾将继其食；圮地，吾将进其涂；围地，吾将塞其阙；死地，吾将示之以不活。

——《孙子兵法·九地》

所以，李零在《兵以诈立：我读〈孙子〉》中指出："在《孙子》一书中，地形的作用很广，不仅可以帮助用兵，还可以帮助带兵。比如，《九地》就专讲这种御兵之术。"事实上，对于孙子所论之"地"，李先生虽对其影响的广泛性有所认知，但并没有弄清它的层次性和系统性。按照现代军事理论的划分来说，《地形》所言"六地"，属于现代军事地形学的范畴，主要研究地形特征及其对作战行动影响的规律；而《九地》所言"九地"，属于现代军事地理学的范畴，主要研究自然地理条件对军事活动的影响及其规律和军事上利用地理条件的规律。但无论如何，孙子此言所表达的"地"对于战争胜负的重大作用，是不言而喻且毋庸置疑的。

然而，正如郑友贤《十家注孙子遗说并序》所云："'六地'者，地形也，复论将有"六败"者何？曰：恐后世学兵者泥胜负之理于地形也。"郑公言之有理，正是由于地形对于战争胜负所具有的重要作用，古今中外不乏有唯地形主义论者。如中国古代早有"用兵之道，地利为宝"的说法；再如近代西方亦有亨利·劳埃德这样的"地形主义学派"，他指出，"地形，这是一本伟大的、独一无二的兵书。无论何人，如果他不会读这本兵书，那他充其量也只能是一名勇敢的士兵，而绝对不可能成为将军"，并认为，指挥员在熟悉地形以后，就可以像几何学一样准确地计算一切作战行动。相形之下，早在2500多年前的中国古代，孙子便通过"地之道"与"败之道"的相形相较得出了科学的论断——"夫地形者，兵之助也"，不仅揭示了一条用兵打仗的不易至理："兵"为主体，"地"为辅助，前者起到决定作用，后者有着重要作用，二者相辅相成，方能克敌制胜；而且寄示了"恐后世学兵者泥胜负之理于地形"的警醒与告诫；尤为重要的是，它还为将帅如何具体筹划和指导战争确立了思想理论依据。

料敌制胜，计险阨远近，上将之道也。句中"阨"，各本皆如此，诸家亦多注"阨"字，唯《通典》作"易"。吴九龙《孙子校释》认为："'险易'与下文"远近"对言，《计篇》即言'险易，远近'。易培基《杂记》谓作'阨'乃'夷'之误，义同'易'。故据《通典》改。"非是。笔者认为，"阨"同"隘"，即指上文的"隘形"，是"两山通谷之间"的隘口和隘路，在此孙子是以"险阨远近"四字代指"通、挂、支、隘、险、远"的"地之六形"。因此，孙子《地形》之"地"，并非《九地》之"地"，前者指"地形"，属于军事地形学的范畴，故《地形》方有"夫地形者，兵之助也"之论，而后者指"地理"，属于军事地理学的范畴，故《九地》方有"九地之变，屈伸之利，人情之理"之旨。所以，此言的"险阨远近"专指"战地"的地形。正缘于此，《诸葛亮集·心书·地势》亦云："夫地势者兵之助也，不知战地而求胜者，未之有也。"

对于此言，施子美注曰："能料敌制胜，则知兵之有机；能计险阨远近，则知地之有利，知兵之机与知地之利，非上将不足以尽之也。故曰：上将之道也。"王晳注曰："能料敌制胜，则兵无走、驰、陷、崩、乱、北之患。能计险阨远近，则兵无处地失利之患。二者将之全能也，故曰上将之道也。"甚是。"料敌制胜"讲的是"知兵"问题，也就是要懂得上文所讲的"败之道"，将帅只有通过举反知正，由败见胜，方可量敌用兵，谋求制胜之策；"计险阨远近"讲的是"知地"问题，也就是要懂得上文所讲的"地之道"，将帅只有通过审视利弊，趋利避害，方可因地制宜，运用地形之利。由是观之，孙子此言所揭示的"上将之道"，不仅与上言"夫地形者，兵之助也"的思想一脉相承，而且与上文"地之道"与"败之道"的论述文脉相通。

具而言之，"夫地形者，兵之助也"要求将帅，知兵用兵为主，知地用地为辅；而"上将之道"规定将帅，先要"料敌制胜"——知兵用兵，而后"计险阨远近"——知地用地。可见，孙子所谓"上将之道"，不仅是对将帅知兵用兵与知地用地内容的具体化，而且通过先后步骤的表达，把二者的主次关系辩证地结合起来，从而形成了将帅筹划与指导战争的一般内容与方法。所以说，孙子此言所揭示的"上将之道"，其实就是对"夫地形者，兵之助也"思想在将帅筹划与指导战争问题上的生动体现和具体运用。

与此同时，"料敌制胜"属于将帅对"败之道"的考察，"计险阨远近"属于将帅对"地之道"的考察。由于考察"地之道"与"败之道"均被孙子提升到"将之至任"的高度，所以在此顺理成章地把两个"将之至任"总结并概括为"上将之道"。用今天的话来说，"地之道"和"地之道"属于战争规律的范畴，"上将之道"则属于战争指导规律的范畴，而后者不过是前者在将帅主观指导上的正确反映和科学运用。所以说，孙子此言所揭示的"上将之道"，其实又是对上文所言"地之道"与"败之道"在将帅筹划与指导战争问题上的客観反映与自觉运用。

知此而用战者必胜，不知此而用战者必败。此言重在强调说明，句中之"此"乃胜负攸关所在。那么，这个"此"字究竟指什么呢？对此，钱基博注曰："'此'字义不兼指，盖谓'地形者兵之助'之一义尔。"钱公认为，句中"此"字并非兼指"地形者兵之助"和"料敌制胜，计险阨远近，上将之道也"两义，而是专指"地形者兵之助"一义。非也。笔者认为，"夫地形者，兵之助也"虽是上文"地之道"与"败之道"相形相较而得出的科学论断，但它仅表现为一种知兵用地的思想或理论观点；而"料敌制胜，计险阨远近，上将之道也"虽与"夫地形者，兵之助也"义理相通，但它已然具体上升为将帅筹划与指导战争的一般内容和方法。进而言之，将帅用兵打仗仅仅停留在知晓"是什么"和"为什么"的思想理论层面是远远不够的，而只有具体到知晓"怎么办"的方法要领层面才能战而必胜。因此，句中"此"字，即指上言所说的"上将之道"——乃胜负攸关之所在。

清人刘熙载《艺概·文概》云："揭示全文之指，或在篇首，或在篇中，或在篇末。在篇首则后必顾之，在篇末则前必注之，在篇中则前注之，后顾之。顾注，抑所谓文眼者也。"可见，文眼是窥视全文主题思想的窗口，是理清全文脉络的筋节，是掌握全文各部分相互联系的关键。综观《地形》全篇，孙子在此提出的"上将之道"就是全篇的文眼。对于上文，"地之道"与"败之道"乃是"上将之道"的思想前提与理论基础，而"上将之道"反过来又是对"地之道"与"败之道"的客观反映与自觉运用；对于下文，"上将之道"乃是"将帅之任"的阐释发端与勾勒起点，正据于此才展开了对将帅使命担当、御卒统军和知战知胜的全面论述。由此足见，孙子在此所言的"上将之道"，不仅是战争胜负的关键之所在，而且是全篇内容与结构的中枢和纽结。

下：将帅之任

上半部分，分"地有六形"而谈"地之道"，别"兵有六败"而论"败之道"，在同声相呼之间形成对比，于映照相较之中凸显主次。中间部分，作出了"夫地形者，兵之助也"的科学论断；引申出"料敌制胜，计险阨远近，上将之道也"的一般方法；强调了"上将之道"乃关乎"必胜"或"必败"的枢机钤键。借此，对上文的"地兵之较"作出了明确的论断；给下文的"将帅之任"提供了阐扬的发端。下半部分，言秉"战道"之品格，述御士卒之要领，论知彼己天地之胜算，把为将者当恪尽之职守展现至一览无遗。总而言之，用战必知用地，胜战首在用兵，至任皆归将帅，全篇主旨活现。

4.1 故战道必胜，主曰无战，必战可也；战道不胜，主曰必战，无战可也。故进不求名，退不避罪，唯民是保，而利合于主，国之宝也。

4.2 视卒如婴儿，故可与之赴深谿；视卒如爱子，故可与之俱死。厚而不能使，爱而不能令，乱而不能治，譬若骄子，不可用也。

4.3 知吾卒之可以击，而不知敌之不可击，胜之半也；知敌之可击，而不知吾卒之不可以击，胜之半也；知敌之可击，知吾卒之可以击，而不知地形之不可以战，胜之半也。

5.1 故知兵者，动而不迷，举而不穷。

5.2 故曰：知彼知己，胜乃不殆；知天知地，胜乃可全。

将任一：秉持战道，保民利主

故战道必胜，主曰无战，必战可也；战道不胜，主曰必战，无战可也。故进不求名，退不避罪，唯民是保，而利合于主，国之宝也。这是孙子对将帅用战提出的至任之一，集中体现为军事品格与政治品质。他明确指出，从战争趋势看，有必胜的把握，即使国君说不打，坚决打也是可以的；从战争趋势看，没有必胜的把握，即使国君说打，坚决不打也是可以的。进攻不企求战胜的美名，后退不回避违命的罪责，唯独希求保全兵民和符合国君的利益，这样的将帅才堪称国家的宝贵人才。诚如赵庚白《直方周易》所言："知进退存亡而不失其正者，其唯圣人乎！"这里孙子提出的将帅所应有的使命担当、高尚品格及政治情怀，堪称是为将者上佳的境界。

故战道必胜，主曰无战，必战可也；战道不胜，主曰必战，无战可也。句中，"无"即"毋"，"曰"即"令"。对此，李筌注曰："得战胜之道，必战可也；失战胜之道，必无战可也。"梅尧臣注曰："将在外，君命有所不受。"然而问题在于，何谓"战道"？"战道必胜"或"战道不胜"的判断从何而来？将帅"君命有所不受"的信心和底气又在哪里？所谓"战道"，即指战争规律，按照今天的话来说，它是战争诸要素之间内在的本质的联系，它决定着战争的发展趋向，它是客观存在的，是不以人们的意志为转移的。因此，所谓"战道必胜"或"战道不胜"实则是指将帅对战争胜负的预测与判断，按照孙子的话来说，它是通过将帅"料敌制胜，计险阨远近"，亦即对"地之道"和"败之道"的深入考察与综合运用，进而形成的对战争发展趋向的科学判断，乃"上将之道"在战争指导实践上的正确反映。正基于此，孙子才说即使是"主曰无战"或"主曰必战"，将帅也可以"必战可也"或"无战可也"，其所以勇于敢于"君命有所不受"，是因为君主的诏命违背了战争规律，不符合战争实际的发展趋向。这就像《荀子·子道》所云："从道不从君，从义不从父，人之大行也。"孙子此言所表达的秉"战道"违"臣道"的行为方式，乃是对将帅重使命、敢担当的至高境界的最佳诠释。那么，将帅怎样做或者说为什么能够达到如此崇高的境界呢？

故进不求名，退不避罪，唯民是保，而利合于主，国之宝也。句中"民"，十一家注本作"人"，武经本作"民"，《形》称"战民"，言兵民，《势》称"战人"，言兵卒，因"君主"与"兵民"对言，故从"民"义切。对此，李筌注曰："进退皆保人，非为身也。"甚是。说到底，这是一种"毫不利己，专门利人"的思想品格与政治情怀。进而攻战不希求战胜的美名，退而不战不回避违命的罪责，此所谓"毫不利己"；只为保全兵民大众，符合君主利益，此所谓"专门利人"。尤值注意的是，对于将帅所以"君命有所不受"，上一句提出的依据与准则还是"战道"，即按照战争规律办事，它还属于军事的范畴；而这一句提出的依据与准则则是"唯民是保，利合于主"，即下对得起百姓、上对得起国君，它则已然上升为政治的范畴。对此，王皙之注可谓一语破的："战与不战，皆在保民利主而已矣。"我们说，战争是流血的政治，政治是不流血的战争，从本质和目的来说，二者是高度统一的。因此，孙子所提出的"保民利主"实则是"战道"这一军事问题在政治上的集中表现，它不啻为将帅战场决策确立了终极的价值取向，也是衡量一切战场行为的根本标准。然而，在战争实践中能够始终坚持这一点的，只有不图虚名、不怕罪责，完全摆脱名缰利锁之人，而这样的人也着实属于凤毛麟角般难能可贵之才，所以，孙子将之誉为"国之宝也"。杜牧会意释曰："如此之将，国家之珍宝，言其少得也。"

将任二：恩仁结心，宽严相济

视卒如婴儿，故可与之赴深谿；视卒如爱子，故可与之俱死。厚而不能使，爱而不能令，乱而不能治，譬若骄子，不可用也。这是孙子对将帅用战提出的至任之二，集中体现为仁爱带兵与恩威用兵。他详尽指出，对待士卒像对婴儿，士卒就会跟他共赴危难；对待士卒像对待爱子，士卒就会跟他共同赴死。厚待而不役使，爱待而不严令，散乱而不惩治，那士卒就如同娇惯的孩子，是不能用来作战的。诚如《行军》所言"令之以文，齐之以武"，虽然治兵用兵讲求赏罚并重、恩威相济，但孙子始终强调的是"文"先"武"后、"文"主"武"次的辩证关系。

视卒如婴儿，故可与之赴深谿；视卒如爱子，故可与之俱死。对此，王皙所注鞭辟入里："以仁恩结人心也。"的确，此言核心就是讲将帅以情带兵而凝结军心。然笔者认为，王公所言"仁恩"改为"恩仁"更切。《说文》云："恩，惠也"。重在讲"物质"的厚待。对于"婴儿"来说，始生孩提，体弱智微，善恶不分，安危无辨，且有奶即娘，只要厚待便生深度依赖之情，焉知与将帅共赴汤火之危？故"恩"当与"婴儿"对言，也正因此下文方有"厚而不能使"之言。《说文》又云："仁，亲也"。重在讲"精神"的关爱。对于"爱子"来说，父精母血，爷羹娘饭，茹苦含辛，情之最至，因舐犊情深，只要亲爱便生跪乳反哺之义，焉有与将帅同赴死难之惧？故"仁"当与"爱子"对言，也正因此下文方有"爱而不能令"之语。总而言之，诚如古人所言，"打虎亲兄弟，上阵父子兵"，战场上会带兵的将领，向来讲求爱兵如子，善于把官兵关系凝结成亲情伦理关系，再把亲情伦理关系转化为视死如归的战斗力。在此，孙子借人伦之道，以喻用兵之理，再次展现了他精妙于以理喻兵的点睛之笔。然而，仅有"恩仁"就能培养和造就出一支生死与共的战斗集体吗？孙子的回答当然是否定的。

厚而不能使，爱而不能令，乱而不能治，譬若骄子，不可用也。句中，"厚"指"恩厚"，与"视士卒如婴儿"相应，"使"指"役使""使用"，"爱"指"仁爱"，与"视士卒如爱子"相应，"令"指"指挥""调遣"，"乱"指"不能使""不能令"的状况，对上两句的总说，"治"指"惩治""整饬"。对于此言，曹操注曰："恩不可专用，罚不可独任。"准确地讲，孙子这句话虽然有赏罚并重、恩威兼用的意味，但重点讲的还是"恩不可专用"，而并非是"罚不可独任"。换言之，在孙子看来，将帅的"厚"与"爱"必须有限度和标准，"厚"要"能使"，"爱"要"能令"，"乱"要"能治"，决不可将"厚""爱"泛滥而成为妇人之仁，以至于把部队培养成"不可用"的"骄子"。事实上，亦如《行军》所言："卒未亲附而罚之，则不服，不服则难用也。卒已亲附而罚不行，则不可用也。"古往今来，将帅人人皆知治军用兵当赏罚并用、恩威相济，但孙子始终旗帜鲜明地把厚爱士卒的"亲附"放在首位，而把威迫士卒的惩罚放在辅位，并将其视为士卒"可用"与"不可用"的根本所在，堪称孙子带兵用兵的恩威观。或缘于此，王晳注曰："恩不以严，未可济也。"得之。

将任三：彼己天地，全知全胜

知吾卒之可以击，而不知敌之不可击，胜之半也；知敌之可击，而不知吾卒之不可以击，胜之半也；知敌之可击，知吾卒之可以击，而不知地形之不可以战，胜之半也。这是孙子对将帅用战提出的至任之三，集中体现为知彼、知己和知地。他强调指出，了解我军可以打，却不了解敌人不可打，胜负的可能各占一半；了解敌人可打，却不了解我军不可以打，胜负的可能各占一半；了解敌人可打，也了解我军可以打，却不了解地形不利于打，胜负的可能也是各占一半。对此，钮先钟《孙子三论：从古兵法到新战略》认为："到此，孙子始提出其对于这一篇的总结论，非常奇妙，他既不谈地，也不论人，而把注意焦点放在'知'字上。"钮先生之论可算差强人意，此言乃"这一篇的总结论"不假，"焦点放在'知'字上"亦不虚，然"既不谈地，也不论人"的说法却让人迷惑不解。那么，在全篇结尾收束之际，孙子为何铺张扬厉地论"知"，其论"知"有何层次与逻辑，通过论"知"究竟要表达出什么样的结论与旨归呢？

知吾卒之可以击，而不知敌之不可击，胜之半也；知敌之可击，而不知吾卒之不可以击，胜之半也。《谋攻》篇结尾云："知彼知己，百战不殆；不知彼而知己，一胜一负；不知彼，不知己，每战必殆。"表面上看来，两篇结尾大同小异，而实质上想来，却同中有异。诚如我们在《谋攻》篇所言，"谋攻，是对攻势战争的谋划"，因此，那里讲的"知彼知己"属于发动战争之前的谋划，无论在"知"的内容上还是方法上，均是全面的、长远的，具有普遍性和一般性；而《地形》题义则在于，"地形，是临战决策的地貌依据"，因此，这里讲的"知吾""知敌"则属于战争打响之前的决策，无论在"知"的内容上还是方法上，均是局部的、眼前的，具有具体性和特殊性。一言以蔽之，《地形》所讲的"知吾""知敌"，乃是对《谋攻》所讲的"知彼知己"在"击"与"不击"，也就是"打"与"不打"或"战"与"不战"问题上的生动体现和具体运用。关于这一点，我们仅从孙子此言所述的"知"的内容便可清楚看出并得到有力自证。

何谓"吾卒"之"可以击"或"不可以击"？何谓"敌"之"可击"或"不可击"？对此，陈皞注曰："可击、不可击者，所谓'兵众孰强，士卒孰练，赏罚孰明'也。"陈公之释看似有理，然则通读《地形》便会感到，它有流于平时一般的"知彼知己"之嫌，而有失于临战具体的"知吾""知敌"之切。笔者认为，句中"可以"与"可"是有区别的，"可以"是"可"与"以"两个词，"可"字均为"能够"之义，而"以"字则为"用来"之义。因此，对于"吾卒"而言，"可以击"或"不可以击"就是指我军"能够用来攻击敌人"或"不能够用来攻击敌人"的两种状态；对于"敌"而言，"可击"或"不可击"就是指敌军"有懈可击"或"无懈可击"的两种状态。对于敌我这四种状态，其实孙子上文讲得非常清楚：如果"吾卒"处于"可与之赴深谿"和"可与之俱死"的情形，就是"能够用来攻击敌人"的"可以击"的状态；如果"吾卒"处于"厚而不能使，爱而不能令，乱而不能治"的情形，就是"不能够用来攻击敌人"

的"不可以击"的状态；如果"敌"处于"兵有六败"的情形之一，就是"有隙可击"的"可击"的状态；如果"敌"没处于"兵有六败"的任何情形，就是"无隙可击"的"不可击"的状态。由是观之，倘若将帅了解和掌握了"吾卒"与"敌"的这四种状态，对于"打"或"不打"的临战决策，也就有了具体而可操作的"知吾"与"知敌"的内容和依据。

然而问题在于，将帅仅仅解决好"知吾"或"知敌"的问题，是否就一定能够打胜呢？孙子的回答是否定的："胜之半也"。《说文》云："半，物中分也。"可见，孙子所言的"半"，并非从数学或概率的角度讲的，否则一场战争只能出现两个而不是三个"胜之半"的结果，因此，它仅是表明一种胜负的可能性，亦即指没有必胜的把握。故此，曹操注曰："胜之半者，未可知也"。那么，如果将帅要想拥有必胜的把握，除了要"知吾"和"知敌"外，还需"知"些什么呢？

知敌之可击，知吾卒之可以击，而不知地形之不可以战，胜之半也。孙子紧扣上两句进一步指出，"知敌"和"知吾"而"不知地"，结果也只能是"胜之半也"，言外之意，还必须做到"知地"。那么，何谓"地形"之"不可以战"或"可以战"呢？答案自然也在上文之中。对于"通形"，若"先居高阳，利粮道，以战则利"，即"可以战"；否则，为"不可以战"。对于"挂形"，若"敌无备，出而胜之"，即"可以战"；"敌若有备，出而不胜，难以返，不利"，即"不可以战"。对于"支形"，"敌虽利我，我无出也"，即"不可以战"；"引而去之，令敌半出而击之，利"，即"可以战"。对于"隘形"，"我先居之，必盈之以待敌"，为"可以战"；"若敌先居之，盈而勿从"，即"不可以战"；若"不盈而从之"，即"可以战"；对于"险形"，"我先居之，必居高阳以待敌"，为"可以战"；"若敌先居之，引而去之，勿从也"，即"不可以战"；对于"远形"，"势均，难以挑战，战而不利"，即"不可以战"。总之，倘若将帅了解和掌握了"地形"的这六种情形，也就有了具体而可操作性的"知地"的内容和依据。

整观此段，孙子运用了三个结构相同、内容相关、语气一致的修辞排比句，把将帅在"打"或"不打"的临战决策时，应"知"的内容描摹得条分缕析、层次分明。对此,赵本学注曰:"此总结一篇之意。……知其一,而不知其二,不可以全胜;知其二,而不知其三,亦不可以全胜。"显然,在赵公看来,孙子讲的三个"知"是并列的,是同等重要的,无所谓孙子是否强调了哪个是重点或非重点的问题,其实,这样的解释至少说是不准确的。众所周知,从修辞手法上讲,排比句分为两大类,一类为并列式排比,一类为递进式排比,前者侧重于排比项的相互并列,旨在集中内容,增强语势,后者则侧重于排比项的逐次递进,旨在强化内容,突出中心。笔者认为,孙子这段话恰是采取了递进式的排比,前两句所谈的"知吾"与"知敌"带有明显的映衬与烘托作用,而后一句所谈的"知地"则是他要强化与突出的重点内容,即强调"知地"的重要性。

具而言之,在全篇结尾之际,孙子用这样的排比句收束全文,其实表明两方面的含义。从思想内容方面来说,说明将帅用战"知吾""知敌"与"知地"缺一不可,且因"夫地形者,兵之助也",故"知吾"和"知敌"在先,而"知地"在后,这与"兵"主"地"辅之义是一脉相承的,或缘于此,晚明李贽《孙子参同》云:此段"应'地形者兵之助'句"。从全篇结构方面来说,则说明将帅用战只有"知吾""知敌"是不够的,还必须要做到"知地",换句话说,孙子正是运用了这种递进式的排比修辞手法,才以"知吾"和"知敌"的渲染烘托作用,突显和强调了"知地"的重要性。而正是这样一种对"地"重要性的强调与收束,便悄然达成了全文首尾呼应,突出《地形》主旨的妙到毫巅之效。

辛弃疾《青玉案·元夕》云:"众里寻他千百度,蓦然回首,那人却在灯火阑珊处。"许多学者以为,孙子《地形》除开篇谈的"地有六形"外,其余文字基本上都不是在谈"地",然而,当我们明乎此时,还能说《地形》不是在言"地"吗?更为粲然可观之处还在于,孙子对《地形》的主题——"地"的凸显并未完结,紧接着下面的两句话,表面上看是对"知"的延展与申说,而实质上则是对"地"的重要性的再度抽象与升华。

故知兵者,动而不迷,举而不穷。孙子接着指出,所以知晓用兵的将帅,行动起来从不迷惑，举措变化从不穷竭。句中，"动"指"行动""发动"，"迷"指"迷惑""迷茫"，"举"指"举措""措施"，"穷"指"穷困""穷竭"；而句首"故"字则表明，此言乃是对上一段话的总结或引申。或缘于此，钱基博注曰："'知吾卒之可以击'，'知敌之可击'，'知地形之可以战'，三者具而后为'知兵'！"众所周知，将帅用兵打仗，"知"有知的方法，"动"有动的规律，"举"有举的变化，若将帅只做到"知吾""知敌""知地"，而既不懂得战场行动规律的"战道"，也不懂因敌因地制胜的"上将之道"，怎么能够谈得上"知兵"，又怎么能够做到对军队的行动了如指掌，对应敌的措施灵活变化呢？可见，钱公之识确实存在着机械与僵化的讹误。或因于此，梅尧臣注曰："无所不知，则动不迷暗，举不困穷也。"王皙注曰："善计者不迷，善军者不穷。"梅公将"知兵"释为"无所不知"；而王公将"知兵"释为"善计"和"善军"，亦即善于作战筹划和善于组织实施。由是观之，孙子此言所讲的"知兵"，绝不是对上段所言"三知"的简单归纳，而是一种从"三知"到"知兵"，从"用战"到"用兵"的延展和申说。换句话说，"知兵"包含"知地"，"知兵"必须"知地"，将帅用兵的一"动"一"举"须臾离不开"知地"，显然，这里的"知地"，无论其地位还是作用，已然从"用战"决策的局部拓展至"用兵"打仗的全局。然而，按照现代逻辑学的语境来说，这也只不过是孙子申说"地"的重要性的一个逻辑中介或理论"台阶"，最后一句话的阐释则彻底揭示出"地"之于战争最普遍、最一般的重大作用。

故曰：知彼知己，胜乃不殆；知天知地，胜乃可全。尤需注意的是，此言孙子又是以"故"字领起，且后面加"曰"字，应当蕴含着两层意思，一则这是作者据前所述得出的推论，二则这是兵家脍炙人口的谚语式的定论。句中"胜乃可全"，武经本如此，而十一家注本作"胜乃不穷"。笔者认为，因《虚实》有云，"能因敌变化而取胜者，谓之神"，可见，"胜乃不穷"更多因于"知彼知己"，所以，"知天知地"与"胜乃不穷"对言，于义理不通；而因上文有云，"夫地形者，兵之助也"，可见，"胜乃可全"正是因于"知天知地"之"助"，所以，"知天知地"与"胜乃可全"对言，于义理相通，故从武经本为是。因此，这句话的意思就是，知道敌方，知道己方，取胜就不会遇到危险；知道天时，知道地利，胜利就可确保万全。在"知"字的层出迭见之中，孙子逐步将"三知"发展并转化为"四知"，那么，这里是否又蕴含着某种深刻的思想内涵呢？

以下来整观《地形》论"知"。首先，"三知"主要是解决将帅关于"战"与"不战"的临战决策问题，也就是说，它是孙子站在战争始端上所论述的"知"，因此，其"知地"的重要性仅是位于"用战"的起点上，具有着明显的特殊性和具体性。其次，"知兵"主要是解决将帅关于军队"行"与"举"的组织指挥问题，也就是说，它是孙子站在战争过程中所论述的"知"，因此，其"知地"的重要性已拓展到"用兵"的全局中，具有明显的宏观性和全面性。再次，"四知"主要是解决将帅关于"不殆"与"可全"的取胜程度问题，也就是说，它是孙子站在战争结果上所论述的"知"，因此，其"知地"的重要性已然跃升至"制胜"的高颠上，具有着鲜明的一般性和普遍性。由此可见，孙子论"知"仅是手段，言"地"才是目的，其论"知"的逻辑，其实就是"地"的重要性由局部到全局、由特殊到一般的逐步提升与转化的逻辑。那么，孙子此言因何可称为用兵打仗最普遍、最一般的不易至理呢？

《道德经·二十五章》云："故道大、天大、地大，人亦大。域中有四大，而人居其一焉。人法地，地法天，天法道，道法自然。"在古人的认知世界中，宇宙之间天、地、人最大，人如果能够按照自然规律办事，即人与自然能够达成和谐统一——"天人合一"，乃人类思想与行为的最高境界，这是古人的世界观，亦是古人思想与行为的方法论。同样，孙子所言"知彼知己"，即是对人的了解和掌握的高度概括，"知天知地"即是对自然了解和掌握的高度概括，有此"四知"即天、地、人"三才"尽知，就必然能够达到"胜乃可全"的最高境界。因此，从某种意义而言，这就是古人的战争观，也是古人认识战争与进行战争的方法论。由是观之，孙子此言关于"四知"的论断，不过是古代"天人合一"思想在用兵打仗问题上的生动体现和具体运用。故此，《孙膑兵法·月战》亦云："天时、地利、人和，三者不得，虽胜有殃。"《淮南子·兵略训》亦云："故上将之用兵也，上得天道，下得地利，中得人心，乃行之以机，发之以势，是以无破军败兵。"所以说，孙子将此言作为《地形》篇最终的结语，它所表达的不仅是放之四海而皆准的真理式的论断，抑或也是当时兵家公认的谚语式的名言，借此，孙子才得以将"地"的重要性擢升至最一般、最普遍的真理层面，且使《地形》的主题思想得到淋漓尽致的突显与升华。

现代地理学认为，地形是地物形状和地貌的总称，故有山地、丘陵、平原、河流、湖泊等类分。现代军事地形学认为，地形是战争环境的重要因素之一，故其特性对军事部署、部队移动、攻防行动等具有重要影响。而孙子所言之"地形"，既迥异于现代"地形"的概念，也略别于现代"军事地形"的概念，它专指"兵战之场，立尸之地"，即敌我"会战"的战场。故将帅需考察"地之道"与"败之道"以临战决策；需秉"战道"、凝军心、达"四知"以用战制胜。由是观之，孙子《地形》乃是对因地制战和因敌制胜问题的综合考察，属于军事地形学——研究地形特征及其对作战行动影响规律的学科——的核心内容，故堪称军事地形学的开山之作。然而，军事活动的地域是广袤的，它受到自然和人文地理环境的影响也是多样的，那么，孙子对于军事地理学——研究自然和人文地理条件对军事活动的影响及其规律和军事上利用地理条件规律的科学——的相关内容，是否也做出了开创性和系统性的研究呢？孙子《九地》呼之欲出。

第十一　九地

——因地制宜

《九地》约 1070 字，几近占全书字数五分之一，篇幅之大，首屈一指，可谓内容丰富，思想精辟，富有极其深刻的战争哲理。毛泽东曾经指出："我们不但要研究一般战争的规律，还要研究特殊的革命战争的规律，还要研究更加特殊的中国革命战争的规律。"处于春秋时代的孙子，不仅研究一般的"战道"，而且重在研究反映新兴地主阶级需要的侵伐兼并战争的"为客之道"，因此，他所提出的"九地"乃跨国越境作战时或临或由的典型要地，他所提出的策略乃军队处在不同地理环境和心理状态下的基本对策，要言之，他所揭示的"九地之变，屈伸之利，人情之理"乃因地制宜的战争规律与法则。《道德经·二十五章》云："人法地，地法天，天法道，道法自然。"这是老子哲学的思想精髓，也是孙子研究和认识战争的哲学根基。《九地》篇所揭示的战争原理及其指导，正是老子"人法地"思想在战争领域的生动体现和具体运用。

一、题解——九地，是因地制宜的行动法则

关于本篇篇题，十一家注本作《九地篇》，汉简篇题木牍作《九地》，今从汉简本。对此，曹操注曰："欲战之地有九。"王皙注曰："用兵之地，利害有九也。"张预注曰："用兵之地，其势有九。"笔者认为，此类旧注虽意简但未得

其要。从篇首所陈的"九地"看，它的总体是描摹一场侵伐战争或临或由的各种典型要地；从篇中研究的内容看，它的核心是考察一场攻势战争的"九地之变，屈伸之利，人情之理"；从篇尾归束的观点看，它的重点是强调一场突袭战争的战略指导。用今天的话来说，《九地》颇似对自然和人文地理条件对军事活动的影响及其规律和军事上利用地理条件规律的理论考察，当属军事地理学科的范畴，然古今相较，二者又存在着本质上的区别。

"九地"是跨国越境作战的战略要地，也是军事行动决策的根本依据，它决定着军心士气和行动方法。首先，孙子开宗明义地指出，用兵打仗通常会面临"九地"，接着分别诠释了"九地"的内涵，并提出了"九地"的相应对策。其次，孙子以设问形式表明，"善用兵者"，必须坚持"兵之情主速，乘人之不及，由不虞之道，攻其所不戒也"，即"夺其所爱"的作战方针。为此，需要通晓"深入则专，主人不克；掠于饶野，三军足食；谨养而勿劳，并气积力；运兵计谋，为不可测"，即"为客之道"的攻战规律，尤需要深明"兵士甚陷则不惧，无所往则固，入深则拘，不得已则斗"，即"人情之理"的军心变化情理。再次，孙子又以设问形式表明，"善用兵者"，必须通晓"携手若使一人，不得已也"的御兵之术。为此，需要了解"静以幽，正以治"的"将军之事"，尤需掌握"聚三军之众，投之于险"的用兵钤键。要而言之，它全面阐释了行动之策因地而制、士卒之情因地而变、将帅之事因地而显的思想原理。

"九地"是军队进退攻守的决定因素，也是人情军心变化的决定因素，它反映出因地制宜的战争规律。综上所述，所谓"九地"，是侵伐他国或临或由的典型要地，是决定进退攻守策略的基本依据，是决定部队思想心理的根本所在，一言以蔽之，它是侵略兼并战争"为客之道"即战争规律的决定因素。因此，孙子言简意赅地指出："九地之变，屈伸之利，人情之理，不可不察也。"对于侵伐战争，随着战局的发展和向敌国纵深的推进，必须研究和考察三个方面的问题：一是军队所处战略要地及地理环境的变化；二是部队进退攻守及行动策略的利弊；三是士卒群体思想及军心士气的情理。言下之意，三者紧密联系，逐次相因，一切皆源于军队所处战略要地的"九地之变"。质而言之，它集中反映了以地为本、因因相袭、有机统一——地变、利变、情变——因地制宜的战争规律。

"九地"主导着侵伐战争的行动方法，也主导着将帅用兵的基本方略，它决定了突然袭击的战争指导。正是基于对因地制宜战争规律的深刻认识，孙子明确提出了将帅指导侵伐战争的关键和要点。一是指明了"为客之道"，即军队进入不同战略地域时将帅需把握的具体策略，并将其概括为"围则御，不得已则斗，过则从"的行动指导。二是指明了"霸王之兵"，即军队造成拔城毁国威势时将帅具体的用兵方法，并将其概括为"夫众陷于害，然后能为胜败"的用兵指导。三是指明了"为兵之事"，即军队突袭他国从整体战法到行动要点的战略关切，并将其概括为"始如处女，敌人开户，后如脱兔，敌不及拒"宏观指导。总而言之，它重点强调了将帅指导侵伐战争的战略重点及总体要求。

关于《九地》的篇次，十一家注本、武经本均为次《地形》位居第十一。汉简本篇题木牍第三排第二行有篇题《九地》，位次与传本合，故第十一当系其固有位置。对此，李筌注曰："胜敌之地有九，故次《地形》之下。"张预注曰："此论地势，故次《地形》。"笔者认为，李、张二公之注，颇有按文索义、因循苟且之嫌。唯赵本学之注鞭辟入里："上篇《地形》之地，排兵布阵之地也，以宽狭险易言之。《九地》之地，侵伐所至之地也，以浅深轻重言之。兵之所至，其地有九等，其法不同，大要皆本于人情。善用兵者，深达人情之理，驭之以术，发之以机，则人可用而地不困。"赵公之注，不仅看到了《地形》之"地"的会战决策之用，而且揭示出《九地》之"地"的因地制宜之效。事实上，孙子提出的"九地"涵盖了进行一场战争从行军到会战的所有或由或临之地，也包罗了《军争》《行军》《地形》所言及的全部之地，堪称对"地"的总说。或因于此，日本江户时代山鹿素行说："知己知彼而可知天知地，故《地形》《九地》《火攻》次之。"山鹿君卓见，《地形》《九地》解决的是"知地"问题，而《火攻》则解决的是"知天"问题。故《九地》次《地形》而先《火攻》，位居第十一。

二、构解——既讲了九地之理，又讲了军政之要

《九地》是孙子对因地制宜战争法则的理论考察。首先，具体明确了"九地"因地制宜的相应策略，并两度设问，先是归纳出了士卒疆场用命的心理情由，再是总结出了将军战场用事的幽关钤键。其次，高度抽象出地变、利变、情亦变的战争认识规律，总结上文之思想，开启下文之阐扬。再次，确立提出了突袭战争的整体战法、行动要点和总体要求，为将帅指导侵伐战争提供了战略指导。

上半部分：九地之理。从"孙子曰：用兵之法"至"聚三军之众，投之于险，此谓将军之事也"。孙子认为，大凡用兵打仗常临"九地"，因此，一是指明了"用兵之法"，即军队因地制宜的行动策略，二是阐释了"为客之道"，即士卒勇于效命的心理情由，三是提出了"将军之事"，即将帅发乎于情的用兵钤键，三者关系，递次相因，本末主次，依稀可见。

中间部分：将帅之察。仅"九地之变，屈伸之利，人情之理，不可不察也"一句。孙子言简意赅地指出，军队所处战略地理的变化，进退攻守行动策略的利害，士卒群体思想心理的情理，是战争指导者必须深入研究和考察的关键所在。质言之，这既是孙子对战争规律的深刻揭示，也是对上文所述思想内容的

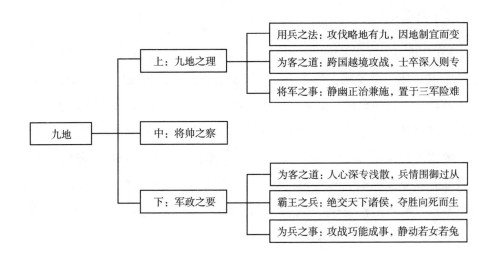

高度概括，还是对下文将帅战争指导提供的基本遵循。

下半部分：军政之要。"凡为客之道，深则专，浅则散"至"此谓巧能成事者也"。正是基于对攻势战争规律的深刻认识，孙子明确提出对侵伐战争的战略指导：一是谨遵"为客之道"，即本于因地制宜的行动策略；二是铸就"霸王之兵"，即专于造就威势的用兵方法；三是巧于"为兵之事"，即擅于突然袭击的筹划行动。

三、文解

老子认为，人类思想行为遵循大地的运行法则，孙子认为，军队行动策略基于地理的转移变化，二者思想一脉相通，然而不同之处在于，前者止于言其然，而后者则重于言其所以然。因此，上半部分，孙子以尽陈"九地"的名称概念为发端，先是指出了军队行动策略基于不同要地的"用兵之法"；后是阐释了士卒勇于效命本于人情常理的"为客之道"；再是说明了将帅战场指挥专于投之于险的"将军之事"。其言外之意，从九地的变化，到士卒的心理，再到将军的用事，一切皆本于战场地理环境的变化。正基于此，孙子基本建立起了关于"九地"的作战思想理论。

上：九地之理

1.0孙子曰：用兵之法，有散地，有轻地，有争地，有交地，有衢地，有重地，有圮地，有围地，有死地。诸侯自战其地者，为散地。入人之地不深者，为轻地。我得则利，彼得亦利者，为争地。我可以往，彼可以来者，为交地。诸侯之地三属，先至而得天下之众者，为衢地。入人之地深，背城邑多者，为重地。山林、险阻、沮泽，凡难行之道者，为圮地。所由入者隘，所从归者迂，彼寡可以击吾之众者，为围地。疾战则存，不疾战则亡者，为死地。是故散地则无战，轻地则无止，争地则无攻，交地则无绝，衢地则合交，重地则掠，圮地则行，围地则谋，死地则战。

2.1 所谓古之善用兵者，能使敌人前后不相及，众寡不相恃，贵贱不相救，上下不相收，卒离而不集，兵合而不齐。合于利而动，不合于利而止。敢问："敌众整而将来，待之若何？"曰："先夺其所爱，则听矣。"兵之情主速，乘人之不及，由不虞之道，攻其所不戒也。

2.2 凡为客之道：深入则专，主人不克；掠于饶野，三军足食；谨养而勿劳，并气积力；运兵计谋，为不可测。投之无所往，死且不北，死焉不得士人尽力。兵士甚陷则不惧，无所往则固，入深则拘，不得已则斗。是故其兵不修而戒，不求而得，不约而亲，不令而信，禁祥去疑，至死无所之。吾士无余财，非恶货也；无余命，非恶寿也。令发之日，士卒坐者涕沾襟，卧者涕交颐。投之无所往者，诸刿之勇也。

2.3 故善用兵者，譬如率然；率然者，常山之蛇也。击其首则尾至，击其尾则首至，击其中则首尾俱至。敢问："兵可使如率然乎？"曰："可。"夫吴人与越人相恶也，当其同舟而济，遇风，其相救也如左右手。是故方马埋轮，未足恃也；齐勇若一，政之道也；刚柔皆得，地之理也。故善用兵者，携手若使一人，不得已也。

2.4 将军之事，静以幽，正以治。能愚士卒之耳目，使之无知；易其事，革其谋，使人无识；易其居，迂其途，使人不得虑。帅与之期，如登高而去其梯；帅与之深入诸侯之地，而发其机；若驱群羊，驱而往，驱而来，莫知所之。聚三军之众，投之于险，此谓将军之事也。

用兵之法：攻伐略地有九，因地制宜而变

孙子曰：用兵之法，有散地，有轻地，有争地，有交地，有衢地，有重地，有圮地，有围地，有死地。孙子开门见山地指出，用兵打仗通常面临的军事地域有：散地、轻地、争地、交地、衢地、重地、圮地、围地、死地。对此，曹操注曰："此九地之名也。"刘寅注曰："此九地之目也。"篇题纲举，首语目张，这是对"九地"名目的陈列和总说。句中"有"，《说文》云："不宜有也。"段玉裁注曰："谓本是不当有而有之称。引申遂为凡有之称。"又曰："凡有之属皆从有。"可见，古时"有"常表征一种"类称"，亦兼具"典型性"的意蕴。因此，此言所述的九种军事地域，既是军队打仗可能经由典型战场环境的总述，同时也是孙子对各种战场环境的类分。

第一，关于"九地"的定义。

诸侯自战其地者，为散地。入人之地不深者，为轻地。我得则利，彼得亦利者，为争地。我可以往，彼可以来者，为交地。诸侯之地三属，先至而得天下之众者，为衢地。入人之地深，背城邑多者，为重地。山林、险阻、沮泽，凡难行之道者，为圮地。所由入者隘，所从归者迂，彼寡可以击吾之众者，为围地。疾战则存，不疾战则亡者，为死地。孙子接着分别诠释了"九地"的含义：诸侯在本国与敌交战的地区，叫作散地。在敌国浅近纵深作战的地区，叫作轻地。我军占领有利，敌军占领也有利的地区，叫作争地。我军可以去，敌军也可以来的地区，叫作交地。多国交界，先占可以得到多国援助的地区，叫作衢地。深入敌境，背靠敌国众多城邑的地区，叫作重地。山林、险阻、沼泽等难于通行的地区，叫作圮地。进入的道路狭隘，退回的道路迂远，敌人能够以少击多的地区，叫作围地。迅猛作战就能生存，不迅猛作战就会被消灭的地区，叫作死地。综而观之，孙子"九地"名副其实，顾其名可思其义，循其名可责其实，既清晰界定出了颇似现代军事地理学语境下的地理概念，又总体描摹出了一场典型战争样态下的军队战场上的活动轨迹。显而易见，孙子《九地》研究的战争样态乃是一种侵伐他国的攻势战争。正基于此，他所提出的"九地"也必然带有古代攻势战争特性，并由此可区分为"主地"与"客地"两个基本类型。

何谓"主地"与"客地"？孙子下文两度言及的"为客之道"，赵本学注曰："自战其地为主，入人之地为客。"杜牧注曰："言夫凡为攻伐之道"。张预注曰："先举兵者为客"。赵公之注说明，古代打仗，颇像今天的球赛，不仅将球队分为主队和客队，而且将赛场分为主场和客场，同样，古人亦将作战双方分为主与客，将战场分为主地和客地。在自己的国家作战，己方是主，为主地作战，敌方是客，为客地作战；到敌人的国家作战，己方是客，为客地作战，敌方是主，为主地作战。然而，打仗并不同于球赛，打仗的"客"不是"主"

邀请来的客，而是不招自来的不速之客。因此，杜、张之注则说明，"主"与"客"不仅表明了敌我双方在哪家国土作战的问题，而且表明了谁进攻谁防御的问题，即"客"方实施的是攻势战争，而"主"方实施的是防御战争。《陈书·任忠传》载任忠云："兵家称客主异势，客贵速战，主贵持重。"兵家普遍认为，进行攻势战争或防御战争的总体形势是完全不同的，攻势战争强调速战速决，防御战争强调稳妥慎重。反观《孙子兵法》，从《计》预测战争胜负以作出战争决策，到《作战》制定"兵贵胜，不贵久"的攻势战略方针，再到《谋攻》专论攻势战争的战略谋划，足可见孙子服务于春秋霸政需要而崇尚攻势战争的政治倾向。

因此，关于主地，孙子只提出一种，即"诸侯自战其地者"，并名之为"散地"。对此，曹操注曰："士卒恋土，道近易散。"杜佑注曰："战其境内之地，士卒意不专，有溃散之心，故曰散地。"可见，散地并非指地域的分散，而是指人心的涣散，究其根源，由于军队本国作战，士卒故土难离，进无必死之心，退有投归之处，所以部队容易溃散。但对于这一点，贾林的质疑颇为耐人寻味："地形之说，一家之理，若号令严明，士卒爱服，死且不顾，何散之有？"贾公言之有理，如果国家政治清明，军队作风过硬，士卒爱国效命，即使在本土作战，何来"散地"呢？进而言之，如果军队在本土作战一定极易溃散的话，那么历史上岂不是所有保家卫国的战争均以失败而告终？更何况，如果本土幅员广阔的话，与敌作战的地域亦是千差万别，"主地"又岂止是"散地"这一个种类呢？其实，这里根本的问题还是要涉及孙子的战争观问题。

且看，此处讲"诸侯自战其地者，为散地"，即诸侯在本国与敌交战的地区，叫作散地；下文云"去国越境而师者，绝地也"，即跨国越境在别国作战的地区，叫作"绝地"。显而易见，在孙子这里，"散地"与"绝地"相对而言，"散地"就是"主地"的代称，而"绝地"就是"客地"的统称。具而言之，他论"主地"一笔带过，只言"散地"一种；而论"客地"长篇累牍，详述八种之多，这便充分说明，作为春秋霸政时期的杰出士人，拥护侵伐扩张的攻势战争，反对保业守成的防御战争，乃孙子对待战争总的态度和根本看法，由此也决定了他研究战争专注于侵伐战争的"为客之道"，而不是防卫战争的"为主之道"，故而我们也不难理解他为什么将"自战其地"的"主地"一律藐视为"散地"，即因军队斗志不坚而极易溃散的地区，这在一定程度上也反映了他好为人"客"的霸权政治主张。

所以，关于"客地"，孙子详尽提出八种，即"轻地""争地""交地""衢地""重地""圮地""围地"和"死地"，这些均属于"去国越境而师"的"绝地"。按照孙子对此"八地"的表述和界说，或者说按照赵本学所说"浅深轻重"，它们又可分为两个种类。

一是主客相倾相争的"轻地""争地""交地"和"衢地"。关于"轻地"，为"入人之地不深者"。曹操注曰："士卒皆轻返也。"赵本学注曰："虽出境而未远，人心犹在进退之间，故名为轻忽之地。"进入敌国不深，士卒军心不稳，属易于溃逃的地区。关于"争地"，为"我得则利，彼得亦利者"。杜牧注曰："必争之地，乃险要也。"梅尧臣注曰："无我无彼，先得则利。"我方抢占有利，敌方抢占也有利，属兵家必争的地区。关于"交地"，为"我可以往，彼可以来者"。曹操注曰："道正相交错也。"陈皞注曰："交错是也，言其道路交横，彼我可以来往。"道路纵横交错，敌我往来便利，属敌情复杂的地区。关于"衢地"，为"诸侯之地三属，先至而得天下之众者"。孟氏注曰："若郑界于齐、楚、晋是也。"杜牧注曰："衢地者，三属之地，我须先至其冲，据其形势，结其旁国也。天下，犹言诸侯也。"多国交界相邻，外交资源汇集，属争取联盟的地区。综而观之，以上四种地区，均属于战争发生伊始，或入敌纵深尚浅，或敌我初步接触，为我可往、敌亦可往的抢先争利的地区。

二是客入主地纵深的"重地""圮地""围地"和"死地"。关于"重地"，为"入人之地深，背城邑多者"。梅尧臣注曰："乘虚而入，涉地愈深，过城已多，津要绝塞，故曰重难之地。"陈启天注曰："所谓重者，对轻而言，轻地易返，重地难归耳。"军队深入敌境，后有敌城百重，属不进难退的地区。关于"圮地"，为"山林、险阻、沮泽，凡难行之道者"。贾林注曰："经水所毁曰圮。"陈启天注曰："山林险阻，统谓山地。沮泽，统谓泽地。山地及泽地，皆交通困难。"山林沟壑遍布，泥水冲刷纵横，属难于通行的地区。关于"围地"，为"所由入者隘，所从归者迂，彼寡可以击吾之众者"。梅尧臣注曰："山川围绕，入则隘、归则迂也。"赵本学注曰："彼出一军以塞其隘，一军以断其迂，我军不能脱矣，故名为受围之地。"进出道路艰难，封堵寡能胜众，属易受围困的地区。关于"死地"，为"疾战则存，不疾战则亡者"。梅尧臣注曰："前不得进，后不得退，旁不得走，不得不速战也。"赵本学注曰："敌守甚坚，野无可掠，前险已失，退守无由。"军队进退失据，敌情威胁重重，属疾战求存的地区。综而观之，以上四种地区，均属于军队深入敌境，或环境艰苦卓绝，或敌情险象环生，为我居险、敌居易的危机四伏的地区。

现代地理学认为，地理是世界或某一地区的自然环境及社会要素的统称。整观孙子关于"九地"的名称和界说，既体现了自然环境的因素，也体现了社会人文的因素，基本符合现代地理学对地理的定义。同时，现代军事地理学认为，军事地理是军事活动赖以存在并能给军事活动以影响的自然环境和人文地理的统称。体认孙子对于"九地"字里行间的划分和类别，不仅反映了自然环境对军事活动的影响，更为重要的是，还集中反映出敌情状况对己方行动的影响。正基于此，孙子才为下文提出军队在不同地区活动应当采取不同的应对之策，奠定了坚实的理论基础。

第二，关于"九地"的对策。

是故散地则无战，轻地则无止，争地则无攻，交地则无绝，衢地则合交，重地则掠，圮地则行，围地则谋，死地则战。正是基于对"九地"的认识和界说，所以孙子明确指出：在"散地"要避免与敌交战，在"轻地"要避免停滞逗留，在"争地"要避免对敌强攻，在"交地"要避免被敌阻断，在"衢地"要积极结交诸侯，在"重地"要设法劫掠补给，在"圮地"要迅速组织通行，在"围地"要巧妙施计用谋，在"死地"要拼战以求生存。一地一策，九地九策，紧紧围绕着"九地"各地区的自然环境、社会人文和敌情状况，提出了军队相应的行动方法策略。

关于"散地则无战"，古时"无"作"毋"，有"切忌""切勿"的警告意味；"战"

乃"对陈曰战",有"交战""会战"的决战意味。对此,李筌注曰:"恐走散也。"梅尧臣注曰:"我兵在国,安土怀生,陈则不坚,斗则不胜,是不可以战也。"其实,李、梅二公之注并不全面,他们仅是从我方的角度做出了分析和判断。《通典》引《孙子》佚文的说法则更为全面:"敌人深入吾都,多背城邑,士卒以军为家,专志轻斗;吾兵在国,安土怀生,以阵则不坚,以斗则不胜。"我军在本土作战,士卒会瞻前顾后,贪生怕死,故军心不稳,斗志不坚;而敌军在敌国作战,士卒则孤注一掷,舍生忘死,故军心专一,斗志坚决。两军情形相较,敌我优劣自现,所以孙子提出了"散地则无战"的策略。然而,对于这一观点,钱基博如同贾林一样亦注曰:"然国者,民之所托命也。庐墓之所在,财产之所寄,生于斯,长于斯,聚骨肉于斯,一旦强敌凭陵,国破则家亦亡。自战其地,则人怀必死,守望相助,何散地之有!"意思是说,士卒的必死之心来源于对民族情感与爱国情怀的感知和认同,而并非靠战场环境与敌情状况的逼迫和激励,何来散地啊!钱先生之注颇有方枘圆凿之嫌。一方面,由于孙子处于春秋诸侯争霸的历史时期,他所推行的军事政策必然是霸权政治的兼并战争,因此,从根本上也就缺乏以民族情感和爱国情怀来凝聚军心士气的政治基础。另一方面,由于当时诸侯各国并未建立起强大的常备军,只有到战时才临时组建军队,因此,从根本上也不可能像今天一样长期培育和塑造军队所谓的战斗精神。正缘于此,孙子才说"散地无战",并把军队的军心士气和战斗精神寄托于战场情形的临机逼迫和激励。

关于"轻地则无止","止"即"驻止""停留"。张预注曰:"士卒轻返,不可辄留。"赵本学注曰:"入敌未深,人心未固,务速进兵,以期过险。"轻地属于始入敌境的地区,士卒思乡念土,部队军心不稳,唯恐逗留生变。关于"争地则无攻","攻"即"攻取""强攻"。杜牧注曰:"无攻者,言敌人若已先得其地,则不可攻也。"邓廷罗注曰:"争地,宜先据,若后至以攻之,则反伤士卒,故无攻。"争地属于敌我必争的地区,双方谁得谁利,宜于抢先占据,不宜后至强攻。关于"交地则无绝","绝"即"阻绝""断绝"。李筌注曰:"不可绝间也。"梅尧臣注曰:"道既错通,恐其邀截,当令部伍相及,不可断也。"

交地属于道路纵横的地区，敌我活动便利，敌情随时可现，我军切勿隔离。关于"衢地则合交"，"合交"即"结交""结盟"。曹操注曰："结诸侯也。"孟氏注曰："得交则安，失交则危也。"衢地属于多国毗邻的地区，积极开展外交，分化敌国联盟，争取更多援助。

关于"重地则掠"，"掠"即"劫掠""掠夺"。孟氏注曰："因粮于敌也。"梅尧臣注曰："去国既远，多背城邑，粮道必绝，则掠畜积以继食。"重地属于深入敌境的地区，远离本土作战，粮草补给困难，就地劫掠解决。关于"圮地则行"，"行"即"通过""快行"。施子美注曰："宜速行去，恐为敌所袭。"赵本学注曰："圮坏之地，别无善法，惟当速行而已。"圮地属于难以通行的地区，不利我军行动，利于敌军突击，快速通过为宜。关于"围地则谋"，"谋"即"谋划""谋略"。曹操注曰："发奇谋也。"张预注曰："难以力胜，易以谋取也。"围地属于易受围困的地区，地形山川环绕，敌情险象环生，唯谋方可脱险。关于"死地则战"，"战"即"力战""死战"。曹操注曰："殊死战也。"贾林注曰："力战或生，守隅则死。"死地属于兵临险境的地区，军队深陷绝境，不战别无他法，死战方能求存。

总而言之，攻伐略地有九，因地制宜而变。对于前文，钱基博注曰："右第一节论九地之变，屈伸之利。"甚是。孙子以上所述内容，一方面阐明了"九地"的各自情形，另一方面则提出了"九地"的相应对策，前者即"九地之变"，后者即"屈伸之利"。这正如我们在《九变》篇所说的，在中国古代，以"九"来"极言其多"乃先秦诸子固有的思维范式，孙子在此详述"九地"，表面上是列举了九种典型的战场环境，实际上则表征了战场环境的千变万化——"九地之变"，无穷无尽，表面上是提出了九种典型战场环境的相应对策，实际上则表征了战场行动的随机应变——"屈伸之利"，因地制宜。然而又如我们在《地形》篇所说："六为阴之变，九为阳之变。"那为何《地形》之"地"言之以"六"，而《九地》之"地"却言之以"九"呢？事实上，还是赵本学篇题之注一语中的："上篇《地形》之地，排兵布阵之地也，以宽狭险易言之。《九地》之地，侵伐所至之地也，以浅深轻重言之。兵之所至，其地有九等，其法不同，大要皆本于人情。"原来，《地形》旨在言"地"，与"天"相对，属"阴"，故以"六"言其变；而《九地》与其说是言"地"，不如说是言"人"，属"阳"，故以"九"言其变。具而言之，《九地》所论乃"九地之变，屈伸之利，人情之理"，研究战场"九地之变"仅是手段，弄清用兵"人情之理"才是目的，这才是《九地》篇真正的主旨所在。

与此同时，我们还要清楚地认识到，任何一种军事思想无不体现着其所处历史时期的时代精神。纵观孙子上文对"九地"的论述，从名目的称谓，到内涵的界说，再到对策的提出，无不反映出春秋时期的社会风貌。首先，它基于"霸王之兵"的霸权政治主张。由于处于诸侯争霸的历史时期，孙子推行的必然是服从和服务于霸权政治的兼并战争，因此，他所提出的九种作战地域即"九地"，必然呈现为主要位于他国境内作战的典型战略要地。其次，它基于"寓兵于农"的军事组织形态。由于当时诸侯各国并未建立起强大的常备军，只有到战时才"算地出卒""合军聚众"而组建军队，因此，孙子"九地"所涉及的军心士气情理即"人情"问题，并非靠平时长期的培育和塑造，而只能靠战场临机的逼迫和激励，所以他才重"客地"而轻"主地"，并把"主地"一律视为军心易散、不堪用兵的"散地"。再次，它基于"人法地"的思想文化理念。由于受到老子所创立的道家思想文化的深刻影响，认为人类思想行为必然遵循大地的运行规律，因此，它也成为孙子研究和解决战争问题的哲学滥觞，孙子所提出的九地九策即"屈伸"问题，从根本上就表现为战场地理环境是军队行动策略的决定因素，因地制宜乃战争活动的基本规律。毋庸置疑，这些思想观点在孙子下文的论述中将会得到更加充分而具体的体现。

为客之道：跨国越境攻战，士卒深入则专

所谓古之善用兵者，能使敌人前后不相及，众寡不相恃，贵贱不相救，上下不相收，卒离而不集，兵合而不齐。合于利而动，不合于利而止。就在初步阐明关于"九地"的基本问题之后，孙子近似突兀地转而指出：古时善于用兵打仗的人，能使敌人前军和后军无法相互策应，大部队和小部队无法相互依靠，将校和士卒无法相互援救，上级与下级无法互相聚合，士卒一旦分散就无法集中，部队即使合拢也无法齐整。有利于我就行动，不利于我就停止。颇值玩味的是，孙子这里为何提出了"古之善用兵者"，如此这般的表述风格究竟想要说明一个什么问题？

众所周知，中国社会自古便存在着普遍而强烈的崇古尚古情节。以古风、古言为真善美的价值标准，以古圣、先贤为最高尚的人格追求，以古代社会为最理想的生活向往，所有这些早已幻化为一种民族的心理和文化的底蕴。因此，每当到了思想变革或社会转型的重要时刻，人们总会放慢脚步，驻足回望，从深厚的传统积淀中寻找文化支持，以谋求新的路径与境界。正缘于此，儒家思想的建立离不开"祖述尧舜，宪章文武"的复古情怀，而道家学说的阐扬则离不开"鸡犬之声相闻，民至老死不相往来"的精神向往，而孙子在此鼓吹"古之善用兵者"，无非是借古代用兵的优秀传统立言，用以说明一个关乎战争胜败的重大问题——战争主动权。

对于句中的关键字词，王皙之注可谓精当而细致："前后，前军后军也。众寡，大阵小阵也。贵而上者，将佐也。溅而下者，士卒也。及，接应也。恃，依赖也。救，保护也。收，完聚也。集，聚也。齐，一也。"从敌人"不相及""不相恃""不相救""不相扶""不集""不齐"的状况来看，已完全成为一支被战场客观形势所摆布，失去了行动自由，处于极度被动地位的军队，即所谓丧失了战争主动权；而对于"古之善用兵者"的我方来说，则完全是一支不受敌人任何的控制和支配，进退攻守皆由自己做主，行动极度自由的军队，即所谓掌握了战争主动权。孙子将古人的这种高超做法归结为："合于利而动，不合于利而止。"对此，梅尧臣注曰："然能使敌若此，当须有利则动，无利则止。"赵本学注曰："言我之节制有定，而分合动止得以自由也。"甚是。孙子提出的"利动"原理，既是争取战争主动权的思想原则，也是获得军队行动自由权的根本遵循。可见，在孙子看来，主动与被动自古就是用兵打仗的一对重要范畴，力争主动，力避被动，即夺取并保持战争主动权即军队行动的自由权，历来都是战争指导和兵力使用的重大问题。那么，如何实施战争指导，怎样进行兵力使用，才能始终夺取并保持战争的主动权呢？

第一，关于"先夺所爱"的战争之策。

敢问："敌众整而将来，待之若何？"曰："先夺其所爱，则听矣。"兵之情主速，乘人之不及，由不虞之道，攻其所不戒也。孙子以设问的形式巧妙而简洁地回答了打什么仗、仗怎么打，或者说坚持什么样的战略方针，才能使自己始终处于主动地位，牢牢把握住战争主动权的问题。请问："假使敌军人数众多且阵势严整地向我进犯，我方该怎样对付它呢？"回答："抢先夺占敌人最关切的要害之处，它就会听任你的摆布了。"用兵打仗贵在神速，要趁敌人措手不及的时机，要走敌人意料不到的道路，要攻敌人戒备不严的城池。一言以蔽之，孙子旗帜鲜明地表明了一个观点：坚持攻势战争。明乎此，我们自然也就弄懂了孙子这段话与上文所言"九地"及下文所言"为客之道"的内在联系。

敢问："敌众整而将来，待之若何？"此句汉简本作"敌众以整将来"，今依十一家注本。句中，"敢"为谦辞，乃"冒昧""斗胆"之义；"将"为副词，乃"将要""打算"之义。梅尧臣注曰："此设疑以自问，言敌人甚众，将又严整，我何以待之耶？"孙子自问，敌军众多，阵形严整，将来犯我，如何应对？对此设问有两点尤值我们注意。第一，孙子此问设立于"古之善用兵者"的率先垂范之下，因此，这一问一答所表达的思想，必当带有立言立行、轨物范世的意义作用。第二，前文我们谈到，由于处于诸侯争霸的历史时期，因此，孙子所拥护和推行的必然是服从和服务于霸权政治的侵略战争，而此处他却以"敌众整而将来"设问——以己方为被侵略者，自然含有弦外之音、言外之味的深刻意蕴。故笔者认为，自古兵家就讲求"师必有名"，师出有名则无往不利，师出无名则事故不成。孙子在此以"古之善用兵者"为范，以被侵略者自居，无非想要表明他所要倡导的战争思想或者说战争方略的权威性与正义性。

曰："先夺其所爱，则听矣。"对此答言，李筌注曰："孙子故立此问者，以此为秘要也。"甚是。此言的奥旨精义就在于它点明了孙子此问与古人用兵之间的关系。这里起到关键作用的是"则听矣"的"听"。《广雅·释诂》云："听，从也。"张预引孙子佚文曰："我先夺之，则无不从我之计。"可见，"听"就是指陷敌军于被动，使其不得不听从摆布。而上文所述"古之善用兵者"使敌处于"不相及""不相恃""不相救""不相扶""不集""不齐"的极端被动状态，正是一种控制敌军亦即使敌"听"的状态。所以，孙子的自问自答与古人的用兵方法，表面上看似互不相干，其实内在关系紧密，最关键的就是这句回答。那么，如何才能让敌人"听"我的呢？孙子提出的基本策略是："先夺其所爱"。对于"爱"，李筌注曰："所爱，谓敌所便爱也，或财帛女子，吾先困辱之，则敌进退皆听也。"张预引孙子佚文曰："敌所爱者，便地与粮食耳。"可见，"爱"可指从将帅个人的情感嗜好到战争全局的胜败得失的一切要害和关键，它因时、因地、因敌、因情而变化，然而是否属于敌人真正的"爱"，还须以我夺取后能否迫敌"听"作为衡量标准。总而言之，"夺其所爱"仅是手段，迫敌"听矣"才是目的，因此，"夺其所爱"的目的物，必须是能迫使敌听从我调度的东西，否则就达不到使敌处于被动的目的。所以说，在孙子看来，首先夺取敌人要害，这既是战场上控制和摆布敌人的一般战法，也是夺取战争主动权的基本方略，下面这句话的诠释则更加清楚地说明这一点。

兵之情主速，乘人之不及，由不虞之道，攻其所不戒也。句中，"情"犹"理"，为"道理"之义；"主"犹"本"，为"根本"之义；"及"犹"至"，为"到达"之义；"虞"犹"度"，为"料想"之义；"戒"犹"备"，为"戒备"之义。此言意即：用兵的根本在于速度，趁敌人来不及的时机，走敌人想不到的道路，攻敌人不戒备的地方。对此，王晳注曰："兵上神速，夺爱尤当然也。"赵本学注曰："所谓先夺所爱者，当依此法可也。"王、赵二公认为，这是孙子达成"先夺其所爱"的基本方法，然笔者还认为，这也是孙子对夺取战争主动权的战略指导的理论概括。因为，在此孙子已然将"乘人之不及，由不虞之道，攻其所不戒"的基本方法，上升为"兵之情"的最普遍、最一般的理论抽象——"兵之情"的"情"就是指事物的本质、本性。故而，陈启天注曰："作战之事，一贵迅速，二贵乘虚，迅速乘虚，则我为主动，而敌为被动，自能先夺其所爱矣。"只要我主动敌被动，即掌握了战争的主动权，自然就会达成"先夺其所爱"。毛泽东则明确指出："错觉与不意，可以丧失优势和主动。因而有计划地造成敌人的错觉，给以不意的攻击，是造成优势与夺取主动的方法，而且是重要的方法。"毛泽东之语与孙子之言更是如出一辙，趁敌之"不及""不虞""不备"，即造成敌人的"错觉与不意"，是夺取并保持战争主动权的重要方法。

综观此段，从"古之善用兵者"的战场垂范，到明知故问的自问自答，再到"兵之情主速"的理论概括，孙子无非回答和解决了一个"仗怎么打"的问题。在总的方略上，要"先夺其所爱，则听矣"，抢先夺取敌人的关键和要害，争得战争主动权；在原则方法上，要"兵之情主速，乘人之不及，由不虞之道，攻其所不戒也"，迅速突然，出其不意，攻其不备；而这些思想方法，又无一不源自于孙子对"古之善用兵者"的沿袭效法。由此足见，秉持主动积极的攻势战争乃是孙子研究与指导战争的基本观点和一贯主张。明乎此，我们就会豁然开通，孙子上文所述"九地之变"，为何总体描摹的是一场攻势战争的军队战场活动轨迹；而下文所述"为客之道"，为何深入探究的是一种跨国战争的军队异国作战心理。

第二，关于"深入则专"的制胜机理。

凡为客之道：深入则专，主人不克；掠于饶野，三军足食；谨养而勿劳，并气积力；运兵计谋，为不可测。既然实施攻势战争乃"古之善用兵者"的祖宗成法，那么研究"为客之道"自然成为《九地》的主题主线。因此，孙子指出，在敌国作战的一般方法是：进入敌境越深，军心就会越齐，敌人就越无法战胜我军；在敌饶野，掠取粮草，全军就会有充足的给养；注重休整，切忌疲劳，部队士气体力就能提升；运筹兵力，巧设计谋，敌军就无法判断我军企图。这里的"凡"字乃带有一般性和普遍性的意义，而"道"字则具有规律性或方法论的含义，因此，孙子头一句话就是告诉人们，下面的话讲的是"为客之道"——进入敌国作战的一般做法。故王皙注曰："以下言为客深入之方法。"具而言之，他用四句话，分两个层次，说明了进入敌国作战的一般原则与方法。

深入则专，主人不克。这句话揭示的是"为客之道"中最普遍、最一般的根本准则。句中，"专"与"抟"相通。《管子·霸言》云："不抟不听"。尹知章注：

"抟，聚也。"又《广雅·释言》云："专，齐也。"足见，就是指军队的齐心协力、团结一致。"主"与"客"相对，"主人"即指在本土作战的敌人。"克"为"克制""战胜"之义。对于此言，张预注曰："深涉敌境，士卒心专，则为主者不能胜也。客在重地，主在轻地故也。"张公意思是说，此言所述是我军在重地而敌军在轻地的必然结果，非切。毫无疑问，孙子此言是对"为客"的用兵规律的具体阐释，因此军队"深入"之地就不可能单指"重地"，而应指包括"轻地""争地""交地""衢地""重地""圮地""围地"和"死地"的所有"客地"。正鉴于此，我们有充分理由认为，孙子这句话实则讲的是一条随战局的推进发展而军队的军心士气不断产生变化的动态的、内在的、普遍的规律，即进入敌国境内愈深，部队就愈团结一致，敌人就愈难战胜我军。所以，此言所反映的乃军队进入敌国作战的基本规律，也是将帅跨国用兵的根本遵循，当然，这也是此段后文为何浓墨重彩地专论此点的缘由所在。

掠于饶野，三军足食；谨养而勿劳，并气积力；运兵计谋，为不可测。这三句话所阐释的是"为客之道"中通常的、一般的方法策略。在补给后勤方面，采取"掠于饶野"的方法。王皙注曰："饶野多稼穑。"王晳注曰："去国遥远，粮运艰难，所利在于速战，所畏在于无食。"在敌国丰饶的田野上就地掠取粮草，既可避免远程输送给国家带来的负担，又可确保军队后勤给养的充足，这其实就是《作战》篇"因粮于敌"思想的生动写照。在军心战力方面，采取"谨养勿劳"的方法。王皙注曰："谨养，谓抚循饮食周谨之也。"《说文》云："谨，慎也。"即为"郑重""小心"之义。异国他乡作战，长期深陷敌境，注重部队休整，力避人疲马乏，随时准备战斗，这其实就是《军争》篇"治心""治力"思想的具体运用。在指挥筹划方面，采取"运兵计谋"的方法。王皙注曰："形藏密谋。"赵本学注曰："运兵于计谋之中。"敌国本土作战，条件对我不利，只有深谋远虑，方可出敌不意，这其实就是《军争》篇"治变"思想的具体体现。显而易见，虽然上述三个方面的做法均属于异国作战的基本方法，即所谓"为客之道"，然而在孙子看来，其中最核心、最根本、最能主导用兵问题的还是"深入则专"的基本规律和准则。请看下文。

投之无所往，死且不北，死焉不得士人尽力。这句话说明了"深入则专"的内在机理。对于此言，《十一家注孙子》将其句读为："死焉不得，士人尽力。"杜牧注曰："言士必死，安有不得胜之理？"张预注曰："士卒死战，安不得志？"不难看出，如此断句，非但需将"得"字作"得胜""得志"等增意之解，而且又与下"士人尽力"文意失属。故而，郑友贤《十家注孙子遗说并序》云："诸家断为二句者，非武之本义也。"此说甚是。因而我们把此连为一句，谓"死焉不得士人尽力"。那么此言究竟何意呢？明赵本学《赵注孙子十三篇》认为："'死焉'之'死'，当为衍文"。今钮国平《孙子详解》认为："这四句本是'顶针句'：投之无所往，死且不北；死且不北，焉不得士人尽力。"两种说法虽无所据，然均贴近孙子本意，意即把部队置于走投无路的境地，士卒虽死也不会败退；既然士卒宁死不退，怎能不博得吏卒尽力而战呢！由此可见，越是士卒"无所往"之地，越属敌境"深入"之地，也越能造就出吏卒"死且不北"和"士人尽力"的"专"的军心士气。质言之，孙子此言不过是基于士卒心理，即下文所谓"人情之理"，对"深入则专"内在机理的深刻阐释。

兵士甚陷则不惧，无所往则固，入深则拘，不得已则斗。这句话说明了"深入则专"的基本内涵。孙子认为，所谓"深入"与"专"分别表现为四种情形：一是"甚陷"与"不惧"。"甚"为"湛"之古文，乃"深"之义，故指"危险深重"之地；"不惧"，即"不怕"，即指士卒"不怕危险"。二是"无所往"与"固"。"往"乃"去"义，引申为"去处"，故指"走投无路"之地；"固"，李筌注"坚也"，即指意志"坚不可摧"。三是"入深"与"拘"。"入深"传本作"深入"，均指"入敌纵深"之地；"拘"，曹操注"缚也"，即指部队"团结一致"。四是"不得已"与"斗"。"不得已"乃"穷迫"义，故指"迫不得已"之地；"斗"，李筌注"决命"，即指部队"拼命死斗"。故此，这句话的意思就是：陷入危险深重的境地，士卒就会不怕危险；身处走投无路的境遇，士卒就会决心固守；深入敌国腹地的境域，部队就会同心合力；面临迫不得已的境况，部队就会决死战斗。这里他用了四个"则"字句，用现代形式逻辑的理论来说，"如果A则B"的形式属于假言命题，又称条件命题，最适用于用来表达逻辑性强且带有规律性的东西。的确,这四句话不仅具体诠释了"深入则专"的基本内涵,而且初步表明了从个体到群体、从思想到行为的军心士气的变化规律,同时还辩证反映出这是一条不以人的意志为转移的自然规律。要言之,在孙子看来,这就是充满辩证法的物极必反、否极泰来的天道与人道,亦即所谓自然之道。

是故其兵不修而戒,不求而得,不约而亲,不令而信,禁祥去疑,至死无所之。这句话说明了"深入则专"的运用要点,或可称其为"四不一禁"。汉简本无"其兵"二字,今依十一家注本存之,即指深入敌境的部队。"修",《国语·鲁语下》云"吾冀而朝夕修我曰:'必无废先人'",韦昭注"修,儆也",为"儆戒""告诫"之义。"得",《说文》云"行有所得也",为"获得""达成"之义。"信",同《九变》篇"杂于利,而务可信也"的"信",古时通"伸",为"伸展""实行"之义。"祥",曹操注"妖祥之言",张预引《司马法》曰"'灭厉祥',此之谓也",为"妖言""迷信"之义。据《六韬》《墨子》等典籍记载,古代军中通常编有巫师、术士等神职人员,他们的言行有时可以统一意志、鼓舞军心,但有时亦可瓦解斗志,蛊惑军心。故此言意即:所以深入敌境作战的军队,无须告诫就会戒备,无须要求就会达成,无须约束就会亲和,无须命令就会实行。禁止妖言惑众,消除部属疑虑,他们便至死也不会退避。因上所述,由于"深入则专"属于天道和人道的自然之道,所以也决定了深入敌境作战时将帅统军治军的方法要领:在客观上,顺其自然,无为而治,遵从"四不"之理;在主观上,制止迷信,破除疑惑,紧抓"一禁"之要。故此,王皙注前者曰:"谓死难之地,人心自然故也。"又注后者曰:"灾祥神异有以惑人,故禁止也。"要言之,"四不"乃"深入则专"的内在规律使然,而"一禁"则是深入敌境的外在形势使然。

吾士无余财,非恶货也;无余命,非恶寿也。令发之日,士卒坐者涕沾襟,卧者涕交颐。投之无所往者,诸刿之勇也。这段话揭示了"深入则专"的战场作用。孙子指出,我军兵士没有多余的钱财,并非不爱财货,没有多余的生命,并非不想长寿。当作战命令颁布的时候,士卒们坐着的会泪湿衣襟,躺着的会泪流满面。只有被置于走投无路的士卒,才会具有专诸和曹刿式的勇敢。从表面上看，这段话通俗易懂，并没有特别的难字难句；但实质上看，能够弄懂孙子究竟在说什么的，古今注家也可谓寥寥无几。进而言之，孙子在此为何会谈及士卒"无余财"与"无余命"、"涕沾襟"与"涕交颐"的秉性情感问题，这与下句"投之无所往者，诸刿之勇也"又存在着怎样的联系呢？毫无疑问，如果不能回答这些问题，就根本无法理解这段话的真正含义，更将无法弄懂孙子为何会顺理成章地引出下文令使军队"譬如率然"的"将军之事"。

关于"无余财"与"无余命"，曹操注曰"皆烧焚财物，非恶货之多也；弃财致死者，不得已也"，梅尧臣注曰"不得已，竭财货；不得已，尽死战"，黄巩注曰"无余财，若粟马肉食，烧焚财物。无余命，若破釜沉舟，示不返也"。众家无非认为，这是士卒焚烧弃掷、破釜沉舟、视死如归的壮举。关于"涕沾襟"与"涕交颐"，曹操注曰"皆持必死之计"，李筌注曰"弃财与命，有必死之志，故感而流涕也"，杜牧注曰"士皆以死为约"。众家不外认为，这是士卒誓死歼敌、慷慨赴战、英勇就死的悲感。笔者认为，诸如此类的注解不过是按文索义、因字解经，并没能真正弄懂孙子这段话所蕴含的思想原理。在古今注家之中，唯陈启天之注最发人深省："爱财好生，本常人之恒情，然将士当不得不决死之际，则能弃财不存，拼命不顾者，势使然耳。"难能可贵的是，陈公指明了两点，一是"爱财好生"乃"人之恒情"，二是"拼命不顾"乃"势使然耳"；但令人遗憾的是，他也并没能揭示出这段话实乃是孙子"势"的理论在将帅用兵实际中的客观反映和具体运用。

……勇怯，势也……故善战者，求之于势，不责于人，故能择人而任势。任势者，其战人也，如转木石。木石之性，安则静，危则动，方则止，圆则行。故善战人之势，如转圆石于千仞之山者，势也。（《孙子兵法·势》）

这是孙子关于"势"的基本理论观点。一是何者为"势"？"勇怯，势也"，即造成军队勇敢或怯懦的战场态势。二是怎样造"势"？"择人任势"，古"择"通"释"，即舍弃人而任用势。三是"战人"何如？"如转木石"，即把士卒看作是转动的木头和石头。但是，在战场实际运用的过程中，将帅面对的士卒都是活生生的人，人非"木石"，孰能无情，故孙子在此曰："吾士无余财，非恶货也；无余命，非恶寿也。令发之日，士卒坐者涕沾襟，卧者涕交颐。"士卒也是普普通通的人，贪财怕死是人的天性。面对这样的情形，孙子认为必须"择人任势"，故此曰："投之无所往者，诸刿之勇也。"将帅必须冷酷地、无情地甚至是看起来不顾死活地将士卒"投之无所往"的境地，即所谓"择人"（即"释人"，放弃人），才能造就一支"诸刿之勇"的部队，即所谓"任势"。"诸刿"指专诸和曹刿，专诸曾助吴公子光以鱼藏剑刺杀吴王僚，自己也当场被杀，曹刿曾助鲁庄公在长勺战胜齐国，后又尝执匕首劫齐桓公以要盟，二者均是春秋著名的勇士，可谓勇敢的化身。孙子在此，无非是以"诸刿之勇"喻明"投之无所往"可以造就出军队最佳的战斗精神。说到底，在孙子看来，军队的战斗精神并非由人的本性或主观努力所获得和表现出来的，而是由战场环境或军队的特殊处境所逼迫和激发出来的，而能够创造出"诸刿之勇"式的一流战斗精神的特殊环境，就是把军队"投之无所往"的战场绝境之中。

整观此段，孙子所论"为客之道"乃是从基本准则，到治心治力，再到谋略治变的一揽子方法策略，然其中最本质、最核心的还是"深入则专"原理法则，因此，以"投之无所往，死且不北，死焉不得士人尽力"，阐明其内在机理，以"兵士甚陷则不惧，无所往则固，入深则拘，不得已则斗"，阐明其基本内涵，以"不修而戒，不求而得，不约而亲，不令而信，禁祥去疑，至死无所之"，阐明其运用要点，最后，以"投之无所往者，诸刿之勇"，阐明其战场效用。相形易见，前一个"投之无所往"句，乃是对"深入则专"的基本缘由，即"人情之理"的思想原理阐释；而后一个"投之无所往"句，则是对"深入则专"的战场运用，即"择人任势"的实践方法揭示。毫无疑问，如何将自己的部队"投之无所往"，既是造就"诸刿之勇"战斗部队的关键举措，也自然成为孙子下文探讨和解决的重要问题。

将军之事：静幽正治兼施，置于三军险难

故善用兵者，譬如率然；率然者，常山之蛇也。击其首则尾至，击其尾则首至，击其中则首尾俱至。就在人们的思绪集中于将帅究竟如何才能把自己的部队"投之无所往"的时候，孙子转而指出：善于用兵打仗的人，能使部队像

"率然"一样。"率然"是恒山地方的一种蛇。打它的头，尾就来救应；打它的尾，头就来救应；打它的腰，头尾都来救应。句中"率然"，孙子做了解释，是一种蛇的名称。《神异经·西荒经》云："西方山中有蛇，头尾差大，有色五彩。人物触之者，中头则尾至，中尾则头至，中腰则头尾并至，名曰率然。"可见，"率然"就是古代传说中的一种蛇。句中"常山"，简本作"恒山"，《汉书·地理志》云："恒山在西，避文帝讳改曰常山。"可见，"常山"即北岳恒山，因避汉文帝刘恒的讳而改名。那么，孙子谈"用兵"为何要以"率然"作喻呢？东汉刘熙《释名·释言语》云："名，明也，名实事使分明也。"可见，古人对于事物命名的规则，讲求顾其名可思其义，循其名可责其实，以此达成万事万物之间的泾渭分明。或鉴于此，张预注曰："率，犹速也。"施子美亦注曰："率然者，取其速也。"甚是。孙子下面的三个"击"字句，便集中说明了此蛇迅速敏捷、首尾灵动、相互策应的整体特性，故"率然"当以"率然相应"之义名恒山之蛇也，并以此比喻部队的快速反应与协调一致。对于这点，张预注曰："击之则速然相应，此喻陈法也。"钱基博则校曰："张预之说，似乎确有证佐；然武之意，非喻阵法也；自系指患难共处之相救应如一体耳，细玩其上下文可见。"钱先生卓见，而张公误甚矣，孙子下文"同舟共济"及"齐勇若一"等说足可证明此点。

值得注意的是，此处再现"善用兵者"四字，似曾相识之感油然而生，仿佛它与前文"古之善用兵者"遥相呼应，昭示着这两者之间某种潜在的抑或是必然的联系。上文言古人能使敌"前后不相及，众寡不相恃，贵贱不相救，上下不相收，卒离而不集，兵合而不齐"，即迫使敌人左支右绌，顾此失彼；此处言今人当使己"击其首则尾至，击其尾则首至，击其中则首尾俱至"，即使自己左右逢源，相互策应。显而易见，扰乱敌人与协调自己，对于"善用兵者"而言，同属善于用兵的两个方面，那么在孙子看来，这两者是否是相辅相成，甚或是共同统一于上文强调的"投之无所往"呢？

第一，关于"若使一人"的用兵之境。

敢问："兵可使如率然乎？"曰："可。"夫吴人与越人相恶也，当其同舟而济，遇风，其相救也，如左右手。是故方马埋轮，未足恃也；齐勇若一，政之道也；刚柔皆得，地之理也。故善用兵者，携手若使一人，不得已也。古代兵家之远见卓识，往往出自于借自然之道，喻用兵之理。就在对"率然"特性描述之后，孙子接着再次设问指出，敢问："可以使军队像'率然'一样吗？"回答："可以。"我们看吴国人和越国人本是相互仇恨的，但当他们同舟渡河而遇到风浪的时候，他们相互救援就像一个人的左右手一样。因此，用缚住战马、深埋车轮的强制方式攻守，是靠不住的；军队的齐心协力奋勇如一，靠的是军政治理有方；不同地形都能得以充分利用，靠的是地理运用有法。所以，善于用兵打仗的人，能让全军携起手来如同一个人一样，这是因为战场形势的迫不得已使然。那么，孙子为什么能够把部队所以"如率然"或"若使一人"的根由归结为"不得已"，这里究竟蕴藏着怎样的深刻道理呢？

敢问："兵可使如率然乎？"曰："可。"夫吴人与越人相恶也，当其同舟而济，遇风，其相救也，如左右手。十一家注本如此，汉简本无"遇风"二字。吴九龙《孙子校释》认为："同舟共济，有险非仅指'遇风'，汉简本义长，据删。"笔者认为，水上之险，主由风生，而且，春秋《邓析子·无厚》亦有"同舟渡海，中流遇风，救患若一，所处者忧同也"之说，因而，今时表达"可能发生的危险和灾祸"的词语"风险"，恐怕就是对古时"同舟共济，遇风"语典的化用，故仍之。众所周知，设问句最强的特点是明知故问，自问自答；而最大的作用是引人注意，强调内容，启发思考。事实上，这一段的首句孙子就已经说过"故善用兵者，譬如率然"，在此又设疑以自问，无非强调并引人注意两个问题：一是部队若"如率然"什么样？二是部队能"如率然"为什么？对于前一个问题，上文以蛇喻兵已做出回答，即三个"击"字句所描述的"率然"迅速灵活、相互策应的整体特性；对于后一个问题，在此再以事喻兵做出回答，即吴越虽世代相仇，然一旦同舟共济，遇险相救则如两手，其言外之意，在特殊情形下，仇人尚能如此，何况军队内自己人呢？索其就里，梅尧臣注曰："势使之然。"梅公深得孙子真意，吴人越人，平时相仇，险时互救，如此殊异之举，皆因形势使然，换言之，军队所以能如"率然"完全是其客观形势所造成的，这显然也是孙子无疑而问所要突出和强调的核心观点，下面两言立即阐明此点。

是故方马埋轮，未足恃也；齐勇若一，政之道也；刚柔皆得，地之理也。毋庸置疑，军队可以如"率然"，然并非是"率然"；可以如"吴人与越人"，然亦非是"吴人与越人"，那么，将帅怎样才能使部队行动"如率然"或"其相救也，如左右手"呢？用兵自然有用兵固有的规律与法则。所以，孙子明确指出，一方面要正确看待一种做法，即"方马埋轮"。对此，曹操注曰："方马，缚马也。埋轮，示不动也。"施子美注曰："故缚马而进，欲必于死，埋轮以战，誓不求生。"对这种把马匹拴在一起，或把车轮埋入地里，希望以此稳固军心、同攻共守的做法，孙子的看法是"不足恃"，没说它绝对不行，但说决不能完全依靠。这是为什么呢？孙子继而指出，另一方面要始终秉持一道一理，即"政之道"和"地之理"。"政之道"旨在"齐勇若一"，使三军士卒齐心勇敢如同一人，亦即"得人和"；"地之理"旨在"刚柔皆得"，使各类地形影响作用充分发挥，亦即"得地利"。对于"刚柔皆得"，曹操注曰"强弱一势也"，李筌注曰"刚柔得者，因地之势也"。认为"刚柔"是指兵力的强弱，"刚柔皆得"即指兵力的强弱皆因地形使然，后世学者多宗之。然笔者认为，兵力强弱取决于部队质量数量的内因，而非地理环境影响的外因，故非是。《易·说卦》有云："立天之道，曰阴与阳；立地之道，曰柔与刚；立人之道，曰仁与义。"足见，"柔"与"刚"是大地的两大根本属性，"柔"多指河海沼泽之地的特性，"刚"多指山川丘陵之地的特性，况且，将帅用兵最重要的就是讲求天时、地利与人和，所以，"刚柔"与"地之理"对言时，指大地的两大属性义切。总而言之，在孙子看来，表面的、形式上的同攻共守不可靠，内在的、实质上的人和地利才可靠。那么，如何才能既遵从"政之道"又符合"地之理"，或者说，达成"得人和"与"得地利"的有机统一呢？

故善用兵者，携手若使一人，不得已也。此为本段的结束语，故赵本学注曰："此结上文之意。"首尾两个"善用兵者"句，完整地表现出此段始于"譬如率然"的借自然之道，终于"携手若使一人，不得已也"的明用兵之理的阐绎过程。对于此言，梅尧臣注曰："用三军如携手使一人者，势不得已，自然皆从我所挥也。"梅公一个"者"字句用得点睛，能够使军队"携手若使一人"的将帅，皆本于"不得已"的战场之"势"。那么何谓"不得已"呢？孙子上文在诠释"深入则专"时明确指出："兵士甚陷则不惧，无所往则固，入深则拘，不得已则斗。"这也就是说，"深入"包括了深陷危险、走投无路、敌国纵深和迫不得已的所有境况，同样，"专"也蕴含了不怕危险、蟠据固结、同心合力、决死战斗的全部兵情。换而言之，在"深入则专"的层面上讲，"甚陷""无所往""入深"和"不得已"同归一境，即"深入"的战场环境；而"不惧""固""拘""斗"共属一情，即"专"的军心士气。由是观之，无论上一段谈"为客之道"时所言的"投之无所往"也好，还是下一段论"将军之事"时所言的"投之于险"也罢，它们不过异名而同实，都是指将帅为使部队"携手若使一人"，而对"不得已"的战场情势的能动创造与运用。诚如上句所言，这要靠将帅对"地之理"客观规律的深入把握，更要靠将帅对"政之道"策略方法的躬体力行。因此，赵本学注曰："下文'能愚士卒之耳目'两节，正是言政之道。上文'兵士甚陷则不惧'一节，正是言地之理。"甚是。关于"地之理"上文已经论讫，孙子归之为"为客之道"；关于"政之道"下文即刻言及，孙子归之为"将军之事"。

第二，关于"投之于险"的将军之事。

将军之事，静以幽，正以治。能愚士卒之耳目，使之无知。易其事，革其谋，使人无识；易其居，迂其途，使人不得虑。帅与之期，如登高而去其梯。帅与之深入诸侯之地，而发其机，焚舟破釜，若驱群羊，驱而往，驱而来，莫知所之。聚三军之众，投之于险，此谓将军之事也。孙子承接上文指出，将军用兵的事务是，沉着冷静以致幽深莫测，严明公正以致治理井然。能蒙蔽士卒的耳目，使他们对战场情况无从知晓。变更作战任务，改变原定计划，使他们对将帅企图无从辨识；变换驻地，迂绕道路，使他们对战场行动无从思量。将帅下达命令的时候，就像士卒登上高处而抽去梯子一样不能退缩。将帅同士卒深入敌境，好似击发弩机的离弦之箭一样勇往直前。又像驱赶羊群一样，赶过去，赶过来，他们不知道要到哪里去。聚集全军，置于险境，这就是将军统率军队的要务。对于此段的地位作用，赵本学注曰："上文言人情必战于死地，死地能使人自战矣。然所以置人于死地者，则又在于将军。如颠倒驾驶之术，若使士卒知其为死地，宁可使之就耶？故此复以将军之事言之也。"上文讲的是死地则战的人情之理，这一段回答解决的就是上文遗留的问题，即作为将军如何才能把军队置于"不得已"的战场境地。

将军之事，静以幽，正以治。这是对将军统兵打仗事务的总说。《说文》云："幽，隐也。"《易·履卦》云："履道坦坦，幽人贞吉"。其中"幽人"即指隐逸之士。《说文》又云："正，是也。"何者为"正"？"正"者"止于一"也。故对此言，梅尧臣注曰"静而幽邃，人不能测；正而自治，人不能挠"，张预注曰"其谋事，则安静而幽深，人不能测；其御下，则公正而整治，人不敢慢"。梅、张二公洞见，将帅用兵打仗的要务无非就两项，一是谋划作战，二是组织作战，孙子正是紧扣这两项事务来阐明"将军之事"的。关于前者，他提出要"静以幽"，即将帅筹划战争应沉着冷静，从而达到幽深莫测的效果；关于后者，他提出要"正以治"，即将帅统领部队应严明公正，从而达到统一有序的效果。这里值得注意的是，"静以幽"之"幽"，本指将帅运筹谋划的高深莫测，一般主要是针对敌方来说的，但孙子在此却主要是针对己方来说的，因此，它多含有"隐瞒""隐秘"之义。下面的阐释不仅可以证明这一点，而且也正是围绕着将军这两项要务而展开的，故赵本学注曰："下文所云，乃静幽、正治者之能事也。"

能愚士卒之耳目，使之无知；易其事，革其谋，使人无识；易其居，迂其途，使人不得虑。这三句话是讲"静以幽"的，故王皙注曰："此以下三段，乃静幽之效。"具体功效包括三点。一是"使之无知"。《荀子·修身》云"非是是非谓之愚"，"愚"为"颠倒是非"义；"知"为"知道""知晓"义。通过"愚耳目"，即以隐秘、误导或欺骗为手段，混淆士卒的视听感知，使他们无从知晓战场的真实情况。二是"使人无识"。"易"与"革"均为"变化""更改"义；"事"与"谋"分别为"任务"与"计划"义，二者共同代表将帅的谋划安排；

"识"为"辨别""辨识"义。通过"易其事"与"革其谋",即以变换部队任务、更改作战计划为手段,扰乱士卒的分析判断,使他们无从辨识将帅的真实企图。三是"使人不得虑"。"迂"为"绕道""迂回"义;"居"与"途"分别为"宿营"与"行军"义,二者共同代表军队的战场行动;"虑"为"思虑""思考"义。通过"易其居"与"迂其途",即以变换宿营地、迂回行军路线为手段,破坏士卒的自我盘算,使他们无从考量部队的真实行动。综而言之,"知"即知晓力,"识"即辨识力,"虑"即思考力,将帅的"静以幽"可使士卒三者尽失,完全丧失自己的想法与主张,任人支配,被动盲从,一言以蔽之,对于用兵而言,"静以幽"的终极目的就是"愚兵"。

帅与之期,如登高而去其梯;帅与之深入诸侯之地,而发其机;若驱群羊,驱而往,驱而来,莫知所之。这三句话是讲"正以治"的,所揭示的是正治之效。具体功效也有三点。一是当战期来临时。赵本学注"帅,主帅也";王皙注"期,限也";对于"登高去梯",梅尧臣注"可进而不可退也",顾福堂注"言绝其退心也"。当将帅发布了"合军聚众"期会的日子,所有军士就像登高而抽去梯子一样,没有人可以畏缩。二是当深入敌境时。关于"机",本义是弩机,在此作比喻,张预注"发其机,可往而不可返"。当将帅与士卒共同深入敌国腹地的时候,全军将士就像击发弩机的离弦之箭一样,所有人都勇往直前。三是当对阵作战时。十一家注本"若"上有"焚舟破釜"四字,然它与下文"若驱群羊"文意并不相属,且汉简本并无此四字,故删之。对于此言,何氏注曰:"士之往来,惟将之令,如羊之从牧者。"张预注曰:"群羊往来,牧者之随;三军进退,惟将之军。"在整个作战的过程中,部队就像被牧人驱赶的群羊一样,赶过去又赶回来,没有人知道要去往哪里。综而言之,如登高去梯,似离弦之箭,若被驱群羊,将帅之"正以治"可使士卒"齐勇若一",绝其后路,推其向前,逼其进退,同生共死,一言以蔽之,对于用兵而言,"正以治"的终极目的就是"投险"。

聚三军之众,投之于险,此谓将军之事也。这是本段的结束语,一为总结上文所述,二为强化将军要务,故赵本学注曰:"此结上篇之意。"首尾两个"将军之事"句,清楚地展现出将军用兵要务从"静以幽,正以治"的理性要则,到"聚三军之众,投之于险"的实践举措,颇似现代从抽象上升到具体的逻辑阐绎过程。琢之磨之,孙子做出如此这般的结论,可谓高奇深眇而惊世骇俗。我们不禁要问,将军用兵打仗的要务怎么会是"聚三军之众,投之于险"呢?显然,从今天的角度看,这是不可思议的;但从历史的角度看,这又是符合实际的。如前所述,"寓兵于农""算地出卒"是当时春秋社会基本的军事组织形态,平时诸侯各国并未建立起强大的常备军,只有到战时才"合军聚众"组建军队,故而,军队所谓的"心"与"气",亦即今天所说的战斗精神,并非靠平时长期的培育和塑造,而只能靠战场临机的逼迫和激励。正基于此,孙子才澄沙汰砾、取精用宏,把"静以幽"的核心归之为"愚兵",把"正以治"的关键归之为"投险",并把"聚三军之众,投之于险"概括为将帅用兵打仗的首要事务,进而也以此诠释和解答了上文"善用兵者,携手若使一人,不得已也"的理论意涵及实际手段。由是观之,孙子所言"将军之事"的确是一件饱含"不得已"的事情:将军所以要把部队"投之于险",乃当时社会的军事组织形态使然;而士卒所以能达成"齐勇若一",乃被"投之于险"的战场险恶情形使然。

中:将帅之察

关于《九地》,《四库全书总目·兵家类存目》谓其"殊嫌窜乱旧文"。清邓廷罗《孙子集注》将其辞句作了较大调整,并注云:"原本重复错落,今改正。"钮先钟《孙子三论:从古兵法到新战略》则认为:"其内容有很多都有疑问,甚至于可以断言是后人所伪造或窜改。"李零《吴孙子发微》则提出:"它很可能是由各篇编余的零章碎句组成"。笔者认为,以往许多学者之所以产生这样的认识,最核心的问题就在于对孙子"九地之变,屈伸之利,人情之理"的哲学底蕴缺乏体悟和认知,因此也根本无法把握他谋篇布局的理论思维。换言之,孙子此言精粹而深奥,既是全篇内容的中心主旨,也是全篇结构的中枢纽带,更是我们正确解读《九地》的一把钥匙。

3.0 九地之变，屈伸之利，人情之理，不可不察也。

将帅之察：先察九地变化，次察屈伸人情

孙子上文指出，用兵打仗常临"九地"，故有因地制宜的"用兵之法"，深入则专的"为客之道"，投之于险的"将军之事"，且清楚地阐述表明，三者紧密联系，相因相生。正基于此，孙子这里高度凝练地指出，九种战略地域的应变处置，进退攻守策略的利弊得失，官兵上下心理的变化规律，是不能不认真研究考察的。对此，钱基博注曰："以'九地之变，屈伸之利，人情之理，不可不察也'起句，关锁上文，管领下文。"钱先生明确指出，这句话是全篇承上启下的中枢和纽带。而赵本学则进一步注曰："此指上文而结其意。……按此篇之义，概而言之，不外此三者而已，至此则其言已毕。然其玄机妙诀，中间犹有所未尽者，故下文复起而申之也。"赵公亦明确指出，孙子这句话不仅是对上文内容的总结概括，而且是对全篇内容的中心思想的揭破展示，同时还是对下文内容的肇始发起。那么，孙子此言究竟表达出什么样的思想内涵，又是怎样发挥了承上启下的作用呢？

九地之变。随着战局的发展，向敌纵深的推进，部队所临所由的行动地域在不断地变化或变换。对此，黄巩注曰："变，谓散、轻、争、交、衢、重、圮、围、死之殊其地。"黄公说明两点，一是"九地"即指上文所述的九种地域；二是"变"即不同地域的改变转换。反观上文"九地"的定义，即从"诸侯自战其地者，为散地"到"疾战则存，不疾战则亡者，为死地"的九句话，我们可以清楚地看出，"九地"不仅涉及地形问题，而且涉及人文问题，同时还涉及敌情我情等诸多方面的问题。所以说，考察"九地之变"，实则就是对自然和人文地理条件对军事活动的影响及其规律的研究，或者说是对军事上利用地理条件规律的研究，完全属于现代军事地理学的范畴。另外，尤值注意的是王皙之注："明九地之利害，亦当极其变耳。"是的，这里的"九"虽为实指，但表达的却是"地"与"变"的一种极尽的状态，即战场地理状况变化的无穷无尽。

屈伸之利。大丈夫尚且能屈能伸，何况是率军打仗的将军呢？对此，黄巩注曰："利，谓战、攻、行、止、绝、交、掠、谋之各有屈伸也。"黄公同样说明两点，一是"屈伸"即指上文所述的九地对策，二是"利"即不同策略的进退得失。反观上文"九地"的对策，即从"是故散地则无战"到"死地则战"的九句话，我们可以清楚地看出，有进有退，有行有止，有战有不战，这也正是《九变》篇中所说的"途有所不由，军有所不击，城有所不攻，地有所不争，君命有所不受"的"五利"。所以说，考察"屈伸之利"，实则就是对不同地理环境下所要采取不同策略的利弊得失的分析。诚如王皙注曰："言屈伸之利害，未见便则屈，见便则伸。"是。据情分析，有利就行，不利就止。

人情之理。孙子以为，战场上士卒心理情感的变化是有规律的。对此，黄巩注曰："理，谓专、散、御、斗、从之异其情。"王皙注曰："言人情之理，深专、浅散、围御之谓也。"是。反观上文对"人情"的阐述，即从"凡为客之道，深入则专"到"投之无所往者，诸刿之勇也"一段，我们可以清楚地看出，孙子不仅揭示了士卒"深入则专"的心理变化规律，而且重点指出了"兵士甚陷则不惧，无所往则固，入深则拘，不得已则斗"的心理强点所在，尤其突出强调了"投之无所往者，诸刿之勇也"的心理运用目标，也正因如此，孙子才将"聚三军之众，投之于险"归之为"将军之事"。由是观之，在孙子看来，将帅用兵打仗最大的"人情"就是无情，无怪乎孙子《势》篇将"战人"比作毫无情感而言的"木石"。

不可不察也。表面上看，孙子只是强调了"察"的必要性，但实际上，也表明了"察"的基本方法。整观孙子此言："九地之变，屈伸之利，人情之理，不可不察也。"其言下之意，地变、利变、情亦变，本末相顺，递次相因，不仅告诉了人们"察"的内容——一是"九地之变"，二是"屈伸之利"，三是"人情之理"，而且告诉了人们"察"的方法——先察"九地之变"，再察"屈伸之利"，再察"人情之理"，同时还潜在地反映出一切战场活动皆本于"地"的战争理念——这样的战争理念无疑滥觞于道家"人法地"的哲学思想。具而言之，老子认为人类一切思想行为效法大地的运行规律，即所谓"人道"遵从"坤道"；而孙子提出军队一切战场活动效法"九地"的变化规律，亦所谓"战道"因循"坤道"。故而，杜牧注曰："言屈伸之利害，人情之常理，皆因九地以变化。今欲下文重举九地，故于此重言，发端张本也。"杜公洞见，"地变"乃"利变""情变"的根源，无论其"察"的内容还是"察"的方法，在春秋时代均具有重要的战争观和方法论的意义，当属于孙子所谓"战道"即今天所说的战争认识规律。正是基于对战争这一认识规律，孙子下文才能顺理成章地提出组织实施战争的战略指导——将帅用兵打仗的"军政之要"。

下：军政之要

孙子认为，人类的战争活动因循战场地理的更迭变化，故浓墨涂抹论此主旨并名篇为《九地》。上半部分，言"九地"名义，述因地制宜的"用兵之法"；立"夺爱"战策，论深入则专的"为客之道"；举"率然"作喻，明投之于险的"将军之事"。三者紧密联系，相因相生。中间部分，凝练出"九地之变，屈伸之利，人情之理"即因地而变的"将帅之察"，对上文的"九地之理"做出了凝练抽象，为下文的"军政之要"提供了阐发始端。下半部分，谨守"为客之道"，申明处于不同战略地域的具体对策；造就"王霸之兵"，阐明达成拔城毁国威势的用兵方法；善成"为兵之事"，指明突袭他国决策行动的战略指导。

4.1 凡为客之道：深则专，浅则散。去国越境而师者，绝地也；四达者，衢地也；入深者，重地也；入浅者，轻地也；背固前隘者，围地也；无所往者，死地也。是故散地，吾将一其志；轻地，吾将使之属；争地，吾将趋其后；交地，吾将谨其守；衢地，吾将固其结；重地，吾将继其食；圮地，吾将进其涂；围地，吾将塞其阙；死地，吾将示之以不活。故兵之情，围则御，不得已则斗，过则从。

4.2 是故不知诸侯之谋者，不能预交；不知山林、险阻、沮泽之形者，不能行军；不用乡导者，不能得地利。四五者，不知一，非霸王之兵也。夫霸王之兵，伐大国，则其众不得聚；威加于敌，则其交不得合。是故不争天下之交，不养天下之权，信己之私，威加于敌，故其城可拔，其国可隳。

4.3 施无法之赏，悬无政之令，犯三军之众，若使一人。犯之以事，勿告以言；犯之以害，勿告以利。投之亡地然后存，陷之死地然后生。夫众陷于害，然后能为胜败。

4.4 故为兵之事，在于顺详敌之意，并敌一向，千里杀将，此谓巧能成事者也。

4.5 是故政举之日，夷关折符，无通其使。厉于廊庙之上，以诛其事。敌人开阖，必亟入之。先其所爱，微与之期。践墨随敌，以决战事。

5.0 是故始如处女，敌人开户，后如脱兔，敌不及拒。

谨守为客之道：人心深专浅散，兵情围御过从

凡为客之道：深则专，浅则散。如前所述，既然实施攻势战争乃"古之善用兵者"的祖宗成法，那么深究"为客之道"自然成为《九地》的主题主线。因此，孙子承接上文指出，实施攻势战争的规律是：进入敌境越深，军心就越稳固；进入敌境越浅，军心就越涣散。费人思量的问题是，这句话与上文"凡为客之道：深入则专，主人不克"几近重复，再加之下文对"九地"名义及应对策略的重中，这些也是造成后学诟诘《九地》篇"重复错落"的症结之所在。那么，孙子为什么会两度言及"为客之道"，二者之间又有着什么区别和联系呢？

细心的读者不难发现，孙子在上半部分，也讲到了九地之变、为客之道，这里再次讲到了九地之变、为客之道，其实二者存在着很大差别：上半部分讲的时候，是先讲九地之变，后讲为客之道，也就是说，"九地之变"是因，"为客之道"是果，其旨在说明"为客之道"的战争规律，是对理论原理的阐释；而在这里讲的时候，是先讲为客之道，后讲九地之变，也就是说，"为客之道"是因，"九地之变"是果，其旨在指明"九地之变"，是对实践举措的说明。进而言之，上半部分言"为客之道"引发的论述重点是战场上军队为什么会"深入则专"，即"为客之道"为什么是"深入则专"的问题，乃是对"为客之道"的理论抽象；而此言"为客之道"引发的论述重点是战场上将帅怎样运用"深则专"，即如何运用"深则专"的"为客之道"的问题，乃是对"为客之道"的实践具体。用今天的话来说，前者讲的是攻势战争规律究竟是什么，属于理论原理的范畴，而后者讲的是攻势战争规律究竟怎么用，属于实践运用的范畴。或缘于此，杜牧注曰："于此重言，发端张本也。"在此再次言及"为客之道"和"九地之变"，不过是为了张"为客之道"之本，发"九地之变"之端，用今天的话说，就是遵循战争规律，提出具体的战争策略。

去国越境而师者，绝地也；四达者，衢地也；入深者，重地也；入浅者，轻地也；背固前隘者，围地也；无所往者，死地也。这是对"九地"名义的重申，与前文所述略同。孙子扼要指出，离开本国进入敌国境内的地域统称绝地，四通八达的地域为衢地，深入敌国纵深的地域为重地，进入敌国浅近纵深的地域为轻地，后有险固前为隘路的地域为围地，无处可走的地域为死地。前后文相较，"诸侯之地三属，先至而得天下之众者"与"四达者"的"衢地"，"入人之地深，背城邑多者"与"入深者"的"重地"，"入人之地不深者"与"入浅者"的"轻地"，"所由入者隘，所从归者迂，彼寡可以击吾之众者"与"背固前隘者"的"围地"，"疾战则存，不疾战则亡者"与"无所往者"的"死地"，其前后文义大体相似，唯有不同的是，前者侧重于"敌我人文"的阐释，而后者侧重于"入敌深浅"的表达，除此之外别无二致。然而这里必须探明的是，与前文相较，为何此处唯多出一"绝地"？又为何前文言"九地"而在此却变为"六地"？

关于"绝地"，孙子界定为："去国越境而师者"。对此，梅尧臣注曰："进不及轻，退不及散，在二地之间也。"梅公以为，绝地是居于轻地和散地之间，在边境附近的地域。王晳注曰："此越邻国之境也，是谓孤绝之地也。"王公以为，绝地是处于友邻国境内的地域。张预注曰："去己国，越人境而用师者，危绝之地也。"张公以为，绝地是处于敌国（或他国）境内的地域。笔者认为，三种说法之中，张预所言为是。"去国"，即"离开本国"；"越境"，即"越过国境"；"师"，即"出兵征伐"；"绝地"，《汉书·班超传》云"远处绝国"，《康熙字典》释之云"九州之外曰外国，亦曰绝国"，因此，孙子所言"绝地"，就是指本国国境以外即外国之地，是对在敌国或第三国境内作战地域的统称。况且，孙子在篇首开列的九地之名，和接着解释的九地之义，继而又指出的九地之策，不仅数目完全相等，而且次序完全一致，均没有言及"绝地"问题，可见，"绝地"并不属于孙子所说的"九地"之列，其所以在此言及，或许正是因为论述"为客之道"的需要，或者说是攻伐他国尤必通晓的需要。

由是观之，前文所言"九地"，在此并非变为"六地"，而是变为"五地"，因为"绝地"不过是对所有"客地"的统称。具而言之，孙子开篇言散、轻、争、交、衢、重、圮、围和死"九地"，在此"绝地"除外，只言衢、重、轻、围和死"五地"，其原因何在呢？对此，刘寅注曰："此专言为客之道，故于九地中拈出衢、重、轻、围、死五者明之。杜牧、张预谓九地而止言五事，举其大略者，非也。"事实上，刘公所言亦非也。诚如我们在《九变》篇所言，在中国古代，"九"与"五"有着幽深而紧密的文化联系。"九"作为阳（奇）数的最大数，通常表示一种极情尽致的"极"状态，而"五"作为"五行"的表征数，通常代表一种归全返真的"全"的状态，因此，孙子将"九地"浓缩为"五地"，实则是对"九地"由"极"至"全"的理论凝练，用今天的话说，是由具体到一般的理论抽象，而孙子下面这段再回到"九地"进行论述的话，则又表明了从理论的抽象到实践的具体，换言之，是在把握一般原理的基础上，对"九地"战略战术或具体策略的阐说。

是故散地，吾将一其志；轻地，吾将使之属；争地，吾将趋其后；交地，吾将谨其守；衢地，吾将固其结；重地，吾将继其食；圮地，吾将进其途；围地，吾将塞其阙；死地，吾将示之以不活。正是遵循"深则专，浅则散"的客观规律，孙子提出了为将者对于"九地"应当采取的具体对策：因此，在散地上，要统一部队的作战意志；在轻地上，要加强部队的各部联系；在争地上，要驱躏部队的高速强行；在交地上，要做好部队的警戒防备；在衢地上，要巩固邻邦的友好结盟；在重地上，要补给部队的粮草供应；在圮地上，要加紧部队的快速通过；在围地上，要堵塞地势的所有缺口；在死地上，要显现部队的死战决心。关于这九地之策，古今注家及学者可谓各抒己见，众口纷纭，偏颇与歧义多矣。笔者认为，要想弄懂每地每策的义理，尤需注意以下三点：一是综合理解，即全面融通文中关于"九地"的思想和观点；二是对比分析，即对照剖析前后两次"九地"定义及对策的异同；三是准确把握，即深入理解关于

"地"对"策"的根本性与规定性，唯此方可真正领会孙子本意。

散地，吾将一其志。杜牧注曰："守则志一，战则易散。"梅尧臣注曰："保城备险，一志坚守，候其虚懈，出而袭之。"张预注曰："集人聚谷，一志固守，依险设伏，攻敌不意。"他们一致认为，"守"就可以"志一"，或"一志"就可以"守"，非也。所谓"散地"，孙子讲得很清楚，"诸侯自战其地者"，即诸侯在本国与敌交战的地区。由于军队本国作战，士卒恋土爱家，进无必死之心，退有可归之处，部队容易涣散，因此，他前文说，"散地则无战"，切勿与敌作战，以避免一"战"即"散"。也正是由于在"散地"上军心容易溃散，所以在此孙子提出的策略是"吾将一其志"，我（将帅）要务求统一军队的决心意志，以解决部队易"散"的问题。足见，孙子本意与"攻"或"守"毫无关系，或者至少是没有直接关系。正缘于此，李筌注曰："一卒之心。"邓廷罗注曰："一其志者，谓收保我之士卒，以防其涣散也。"得之。

轻地，吾将使之属。曹操注曰："使相及属。"杜牧注曰："部伍营垒，密近联属，盖以轻散之地，一者备其逃逸，二者恐其敌至，使易相救。"张预注曰："密营促队，使相属续，以备不虞，以防逃遁。"是。所谓"轻地"，孙子云"入人之地不深者"，又说"入浅者"，即进入敌境不深的地区。由于离开本国不远，所以军心浮动，斗志不坚，畏战逃逸，在所难免，因此，他前文指出"轻地则无止"，不停留，不驻止，以免夜长梦多。也正是由于在"轻地"上人心不稳，所以在此孙子提出的策略是"吾将使之属"，我（将帅）要务求部队各部相互联系、均有所属，以防止和应对士卒的逃散或突然情况的发生。

争地，吾将趋其后。曹操注曰："地利在前，当速进其后也。"杜牧注曰："必争之地，我若已后，应疾趋而争，况其不后哉！"曹、杜认为"争地"固当争先。"其"指我军；"后"指我军的尾部。然陈皞注曰："所谓争地必趋其后者，若地利在前，先分精锐以据之，彼若恃众来争，我以大众趋其后，无不克者。"赵本学注曰："敌向争利，其后必虚，我趋其后，使不得不舍彼而救，此则所争者为我得矣。"陈、赵认为"争地"宜抄敌后。"其"指敌军；"后"指敌军的后方。事实上，孙子讲得很清楚，"争地"乃"我得则利，彼得亦利者"，即兵家必争的地区。由于我方抢占有利，敌方抢占也有利，因此，他前文指出，"争地则无攻"，敌方一旦先期占据，切勿实施强攻硬夺，以免付出重大牺牲。也正是由于"争地"属敌我均欲想方设法争先抢占的地区，所以在此孙子提出的策略是"吾将趋其后"，像"驱群羊"一样，驱蹙部队高速强行，以期达成抢先占领"争地"的目的。由是观之，争地贵速，曹、杜所说为是。

交地，吾将谨其守。杜牧注曰："严壁垒也。"梅尧臣注曰："谨守壁垒，断其通道。"王晳注曰："谨其守者，谓先居高阳，通利粮道，敌人之来，则严兵以待之也。"大多数注家认识，"守"就是严防死守，非是。所谓"交地"，孙子讲得很清楚，"我可以往，彼可以来者"，即敌我均可往来的地区。由于敌我活动便利，敌情可能随时出现，因此，他前文说，"交地则无绝"，部队切勿割断分离，以防止被敌人偷袭或歼灭。也正是由于在"交地"上敌情可能随时出现，所以在此孙子提出的策略是，"吾将谨其守"，我（将帅）要慎重做好部队的戒备和防备，以防止和应对敌人随时可能的袭击。或缘于此，王晳注曰："惧袭我也。"刘邦骥注曰："遇交地，则谨守惧袭我也。"得之。

衢地，吾将固其结。杜牧注曰："结交诸侯，使之牢固。"梅尧臣注曰："结诸侯，使之坚固，勿令敌先。"是。而钱基博注曰："固其结，为结阵以自固，非固结诸侯之谓也，详见《九变篇》。"（钱先生《九变篇》认为，"合交"或系合兵交战之谓；盖衢地，四战之地，宜于合兵交战也。）非是。所谓"衢地"，孙子讲得很清楚，"诸侯之地三属，先至而得天下之众者"，又说"四达者"，即多国毗邻的地区。由于外交资源丰厚，因此，他前文说，"衢地则合交"，要积极开展外交活动，分化敌人联盟，联合更多友邦，争取广泛援助。也正是由于在"衢地"上外交斗争的艰巨性和复杂性，所以在此孙子提出的策略是，"吾将固其结"，我（将帅）要进一步做好巩固外交和缔结联盟的工作，以防止和应对敌人的外交攻势和分化活动。

重地，吾将继其食。曹操注曰："掠彼也。"梅尧臣注曰："道既遐绝，不可归国取粮，当掠彼以食军。"张预注曰："兵在重地，转输不通，不可乏粮，当掠彼以续食。"甚是。所谓"重地"，孙子讲得很清楚，"入人之地深，背城邑多者"，又说"入深者"，即深入敌境的地区。由于军队深入敌境，后有敌城百重，处不进难退的境地，因此，他前文说，"重地则掠"，远离本土作战，粮草补给困难，需就地劫掠解决。也正是由于在"重地"上解决粮草问题的重要性和艰巨性，所以在此孙子提出的策略是，"吾将继其食"，我（将帅）要适时劫掠补充给养，以确保源源不断的供给，避免部队的粮食匮乏。

圮地，吾将进其涂。曹操注曰："疾过去也。"李筌注曰："不可留也。"梅尧臣注曰："无所依，当速过。"杜佑注曰："疾行无舍此地。"是。所谓"圮地"，孙子讲得很清楚，"山林、险阻、沮泽，凡难行之道者"，即属难于通行的地区。由于山林沟壑遍布，泥水冲刷纵横，不利我军行动，利于敌军突击，快速通过为宜，因此，他前文说，"圮地则行"，是非之地，不便停留，加紧通过为宜。也正是由于在"圮地"上无所依托，遇敌突袭便陷于险境，所以在此孙子提出的策略是，"吾将进其涂"，我（将帅）要督促部队加速通过，以免遇到突发情况而招致不必要的损失。

围地，吾将塞其阙。曹操注曰："以一士心也。"梅尧臣注曰："自塞其旁道，使士卒必死战也。"张预注曰："我在敌围，敌开生路，当自塞之，以一士心。"在各注家中，唯于鬯注曰："围地者，谓地之围，非谓被兵围也。被兵围则是死地，非围地矣。……塞其阙者，乃并其所有之出路而塞之，以示久居其地，如闭门守城之状，待敌懈而后出击之，所谓围地则谋也。"于公卓见，"围地"不是"围师"，被师围者不是"围地"而是"死地"。这一点孙子讲得很清楚，所谓"围地"，"所由入者隘，所从归者迂，彼寡可以击吾之众者"，又说"背固前隘者"，即属易受围困围歼的地区，显然，这都是明确指"地"而言的。由于进出道路艰难，封堵寡能胜众，因此，他前文说，"围地则谋"，地形山川环绕，敌情险象环生，唯深谋方可脱险。也正是由于在"围地"上易于被围被歼，所以在此孙子提出的策略是，"吾将塞其阙"，我（将帅）要力求堵塞所有缺口，造成类似闭门守城的态势，谋求克敌制胜的方法，以等待有利战机的出现。由此易见，孙子"围地"乃"地之围"，而并非如诸家所说"兵之围"，于鬯之说甚是，乃一般旧注所未及。

死地，吾将示之以不活。曹操注曰："励志也。"杜牧注曰："示之必死，令其自奋，以求生也。"梅尧臣注曰："必死可生，人尽力也。"是。所谓"死地"，孙子讲得很清楚，"疾战则存，不疾战则亡者"，又说"无所往者"，即兵临绝境的地区。由于军队进退失据，敌情威胁甚重，战则存，不战则亡，因此，他前文说，"死地则战"，身处死地，别无出路，唯有一战，方可图存。也正是由于在"死地"上只有以战求存，所以在此孙子提出的策略是，"吾将示之以不活"，我（将帅）要昭告全军所处的危亡境地，以此激励部队殊死战斗的决心，从而达到绝处逢生、化险为夷的效果。

综上可见，孙子两度为"九地"释义与定策，其主旨和意图不尽相同。前者"散地则无战，轻地则无止……围地则谋，死地则战"，孙子用的是祈使句，客观上是要求或者希望别人不做什么如"无（毋）战""无（毋）止"等，或者做什么如"谋""战"等，因此，孙子前文提出的"九地之策"，是告诫，是底线，亦是原则，故属于"九地之理"的范畴；而后者"散地，吾将一其志；轻地，吾将使之属……围地，吾将塞其阙；死地，吾将示之以不活"，孙子用的是陈述句，客观上是陈述一个事实或者说话人的看法如"吾将一其志""吾将使之属"等，因此，孙子在此提出的"九地之策"，是想法，是办法，亦是做法，故属于"军政之要"的范畴。两者虽高度统一，但体现的却是孙子从理论的抽象到实践的具体的升华。

故兵之情，围则御，不得已则斗，过则从。句中"过则从"，曹操注曰："陷之甚过，则从计也。"各家多宗曹注，谓陷之太甚，则从计听命之意，如孟氏注曰："甚陷，则无所不从。"但是，陈启天却注曰："'过'字，古与'祸'字通用。《史记》过作祸，是过与祸通。予疑此'过'字，亦当为'祸'之假字。祸则从者，谓军处祸难之战地，则生死惟将命是从也。"陈公认为，"过"即"祸"，为"祸难"之义。赵本学则注曰："已过险地，欲走无路，则自然从命。"赵公认为，"过"即"过险"之义。笔者认为，孙子所言战地有九，个个堪称危难险重之地，但无一可称"祸"地，故陈说无据。赵注"过"乃"过险"，但为何"已过险地"却又"欲走无路"呢？其义理难通，故亦不足据。事实上，孙子此言所述与前文"兵士甚陷则不惧，无所往则固，入深则拘，不得已则斗"内容一一对应："围"与"无所往"对应，"御"与"固"义通；"不得已则斗"与"不得已则斗"完全重复；而且，"惧""拘"与"从"义通，即恐惧之下，束缚之中，自然失去主张，从命如流，听将帅的。故"过"当为"甚陷""深入"之义，即孤军深入的意思，所以，曹说为是。

孙子指出，部队被围困就会抵御，形势迫不得已就会战斗，深陷危难境地就会唯命是从。显然，这句话是本段的结语，与段首"为客之道，深则专，浅则散"遥相呼应。对此，赵本学注曰："此再申人情"。意思是说，这句话就是对"人情之理"的重申。但问题是，孙子所言"兵之情"是否完全等同于"人情"呢？非是。首句中"专"与"散"是相对士卒心理而言的，它是指军心士气处于"专一"或"涣散"的状态，故属于孙子所谓"人情"的范畴；而此言中"御""斗"和"从"则不仅表明部队具有"抵御""死斗"和"服从"的决心斗志，而且可能同时产生这样的实际行动，故属于孙子所谓"兵之情"的范畴。由是观之，"兵之情"并非完全等同于"人情"，故此，王晳注曰："自此（段首句）以下，总皆发明上文'九地之变''屈伸之利''人情之理'三句之意。"王公洞见，"兵之情"乃是"九地之变，屈伸之利，人情之理"三方面全面考察的综合性结论，孙子谓之曰"兵之情"。对于这一点，施子美注曰："人情有所必然者，非人能然之，势使然也。人之情皆能违害就利，故当其危难之中，有不待上之人使之而然者，为人所围则必御，不得已则必斗，过则必从，非势之使然乎。故谓之则御、则斗、则从者，言必然也，兵之情实在是矣。"施公虽把"人之情"与"兵之情"混为一谈，但他所揭示的孙子"兵之情"乃不以人的意志为转移的客观规律的论断却是千真万确的，作为将帅必当谨遵行事。

造就霸王之兵：绝交天下诸侯，夺胜向死而生

是故不知诸侯之谋者，不能预交；不知山林、险阻、沮泽之形者，不能行军；不用乡导者，不能得地利。转而，孙子近似突兀地指出，不了解诸侯列国战略图谋的，就不能与之结交；不熟悉山林、险阻、水网、沼泽等地形的，就不能组织行军；不使用向导的，就不能得到地利。似曾相识之感油然而生，其实这段话在《军争》篇中已经出现过，除"预"作"豫"外，其他完全一样。对此，曹操注曰："上已陈三事，而复云者，力恶不能用兵，故复言之。"刘寅注曰："三者重言于《军争》《九地》二篇，何也？盖军争非三者不得其利，深入敌境非三者不明其害也。"是的，就军争之旅而言，远则驱百里而争利，近则驱数十里而争利，若不知此"三事"，则不明"迂直之计"；就霸王之兵而言，远则驱千里而攻战，近则驱数百里而攻战，若不知此"三事"，则亦不知"屈伸之利"。故如《礼记·曲记》所云："入境而问禁，入国而问俗，入门而问讳。"因此，"军争"也好，"为客"也罢，了解当地社会的政治环境，熟悉当地自然的地理环境，利用当地民俗的人文环境，皆是将帅组织与实施战场大范围移动的必备条件。正因如此，孙子不避犯复，在《军争》和《九地》两度言之，表明的就是此"三事"之于远程行动的不可或缺性。

然自明代以来，有学者却提出此段为重出之误。如赵本学注曰："愚按：此一节与上文既不相蒙，与下文又不相戾，疑重出之误也。"意思是说，这段话既与上文不相关联，又与下文不相矛盾，说到底，与上下文没有内在联系，因此，怀疑它是"错简重出"之误。赵公所言差矣，上段所言"为客之道"与此句所言"三事"看似毫无关系，其实，此"三事"既是军队"为客之道"的前提基础，也是"霸王之兵"攻伐他国的必要条件。具而言之，作为一支服从和服务于国家争霸政治的军队，欲行"为客之道"，必为"霸王之兵"，换言之，只有"霸王之兵"，可行"为客之道"，这二者一脉相承、相辅相成，共同统一于"三事"的行动前提。因此，孙子这句话自然成为承上段"为客之道"与启此段"霸王之兵"的纽带与过渡，下面孙子紧接着对"霸王之兵"的阐述即是最好的说明。

四五者，不知一，非霸王之兵也。对此，曹操注曰："谓九地之利害。"张预注曰："四五，谓九地之利害，有一不知，未能全胜。"意即，四五相加为九，"四五"指"九地"。然明代茅元仪《孙子兵诀评》中"四五者"作"此三者"，陆懋德、刘邦骥等从之。陆注曰："余谓'四五者'，或为'此三者'之误，盖传写时'此'字以声近'四'，误为'四'；'三'以形近'五'，误为'五'也。

所谓'此三者'即指上文'不知诸侯之谋者，不能豫交；不知山林、险阻、沮泽之形者，不能行军；不用乡导者，不能得地利'三语也。"认为，"四五者"当为"此三者"。笔者认为，究竟孰是孰非，这与春秋时期"霸王"的含义有着不可分割的紧密联系，换句话说，欲想明了"四五"的所指，必须首先弄清"霸王"的含义。

霸王之形：象天则地，化人易代，创制天下，等列诸侯，宾属四海，时匡天下。大国小之，曲国正之，强国弱之，重国轻之；乱国并之，暴王残之；谬（戮）其罪，卑其列，维其民，然后王之。夫丰国之谓霸，兼正之国之谓王。（《管子·霸言》）

管子的意思是说，霸王功业的表现是：取象上天，效法大地，教化万民，改朝换代，为天下创立制度，给诸侯分列等级，让四海宾服归属，乘天时匡正天下；把大国版图缩小，把邪国歧途反正，把强国实力消弱，把重国地位变轻；兼并乱国，废除暴君；惩戒其罪恶，降谪其地位，保护其人民，尔后统治其国家。自我富强的国家叫作"霸"，兼正他国的国家叫作"王"。由此足见，春秋时的"霸王"与今时的"霸权"完全是两个概念，它是维护正义的强国，而不是欺凌他国的强权，故《礼·经解》亦云："义与信，和与仁，霸王之器也"。因此，孙子所谓"霸王之兵"，其实就是指惩恶扬善、匡正天下的国家工具，也是攻伐他国、修正他国的战争力量。倘若霸王之师的将帅，只知"诸侯之谋""山林、险阻、沮泽之形"和"用乡导"的用兵打仗的外在条件，而不知"散地，吾将一其志；轻地，吾将使之属；争地，吾将趋其后；交地，吾将谨其守；衢地，吾将固其结；重地，吾将继其食；圮地，吾将进其涂；围地，吾将塞其阙；死地，吾将示之以不活"，即"为客之道"的用兵打仗的内在规律，是根本无法履行并完成"兼正之国"的使命与任务的。

那么，究竟何谓"四五"呢？如果是指"九"，为何又将"九"说成是"四五"呢？银雀山汉简《孙膑兵法·善者》有云："善者四路必彻，五动必工，""使敌四路必穷，五动必忧"。不仅如此，而且还进一步指出："故兵有四路、五动：进，路也；退，路也；左，路也；右，路也。进，动也；退，动也；左，动也；右，动也；默然而处，亦动也。"对此，波兰汉学家克里斯托夫·加夫利科夫斯基教授认为，这"四"和"五"本有其确切的含义，讲的就是四路、五动等用兵原则问题。同样的问题是，孙膑为什么也会言及"四"与"五"的问题呢？刘熙载《艺概·文概》中说："叙事之学，须贯《六经》、九流之旨；叙事之笔，须备五行、四时之气。"清华大学丁四新教授在他为《〈老子指归〉的哲学研究》所作的序中则说道："'九'数分为五、四两数，这其实是以五行、四时为天道观的数理根据的。"由此看来，把"九"分为"四"和"五"，或者用"四"和"五"来说明事物的运动和规律，是古人惯用的思维方式或者说是所谓"天道观"的方法论。所以说，孙子所言"四五者"，既是前文九个"吾将"表面上的具体指代，同时亦是实际上的"为客之道"的本质表征。故此言意即，对于九地之策，若有一条不了解，都不能成为霸王之师。或者说，不完全知晓"为客之道"，就不能成为霸王之师。

夫霸王之兵，伐大国，则其众不得聚；威加于敌，则其交不得合。那么，什么才是霸王之师呢？此言以发语词"夫"字开头，表示要另起一个话题，孙子这里转而讲的也正是何谓"霸王之兵"：凡是霸王之师，攻伐大国，就能使它的军民来不及动员和集中；兵威指向敌人，就能使它的友邦不敢再与之结交和联合。句中"众"和"聚"，乃《军争》篇"合军聚众"的"众"与"聚"，"众"指平时耕作、战时打仗的"兵众"，"聚"指战时招募兵员、组织军队。对于为何"其众不得聚"，杜牧注曰"权力有余也，能分散敌也"，认为是军力所迫，孟氏注曰"以义制人，人谁敢拒？"认为是道义所致，赵本学注曰"众不得聚，以计分其兵也"，认为是计谋使然。笔者认为，上述注家对各种原因的阐释，均不免存在主观推断臆测之嫌，事实上，孙子全文结尾时讲得非常清楚，"霸王之兵"总体表现当是："始如处女，敌人开户，后如脱兔，敌不及拒。"由此可见，"其众不得聚"的真正原因是"霸王之兵"行动过于迅速，以至于使"大国"来不及动员和集结军队。对于为何"其交不得合"，李筌注曰"夫并兵震威，则诸侯自顾，不敢预交"，赵本学亦注曰"交不得合，以威破其党也"。可见，是"霸王之兵"的军威震慑了诸侯，致使它们不敢再与敌国结交。综上所述，"霸王之兵"当具两大品格，一是迅捷；二是威猛，文章后续的论述正是围绕这两点展开的。

是故不争天下之交，不养天下之权，信己之私，威加于敌，故其城可拔，其国可隳。上句讲"霸王之兵"是什么，此句讲"霸王之兵"怎么做，"是故"二字则表明两者之间严密的因果关系。故而，贾林注曰："诸侯既惧，不得附聚，不敢合从，我之智谋威力有余，诸侯自归，何用养交之也？"梅尧臣注曰："敌既不得与诸侯合交，则我亦不争其交，不养其权，用己力而已尔。威亦增胜于敌矣，故可拔其城，可隳其国。此谓霸王之兵也。"贾、梅二公所言极是，既然敌人迫于我"霸王之兵"的强大威势，不得与诸侯结交，那我又怎么用得着去培养和经营那些邦交关系呢？或者说我又何必去争着搞邦交、侍奉天下强权呢？因此，孙子明确指出，不必争着同天下诸侯结交，也不必侍奉天下诸侯中的强权，只要伸展自己的主张，把军威指向敌国，它的城池就可以攻破，它的国都就可以毁灭。这里，孙子其实讲了相互联系的两个方面的意思。

一方面，明了"不争不养"之策。贾林注"'不养'一作'不事'"，故"养"即"豢养""侍奉"的意思。诚如管仲所说，霸王之业是要"等列诸侯""强国弱之"，即给诸侯分列等次、削弱天下强国，所以，既不需要去争取诸侯盟国，即不合纵，也不需要去侍奉天下霸权，即不连横。故而，曹操注曰："霸者，不结成天下诸侯之权也。绝天下之交，夺天下之权，故己威得伸而自私。"曹公甚至认为，"不争"就是要与天下诸侯绝交；"不养"就是要夺取天下霸权。或缘于此，《尉缭子·制谈》亦云："独出独入者，王霸之兵也。"霸王之兵要独立自主，依靠自己的力量解决问题。

另一方面，坚定"信己威加"之术。杜牧注"信，伸也"，即"伸展""伸张"的意思。这里，关键是"私"。《管子·任法》有云："夫法者，上之所以一民使下也；私者，下之所以侵法乱主也。"可见，古时"法"与"私"相对成言，"法"是君主用来统一人民行动使用下属的法度，而"私"则是属下用来侵犯法度扰乱君主的主张，故李筌注"私志"，张预注"私忿"，得之。所以孙子提出，在政治上，坚定不移地伸张自己的主张；在军事上，泰山压卵般把兵威强加给敌人，归根结底，霸王之兵最根本的还是依靠自己强大的军事实力，而不是寄希望于缔结同盟和外交援助。

最终，就像《管子·七法·选陈》所云："不远道里，故能威绝域之民。不险山河，故能服恃固之国。独行无敌，故令行而禁止。攻国救邑，不恃权与之国，故所指必听。"不怕路途遥远，却能威震偏远的臣民。不怕山河险阻，却能征服依险固守的敌国。军队所向披靡，诸侯自然就会令行禁止。进攻他国，救援城邑，又不依靠盟国，就必然是兵锋指向哪里，哪里就会听从摆布。同样，孙子的结果亦然：城池可被攻破，国都可被毁灭。"隳"，《老子·第二十九章》有"或挫或隳"，于省吾《新证》云"隳乃堕之俗构"。"堕"可训"败"，故"隳"亦可训"毁"。又《吕氏春秋·顺说》云"隳人之城郭"，高诱注"隳，坏也"，即"毁坏""崩解"之义。那么作为将帅，如何才能造就一支威猛、迅捷的"霸王之兵"呢？

施无法之赏，悬无政之令，犯三军之众，若使一人。在此，陈启天注曰："自'施无法之赏'至'然后能为胜败'五十九字，与上下文意均不连；疑为上文'过则从'句下之脱简。"陈公之说，固然无凭无据，然对此段似乎上下脱节、读来不大贯气的感觉，却并非他一己之见。那么，这段话真的与上文思想内容割裂且没有任何逻辑关系吗？回答当然是否定的。对此，赵本学注曰："自此以至终篇，皆申将军之事，以广其术。"赵又春《我读孙子》则进一步指出："这是申说带领威力无比的'霸王之兵'的将领，究竟是如何'治军'和怎样'为兵'的：前文描述了霸王之兵的威力之大，于是接着指出其治军和用兵之道，亦即揭示其威力的根据、源泉。"两位赵公洞见，这一段话孙子的确是在阐明，将军以何种非凡的手段和极端的策略来铸就一支霸王之兵或虎狼之师的。

此言讲的是"霸王之兵"的御兵之术：施行超出法规的奖赏，颁布打破常规的政令，那指挥千军万马，就如同指挥一个人一样。句中，"悬"为"挂"义，引申为"颁布""颁发"。对于此言，贾林注曰："欲拔城、隳国之时，故悬法外之赏罚，行政外之威令，故不守常法、常政，故曰'无法''无政'。"是的，"无法之赏"就是军法规定以外的奖赏；"无政之令"就是军政常规以外的命令。梅尧臣则注曰："瞻功行赏，法不预设；临时作誓，政不先悬。"其实，并非"法不预设"，也并非"政不先悬"，而是由于战场大量情况无法预料，所以只能因时、因地、因情而施行奖赏与颁布政令。诚如《司马法》所云："见敌作誓，瞻功行赏。"此外，张文穆《孙子解故》指出："赏不独贵小、贵信、贵公，而尤贵溢。溢则出望外，而人咸激劝。"言之有理。破格的、额外的奖赏，往往会收到超出望外的奇效。那么，孙子这样做究竟要达到什么样的奇效呢？

孙子《作战》云："杀敌者，怒也；取敌之利者，货也。"士卒舍生忘死，英勇杀敌，攻城略地，一是由于精神层面的"怒"，二是由于物质层面的"货"，这不仅揭示了战场上军队所以勇往直前、冲锋陷阵的内在机理，而且彰显了孙子激之以怒、励之以货的奖赏驱策的御兵主张。同样，孙子在此"施无法之赏，悬无政之令"，无非也是以超常的物质和精神手段笼络众心、鼓舞众志，从而激励或鞭策部队在战场上同生共死、奋勇向前。故此，曹操注曰："言明赏罚，虽用众，若使一人也。"张预注曰："赏罚之典既明且速，则用众如寡也。"由此又见，在古人看来，赏罚严明向来都是驱使部队服从命令、听从指挥、团结一致、统一行动的重要手段之一。句中"犯"，曹操注曰"犯，用也"，赵本学注曰"犯，犹言勒令之也，言以威令勒犯三军之众，如使一人之轻也"。因此，"犯"为"用"义，可引申为"命令""指挥"的意思。

犯之以事，勿告以言；犯之以害，勿告以利。各本皆作"犯之以利，勿告以害"，唯汉简作"……以害，勿告以利"，缺处当有"犯之"二字。对此，历来各家认为，孙子所以言"犯之以利，勿告以害"，皆缘于"人情见利则进，知害则避"的人情之理。然而，吴九龙《孙子校释》却认为，孙子所以言"犯之以害，勿告以利"，则缘于"使士卒无幸生之心，非拼命死斗则无以存活"的人情之理，且进一步指出："'犯之以害'亦即'投之于险'及下言'投之亡地'、'陷之死地'之义，下文明言'陷于害'；若依旧文，则与此旨不合，故应依汉简改"。吴先生卓见。

从局部表述来看，所谓"犯之以害"，既与下文"投之亡地然后存""陷之死地然后生"共义，又与上文"围地，吾将塞其阙""死地，吾将示之以不活"同理，其旨皆在逼迫并激励士卒形成孤注一掷、破釜沉舟、决一死战的决心和意志，且孙子还将它们收束为"夫众陷于害，然后能为胜败"的终极效果。简言之，"犯之以害"意即"投之亡地""陷之死地"，意即"塞围地之阙""示死地之不活"，且统称为"陷于害"。从全文思想来看，孙子不仅将"为客之道"归纳为"深入则专""投之无所往者，诸刿之勇也"，而且将"将军之事"归纳为"聚三军之众，投之于险，此谓将军之事也"，同时还将"兵之情"归纳为"围则御，不得已则斗，过则从"。要言之，"犯之以害"或"陷于害"，乃孙子《九地》全篇集中论述的用兵打仗的中心思想，故依汉简本义长。

总之，此言同样讲的是"霸王之兵"的御兵之术：赋予士卒作战任务，无须告知原因理由；只赋予士卒危险事情，无需讲明利益所在。从"利"与"害"的对立关系可知，"事"与"言"亦为对立关系，故"言"可指"事"的意图、目的或道理。对于个人，言多必失；对于军队，令多必乱。只知危难，必殊死战；若知利益，必存幸心。《论语·泰伯》亦云："民可使由之，不可使知之。"意思是说，可以让民众按照我们的意愿去做，但不可以让民众知道为什么要这样做。由此看来，古代统治者无论是统御民众还是统军作战，他们的思想和做法基本上是一致的。反观前文，我们亦不难发现，孙子这里提出御兵方法，其实与上文阐述"将军之事"的思想方法——"能愚士卒之耳目，使之无知。……聚三军之众，投之于险，此谓将军之事也"——前呼后应、一脉相通。下面一句提出的用兵之术便充分地印证了这一点。

投之亡地然后存，陷之死地然后生。多么铿锵有力、掷地有声而又妇孺皆知的至理名言。汉简首句作"芋之亡地然而后存"。"芋"通"宇"。《诗·小雅·斯干》云："风雨攸除，鸟鼠攸去，君子攸芋。"王引之《经义述闻》释："芋当读为'宇'。宇，居也。"今仍依各本。此可谓"霸王之兵"的用兵之术，亦可谓"将军之事"的核心要务：把士卒投入险地，然后才得以图存，把士卒置于绝境，然后才得以求生。这是一个对偶句，"投"与"陷"、"亡"与"死"、"存"与"生"互言同义，相辅成文，目的就是强调其必死则生的用兵理念。所以，李筌注曰："兵居死地，必决命而斗以求生。"梅尧臣注曰："地虽曰亡，力战不亡；地虽曰死，死战不死。故曰亡者存之基，死者生之本也。"赵本学注曰："置人于死亡之地，则同心协力，各自为战，一可当百，十可当千，是则死亡之所在，生存之所在也。"由是观之，无论其内涵，还是其道理，各家众口铄金，投入危亡，转危为安，陷于死地，向死而生。故此，《吴子·治兵》亦云："凡兵战之场，立尸之地，必死则生，幸生则死。"正缘于此，这几近成为后世兵家脍炙人口、信受奉行的金科玉条。然而，同样是运用这一用兵之术，韩信背水而阵，就大获全胜；马谡舍水上山，则痛失街亭，问题究竟出在哪里呢？孙子下一句话的概括或许可让人们受到更多的教益和启迪。

夫众陷于害，然后能为胜败。"夫"语端辞，起提示作用，表明此言乃对上几句话的抽象概括，或者说是本段的结束语。关于此言的真意，向来众说不一，分歧主要集中在对"能为胜败"尤其是"胜败"的训解。梅尧臣注"胜败在人为"，张预注"胜败之事在我所为"，梅、张二公除了将"能为"注解为"人为""我所为"外，似乎并未意识到"胜败"二字的特别之处。赵本学《赵注孙子十三篇》或已注意到"胜败"的令人费解，故而改"败"为"哉"。对此，钱基博则明确注曰："'能为胜败'者，众陷于害而人怀必死，则能为胜；众陷于害而人欲偷生，亦能为败。而所以能为胜，无不由于洞察人情。"钱先生认为，在"众陷于害"的情况下，如果军队"人怀必死"之心，"则能为胜"，如果军队"人欲偷生"之念，"则能为败"。由此易见，在钱先生这里，"胜"与"败"同时作为"众陷于害"的两种可能结果，乃是一种并列关系。但是，我们若对前文稍作反观便知，在孙子看来，"人怀必死"之心，乃"众陷于害"时必然的人情之理，故钱先生所说的"众陷于害"而"人欲偷生"，实则完全相悖于孙子阐扬的人情之理，换句话说，"众陷于害"属于将帅的主动行为，假使"众陷于害"还会带来"人欲偷生"的结果，那么将帅怎么会将自己的部队"众陷于害"呢？所以，钱先生"亦能为败"之说不合情理。

笔者认为，孙子此言"胜败"，与《形》篇"修道而保法，故能为胜败之政"的"胜败"同义，是"胜已败者也"的"胜"和"败"，因此，此二字并非两个并列关系的名词，而是一个串联关系的偏义复词，当只取"胜"义，准确的含义应为"胜于已败"或"胜于易胜"，它突出表达了"胜"的压倒性与易捷性。古今兵家所以对这一用兵方法趋之若鹜，或许看中的也正是这一点。但不容忽视的是，孙子在"胜败"之前还有"能为"二字，"能"含有"可能性"的意思，"为"则含有"能动性"的意思，韩信所以胜，马谡所以败，恐怕问题就出在是否"能为"二字上。孙子此言意即，把军队置于绝境，然后可以争取胜利。用好了，乃制胜之法宝；用不好，成用兵之教条。

达及为兵之事：攻战巧能成事，静动若女若兔

故为兵之事，在于顺详敌之意，并敌一向，千里杀将，此谓巧能成事者也。就在全篇结尾收束之际，孙子近似突兀地转向战争全局的高度指出：所以指导战争的事，在于谨慎考察敌人的谋略意图，集中兵力于一个主要方向，千里突袭擒杀敌将，这就是所谓巧妙的成功制胜。研读至此，反观《九地》下半部分"军政之要"，我们可以清楚地看到作为将军研究与指导攻势战争的军事要务与基本逻辑：首先，把握"为客之道"的战争规律；其次，深谙"霸王之兵"的用兵方法；再次，确立"为兵之事"的战争指导。此言阐明的是"兼正之国"或者是"霸王之兵"实施攻势战争的总体战法。

在作战筹划上，要"顺详敌之意"。曹操注曰："佯，愚也。"故此，各家多从曹注，以"详"为"佯"。如张预注曰："彼欲进，则诱之令进；彼欲退，则缓之令退，奉顺其旨，设奇伏以取之。或曰：敌有所欲，当顺其意以骄之，留为后图。"可见，"顺详"即"顺佯"，为"假装顺从"之意，但若按此解，"顺详"应当为"详顺"，或缘于此，赵本学便将正文中二字倒置作"详顺"。笔者认为，孙子《计》篇云："兵者，诡道也。"这就说明，"诡"是战争的本质，悖敌、逆敌或欺敌乃应对敌人最根本方法，而此言却说"为兵之事"在于"顺详敌之意"，要言之，"诡"的核心义是"逆"，与"顺"义完全相反，因此，将"顺"释作"顺从""顺服"、"详"释作"佯装""假装"失之偏颇，绝非孙子本意。况且，孙子传本皆未见作"详顺"者，故仍依各本作"顺详"为切。《易》云："履霜坚冰至，盖言顺也"。《释文》："顺，本作慎。"又《荀子·强国》云："为

人上者，不可不顺也"。杨倞注："顺当读为慎。"可见，"顺"古通"慎"，为"慎重""谨慎"之义。《易·大壮》云："不详也"。《释文》："详，审也"。又《书·蔡仲之命》："详乃视听"。《疏》："审汝视听。"可见，"详"在此训"审"，为"审查""审视"之义。所以此言意即，从事战争指导，在于慎重地考察敌人意图。《管子·地图》云："知形不如知能，知能不如知意。"与孙子所言"顺详敌之意"可谓一脉相承、义理相通。

在兵力运用上，要"并敌一向"。古今诸注存在两种解释。一种认为是并我兵力于一向，如杜牧注曰："上文言为兵之事，在顺详敌之意，此乃未见敌人之隙耳。若已见其隙，有可攻之势，则须并兵专力，以向敌人，虽千里之远，亦可以杀其将也。"另一种认为是并敌兵力于一向，如赵本学注曰："并敌一向，知敌之意而逆遏之，彼必转生他计，更不可测。但佯为不知，从顺其意，使彼并在一向，无他计谋，则我得以反误之也。"显而易见，两种看法的关键就在于对"敌"字的理解。笔者认为，这个"敌"字，乃"无与匹敌"或"天下无敌"的"敌"，它并非指"敌人"，而是指"对抗""抵挡"之义，因此，"并敌一向"可直接释为"集中对抗于一个方向"，亦即"集中兵力于一个方向"的意思，易见，这样的观点完全符合《虚实》篇所云的"我专而敌分"的用兵原则。

在具体行动上，要"千里杀将"。杜甫《前出塞九首》云："射人先射马，擒贼先擒王"。一旦斩杀敌将，敌军群龙无首，取胜易如反掌。而孙子又在"杀将"前加"千里"二字，则犹如关云长温酒斩华雄之迅电流光，又好似张翼德百万军中取上将首级之探囊取物。对此，王皙注曰："顺敌意，随敌形，及其空虚不虞，并兵一力以向之，乘势可千里而覆军杀将也。"王公洞见，所以能"千里杀将"，皆在于"顺详敌之意"和"并敌一向"，有造因才得后果，三者是紧密联系的统一体。故而，赵本学注曰："千里杀将者，言此术施之于敌，其将虽在千里之外，不能不送死也。所以甚言佯顺其意，为必胜之道。"赵公明见，索性将其提升为作战方法的"术"或"道"的层面，这正与孙子下一句"是谓巧能成事"的收束统称不谋而合。

在战法称谓上，誉"巧能成事"。对此，曹操注曰："是成事巧者也。一作'是谓巧攻成事'。"可见，"成事"即"成功"，指克敌制胜；"巧"即"巧妙"，指智技精湛。那么，孙子的战法究竟"巧"在何处呢？梅尧臣注曰："能顺敌而取胜，机巧者也。"梅公以为，巧在"顺敌取胜"。张预注曰："始顺其意，后杀其将，成事之巧也。"张公以为，巧在"始顺后杀"。笔者认为，前人所注，或失偏颇，或失精准，孙子所言"巧"者其实妙谛有三：一在"顺详敌意"，即缜密知晓敌人意图；二在"并敌一向"，即集中兵力主要方向；三在"千里杀将"，远程突袭斩杀敌将。换言之，孙子总结概括了"霸王之兵"的战法精髓和关键环节：了解敌情——集中兵力——奔袭斩首，并誉之为"巧能成事"的打仗艺术。由此可见，孙子主张以坚决果断的战争行动，迅速突然地将重兵插入敌人的战略纵深，把打击重点直接指向敌人的腹心地带，从而以伤其元气、动其根本的战争手段，起到并实现管子所谓"兼正之国"的政治作用。那么，作为战争指导者如何才能做到"巧能成事"呢？

是故政举之日，夷关折符，无通其使。厉于廊庙之上，以诛其事。敌人开阖，必亟入之。先其所爱，微与之期。践墨随敌，以决战事。孙子紧接上文指出，因此在战争决策实施之日，就要封锁关口，销毁通行符证，禁止与敌的使节往来。在朝堂上反复谋划，作出战略决策。敌人一旦暴露虚隙，就迅速乘机而入。先夺敌人的战略要地，但不与敌约定战期。破除陈规，因敌变化，灵活决定自己的作战行动。对于此段，王晳注曰："此节申明上文巧于成事之义。"甚是。这段话正是孙子围绕"巧能成事"的实现，提出的五个方面的行动要点。

政举之日，夷关折符，无通其使。"政"，古时国事的统称，此为"军政""军事"义；"举"，邓廷罗注"行也"，为"决定""实施"义；"夷"，《国语·晋语六》有"夷灶堙井，非退而何？"韦昭注"夷，平也"，为"堵塞""铲平"义；"关"，邓廷罗注"津隘也"，为"关塞""界门"义；"折"，梅尧臣注"断也"，为"折断""毁折"义；"符"，《说文·竹部》云"符，信也；汉制以竹，长六寸，分而相合"，为"证件""凭信"义。对此，张预注曰："庙算已定，军谋已成，则夷塞关梁，毁折符信，勿通使命，恐泄我事也。"决策征战的日子，就像今天两国进入战争状态，宣布断交，互撤使节，封锁国境，禁止往来，取消护照，为的是保守国家军事机密。故此，施子美亦注曰："凡此皆欲密其谋而不泄也。"因此，在战前准备上，保守机密，封锁消息，是"巧能成事"的第一行动要点。

厉于廊庙之上，以诛其事。"厉"，《说文》云"厉，旱石也"，即磨刀石，此处喻指反复琢磨、商量。"廊庙"，即《计》篇"庙算"之"庙"，原指祖庙，后指朝廷。"诛"，《墨子·非儒》云"孔某之诛"，言孔某之谋，易培基谓"诛"乃"谋"之假，是；曹操注"诛，治也"，各家多从之，今予存之。对此，张预注曰："兵者大事，不可轻议，当惕厉于庙堂之上，密治其事，贵谋不外泄也。"张公之注，正误参半。笔者认为，孙子所以强调精心谋划于庙堂之上，一方面，是为了秉持如《计》篇所说的"兵者，国之大事，死生之地，存亡之道，不可不察也"的慎战思想，故张注"不可轻议，当惕厉于庙堂之上"之说，甚切，另一方面，是为了达到如《火攻》篇所云"主不可以怒而兴师，将不可以愠而致战"的具体要求，故张注"密治其事，贵谋不外泄也"之说，非是。因此，在战争筹划上，精心谋划，慎重决策，是"巧能成事"的第二行动要点。

敌人开阖，必亟入之。汉简本"阖"作"阓"。《说文》云："阖，门扇也；一曰闭也"；又云："阓，市外门也"。可见，"阖"与"阓"均指门，其义相近，今从传本。张预注"开阖，间使也"，因上文云"无通其使"，故当无"间使"之说，非是；赵本学注"开阖，谓可乘之隙"，指敌人敞开门户，喻敌方出现虚隙，义长。"亟"，为急、疾义，《左传·桓公六年》有"仇有衅，不可失也"之说，即此之谓，故赵本学注："亟入，谓不失其机会也。"或基于此，曹操注曰："敌有间隙，当急入之也。"敌方一旦暴露可乘之隙，绝不犹豫，不失时机地攻入敌国。因此，在战机把握上，善于捕捉，果断出击，是"巧能成事"的第三行动要点。

先其所爱，微与之期。前半句"先其所爱"，即前文所言"先夺其所爱"。张预注"兵所爱者，便利之地"，把"爱"仅释为"便利之地"，义狭，杜牧注"凡是敌人所爱惜倚恃以为军者，则先夺之也"，把"爱"释为"所爱惜倚恃"，义长，故其意即为率先夺取敌人深度关切的要害。后半句"微与之期"，王皙注曰："权谲也。微者，所以示密。"张预注曰："我欲先据，当微露其意，与之相期。"依照此说，若先向敌透露自己意图，怎么可能达到攻势战争"兵之情主速，乘人之不及，由不虞之道，攻其所不戒也"的战略效果呢？其实，问题的关键还是对"微"的训解。《论语·宪问》云："微管仲，吾其被发左衽矣。"《经传释词》云："微，无也。"可见，"微"表示否定，为无、毋之义，故其意即为不要事先与敌人预约战期。诚如杜牧注曰："潜往赴期，不令敌人知也。"隐蔽接近，不宣而战，得之。因此，在攻击目标上，打敌要害，突然袭击，是"巧能成事"的第四行动要点。

践墨随敌，以决战事。何谓"践墨"？历来各家就有两种截然不同的解释。一种认为是墨守成规，如杜牧注曰："墨，规矩也。言我常须践履规矩，深守法制，随敌人之形；若有可乘之势，则出而决战也。"另一种认为是破除陈规，如贾林注曰："划，除也；墨，绳墨也。随敌计以决战事，惟胜是利，不可守以绳墨而为。"陈皞注下有云："'践墨'一作'划墨'。"说明孙子故书有作"划墨"的版本。由是观之，人们对于"墨"的认识是一致的，它的一个基本义项就是木工在木板上画的取直的墨线，由此便引申出规矩、准则和法度等意思，如《史记·老子韩非子列传》有云："韩子引绳墨，切事情，明是非"。然问题的关键是对"践"的训解，前者以为是"践行""践履"之义，而后者以为是"践踏""踩踏"之义，那么，究竟何者更切合孙子本意呢？从全篇来看，由于孙子阐述的是"为客之道"的攻势战争，因此，他不仅断然提出了"聚三军之众，投之于险"的反常用兵方法，而且决然指出了"投之亡地然后存，陷之死地然后生"的极端战法打法，同时还毅然明确了"施无法之赏，悬无政之令"的超常御军手段，可谓非常战争，使用非常手段。正鉴于此，这里他才提出了破除陈规，因敌变化，相机做出行动决策的鲜明主张。显而易见，这一思想与孙子《虚实》所云"兵无常势，水无常形，能因敌变化而取胜者，谓之神"，可谓浑然一体、一脉相传，乃永恒不变的制胜妙谛。故曹操注曰："行践规矩，无常也。"因此，在行动过程中，打破常规，随机应变，是"巧能成事"的第五行动要点。

是故始如处女，敌人开户，后如脱兔，敌不及拒。这是全文的结束语，在此，孙子以极为形象的比喻，极其精练的语言，提出了"兼正之国"实施攻势战争，或者说，"霸王之兵"实施"巧能成事"战法的总体要求。"处女"，施子美注"室处之女"，准确地讲当为"闺处之女"；"脱兔"，杜牧注"兔之脱走"，准确地讲当为"脱走之兔"。曹操、张预等家多以"处女"指"示弱"，然而，孙子这里是把"处女"与"脱兔"相对而言的，因此，"脱兔"既言迅疾，"处女"则必言沉静。故而，黄巩注曰："处女，谓其幽沉。脱兔，喻其狡捷。"得之。"开户"，即上文所言"开阖"，指虚隙，敌人的可乘之机，王晳注"不虞也"，是。"不及拒"，赵本学《赵注孙子十三篇》作"不敢拒"，前既然言如脱兔之迅疾，此自然应言"不及"，故赵说非是。综上所述，此言意即，因此在战争开始之前，要像处女那样沉静，诱使敌人放松戒备，暴露弱点；战争开始之后，要像逃脱的野兔那样迅速行动，使敌人措手不及，无暇抵抗。在现代军事理论的语境下，关于战争要求的表述其实只需四个字：隐蔽，突然。"处女"比喻的是战始前的"静"，即隐蔽性；"脱兔"比喻的是战始后的"动"，即突然性。综观孙子在全篇结尾收束之际提出的攻势战争突然袭击的作战方法、行动要点和总体要求，虽然历经两千多年的社会变迁，但至今仍然散发着熠熠辉光，可谓言简意赅，文义深邃，值得三读。

克劳塞维茨《战争论》开篇指出："我们想首先研究战争的各个要素，其次研究它的各个部分或环节，最后就其内在联系研究整体，也就是先研究简单的再研究复杂的。但是研究这个问题时，比研究其他问题更有必要先对其整体的性质有一个概括的了解，因为在这个问题上，研究部分时更必须经常考虑到整体。"这段话精辟地概括了克劳塞维茨从整体到部分，再从部分到整体的独特的研究战争的思维方法。整观孙子《九地》，首先，开篇便以"九地"名义及对策，描摹出一场攻势战争的战场图景；其次，站在战争的全局上，以设问的形式回答并确立了"乘人之不及，由不虞之道，攻其所不戒也"的攻势战争的战略指导；再次，抓住战争指导的重点问题，阐释了"为客之道"的攻势战争规律，论述了"将军之事"的用兵幽关钤键。经中间部分"将帅之察"过渡后，先是指出了遵从"为客之道"的九地之策；再是阐明了推行"霸王之兵"的用兵之法，最后又回到战争的全局上，提出了攻势战争"巧能成事"的整体战法、行动要点和总的要求。不难看出，孙子上半部分"九地之理"，乃是由整体到局部的理论思维方法；而下半部分"军政之要"，则是由局部到整体的理论思维方法。或许在中国古代卷帙浩繁的典籍中，从来就不缺少西式逻辑思维或者说现代哲学思维的滥觞和雏形，缺少的只是发现它们的眼睛。

纵观《孙子兵法》，关于"地"的论述可谓俯拾即是。如果按照现代军事理论的划分，孙子言及之"地"基本可分为四类。一是指土地。如《形》篇云："地生度，度生量，量生数，数生称，称生胜。"在古代人类社会，土地是人民赖以生存的基本生产资料，也是构成当时社会生产关系和一切经济关系的基础，因此，土地及由土地产生的政治、经济制度，特别是军赋制度，就决定着国家军事实力的强弱，进而也影响和制约着战争的胜负。二是指地形。如《行军》篇论"处军"中讲道："处山"的"山"、"处水"的"水"、"处斥泽"的"斥泽"、"处平陆"的"平陆"，如同山川、河流、道路、桥梁等概念一样，其实就是对地貌和地物的统称，它们都属于今天所讲地形的范畴。三是指军事地形。如《地形》篇云："地形有通者，有挂者，有支者，有隘者，有险者，有远者。"在今天，军事地形学是指研究地形特征及其对作战行动影响规律的学科。而孙子对于这六种地形的研究，不仅揭示了各种地形的特点，而且指明了在各种地形上打与不打的行动方法及利弊影响。四是指军事地理。如《九地》篇云："有散地，有轻地，有争地，有交地，有衢地，有重地，有圮地，有围地，有死地"。在今天，军事地理学是研究自然和人文地理条件对军事活动的影响及其规律和军事上利用地理条件规律的科学。通观孙子对"九地"的界说和研究，它既体现了自然环境的因素，也体现了社会人文的因素；它既是决定进退攻守的根本依据，也是决定部队战斗精神的根本依据，完全属于现代军事地理所研究的范畴。明末顾祖禹说："论兵之妙，莫如《孙子》；而论地利之妙，亦莫过如《孙子》。"或许上述我们所归纳的，正是孙子论"地"之"妙"处所在。

第十二　火攻

——以火攻敌

克劳塞维茨说："战争是迫使敌人服从我们意志的一种暴力行为。"还说"暴力最大限度的使用"是战争的"第一种极端"。克氏意谓，战争是暴力的，暴力是分烈度的，烈度是有极端倾向的。据《左传·襄公十八年》记载，公元前555年平阴之战，晋、鲁、卫等军追击齐军至国都临淄，纵火"焚雍门及西郭、南郭"，"焚申池之竹林"，后又"焚东郭、北郭"；在《左传·定公五年》又记载，公元前505年吴楚之战，楚军放火焚烧吴军辎重，接着投入主力，大败吴军。两次火攻，一为孙子所耳闻，一为孙子所经见，其规模之巨大，死伤之惨烈，疮痍之遍野，定然是他所知见的"暴力最大限度"的战争，或因于此，他以怵目惊心之态，用诚惶诚恐之心，特立专篇以论火攻：一为构建火攻之理；二为创立慎战之言。诚如《左传·隐公四年》所云："兵犹火也，弗戢，将自焚也。"战争本就似火，若不加以遏止，必将引火自焚。因此，孙子《火攻》与其说是教会人们如何进行火攻，不如说是教给人们如何慎待战争。

一、题解——火攻，是对以火攻敌的理性思考

关于本篇篇题，十一家注本作《火攻篇》，汉简本作《火攻》，今从汉简本。对此题义，曹操注曰："以火攻人，当择时日也。"曹公以为，"火攻"即以火

攻敌，属于一种特殊的进攻样式。王皙则注曰："助兵取胜，戒虚发也。"王公以为，"火攻"即以火助攻，属于一种辅助的进攻手段。孙子《火攻》究竟是谈"以火攻人"还是谈"助兵取胜"，尤其文中虽主论火攻，却浓墨重彩论述重战慎战问题，那么，为何能将二者同置一篇而相提并论呢？

首先，"火攻"是以火攻敌的作战行动。孙子开门见山，先是指出了"火人""火积""火辎""火库"和"火队"的火攻基本类型；二是表明了"行火有因，因必素具"的火攻必备条件；三是揭示了"发火有时，起火有日"的火攻行动时机；四是详尽阐释了"凡火攻，必因而应之"的火攻兵力策应；然后，抽象概括了"凡军必知有五火之变，以数守之"的火攻作战指导。借此，孙子初步确立起了火攻行动的基本理论。

其次，"火攻"是辅助进攻的有效手段。火攻的行动如上所述，火攻的效果又当如何？孙子扼要指出："故以火佐攻者明，以水佐攻者强。水可以绝，不可以夺。"以火助攻的效果是"明"，以水助攻的效果是"强"，但水攻只能达成"绝"，而不可能达成"夺"。表面上看，孙子谈火攻的效果是在水火相较中说明并显现的，而实质上，他已然将"火攻"擢至以水与火的自然力量助胜战争的高度，或者说，已经从火攻的特殊之论上升到战争的一般之理来审视战争的目的与结局。其题中之义：水火无情，用之必慎！

再次，"火攻"是安国全军的用兵鉴戒。正是看到了水火助攻的大规模杀伤性和破坏性，所以，一是反思检讨了战争的目的，"夫战胜攻取，而不修其功者，凶，命曰费留"，二是强调指明了用战的原则，"非利不动，非得不用，非危不战"，三是具体提出了决策行动的要求，"主不可以怒而兴师，将不可以愠而致战，合于利而动，不合于利而止"，最后，将此重战慎战思想总名之为"安国全军之道"。

关于《火攻》的篇次。十一家注本、武经本等传本均为次《九地》，位居第十二；而汉简本篇题木牍《火攻》列在《用间》之后，位居第十三。对此，各家多以前者为是。如张预注曰："以火攻敌，当使间细潜行，地理之远近，途径之险易，先熟知之，乃可往。故次《九地》。"张公以为，要组织实施火攻，需先熟知"地理之远近，途径之险易"，所以《火攻》次《九地》。又如山鹿素行指出："《地形》《九地》者地也，《火攻》因时日者天也。"山鹿君认为，《地形》《九地》解决的是"知地"问题，而《火攻》则解决的是"知天"问题，故《火攻》次《地形》《九地》。笔者认为，除上述原因外，孙子从《计》至《火攻》前十二篇均是论述战争问题的，换言之，《火攻》是论述战争问题的最后一篇，而《用间》则并非专门论述战争问题的，故《火攻》次《九地》而先《用间》，位居第十二。

二、构解——既讲了火攻理论，又讲了慎战思想

《火攻》是孙子对以火攻敌问题的理论考察。正如刘寅注篇题时所云："古水火之用，多出于不得已之计。三代之前，圣帝明王安肯为此焚荡生民，靡有孑遗哉！"水火无情，不得已而用之，古代先贤，概莫能外。正因孙子深刻认识到了以自然力量辅助战胜攻取的"双刃剑"效果，所以《火攻》篇才能够搭建起火攻与慎战相反相成的逻辑联系，在系统阐述了火攻理论的同时，也全面诠释了重战慎战的"安国全军之道"。

上半部分：火攻之理。从"孙子曰：凡火攻有五"至"凡军必知有五火之变，以数守之"。孙子开篇，条分缕析，分别阐释了火攻的基本类型、必备条件、行动时机、兵力策应以及总的指导，初步构建了火攻行动的基本理论。

中间部分：水火之效。从"故以火佐攻者明，以水佐攻者强"至"水可以绝，不可以夺"。因为，水火佐攻，各有特效，故以"以火佐攻者明，以水佐攻者强"承接上文；又因，水火之攻，各具利弊，故又以"水可以绝，不可以夺"开启下文。

下半部分：安全之道。"夫战胜攻取，而不修其功者"至"此安国全军之道也"。正是由于水火助攻问题深深地触及了战争利与害的两面性问题，因此，孙子检讨了战争目的，明确了用战原则，提出了决策和行动要求，系统阐明了其重战慎战的思想。

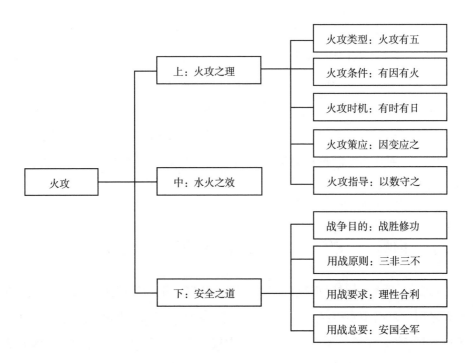

三、文解

《司马法·定爵》云："一曰人，二曰正，三曰辞，四曰巧，五曰火，六曰水，七曰兵，是谓七政。"司马穰苴认为，一是广罗人才，二是严肃法纪，三是注重宣传，四是讲求技巧，五是善于火攻，六是习于水战，七是改善兵器，这是七项重要的军国大政。由此易见，火攻不仅位列其中，而且在古代军国大政中居于十分重要的地位。稽考典籍，孙子是最早将火攻这一特种作战样式写入兵法的军事家，而其《火攻》也是最早专门论述在战争中运用火攻的理论篇章。综而观之，其上半部分，即是通过阐述火攻的类型、条件、时机和兵力策应等问题，系统地建构起了火攻行动的基本理论。

上：火攻之理

1.0孙子曰：凡火攻有五：一曰火人，二曰火积，三曰火辎，四曰火库，五曰火队。行火有因，烟火必素具。发火有时，起火有日。时者，天之燥也；日者，月在箕、壁、翼、轸也。凡此四宿者，风起之日也。

2.0 凡火攻，必因五火之变而应之。火发于内，则早应之于外。火发兵静者，待而勿攻，极其火力，可从而从之，不可从而止。火可发于外，无待于内，以时发之。火发上风，无攻下风。昼风久，夜风止。凡军必知有五火之变，以数守之。

火攻类型：火攻有五

凡火攻有五：一曰火人，二曰火积，三曰火辎，四曰火库，五曰火队。孙子开篇指出，火攻有五种：一是火烧人马，二是火烧军需，三是火烧辎重，四是火烧仓库，五是火烧要道。对此，陈启天注曰："此第一节，言火攻之五种目标。分火攻目标为五种。"非也。我们在《九地》中说过："古时'有'常表征一种'属'的类称"。句中"五火"，"火"字作动词，当"火烧"讲，它与火烧的对象构成动宾结构的名词，指火攻的种类；若按陈先生所说的指"目标"，则不应有"火"字，而只有"人""积""辎""库"和"队"表明"目标"的字即可。那么，孙子这五种类型的火攻究竟是什么意思呢？

关于"火人"，李筌注曰："焚其营，杀其士卒也。"虽众家从之，但义狭。笔者以为，它是指火烧对方的部队，即敌方的"有生力量"，不管他是在营舍中，还是在阵形内，甚或在道路上，均是其火烧的范畴。关于"火积"，杜牧注曰："积者，积蓄也，粮食薪刍是也。"梅尧臣注曰："焚其委积，以困刍粮。"就是火烧敌人的粮食和草料，使敌方人马粮秣不济。故《军争》云："无粮食则亡，无委积则亡。"关于"火辎"和"火库"，杜牧注曰："器械、财货及军士衣装，在车中上道未止曰辎，在城营垒已有止舍曰库，其所藏二者相同。"梅尧臣注曰："焚其辎重，以窘货财；烧其库室，以空蓄聚。"火烧的内容一样，都是军械、财物和被装，目的也都是断绝敌人的供应，使敌人陷于物资匮乏的窘境。故《军争》亦云："军无辎重则亡。"但二者是有区别的：在车上道上走的叫"辎"，在房室中放的叫"库"。

关于"火队"，古今至少存在三种解释：一是火烧敌人的队伍，如杜牧注曰"焚其行伍，因乱而击之"；二是火烧敌人的兵器，如张预注曰"焚其队仗，使兵无战具";三是火烧敌人的粮道,如贾林注曰"隧,道也。烧绝粮道及转运也"。笔者认为,第一种注解与"火人"重叠,第二种注解与"火积"交叉,第三种注解则多显义狭。"队"字繁体作"隊",古时通"隧",故贾注"道也"。如《左传·文公十六年》有云:"楚子乘驲,会师于临品,分为二队……以伐庸。"《广雅·释宫》:"队,道也。"又《广雅疏证·释宫》:"队,与隧同,谓分为二道以伐庸也。"因此,"火队"即是指烧毁敌人如驿站、桥梁、栈道等军事交通及转运设施,彻底摧毁敌人的交通运输能力。

综上所述,我们不难看出,孙子火攻的种类是按照火烧的目标或对象来划分的,由此也反映出他选择火攻目标和火攻类型的排序思想。首先,选择有生力量;其次,选择与有生力量直接相关的粮食草料;再次,选择与打仗相关的物资器材;最后,选择火烧交通运输通道。众所周知,在冷兵器时代,人是最核心的战斗力因素,直接火烧对方军队,便能对战场胜负起到决定性作用,因此,孙子的排列顺序其实蕴含有一个基本的准则:即与人的战斗力发挥的相关性,或者说对战争胜负影响的重要性;相关性越强,重要性越高,排序便越靠前,反之,则排序越靠后。时至今天,孙子提出的各种的火攻虽已基本不再使用,但他目标选择的思想原理仍可适用于现代战争中对打击目标的排序与选择当中。

火攻条件:有因有火

行火有因,烟火必素具。句中,"行"乃"实行""进行"之义。"因"曹操、李筌注"因奸人",义狭,难道"行火"之人必须是"奸人"吗?显然不一定,所以,陈皞注"不独奸人"。又贾林注"因风燥而焚之",非是,由于下文"发火有时,起火有日"专讲天燥之时、风起之日,所以,贾注亦误。《说文》云:"因,就也"。本为"依据""凭借"之义,引申为"条件""基础"的意思。这里专指除去天候气象外的客观环境或物质条件,即遍布易燃可燃物的战场环境,如赵本学注曰:"或驻营傍于林木,或布阵在于草莽、或茆荻覆屋、轴轳相接,或奸人内应,或天时久燥,风势便顺,此数者皆行火之因也。"除去"奸人内应""天时久燥"和"风势便顺"的因素,赵公所说的房舍靠林木、布阵在草丛、茅草盖屋顶、船舶连千里等，这样的客观环境或物质条件均属孙子所说的"因"的范畴。只有在这样的战场上，才可以实施火攻。

"烟火必素具"汉简作"因必素具"。句中，"素"为"平时""经常"之义；"具"为"具备""准备"之义。按照我们上面对"因"的解释，实施火攻的条件是客观存在的，而并不是靠平时人为准备的，所以，从传本"烟火"义长。对此，曹操注曰："烟火，烧具也。"张预注曰："贮火之器，燃火之物，常须预备，伺便而发。"得之。笔者认为，"烟火"即指火种，平常保存时为暗火状态，即"烟"；用时吹风为明火状态，即"火"。在古代，火种是很难得的，如果平时没准备，战时是根本无法实施火攻的。即使到了 20 世纪初，我国一些农村地区仍然有用蒿草绳或灶内火烬保存火种的做法，到用时以干草或木材引为明火，若是遇到连阴雨天，邻居互借火种的现象便极为常见，更何况两千年前的孙子时代呢？所以，孙子明确指出，实施火攻要有一定的客观条件，火种火具必须平时常备。总之，前半句讲的是客观的战场条件，后半句讲的是人为的火具准备，下面讲的则是自然的气象天候，孙子叙述的条理是十分清楚的。

火攻时机：有时有日

发火有时，起火有日。时者，天之燥也；日者，月在箕、壁、翼、轸也。凡此四宿者，风起之日也。在讲过火攻的条件后，孙子紧接就讲火攻的时机：发动火攻要选对天时，起火攻敌要看准日子。天时，是指干燥的季节；日子，是指月亮行经箕、壁、翼、轸的时机。月亮经过这四个星宿的时候，就是起风的日子。关于选择时日，古时称为"择日"，通常属于中国古代神秘文化数术中的一种，将其运用于军事领域所形成的学派，按照《汉志·兵书略》的划分，属于兵阴阳家，其特点是"顺时而发，推刑德，随斗击，因五胜，假鬼神而为助者也"。显而易见，孙子火攻时机的选择，虽属于兵阴阳的范畴，但他讲的不是迷信，而是自然的科学问题。

关于"时"，即《计》篇"天者，阴阳、寒暑、时制也"之"时"，是"天时"的"时"，也是"四时"的"时"，而不是"时辰"的"时"。《说文》云："时，四时也。"可见，"时"的本义就是"四时"，因此在古文献中，"时"的"季节"

之义是它的常见之义。同时，因为古人由观测太阳运行而测得春、夏、秋、冬"四季"，故又有所谓"定四时成岁"之说；而"时辰"之"时"不过是由"四季""季节"引申而出的意思。所以，孙子指出："时者，天之燥也。"曹操注曰："燥者，旱也。"张预注曰："天时旱燥，则火易燃。"意思是说，实行火攻要在干旱干燥的季节，比如中国北方的冬季和春季，这时不仅天气干旱，而且大地上的草木丛林也干燥，极易引火点燃，所以孙子才说要选择这样的季节实施火攻。

关于"日"，孙子讲的是"月在"，即"月躔"，指月亮在天体中运行的位置。自上古时期，我国先民便"仰观天文，俯察地理"，经过长期观测，先后选择了二十八个星宿作为天空的方位标志，即东方苍龙七宿：角、亢、氐、房、心、尾、箕；北方玄武七宿：斗、牛、女、虚、危、室、壁；西方白虎七宿：奎、娄、胃、昴、毕、觜、参；南方朱雀七宿：井、鬼、柳、星、张、翼、轸。孙子所言"箕、壁、翼、轸"，即所谓"四宿"，就是二十八星宿之中的四个星宿。《释名》云："宿，言星各止住其所也。"其实，"宿"就是天上邻近的若干个星的集合体，当月亮环绕二十八星宿而运行，经过东方的箕、北方的壁和南方的翼、轸四个星宿的位置时，常常正是起风的日子，故《史记·天官书》云"翼为羽翮，轸为车，主风"，《汉书·天文志》云"箕星为风"，《乙巳占·月干犯列宿占》云"月宿壁，不雨则风"。正因如此，孙子才说，凡是月亮经过箕、壁、翼、轸四星宿的日子，就是风起的日子，也是发起火攻的最佳时刻。今天看来，风是气流的运动，与月亮运行的位置并无必然联系，所以这些说法并不准确，但这就是孙子时代的科学水平和天文观点。

总之，火攻运用，有赖天时，因此，诚如古人所云："圣人不能生时，时至而不失也。"对于战争指导者而言，对敌实施火攻不仅要选在合适的季节，而且要选准正确的日期，故张预注曰："不可偶然，当伺时日。"火攻不可任意使用，必须要等待有利的时机。从这个意义上说，与其说火攻是个作战问题，不如说火攻是个天文问题。

火攻策应：因变应之

凡火攻，必因五火之变而应之。无论采取何种作战方式，最终解决战场问题的还是人。所以，孙子紧接着阐述了兵力如何策应火攻问题：凡是火攻，必须根据这五种火攻所引起的敌情变化，灵活地指挥部队加以兵力策应。显然，这句话是对火攻的兵力策应问题的总说。对此，张预注曰："因火为变，以兵应之。五火，即人、积、辎、库、队也。"张公明鉴，"五火"，即指上文所述五种类型的火攻；"五火之变"，与《九地》篇说的"九地之变"一样，是对"五种类型火攻所引起的敌情变化"的概括称谓。"因"是"根据""依照"的意思，"应"是"应对""策应"的意思，"因"从"变"出，"应"自"因"来。正因如此，陈启天注曰："（此句至'以数守之'）此第三节，论实行火攻之战斗要旨。此言一切火攻，必须依照五种火攻之变化状况，以决定适切之处置方法。凡依据状况判断，以决定应付方法者，或仅言'因'，或仅言'应'，或'因应'二字兼用之。"陈先生说得对，下面阐述的正是火攻与兵攻的"因应"关系，但情况也并没有那么复杂，孙子将兵攻策应火攻归纳为最基本的两种作战方式。

方式之一：火发于内，应之于外

火发于内，则早应之于外。火发兵静者，待而勿攻，极其火力，可从而从之，不可从而止。这是以兵攻策应火攻的第一种方式：当从敌军内部发起火攻时，要及早派兵从外部策应；如果火已烧起但敌军仍然按兵不动，我应持重待机，切勿轻举妄动，待火势烧旺时，因情而定，可以进攻就进攻，不可进攻就停止。这里，孙子似乎省略了另外一种情况，即与"火发兵静者"相反的"火发兵动者"。其实不然，因为对于火一烧起就立即惊乱躁动的敌军，其对策本身就是前句所讲的"早应之于外"，即早做准备、及时从外部发起进攻，所以在此自然无须赘述。

火发于内，则早应之于外。对此，梅尧臣注曰："内若惊乱，外以兵击。"梅公之注，言简意赅，火攻从敌军内部发起，敌军若内部惊乱，我军则外部攻击。那么，何谓"内"与"外"呢？杜佑注曰："使间人纵火于敌营内，当速进以攻其外也。"杜公以为，"敌营"是划分"内"与"外"的基本标准，义狭。陈启天注曰："烟火已于敌营或敌阵以内发作时，则宜乘敌救火混乱之际，从速由外进攻也。"陈公以为，划分"内"与"外"的标准，不仅有"敌营"，而且还有"敌阵",得之。诚如《军志》所云:"止则为营,行则为阵。"可见,在春秋及以前时期,军队在战场上的状态无非两种:一者为营,二者为阵,故陈注"敌营或敌阵"义长。那么,何者又为"早"呢?杜牧注曰:"闻火初作即攻之,若火阑众定而攻之,当无益,故曰早也。"杜公意即,如果火已尽,敌已定,我再攻,则毫无意义;所以火一起,敌一乱,我即攻,这就是"早"。甚是。火攻与兵攻的里应外合应快,要有迅雷不及掩耳之势,故施子美注曰:"然必谓之早应之者,谓应之不可以不速也,不速则失机矣。"此外,杜佑还谈及"使间人"问题。毫无疑问,当"火发于内"时,使用间谍从敌人内部纵火是最便捷、最可行的,但无论如何还是陈皞前边说的那句"不独奸人",派专人去放火亦未尝不可。

火发兵静者,待而勿攻,极其火力,可从而从之,不可从而止。对于这句话的注释,纵观古今各家,普遍存在着理解不准确、释义不贯通的现象,追根究底,问题主要就出在句读上。譬如,以《十一注孙子》为代表的绝大多数注家,均把"火发兵静者,待而勿攻"作为一句,又把"极其火力,可从而从之,不可从而止"作为另一句,因此,便不可避免地出现了把兵攻之"应"割裂为两段的注解,这自然也就造成了思想和逻辑上的不贯气。事实上,"火发兵静者"是一个条件分句,"者"表示假设,相当于"如果……"或"……的话",它的意思是说,如果我放火成功,敌军却很安静,没作任何反应,此即我们说的火攻之"因";而下面的四句则共同说明在这种情况下的兵攻之"应":耐心等待,按兵不动,待火烧旺,可攻即攻,不可则停,易见,因应之道,浑然天成,犹如孔子"圣之时者",一切视敌情、环境、时机而定。对于如此"因应"的内在缘由,各家之注倒是入情入理,如杜牧注曰:"火作不惊,敌素有备,不可遽攻,须待其变者也。"梅尧臣注曰:"不惊扰者,必有备也。"此外,关于"极其火力",简本作"极其火央"。《楚辞·离骚》云:"时亦犹其未央"。王逸注:"央,尽也。"杜牧注"俟火尽已来",张预注"尽其火势",其意皆与"央"近。

方式之二：火发于外，无待于内

火可发于外，无待于内，以时发之。火发上风，无攻下风；昼风久，夜风止。这是以兵攻策应火攻的第二种方式：火攻也可以从敌军的外部发起，不必非要从敌军的内部发起，只要把握好纵火的时机。通常从上风放火，就不能从下风进攻；白天风刮久了，夜晚风就容易停止。不言而喻，从敌军内部点火发动火攻，效果是最好的，情况也是最理想的，但往往又是可遇而不可求的。所以，孙子在此明确指出，火攻也可从敌外部发起，但关键是要把握天文气象，质言之，在提出火攻方式的同时，也揭示了火攻行动的本质。

火可发于外，无待于内，以时发之。对此，贾林注曰："火可发于外，不必待内应。得时即应发，不可拘于常势也。"张预亦注曰："火亦可发于外，不必须待作于内，但有便则应时而发。"贾、张二公以为，"待"即"等待""等候"，"内"即"内应""细作"，众多注家从之，且影响甚为深远，以至于绝大多数现代学者如郭化若、吴九龙、杨炳安、吴如嵩等几乎一致地将其译释为："火可以从外面放，就不必等待内应，只要按时放火。"毫无疑问，内应并非是火攻的充分必要条件，那为何都已经从敌军外部发起火攻了，还要提及"等待内应"的问题，蛇足之嫌不言自现。探其就里，关键还在于对"待"字的谬解，此言之"待"已不能像上言之"待"一样训作"等待""等候"，而应训作"依靠"或"必须"义。如《商君书·农战》云："国待农战而安，主待农战而尊。"两个"待"字即"依靠"义。《史记·天官书》云："至天道命，不传；传其人，不待告。"其中"待"字即"必须"义。因此，这句话的本意就是，火攻也可从敌外部发起，并非必须从内部发起，只要适时发起即可。对于"时"字的训释，各家注解高度一致，如陈皞注曰："以时发之，所谓天之燥，月之宿在四星也。"意思是说，"时"就是指上文所言的"时"与"日"。

火发上风，无攻下风；昼风久，夜风止。即使是"以时发之"，选准了季节和日期，但在具体组织兵攻策应火攻时仍需把握两点：从上风发起火攻，就不要从下风进攻；白天风刮久了，夜晚风就会停。俗语讲，风助火势，火乘风威，风与火就像孪生兄弟一样同生共济，所以孙子两点全是讲风的。关于"上

505

风"与"下风"，刘寅注曰："火发上风，当从上风攻之，无攻于火之下风，风势逆，恐反为火所焚也。"梅尧臣注曰："逆火势，非便也，敌必死战。"赵本学注曰："下风为烟焰所冲，固不宜攻，亦恐乱兵避火溃出，相蹂藉也。"刘、梅、赵三家之注，可谓将火攻上风、兵攻下风的恶果包罗殆尽：一是可能造成逆风点火自焚；二是可能造成敌人与我死战；三是可能造成敌我相互践踏。关于"昼风"与"夜风"，梅尧臣注曰："凡昼风必夜止，夜风必昼止，数当然也。"赵本学注曰："风起于昼者延久，风起于夜者易恬。当因昼夜之候，而知缓急之计也。""恬"为"安静""安然"义，此引申为"止息""偃息"。《道德经·第二十三章》亦云："飘风不终朝，骤雨不终日。"甚是。掌握风的这一特点，既关系到火攻的效果，也关系到兵攻的策应。

火攻指导：以数守之

凡军必知有五火之变，以数守之。此言既是本段的结束语，也是对火攻指导的本质抽象。孙子指出，军队必须懂得五种类型火攻的应变特点，科学把握火攻的发起时机。关于"数"，杜牧注"星躔之数"，梅尧臣注"数星躔之"，张预注"四星之度数"，这些说法古时统称之为"星躔"，即星宿在天体中运行的位置和度数。由此可见，"数"与上文的"时"关系甚密："时"即指旱季与风天；"数"则指旱季与风天的天文推算术。关于"守"，有两种解释：一如杜牧注"守风起日"，训为"遵守"义；一如张预注"防人攻己"，训为"防守"义。显然，《火攻》全文皆在谈"以火攻敌"，若唯独此处讲"防守"，不仅令人倍感突兀，而且与上下文义互不融通。《说文》云："守官也。……从寸。寸，法度也。"因此，应按杜注训为"遵守""恪守"，且可引申为"依据""遵从"义。由此又见，"以数守之"与上文"以时发之"基本同义，它们均表明了指导火攻的一个基本原理——依据天文气象，把握火攻时机。

中：水火之效

孙子《火攻》的理论思维是缜密而奇特的。上半部分，在初步构建起火攻理论的同时，心底却始终戒惕于"火"在战争中的巨大危害；中间部分，在阐明火攻与水攻效果的同时，指明了"水"用于战争的主要作用与不良结果；下半部分，在反思战争目的的同时，提出了重战慎战的安国全军之道。诚如赵本学注篇题所云："愚言水火之害，酷烈残毒，固仁人所不忍为者。"火攻水攻有助攻战，但水火无情不可专恃。正是基于这样的思想，孙子中间部分提出的"水火之效"，才能使上半部分的"火攻之理"与下半部分的"安全之道"，在对立中达成共构，在互殊中实现相通，进而使残酷的烧杀行为受制于慎战思想的束缚，让暴力的战争散发出理性的光辉。

3.0 故以火佐攻者明，以水佐攻者强。水可以绝，不可以夺。

水火佐攻：利害俱甚

在初步阐明火攻的主要理论问题之后，孙子言简意赅地指出，用火辅助进攻，效果显著，用水辅助进攻，威势强大。水能阻隔敌军，但不能夺得彻底胜利。令人注目的问题是，孙子在此为何要由火攻谈及水攻，进而又申说水攻的强弱点呢？在古代，火攻与水攻无疑是借助自然力量而构成大规模杀伤的典型作战样式，然而，水火毕竟是无情之物，一旦使用便会给敌方的军队乃至人民造成毁灭性打击，因此，孙子在此由"火"及"水"，一者为的是用"以火佐攻者明"的火攻之效收束上文"火攻之理"，再者为的是用"水可以绝，不可以夺"的水攻强点弱点开启下文"安全之道"。在这简短的四句话中我们仿佛看到了孙子告诫：水火慎用！战争慎用！

以火佐攻者明，以水佐攻者强。句中两个"佐"字，为"辅佐""辅助"义，说明火和水都是进攻的辅助手段，而不是进攻的主要手段。难点是对"明"与"强"训诂，自古存在着两种不同的解释。一种认为，"明"为"显著"义，"强"为"势强"义。如曹操注曰："火佐者，取胜明也。"王晳注曰："强者，取其决注之暴。"邓廷罗注曰："明者，其威著也。强者，其势险也。"另一种认为，"明"为"聪明"义，"强"为"强大"义。如黄巩注曰："明，谓人扰乱而我治明。强，谓人陷溺而我强暴。"赵本学注曰："言以火攻人者，宜有明敏机变之智；以水攻人者，宜有多兵富粟之强。"其所以产生这两种认识，其实是对句中两个"者"字的用法见解不同，前者以为"者"字是指"佐攻"其事，而后者则以为"者"

字是指"攻者"其人。笔者认为，作为战争指导者，何时何地采用火攻或水攻，主要还是取决于战场的客观条件，而不是由战争指导者的头脑聪明或者内心强大与否所决定的。换言之，绝不可能仅因战争指导者的头脑聪明就选择用火攻而不用水攻，也绝不可能仅因战争指导者的内心强大就选择用水攻而不用火攻，因此，以曹、王、邓公之注为是。以火攻敌，战火纷飞，尸横遍野，一片焦土，火攻的效果不可谓不明显；以水攻敌，拦水决堤，水势强大，不可阻挡，水攻的威势不可谓不强大。

对于此言的作用，明代茅元仪《孙子兵诀评》云："借水以赞火之功也。"茅公其实只说对一半，孙子将火攻与水攻的效果相提并论，其相形相较之义不言而喻，但更重要的作用还在于两个方面。一方面是承接上文。在分别论述了火攻的类型、条件、时机等"火攻之理"之后，在此用"以火佐攻者明"的火攻效果收束上文。另一方面是开启下文。孙子在此引出水攻，目的并不是为了比较火攻和水攻哪个效果更好，而是为了隐喻水火无情，表明它们在辅助进攻的同时，也会带来无法挽回的破坏，借此开启下文重战慎战的"安全之道"。那么，水攻的强点和弱点究竟是什么呢？

水可以绝，不可以夺。水攻的强点是"可以绝"。曹操注曰："水佐者，但可以绝敌道"；杜牧注曰："水可绝敌粮道，绝敌救援，绝敌奔逸，绝敌冲击"；张预注曰："水能分敌之军"。由此可见，"绝"为"阻绝""断绝"义，当对敌人发动水攻时，滔滔洪水一泻千里，敌军行动受到阻绝，城池沃野沦为泽国。而水攻弱点是"不可以夺"。曹操注曰："夺敌蓄积"；杜牧注曰："夺险要蓄积"；张预注曰："夺敌人之积聚"。由此可见，"夺"为"夺取""夺得"义，对于这点各家并无异议，关键是"夺什么"因孙子原文并无提及，故而自然又会产生仁者见仁、智者见智的看法。笔者认为，曹公等注"蓄积"甚或"险要蓄积"颇显义狭，此言之"夺"当为《史记·项羽本纪》中"夺项王天下者，必沛公也"之"夺"，进而言之，孙子真正讲的"夺什么"，应当站在战争全局乃至国家战略的高度上加以审视和解读。

诚如我们在《九地》篇中所谈到的，孙子所倡导的战争乃如管子所言具有

"霸王之形"的攻势战争，其政治目的是"象天则地，化人易代，创制天下，等列诸侯，宾属四海，时匡天下"，其军事目的是"谬（戮）其罪，卑其列，维其民，然后王之"。具而言之，无论火攻也好，还是水攻也罢，攻伐他国的目的并非为了侵吞他国，而是为了修正他国，倘若向敌人发动水攻，滔滔洪水不仅可以阻绝敌军的行动，而且可以使敌国顷刻间沦为泽国，紧接着可能瘟疫流行饿殍遍野，正如《武经总要前集》第十一卷所讲的水攻的五条作用：一是"绝敌之道"；二是"沉敌之城"；三是"漂敌之庐舍"；四是"坏敌之积聚"；五是"百万之众，可使为鱼害之轻者，犹使缘木而居，县（悬）釜而炊"。即使遭灾轻者，亦流离失所，爬树而居，悬锅而炊，如果这样的话还谈什么"兼正之国"呵！因此，孙子所言的"夺"乃是与战争目的相对而言的"夺"，它不仅要求打败敌国的军队，而且要求维护好敌国百姓的利益，否则，己方所发动的战争便成为适得其反的战争。由是观之，孙子所言"不可以夺"，按照《谋攻》篇中的话说，就是指不可以夺得"全胜"，而只能夺得"破胜"，质言之，如果水攻用得不好，其结果只会胜而无利或夺而不得。对此，孙子下文所说的"夫战胜攻取，而不修其功者凶，命曰费留"，恰切证明了这一点：只顾军事上的"战胜攻取"，不管政治经济上的"修其功"，结果必"凶"，此即水攻可能带有的天然缺陷──"不可以夺"。

下：安全之道

人类描绘战争，总爱使用"战火纷飞""战火连天""战火硝烟"等一类词汇，这充分说明火与战争确实有着悠长的不解之缘。抑或因此，上半部分，孙子围绕一个"火"字，即"火攻"问题，阐明了火攻的种类、条件及时机等，初步确立起了火攻的基本理论；中间部分，孙子由火攻言及水攻，阐明了火水助攻的效果，指出了水攻的功能与危害。借此，以无情水火之功效，收束上文的"火攻之理"；以水火无情之蕴义，开启下文的"安全之道"。下半部分，孙子围绕一个"战"字，即"慎战"问题，反思战争目的，确立用战原则，提出战争决策和行动的总体要求，并将其总概为"安国全军之道"。

4.0 夫战胜攻取，而不修其功者，凶，命曰费留。故曰：明主虑之，良将修之。非利不动，非得不用，非危不战。主不可以怒而兴师，将不可以愠而致战；合于利而动，不合于利而止。怒可以复喜，愠可以复悦；亡国不可以复存，死者不可以复生。故明君慎之，良将警之，此安国全军之道也。

战争目的：战胜修功

夫战胜攻取，而不修其功者，凶，命曰费留。故曰：明主虑之，良将修之。对此，陈启天注曰："自'夫战胜攻取'至'此安国全军之法也'一节，与火攻篇之旨意全不相属，疑为谋攻篇之文错简于此者。"果真如此吗？当然不是的。众所周知，任何一场战争都是为了达成一定的政治目的而发动并进行的。然而，由于火攻的效果如此之"明"，水攻的威势如此之"强"，以至于无情的水火，可能造成胜而不利、夺而不得的战争结果，那么，这样的结果究竟属于一个什么性质的问题，又该如何避免它的发生呢？为此，孙子转而指出，打了胜仗占领了敌国，却不采取措施巩固胜利果实，都是非常危险的，这就叫作"费留"。所以，英明的君主慎重考虑这个问题，贤良的将领认真处理这个问题。显而易见，打了胜仗，夺取了土地城邑，却无功于国，这样的说法是承接上文水攻"不可以夺"而提出的。对于这样的问题，孙子的主张是"战胜修功"，来巩固胜利的成果。

关于"战胜攻取"，这是古代典籍中常可见到的一个提法。如《战国策·秦三》有云："战胜攻取，利尽归于陶"；《韩非子·诡使》有云："今战胜攻取之士劳而赏不沾"。我们在《作战》篇中已经谈过，对于先秦时期的战争，《左传·庄公十一年》对它有过区别和划分："凡师，敌未陈曰败某师，皆陈曰战，大崩曰败绩，得隽曰克，覆而败之曰取某师，京师败曰王师败绩于某。"意思是说，凡是作战，敌方没有摆开阵势战胜之称之"败某师"，敌我双方都摆开了阵势作战称之"战"，敌大崩溃称之"败绩"，俘虏敌方将帅称之"克"，设伏击败敌军称之"取某师"，天子军队被打败称之"王师败绩于某"。由此可见，早在春秋时期，人们便依据战争的结局把战争分为多种样式，或胜之不武，或颉颃而胜，或捉将败王，战争结局至少有"败""取""克"三种。具而言之，"战"

的结果分"胜"与"败","攻"的结果分"取"或"不取",此言的"战胜攻取",就是笼统地表明取得了战争的胜利。

关于"修其功",各家多注为举功而赏。如李筌注曰:"赏不逾日,罚不逾时。若功立而不赏,有罪而不罚,则士卒疑惑,日有费也。"杜牧注曰:"修者,举也。夫战胜攻取,若不藉有功举而赏之,则三军之士必不用命也;则有凶咎,徒留滞耗,终不成事也。"众所周知,赏功罚过固然是将帅治军统军的重要举措,但其重要性远不可能达到"功立而不赏"或"不藉有功举而赏之"即导致"凶"的局面,故举功而赏之说绝非孙子本意。或缘于此,钱基博注曰:"'不修其功',非谓有功之将士不赏也;谓徒有战胜攻取之事,而不修战胜攻取之功。"《说文》云:"修,饰也。"段玉裁注:"修饰者,洒刷之也,藻绘之也。"此处引申为"修复""修整"之义。《说文》又云:"功,以劳定国也。"因此,"战胜攻取,而不修其功"就是指打了胜仗,夺取了土地城邑,却无功于国,这里,"修其功"的"其"显然是"战胜攻取"的复指词,所以"功"字必为"成果""成效"之义。综上所述,孙子"修其功"的题中之义就是,打仗不能只求战必胜、攻必取,而不问代价,不计后果,如果这样的话,一定是凶险的,因此,在取得战争胜利之时,必须修明敌国政治,修复敌国经济,只有这样我们的军队才能真正成为"霸王之兵",我们进行的战争才能真正达成"兼正之国"的目的。

关于"费留",句中"命"即"命名"义。孙子把战争获胜后"不修其功"的情形叫作"费留"。对此,王皙注曰:"战胜攻取,而不修功赏之差,则人不劝,不劝,则费财劳师,凶害也已。"张预注曰:"不修举有功而赏之,凶咎之道也。财竭师老而不得归,费留之谓也。"众注家普遍以为,"不修其功"即"有功不赏","费留"即因"有功不赏"而导致的"费财劳师"。因此,赵本学亦注曰:"费,费财;留,留众。"钱基博进而注曰:"作战篇曰:'其用战也,胜久则钝兵挫锐;攻城则力屈;久暴师则国用不足。夫钝兵挫锐,屈力殚货,则诸侯乘其弊而起,虽有智者不能善其后。'此非有战胜攻取之事,而不修战胜攻取之功者乎!'钝兵挫锐'之谓'留';'屈力殚货'之谓'费';故命之曰'费留'云。"或缘于此,西晋时人左太冲《魏都赋》有云:"朝无刓印,国无费留。"何谓"刓印"呢？《史记·郦生陆贾列传》云："为人刻印，刓而不能授"。后因以"刓印"喻吝于爵赏。显然，左思之语不仅典出于孙子所言"费留"，而且还承袭了众家对"费留"含义的训解，把"国无费留"之果，归咎于"朝无刓印"的不吝爵赏之因。然如前所述，"修其功"指的是"战胜攻取"给国家带来的政治、经济、军事等效益和战果，而"费财劳师"反映的则是战争给国家和军队带来的不利和损害，两者根本就不是一回事，所以说，众家所注恐非孙子本意。那么，究竟何为"费留"呢？《晏子春秋》中晏婴对齐景公说的一段话，或许对我们理解"费留"的含义会有所裨益。

古之圣人，非不知能繁登降之礼，制规矩之节，行表缀之数以教民，以为烦人留日，故制礼不羡于便事；非不知能扬干戚钟鼓竽瑟以劝众也，以为费财留工，故制乐不羡于和民。（《晏子春秋·外篇·第八》）

这段话的大体意思是说，古代的圣人，并不是不知道能用繁复的上下尊卑礼节，制定礼仪规范，以标准的礼数教导百姓，但圣人还是认为这样的礼仪使人厌烦劳累且耽误时日，因此，制定礼仪从不超过便宜行事的范围；并不是不知道能用执盾持斧之舞、钟鼓竽瑟之乐来劝勉百姓，因为它耗费钱财，耽误工夫，所以制定礼乐从不超过使百姓和谐的标准。这里，不仅有"留日"之语，而且还有"费财留工"之说，其中，"费"即"浪费"义，"留"即"耽误"义。有鉴于此，笔者认为，"费"确实从花费中来，为"靡费""浪费"义；而"留"则通"流"，如曹操所注"若水之留，不复返也"，为"流逝""逝去"义。因此，"费留"就是指白白浪费和白白流逝，至于浪费与流逝的对象或内容，自然囊括了战争中所投入的一切人力、物力和财力，当然也包括用于战争的时日。具体到此言孙子对"费留"的定义上，对于"不修其功"的"战胜攻取"，即为"徒劳"对于"战胜攻取"而"不修其功"，即为"无功"。综而言之，"费留"意谓"徒劳无功"，孙子把这种只讲"战胜攻取"的军事胜利，而不讲"修其功"的于国无功的战争行为，称之为"费留"。

关于"虑之"与"修之"，对于两个"之"字，陈启天注曰："虑之修之之两'之'字，均指上文'功'而言。乱兵乱杀，决无良果，故明主计虑战争结局之功效，良将亦修傲。"的确，两个"之"字并非指"费留'"义理不通，所以当指上句中的"功"，确切地讲，是指上句中的"其功"，即"战胜攻取"之"功"。关于"虑"字，《说文》云："虑，谋思也。"段玉裁注："谓计画之纤悉必周"。即对事务各个方面都谋划得细致周到。对于此言的含义，旧注可谓各有所见。贾林注曰："明主虑其事，良将修其功。"贾公之注职责分明，君主负责谋划；将军负责实施。梅尧臣注曰："始则君发其虑，终则将修其功。"梅公之注时机明确，君主谋于战始，将军修于战终。赵本学注曰："故明哲之君，贤良之将，必忧虑修戢，不肯为穷兵黩武之事也。"赵公之注意味深长，君主与将军所以重视此事，为的是避免穷兵黩武。由此足见，孙子对于战争的功效或者战争长远效益这件事不仅非常重视，而且君主与将军的分工也十分明确：上必有谋，密而不疏；下必修功，巩固战果。

恩格斯说："每一次由比较野蛮的民族所进行的征服，不言而喻地阻碍了经济的发展，摧毁了大批的生产力。"显而易见，孙子看到的并非是民族的野蛮性，而是透过火攻与水攻洞见到了战争本身所固有的野蛮性。于是，孙子在论讫火攻问题之后，转而谈论"战胜修功"的战争目的问题，旨在告诉人们，战争似水火，水火本无情，因此，必须注重战争的功效或效益。按英国战略家李德·哈特的话说，大战略的眼界必须超越战争而看到战后的和平。换言之，战争目的不仅为赢得胜利而是要获得更好的和平。所以孙子指出，国君应当谋划它于战争的发动之始，将军应当实现它至战争的进程之终。下面孙子讲的正是必须要遵从于战争始端的三条基本原则。

用战原则：三非三不

非利不动，非得不用，非危不战。此言所述正是从源头上杜绝和避免"费留"问题的基本指导，故赵本学注曰："此以下因费留之祸，而致戒于用兵之端也。"是的，它讲的绝不是战后的事情，而是讲战前研究形势，权衡利害得失，采取正确的战争决策问题。在此，孙子运用三个递进的排比句强烈地表明，当国家决定打一场战争时必须坚守三个原则：不是有利的情形决不发动战争，不是能胜的情形决不使用战争，不是岌岌可危的情形决不开启战争。对此，陈启天注曰："非利不动，谓非于国家有利，则不发动战争也。非得不用，谓非国家确有所得，则不使用军队也。非危不战，谓非国家危急，则不应战也。"事实上，这"三非三不"不仅在语法形式上是排比的，而且在思想内容上也是递进的："非利不动"，就是坚持以有利为基本前提，即有利的原则；"非得不用"，就是既要有利，还要是可得之利，有取胜的可能与把握，即胜利的原则；"非危不战"，虽有利且有把握，但也不能轻易发动战争，只有在其他手段无法解决的危急情况下才发动战争，即慎战的原则，归根结底，其实质就是重战慎战的原则。故此，施子美注曰："盖言兵之不可轻用也。"下面就是围绕着三个原则的基本精神而提出的用战要求。

用战要求：理性合利

主不可以怒而兴师，将不可以愠而致战；合于利而动，不合于利而止。孙子紧接上文指出，国君不可因一时愤怒而发动战争，将帅也不可因一时恼怒而出兵攻战；符合国家利益就行动，不符合国家利益就停止。对此，赵本学注曰："为君与将者，不可以暴怒忿愠之私而起兴兵致战之举。要亦随时相机，量度事宜，合于利而动，不合于利而止可也。"赵公所言极是，其实孙子这里是从两个方面提出了两点具体要求：在战争筹划方面，君将决策要求理性；在战争实施方面，军队行动要求合利。

关于"怒而兴师"与"愠而致战"，汉简本"师"作"军"、"愠"作"温"，因"师"与"军"义同，"愠"与"温"通假，故依十一家注本作"师"和"愠"。对于"怒"与"愠"，王皙注曰："怒，暴怒也。愠，含怒也。"黄巩注曰："怒，谓一时之气。愠，谓一事之愤，皆小勇也。"可见，二者都为"怒"和"气"，但前者暴露、明显，后者则含蓄、隐忍，故而，张预注曰："因怒兴师，不亡者鲜。因愤而战，罕有不败。怒大于愠，故以主言之；愠小于怒，故以将言之。君则可以举兵，将则止可言战。"甚是，君将决策需要理智和冷静，而暴怒与愤懑最容易使人失去理智和冷静，因此，君将决不能凭着自己的喜怒哀乐而感情用事。正因如此，孙子《九变》将"忿速"列为将帅"五危"之一，足见，"怒"与"愠"乃君将理性决策的天敌，是导致战争失败的最大隐患之一。诚如《老子·六十八章》云："善为士者，不武；善战者，不怒；善胜敌者，不与；善用人者，为之下。"善于做勇士的人不会杀气腾腾，善于打仗的人不会怒气冲冲，善于胜敌的人不与敌交战，善于用人的人甘居人下。

关于"合于利"与"不合于利"，陈启天注曰："决定战争之最重要原则，非个人喜怒，而为国家之利害。国家有利则战，无利则不战。"甚是。这既是决定军队行止的基本要求，也是《孙子兵法》全书的基本观点。除《形》篇外，几乎每一篇均言及"利"的问题。《计》云："计利以听乃为之势，以佐其外"；《作战》云："故不尽知用兵之害者，则不能尽知用兵之利也"；《谋攻》云："必以全争于天下，故兵不钝而利可全"；《军争》云："故兵以诈利，以利动，以分合为变者也"；《九变》云："是故智者之虑必杂于利害。杂于利而务可信也，杂于害而患可解也"；《行军》云："见利而不进者，劳也"；《地形》云："故进不求名，退不避罪，唯民是保，而利于主，国之宝也"。由此足见，早在2500多年前，孙子便把利益作为解决一切战争问题的根本标准，并依照利益得失决定军队的行止，着实高屋建瓴、远见卓识，即使在今天，仍不失其教益。

用战总要：安国全军

怒可以复喜，愠可以复悦；亡国不可以复存，死者不可以复生。故明君慎之，良将警之，此安国全军之道也。这是全篇的结尾，也是对全篇主旨的揭示。孙子说，愤怒还可以重新转为欢喜，恼怒也可以重新转为愉悦；但国家灭亡了就不会再存在，将士死去了也不会再复活。所以，对于战争的决策，明智的国君非常谨慎，贤良的将帅非常警惕，这是安定国家和保全军队的根本道理。对此，刘寅意味深长地注曰："此孙子所以于火攻篇拳拳而致戒也。"孙子所以专门用《火攻》立论，其目的就是以拳拳之心告诫世人，慎重战争决策乃安邦定国、顾全军队的首要而重大的问题。

关于"复喜""复悦""复存""复生"，这"四复"是承接上文"主不可以怒而兴师，将不可以愠而致战"而言的。对此，梅尧臣注曰："一时之怒，可返而喜也，一时之愠，可返而悦也。国亡军死，不可复已。"张预注曰："见于色者，谓之喜；得于心者，谓之悦。君因怒而兴兵，则国必亡；将因愠而轻战，则士必死。"梅、张之注说明，一方面，怒、喜，形之于色，愠、悦，藏之于心，然皆属感情范畴，故怒还可转为喜，愠还可转为悦。另一方面，国君因愤怒而发动战争会导致亡国的危害，将帅因愤懑而出兵攻战会付出生命的代价，故对待战争问题千万不可感情用事。的确如此，战争虽是血气之争，但国破家亡之祸却常常归咎于君怒与将愠，特别在古代，国君是一国的主宰，他的一言一行直接关系着国家的存亡，如果遇事不冷静，仅凭喜怒轻率发动战争，后果不堪设想；同样，将帅是一军的统帅，他的指挥直接关系着战争的胜负，若遇事不冷静，仅凭意气随性发兵攻战，结局不可思议。这里，孙子运用了反比的修辞手法，把人的情感与家国命运两个事物的相反特点作对比，即人的"怒"和"愠"可以"复喜""复悦"，与"亡国"和"死者"不可以"复存""复生"作对比，自然而强烈地映衬出"主"的"怒而兴师"与"将"的"愠而致战"的极端危险性与极度危害性。无怪乎王晳注曰："言此又所以慎其始也。"孙子谈及于此的原因正恰意欲强调对待战争决策的态度问题，诚所谓早知今日事，何不慎当初。

关于"慎之"与"警之"，钱基博注曰："'慎之''警之'两'之'字，皆承上文而有所指。君当慎于'以怒兴师'，则'非利不动，非得不用'，而国可以安；将当戒于'以愠致战'，则'非危不战'，而军可以全。"钱先生的思路是清楚的，两个"之"字就是指上文的"以怒兴师"和"以愠致战"，然而更准确地说，是指国君和将帅关于打或不打的战争决策问题。正基于此，张预注曰："君常慎于用兵，则可以安国；将常戒于轻战，则可以全军。"刘寅注曰："明哲之主慎于用兵，此安国之道也；良能之将戒于轻战，此全军之道也。"国君以审慎的态度发动战争，就可确保国家安定；将帅以戒惧的态度用兵攻战，就可确保军队周全，此所谓事之必至、理之固然，因此，孙子将其提升为"安国全军之道"的"道"的高度。正如《荀子·议兵》所云："凡百事之成也必在敬之，其败也必在慢之，故敬胜怠则吉，怠胜敬则灭，计胜欲则从，欲胜计则凶。"大凡事情的成功一定在于慎重，失败一定在于怠慢，所以慎重胜过怠慢就吉利，怠慢胜过慎重就灭亡，冷静谋划胜过欲望冲动就顺利，欲望冲动胜过冷静谋划就凶险。"慎之"与"警之"的意义正在于此。

孙子这一慎战观点，与《计》篇首句所说的"兵者，国之大事也。死生之地，存亡之道，不可不察也"遥相呼应、一脉相承，共同奠定了孙子重战慎战的理论基础，它充分表明无论是战争的开始还是战争的结束，战争指导者对待战争都要慎之又慎，始终把战争的目的定位在安定国家、保全军队上，始终把战争出发点和归宿点建立在符合国家的利益上。征之于史，孙子重战慎战的思想不仅达到了先秦时期军事思想的光辉顶点，而且直至今天对于人们研究和指导战争仍然大有裨益，堪称古今中外之不刊之论。或缘于此，明人赵本学指出："愚谓孙子欲人之戢兵，而言必及其祸，则人安得而不畏之，可知孙子之为贤人矣。或者乃曰：孙子以兵术教人，而反戒人用兵者，何也？噫，知兵之不可用此，所以为深于兵也。"甚是。孙子不愧为兵学圣人、兵法鼻祖，《火攻》所蕴含的用战与止战的辩证法，物穆无穷，发人深省。

现在还有一个重要问题需要强调说明，孙子为何能将火攻与慎战两个看似毫不相干的问题同论于一篇之中？古往今来，对此发出质疑者屡见不鲜。有人认为论慎战问题的下半部分是"错简"，应该将其移到《谋攻》篇内，有人认为应将其放至《用间》篇的尾部，作为全书的总结论。还有一种认识则颇为有趣，说"火攻"之"火"是自然之火，"怒愠"之"火"则为人心之火，所以是"火"将"火攻"与"慎战"有机地联系在一起。其实，上述说法，或者无据，或者失理，不足为信。诚如前文中我们所谈到的，"火攻"作为古代大规模杀伤性战争手段，其破坏性与残酷性使"慎战"问题不可避免地提上日程，使二者之间产生了相反相成的逻辑关系，所以才能够在对立中共构、互殊中相通，共同融于一篇的论绎之中。毋庸置疑，通过对《孙子兵法》前十二篇的深入研究，我们可以笃定地说，孙子文章的构思方法存在着共同的基本原理，它蕴含着一种完备的思维形态，体现着一种高超的哲学境界。

第十三　用间

——先知必间

老子《道德经·十九章》云："绝圣弃智，民利百倍；绝仁弃义，民复孝慈"；孙子《用间》却云："非圣智不能用间，非仁义不能使间，非微妙不能得间之实"。前者是老子的愤世之言，后者是孙子的入世之语，在鲜明的映照对比之下，正恰凸显出"圣智"与"仁义"在当时思想文化中的崇高地位，自然也有力证明了孙子站在当时思想文化之巅构筑其军事思想的宏阔视野与新鲜理念。正缘于此，《孙子兵法》既有"智""仁"在内的将帅"五德"（《计》）之论，也有"智将务食于敌"（《作战》）"智者之虑，必杂于利害"（《九变》）的尚智之观，还有"视士卒如婴儿""视士卒如爱子"（《地形》）的仁爱之情。《周易·系辞上》有云："神以知来，知以藏往，其孰能与于此哉？古之聪明睿知，神武而不杀者夫。"同样，在孙子看来，善于用间者，至少像知来藏往的人，具有聪明睿智、神武不杀的"圣人气象"。

一、题解——用间，是对使用间谍的战略考察

关于本篇篇题，十一家注本作《用间篇》，汉简篇题木牍作《用间》，今从汉简本。传本"间"多作"閒"，因古无"间"字，又"閒"与"间"同，故今通作"间"。《说文》云："閒，隙也。从门，从月。"可见，"閒"是个会意字，

本义为月光从两扇门中间的缝隙射入，引申为间隙，在此指"谍"。《尔雅》释言："閒，倪也。"郭璞注："《左传》谓之谍，今之细作也。"《说文》又云："谍，军中反间也。"又见，"间"春秋时期通称为"谍"。所以，李零说："'间'和'谍'类似。'间'和'谍'也可合称'间谍'。间谍，《孙子》叫'间'不叫'谍'，《左传》《国语》《周礼》叫'谍'不叫'间'。'间'和'谍'，混言无别，细说还不太一样。小间叫间，大间叫谍。谍是反间。"对于本篇主旨，曹操、李筌注曰："战者，必用间谍，以知敌之情实也。"认为间谍主要用于对战争情报的侦察。但笔者认为，孙子《用间》不仅涉及军事层面的战争情报获取问题，而且涉及国家层面的战略情报获取问题，同时还涉及离间、分化、瓦解敌人的特殊战线斗争问题。在古代称之为"用间"，在现代称之为"间谍战"，它是一种集政治、军事、经济等各个领域的特殊的综合斗争形式。

"用间"是先知胜敌的前提大要，必须五间并起、超常运用。在孙子看来，"用间"是夺取胜利和获得成功的根本法宝。首先，他以气势磅礴的笔墨，描绘了"兴师十万，出征千里"的战争，对国家经济、社会秩序和人民生活产生的"百姓之费，公家之奉，日费千金；内外骚动，怠于道路，不得操事者，七十万家"的巨大影响；倘若因国君或将帅"爱爵禄百金"而造成"不知敌之情"，这无疑是一种"非人之将也，非主之佐也，非胜之主也"尸位素餐的恶劣行径。其次，以朴素唯物的立场，提出了"明君贤将，所以动而胜人，成功出于众"就在于"先知"；而想要预先"知敌之情"，绝对"不可取于鬼神，不可象于事，不可验于度"，而"必取于人"的科学论断。再次，以极度推崇的态度，论述了"有因间、有内间、有反间、有死间、有生间"的间谍类别及系统构成，并将此"五间俱起"的用间之道称之为"是谓神纪，人君之宝"；并由此而提出了君将用间"三莫"的根本法则、"三非"的品格要求和"无所不用间"的运用范围。总的来看，逻辑严谨，递次分明，在大开大合之间，勾勒出"用间"的基本理论。

"用间"是守密知微的谍报活动，必须知敌至微、重典治密。在孙子看来，用间的关键在两点：一是守密；二是知微。正因如此，他以"间事未发而先闻者，间与所告者皆死"为例，具体说明了用间行间的根本要求在于"密"；又以"军之所欲击，城之所欲攻，人之所欲杀，必先知其守将、左右、谒者、门者、舍人之姓名，令吾间必索知之"为例，形象说明了用间行间的任务标准在于"微"。由此易见，"密"与"事莫密于间"相照，"微"与"非微妙不能得间之实"相映，观点一脉相通，承接上文；与此同时，为满足"密"，下文三用"因是而知之"之句，表明间谍组织方式的严丝合缝；为达到"微"，而后两举"上智为间"之例，说明间谍能力素质的造微入妙，思想浑然一体，开启下文。

"用间"是创建奇功的重要保证，必须攥住津要、择智为间。在孙子看来，"用间"是成就不世之功的奇谋妙计，更是用兵打仗的前提大要。为此，孙子重点阐明了间谍组织严密的组织机制。一是探寻发展反间。先要"必索敌人之间来间我者"，尔后"因而利之，导而舍之"，于是"反间可得而用也"。二是发展利用乡间和内间。通过反间了解敌情，于是"乡间、内间可得而使也"。三是发展利用死间。通过反间了解敌情，于是"死间为诳事，可使告敌"。四是发展利用生间。通过反间了解敌情，于是"生间可使如期"。正因如此，孙子特别强调"五间之事，主必知之，知之必在于反间，故反间不可不厚也"的用间津要。最后，孙子以"殷之兴也，伊挚在夏；周之兴也，吕牙在殷"为典例，提出了"上智为间"的择间标准，并得出了"此兵之要，三军之所恃而动也"的重要结论，进而把"用间"问题，不仅提升到国家战略的层面，而且也落实到军事战略的层面。

关于《用间》的篇次，十一家注本、武经本等传本均为次《火攻》，位居第十三；而汉简本篇题木牍《用间》列在《九地》之后、《火攻》之前，位居第十二。对此，张预注曰："欲素知敌情者，非间不可也。然用间之道，尤须微密，故次《火攻》也。"张公的意思是说，要想平素就知晓敌情，非使用间谍不可，而使用间谍的方略，精深且细密，所以在研究作战问题的最后一篇——《火攻》之后，特设专篇加以研究。而对于《用间》之所以置于《孙子兵法》的最后一篇，绝大多数学者还是从全书十三篇的宏观结构体系来加以认识的。如明人夏振翼注曰："《孙子》十三篇，首言计，终言间，间亦计之所出也。"日本吉田松阴也说："孙子开篇言计，终篇言间，非间何以为计，非计何以为间，间计二事，可以始终十三篇矣。"山鹿素行则形象地指出："《始计》《用间》在首尾，通篇自有率然之势。"他们大体上是说，"计"中必然包含"用间"问题，而"用间"则必然出自"计"的当中，所以，孙子开卷论"计"，卷终言"间"，是一种草蛇灰线，千里伏脉，首尾遥相呼应的宏观布局，体现了《孙子兵法》完整的结构体系。因此，笔者认为，古今诸家之注虽角度有异、各具千秋，但《用间》次《火攻》位居第十三当无疑。毋庸置疑，关于孙子兵学的逻辑结构和内容体系自然成为后学研究的重要问题。

二、构解——既讲了用间之理，又讲了用间之要

《用间》是孙子对运用间谍问题的理论考察。他认为，战争指导必须做到"知彼知己"，而"知彼"即"知敌之情"，最为重要且有效的手段，不是求鬼神，不是靠占卜，不是观天象，而是取人用间。因此，在《孙子兵法》的最后一篇，他从理论上对前人丰富的用间实践进行了系统的总结。诚如赵本学所云："自《始计》以至《火攻》，中间诡道，资于用间者，各皆有之，孙子于卷终特别为一篇，以明其道云耳。"战争的各方面甚或各环节无不用间，正因如此，孙子在全书最后特立专篇而论之。

上半部分：用间之理。从"孙子曰：凡兴师十万"至"无所不用间也"。孙子开篇，铺张扬厉，详尽论述了使用间谍"知敌之情"的极端重要性，并分别阐明了间谍的种类、来源，君将用间的根本原则、品格要求及领域范围，初步构建起了用间的基本原理。

中间部分：守密知微。从"间事未发而先闻者"至"令吾间必索知之"。以"间事未发而先闻者"和"军之所欲击，城之所欲攻，人之所欲杀"两个实例，具象说明用间关键在"密"在"微"。借此，与上文"事莫密于间"和"非微妙不能得间之实"相承，与下文"因是而知之"的严密组织和"以上智为间"

的择间标准相应。

下半部分：用间之要。从"必索敌人之间来间我者"至"此兵之要，三军之所恃而动也"。孙子认为，用间要在两点：一在"反间"，重点阐明了"知之必在于反间"的谍报运行机制，强调了"反间不可不厚"的使间之要，二在"择间"，以伊挚、姜尚为例，说明了明君贤将"必以上智为间"的用间之要。

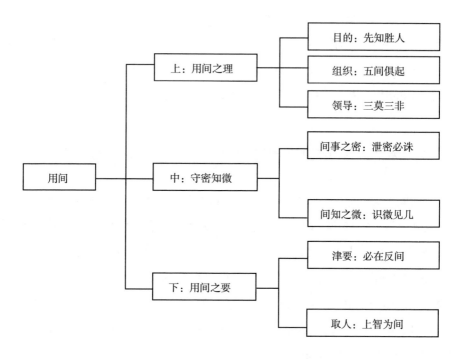

三、文解

正确选择与制定军事策略，必须以准确可靠的情报信息为基础。孙子首篇《计》讲的是"知胜"，而终篇《用间》讲的是"知敌"，其潜在的逻辑就是：欲定"计"，需"知胜"；欲"知胜"，需"知敌"。所以对于该篇篇题，夏振翼注曰："盖《始计》将以较彼己之情，而《用间》又欲探彼之情也。"钱基博亦注曰："不知敌之情，乌乎校以计？间者，计之所以成始而成终也。"正是由于"计"与"间"存在着这种内在的、本质的、必然的联系，方使孙子构建起了《计》

居于卷首而《用间》居于卷尾的宏大结构体系，同时也决定了《用间》开篇便铺陈渲染凡战必间的必要性和重要性，借此，也才展开了对用间的系统构成、种类来源、原则要求以及运用范围的理论阐述。要言之，上半部分初步构建起了用间的基本理论。

上：用间之理

1.1 孙子曰：凡兴师十万，出征千里，百姓之费，公家之奉，日费千金；内外骚动，怠于道路，不得操事者，七十万家。

1.2 相守数年，以争一日之胜，而爱爵禄百金，不知敌之情者，不仁之至也，非人之将也，非主之佐也，非胜之主也。故明君贤将，所以动而胜人，成功出于众者，先知也。先知者，不可取于鬼神，不可象于事，不可验于度，必取于人，知敌之情者也。

2.1 故用间有五：有因间，有内间，有反间，有死间，有生间。五间俱起，莫知其道，是谓神纪，人君之宝也。因间者，因其乡人而用之。内间者，因其官人而用之。反间者，因其敌间而用之。死间者，为诳事于外，令吾间知之，而传于敌间也。生间者，反报也。

2.2 故三军之事，莫亲于间，赏莫厚于间，事莫密于间。非圣智不能用间，非仁义不能使间，非微妙不能得间之实。微哉微哉，无所不用间也。

用间的目的：先知胜人

孙子曰：凡兴师十万，出征千里，百姓之费，公家之奉，日费千金；内外骚动，怠于道路，不得操事者，七十万家。孙子指出：通常情况下，发动十万大军，出征千里作战，百姓的耗费，国家的开支，每天花掉千金。社会动荡不安，民夫奔波疲惫，不能正常从事耕作的达七十万家。这里，孙子开篇便指明了战争必然会带来的两个方面的巨大影响：一个是直接的经济影响——"日费千金"；一个是间接的社会影响——"不得操事者，七十万家"。前者与《作战》的开篇相似，讲的都是"兴师十万"以至于"日费千金"的战争耗费问题，关于这一点，在《作战》篇中已经详细研究过。这里我们重点研究一下，为什么

"兴师十万"，会造成"不得操事者，七十万家"。

我们首先看一下何者为"家"。《左传·桓公二年》记载的晋国大夫师服之语说："吾闻国家之立也，本大而末小，是以能固。故天子建国，诸侯立家，卿置侧室，大夫有贰宗，士有隶子弟，庶人、工商，各有分亲，皆有等衰。是以民服事其上，而下无觊觎。"春秋时期，分封制、世袭制和宗法制三位一体，师服的意思是说，建立国家应该坚持本大末小的原则，这样政权才能稳固。所以，天子负责分封诸侯之国，诸侯负责建立命卿之家，命卿负责设置大夫侧室，大夫可以保有士人二宗，士人可以拥有仆隶子弟。由此可见，最初的"家"不仅专指卿大夫的家族，更为重要的是，"家"和"国"一样，均是分封制下的一级政权组织。然而问题在于，孙子文中"家"的数量居然高达"七十万"，又可见，孙子所言之"家"已然不是西周和春秋早期与诸侯之"国"相对应的卿大夫之"家"，而是春秋末期随着社会巨变导致的贵族称号走向平民化和式微化的寻常百姓之家。也正因如此，孙子才将他所说的"家"定义为"操事者"，曹操释之为"事耕稼者"，即农事劳作者。那么，"兴师十万"与"七十万家"之间1∶7的比例又是从何而来的呢？

此处"兴师十万"与"七十万家"之间的比例关系，与古代井田制，即以"井"字划地，计里画方，编户齐民，授田纳粮，以及算地出卒的赋税和军赋制度有关。在历史文献中，由于自古就存在着每"井"包含的居民户数有"八家"和"九家"之别，因此也就引发了关于这个比例关系的争论。《左传·成公元年》疏引《司马法》佚文云："六尺为步，步百为亩，亩百为夫，夫三为屋，屋三为井。"每百亩为一家，每三家为一屋，每三屋为一井，是谓每井有九家，"夫"即指"家"。而《孟子·滕文公上》云："方里而井，井九百亩，其中为公田。八家皆私百亩，同养公田。"每井为九百亩，中间一百亩为公田，四周八百亩为私田，是谓每井分八家。或据于此，曹操注曰："古者，八家为邻，一家从军，七家奉之。言十万之师举，不事耕稼者七十万家。"杜牧则更详尽注曰："古者，一夫田一顷。夫九顷之地，中心一顷，凿井树庐，八家居之，是为井田。怠，疲也。言七十万家奉于十万之师，转输疲于道路也。"这里，"一夫"

就是一家，"一顷"即为百亩。曹、杜之说多为后学所从。

然而，李零教授则认为所谓"八家共井"，是孟子"幻想的井田制"，又说是孟子"编造的井田制"。在《〈孙子〉古本研究》中，李先生就是依据《左传·成公元年》疏引《司马法》佚文云"甸六十四井，出长毂一乘，马四匹，牛十二头，甲士三人，步卒七十二人"的出军之法，推算得出"每576家出士、徒75人，平均每7.68家出一人"的结果，这里"576家"是按64乘9而得，所以指出"古人习用约数，按约数讲，出兵十万，供役的民户正是'七十万家'"。对此，王正向《新校竹简本孙子释义》则指出："若以同一出军法为据而采用'八家共井'之说进行计算，则所得结论就是每512家出士、徒75人，平均每6.83家出一人，这比李零的计算结果更接近'七家奉一人'。"这里"512家"是按64乘8而得，王先生所言有理，按惯用的"四舍五入"法则来算，"八家共井"显然比"九家共井"更接近"兴师十万"造成"不得操事者，七十万家"比例关系。

近代以来，尽管有学者对井田制的社会性质甚至是其存在与否都有过激烈的讨论，但目前总体上认为井田制是奴隶主土地国有制的一种所有制形态。所谓"井田"，就是将土地由纵横两条道路大致分为九块，中间一块为公田，其余八块为私田，公田的收入所得要全部上缴领主，私田的一部分收入也要上缴。《诗·小雅·大田》中"雨我公田，遂及我私"的诗句，就有力佐证了"公田"与"私田"并存的史实。对此，李零在《兵以诈立：我读〈孙子〉》中认为："《诗经》的公田是私田以外的大田，私田和公田是分开的。"显然，李先生这里已然不是在讲"八家共井"或"九家共井"的问题，而是在讲公田与私田划分方法的问题。倘若果真如李零所言，那么古代的井田制究竟是用于公田还是私田呢？再退一步讲，井田制不管是用于公田还是私田，倘若"私田和公田是分开的"，那它又怎么能发挥出其编户齐民、算地出卒的社会组织作用呢？事实上，公田也好，私田也罢，春秋时期的土地既不归地方领主所有，更不归奴隶或耕者所有，而是归周天子所有，即所谓"普天之下，莫非王土"。因此，所谓"公田"与"私田"的概念，或许本身就是井田制度的理论产物，而孙子提出的"兴师十万"与"七十万家"之间的比例关系，或者本身也是"八家共井"史实的又一佐证。

总之,《作战》与《用间》的开篇相比,前者细数"十万之师"以至"日费千金",从而表明战争消耗甚巨,与日俱增,故"兵久"唯害,旨在阐明"兵贵胜,不贵久"的战争指导;而后者力陈"兴师十万"以至"日费千金",虽同样表明战争消耗甚巨,影响甚广,但要引出的却是当不吝"爵禄百金","取人"用间,"先知"敌情,从而"动而胜人"问题。因此,王皙注曰:"此节历述形式之费,持久之弊,以起间不可不用之意。"也就是说,《用间》开篇是通过叙述巨额的战争耗费及广泛的社会影响,来映衬和强调"用间"的特殊高效性与极端重要性,从而以此引出"用间"问题。

相守数年,以争一日之胜,而爱爵禄百金,不知敌之情者,不仁之至也,非人之将也,非主之佐也,非胜之主也。在讲了战争巨大消耗和广泛影响之后,孙子转而指出:敌对双方相持数年,为的就是有朝一日争夺胜利,若因吝惜爵位、俸禄和金钱,导致掌握不了敌情的,那真是不仁慈到了极点,这种人不配做军队的统帅,不配做国君的辅臣,更不配做胜利的主宰。这里,孙子在与前文构成强烈的映照对比之中,揭露了"爱爵禄百金,不知敌之情"的错误做法,并无情地将其鞭挞为"不仁之至"的罪恶行径,同时还把犯此错误的战争指导者明确地归之为"三非"之人。对此,王晢之注可谓一针见血:"吝财赏,不用间也。"的确,孙子如此极力地批判"吝财赏"的错误行径,无非是在强调"不用间"的巨大危害,换句话说,他是从反面说明"用间"的极端重要性的。

关于"相守数年",梅尧臣注曰"相守数年,则七十万家所费多矣",王皙注曰"相守,谓两军相持也",陈启天注曰"相守数年,谓敌我两军相持,胜负不决,至有数年之久也"。大多数注家以为,"相守数年"乃两军长期对峙之义。然而,笔者认为,春秋时期的战争一般持续时间比较短,到了战国时期的战争持续时间才相对比较长,因此,尤其是孙子置于"凡"之下的一般情况——"相守数年"的战争,春秋时期几乎不可能发生,至少我们目前无从稽考,也只有到了战国晚期才有过这样的大仗恶仗。如《韩非子·喻老》有云:"天下无道,攻击不休,相守数年不已,甲胄生虮虱,燕雀生帷幄,而兵不归。"军队长年在外作战，盔甲长出了虮子虱子，燕子麻雀也在营帐里做了窝。所以我们说，"相守数年"并非指如《作战》篇所言的"久暴师"的两军对垒的战争状态，而是指两国在敌对状态下相互提防的战备状态。"争一日之胜"则指的是战时的决战。在此，"一日"与"数年"相对，备战时间绵长，交战时间短暂，平时长期备战就是为了有朝一日的决一胜负。

关于"爱爵禄百金"，句中"爱"，为"吝惜""吝啬"之义。《礼记·表记》有"爱莫助之"，注："犹惜也。"又如《孟子·梁惠王上》有云："齐国虽褊小，吾何爱一牛。"齐国国土虽然狭小，但我怎会吝惜一头牛。句中"百金"，与上文"日费千金"之"千金"相对照，其言下之意是说，战争耗费巨大，影响广泛，劳民伤财：出兵10万，70万家服务战争，是谓劳民；"日费千金"，行军加决战算10天的话，就是近万金，是谓伤财；而收买间谍只用"爵禄百金"，"百金"不过是战争日开支的1/10，仅仅是一笔小费。孙子算这笔账就是想要告诉人们，在发展间谍这件事上，千万不能吝惜爵位、俸禄和金钱，否则所导致的"不知敌之情"的恶果，绝对堪称置国家和人民安危于不顾的"不仁之至"的小人行径。所以，《晏子春秋·内篇问下》亦云："啬者，君子之道；吝爱者，小人之行也。"节俭是君子的品德，吝啬是小人的行为。

关于"不仁之至"，纵览孙子之"仁"，自然饱含着《地形》所说的将帅"视士卒如婴儿""视士卒如爱子"的仁爱之情，即《孟子·离娄下》所言"仁者爱人"，然说到底，它是一种以慈爱之心抚士附众、统军制胜的家国情怀。因此，从孙子之"仁"的视角来看，因爱惜名爵之贵，吝啬禄秩之厚，不舍百金之赏，而疏于发展使用间谍，以致使"不知敌之情"而导致战争陷于失利境地的指导者，其"不仁之至"至少包括三个方面的意思：一是无视士卒生命的将帅之"不仁"，故孙子斥之为"非人之将也"，简直不配做军队的统帅；二是漠视人民苦难的辅弼之"不仁"，故孙子斥之为"非主之佐也"，简直不配做国君的辅臣；三是轻视战争制胜的指导之"不仁"，故孙子斥之为"非胜之主也"，简直不配做胜利的主宰。正如赵本学注曰："如以小吝之故，而昧敌人之情，其害于民甚矣。此将帅君臣皆失其道也。"那么，"将帅君臣"究竟该怎么做呢？

故明君贤将，所以动而胜人，成功出于众者，先知也。孙子掷地有声地指出：英明的国君与贤能的将帅，所以一出兵就能战胜敌军，功业卓著超群，其原因就在于事先掌握了敌情。对此，梅尧臣注曰："主不妄动，动必胜人；将不苟功，功必出众。所以者何也？在预知敌情也。"梅公明鉴，这句话不仅正式提出了"先知"，而且将其确立为"动而胜人"且"成功出于众"的先决条件；同时，还明确指出了"明君贤将"，也就是清楚地表明了孙子所言"先知"不仅限于"将"的军事层面，而且延伸到"君"的国家层面。这里我们不禁会问，究竟"先知"什么？如何做到"先知"呢？在《孙子兵法》中，"知"字共出现 79 次，它绝对可以说是贯穿全书始终的一条主线，仅就"知"的对象或内容而言，孙子尽管也论及"知兵""知胜""知道"等诸多幽深而抽象的问题，但诚如《谋攻》所云"知彼知己，百战不殆"，又如《地形》所云"知彼知己，胜乃不殆；知天知地，胜乃可全"。也就是说，夺取胜利的前提大要就在于："知彼""知己""知天"和"知地"这四个具体问题之中，然若权衡轻重，区分主次，最首要、最困难、最根本的则莫过于"知彼"，即知晓敌情问题。那么，作为"明君贤将"又如何做到"先知"且重点是预知敌情呢？论述至此孙子虽仍未直言"用间"二字，然"用间"问题却喷薄欲出。

先知者，不可取于鬼神，不可象于事，不可验于度，必取于人，知敌之情者也。就像白居易《琵琶行》所说的那样："千呼万唤始出来，犹抱琵琶半遮面。"孙子紧接上句指出：预先了解敌情，不可求取于鬼魅神灵，不可问事于卜筮卦象，不可测度于星宿推验，必须获取于人——那些了解敌情的人。在此，孙子虽大破大立，破而后立，以大无畏的革命勇气指出，欲想"先知"，需恪守三个"不可"，秉持一个"必取"，然即便至此他仍未直言"用间"二字，只是说"必取于人，知敌之情者也"。在此，赵本学注曰："此两节引起下文用间之端。"陈启天注曰："此第一节论战争用间之必要。"在章节划分上虽有所不同，但都是指从开头至此言的这段文字。赵公以为，这是引出下文阐述"用间"问题的绪言；陈公以为，它重在说明"用间"对于战争的必要性。赵、陈二公洞见，从开篇战争消耗之巨的烘托，到而后吝惜爵禄百金的反证，再到

"三非""三不可"排比修辞的运用和渲染，令使文章气势丰沛，充满张力，在用间的必要性与重要性赫然凸现的同时，全篇主题词"用间"二字呼之欲出。

关于"象于事"，曹操注曰"不可以事类而求也"，杜牧注曰"象者，类也"。或缘于此，现代学者如吴九龙、陶汉章、吴如嵩等大都译释为"不可用类似的事情去类比推测"（吴九龙《孙子校释》），非是。《周易·系辞下》云："易者，象也；象也者，像也"。对此，晚清著名易学家尚秉和《周易尚氏学》指出："凡《易》辞无不从象生，韩宣子适鲁，不曰见《周易》，而曰'见《易象》与《鲁春秋》'，诚以'易者，象也'。'象者，像也'，言万物虽多，而八卦无不像之也。"尚公的意思是说，凡是《易经》的象辞无不从事物的"象"中产生，因此，韩宣子出访鲁国，不说他见到了《周易》这本书，而说他见到了《易象》和《鲁春秋》这两本书，这说明韩宣子深以"易者，象也"为是。而'象者，像也'这句话，则说明万事万物虽多种多样，但《易经》里的八卦无不与之相类相似。尚公得之。再如《周易·系辞下》又云："立象以尽意，设卦以尽情伪"；"八卦成列，象在其中矣"；"象事知器，占事知来"。圣人确立易象用以反映人们的心意，又设置卦爻用以表明事情的真伪；八卦按序排列，事物各种各样的形象便蕴含在其中；观卦象就可知事物的构造；察卦理就可知事物的未来。由此可见，古时"象于事"，就是指利用易象来推测自然与社会各种变化的问事、知事和预见事的方法，它所运用的就是一种比附和演绎推断的逻辑方法；而孙子强调"不可"，则是对这种以占卜龟筮来获取敌情方法的彻底否定。

关于"验于度"，曹操注曰"不可以事度数也"，李筌注"度者，数也"。有缘于此，现代学者大都译释为"不可用日月星辰运行的度数去验证"（吴九龙《孙子校释》），是。《礼记·乐记》云："百度得数而有常。"郑玄注："百度，百刻也。言日月昼夜不失正也。"汉公孙乘《月赋》亦云："躔度运行，阴阳以正。"这些记载都是讲昼夜因得到百刻之数而有规律地更迭问题。古人把周天分为三百六十度，划为若干区域，辨别日月星辰的方位。"躔度"即指日月星辰运行的度数。其实，自上古时期我国先民便仰观天文，俯察地理，创立形成了集科学和迷信于一体的观天术。就其科学方面而言，古人通过观察天体的运行变化来观察气候的变化。如《火攻》云："日者，月在箕、壁、翼、轸也。凡此四宿者，风起之日也。"月亮行经箕、壁、翼、轸四个星宿的时候，就是起风的日子。由此，我们可知孙子对观天术科学成分持有的肯定态度。就其迷信方面而言，指古人利用天体运动的规律和运行轨迹来预测事物的吉凶。如《易经·系辞上》云："天垂象，见吉凶，圣人象之。"天空中日月星辰所呈现的形象，可以反映出事物的吉与凶，圣人能够观察预测它。由是观之，古时"验于度"，就是指利用天象来推测自然与社会各种可能的变化和发展的方法，而孙子强调"不可"，则是对这种用观天术来测度敌情的方法的彻底否定。由此，我们亦可知他对观天术迷信成分持有的否定态度。

孙子不愧为春秋时期思想文化的先驱者。就在当时仍然盛行以超验的手段来获知自然与社会的变化和发展的时候，他便在"先知"问题上明确提出了三"不可"一"必取"的唯物主义主张。对此，冯友兰先生解释并评价说："既不可靠鬼神，也不可靠事物的表面现象，也不可靠主观的臆测。……这一唯物主义的真理在两千多年前，就能明确地提出来，确是难能可贵的。"冯老是我国当代著名的哲学家、教育家，然而在对孙子这句话的诠释和评价上，却多少存在有以今律古之嫌，甚或可以说属于不经之谈。哪来什么"事物的表面现象"，又哪来什么"主观的臆测"，其实，孙子这里就是告诉人们：预知敌情，不可依靠祈祷鬼神，不可依靠占卜龟筮，不可依靠夜观天象，只能依靠"人"——"知敌之情者也"，或许这本身就是孙子对"间"的定义，而古时把这样的"人"即称作"间"。

用间的组织：五间俱起

故用间有五：有因间，有内间，有反间，有死间，有生间。经过上述对"用间"重大作用的长篇大论，至此终于引出了对"用间"基本原理的理论阐述。他首先指出，使用间谍有五种类型：有因间，有内间，有反间，有死间，有生间。一如古之言事论理之法，刑法并非只有五种，而《吕刑》有"五刑"之文；谷物并非只有五类，而《论语》有"五谷"之语；霸主并非只有五位，而《孟子》有"五霸"之谓；上古帝王并非只有五个，而《荀子》有五帝之称，足见，在中国传统学术中，无论在政治、军事、经济方面，还是在医学、风水、占筮方面，"五"乃是古人言事论理的基本认知格式和理论模型，质言之，五行学说乃中国古代人们认识自然和社会的一般思维方式与根本哲学依据。正因如此，史学家顾颉刚先生指出："五行学说是中国人的思想律，是中国人对于宇宙系统的信仰。"综观《孙子兵法》，全书中以"五"言兵论将之处可谓俯拾皆是，且在《虚实》直言"五行无常胜，四时无常位"，明白出现了"五行无常胜"之语，这些足以证明，五行学说本身也是孙子研究考察战争的认识论和方法论，而下文围绕"用间"原理展开的系统阐述即是对此最好的佐证。

五间俱起，莫知其道，是谓神纪，人君之宝也。这四句话，在刚提起的五间名目之后，又在而后阐释的五间定义之前，以颇似"插入语"的形式，对五间使用即"用间"进行了高度总说。他明确指出，这五种间谍全部使用起来，就没人会知道间谍的活动规律，这便是所谓用间的神机妙术，也正是国君克敌制胜的法宝。四句话讲了四个意思：第一，用间方法——"五间俱起"。五种间谍全部配合起来使用，也就是组成一个间谍网络，在完整的系统之中进行谍报活动。第二，用间效果——"莫知其道"。由于间谍网络内部形成了统一、严密、复杂的组织运行机制，因此敌人根本无法摸到我间谍的活动规律。第三，用间境界——"是谓神纪"。"神"，《孟子·尽心下》说"圣而不可知之之谓神"，《易·系辞上》说"阴阳不测之谓神"，可见，"神"为"高深莫测"之义；"纪"，《说文》作"纪，别丝也"，段玉裁注"别理丝缕"，又见，"纪"本意指把丝整理得有头绪，此为"道理""方法"之义，故贾林注"纪，理也"，"是"，指代前句"五间俱起，莫知其道"，此言意即"五间俱起"是神妙莫测之法。第四，用间地位——"人君之宝"。汉简本"宝"作"葆"，二字古通。使用间谍的战略地位，堪称是国君克敌制胜的法宝。下面所述，正如赵本学注曰："五间名释义见下文。"

因间者，因其乡人而用之。孙子说，所谓因间就是选用敌国乡民为间谍。那么，何又谓"乡人"呢？古籍中多见，意思有三个。一是指同乡人，如《左传·庄公十年》云："公将战，曹刿请见，其乡人曰：'肉食者谋之，又何间焉。'"二是指乡下人，有时亦指俗人。如《孟子·离娄下》云："舜为法于天下，可传于后世，我由未免为乡人也，是则可忧也。"三是指乡大夫。如《礼记·乡饮酒礼》云："乡人士君子尊于房户之间，宾主共之也。"郑玄注："乡人，乡大夫也"。而且，《周礼·地官司徒》又云："乡大夫之职，各掌其乡之政教禁令。"显而易见，因为使用间谍是为了解敌情，有益于用敌之"乡人"，所以此"乡人"并非指我方将吏或士卒的同乡人，而是指生活在敌国乡野的当地人；同时，因为此句"乡人"与下句"官人"相对而言，所以此"乡人"也并非指作为地方官员的乡大夫，而是指无职无权的普通人。正缘于此，钱基博注曰："'因间'，'内间'，皆因敌之人，以为我之间。特'因间'者，因其乡人；盖其人之无政权者，而为人民。'内间'者，因其官人；盖其人之预政权者，而为官吏。"由此可见，"因间"源自于"乡人"，故下文又称之为"乡间"；"内间"源自于"官人"，故"因间"与"内间"是一种相互对立的存在。

内间者，因其官人而用之。孙子说，所谓内间就是选用敌国官吏为间谍。对此，杜牧之注可谓循名责实："敌之官人，有贤而失职者，有过而被刑者，亦有宠嬖而贪财者，有屈在下位者，有不得任使者，有欲因败丧以求展己之材能者，有翻覆变诈常持两端之心者，如此之官，皆可以潜通问遗，厚贶金帛而结之，因求其国中之情，察其谋我之事，复间其君臣，使不和同也。"这里，"宠嬖"为"宠幸"义，"问遗"为"贿赂"义，"厚贶"为"厚赠"义。约而言之，内间对象是抱私念、存二心、有矛盾的敌国官吏；发展手段是秘密贿赂和重金收买；企图目的是了解敌国情况，查明敌国企图，离间敌国君臣。杜公言之有理，然发展内间毕竟是件避影敛迹且精益求精的事，故此，梅尧臣之注尤谓鞭辟近里："因其官属，结而用之。"发展内间，既看官位，更挑官职，遴选任用，皆在成效。

反间者，因其敌间而用之。孙子说，所谓反间就是选用敌国间谍为间谍。对此，杜牧注曰："敌有间来窥我，我必先知之，或厚赂诱之，反为我用；或佯为不觉，示以伪情而纵之，则敌人之间，反为我用也。"梅尧臣、张预等多家从之。笔者认为，杜公这里其实讲了两种情况：一种是对敌方间谍收买利诱，使其变节而成为我方间谍，另一种是对敌方间谍欲擒故纵，使其上当而被我所利用，前者即属于孙子所说的"反间"，而后者不过属于《三十六计》所说的"反间计"的范畴。进而言之，使用"反间"一定构成"反间计"，而使用"反间计"不一定非用"反间"，因为，"反间"虽原为敌间，但已转变为我间，属于自己人，而"反间计"虽亦利用敌间，但并不一定非转变为我间，有时可能是变节的敌间即"反间"，有时则可能就是无变节的敌间。故此，陈启天注曰："敌间本用以间我者，而我反用之以间敌，故称为反。"质言之，孙子所说"反间"，虽源自于敌间，但本质上已发生变节属于己方人员。

死间者，为诳事于外，令吾间知之，而传于敌间也。孙子说，所谓死间就是为欺骗敌人，让我方间谍以赴死之志制造事端，进而使敌信以为真的间谍。《说文》云："诳，欺也"；"诳事"即"造谣惑众"或"造谣生事"之义。对此，杜牧注曰："诳者，诈也。言吾间在敌，未知事情，我则诈立事迹，令吾间凭其诈迹，以输诚于敌，而得敌信也。若我进取，与诈迹不同，间者不能脱，则为敌所杀，故曰死间也。"对于杜公这一注解，古今注家大多从之，故梅尧臣一言以蔽之曰："以诳告敌，事乖必杀。"我间以假情报欺骗敌人，真相大白后必遭敌杀。

尽管如此，这里仍有两个问题需做进一步探明。第一，孙子"传于敌间"之说究竟何意？按常理来说，我方间谍将假情报传递给敌方国君或将帅，敌一旦相信即已达到欺骗敌人的目的，然孙子在此为何不说"传于敌"而说"传于敌间"，这岂不是枝外生枝、画蛇添足吗？对于这点，赵本学注曰："传于敌间，谓以诳事传之于敌，以为间也。"赵公意思是说，"敌间"并非指"敌方间谍"，而是指专门从事于"以诳事传之于敌"的己方之"间"。或缘于此，杜牧注为"以输诚于敌"，梅尧臣注为"以诳告敌"，杜佑注为"为敌所得"等，足见，孙子"传于敌间"句存有文义不属之嫌，当作"传于敌"义长。第二，孙子"死间"之谓究竟何来？如上所述，在杜牧、梅尧臣等看来，死间所以称之为"死间"，是因为"诳事"暴露，与实际事态相违，我方间谍因此暴露身份而被诛杀之故。但问题症结在于，倘若死间是因暴露身份后会被处死才叫"死间"，那么其他几种间谍暴露身份后难道就不会被处死，如果也会被处死岂不也该叫作"死间"？对于这点，钱基博注曰："'死间'者，诳间也；疑误敌而以不实之情报为诳，该间未必死，而有可死之道；亦有不死，不足以取信，而不得不死；故曰'死间'。"钱先生卓见，吾间若不以身赴死，则不足以取信于敌，所以不得不死，抑或称此"可死之道"，故而才把这类间谍名曰"死间"。正缘于此，张预注曰："欲使敌人杀其贤能，乃令死士持虚伪以赴之。"张公"使敌人杀其贤能"之说是否妥当我们姑且不论，然其谓"死间"作"死士"堪称一语破的。韩愈《送董邵南序》云："燕赵古称多感慨悲歌之士。"对于孙子"死间"而言，若无慷慨悲歌之情怀，为国捐躯之壮志，无论如何也不可能担当得起深入虎穴诳骗敌人的使命重托，恐怕也根本配不上"死间"的名号。

生间者，反报也。孙子说，所谓生间就是能返回报告敌情的间谍。毫无疑问，孙子"生间"乃"死间"相互对立的存在，故此，他说"生间"旨在"反报"，"反"古通"返"，也就是要求这种间谍，能够纵入敌国内部，在步步惊心、险象环生的情形下，安然无恙地活着返回，并把侦获的情报报告给祖国。因此，就像一句俗话所说的那样，活着比死去更需要勇气与智慧。或囿于此，杜牧具体而微注曰："生间者，必取内明外愚、形劣心壮、矫捷劲勇、闲于鄙事、能忍饥寒垢耻者为之。"杜公所言不无道理，但也着实存在着一概而论之嫌，难道内明外聪、形良心壮、精于高雅奢华之士就不能做生间吗？事实上，对于选什么样的人做间谍好，孙子篇尾做了最为精辟的回答："能以上智为间者，必成大功。"或许梅尧臣正因清楚看到了这一点，所以注曰："使智辨者往觇其情，而以归报也。"

综观上述"五间"，它是根据行间人员的身份或任务做出的一般性区分。就行间人员的身份而言，其实可以划分为两大基本类型。第一类，从敌方收买来的间谍人员，包括因间、内间、反间三种。对于这类间谍，孙子用了三个"因其"句来描述，"因"为"根据""凭借"义；"其"指代该"间"原本的身份。"因间"来自于"乡人"，便于在敌底层开展活动；"内间"来自于"官人"，便于在敌上层开展活动；"反间"来自于"敌间"，便于在敌机密领域开展活动。

第二类，从我方派出去的间谍，包括死间、生间两种。对于这类间谍，孙子用了两个描述句，说明了这两种间谍的基本任务，"死间"用以传出假情报欺骗敌人；"生间"用以送回敌情报服务自己。由是观之，孙子"用间"的目的，除了像曹操、李筌所说的"以知敌之情实"外，在不同领域尤其是在敌高层展开间谍活动亦是孙子"用间"的重要企图，或缘于此，钱基博注曰："间之为用，匪惟以知敌情！亦可以伐敌谋！"钱先生所言不虚，就像《谋攻》所说的"上兵伐谋，其次伐交，其次伐兵，其下攻城"，无论是伐谋、伐交、伐兵甚或攻城，用间以"先知"敌情均是"明君贤将，所以动而胜人，成功出于众者"的前提大要，然若非间谍直接参与到伐谋、伐交、伐兵等军事斗争之中，恐怕也绝难产生"动而胜人，成功出于众者"的用间效果，因此，只把"以知敌之情实"作为孙子"用间"的唯一目的，完全是一种片面的解读与认识。这里，尤为重要的是，透过孙子对这两类五种间谍的阐述，我们仿佛看到了一张绵密的间谍网，顺理而成章，"五间俱起"的组织领导网络依稀可见。

用间的领导：三莫三非

故三军之事，莫亲于间，赏莫厚于间，事莫密于间。此"三莫"乃孙子确立的君将用间的根本法则。就在分别解释过"五间"的名称概念之后，孙子旋即提出了作为君将用间或行间的最根本的方法原则。他明确指出，所以在军队事务中，感情最亲近的莫过于和间谍，奖赏最优厚的莫过于对间谍，行事最机密的莫过于同间谍。句中"三军之事"，汉简作"三军之亲"，对此，笔者认为，由于"三军之事"的"事"，既包含有关于军队内部团结的"亲"的事务，也包含有关于君将赏功罚过的"赏"的事务，还包含有关于用间密谋行事的"事"的事务，更何况早在《谋攻》篇中孙子就已然提出了基于上述内涵的"三军之事"的概念，故此，从十一家注本作"三军之事"义长。然而，在此真正需要关注的是，孙子为何会从"亲""赏""密"三个方面来提出并确立用间的根本法则。

关于"亲"，《说文》云："亲，至也。"段玉裁注："父母者，情之冣（最）至者也，故谓之亲。"可见，它专指人情感的亲密和心灵的切近，故王晢注曰：

"以心腹亲结之。"关于"赏",《三略·上略》云:"《军谶》曰:'香饵之下,必有死鱼;重赏之下,必有勇夫。'故礼者士之所归,赏者士之所死。招其所归,示其所死,则所求者至。"易见,在古人看来,重赏乃驱使人英勇向前、不畏牺牲的不二良方,故梅尧臣注曰:"爵禄金帛,我无爱焉"。关于"密",《易经》云:"君不密则失臣,臣不密则失身,机事不密则害成。"足见,事以密成,语以泄败,这是古人铺谋成事的基本信条,故王晳注曰:"独将与谋。"正是基于上述认识,赵本学之注鞭辟入里:"不亲,不得其心。不赏,不得其命。不密,不得其成。"刘邦骥之注一口道破:"以亲之厚之密之三者,为用间之根本。"总而言之,"亲"可以获得人的真心拥戴,"赏"可以驱使人勇敢献身,"密"可以确保人事利功成,由此三点,不仅系统地构成了君将用间的根本法则,而且尤需关注的是,最后一个"莫"句亦昭著地表明了"密"乃"事"的本质要求所在。诚如朱逢甲《间书》所云:"至于行间贵密……兵机皆贵密,不独用间为然也。而用间尤宜密。"间谍工作贵在保密,用兵打仗也贵在保密,但行间用间尤甚。关于间事"守密"问题呼之将出。

非圣智不能用间,非仁义不能使间,非微妙不能得间之实。此"三非"乃孙子提出的君将用间的品格要求。他毅然指出,不是才智非凡的君将,不能运用间谍;不是大仁大义的君将,不能指使间谍;不是心思细密的君将,不能获得真实的谍报。句中"用间",即篇题"用间",所以,"用"有"筹划运用""综合运用"义;"间"指"间谍群体"有"间谍工作"义。正如孙子上文中说到的"五间俱起,莫知其道,是谓神纪",既然"用间"乃"五间俱起"属于"神纪",是斗智的集中体现,因此,要求君将必须具备"圣智"的品格,张预注"圣则事无不通,智则洞照几先",无事不通,无处不明,何等的聪明睿智。句中"使间","使"为"指使""役使"义;"间"指"间谍个体"有"间谍人员"义。《赵注孙子十三篇》说:"仁义之道,王者之所以怀诸侯而服万国也"。同样,"使间"的关键亦在于笼络间谍,因此,要求君将必须具备"仁义"的品格,王晳注"仁结其心,义激其节",仁爱沐心,正义浴行,何等的胸襟气度。句中"得间之实","得"为"获得""辨识"义;"间"为"谍报""情报"义;"实"为"真实""实情"义。谍报工作,真真假假,虚虚实实,需时时辨明敌情之虚实,处处识别谍报之真伪,因此,要求君将必须具备"微妙"的素质与品格,杜佑注"用意密而不漏",一丝不苟,明察秋毫,何等的细密心思。正是基于上述认识,陈启天简明扼要注曰:"用间所必要之才德:一为圣智,二为仁义,三为微妙。圣智者,谓有识人之大才也。仁义者,谓有感人之大德也。微妙者,谓有识事之慧眼也。"

微哉微哉,无所不用间也。此乃孙子指明的君将用间的领域范围。他接着感叹道,微妙啊,微妙!无时无处不可以使用间谍。汉简本"微"作"密",且上句"微妙"《通典》和《御览》皆作"微密",故显而易见,此"微"或"密"字乃承上句"微妙"或"微密"而来,对此,梅尧臣注曰:"微之又微,则何所不知?"张预注曰:"密之又密,则事无巨细皆先知也。"由此亦见,梅注本作"微",张注本作"密",然即使依"密"字亦非"秘密"之"密",而是与"微"字同义,皆为"细微""细密"之义。在这里孙子发此感叹,虽缘起于对前文"三莫"用间法则和"三非"君将品格的赞誉,但它并非是对前文内容的进一步阐述,而是旨在引出对间谍工作运用领域范围的论说——"无所不用"。具而言之,两个"微"字是细微、精妙的意思,在赞叹间谍工作细致入微、精妙绝伦的同时,也指明了间谍运用领域范围无孔不入、无处不用的无限性和广阔性,因此,杜牧注曰:"言每事皆须先知也。"王皙注曰:"丁宁之,当事事知敌之情也。"用间知敌究竟精细入微至何等程度?关于用间"知微"问题跃然纸上。

中:守密知微

上半部分,孙子阐述了用间的作用、组织及领导,尤其是确立了君将"三莫""三非"的用间法则和品格要求,初步搭建起了用间的基本理论。按照孙子的论述逻辑,末位的"事莫密于间"乃"三莫"之重点;束尾的"非微妙不能得间之实"乃"三非"之关键。中间部分,孙子以"间事未发而先闻者"为例,生动注解了用间的根本要求在于"密";以"军之所欲击,城之所欲攻,人之所欲杀"为例,具体诠释了用间的任务标准在于"微"。下半部分,孙子三用"因是而知之",在阐明"反间"乃用间津要之时,阐明了用间组织方式的严密性;两举"伊挚在夏""吕牙在殷"上古典例,在提出"上智为间"的择间标准之际,昭示了造微入妙的用间之境。综而观之,一"密"一"微",乃用间之魂,上通"用间之理",下达"用间之要",全文思想会通,整篇结构一体。

3.1 间事未发而先闻者,间与所告者皆死。

3.2 凡军之所欲击,城之所欲攻,人之所欲杀,必先知其守将,左右,谒者,门者,舍人之姓名,令吾间必索知之。

间事之密:泄密必诛

间事未发而先闻者,间与所告者皆死。这是孙子对上文所言"密"的具象的诠释与要求,它以其重矩殊规的极端做法说明,"密"既是间谍活动的根本要求,也是行间用间的津要所在。他指出,假如间谍活动尚未开展,就已经有人听闻,那么间谍与听到的人一律处死。句中"先闻"下有"者"字,表明这句话为假设句。关于"间事",即行间之事,指间谍活动;关于"未发",《汉书·王吉传》云"慎勿有所发",颜师古注"发谓兴众举事",故为尚未开展、施行的意思;关于"先闻",《说文》云"闻,知声也",段玉裁注"往曰听,来曰闻",故专指事先有人说给你听,即事先传闻、传告的意思;关于"所告者","所"相当于"被",指被告知秘密的人。对于此言,赵本学注曰:"言兵事多借用间而成功,不可不密其机。苟军中有以间事相告语者,彼此皆斩之;斩间者之泄言,斩闻者以灭其口也。此承上文而勉为将者,当戒严如此。"赵公所言切中肯綮,间谍工作特别是军事间谍工作,某种意义而言,就是保密与窃密相斗争的工作,因此,间谍活动一旦事先暴露,泄密者和知密者当一律处死。为何要如此冷酷凶残呢?杀掉间谍是为严惩泄密,杀掉听者是为保守秘密。借此定例,便深刻说明保密在间谍活动中的极端严肃性和重要性。最后,赵公特别指出"此承上文而勉为将者",甚是。此言与上文"事莫密于间"相承,实则这也是提供了一个例证,以"间与所告者皆死"的极其残酷性,形象说明"事莫密于间"的极度重要性,并以重典极刑的惩罚告诫君将,用间守密严当如此。

间知之微：识微见几

凡军之所欲击，城之所欲攻，人之所欲杀，必先知其守将，左右，谒者，门者，舍人之姓名，令吾间必索知之。这是孙子对上文所言"微"的具象的诠释与要求，它以其必知姓名的识微见几说明，"微"既是间谍活动的任务标准，也是用间择人的素质要求。他指出，凡是要打击敌方军队，要攻占敌方城池，要斩杀敌方人员，必须预先了解其镇守将领、左右亲信、礼宾小吏、守门官员、门客幕僚的姓名，指令我方间谍一定详尽探知清楚。全句三个"之所"结构，"之"字使宾语"军""城""人"前置，"所"字与动词"欲击""欲攻""欲杀"构成名词性词组，表明先秦时期三种基本的进攻作战类型："军之所欲击"指野战，"城之所欲攻"指攻城，"人之所欲杀"指特战。对于主张攻势战争的孙子来说，这自然也代表了战争中所有的军事行动。关于"守将"，张预注"守官任职之将也"，指镇守将领；关于"左右"，赵本学注"腹心主谋也"，指近臣亲信；关于"谒者"，《礼·曲礼》郑玄注"谒者主宾客告请之事"，指礼宾小吏；关于"门者"，杜佑注"守门者也"，指守门官员；对于"舍人"，师颜古注《汉书·王莽传上》"其令公奉、舍人、赏赐皆倍故"曰"舍人，私府吏员也"，指门客幕僚。总的来看，孙子罗列的这五种人，虽有将有吏有士人，但大多属职位平平之辈，然孙子的要求却是"令吾间必索知之"。"之"指前面所说的五种人的姓名；"索"《说文》云："索，尽也"。故"索知"即涵"尽知""全知"之义。

这里不禁要问的是，无论"军之所欲击"，还是"城之所欲攻"，甚或"人之所欲杀"，君将在军队发起攻势行动之前，需要了解的敌方情况非常多，如从敌方企图到部署、从敌方计划到行动等，重要情报可谓比比皆是，但孙子为何却偏偏提出"先知"看似微不足道的这些人的"姓名"，且还特别强调"令吾间必索知之"呢？对此，古今绝大多数注家语焉不详。如李筌注曰："知其姓名，则易取也。"陈皞注曰："敌人左右姓名，必须我先知之。"张预注曰："凡欲击其军，欲攻其城，欲杀其人，必先知此左右之姓名，则可也。"应该说，在诸多注家之中，梅尧臣之注当值玩味："凡敌之左右前后之姓名，皆须审省，而令吾间先知，则吾间可行矣。"预先知道了敌方有关人员的姓名，我方间谍就可以顺利开展工作了，梅公之注同样留给人们一个问题，这是为什么呢？

与梅注相较，赵本学之注愈加发人深省："皆知其姓字名氏之为谁，何则？离间欺诳之术，探取度量之计，皆有所夤缘而生矣。"间谍工作是离间欺骗敌人的方法，是窃取打探情报的策略，因此，悉知敌五种人员姓甚名谁，是开展间谍工作的缘起与发端。所谓"夤缘"，即指某种可资凭借攀附的关系，亦指沿着某物盘桓或顺着某物进行。那么，接下来的问题自然是，知敌"姓名"之后间谍工作又何以走向深入呢？李筌《太白阴经·行人》有云："吾使行人观敌国之君臣、左右、执事，孰贤孰愚；中外近人，孰贪孰廉；舍人、谒者，孰君子孰小人，吾得其情因而随之，可就吾事。"先知其姓名，后知其秉性，再因情施策、尽入彀中。关于"行人"，《管子·侈靡》云"行人可不有私"，尹知章注"行人，使人也"。可见，"行人"是"使者"古时的统称。其实，在李筌这里，"使"就是"间"，如他在注"生间者，反报也"时曰："往来之使"。事实亦是如此，古往今来把使节当作间谍使用基本属于用间的常态。由是观之，在孙子看来，开展间谍工作本质上是做人的工作，从知其姓名，到观其品行，再到"吾得其情因而随之，可就吾事"，每一步均离不开为间者识微见几、见微知著、洞幽察微的艰苦细致的、最难的人的工作，无怪乎孙子上文申言"非微妙不能得间之实"，"微"亦乃用间的津逮之所在。

下：用间之要

孙子认为，自古明君贤将，所以动而胜人，在于用间知敌，而用间之关键在于两点：一是"密"，故在上半部分确立君将"三莫"用间法则的同时，凸显"事莫密于间"，并在中间部分以"间与所告者皆死"的定例，具体申明了"密"的极端严肃性和重要性；二是"微"，故在上半部分提出君将"三非"品格要求的同时，强调"非微妙不能得间之实"，并在中间部分以"令吾间必索知之"为凡例，形象说明了"微"的极端必要性和重要性。那么接下来的问题便是，应如何建构一个"五间俱起"且确保"密"即组织严密的间谍网络？又如何遴选一支"必成大功"且精于"微"即造微入妙的间谍队伍？下半部分"用间之要"隐约可见。

4.0 必索敌人之间来间我者，因而利之，导而舍之，故反间可得而用也。因是而知之，故乡间、内间可得而使也；因是而知之，故死间为诳事，可使告敌；因是而知之，故生间可使如期。五间之事，主必知之，知之必在于反间，故反间不可不厚也。

5.0 昔殷之兴也，伊挚在夏；周之兴也，吕牙在殷。故惟明君贤将，能以上智为间者，必成大功。此兵之要，三军之所恃而动也。

用间的津要：必在反间

必索敌人之间来间我者，因而利之，导而舍之，故反间可得而用也。从这句话开始，到"五间之事，主必知之"句，孙子讲的是如何构建一个严密的间谍网络，显而易见，这与上半部分"五间俱起，莫知其道，是谓神纪，人君之宝也"是桴鼓相应的。句中，"来间我者"之"间"，为名词动用，是"行间"的意思；"利之""舍之"的两个"之"，均指代"来间我者"。训解此言的难点在"舍"字，目前有两种解释：一为曹操注"居止也"，各家多持此说；一为赵本学注"纵遣之"。两者究竟孰是孰非，钱基博的乘龙佳婿石声淮与张预之注的对勘可谓切中问题的要害。张预从曹操注曰："求敌间之来窥我者，因以厚利诱导而馆舍之，使反为我间也。言舍之者，谓稽留其使也；淹延既久，论事必多，我因察敌之情。"为了进一步表明其说法的正确性，张公还以反问感叹道："下文言四间皆因反间而知，非久留其人，极论其事，则何以悉知?!"对于张预的说法，石先生针锋相对地指出："张预解'导而舍之'，以'导'为诱导，'舍'为馆舍，非是！'导'者，示也；'舍'读为捨，释也，纵也。所贵用反间者，不但利其泄敌情于我；尤利其反国而为我作间也。'导而舍之'，谓授之以方略，然后纵使归国而为我之间。下文四间可得而使，不仅因敌间输情于我，我知其瑕隙而蹈之；抑且谓资反间而使四间与我通声气也。"笔者认为，石注所以洞中肯綮，要在他对反间本质的正确认识："所贵用反间者，不但利其泄敌情于我；尤利其反国而为我作间也。"反间不是一般的间谍，而是"反国"

的间谍，他有一个从思想到行为的反叛其国的投诚过程，若明于此，我们便不会认为仅靠"馆舍之"即可策反敌间为我间，更不会认为仅此"淹延既久，论事必多，我因察敌之情"即为反间主要用途之所在，这里还姑且不论敌间是否如张注所云尽是"使者"问题。尤为明了的是，古书"舍"与"捨"通用，《说文》云："捨，释也。"可见，"舍"本具有"释放""开释"义。所以，孙子才会说，必须要查出那些前来刺探我军情的敌方间谍，利诱收买他，劝导感化他，然后再放他回去，这样，反间就可以获得并为我所用了。由此易见，赵公"纵遣之"说，当切孙子真意，而石注则讲清了赵注所以正确的根由所在。

因是而知之，故乡间、内间可得而使也。孙子紧接着说，通过反间了解到敌国有关情况，那么乡间、内间就得以发展和使用了。句中"因"，为"凭借""利用"义；"是"，指代"反间"；"乡间"即上文所说的"因间"。对于此言，有两种不同的解释。一为知理说。如杜牧注曰："若敌间，以利导之，尚可使为我反间，因此乃知，厚利亦可使乡间、内间也。此言使间非利不可。"意思是说，反间是用利诱收买，乡间、内间亦然。或许，在杜公看来，上句讲的是反间的"可得而用"，这句讲的是乡间、内间的"可得而使"，两句讲的问题一样，因而事理也一样，故可知"使间非利不可"的道理。二为知敌说。如梅尧臣注曰："其国人之可使者，其官人之可用者，皆因反间而知之。"张预注曰："因是反间，知彼乡人之贪利者，官人之有隙者，诱而使之。"意思是说，由于有了反间的情报支持，就可清楚知道敌国的哪些乡人可发展为乡间，哪个官吏可发展为内间。可见，在梅、张看来，发展和使用乡间、内间，重在了解和选择恰当的人选，而反间很好地协助解决了这个难题。应当说，倘若就此言单独来看，两种解释都有道理；但若结合下文来看，唯第二种解释切合孙子本意。究其缘由，自此言始，孙子接连用了三个"因是而知之"，用意就在于分别说明反间与乡间、内间、死间、生间的因果关系：一者为了乡间、内间"可得而使"而"知人"；二者为了死间"可使告敌"而"知事"；三者为了生间"可使如期"而"知时"。同时，孙子下文紧接强调的"五间之事，主必知之，知之必在反间"，亦同样表明，此言所讲的"知之"，是从反间那里获得敌情的"知敌"，而并非是从反间使用推知公理的"知理"。由是观之，在孙子看来，得乡间，使内间，重在"择人"，由于反间提供了敌国乡人、官吏的相关情报，而使乡间、内间的发展和使用能够有的放矢。

因是而知之，故死间为诳事，可使告敌。孙子继而指出，也是通过反间了解到敌国有关情况，那么死间方可造谣生事，把假情报告诉敌人。诚如前文所言，所谓死间就是为了欺骗敌方，即所谓"诳事"，而敢于慷慨赴死的间谍，故要言之，作为死间，一是敢作"死士"，二是为了"诳事"，前者属个人素质或行间手段，后者属使命任务或行间目的。正鉴于此，弄清"诳何事"的问题，自然就成为应用死间的关键所在。故此，张预注曰："因是反间，知彼可诳之事，使死间往告之。"赵本学注曰："又言知之，则所谓欺诳之事，能切中敌人之私，有可信之理，使之告敌，而计无不行也。"张、赵二公洞见，"知之"意即知敌"可诳之事"，因其能"切中敌人之私"，故实行死间"计无不行也"。由是观之，在孙子看来，应用死间，重在"构事"，由于反间提供了敌方可诳可诈的事情，故而使死间的使用得以马到功成。

因是而知之，故生间可使如期。孙子进而又指出，还是通过反间了解到敌国有关情况，生间才可确保回国报告的情报及时有效。此言乍看起来，似乎并不难懂，然欲明其就理，当别作一番思量，或缘于此，古今注家不明此言义理者不在少数。古如杜牧注曰："可使往来如期。"张预注曰："因是反间，知彼之情，故生间可往复如期也。"今如郭化若《十一家注孙子》译释说："由此而了解了情况，这样就可使'生间'按预定时间回报敌情。"陶汉章《孙子兵法概论》也译释说："因从反间那里得知敌人情况，所以生间就可遵照预定的期限，回来报告敌情。"为此不禁要问，为何说有了反间，生间就可以按时"往来"？难道生间回国报告敌情，一定要在"预定时间"或"预定的期限"吗？个中缘由似乎并未说得很清楚。笔者以为，正如孙子前文所言："生间者，反报也。"生间的根本使命任务就是返回祖国报告敌情，质言之，"生间"所以存在，价值就在"反报"，因此，"生间可使如期"的意思当为生间"可使"敌情"如期"，而并非是"可使"生间"如期"，上述注家所以不得其旨，皆在于他们认为是指生间的"如期"。进而言之,"生间可使如期"其实是"生间可使之如期"的省略句,略去的"之"字,乃上言"因是而知之"的"之",指的就是"敌情"。故此,赵本学注曰:"如期,以期而取息回报也。"梅尧臣注曰:"生间以利害觇敌情,须因反间而知其疏密,则可往得实而归如期也。"不错,无论赵注"以期而取息回报",还是梅注"可往得实而归如期",都可谓切中此言要义。在孙子看来,应用生间,重在"及时",由于反间深入虎穴打探敌情,提供了敌方可靠的情报,所以生间才可确保带回的情报及时而有效。

五间之事,主必知之,知之必在于反间,故反间不可不厚也。此段临了之际,孙子明确指出,五种间谍的活动,国君都必须掌握,而掌握的关键必然在于反间,所以反间是不可不厚待的。对于此言,赵本学注曰:"结上文之意,言五间之事,固皆人主所当知。"赵公明见。这句话的确是孙子对上述五间运用的总结概括,具体强调了两个方面。一方面,他突出强调了五间运用"主必知之"。汉简本无"主"字,对于"主"字,杜佑、张预注为"人主",指国君;而郭化若《十一家注孙子》译释为"主持者"。赵又春《我读孙子》从郭且解释说:"其中的'主'字不是指君主,而是指主管间谍——情报工作的头头……甚至可以不是将帅本人。"关于这点,孙子前文其实讲得非常清楚:"故明君贤将,所以动而胜人,成功出于众者,先知也。"在孙子看来,"用间"就是为了"先知",这既是"明君"之事,也是"贤将"之事,换言之,它不仅涉及军事层面的战争情报获取问题,而且涉及国家层面的政经情报获取问题,故此方曰:"主必知之"。足见,从传本存"主"字义长,且指"国君"意切。另一方面,他明确揭示了五间运用"必在于反间"。这既是对前文所述反、乡、内、死、生等五间中枢的明确揭示,也是对五间运用津要的强调申说。对此,杜牧注曰:"乡间、内间、死间、生间,四间者,皆因反间知敌情而能用之,故反间最切,不可不厚也。"钱基博注曰:"孙子五间,'反间'管其枢"。诸家众口一词以为,反间乃五间之本,故当厚而待之。事实上,孙子上文也正恰阐明了这一点,乡间、内间、死间、生间等四间之所以能够准确、合理、有效地得以应用,完全是基于反间对敌情的了解掌握,所以才说,反间是一切情报活动的总枢纽，国君必须对反间采取优待厚遇的策略。总而言之，通过逻辑缜密的阐述，孙子把一张组织严密、中枢突显、运行高效的无影无形的间谍之网呈现在我们的面前，然而比此更为关键的问题还在于，当组织运行的机制确定之后，选人用人就会成为用间行间的决定因素。

用间的取人：上智为间

昔殷之兴也，伊挚在夏；周之兴也，吕牙在殷。汉简本此句下有"……衛师比在陉。燕之兴也，苏秦在齐"等语。对此，汉简整理小组分析认为："苏秦时代远在孙武之后，简本此数语似可证《孙子》书出于孙武后学之手。或以为此数语当为后人所增，待考。"笔者以为，无论如何，《孙子兵法》的传本已流传于世逾 2500 余年，在历史的流变过程中，必然会发生多家版本的撞击和互证，故其内容的准确性应当说久经考验，而银雀山出土的汉简本只不过是一家之"藏书"，特别是在书籍传播仅靠手工誊抄的远古年代，简上偶现藏家或读者观感的增益之文并非罕见。譬如庄子在其《大宗师》中就对"道"的由来和传承有过这样的描述："闻诸副墨之子，副墨之子闻诸洛诵之孙，洛诵之孙闻诸瞻明，瞻明闻之聂许，聂许闻之需役，需役闻之於讴，於讴闻之玄冥，玄冥闻之参寥，参寥闻之疑始。"这意思是说，女偊得道是从副墨（文字）的儿子那里听来的，副墨又从洛诵（诵读）的孙子、洛诵的孙子又从瞻明（见解明彻）、瞻明又从聂许（心得）、聂许又从需役（实行）、需役又从於讴（咏叹歌吟）、於讴又从玄冥（静默）、玄冥又从参寥（高邈寥旷）、参寥又从疑始（迷茫之始）那里听来的。诚可想见，在印刷术发明之前，文化知识如此这般的传播方式造成缺漏与讹误着实不足为奇。更何况，整观此段，孙子为了说明"明君贤将，能以上智为间者，必成大功"的道理，用"昔殷之兴也，伊挚在夏；周之兴也，吕牙在殷"两个三代时期最为著名的事例作为佐证，无论从春秋时期的尚古之风看，还是从整篇文章的气韵修辞看，已然是义理昭著，酣畅达意，倘若再增"……衛师比在陉。燕之兴也，苏秦在齐"一语，委实透出一股浓重的蛇足之味。所以说，汉简整理小组"此数语当为后人所增"的分析更当切实可信。

"殷"朝代名，指商朝；"伊挚"即伊尹，夏末殷初人；"在夏"意为"在夏为间"。"周"朝代名，指周朝；"吕牙"即吕尚，俗称姜太公，殷末周初人；"在殷"意为"在殷为间"。此言意即，从前商朝的兴起，在于伊挚曾经在夏朝做间谍；周朝的兴起，在于吕牙曾经在商朝做间谍。在此，孙子讲了两个三代时期著名的历史事件：夏桀在位时，昏庸无道，商汤以伊挚为辅佐，伐灭夏桀，商朝立国，因伊挚原臣事夏桀，后归附商汤，故尽知夏桀的政情，终为商汤伐灭夏桀而成大功。与此相同，殷纣在位时，暴虐无道，周武王姬发以吕牙为辅佐，伐灭殷纣，周朝立国，因吕牙原臣事殷纣，后归附姬发，故尽知殷纣的政情，终为姬发伐灭殷纣而成大功。对于孙子列举的这两个历史知名人物，梅尧臣注曰："伊尹、吕牙，非叛于国也，夏不能任而殷任之，殷不能用而周用之，其成大功者，为民也。"何氏则注曰："伊、吕，圣人之耦，岂为人间哉？今孙子引之者，言五间之用，须上智之人如伊、吕之才智者，可以用间，盖重之之辞耳。"综观宋人之注，众口一词地认为，伊尹和吕尚同为古圣先贤，怎么可能叛其国而为人间呢，这不过是孙子为说明"以上智为间"观点而提供的论据罢了，其言外之意，如若孙子果真把伊尹和吕尚视作间谍，那么此言必有比拟非伦、失之于诬的嫌隙。

　　然而，历史上却确实有伊挚、吕牙当间谍的记载。如《孟子·告子下》有云："五就汤、五就桀者，伊尹也。"此即所谓伊尹为间，五次投汤、五次投桀的事迹。又《史记·齐太公世家》记载："太公博闻，尝事纣。纣无道，去之。"姜太公为间，也有三次投文王、三次投商纣的传说，不过细节已不得其详。《论语·述而》云："圣人，吾不得而见之矣。"足见，在孔子的心目当中，圣人形象是一般人难以企及的，甚至连孔子自己都认为是难以实现的，而这也正是他一生努力想要达到的境界。如众所知，尊孔崇儒是宋朝统治者的基本国策，自然儒学也被宋代学人奉为圭臬。由于深受儒家思想的桎梏与影响，《孙子兵法》的宋代注家们同样把圣人视为最高的智慧、道德的标准和政治的理想，因此在他们的眼中，伊尹和姜尚作为"仁义"的化身，怎么可能背叛祖国当他国的间谍，这岂不是对圣人的亵渎吗？于是，他们极力为孙子辩护，其实质是为伊尹和姜尚辩护，目的就是维护两位先贤的所谓圣人形象，最具代表性的当属郑友贤之注："夫事在于用权，则何所不为哉？但处之有道，而卒归于正，则权无害于圣人之德也。在兵家名曰间，在圣人谓之权。"大体意思是说，因为事情发展的需要，圣人即使做了间谍，也会秉持自己的正道，丝毫无碍于圣人的德行，因此，对于兵家叫作间谍，对于圣人叫作权变。其实，笔者认为，这不过是宋代学者的"以今例古"而已。因为，在春秋时期的孙子看来，伊尹之投商，吕尚之赴周，本身就是弃暗投明的"圣智"与"仁义"之举，而绝非是宋儒的纲常名教衡量下的"圣人之德"，所以，如果我们连贯起来看孙子下句话的意旨的话，他毋庸置疑地把"伊挚"和"吕牙"定位为间谍，不过他们不是一般的间谍，而是"上智"之"间"，或许这也可以从另一个侧面佐证伊尹、吕尚曾经为间的史料记载的可能性或真实性。

故惟明君贤将，能以上智为间者，必成大功。孙子紧接上言指出，所以明智的国君，贤能的将帅，能够使用高超智慧的人做间谍，必定成就伟大的功业。如众所知，因讲史旨在明理，故这句话其实是对上句话讲的两个历史事件所蕴含的科学道理做出的理论概括。所以，施子美注曰："上智者，过人之能也；间者，过人之事也；必成大功，过人之功也。是功也，又岂攻城略地、拳旗斩将之比哉，其大也不可胜之言也。上智之人，必伊、吕而后可也，立商造周，其功为如何耶？"施公的说理条分缕析，"上智为间"就是指像伊挚、吕牙这样的聪明睿智之人做间谍；"必成大功"就是非"攻城略地、拳旗斩将"可比拟，而是指像成就"立商造周"这样的不世之功。显而易见，孙子此言所真正揭示的乃是用间择人的最佳标准，即所谓"上智"问题。那在孙子看来，人什么样的"智"才可称得上"上智"呢？对此，陈启天注曰："间谍何以必须上智者为之？盖以上智者既能见其大，复能见其微，而不徒务一己之富贵利达也。能见其大，始不为琐事所纷扰；能见其微，始不为表象所迷误。"一言以蔽之，陈公以为，"上智者"即具有"致广大而尽精微"之人。客观地讲，孙子《用间》重在揭示君王将帅的使用间谍问题，而对间谍本身的素质标准则鲜有涉及，只是在上文当中提道："凡军之所欲击，城之所欲攻，人之所欲杀，必先知其守将，左右，谒者，门者，舍人之姓名，令吾间必索知之。"从这段论述的字里行间，我们不难看出他对间谍"识微见几"或"见微知著"的能力要求。依此观之，陈公之解亦不失为一语破的。另值得注意的是，这里继前文"故明君贤将，所以动而胜人，成功出于众者，先知也"之后，再度出现"明君贤将"四个字，这种前后的遥相呼应清楚地告诉人们，间谍不仅运用于"明君"之"国"的领域，而且运用于"贤将"之"兵"的领域，但毫无疑问，唯有后者才是孙子论兵尤当关切的问题。于是，就在《用间》全篇收尾，亦即《孙子兵法》全书结束之际，他简明扼要地指明了间谍之于"兵"的重大作用。

此兵之要，三军之所恃而动也。对于此言，杜牧注曰："不知敌情，军不可动；知敌之情，非间不可，故曰'三军所恃而动'。"张预注曰："用师之本，在知敌情，故曰'此兵之要'也。未知敌情，则军不可举，故曰'三军所恃而动也'。"由此易见，"此"即指"用间""行间"；"恃"意即"依靠""根据"。此言意为，用间是用兵打仗的关键，军队所有行动的根据所在。具而言之，全军上下的所有行动，绝对不可以盲动，必须依靠间谍的情报而动，也就是只有对敌情有了了解之后才能采取行动。令人叹服的是，孙子行文总是不乏神来之笔，这句话作为终篇的结尾，当然也是全书的结尾，堪称言近而旨远，达到了两个认识的跃升与回归。就《用间》全篇而言，孙子考察"用间"问题，并非仅停留在"兵"的层面，而是始终站立于"国"的高度加以阐述，因此，全篇首尾两度出现"明君贤将"的"用间"的实施主体，而只有到了全篇结尾之际，才言简意赅地揭示了"用间"乃"兵之要"——"三军之所恃而动"的重大作用，达成了"用间"问题从"国"到"兵"的认识回归。就《孙子兵法》全书而言，首篇《计》第一句话就说："兵者，国之大事，死生之地，存亡之道，不可不察也"；而终篇《用间》最后一句话则说："此兵之要，三军之所恃而动也"。对于两者的内在关联，钱基博注曰："先计而后战，故校之以计而索其情曰：'主孰有道？将孰有能？天地孰得？法令孰行？兵众孰强？士卒孰练？赏罚孰当？'不知敌之情，乌乎校以计？间者，计之所以成始而成终也。故以计始，以间终，而卒言之曰'此兵之要，三军之所恃而动也'。"钱先生洞见，《计》较敌我，料胜负，定战否，需于知敌情，《用间》欲胜人，须先知，必用间，旨在知敌情，二者丝丝入扣、因果照应，实现了关于"兵"从"用间"到"计"的思想的回归。由是观之，孙子开卷论"计"，终卷言"间"，首尾相顾，切实彰显了《孙子兵法》完整的结构体系，而他把《用间》置为全书终篇，当之无愧为理论圆融的点睛之笔。

清华大学丁四新教授在为其学生袁永飞的专著《〈老子指归〉的哲学研究》所作的序中指出："在当时思想背景下，文本自身的形式（如分章）并非小事，它们要尽可能地符合天道观的数理。"丁先生的意思是说，在春秋时期的思想背景下，老子《道德经》的篇章结构不可能是没有思想文化根据地随意划分的，它应当是符合天道观的数理要求的。于是，他进一步研究指出："我曾经受到《说目》（《君平说二经目》）的启发，探讨了通行本和汉简本《老子》的分章依据。……其上下篇的章数三十七和四十四，是根据中数五六之比（5∶6）来制定和裁划的。"同样诞生于春秋时期，同为诸子百家之言，关于《孙子兵法》的理论体系，其实早在唐宋时期就被人发现和认可，然截至目前仍是众说纷纭、莫衷一是。但可以肯定的是，丁先生发蒙于《说目》的"中数说"，既缺乏对中数内涵的准确理解，也没有思维科学的可靠根据，如此"裁划"诸子书的结构体系，不免存有武断之嫌。无论如何，关于《孙子兵法》理论体系的研究不过只见冰山之一角，若要真正揭开其庐山面目依然任重而道远。

总论:《孙子兵法》的理论体系

　　《孙子兵法》构建了一个全整而恢弘的军事理论体系。对此,评价最为登峰造极的当属明人茅元仪。他说:"前孙子者,孙子不遗;后孙子者,不能遗孙子。"意思是说,对于前人的优秀军事理论成果,孙子都全盘地吸收与继承了下来;而对于后世的兵家学者,论兵都无法离开孙子的理论学说。究其缘由,无非是说孙子所建立的兵学体系,涵盖了兵学理论的所有内容,具有着广博的包容性;同时也框定了传统兵学的发展方向,具有着广阔的开放性。自古以来,尽管人们对这一理论体系的认识和理解千差万别,但对其本身的存在却殊有疑议。因此,对于《孙子兵法》的理论体系,千百年来历代学者始终进行着不懈的研究和探索,目的就是为了获得这一把能够真正打开孙子兵学奥秘的金钥匙。

一

　　早在唐代,李筌在解释《孙子兵法》各篇的篇题时,就注意到了它相邻各篇之间的相互关联,并根据13篇的排列顺序关系,试图诠释和说明其理论体系的完整性。为深入了解李筌对《孙子兵法》理论体系的研究,我们将他对各篇篇题的注释整理如下。

　　计者,兵之上也。太一遁甲:"先以计神加德官,以断主客成败。"故孙子论兵,亦以《计》为篇首。先定计,然后修战具,是以《战》(即《作战》,下同)次《计》之篇也。合阵为战,围城曰攻。以此篇次《战》之下。形,谓主客、攻守、八阵、五营、阴阳、向背之形。阵以形成，如决建瓴之势，故以是篇次之。善用兵者，以虚为实，以实为虚，故次其篇。争者，趋利也。虚实定，乃可与人争利。（《九变》《行军》无注。）军出之后，必有地形变动。胜敌之地有九，故次《地形》之下。（《火攻》无注。）战者，必用间谍，以知敌之情实也。

李筌是道教思想理论家，少时喜好神仙之道，曾多年幽居于嵩山少室山做隐士，故其注孙子多有奇门遁甲之语。从他对《孙子兵法》各篇篇题的注释看，主要存在两大缺陷。一是注释不全，如对《九变》《行军》《火攻》三篇的篇题均无注释，原因不得而知。二是注释不准，如在注解《作战》篇的篇题时说："先定计，然后修战具，是以'战'次'计'之篇也。"意思是说，在《计》篇"定计"，也就是做出战争决策之后，就应该讲"修战具"，也就是讲战争准备问题，所以孙子把《作战》篇排在《计》篇之后。注意，这里李筌把《作战》篇解释为"修战具"的战备问题。但到了注解《谋攻》篇的篇题时，李筌又说："合阵为战，围城曰攻。以此篇次'战'之下。"意思是说，只有敌我双方以阵对阵的交锋才叫作"战"，只有一方围攻另一方的城池才叫作"攻"，所以讲完"战"之后，就应当讲"攻"，所以孙子把《谋攻》篇排在《作战》篇之后。显然，这里他又把《作战》篇解释为"合阵为战"，也就是敌我以阵对阵的作战问题。同样是《作战》篇，却做出两种如此截然不同的解释，足见其存在的逻辑漏洞非同一般，更何况《谋攻》篇也并非是论"攻城"问题的。不止于此，他对《形》《地形》等篇题的注释也多有讹误。然而无论如何，李筌所确立的以篇旨串联来解读孙子理论体系的方式，暗合了现代结构主义关于整体只有与部分联系起来才能被理解的科学理路，当之无愧地可谓为发掘《孙子兵法》的理论体系开创了先河。

二

到了南宋时期，张预同样是在注解《孙子兵法》各篇的篇题时，同样以篇旨串联的方式对《孙子兵法》的理论体系做出了解读。在此我们对其注释稍加整理，便获得如下一段文字。

　　用兵之道，以计为首。计算已定，然后完车马，利器械，运粮草，约费用，以作战备，故次《计》。计议已定，战具已集，然后可以智谋攻，故次《作战》。两军攻守之形也。形因攻守而显，故次《谋攻》。兵势已成，然后任势以取胜，故次《形》。《形》篇言攻守，《势》篇说奇正。善用兵者，先知攻守两齐之法，然后知奇正；先知奇正相变之术，然后知虚实。盖奇正自攻守而用，虚实由奇正而见，故次《势》。先知彼我之虚实，然后能与人争胜，故次《虚实》。凡与人争利，必知九地之变，故次《军争》。知九地之变，然后可以择利而行军，故次《九变》。行帅越境，审地形而立胜，故次《行军》。用兵之地，其势有九，此论地势，故次《地形》。以火攻敌，当使奸细潜行；地里之远近，途径之险易，当熟知之，乃可往，故次《九地》。欲素知敌情者，非间不可也。然用间之道，尤须微密，故次《火攻》也。

　　张预作为南宋学者，著有《十七史百将传》，其所注《孙子兵法》，引战史而不繁芜，辨微索隐而不诡谲，明易通达，成就斐然。因此，他对《孙子兵法》理论体系的解析，较李筌不仅完全，而且说理更加深刻。如在解释《形》《势》《虚实》这三篇的关系时说："《形篇》言攻守，《势篇》说奇正。善用兵者，先知攻守两齐之法，然后知奇正；先知奇正相变之术，然后知虚实。奇正自攻守而用，虚实自奇正而见。"意思是说，《形》篇是论"攻守"问题的，《势》篇是论"奇正"问题的，《虚实》是论"虚实"问题的，因为，人们学习兵法也好，用兵打仗也罢，需要先学会攻和守的方法，然后才能学会奇和正的运用，最后才能知晓虚和实的创造。所以说，孙子按照《形》《势》《虚实》的顺序排列。但是，在谈到《九地》《火攻》《用间》这三篇的关系时，却说："用兵之地，其势有九，此论地势，故次《地形》；以火攻敌，当使奸细潜行；地里之远近，途径之险易，当熟知之，乃可往，故次；欲素知敌情者，非间不可也。然用间之道，尤须微密，故次《火攻》也。"显然，张预在此极力想把《火攻》解释为《九地》和《用间》两篇的中介和纽带，而事实上，"地里之远近，途径之险易"既非"火攻"论题之关键，"当使奸细潜行"亦非"火攻"论题之要点，以此来解释《九地》《火攻》《用间》三篇的内在联系，实在是一种牵强附会的说法。实事求是地讲，不要说宋人张预，即使是现代的人们也难以用篇旨串联的方式，来说明《九地》《火攻》《用间》三篇在前后位置上的排序关系。由此我们自然可以得出一个重要的结论，那就是单纯地按照 13 篇的前后排序关系，是不可能释清孙子建构的兵学体系的。换言之，如果我们仅从篇旨串联的一维视角，是根本无法诠释《孙子兵法》的理论体系的。

三

自唐以降，《孙子兵法》开始在朝鲜、日本、越南等东南亚地区广为流传，特别是到了 17 世纪，日本出现了《孙子兵法》的研究热。日本江户时代学者山鹿素行便是这个时期的典型代表。他在《孙子谚义》一书中写道：

愚谓，《始计》之一篇者，兵法之大纲大要也。《作战》《谋攻》者次之，兵争在战与攻也，战攻相通，以形制虚实，是所以《军形》《兵势》《虚实》并次，此三篇全在知己。治己而后可军争，军争有变有行，故《军争》《九变》《行军》次之，是料敌知彼也。知己知彼而可知天知地，故《地形》《九地》《火攻》次之。《地形》《九地》者地也，《火攻》因时日者天也。自《始计》迄修功未尝不先知，是所以序《用间》于篇末，三军所恃而动也。然乃《始计》《用间》二篇，知己知彼知天知地之纲领。军旅之事，件件不可外传。《作战》《谋攻》可通读，《形》《势》《虚实》一串也。《争》《变》《行军》一串也，《地形》《九地》一意也，《火攻》一意。《始计》《用间》在首尾，通篇自有率然之势。文章之奇，不求自有无穷之妙，读者不可忽。

山鹿素行是日本儒学家、兵法家，号称古学派创始人之一，以"山鹿派兵学"闻名于世。客观地讲，山鹿的注说较之李筌、张预已然发生质的跃升，超越了单从 13 篇主旨串联的一维视角，而进入了综分结合的多维视域，且初步形成了描摹理论体系的表述语境。具而言之，一是他认识到了《孙子兵法》思想内容的整体性。比如，他不仅提出了《计》篇是《孙子兵法》的"大纲大要"，而且还以孙子"知彼知己知天知地"的思想勾连起了 13 篇的内部联系。二是他认识到了《孙子兵法》理论架构的层次性。比如，他提出《军形》《兵势》《虚实》三篇"全在知己"；《军争》《九变》《行军》三篇"是料敌知彼"；《地形》《九地》《火攻》则在"知地知天"。三是他认识到了《孙子兵法》理论体系的圆融性。比如，他把孙子以《计》和《用间》为首尾两篇，比作"有率然之势"，以此来说明《孙子兵法》思想观点的圆融自洽和一以贯之。但显而易见的是，山鹿素行贸然把"知彼知己，知天知地"归结为《孙子兵法》的主题思想，并以此来概括统摄孙子13篇的全部思想内容，进而依此来剖解《孙子兵法》的理论体系，毫无疑问当属毫厘千里之误。然而无论如何，山鹿素行还是为我们研究与认识《孙子兵法》的理论体系提供了可资借鉴的思想方法和研究方向。

四

20世纪40年代以后，人们开始用现代战争的理论观点来审视和剖析《孙子兵法》的理论体系。比较有代表性的一位，是被誉为"刊万世不刊之书，传千圣不传之学"的著名学者萧天石，在其所著的《孙子战争理论之体系》一书中，他把《孙子兵法》的军事理论概括为国家指导原则、政治指导原则、经济指导原则、外交指导原则、精神战指导原则、间谍战指导原则，以及先知、目的、计划、安全、速战速决、协同、虚实、奇正、机动、诡变等24个统军作战问题。另一位有代表性的是新中国杰出的军事理论家和军事教育家，我军高级将领郭化若将军，他把孙子的军事思想概括为三大方面：在战争的认识上，认为孙子对战争抱有慎重的态度，秉持有备无患的思想，且把政治列为决定战争胜负的首要因素；在军队建设上，认为孙子既确立了"五德"的为将标准，又提出了"令之以文，齐之以武"的治军要求；在作战指导上，认为孙子主张进攻速胜、争取主动、灵活机动等思想和原则。

20世纪80年代以后，人们继续用现代战争的理论观点来研究和认识《孙子兵法》的理论体系。比如军事科学院战略研究部原部长谢国良将军认为，孙子的军事思想包括重战、慎战、备战和善战的战争观，注重计谋、全胜和进攻速决的战略思想，主动、惑敌、因情用兵的作战思想，重视将道和法治的治军思想，以及军事哲学思想。再如中国孙子兵法研究会副会长吴如嵩将军认为，孙子的军事思想可剖解为"十六论"：即安国全军的慎战论、深谋远虑的先胜论、不战而屈人之兵的全胜论、威加于敌的伐交论、纵深奔袭的突袭论、攻虚击弱的易胜论、示形动敌的致人论、因利制权的任势论、兵以诈立的诡道论、奇正相生的阵法论、用兵八戒与十围五攻常法论、令文齐武的治军论、五德兼备的将帅论、因粮于敌的后勤论、九地六形的军事地理论、刚柔皆得的战道论。这些研究成果基本代表了 20 世纪人们对《孙子兵法》理论体系的研究状况和认识水平。

然而就像人们认同把科学理论研究区分为基础理论研究和应用理论研究一样，我们也可以把对《孙子兵法》的研究区分为基础性研究与应用性研究。从应用性研究的角度看，我们可以肯定地说，20 世纪人们运用现代军事理论观点来剖析《孙子兵法》的理论体系，无疑为《孙子兵法》的应用性研究提供了新视角，也为其在现代军事领域的实际应用开创了新境界。然而，若从基础性研究看，20 世纪人们对《孙子兵法》理论体系的研究，却如哲学大师黑格尔所说的那样："用分析的方法来研究对象就好像剥葱一样，将葱皮一层层剥掉，但原葱已经不在了。"的确如此，诸如这种把《孙子兵法》彻底掰开揉碎，然后再按照现代军事理论观点将其捏合在一起的理论体系，只能说是我们的理论体系，而并非孙子的理论体系，因为《孙子兵法》的原貌亦即黑氏所说的"原葱"已经不存在了。所以说，科学的分析与综合的方法是有度的，绝不能单纯地"分"，必须使之与"合"有机地结合起来，这样才能对分析的对象给出正确的结论。

五

人们之所以对《孙子兵法》的理论体系见仁见智，除了人类对客观事物的认识总是需要有一个渐进的历史过程外，更为主要的原因是，人们构建理论体系本身就没有固定的程式。然而，理论作为人们系统化的理性认识，理论体系的创建需要清晰而有逻辑这一点，却是人们永恒追求的认识境界，这无疑也是人们常说的"千古一心"的内在机理所在。正因如此，我们可以深信不疑地说，现代思维科学虽然仍未确立起关于理论体系的学问，但还是为我们研究和认识《孙子兵法》的理论体系提供了一定的科学依据。故笔者认为，孙子之所以能够构建起恢宏的理论大厦，其理论思维及由此而确立的思想学说至少具备了以下三个方面的鲜明特质。

第一，名称概念的全整性。现代逻辑学认为："任何一门科学都是该门科学的基本概念的体系。"质言之，所谓理论的体系就是概念的体系。综观《孙子兵法》的概念体系，首先，他确立了计、作战、谋攻、形、势、虚实、军争、九变、行军、地形、九地、火攻、用间，由 13 个篇题构成的，表征着冷兵器战争样态的核心概念。其次，他提出了如敌我、彼己、主客、动静、进退、攻守、速久、胜败、奇正、避就、专分、利害、优劣、安危、险易、广狭、远近、众寡、强弱、劳逸等多达 85 对的反映出孙子军事辩证思想的重要概念。再次，他运用了如道、仁、法、数、天、地、诸侯、王霸、曲制、官道、廉洁、爱民、代交、预交、公家、百姓、丘役、四时、五行、平陆、山林、沮泽、葭苇、翳荟等，涵盖政治、经济、外交、文化和自然等诸多领域的，体现着当时时代精神和特点的相关概念。窥斑知豹，仅凭《孙子兵法》概念体系的这种范围的广泛性和类型的全面性，就足可以看到其"包四种，笼百家"的宏阔理论畛域。进而言之，军事理论作为对战争和军队问题的回答与解释，其回答与解释的过程，其实就是阐明概念和概念之间关系的过程。当人们按照从主到次、从因到果、从整体到部分、从现象到本质、从具体到一般等诸多角度，把军事、政治、外交、经济等不同领域的概念进行逻辑的说明与串联，进而形成一个巨大而缜密的概念关系网，这实质上就是军事思想的阐明，也是军事理论体系的搭建。

第二，框架结构的严谨性。理论的架构是否严谨，取决于它是否建构在科学的思想理念基础之上。换言之，没有思想奠基的理论搭建，便没有严谨的理论结构体系。笔者认为，《孙子兵法》全书的理论架构，与其各篇谋篇布局一样，它源自于中国古代传统的"天人合一"的世界观和方法论，建构于当时人们普遍认同的"中和"的哲学思想精髓。正基于此，孙子便构建并形成了道、法、术纷呈的独特的"外两极内中和"的三层结构体系。上半部分，由《计》《作战》《谋攻》《形》《势》《虚实》前六篇构成，它所研究的是关于战争决策、战略方针、战争筹划、实力运用、战场形势和用兵思想，属于战争全局性、战略性的问题，也就是古人讲的"道"的问题，故我们名之曰"制胜之道"。中间部分，由《军争》篇构成，它所研究的是关于"军争"以夺取战场先机之利、"四治"以求得战场制胜之基的问题，属于战争原则性、机理性问题，也就是古人讲的"法"的问题，故我们名之曰"制胜之法"。下半部分，由《九变》《行军》《地形》《九地》《火攻》《用间》后六篇构成，它所研究的是关于将帅指挥、部队行军、攻守决策、因地制策、特战方法和情报获取，属于战争局部性、具体性问题，也就是古人讲的"术"的问题，故我们名之曰"制胜之术"。由此可见，《孙子兵法》作为管子所说的"谋得兵胜者霸"的兵书战策，其"谋胜"是有主次高低的层次结构之分的："制胜之道"属于整体的、抽象的"形而上"的问题，是统摄战争全局的总的方略，具有宏观的战略指导性；"制胜之法"属于内在的、根本的"内中和"的问题，是战场阵阵对战的制胜机理，具有明确的战役法规性；"制胜之术"属于局部的、具体的"形而下"的问题，是将帅指挥行动的原则方法，具有灵活的战术应用性，三者既层次分明，又相互联系，共同构筑起了孙子战争理论清晰而立体的结构体系。

第三，思想内容的圆融性。任何理论学说的自圆其说，最根本的就是来自于它思想脉络的逻辑性，而所谓逻辑不过是人的思维的规律。从《孙子兵法》的上半部分，也就是前六篇的逻辑来看，呈现出明显的时序性：《计》篇，先知"胜负"以定战争决策；《作战》篇，后辨"久速"以立战略方针；《谋攻》篇，再名"全破"以做战争筹划；《形》篇，再论"攻守"以明实力的运用；《势》篇，再分"奇正"以创战场威势；《虚实》篇，再说"专分"以晓用兵至理。这六篇的排序及相互关系，就是关于筹划和指导战争重大问题的时间先后关系。从

《孙子兵法》的中间部分，也就是《军争》篇的地位作用来看，"军争"争先与"四治"胜基互为表里，在揭示出阵阵会战制胜机理的同时，也达成了由平时转向战时、由思想转向行动、由全局转向局部的过渡与衔接。从《孙子兵法》的下半部分，也就是后六篇的逻辑来看，呈现出明显的主次性：《九变》篇，先讲将帅的指挥；《行军》篇，后讲部队的行军；《地形》篇，再讲战守的决策；《九地》篇，再讲因地的制策；《火攻》篇，再特战的方法；《用间》篇，再讲情报的获取。这六篇的排序及相互关系，就是关于组织和实施战争关键问题的主次轻重关系。更重要的是，孙子用慎战的观点贯穿首尾，把辩证的方法运用始终，将先知的大要凸显不绝，以机变的灵魂全神贯注，秉利动的原则一以贯之。质而言之，逻辑本就是思维的顺序，而顺序不过是逻辑的体现方式。正是基于这种时空和主次的顺序性，孙子才得以把关于战争和军队的众多问题，于无序中找到有序，并赋予其恰如其分的编排与位置，从而使每一个问题在他所构建的战争理论整体中呈现出个体的思想意义。也是这种逻辑进程的严谨性和思想脉络统一性，才使得孙子的战争学说达到了自洽圆融的高度。

但毋庸置疑的是，既然理论体系的构建并没有固定的程式，那么当人们在构建一种理论体系的时候，必然会有自己灵感的发挥和悟性的创造。因此，可以肯定地说，《孙子兵法》所构建的理论体系，不仅会具有我们以上所述的名称概念的全整性、框架结构的严谨性和思想内容的圆融性，亦即现代思维哲学普遍规定的科学性，而且必定会具有孙子对当时道、儒、法、墨、阴阳等诸子百家世界观与方法论的广泛汲取和自我创造，亦即古代思维范式灵活运用的艺术性。

譬如，在名称概念方面，因为受到原始信仰和术数之学的影响，孙子在某些特殊数字的使用上，往往具有着用兵奥妙的指向和思想方法的意蕴。在古人看来，由于"九"是最大的阳数，是一种极大、极多的"极态"的表征，因此，诸如"九地"这样的概念，虽然具体包括散地、轻地、争地、交地、衢地、重地、圮地、围地、死地九种地理情形，但它却是一个表明变化无穷的"地"概念的体系；由于"五"是源自"五行"，是一种悉数、系统的"全态"的表征，因此，诸如"五事"这样的概念，虽然具体包括道、天、地、将、法五个考察方面，但它却是一个表明策无遗算的"事"体系的概念。尤为关键的是，在古老东方人的思维习惯中，并无需像西方人一样，一定要对认识事物的概念做出明确的内涵规定，所以，人们在研究和认识《孙子兵法》所确立的概念体系时，不仅需要人们对其单个的概念进行一次悟性的体认与领会，而且要求人们对其概念的关系再进行一次理性的推理与判断，这无疑赋予《孙子兵法》理论体系以一种朦胧的张力，同时也带给人们认知和解析它以无尽的奥秘。

又如，在框架结构方面，古代圣圣相传的"中和"哲学精髓，完全可以说是浸透于孙子谋篇布局深处的思想灵魂。从全书结构来看，上半部分讲的是关于战争全局的"制胜之道"；下半部分讲的是关于用兵打仗的"制胜之术"；而中间部分讲的是关于阵阵会战的"制胜之法"，以此作为上、下两部分的桥梁和纽带，便使全书思想内容有机统合且结构浑然一体。从各篇结构来看，上半篇主要围绕篇题所提出的战争或作战问题进行理论阐述，从属古之所谓"道"的范畴；下半篇主要针对该篇的篇题所提出的战争或作战问题提出实施要点，

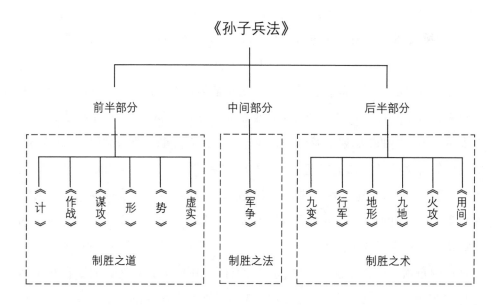

《孙子兵法》体系结构图

从属古之所谓"术"的范畴；而中间篇则或者表现为抽象的思想方法、或者表现为具象的方法策略，从属古之所谓"法"的范畴，以此作为上、下两部分的勾连和纽结，便使各篇思想内容顺理成章且结构浑然天成。从全书到各篇的这种道术二次分构，不但没有造成泾渭分明的道术割裂，反而形成了孙子战争理论道中有术、术中有道、道术相辅相成的独特阐述和行文机理，由此也就不可避免地带来人们在用现代军事理论观点来解读《孙子兵法》的理论体系时，常常面临若干剪不断、理还乱，甚至是长期解读不尽的玄奥问题。究其根柢，关键就在于人们没有觉知和厘清孙子形而上的思想与形而下的技巧相互呼应的书篇双重结构体系。

再如，在思想内容方面，体系化无疑是孙子战争理论走向成熟的重大标志，但它不仅表现在内容上，而且也表现在形式上。金圣叹在评点《西厢记》的结尾时就指出："《周易》六十四卦不终于既济，而终于未济；《春秋》二百四十二年之不终于十有二年冬，而终于十有三年春。"金公意思是说，《周易》乃群经之首、设教之书，然并没有收尾于已然齐备的"既济"，却收尾于未然齐备的"未济"；《春秋》是编年体第一史、儒家圣典，也没有收尾于其总记242年鲁史的"十有二年冬"，而是收尾于"十有三年春"。其言外之意，这种止于未尽的结尾方式，本身就具有并非非此即彼的意蕴，无疑也给予了人们继续探究世界的广阔空间。探其根由，无非是年有12月、日有12时，故在古人看来，数字"12"乃是一个完美周期的重大表征。同样，《孙子兵法》也没有收尾于十二篇的《火攻》，而是收尾于十三篇的《用间》。然较之《周易》《春秋》更具思想意义的是，孙子末篇《用间》的主旨"知敌"，又与首篇《计》的主旨"知胜"，形成了遥相呼应的因果刚性联系，而当以这个表征周而复始的特殊数字"13"把相距甚远的首尾两极聚合于一起的时候，其蕴含的文化意义和隐喻功能便发挥出胜过言语的巨大思想意义，谁又能说这不是一种思想的升华和理论的自洽。所以山鹿素行才说："《始计》《用间》在首尾，通篇自有率然之势。"由此足见，《孙子兵法》共设13篇且首尾大照应的全书布局，不仅具有兵学理论"如循环之无端，孰能穷之"的深刻思想内涵，而且还表明了其理论体系的无限开放性。

克劳塞维茨曾说："理论应该是一种考察，而不是死板的规定。"的确如此，理论自有其功能和其发挥功能的方式，军事理论的功能就是探索用兵制胜的奥秘，而不是书写用兵制胜的真谛。从这个意义上说，孙子毫无疑问地达到了亘古未有的炉火纯青的境界。《孙子兵法》所揭示的用兵思想无处不散发着运用之妙的活性，而孙子为此所结撰的理论体系又无处不折射出生命投入的灵性。要而言之，军事理论的全部使命不是别的，而是点亮人们用兵智慧的心灯，然其体系的构建又承载着奥妙与真谛、智慧与哲理、短暂与永恒的究竟。所以说，体系的自觉永远可以拔高人们理论的视域，而我们有多宽的视域，《孙子兵法》的研究就有多宽的前路。

作　者

2023 年 12 月 1 日于郑州

参考文献

1. 曹操等著，郭化若译：《十一家注孙子（附今译)》，中华书局 1962 年版。

2. 吴如嵩：《孙子兵法浅说》，解放军出版社 1983 年版。

3. 吴如嵩：《孙子兵法十五讲》，中华书局 2010 年版。

4. 吴九龙主编：《孙子校释》，军事科学出版社 1991 年版。

5. 付朝：《孙子兵法结构研究》，解放军出版社 2010 年版。

6. 李零：《唯一的规则：〈孙子〉的斗争哲学》，生活·读书·新知三联书店 2010 年版。

7. 任庭光、李卫国编著：《孙子兵法汇解》，解放军出版社 2013 年版。

8. 杨炳安校理：《十一家注孙子》，中华书局 2017 年版。

9. 许俊夫：《破译〈孙子兵法〉》，合肥工业大学出版社 2012 年版。

10. 华星白：《孙子兵法稗疏》，军事科学出版社 1998 年版。

11. 朱军：《孙子兵法博议》，海潮出版社 1995 年版。

12. 赵又春：《我读孙子》，岳麓书社 2014 年版。

13. 爱新觉罗·毓鋆讲述，陈绸整理：《毓老师说〈孙子兵法〉》，上海三联书店 2015 年版。

14. 吴荣政撰：《孙子兵法解读》，湖南大学出版社 1998 年版。

15. 黄朴民撰：《〈孙子兵法〉解读》，中国人民大学出版社 2008 年版。

16. 任俊华、赵清文：《孙子兵法正宗》，华夏出版社 2014 年版。

17. 杨炳安：《〈孙子〉会笺》，中州古籍出版社 1986 年版。

18. 高友谦：《孙子揭秘》，团结出版社 2008 年版。

19. 王正向：《新校竹简本孙子释义》，军事科学出版社 2011 年版。

20. 李零：《兵以诈立：我读〈孙子〉》，中华书局 2012 年版。

21. 李零：《吴孙子发微》，中华书局 2014 年版。

22. 梁启超、钱基博：《大师解读〈孙子兵法〉》，辽海出版社 2010 年版。

23. 麦田、王盈编著：《孙子解说》，华夏出版社 2007 年版。

24. 钮先钟：《孙子三论：从古兵法到新战略》，文汇出版社 2016 年版。

25. 贾若瑜：《孙子探源》，国防大学出版社 2000 年版。

26. 黄士吉、黄鹤：《孙子新译义疏》，中国文联出版社 2002 年版。

27. 银雀山汉墓竹简整理小组：《银雀山汉墓竹简〈孙子兵法〉》，文物出版社 1976 年版。

28. 吴如嵩、王显臣校注：《李卫公问对校注》，中华书局 1983 年版。

29. 吴如嵩：《孙子兵法新论》，商务印书馆 2021 年版。

30. 吴承帮：《孙子兵法的科学解读》，上海人民出版社 2009 年版。

31. 朱军：《孙子兵法释义》，海军出版社 1988 年版。

32. 王晓卫、刘昭祥：《历代兵制浅说》，解放军出版社 1986 年版。

33. 纪洪波主编：《名家论孙子》，军事科学出版社 2009 年版。

34. 司马琪主编：《十家论孙》，上海人民出版社 2008 年版。

35. 陶汉章编著：《孙子兵法概论》，解放军出版社 1985 年版。

36. 谢祥皓、李政教主编：《兵圣孙武》，军事科学出版社 1992 年版。

37. 魏鸿：《宋代孙子兵学研究》，军事科学出版社 2011 年版。

38. 《中国军事史》编写组：《武经七书》，解放军出版社 1986 年版。

39. 张文穆：《孙子解故》，国防大学出版社 1987 年版。

40. 钮国平注评：《孙子详解》，上海古籍出版社 2013 年版。

41. 张洪久：《中国古代军事思想》，高等教育出版社 1988 年版。

42. 南怀瑾：《易经系传别讲》，东方出版社 2012 年版。

43. 姚淦铭译解：《老子译解》，中华书局 2021 年版。

44. 陈晓芬译注：《论语》，中华书局 2018 年版。

45. 杨义：《中国叙事学》，商务印书馆 2019 年版。

46. 王蒙：《老子十八讲》，生活·读书·新知三联书店 2009 年版。

47. 华东师范大学政教系：《形式逻辑学》，华东师范大学出版社 1983 年版。

48. 杭州大学等十院校编写组：《逻辑学》，甘肃人民出版社 1980 年版。

49. 杨少俊主编：《孙子兵法的电脑研究》，解放军出版社 1992 年版。

50. [宋] 司马光编著：《资治通鉴》，中华书局 2018 年版。

51. （德）克劳塞维茨：《战争论》，解放军出版社 2004 年版。

52. [清] 章学诚著，钱茂伟等译注：《文史通义》，中州古籍出版社 2015 年版。

53. [明] 赵本学著，谭斌点校：《赵注孙子十三篇》，商务印书馆 2017 年版。

54. [南朝] 刘勰撰，王志彬译注：《文心雕龙》，中华书局 2019 年版。

55. 万丽华等译注：《孟子》，中华书局 2017 年版。

56. 冯建国编选：《庞朴学术思想文选》，上海古籍出版社 2013 年版。

57. 王宪志主编：《毛泽东军事思想》，海潮出版社 1992 年版。

58. 马克思、恩格斯：《马克思恩格斯选集》，人民出版社 1995 年版。

59. 葛洪著，庞月光译注：《抱朴子外篇全译》，贵州人民出版社 1997 年版。

60. 林家骊译注：《楚辞》，中华书局 2019 年版。

专家推荐意见三则

　　包括《孙子兵法》在内的中华民族优秀传统文化经典，是先贤文化巨匠凭借高度理性思维与高超悟性的融会贯通，为文明人类创造和贡献的文化晶体，从而也为后人的学习和应用，留下了见仁见智的广阔空间。齐泽强同志的大作《孙子通解》，就是一部系统梳理前人相关研究之短长，用唯物辩证史观为武器，对《孙子兵法》再研究的长篇学术巨著。

　　作者治学态度严谨，考据和论理深刻，新见解新观点迭出，遣词造句力求简约意丰，通篇观点能够自圆其说，启迪意义明显，具有很高的学术价值。

　　《孙子通解》既不涉及敏感政治问题，更不存在涉密之忧，特此推荐出版。

军事科学院原战争理论与战略研究部部长
中国孙子兵法研究会前会长　　　　　　　　将军
2023 年 5 月 20 日

《孙子兵法》自问世以来古今各家就对其思想观点、结构体系、文化底蕴进行着不懈的探索。齐泽强同志撰写的《孙子通解》在充分汲取前人研究成果和历史文化史料的基础上，踏实钻研，敢于创新，建立形成了"题解""构解""文解"的理论研究体系。学术眼界开阔，真知新见迭出，是一部学术价值很高的孙子研究专著。

在研究方法方面，作者以解析《孙子兵法》各篇的逻辑结构为主线，不仅原创地梳篦出其上、中、下的篇章结构体系，而且深入地探究了其基于古代"中和"思想文化的哲学根据，研究视角新颖独特。在研究内容方面，作者以古今各家的孙子研究成果为原料，照顾总体，辨别正谬，逐句剖解，形成了一部系统研究《孙子兵法》的长篇大著。在研究深度方面，作者以春秋时期政治、经济、军事和文化的社会发展为根本，既注重了它基于"诸侯问鼎"的霸政时代，具有阐扬"王霸之兵"的攻势战争的军事思想底色，又突出了它本于"丘牛大车"的经济状况，重在申明"合军聚众"的临战募军的用兵制胜基调，同时还照应了它成于"百家争鸣"的文化盛世，处处体现了"包笼百家"的兼收并蓄的思想文化特征，义理发掘深入，观点阐发严密，学术气息浓厚。

作者提出的思想与历史、逻辑和文化相统一的观点，具有方法论意义，这体现了作者视野开阔、融会贯通的治学特点。唯有如此，《孙子兵法》的研究工作才能推陈出新，跨上一个新的境界。齐泽强同志在这方面的努力与成就是非常突出的。

特予推荐出版。

中国孙子兵法研究会副会长　吴如嵩　将军

2023 年 3 月 5 日

《孙子兵法》是中华民族思想文化特别是军事思想文化的瑰宝，被我国历代兵家奉为圣典，且在世界上广泛传播、推崇备至。齐泽强同志撰写的《孙子通解》，寻绎孙子思维之理路，博采前人研究之众长，挖掘历史文化之底蕴，建构形成了"题解""构解""文解"的古代经典研究范式，体现了作者严谨的治学态度、开阔的学术视野和扎实的理论研究功底。

第一，在孙子理论思维的探寻上，致力于发掘《孙子兵法》各篇谋篇布局的思想滥觞，揭示了其基于古代传统"中和"思想的哲学根据，开创性地爬梳出其具有上、中、下的篇章结构规律，并深入阐明了各部分之间的内在逻辑关系。

第二，在孙子思想内容的研究上，汲取了历代《孙子兵法》的研究史料和成果，辨明了许多长期以来聚讼不已的思想和观点，首次提出了《孙子兵法》具有攻势战争的军事思想底色，临战募军的用兵制胜基调，包笼百家的思想文化特征。

第三，在孙子文化根基的开掘上，着眼于《孙子兵法》成书在儒道墨法等百家争鸣的文化盛世，厘清了譬如"道""法""形""势"等概念在军事上的本义内涵，解读出如"五事""五知"等之"五"，以及"九变""九地"等之"九"在古代时的方法论意义。

作者照管孙子全书通体，在各篇的语境下逐句解经，注重思想的解读与逻辑、历史和文化的统一。相信《孙子通解》的出版，会对《孙子兵法》的研究工作推上一个新的台阶。

特此推荐出版。

中国人民大学教授 黄朴民

2023 年 5 月 20 日

后　记

　　《礼记·学记》云:"是故学然后知不足,教然后知困。知不足然后能自反也,知困然后能自强也。故曰教学相长也。"对此我深有感触。我曾经教过的一名学生,在读本科的时候,他的"军事思想"课(包括《孙子兵法》的内容)是由我来教的;在读研究生的时候,他的"军事思想"课也是由我来教的;等到读博士的时候,他的"军事思想"课还是由我来教的。在这期间我遇到多少"困"自不必说,但深感庆幸的是,我不仅自觉地做到了"知困",而且努力地做到了"自强",尤其是在《孙子兵法》的教学和研究上。

　　经典的魅力就在于常读常新,而学问的魅力则在于聚之辩之。在对《孙子兵法》的学习研究过程中,我不仅深切地领略到孙子穷兵家之思、发千古之覆的广大精微,而且也逐渐地发觉到后世学者专家注孙解孙的诸多矛盾、问题甚或错误,于是,便有了探寻与求索正确解读的冲动,随之也有了发掘前人所以曲解、误解或错解孙子的渴求,更有了自我的见解和对自我见解阐发的欲望。总的体会是,学习和研究《孙子兵法》须把握三个维度:一是在逻辑的理径上学习研究,把对孙子用兵思想的探究与《孙子兵法》的理论思维统一起来;二是在历史的背景下学习研究,把对孙子用兵思想的考察与春秋时期的社会发展统一起来;三是在文化的底蕴中学习研究,把对孙子思想的解读与诸子百家的思想文化统一起来。按照马克思主义的观点来说,就是要坚持思想与逻辑、历史、文化的高度统一。然而即便如此,笔者还是认为,这其中的第一条最为重要。

汉代董仲舒《举贤良对策》云："天不变，道亦不变。"故中国古人讲，自古圣人，千古一心。研究《孙子兵法》既不能使之变成汉唐经师的章句训诂之学，也不能使之变成无视历史文化背景的以今例古之论，更不能使之变成为我所用的断章取义之说，而应使之成为与孙子的"对话"甚或"神交"。具而言之，就是要通过我们的感悟和理解深入到孙子的思想深处和生活世界，与此同时也让孙子进入我们的思想深处和生活世界，与之达成思维的同频、思想的共振，实现心灵的高度契合。就此而言，如果说拙作《孙子通解》还有一些见人所未见、言人所未言之处的话，那一定是对孙子理论思维别具肺肠的寻绎与解析，正基于此，也才会觉得对孙子用兵思想的解读有着自己的灼灼之见，且还能够做出凿凿有据的说明和论证。

愿人类思维着的精神——"地球上最美丽的花朵"永远绽开怒放！

作者谨识

2022 年 10 月 5 日

后
记